072353 82cg

Will-Erich Peuckert

Geheimkulte

WILHELM HEYNE VERLAG
MÜNCHEN

HEYNE SACHBUCH
Nr. 19/448

Umwelthinweis:
Dieses Buch wurde auf chlor- und säurefreiem Papier gedruckt.

3. Auflage

Ungekürzte Taschenbuchausgabe
im Wilhelm Heyne Verlag GmbH & Co. KG, München
Copyright © 1988 by Georg Olms Verlag,
Hildesheim–Zürich–New York
Printed in Germany 1997
Umschlaggestaltung: Atelier Adolf Bachmann, Reischach
Herstellung: Ulrike Walleitner
Druck und Verarbeitung: Presse-Druck Augsburg

ISBN 3-453-09884-6

Entsetze dich nicht! Es läutert sich alles Natürliche,
und überall windet die Blüte des Lebens
freier und freier vom gröbern Stoff sich los.

Hölderlin

EINLEITUNG

Ich will in diesem Buch von Geheimkulten sprechen. Geheimkulte sind, wie der Name schon sagt, sich im Geheimen vollziehende kultische Vorgänge. Das Geheimnis nimmt die verschiedenartigsten Aspekte und Aussehen an: es kann sich im Dunkel eines Tempels oder eines Versammlungsraumes bergen, kann in die versteckten Keller oder — wie jene südbelgischen „Brüder vom freien Geiste" in Kameryk 1411 — in einen vor der Stadt gelegenen Wohnturm flüchten, es kann in den Gilden- und Zunfthäusern wie in den Küchen der Alchemisten hocken, im maenadischen Schwarm durch die Bergwälder mitziehen, kann sich auf den Festplätzen der Marind-anim, der Marind-Leute, breitmachen, — und auch seine Namen sind vielfältige: Imo-Kult und Thesmophorien, Isismysterien und Ku Kux Klan, Vodu und Fünfte Kolonne, Brautlager auf dem Ackerfelde und Leopardenbund und so fort. Alle Vielfaltigkeit besagt doch aber immer wieder eines: daß sich hier Menschen aus der großen und allgemeinen Welt beiseite tun, und daß sie ins Dunkel, in das Verborgene, in das Geheime gehen.

Dafür kann es viele Gründe geben. Sie alle durchzusprechen, wird eine der Aufgaben der einleitenden Kapitel sein. Wer etwas Besonderes hat, das er der Allgemeinheit nicht mitteilen will oder es ihr nicht gönnt, zieht sich mit seinesgleichen leicht von ihr zurück. Wer ein Verbotenes tun will, sei es ein Böses, Verbrecherisches, wie räuberische und erpresserische Banden es vielleicht im Schilde führen, sei es ein Recht durchzusetzen, wo kein Recht besteht, wo es zerbrach, — ich denke nur an die mittelalterlichen Femegerichte, — sei es die Absicht, gegen die bestehende politische Ordnung eine neue zu pflanzen und durchzusetzen, — wie es die sagenhafte Fünfte Kolonne etwa tut, — sei es ein von der Kirche als ungültig Angesehenes, — wie es die Bogumilen und Katharer, die Albigenser und die Adamiten suchten, — sie alle gehen in die Keller, in die Gärten, in die Katakomben.

Von allen in das Geheime treibenden Gründen scheinen mir drei im Vordergrunde zu stehen. Der eine liegt sicherlich im Soziologischen begründet. Sobald sich Menschen zu einer Gruppe, einer Gesellschaft, einem Bund zusammenschließen, treibt diese Vereinigung unwillkürlich zur Absonderung, zum Geheimnis. In jedem Gesangverein, in jeder Kegelbruderschaft gibt es bestimmte „Vereinsangelegenheiten", in jeder Kompagnie „Sachen der Kompagnie", die andere Kompagnien nicht erfahren sollen, und diese geheimzuhaltenden Sachen werden immer stärker, je mehr solch eine Vereinigung dem allgemeinen Leben widerspricht. Sie führen andererseits zum festeren Zusammenschluß der Mitglieder des Bundes, zu Aufnahmeproben und Aufnahmeriten, Initiationen, (wie wiederum, ich werde das noch zu zeigen haben, aus solchen Zeremonien erst ein Bund erwächst). Wir können hier also ein Wechselseitiges beobachten und erkennen.

In diesen anscheinend von einer Grundveranlagung des Menschen her bestimmten Drange der Vergesellschaftungen und Bünde in das Geheime wirken nun noch zwei weitere Umstände ein. Der eine läßt sich am besten als eine geschlechtlich differenzierte Haltung deuten: die Männerbünde sind anders geartet und haben andere Geheimnisse als die Weiberbünde; im männlichen Leben stehen Abenteuer, Mut und Kampf, religiöse Bedingtheiten und Festfreuden stärker im Zentrum alles Tuns, im Weiberleben scheinen mit dem Geschlecht zusammenhängende Probleme in den Vordergrund zu treten, wobei ihre mehr oder minder geheimen Handlungen an der Kultur des Männerbundes wuchsen und dann — gewandelt — in die Männerwelt hinüber gingen; die bäuerlichen Vegetationskulte wie die Mysterien der antiken Jahrhunderte, Eleusis wie Attis und Adonis kamen ja von hier. Und es ist auch ein Gang in die Geschichte, wenn man vom ausgelassenen brünstigen Kult kleinasiatischer schwärmender Kybelepriesterinnen den Weg zum Kulte von Eleusis, und wieder vom orphischdionysischen den ins frühe Christentum zu finden sucht, wenn aus dem Rausch die Feier, wenn beinah Zaubrisches zum Sakramente werden will, wenn nebeneinander die Isismysterien, die noch bis in die „Zauberflöte" nachgeklungen haben, und die Geschichte des sterbenden und nach drei Tagen — wie Adonis und Osiris — wieder auferstandenen Gottes sichtbar werden.

Zu diesen Überlegungen muß aber noch eine letzte treten. Ich deutete bereits ein Früher und ein Später und deutete mit diesen Worten auch die Stationen einer Entwicklung an. Es muß hier also so etwas wie ein Vor- und Nacheinander vorhanden sein. Nun meine ich nicht, daß eine Eingelagertheit der Dinge in einen geschichtlichen Ablauf einen Bezug und eine Verbindung mit dem kleinen „Ploetz", dem Nachschlagebuch für Schlachten- und Regentenzahlen, notwendig macht. Was ich hier als geschichtlichen Ablauf anzudeuten habe, das hängt nicht so mit kriegerischen und dynastischen Geschehen als mit der Entwicklung und der Folge großer kultureller Ergebnisse zusammen. Sehr roh gesagt: die Freimaurerei ist nicht deshalb anders als ein Rapakult bei den Marind, weil sie zu Zeiten Wilhelms I. in England aufgegangen war, der Rapakult hingegen „ungeschichtlich" ist, die Femegerichte haben nichts mit Rudolf von Habsburg und die alten Gilden nichts mit Karl dem Großen zu tun; wohl aber gehören die Freimaurer einer bürgerlichen, die Gilden einer bäuerlichen Welt an und der Rapa-Kult vorbäuerlichen Pflanzern. Dergleichen Datierungen bleiben aber immer noch recht nebensächlich; bedeutsamer ist, den oder die tragenden Gedanken der bürgerlichen, proletarischen oder bäuerlichen Welt zu finden und den Zusammenklang, das Sein der Bünde und Vereinigungen aus diesen Gedanken zu begreifen. Entscheidend ist, aus den Gedanken und Absichten der Vereinigungen Gedanken der eben aufgezählten Welten oder Kulturen zu erschließen. Aus solchen Vorüberlegungen wird sich dann eine „historisch" gesehene Gliederung der ins Geheime langenden Bünde nach ihren Verankerungen im vorbäuerlichen, bäuerlichen und bürgerlichen Sein ergeben.

Das bündische Leben ist eine Vorbedingung der Geheimkulte, aber geheimbündisches und geheimkultisches Sein ist noch lange nicht dasselbe. Nicht alles Bündische mündet in das Kultische ein; der Ku Kux Clan, der Wandervogel, die Gilden, die zu Zünften oder Mitteln geworden sind, stehen ihm fern. Zuweilen jedoch treibt es vom Bunde auf das Kultische zu.

Das „Kultische" will und bedeutet Verehrung, Gottesdienst und dienendes Tun; ein „Kult der Artemis" besagt daß sie in gottesdienstlicher Art, mit Opfern und Spielen und liturgischem Geschehen, mit einem Worte in sachlichen und gesprochenen Handlungen gefeiert wird. Denn — alle Liturgie ist ja auch Tun. „Der Mensch muß die der Vergangenheit angehörenden, für ihn bedeutsamen Heilstatsachen in seine eigene Erfahrungssphäre hineinziehen." Das tut er durch die Kulthandlung. Im Kult wird das ehemalige reale Geschehen erneuert, es wird von neuem Wirklichkeit, eine Wirklichkeit, in die der den Kult Begehende hineingeflochten ist. So hat der Kult, mögen die Mittel der actio noch so primitiv sein, oder mag die Gewöhnung von Jahrhunderten noch so sehr abblassend gewirkt haben, immer und überall den Charakter eines Dramas. Nicht eines gespielten Dramas im modernen Sinne, sondern eines wirklichen und Wirklichkeit hervorbringenden Dramas. Der Kult ist ‚ein Drama, das mit realer Kraft das dramatisierte Ereignis verwirklicht, eine Wirklichkeit, aus der reale Kräfte hervorstrahlen‘. Und so erneuern sich die Heilstatsachen und mit ihnen die heilbringenden Wirkungen. In diesem Erneuern kommt aber noch ein weiteres zum Vorschein. So wie das einmal Geschehene sich wiederholt, so muß der erste Handelnde ja auch wieder gegenwärtig sein; das aber besagt zum Beispiel in der christlichen Liturgie: der Herr ist gegenwärtig, und er vollbringt, was einst geschah, von neuem. Bei einem solchen Geschehen kann aber der diese Handlungen Begehende, der Priester wie der Laie, nur noch mit Furcht und Zittern gegenwärtig sein. Deswegen beginnt die Nestorianische Liturgie: „Wir gedenken und feiern dies große und furchtbare und heilige und lebenspendende und göttliche Mysterium der Passion und des Todes und des Begräbnisses und der Auferstehung unsers Herrn und Heilandes Jesu Christi" —; deswegen ermahnen auch die Diakonen: entfernen wir uns, stehen wir von ferne!

Es ist begreiflich, daß nach dem eben Gesagten Kultisches immer wieder „in das Dunkel" strebt. Die christliche Liturgie findet ja nicht deshalb nur beim Scheine der Kerzen statt, weil sie die ehemaligen Gottesdienste in den Katakomben andeuten und an sie erinnern will, — aus pietätvollen Gedächtnishandlungen lebt kein Gott und bleibt kein Gottesdienst, — die christliche Liturgie rückt, schaudernd vor der Nähe des Angerufenen, der auf einmal gegenwärtig ist, ins Dunkel. Und Gott selbst thront in einem Dunkel, das kein Licht erhellt, wie er — im mystischen Gegensatze — in einem Lichte lebt, dem kein Mensch „zukommen kann".

Erst recht taucht aber der Kult geheimer Vergesellschaftungen in das Dunkel, entweder: das ist der uns am nächsten liegende Fall —, weil sie dem selben Gotte auf eine andere Weise dienen als die vielen, — so zogen die Täufer, die Adamiten, der Brüder vom freien Geiste sich vom offenen täglichen Kirchlichen zurück, — oder weil sie sich einem anderen Gotte zuwenden als die Kirche, so wie man glaubt, daß vorgriechische Mutterreligionen vor den hellenischen ins Verborgene traten.

Den beiden soeben erörterten Möglichkeiten tritt noch eine andere an die Seite. Ist Absicht des Kultes das Nachleben und schließlich die Begegnung mit dem Gotte, so ergeben sich zwei Wege: der sozusagen normale, geregelte und der außergewöhnliche. Der außergewöhnliche ist sicher der ursprünglichere von den beiden; Gott ist nicht wie die tägliche

Morgensuppe zu verzehren. Wer ihm begegnet, dem ergeht es wie Semele, der Zeus in seiner wahren Gestalt und Herrlichkeit sich zeigte und die verging. Wie Moses, der „Ihm" nur nachschauen durfte, und dessen Gesicht man darnach nicht mehr ansehen konnte. Er ist ein großes und ein furchtbares Erlebnis. Nur der wahrhaft Begnadete begegnet ihm; nur überstarke und außergewöhnliche Anstrengungen reißen ihn aus seiner Höhe herab. Man spricht seit einiger Zeit vom Numinosen und von dem tremendum, das der Mensch erfahre. Nun sagte ich, daß es zwei Wege gebe, dieses tremendum zu ergreifen. Der eine ist der der Jakob Böhme oder Eckeharte, der außergewöhnliche Weg des alles hinter sich verbrennenden Entbrannten. Den kann nur immer wieder einer gehen, ob er nun das Ertasten des Numinosen ist, wie Jakob in seiner Begegnung mit Jahve es ertastete, oder ob einer ihn in die Ekstase vom Himmel reißen will, wie ihn prophetische Männer an sich rissen, oder ob er zu schamanistischen Übungen greift, wie „Häuptling Büffel Langspeer" irgendwann erzählte. Der andere Weg ist der gewußte und gekonnte, der Weg der Übungen, wie Ignatius von Loyola übend nach Gott griff. Das ist ein Weg, der zum gemeinschaftlichen Tun, zu einem gemeinschaftlichen Aufbruche drängt, der Weg der Kirchen wie der der Sekten und der Bünde.

Das numinose Erlebnis in seinen vielfachen Möglichkeiten des Geschehens, mit seinen aus wahrem Ergriffensein aufgehenden Anlässen und Auslösungen, kann — oder muß sogar — sehr bald in das Geheimnis führen. In den Vereinigungen oder Bünden wird das, was der Einzelne vielleicht einmal an sich erfahren hat, zum Mittel, zur Methode. Sie werden deshalb — schon aus methodischen Gründen — ins Geheimnis drängen.

Das Wissen ist hier ein kultisches Geheimnis, nicht anders wie viele Schöpfungsgeschichten, Götternamen, Stammessagen kultisches Geheimnis waren. Und es rückt deshalb nahe an die vorigen Kategorien. Es war Fund eines Einzelnen und es ist wieder vergesellschaftet worden, und wird damit Besitz und kostbar gehütetes Geheimnis einer Gemeinschaft, eines Glaubens, eines Bundes.

Ich will die einzelnen kultischen Züge jetzt nicht eingehender erörtern, weil ja von ihren Grundlagen wie von ihren Erscheinungsformen noch die Rede ist. Nur eines darf ich einleitend noch bemerken: ob numinose Erlebnisse oder ob die alten Heiligtümer einer vergesellschafteten Gruppe, ob priesterliches Wissen oder ein freimaurerisch gelenktes Graben, ob rassische Verschwörungen oder ein ins Dunkel untertauchendes politisches Tun, fast immer sind es ursprünglich Einzelerlebnisse und -erfahrungen, die dann hinüber in das Gemeinschaftliche lenken wollen. Sie werden zu vergesellschaftetem Gut, nicht nur, weil es der Einzelne nicht erträgt, allein zu sein, nicht nur, weil sie von vielen umworben werden und begehrt, — auch die Erlebnisqualitäten des gemeinschaftlichen Lebens wirken ein. Am deutlichsten zeigen das vielleicht die alpenländischen „Knabenschaften", wenn sie als Perchten laufen, klöcklern oder ähnliche Übungen betreiben. Da reißt das spukhaft Dämonische die Teilnehmer an dem Laufe in das Erleben der dämonischen Wirklichkeit, und einer der Läufer treibt immer den andern tiefer in den Rausch, der eine lockt immer und steigert zugleich den anderen hinein. Und das gilt dort beinahe noch stärker, wo Geheimnisse zurückbehalten wurden.

Hier aber erhebt sich nun ein unauflösbarer Widerspruch. Das numinose Erlebnis, das Ertasten eines mythischen oder andern Wissens, das Halten der Güter ist ursprünglich nur das Tun des Einzelnen, Einen. Wenn aber, wie eben gesagt, alle diese Dinge ins vergesellschaftete Leben treiben, wenn sie Geheimnis der Religionen, Bünde, Gilden werden und kultische Formen um sie aufstehen, dann sind sie an das Vergesellschaftete gebunden. Doch die Begegnungen des Isismysten, des in dem Mithra-Kult Fortschreitenden oder des gerechten Maurers, ist immer nur die des Einzelnen mit Gott.

Damit stehen zwei Tendenzen sichtbar gegeneinander: der von dem Bunde, der Religion, der Vergesellschaftung geübte Kult — und das allein dem Einzelnen erreichbare Ziel des Kultes. Es ist das Unvereinbare von kirchlichem Kult und mystischem Erleben, von sonntäglicher mehr oder minder „mitgemachter" Messe und der unio mystica, der Zwiespalt, der zwischen mechanischer Teilnahme und dem wirklichen „Erleben" auch in den alten Mysterien auftaucht und vor dem der Isispriester warnt, — ein Zwiespalt, der uns und unseren Jahrhunderten immer wieder sichtbar wird, den aber die frühen pflanzerischen Geheimkulte noch nicht kannten, noch nicht bemerkten und ihn nicht bewußt vernehmen konnten. Vielleicht ist es eines der Probleme unserer individualistischen bürgerlichen Welt.

Das Ringen, das heute zwischen Individuum und Gemeinschaft ausgebrochen ist, die Flucht in die Gemeinschaften, das sich Klammern verschiedener Gruppen unserer Völker an das Einzelgut, an Einzelwerte, wie an das Ich als Wert und Absicht, leuchtet auch in alles dies hinein. Und es macht die soeben aufgewiesene Spannung zwischen Weg und Ziel, — die zwischen dem Kult und der Begegnung mit dem, den man sucht, und zwischen der Form Geheimkult und dem zu erjagenden Geheimnis liegt, — zu einem Ab- und Spiegelbilde des soziologischen Geschehens. Die Frage, wie dieser anscheinend unlösbare Zwiespalt aufzulösen sei, scheint mir die letzte und wichtigste Aufgabe dieses Buches zu sein. Der erste Schritt hierzu führt uns in eine theoretische Überlegung: es handelt sich um eine in den letzten Jahren in der volkskundlichen Forschung ausgebildete Kulturschichten-Lehre.

Die Lehre von den Kulturschichten geht von der einfachen Überlegung aus, daß allen Kulturen (den Begriff im völkerkundlichen Sinne genommen), bestimmte und „typische" Äußerungen und Reaktionen zuzuschreiben seien. Die Vorstellung, daß die im Hause aufbewahrte Kornähre vor Blitz und Brand schütze, wird wahrscheinlich einer Welt angehören, in welcher das Korn einen bejahenden Wert darstellte. Der Gedanke, daß einer, der von Dämonen verfolgt wird, sich im Kornfeld bergen könne, ist gewiß dort entstanden, wo das Korn und der Acker ein Positivum gewesen sind. Daß Brosamen, die vom Tische fallen, achtlos in den Staub getreten werden, ist nur in einer Welt möglich, für die das Brot nicht ein schwer Erarbeitetes und ein Gut ist, also vielleicht in einer bürgerlichen Lebenssphäre; denn der Bürger weiß nichts von des „Brotes Qual" und nichts vom Werdegang des Kornes bis zum Brot, das auf dem Tische liegt. Gedankengänge und Vorstellungen der eben erwähnten Art hingegen sucht man am ehesten in der bäuerlichen Welt.

Auch eine andere Gruppe von Vorstellungen gehört vorzugsweise der bäuerlichen Welt an: man wies schon seit längerer Zeit darauf hin, daß der Pflug ein Männergerät sei, und daß nur der Mann das ursprüngliche Zugtier des Pfluges, den Stier, bändigen und lenken könne. Im Gegensatz zu einer vorangehenden Zeit liege also das Schwergewicht der Arbeit in der bäuerlichen Welt beim Manne. Dieser bestellt den Acker und verfügt infolgedessen auch über ihn und seinen Ertrag. Damit wird er zur beherrschenden Person im Sozial- und Wirtschaftsaufbau seiner Zeit. Er bestimmt das Leben im Hause, er regiert das Haus. Bei Tisch sitzt er „oben". In Östergötland (Schweden) war es bis in das 19. Jahrhundert Brauch, daß die Bäuerin ihrem Manne bei einem Ausgang in bestimmtem Abstande folgte. Und war der Weg auch noch so breit, stets ging die Frau hinter ihrem Manne. So konnte man einen fünfzehnjährigen jungen Burschen vor seiner Arbeitsgenossin, der Magd, wandern sehen, wäre sie auch dreißig Jahre alt gewesen, und auch die Tochter des Hofbauern machte hierin keine Ausnahme, ja sogar die Bäuerin selbst ging in geziemendem Abstande hinter ihrem Knechte her. Nicht sehr viel anders war es in Darlekarlien, wo auf dem Wege zur Kirche die Frau ebenfalls in einem bestimmten Abstande hinter dem Manne herschritt. Die Ordnung der bäuerlichen Welt war eben eine männlich bestimmte; sie stand damit im Gegensatz zur matriarchalen der pflanzerischen und zur erotisch-familiären der bürgerlichen Welt.

Die Beobachtungen des Volkskundlers decken sich in diesem Punkte weitgehend mit denen des soziologischen Historikers. Es wurde von dieser Seite in den letzten Jahren auf die sich wandelnden Eigentümlichkeiten des „Hauses" in der mittelalterlichen und in der neuzeitlichen Welt hingewiesen; dort sei es eine patriarchal gefügte, von der Familie her geordnete Welt gewesen; hier lösen sich die Formen auf, die „Arbeit" bestimmt den status und das menschliche Zueinander.

Ist aber das Leben patriarchal geordnet, dann wird der Mensch die Welt auch patriarchal geordnet sehen; die irdische gipfelt in der Größenordnung Monarch, die jenseitige im Vater-Gott. Noch Luther bestimmte ja Gott-Vater als den, der die Welt geschaffen habe und „noch erhält, dazu Essen und Trinken, Kleider und Schuh, Haus und Hof, Acker, Vieh und alle Güter" gebe. Der Glaube des Bauern ist ein Glaube an den Vater-Gott, weiter gefaßt: an einen männlich gesehenen und gewollten Gott. In einer Welt hingegen, in welcher das Weib die Ordnungen bestimmte, müßte die Gottheit wohl auch weiblich sein; schon der Cusaner schrieb in De visione Dei: „Der Mensch kann nicht anders als menschlich urteilen. Wenn der Mensch Dir ein Antlitz gibt, o Gott, so sucht er dieses nicht außerhalb der menschlichen Gattung, weil sein Urteil in den Kreis der menschlichen Natur eingeschränkt ist und er diese Beschränktheit im Urteilen nicht ablegt. Würde ein Löwe Dir ein Antlitz geben, so würde es wie das eines Löwen ausfallen, dem Stiere wie das eines Stieres, bei dem Adler wie das eines Adlers. O Herr! Wie wunderbar ist Dein Antlitz! Dem Jüngling ist es jung, dem Manne männlich, dem Greise bejahrt!" Der bäuerlichen als einer männlich bestimmten Kultur wird also Gott als der Gott-Vater gegenübertreten.

Wie gegen eine vorbäuerliche, matriarchal bestimmte, so setzt sich die bäuerliche Welt auch gegen eine nachbäuerliche ab. Die bürgerliche Welt sieht, wie ich in meiner „Großen Wende" zeigte, keine mythischen Wesen

mehr. Ihr ist die Welt nicht durch den persönlichen Schöpfer-Gott gestaltet, sondern „Gesetze" regieren sie und seit dem sechzehnten Jahrhundert tritt an die Stelle des patriarchalen Gottes lutherscher Prägung das
Bild der machina mundi. Es spukt in den kopernikanischen Formulierungen, wird bei den Rosenkreutzern sichtbar, im siebzehnten Jahrhundert dringt es sieghaft durch, und es gilt in der bürgerlichen Welt
im Grunde bis auf unsere Tage, das heißt, bis in die Tage, in denen es
die proletarische von ihr übernahm.

Die Zeit, die ich die „bäuerliche" nannte, ist also durch bestimmte Glau-
bensinhalte, bestimmte Sitten und Bräuche, bestimmte Sozialformen und
schließlich bestimmte wirtschaftliche Tendenzen gekennzeichnet. Das ist
leicht begreiflich, denn es liegt ja im Wesen unseres Denkens, daß wir
die Erscheinung, die ein Eigentümliches ist und sich von andern unterscheidet, mit einem eignen terminus auszeichnen. Das zweite, was aus dem
ersten hervorgeht, und was den Kernsatz dieser ganzen Überlegung aus-
macht, ist, daß diese Eigentümlichkeiten Äußerungen eines „Trägers"
sind. Daß sie nicht willkürlich und als ein wirres Konglomerat zusammen-
rinnen, sondern untereinander organisch zusammenhängen, denn „bäuerlich" ist ein Zentrales, welches in alle Bezirke des Lebens wirkt und sie
ergreift, beeinflußt, formt.

Was für die bäuerliche Welt gilt, läßt sich in gleicher Weise für die
bürgerliche und für die letzte vorbäuerliche, die pflanzerische, nachweisen. Und ließe sich wahrscheinlich auch für andere Phasen des menschlichen Seins nachweisen. Stets, wenn die Welt „geordnet" ist, erscheinen
die Komplexe Glaube, Dichtung, Kult und Brauch, soziales Sein, Wirtschaft und andere als ein gefügtes, auf einander bezogenes und zuletzt
auf einen großen tragenden Gedanken bezogenes Ganzes. Ich nenne diese
Ganzheiten „Kulturen". Jede Kultur ist eine Einheit, und ihre Erscheinungsformen, Äußerungen oder Phänomene müssen, so weit sie kultur-
eigentümlich sind, aus dieser Einheit sein und gelten.

In jede solche Schichtung, kulturhistorische Folge oder Lagerung aufeinander folgender Epochen, wirken nun ihr nicht eigentümliche Kräfte
ein. Und zwar wird man zwei Gruppen solcher Kräfte unterscheiden
können. Die einen sind jene, die auf Grund eines seelischen Trägheits-
momentes nachleben und nachwirken; uns Angehörigen einer an die Gesetze glaubenden Welt ist der Kosmos immer noch eine „Schöpfung";
wir glauben, obwohl Kopernikus vor fünfhundert Jahren das Gegenteil

bewies, noch immer an „Sonnenaufgang" und „-untergang"; der jüdische Kultus verwendete, Jahrhunderte nach dem Ausgange der Steinzeit, bei der Beschneidung noch ein steinernes Messer; in den alpenländischen Brechelhütten gelten noch weiberzeitliche, vorbäuerliche Sitten, und so ist ein nicht unbeträchtlicher Teil unseres heutigen „Volksgutes" ein auf uns gekommener Restbestand aus bäuerlichen, vorbäuerlichen und primitiven Zeiten. Diese Überbleibsel konnten freilich nur am Leben bleiben und weiter bestehen, wenn die herrschende Kultur sie zu assoziieren vermochte. Das wieder geschah, wenn sie sich in die neue Zeit und Welt reibungslos einfügten oder wenn sie umgedacht werden konnten; so hat sich eine jägerzeitliche Sitte, das Knochenopfer, zu einem Schlachtfestbrauch entwickelt und im bäuerlichen Raum gehalten. Gestimmtheiten wirtschaftlicher oder sozialer Art, lokale Präponderanzen führten zur Assoziation genehmer Volksmeinungen und -haltungen.

Neben dieser ersten steht eine Gruppe von in die kulturelle Schichtung einwirkenden „Grundkräften". Ich rechne zu ihnen die Veranlagungen und psychologischen Haltungen, etwa die mehrmals behauptete der geselligen Anlagen des Mannes, der blutsverwandt gerichteten der Frau, (welche als für die gesamte Menschheit gültig angenommen wurden), oder Haltungen, die nur bestimmte Völkergruppen betreffen, wie die Grausamkeiten nördlicher Völker. Diese Anlagen und Haltungen gelten stets, ob das Volk sich nun eben auf vorbäuerlicher, bäuerlicher oder einer späteren Kulturstufe befindet. Sie werden, der Gestimmtheit der Kultur gemäß, an- oder umgefärbt, aber ihre Gerichtetheit, ihre Grundtendenz bleibt. Vielleicht gehören dieser Gruppe auch die Tendenzen bestimmter sozialer Formen an.

Ist dem aber so, und hätten wir im bündischen Wesen, wie manche es schon wollten, eine Grundtendenz zu erblicken, dann wäre der Ort unserer Untersuchung bestimmt. Im Gewebe des menschlichen Seins stellte „das Bündische" die Kette, und stellte der Ablauf der „Kulturen" den Schuß dar, aus deren beiden Mit-, In- und Gegeneinander sich die Gebilde, von denen nun zu reden ist, entwickelten.

Der Aufriß meines Buches, den ich in diesen Sätzen andeutend vorlege, kann zwei Vermutungen erwecken. Dem einen erscheinen die Dinge vielleicht sehr einfach, leicht zu bestimmen: Ordinate und Abszisse sind bekannt, im Schnittpunkt beider liegt das Phänomen. Das Phänomen wäre also zu errechnen, und wie es zu errechnen ist, so ist die ganze Welt zu errechnen, sie ist durchsichtig, klar, in ihren Möglichkeiten einsichtig. Sie birgt keine Dunkelheiten und Geheimnisse. Birgt sie keine Geheimnisse, dann liegt nahe anzunehmen, daß auch die Menschen und ihr Zusammensein ohne Geheimnisse sind, und solche Begriffe wie „Geheimbände", „Geheimkulte" erscheinen danach als inhaltlose Worte. Bauernfängerei. Und alles, was an Sherlock Holmes, an Leopardenbünde und ihre Grausamkeiten, an Ku-Klux-Clan-Abenteuer erinnert und Gänsehäute über den Rücken gehen läßt, wäre auszuschalten.

Aber die Welt ist nicht so einfach, wie diese um der Übersichtlichkeit willen einfach gehaltene erste Feststellung es vermuten ließ. Sie ist voller Abenteuer und Dunkelheiten. Nur liegen diese Abenteuer und Dunkelheiten wo anders, als sie der Zehnpfennig-Dedektivroman erwarten macht. Die menschliche Seele ist abgründiger und dunkler als alle Verbrecherkeller; die Abenteuer, welche aus ihr aufsteigen, sind vielfarbiger und reicher selbst als die der Poe'schen Rue Morgue. Das Erregendste an ihnen aber ist, daß sie bei u n s anfangen, daß im Grunde alle Dunkelheit schon in uns liegt und aus uns ausbricht. Das Böse und die Dunkelheit ist irgendwie in uns allen. Und das den Menschen erst zum Menschen Machende ist, daß dieses Böse und Dunkle nicht Herr über ihn werden kann.

Es wäre leicht und einfach, jetzt in die Geschichte der letzten Jahre auszugreifen. Oft genug ist vom „Hitler in uns" gesprochen worden und es gibt Beispiele, die jeder von uns kennt, genug Beispiele, aus denen sichtbar wird, wie nahe das Dunkle unter der Oberfläche liegt. Und wie so dünn das Häutchen ist, das es deckt. Wie leicht auch einer aus Schwäche oder Feigheit böse wird. Aber davon ist oft genug geredet worden und ich glaube nicht, daß es sinnvoll sei, dran zu erinnern, wie nahe wir dem Dunkel wohnen. Ich möchte lieber daran erinnern, daß das Böse, wie Carl Hauptmann einmal sagte, nur eine Phase im Kampfe um das Licht ist. Und möchte andeutend darauf hinweisen, daß ein Stück des Weges, der in diesem Buche gegangen wird, das Fortschreiten aus dem Dunkel ins Licht zeigen will. Vielmehr das Umzwingen des Dunkels in das Licht.

Nicht um der abenteuerlichen Situationen und Bilder willen erscheint es mir richtig, daß ich dies Buch niederschrieb. Sondern weil es zeigt, wie Dunkel und Schatten und Furchtbarkeiten, die aus dem Menschen aufwachsen können, dorthin wachsen, wo sie Trost und Verheißung oder Hilfe werden. Das allein ist die Rechtfertigung für die Zeit, die ich an seine Niederschrift setzte.

Denn ich glaube an das Licht.

GRUNDHALTUNGEN

Der Gedanke, eine kulturelle Erscheinung, einen geistigen Prozeß in das Bild eines Koordinatensystems zu bannen, mag auf den ersten Augenblick gezwungen und abstrus erscheinen, — religiöse Aussagen, sittliche und gesellschaftliche Verhaltensweisen des Menschen sind sicher kaum in Gleichungen auszusagen, — aber es handelt sich um nicht mehr als um ein Bild. Oder um eine Idealkonstruktion, die etwas von dem Nicht-Einsträngigen eines geistigen Geschehens andeuten will. Denn wenn behauptet wird, daß eine kulturelle Erscheinung durch eine Ordinate, die ich „Grundhaltung" nenne, und eine Abszisse, die man als „zeitliche Schichtung" oder „Kultur" bezeichnen kann, bedeutet wird, dann liegt das kulturelle Phänomen im Schnittpunkte zweier Linien oder Kräfte. Ich nannte es eine Idealkonstruktion, sie wird jedoch als erster Ansatz für das in diesem Buche zu Betrachtende genügen.

Wenn ich bei dem soeben angerührten Bilde bleiben darf, so würde die Ordinate die psychologisch oder soziologisch oder sonstwie zu bestimmende Grundhaltung sein, — ich werde davon in diesem Kapitel einiges zu sagen haben. Als die Abszisse bezeichnen wir die von den Volks- und Völkerkundlern gesetzten „Kulturen" oder kulturellen Epochen. Von diesen, — ich wies ja in der Einleitung auf sie hin, — sind uns die zeitlich nahen wohl am gegenwärtigsten: die kommende sozialistische, die heute um ihr Bestehenbleiben ringende bürgerliche und die ihr vorangegangene bäuerliche Kultur. Wir pflegen diese Kulturen als Hochkulturen zu bezeichnen. Die ihnen vorangegangenen der Pflanzervölker und der Hirten wie der höheren. Jäger (totemistische Kultur) bezeichnete man als Primärkulturen. Und wieder vor diese stellte man die Urkulturen, das sind die niederen Jäger oder Sammler, wobei man die Ur- und die Primärkulturen zusammen auch Tiefkulturen nennt.

Die Kulturschichtenlehre nimmt nun an, daß in dem Menschen bestimmte ursprüngliche Veranlagungen, Denk- oder Verhaltensweisen liegen, die ihm durch alle Stufen seines Daseins eigen sind —: etwa die mancherlei Arten assoziativen Denkens, die Mutterliebe, das Macht- und Herrschaftsgelüst, das soziale Bedürfnis, — und daß sie in den verschiedenen Kulturen an sich zwar da sind, aber ein wechselndes Äußeres zeigen. Ich kann es unterlassen, hierfür ein Beispiel aufzuzeigen, weil dieses ganze Buch die Frage ja „durchexerzieren" wird; nur darf ich dem Leser tröstend sagen, daß er dabei doch keine methodischen und theoretischen Auseinandersetzungen zu befürchten haben wird, — ich halte vom Theoretisieren nichts, vom lebenden Sein und vom Geschehen „Leben" alles.

Knabenhaftes

Ich bin in den Jahren 1909 bis 1912 Schüler in Schmiedeberg im Riesengebirge gewesen und wohnte in einem großen Internat. Es war ein ungefüger Kasten mit Arbeitssälen, Speisesälen, Schlafsälen und was das menschliche Leben sonst zu einem Kasernenleben machen kann. Das einzig Schöne an diesem Hause war sein alter, vielleicht sechs Morgen großer Garten, der bis zur Stadtmauer reichte, und dessen uns verschlossene und verbotene Ausgangspforte in einen „chinesischen Pavillon" einmündete. Dahinter erhob sich der blaue waldtiefe Forstkamm, dieser Rücken ohne Halt und Grenze, und über ihn die Koppe. Sie stand graublau und manchmal wie ein Wolkenschemen vor dem Himmel. Wir waren rund sechzig „Internatler" und zwei Lehrer, samt einem „Vorsteher", der von pädagogischen Künsten nichts verstand und der deshalb aus unsern Jungenseseleien ernsthafte Vergehen machte. Ach, unsere bescheidenen Jungenseseleien! Die wichtigen Dinge fünfzehn- und sechszehnjähriger Schüler: die erste Zigarette, und das sich-Brüsten mit Mädchenbekanntschaften, das Märchen „Casa mia", eine Mädchenpension für Italienerinnen, das Überschreiten des „Ausgangs", weil man hinter einem Mädchen hergelaufen war, eine halbe Stunde lief, kein Wort zu sagen wagte, nur immer mit jenem heimlichen Würgen und dem Kloß im Halse! Wir hielten nach Meinung unserer Lehrer eng zusammen, verschworen uns zu Unfug, Übertretungen, liederlichem Lebenswandel. In Wahrheit gab es um dieser Dinge willen bei uns keinen Zusammenhalt, kaum im Verhör, wenn etwas „rausgekommen" war und man die Mitschüler zum Vorsteher schickte, der ihnen Belastendes auszupressen versuchte.

Nein, jenen von unsern Lehrern vermuteten Zusammenhalt gab es nicht, — und doch entfaltete sich in eben diesen Jahren ein Heimlichtun, ein Miteinanderleben, eine Nähe. Es ist aus reinen Zuneigungen und Sympathien entstanden. Wir machten zusammen unsere Sonntagswege. Wir kehrten zusammen in Buchwald ein und taten uns am Billard groß, wie Sechzehnjährige sich am Billard großzumachen pflegen. Wir teilten unsere „Freßpakete", gingen zusammen in die Konditorei zum „Griebsch"; wir nahmen in unsern „Bund", der quer durch alle Klassen und Schlafsäle ging, nur auf, wer eine Anzahl körperlicher Proben durchgehalten hatte, — ich habe am Sonntag vor dem Kirchgang eine reichliche halbe Stunde „boxen" müssen, so daß der Arm den ganzen Tag steif und verschwollen und blutverkrustet herunterhing; wir schufen uns eine heimliche Sprache, die wir mit griechischen Buchstaben geschrieben haben, — mit andern Worten: wir haben so etwas wie eine „Knabenschaft" gehabt. Mit „Knabenschaften" bezeichnet die Volkskunde die bündischen Zusammenschlüsse unverheirateter Burschen, — in Schlesien hieß man sie meistens „Jugend", — und diese Bünde werden gewöhnlich den „Männerbünden" zugerechnet.

Was aber, woran mir augenblicklich noch am meisten liegt, was, habe ich mich in den späteren Jahren oft gefragt, was ließ dies sozusagen bündische Tun „von selbst" entstehen? Wie ja das bündische Tun der jungen Menschen vor dem ersten Kriege, der „Wandervogel" beispielsweise, auch „von selbst" entstand?

In diesem „von selbst" liegt eine Behauptung ausgesprochen, — die nämlich, daß hier ein Unbestimmbares, Unfaßbares, Unbewußtes treibe, ein vor dem rationalen Leben existierender Impuls. Es „liegt im Menschen", sich an andere Menschen anzuschließen; er ist ein „soziales Wesen", — und in den anfänglichen, frühen Zeiten war diese soziale Haltung des Menschen sicher eine besonders ausgeprägte. Und eine noch stärker bestimmende, als sie es in Schmiedeberg gewesen ist.

Auf diese anfängliche Haltung ist sehr häufig hingewiesen, und es ist häufig unterstrichen worden, daß in einem frühen Stadium in der Geschichte unseres Geschlechtes das Individuum keine Rolle spielte. Man hat von hier aus auch den Totemismus zu erklären versucht, die merkwürdige Anschauung, daß ein Stamm, ein Clan und eine Klasse mit einer Tierart einen gemeinsamen Ahnherrn habe, daß also zum Beispiel ein Clan „Steinadler" oder „Krähe" mit der Art „Steinadler" oder „Krähe" einen gemeinsamen Vorfahren besitze. Es wird hier also nicht ein einzelnes menschliches Individuum mit einem einzelnen tierischen in einen

Zusammenhang gebracht, sondern die menschliche Gruppe mit der Gattung Steinadler oder Krähe. Das deutet auf jenen den Soziologen bekannten Zustand hin, in welchem die Gruppe alles ist, der Einzelne aber nichts, eben die von den Soziologen als Clan-Stadium bezeichnete Stufe. Hier kann man beinahe sagen, daß der Einzelne nicht existiere. Ein Beispiel dafür, wie wenig unsere Vorstellungen von Individualität auf dieser sozialen Stufe überhaupt noch berechtigt sind, begegnet in den Verwandtennamen und Geschlechtsbezeichnungen der Arunta. Bei diesem australischen Stamme nannte ein Mann seine Frau, die doch ein Individuum, ein Einzelwesen ist, Unawa; so aber bezeichnet er auch alle Frauen, welche derselben Gruppe wie seine Frau angehören. Ein Mann nennt seine Kinder dort Allira; so aber nennt er die Kinder aller seiner Clan-Brüder auch, während die Kinder seiner Schwestern alle Umba heißen. Es gibt dort auch kein eigenes Wort für Mutter, denn Mia bedeutet Mutter ebensogut wie Mutterschwester; der Name gilt also für alle, die zu dem Vater in eben demselben Clan-Verhältnis stehen wie seine rechte Mutter. Das Individuum ist eben auf dieser Stufe alles, was es ist, allein als Mitglied eines Clans. Und irgendwelche Rechte als Mensch hat es nicht, es hat sie allein und nur als Mitglied eines Clans. Die Religion besteht auf dieser Stufe nur darin, daß man im Clan gemeinsam die ererbten Bräuche übt.

Die Frage, ob das hier über den Totemismus Ausgesagte stimmt, braucht uns in unseren Zusammenhängen nicht zu interessieren; uns ist nur wichtig, daß für eine frühe kulturgeschichtliche Stufe der Mensch als ein nur-soziales Wesen nachgewiesen werden kann. Daß er, ehe er ein Einzelner wurde, die Gruppe suchte, wahrscheinlich aus einem dunklen und ihm selber unbewußten Triebe, (wobei ich das Fliehen in die Gruppe gar nicht erst betonen will, weil es nur ein auffälligeres unter mehreren Motiven ist).

Vielleicht war in den Schmiedeberger Schülern etwas Ähnliches aufgewacht.

Das hier soeben angerührte Problem steht aber unter einem zwiefachen Aspekt. Es ist zunächst als ein kulturgeschichtlich-soziologisches angesprochen worden: das soziale Sein erscheint darin als eine der Grundtendenzen unseres Lebens. Man wird die Frage aber auch als eine psychologische stellen müssen: aus welchen psychologischen Grundhaltungen eigentlich lebt der Mensch, und: ist in diesen Grundhaltungen eine Gerichtetheit vorhanden, die ihn in eine Vergesellschaftung und in eine Gruppe treibt? Und ebenso wie zur Gruppe auch zu einem bündischen Zusammenschlusse.

Die nächste in Frage kommende Grundhaltung, — eine „Veranlagung" im Menschen, die ihn zum andern Menschen zwingt —, ist mehrere Male erörtert worden, wobei man besondere Verhaltensweisen von Mann und Weib bemerken wollte; das aber führt alle bündischen Triebe auf Naturanlagen, auf in den Menschen eingeborene seelische Verhaltensweisen zurück, und dürfte darum als eine wirkliche „Grundhaltung" bezeichnet werden, als ein nach den Geschlechtern differenzierter sozialer psychologischer Akt.

Man hat da nämlich zwei sehr große Gruppen unterscheiden wollen: die eine, in welcher alle sozialen und gesellschaftlichen Zusammenschlüsse im letzten mit dem geschlechtlichen Leben des Menschen irgendwie zusammenhängen, und eine andere, die der Mensch „freiwillig" sucht und schafft. Man hat die erste dem Weibe, die zweite aber dem Manne zugeordnet. Setzt man an Stelle „geschlechtlich" und „freiwillig" andere termini, vielleicht „natürlich bedingte" und „künstlich gefundene" Vergesellschaftungen, dann will der Zwang, die beiden zu scheiden, eigentlich noch stärker werden. Es fallen hier auseinander: Gesellschaften oder Vereinigungen, die aus Geschlechtsverkehr und Fortpflanzung entstehen, und solche, die durch natürliche Verbindung ähnlicher Individuen zustande kommen. Nur die der zweiten Art kann man als ein Erzeugnis des Gesellschaftstriebes bezeichnen, und nur von diesen gilt es, daß man bei dem Weibe nicht so viel Sinn und Neigung für sie finde als beim Manne. Gewisse weibliche Züge, hat man dann erklärt, täuschten bei oberflächlicher Betrachtung über diese Tatsache wohl hinweg: so etwa die Mutterliebe in ihrer selbstlosen Hingabe für andere. Auch manche Untugenden wie Schwatzhaftigkeit und Freude am Sich-Putzen, auch platte Neugier, die sich mehr als nötig um die Angelegenheiten anderer kümmert und oft genug zur würdelosen Klatschsucht auszuarten droht, könnten für Ausflüsse eines starken Gesellschaftstriebes gehalten werden. Doch die bekannte Tatsache, daß sich Frauen nur selten unbefangen miteinander befreunden können, daß sie im Gegenteil ein Mißtrauen und selbst Übelwollen gegen ihresgleichen nicht leicht überwinden, ist nach den eben angeführten Meinungen ein bedenkliches Zeichen; denn der Gesellschaftstrieb müßte ja gerade gleich zu gleich gesellen, wie das bei Männern immer wieder sichtbar werde. Ein Blick auf die Zustände des tatsächlichen, wirklichen Lebens soll denn auch die geringe gesellschaftsbildende Kraft des weiblichen Geschlechts erkennen lassen. Von den gesellschaftlichen Verbänden sekundärer Art, die sich nach Aussage der Soziologen in unendlicher Menge finden, sei die erdrückende Mehrzahl nur von Männern gebildet worden; die wenigen Verbände, zu denen Angehörige des weiblichen Geschlechtes zusammengetreten sind, oder an denen sie auch nur als gleichberechtigte Mitglieder neben den Männern teilgenommen haben, könnten als schwache Nachahmungen der reinen Männergesellschaften gelten; fast niemals seien es ganz selbständige Schöpfungen der Frauen. Demgegenüber seien aber im Weibe die Gefühle der Geschlechts- und vorzugsweise die der Elternliebe, die als die Wurzeln der natürlichen Gesellschaftsgruppen zu betrachten sind, stärker und vielseitiger entwickelt als beim Manne, und das Geselligkeitsbedürfnis des weiblichen Geschlechtes, das zweifellos vorhanden sei, habe ganz vorwiegend in dieser Richtung sich entfaltet. Und man meinte auch, daß die geringe soziale Kraft des Weibes darauf beruhe, daß es im letzten für die Rechte des Geschlechtslebens einzutreten suche, und daß sein Tun und Denken sich mit Vorliebe um d e n Mittelpunkt bewege. Man dürfe deswegen wohl annehmen, daß der Mann die antisozialen Folgen der Brunstkämpfe um das Weib erkannte, und daß er mit dem Versuche, die Geschlechtsrivalitäten aus dem Gesellschaftsleben möglichst fern zu halten, angefangen habe. In Wahrheit wäre immer die Vertreterin des Geschlechtslebens und der auf ihm beruhenden Verbände das Weib, während der Mann dem rein geselligen Dasein, das gleiches mit gleichem zu erhöhter Kraftentfaltung und gesteigertem Lebensbewußtsein vereinige, aus seinem innersten Wesen heraus huldige und alle Liebe zum Weibe immer nur als eine Episode nehme. — Indem ich diese Bemerkung einer den Männerbünden gewidmeten Schrift zitiere, muß ihr Bedenkliches ohne allen Zweifel sichtbar werden. Ist denn im Leben des Mannes wirklich das Weib nur eine Episode? Natürlich im Leben des geschlechtlich müden Mannes, des in die siebziger Jahre gehenden, sonst aber ist es doch wohl weithin Zentrum, Verlockung, Lockung, Aufgabe und Sinn. Und hat, was als gesellschaftliche Möglichkeit für ihn vorhanden ist: die Innung, die Kompagnie, der Kegelverein nur einen Teil des Interesses, den Frau und Liebe und das zweieinige Miteinander für ihn hat? Ich glaube, die Gegenüberstellung verzerrte nur die Situation, indem man Einzeltatsachen überhöhte und zu sehr verallgemeinerte.

Doch wende ich mich lieber dem Hauptpunkte der Hypothese zu. Wie

hieß es doch? Am wenigsten ist bei Frauen eine Neigung zum Zusammenschlusse vorhanden, da Frauen, ihrem tiefsten Wesen entsprechend, in
den Angehörigen des eigenen Geschlechts mehr Nebenbuhlerinnen als
Genossinnen zu sehen pflegen. Und andrerseits sind Frauen doch
auch wieder nicht imstande, durch offenen Kampf zu gegenseitiger
ritterlicher Achtung und zu anderer in seinem Werte geltenlassender Anerkennung sich hindurchzuringen. Anders die Männer: zu Kampf und auf-
richtiger Versöhnung gleich bereit, vermögen sie sich sehr bald nach ihren
Neigungen, die in der Linie ihrer Kräfte und Fähigkeiten liegen werden,
gern zu sympathischen Gruppen zusammenzufinden und zusammen-
zuschließen. — Sympathische Gruppen sind nach diesen Untersuchungen
Gruppen, in denen die Sympathie der Mitglieder zueinander bindend
wirkt, und so, wie Männer und Frauen in gewissem Sinne zwei sympathische Gruppen bilden, so pflegen die Angehörigen einer Altersstufe
sich zueinander hingezogen zu fühlen, die Vierzehn- zu den Vierzehn-,
die Dreißig- zu den Dreißigjährigen; Alte und Junge hingegen werden
in ihren Neigungen, ihren Zielen, Hoffnungen und Gedanken wahrscheinlich immer mehr oder weniger verschiedene Wege gehen. Es wird
demnach nicht Knabe und Mann, Jüngling und Greis zu einer Gruppe
sich zusammenfinden, sondern nur immer Knabe mit Knabe, Mann mit
Mann und Greis mit Greis. Als das entscheidende Maß bei diesen Versuchen von Gruppierungen hat man meist das ganze geschlechtliche Leben
in seinen verschiedenen Phasen, in seinen Bereitschaften und jeweiligen
Vermögen oder Wünschen angesehen. Man sah es zwar: die Mannigfaltigkeit der Einteilungsmöglichkeiten und die daraus entspringenden
Verschiedenheiten der Gruppierung trat in der Geschichte der menschlichen Gesellschaft ständig neu hervor. Wenn trotzdem gewisse Stufen
und Grenzen immer wieder sichtbar werden, so liegt das nach jenen An-
sichten daran, daß dem Ablauf menschlichen Lebens ein Wachsen und
Abnehmen des geschlechtlichen entspricht. Damit macht der Fortpflan-
zungstrieb mit seinen Folgen, der die natürlichen Gesellschaftsgruppen hat
entstehen lassen, auch auf das Wesen der Altersverbände seinen Einfluß
geltend. So wird vor allem der Eintritt in das zeugungsfähige Alter fast
überall als wichtiges Ereignis anerkannt, das zwischen zwei Altersstufen
eine Grenze ziehen läßt, und das das nichtgeschlechtsfähige Kind vom
jungen Menschen scheidet, der ersten Altersstufe eine nächste an die Seite
stellt. Die Anerkennung oder die Bescheinigung der Zeugungsfähigkeit,
wie man das Pubertätsfest mit Recht nennen kann, gibt beinahe allent-

halben unter einfacheren Verhältnissen dem jungen Menschen die Berechtigung zum freien geschlechtlichen Verkehr mit den gleichaltrigen Kameradinnen. Verkehr, geschlechtlicher Verkehr bedeutet aber noch nicht Ehe. Die feste eheliche Verbindung erfolgt gewöhnlich erst viel später. Bei beinah allen Völkern liegt das Alter eines Mannes, wenn er die Ehe, (bei polygamen Völkern seine erste Ehe) eingeht, später, ja sie liegt meist beträchtlich jenseits dieser ersten Grenze. So ist die Ehe des Mannes ebenfalls nicht ungeeignet, die Scheide und den Grenzstein zwischen zwei Altersstufen abzugeben, zu deren einer die geschlechtsreifen unverheirateten jungen Männer, zu deren anderer alle Ehemänner zu gehören pflegen. Noch stärker aber und deutlicher als für den Mann ist für die Frau die Ehe eine Scheide und Grenzstein geworden; bei ihr ist, der vorhin bereits erwähnten Theorie entsprechend, das ganze geschlechtliche Leben von viel größerer Wichtigkeit, der Augenblick deshalb von größerer Bedeutung als beim Manne.

Ich will die weiteren Stufen, diejenige des geschlechtsunreifen Kindes und die des nicht mehr zum Geschlechtsleben tüchtigen Greises nicht erörtern; ich zeige nur auf, daß wie das Alter und die Geschlechtsreife des Menschen so auch noch andere Faktoren gesellschaftsbildend werden können. So kann die Tüchtigkeit zur Jagd, zum Hirtenleben, die Tauglichkeit zum Kampfe ein Kriterium abgeben, — das wichtigste scheint doch aber das zuerst erörterte zu sein. Denn überall erscheinen auf der Erde Altersklassen und sind Verbände der jungen Männer neben den Familien zu bemerken, und überall fast, wo wir typische Sippen finden und feststellen können, erkennen wir auch Knabenschaften und die Männerbünde, und sie erscheinen als die eigentlichen Träger des geselligen Seins. Indem die Männer auch nach der Verheiratung vielerorts mit ihren Altersgenossen fester verbunden erscheinen als mit ihrer Frau, wird die Bedeutung der Familie sehr geschwächt, — die Frau als die Behaupterin des Familienlebens tritt zurück, sie wird beiseite geschoben und die Familie verliert an Wert.

Die wenigen Andeutungen lassen es bereits erkennen, daß nach der Meinung einer Generation von Soziologen die außerhalb der Familie und Verwandtschaft liegenden Vergesellschaftungen, die auf dem freien Entschluß beruhenden, ein Werk des Mannes sind. Aber auch diese auf dem Wesen und auf charakteristischen Eigenschaften des Mannes stehenden sozialen Bildungen seien letztlich ein Ergebnis von Klassifikationen, welche das geschlechtliche Leben bedingte und gegeben hat, ja sie seien es in einem noch viel stärkeren Maße als diejenigen der Frau. Wenn die Familie von der Frau geschaffen worden sei, geschah das aus dem ihr eigenen Vermögen, sich auf nur einen Geschlechtspartner ganz allein zu konzentrieren, aber daneben auch aus Liebe zu dem Geborenen, zu ihrem Kinde, und aus Schutzbedürfnis. In jenen männlichen Bildungen, die ich eben auf Grund der Ausführungen einiger älterer Ethno-Soziologen zu skizzieren versuchte, sei der entscheidende Faktor (neben der Kameradschaft auf dem Schlachtfelde und der Jagd) aber die freie geschlechtliche Funktion.

Für diese soziologische Schule ist nämlich ein Hauptfaktor und ein wesentliches Merkmal der Jünglingsbünde die „freie Liebe"; sie ist sozusagen das Recht dieser Stufe und eine Schutzmauer der anderen Klassen gegen sie. Man sagt, wo das überaus verbreitete System der drei Altersklassen mit seiner Gruppierung in Kinder, Jünglinge und verheiratete Erwachsene herrsche, sei eine Abgrenzung zwischen der zweiten und dritten Stufe überhaupt nicht mehr durch natürliche Verhältnisse bedingt, sondern beruhe auf einem gesellschaftlichen Übereinkommen. Bei der Frau ließe sich als Grenzpunkt zwischen beiden Stufen allenfalls der Tag der Geburt des ersten Kindes bezeichnen, der der Verheiratung vorherzugehen oder bald zu folgen pflegt; beim Manne versagt auch dieses Hilfsmittel; so kommt es denn, daß jene Zeitdauer, in welcher Männer und Weiber der Altersklasse der mannbaren Jugend angehören, bei beiden Geschlechtern häufig sehr verschieden und beim Weibe in den meisten Fällen kürzer als beim Manne ist. Niemals wird bei den Frauen die Ehe so weit hinausgeschoben wie beispielsweise bei den Männern der Massai oder der Bororó, die gegen das vierzigste Jahr erst aus der Gruppe der Junggesellen auszuscheiden pflegen.

Die Abgrenzung der Verheirateten von den ledigen Jünglingen oder Mädchen ist also eine mehr oder weniger bewußt durchgeführte Tat. Ihr hauptsächlichster Sinn und Zweck kann aber nur der sein, die sexuelle Betätigung zu regeln oder auch einzudämmen. Wenn nämlich die Sippenverfassung mit ihren zahlreichen verwickelten Heiratsverboten die Mischung naher Blutsverwandter zu verhindern strebt, so trennt das Klassensystem die älteren Generationen von der jüngeren: die Verheirateten, denen die Aufgabe obliegt Kinder zu zeugen und zu erziehen, stehen in bestimmten, festen geschlechtlichen Verhältnissen und sind durch das erwähnte Klassensystem vorm Wettbewerbe der Jüngeren geschützt. Das aber ist wohl nur dadurch zu erreichen, daß man den Jünglingen und den

Mädchen keine Fesseln aufzuzwingen versucht, daß man den beiden den freien Liebesgenuß gestattet, aus dem sich dann allmählich festere Verhältnisse bilden und Ehebündnisse entstehen, mit deren Abschluß auch die Zeit der freien Liebe endet.

Es will mir scheinen, als gingen diese Hypothesen von einer trügerischen Überlegung aus. Ist es wirklich die Aufgabe der Verheirateten, Kinder zu zeugen und zu gebären? Kinder erzeugen kann jeder Zeugungsfähige; es aber zu einer „Aufgabe" für ein bestimmtes Lebensalter oder eine bestimmte Gruppe zu machen, scheint mir das Wesen des Mannes mißzuverstehen. „Liebe", das Zueinander der Geschlechter ist stärker als der durch eine „Aufgabe" gegebene Zwang und es ist auch das Gute an ihr, daß sie stärker ist.

Die hier skizzierten Reflexionen behaupten damit aber, daß das Verhältnis der Geschlechter zueinander zweifellos die Grundlage alles gesellschaftlichen Daseins sei; denn nur durch die beständige Erneuerung der einzelnen Glieder der Gesellschaft sei diese dauernd lebendig zu erhalten, — daß aber ebenso sehr der eifersüchtige Wettbewerb der Männer um eine begehrenswerte schöne Frau ein störender Faktor sei, der das gesellschaftliche Sein zersetze, so daß sein schrankenloses Walten nicht geduldet werden könnte. Ja man will eine noch stärkere Gefahr darin erblicken, daß der geschlechtliche Verkehr mit einem Genuß verbunden sei, bei dem es nahe liege, daß er zum Selbstzweck des Verkehres werden könne, weil die natürlichen leicht eintretenden Folgen zeitlich weit entfernt und als ein Unerwünschtes, gern Vermiedenes angesehen würden. Die Freude und nicht das Zeugen werde dann zum Ziele des Menschen. Zum Überflusse setze übertriebener Genuß die Zeugungsfähigkeit herab. Und man nimmt an, daß auf die Weise leicht sehr schlimme, für den Bestand der ganzen Gesellschaft nachteilige Verhältnisse entstünden, wie ja bei vielen Naturvölkern sexuelle Übersteigerungen auf der einen, Geburtenverhütungen, Aussetzungen und dergleichen auf der anderen Seite den festen gesunden Boden ihres Volkstumes schwer erschüttert hätten.

Das alles spricht, variiert, nochmal das vorhin Ausgesagte aus: es sei die Aufgabe des Menschen, zu zeugen und sich fortzupflanzen, damit der Stamm, der Clan, die Gruppe am Leben bleiben könne. Das Leben wird also hier von sozialen Zweckbestimmungen gelenkt; das Volk, der Stamm, die Gruppe oder welche Vergesellschaftung es sonst sei, wird als ein Wert, der ja erhalten werden müsse, angesehen. Der Mensch ist hier nur um des Stammes, der Gruppe willen da, nicht aber der Stamm, die Gruppe um des Menschen willen. Im Grunde hat diese Argumentation das schon vor-weggenommen, was später zu einem kaum noch Übersteigernden auf-gewachsen ist: die Dekorierung der kinderreichen Mütter durch den Staat, weil dieser Staat viel Menschen brauchte „als Kanonenfutter". Das Kind war nicht die schöne Frucht der liebenden Begegnung, es war das jeden Abend beabsichtigte, gewollte Resultat, um einer Forderung und einem Soll des Staates zu genügen.

Man wird sogar noch einen Schritt weitergehen können. Wenn man befürchtet, daß das nahe Beieinander zweier Menschen, der holde Rausch und das Entbrennen aneinander „Selbstzweck werden könne", und wenn der Mensch aufglühe, weil die Folgen weit entfernt und sie deswegen leichtsinnigerweise nicht in das Kalkül gezogen würden, dann wird aus einer hohen Stunde des Menschen eine verschlampte Schulaufgabe; dann wird, was Liebe ist und Aufglühen und ein tiefster Rausch, in dem der Mensch bis in die dunkelsten letzten Gründe sinkt, zur falschen Lösung eines dem Menschen aufgegebenen Exempels. Dann wird aus Liebe ein Brimborium um die „Aufgabe": das Zeugen; sie wird im Grunde nur um der Fortpflanzung willen zugegeben. Denkt man das weiter, — und es liegt ja in den Gedankengängen, daß sie zu einem Weiterverfolgen des Erör-terten führen müssen, dann dürfte man einem jeden Ehepaar gegebenen-falls in jedem Jahre oder in anderthalb Jahren nur eine Begegnung zu-gestehen. Ich glaube, daß man nur einmal diese Konsequenz aussprechen muß, um das Gefährliche und Irrtümliche der Gedankengänge auf-zudecken, — denn die Natur legte es wohl in den Menschen, daß er öfter und nicht nur zum Zwecke des Zeugens eine Frau umarme. Was die Ver-treter dieser Hypothesen auf den Irrweg führte, ist offensichtlich: man ist einer falschen Schlußfolgerung unterlegen; man hat das ganze Leben des Menschen und damit sein sexuelles Leben als dem Kausalzwange und dem rationalen Schlusse untergeordnet angesehen. Man hielt, was nicht im logischen Zusammenhange stand, für „falsch". Es ist das auf die ratio, auf logische Schlußfolgerungen und -gesetze geordnete Denken einer mathematisch gültigen Welt; der Mensch wuchs auf und er gehorchte physikalischen Gesetzen, die rationale und mechanistisch gedachte Fest-stellungen gewesen sind, und er hing ganz im Netze einer mechanistischen Weltanschauung.

Ich schiebe das eben Gesagte als ein allein am Rande Wichtiges beiseite und wende mich nun wieder dem unterbrochenen Gedankengange zu. Die Einteilung in drei Klassen, — so lehrte man bei den skizzierten Unter-

suchungen, — sie würde in ihrer einfachsten Form wohl den Versuch darstellen, eine bestimmte Zeit des Austobens, des Genießens oder „Sich-
Auslebens" festzusetzen. Darauf trete sodann die Periode des gesetzteren
ehelichen Lebens mit ihren Pflichten und ihrem engeren Verhältnis zwischen Mann und Weibe ein. Es handelte sich also um einen Schutz des ehelichen Lebens und Geschehens, indem man der „Jugend ohne Tugend"
einen „Naturpark" reserviert. Doch die Bedeutung und der Sinn der
jugendlichen Altersklassen ist mit der Abschirmung der Ehe und der
damit erreichten Regelung der Sinnlichkeit noch nicht völlig ausgesagt.
Ein anderes Ergebnis ihres Daseins tritt so stark hervor, daß manchem
die Frage erlaubt erschien, ob denn der Einfluß dieses Klassenwesens auf
das geschlechtliche Leben des Stammes nicht im Grunde nebensächlich sei,
und der ursprüngliche Kern und Absicht der Erscheinung auf einem
anderen, eben dem rein gesellschaftlichen Gebiete liege. Betrachten wir
nämlich einmal die Verhältnisse, die heute noch zahlreiche Naturvölker
aufzuweisen haben, genauer, so ergibt sich sehr bald, daß die Klasse der
ledigen jungen Männer immer am ausgeprägtesten und am besten organisiert erscheint, und daß dann weitere gesellschaftliche Formen aus ihr hervorgegangen sind. Die Masse der Mädchen dagegen — von seltenen Aus-
nahmen abgesehen — ist nur die schwache Nachahmung und ein blasseres
Spiegelbild der Jünglingsklasse. Damit wird aber der zwischen Männern
und Frauen waltende Gegensatz von neuem offenbar: der Mann gesellt
sich willig seinesgleichen zu und schafft gern kameradschaftliche Gruppen,
Bünde und Zusammenschlüsse, die Frau tut alles dies nach seinem Vorbilde, nur gelegentlich; im übrigen ist sie die Hüterin der natürlichen
Gruppe, der Familie. Da nun der Bund der jungen Krieger oder Jäger,
wie man die Altersklasse der Jünglinge meist nennen kann, die rein gesellschaftlichen Neigungen des Mannes in sich beschließt, so tritt er jetzt auch
in diesem Sinne in einen starken Gegensatz zur Altersklasse der Verheirateten mit ihren vorwiegend auf Familie und Besitz gerichteten Interessen, und er gewinnt, was sicher nicht zu unterschätzen ist, dadurch
Bedeutung für den Weiterbau des sozialen Lebens. Zunächst wird durch
den Bund der Junggesellen die ältere Generation der Männer meistens
davon abgehalten werden, in der selbstsüchtigen Enge des Familienlebens aufgehen. Man sagt, die Möglichkeit, daß größere Familien ihren
inneren Zusammenhang bewahren, daß Sippen entstehen, beruhe wohl in
erster Linie auf dem gesellschaftlichen Zusammenhalten und Zusammen-
stehen der Männer, das sich am deutlichsten in der Klasse der Junggesellen

offenbare. — Die Altersklasse der Jünglinge und der Mädchen, also die der Jugendlichen, erscheint nach diesem nicht nur als eine geschlechtliche Organisation, die einerseits dem jungen Volke die Möglichkeit zu lieben schafft und andrerseits um Ehefrauen und Familien einen Zaun errichtet; das in den jungen Menschen drängende „Jugendliche" scheint genau so stark, ja es ist möglicherweise stärker als die eben bezeichnete Idee. Es klingt im jungen Manne ein eigentümlich männisches Wollen auf.

Und in der Tat wird man einmal die Frage aufwerfen und durchdenken müssen, was eigentlich formend hinter diesen jungen Männerbünden stehe. Liegt das Primäre in dem Zueinander pubertierender junger Burschen, die ganz „im Saft stehen" und in denen es unruhig treibt und gärt, — man spricht ja gerade von diesen Jahren der Männer als von ihrem Rüpelalter, und Raufen und Schlagen und die Lust am Kriege sind hier Werte, nicht selten sogar die höchsten Werte, die es für die Burschen gibt, — oder ist alles anders und das Ausschlaggebende und Primäre ist das erwachende Glühen im Blute, ist das Greifen nach dem Weibe?

Man könnte, um die soeben gestellte Frage nach Möglichkeit zu klären, auf eine Reihe uns naheliegender und sehr gut erforschter knabenschaftlicher Erscheinungen — wie etwa das schwedische Jungvolk — hinweisen und vor allem auf die Frage, wie dieses Jungvolk das Problem der freien Liebe löste. Denn dieses Problem steht anscheinend als das wichtigste im Vordergrunde. Wenn man behauptet hat, das Dasein einer starken Jünglingsklasse sei eng mit dem Bestehen der freien Liebe verbunden und verknüpft, mit einem Geschlechtsverkehr noch ohne die Bande und Pflichten einer Ehe, und „überall wo diese Möglichkeit beschränkt oder ganz abgeschnitten wird, schmelze die Altersklasse der Junggesellen naturgemäß sehr zusammen" — dann ist das sexuelle Leben der entscheidende Faktor für die Existenz der Klasse. Wenn aber das schwedische Jungvolk, wie ich dann noch zeigen werde, dies große Problem in der „Nachtfreierei" zu lösen versuchte und es wohl auch löste, dann straft das wirkliche Leben jene soziologische Hypothese Lügen.

Man brauchte jedoch vielleicht gar nicht so weit zu gehen oder man sollte vielmehr nicht unsere gegenwärtigen Erscheinungen hierher ziehen, weil sie durch tausend Einflüsse ihre Linie verloren haben können, weil die Abszisse „bäuerliche Zeit" und „bürgerliche Zeit" mit allen sie begleitenden Erscheinungen korrigierend eingegriffen haben könnte, — ich will deswegen lieber eine frühkulturliche Erscheinung sprechen lassen. Nach Untersuchungen schwedischer sowie deutscher Märchenforscher entstanden die sogenannten Zaubermärchen in der mutterrechtlich-agrarischen oder Pflanzerzeit. Sie haben deswegen, was man fälschlicherweise oft behauptet hat, gar keine erotische oder ins Sexuelle zielende Tendenz; zum mindesten wäre in Hinsicht auf das skandinavische und deutsche Märchen gegen die eben erwähnte Zuordnung Einspruch zu erheben. Als der ‚gelernte Jäger' (Grimm KHM 111) jene schlafende Prinzessin sieht, nimmt er ihr den Pantoffel, ein Stück ihres Halstuches und ein Stück vom Hemd, und „sie war so schön, daß er still stand und sie betrachtete und den Atem anhielt". Dann aber geschieht nichts weiter, sondern der Jäger dachte bloß: „ich will heimgehen zu meinem Vater und ihm zeigen, was ich schon getan habe, dann will ich in der Welt herumziehen; das Glück, das mir Gott bescheren will, wird mich schon erreichen". Es ist ein etwas seltsames Verhalten für einen Liebhaber und Verliebten, der er ist. Und wie ist es im Märchen von den ‚zertanzten Schuhen' (Grimm KHM 133)? Da treiben sich die Prinzessinnen jede Nacht bei ihren Liebsten in der andern Welt herum. Ein alter Soldat beobachtet sie und löst das Rätsel, weswegen morgens immer zertanzte Schuhe vor den Betten stehen. Und da sie sahen, „daß Leugnen nichts half, so mußten sie alles eingestehen. Darauf fragte ihn der König, welche er zur Frau haben wollte. Er antwortete: ‚Ich bin nicht mehr jung, so gebt mir die älteste.' Da ward noch am selbigen Tage die Hochzeit gehalten und ihm das Reich nach des Königs Tode versprochen." Von wirklicher ‚Liebe' kann man hier gewiß nicht sprechen. Und so ist es in beinah allen unverderbten, literarisch unzersetzten Märchen; sie wissen von Heirat, Ehe und Königwerden, aber nicht von Liebe.

Nach diesem sozusagen negativen Beweis noch ein positiver: Es ist sehr auffällig, daß das Märchen gern vom Helden und sehr viel weniger häufig von der Heldin spricht, so daß sogar ursprünglich weiblich gerichtete Märchen männisch umgebogen werden. Das Blaubart-Märchen beispielsweise lautete im Anfang so, daß eine letzte und jüngste Tochter den Verbrecherischen überlistet und daß sie die von ihm abgeschlachteten und verlockten Schwestern rächt. In jüngeren Formen des Märchens ist es ein Bruder, der die Schwestern rächt; es ist, als habe das Märchen keinen weiblichen Helden denken können. Es ist in weiten Strecken männlich gerichtet, auf das Männliche gestimmt, ich möchte noch besser sagen: männlich-jugendlich gestimmt. Denn seine Helden sind fast immer ausziehende Jünglinge oder Prinzen. — D a s nämlich ist noch zu unterstreichen: ausziehende Jünglinge oder Prinzen. Die Helden des Märchens sind fast immer unterwegs. Auf Wanderschaft. Sie suchen das Abenteuer in den Weiten, wo die Sonne wohnt, im dichten und undurchdringlichen Walde, wo die Hexen und die Drachen hausen. Sie sprechen ‚von einem, welcher auszog' und von seinen meist sehr jugendlich bestimmten Helden-stücken oder -taten, die Raufen und Kämpfen, Drachenschlagen, Unge-heuer-Niederwerfen sind; die Heldengeschichten eines jugendlichen, fast noch Rüpelalters. Vielleicht, wenn man das beides einmal streng ins Auge faßt, erscheinen sehr weite Strecken des Märchens wie von hier bestimmt. Als seien sie Abenteuer jugendlicher Helden eines Männerhauses; als ob hier männerbündische Wunschgedanken aufgelodert seien. Sehr männisch bestimmte, denn im Vordergrunde steht das sich-Beweisen, steht nicht die Liebe, die Frauen-Begegnung und das Liebesabenteuer. Auch die Prinzessin ist nur ein Stück Kampfgewinn und Preis des Kampfes, nicht aber um ihres Weiblichen willen da, nicht ein erotischer Gedanke. Die Märchen sind auf sehr weite Strecken vor-erotisch. Männisch kühl. Sind männisch-gerichtete Abenteuer-Geschichten in der Frauenzeit.

Man könnte noch weitere Argumente, (welche aber nicht hierher ge-hören), Beweise für ein vor-bäuerliches Alter unserer Märchen nennen. Uns geht hier allein der Hinweis auf das Männische der Märchen, auf ihre mögliche Herkunft aus dem Männerhause an. Ja nicht mal das, — wir wollten nur ein Einziges ermitteln: den Ton und die Gestimmtheit derer aus dem Männerhause. Wir wollten ja nur sehen, was dort gilt. Was der Gesprächsstoff und Erzählstoff dieser jungen Burschen ist, um daraus zu erfahren, welche etwaige Gedanken sie beseelen.

Das Abenteuer, das männliche Sich-Beweisen spukt in ihren Köpfen. Ihr Leben zielt auf das Abenteuer. Auf die große Heldentat. Man rühmt diejenigen, die ein solches Heldenstück bestanden haben, sie werden zum Vorbild. Und von ihren Unternehmungen wird gesprochen, — es sind die „Märchen", die von ihnen und von ihrem Tun erzählen.

Auch die Heroen, welche einmal ihre Männerbünde schufen, wie etwa den Geheimbund Wapulane auf West-Ceram, sind solche Helden, Ritter gegen Dämone, Untiere oder Feinde. Ich will zwei westceramische Mär-chen über sie zitieren. Das eine berichtet von der Entstehung des Geheim-bundes Wapulane: „Tanko télie hieß früher nur Télie und war das Haupt einer Familie in Hoamoal. Im Kakihan-Geheimbundhaus lebte der sogenannte Nitu des Kakihan, und alle Menschen gaben täglich viel Essen an einen Priester Mauen maitale, der das Amt hatte, dem Nitu das Essen zu bringen. Der Nitu wohnte in dem Kakihan-Haus außerhalb des Dorfes und niemand durfte ihn sehen. Nur der Mauen maitale sah ihn, wenn er ihm morgens das Essen brachte, und wenn er abends kam, um die roten und gelben Blumen des Nitu zu holen. Die Blumen brachte der Mauen maitale den Menschen, damit sie sich schmücken konnten, wenn sie zum Fest gingen. Télie beschloß, den Nitu sehen zu wollen, und er nahm neun halbe Kokosnußschalen. Zwei Hälften band er auf die Knie, zwei auf die Ellenbogen, eine oben auf den Kopf, eine auf das Gesäß, zwei unter die Füße und eine, in die er zwei Löcher machte, um sehen zu können, vor beide Augen. So verbarg er sich hinter dem Kakihan-Hause und konnte wegen der Kokosnußschalen selbst nicht gesehen werden. Da bemerkte er, wie der Mauen maitale mit dem Essen kam und es einer Schlange gab. Die Schlange aß alles. Am Abend kam der Mauen maitale zurück. Die Schlange hatte viele Schuppen angesetzt, rote und gelbe. Sie krümmte sich mehrfach und die Schuppen fielen von ihr ab. Der Mauen maitale nahm die Schuppen mit und verteilte sie unter die Menschen, damit sie sich beim Fest mit ihnen wie mit Blumen schmücken konnten. Da wußte Télie, daß der Nitu kein Mensch, sondern eine Schlange war, und er verbot seiner Familie, fernerhin Essen für den Nitu zu liefern. Die Schlange aber sagte: ‚Warum bekomme ich weniger Essen als früher?' Der Mauen maitale berichtete dies dem Mauen kaite, dem Oberpriester, und jener befahl, daß alle soviel Essen bringen sollten wie früher. Télie aber und seine Familie weigerten sich und gaben nichts. Als das nächste Fest kam, verbot Télie seinen Leuten, zum Fest zu gehen. Zum Priester sagte er: ‚Wir können nicht kommen, denn wir haben keine Fest-Kleidung und haben nicht genug Essen, das wir mitnehmen können.' Zu seinen Leuten aber sagte er: ‚Nehmt die Waffen, denn es gibt Krieg!' Und damit beginnt der Entscheidungskampf zwischen seiner Familie und dem Dämon samt dessen Priesterschaft und Anhang.

Das alles wird uns in nüchternen und sachlichen Worten mitgeteilt, und ist doch eine Heldengeschichte, wie sie unsere Märchen alle haben: die Auseinandersetzung des Helden mit dem Dämon oder Ungeheuer. Die einzelnen Stationen folgen wie in jedem Märchen aufeinander: die magische Auskundschaftung, das dämonische Wesen wird erkannt, die Feindschaftsansage und danach der Kampf. Man könnte mit Fug und Recht an eine unserer „Starke-Hans"-Erzählungen denken.

Und um dem eben erzählten Märchen nun das nächste an die Seite zu stellen, mag der Bericht vom Anfange der Kopfjagd folgen, die ja ein männerbündisches Unternehmen ist: „Zuerst bauten die Leute ein Männerhaus, um dort ihre Feste zu feiern. Um das Haus zu schmücken, hingen sie verschiedene Früchte dort auf wie Kokosnüsse, Bananen, Ananas. Aber sie fanden es nicht schön. Sie hingen auch Hunde, Hirsche und Schweine auf, aber es gefiel ihnen nicht. Da dachten sie, daß ein menschlicher Kopf das Haus gut schmücken würde. Aber es war schwierig, einen Kopf zu bekommen. Da beschloß der Latulisa, (das Haupt des Versammlungshauses), den Kopf seiner Schwester Silai zu holen. Er sagte zu den Leuten: ‚Geht und fällt meinen Bananenbaum!' Sie verstanden aber nicht, was er meinte, und als sie zurückkamen, sagten sie: ‚Wir haben keinen Bananenbaum gefunden!' Da ging der Latulisa selbst zu seiner Schwester, die damit beschäftigt war, einen Frauenrock zu weben, und schlug ihr den Kopf ab. Den Kopf hing er im Versammlungshause auf, das nun schön geschmückt war. — Seitdem haben die Leute die Kopfjagd. Und wenn sie in den Krieg zogen, sagten sie zueinander: ‚Hol du diese Kokosnuß' oder ‚Erklettere du jenen Kanari-Baum'. Wer noch keinen Kopf genommen hat, kann das nicht verstehen; aber die anderen wissen, was gemeint ist . . .“

Das ist nur eine Geschichte und ein „historischer Kopfjagd-Bericht“ und die Geschichte von der Leistung eines Helden, der irgendwie am Anfange aller männerbündischen Übungen steht und ist doch ein Bericht — aus vielen lang bekannten Märchen. Es kehrt, um unter den deutschen nur ein einziges zu nennen, im siebenbürgischen „Die dunkle Welt“ sehr deutlich wieder. Als eine Station des Weges, den der Held dort geht. Was aber vor allem andern in diesem unseren Zusammenhange wichtig ist: die beiden Geschichten sind Erzählungen aus dem Männerhause, aus den geheimbündischen Männerhäusern Cerams (wie der nächsten Inseln), und sie verraten, was bei jenen Bünden als die Leistung gilt, was sie an ihren Vorbildern an Beachtenswertem sehen.

Das aber gerade ist es, was wir zu erfahren suchten. Das Knabenhafte, die Lust zum Abenteuer, Krieg und Töten, das männische Sich-Bewähren, Kampf und Raufen, steht bei den männischen und jünglingsartigen Bünden ganz im Vordergrunde, — viel mehr das Männische als die Abenteuer einer Liebe. Und — füge ich mit einem Vorblick auf ein späteres Kapitel zu, in welchem von diesem Männischen noch einmal die Rede ist — das Ringen, der Kampf mit lebenraubenden Ungeheuern und Dämonen, das Sich-Bewähren, selbst wenn die Ungeheuer einem töten und verschlingen.

Das Knabenhafte in der männerbündischen Gesellschaft, auf das ich soeben versuchte hinzuweisen, tritt aber bei anderen Gelegenheiten

noch viel stärker in Erscheinung. Es wird zunächst in einem ganz besonderen Maße darin deutlich, daß man versucht, sich allen weiblichen Einflüssen zu entziehen. In meiner Schulzeit war es für uns Jungens eine
richtige Schande, mit Mädchen zu spielen, sie zu unseren Spielen zuzu-
ziehen, und man konnte einen Zwölf- bis Dreizehnjährigen nicht mehr
ärgern, als wenn man zu ihm von einem Mädel als von seiner Liebsten
sprach; so wie es auf Neu-Lauenburg als Schande galt, wenn einer ein
„Weib" genannt wurde, — und so hießen dort diejenigen, die nicht in den
Duk-Duk-Geheimbund aufgenommen waren. Nichts anderes ist bei sehr
vielen Naturvölkern wahrzunehmen; da sondert der junge Bursche sich auch
von den Mädchen ab; da ist er nicht mehr der Mutter untergeordnet oder
untertänig; er wohnt nicht mehr in ihrer Hütte oder bei den Schwestern
und er entwindet sich ihren Geschäften, ihrer befehlenden Gewalt. Zuweilen, wie bei den Polynesiern, hat das seinen guten Grund: weil Söhne und
Töchter einer Mutter ja den gleichen Totem haben, wäre ein in das Geschlechtliche hinüberklingendes Spiel der Kinder — und es klingt sicher
oft hinüber — Blutschande und Verbrechen. Doch das dem-Weibe-sich-
Entziehen gilt nicht nur bei totemistischen Stämmen und ist auch ein
der Mutter und ihrem Fordern Sich-Entziehen; es ist ganz einfach ein
den Pubertierenden eigentümlicher Charakterzug. Und ein auch von den
älteren Männern noch geförderter Wesenszug. So werden bei den Australiern die jungen Leute aufgefordert, sich fortan nicht mehr mit den Weibern und den Kindern abzugeben. Auch bei den Kaffern hat man ein ähnliches Verhalten feststellen können: dort werden die jungen Burschen bei
der Beschneidung von den Männern, die ja bei dieser Zeremonie anwesend
sind, ermahnt, sich hinfort von den Frauen nicht mehr leiten zu lassen
und auch die mütterliche Autorität von nun an nicht mehr anzuerkennen.
Genau so teilen die Hottentotten ihren jungen Burschen mit, daß sie sich
nun den Männern anzuschließen hätten, der Mutter aber keinen Gehorsam weiter schuldig seien. Meist werden die Anregungen und Anleitungen
aber wohl nicht nötig sein; es liegt im reifenden jungen Burschen, daß er
Mann sein will und daß er alles Weibliche als verächtlich von sich weist,
denn daß er mit seiner Aufnahme in die Knabenschaft aus allem Weiblichen heraustrete, alles von sich tue, wird in den Übergangsriten oft durch
Wort und Zeichen ausgesprochen. Dem mannbar gewordenen Jüngling
ist der Knabe nur „ein Weib"; er spielt mit Mädchen, gilt noch als ein
Mädchen, wird erst durch die Weihe aus einem weiblichen in ein Wesen
männlichen Geschlechtes verwandelt. So wird bei den Hereros und bei

manchen anderen Stämmen der Neubeschnittene auch als „nicht-mehr-Mädchen" dargestellt.

Bei anderen afrikanischen Stämmen tragen die Knaben vor der Aufnahme in die Knabenschaft, das heißt gewöhnlich vor ihrer Beschneidung, Mädchenkleider. So etwa erzählt man von dem Bane-Stamme in Kamerun gelegentlich ihrer Akabatala-Knabenweihen: „Auf dem weiten Festplatz sind schon viele hundert Menschen versammelt . . . Ein großer, aus Bananenblättern aufgebauter Zaun wird entfernt, man sieht einen bühnenartigen Aufbau, den vorn ein riesiges, roh geschnitztes Götterbild ziert. Auf einer Holzbühne tanzen und singen mehrere bis auf einen Hüftschurz nackte Fetischpriester. Sie haben große Klappern in den Händen, mit denen sie unausgesetzt rasseln, während zahlreiche Musikanten auf Trommeln und Kürbisklavieren einen Höllenlärm veranstalten. Hinter den Priestern stehen die Akabatala-Jünglinge. Sie sind ganz nackt, mit weißer Tonerde bemalt, und tragen nach Weiberart trockene Bananenbüschel um die Hüften. Sechs Monate haben sie bei den Fetischpriestern einsam im Walde gelebt, um in die Stammesmysterien eingeführt zu werden. Bei den Fetischmännern lernen sie alle möglichen Tänze, die sie während ihrer Lehrzeit auf Ausflügen in den nächsten Dörfern vorführen. Alle diese Tänze zielen darauf hin, die Lachlust der Zuschauer zu reizen. Diesem Zwecke dienen auch das weiberartige Kostüm und der weiße Anstrich der Männer, die außerdem kleine strohgeflochtene Hüte auf dem Kopfe, Holzketten um den Hals und eine kleine Holzschere in der Hand tragen . . ." Wenn ich auch glaube, daß manches in diesen Bemerkungen nicht ganz stimmt — der weiberartige Anzug samt dem Weiberschmuck ist nicht zu leugnen, und nicht, daß er nach der vollendeten Handlung abgeworfen wird, und daß die Burschen sich dann bei den Weibern als ein Mann betätigen.

Ich will hier weiter im Vorbeigehen nur daran erinnern, daß man die Frauen ebenso von den Knabenweihen wie von den männerbündischen Festen an sich fernzuhalten pflegt; sie dürfen die Festhütte und den Festplatz nicht betreten, (er wird an einer abseitigen Stelle im Walde angelegt); sie werden durch Trommeln und den Klang der Schwirren gewarnt heranzukommen, — das Schwirrholz ist eine Geisterstimme, und dem Geiste begegnen, kostet sie das Leben. Wir werden, wenn ich dann von den Initiationsgebräuchen spreche, noch einige Belege für dies alles kennen lernen, — so wie ich zum Schluß von neuem an die europäische Welt erinnern will, wo ja die Burschen auch die Mädchen meiden lernen: im

Augenblicke der Vorpubertät beginnt der Knabe ja, sich von den Mädchen und den Mädchenspielen zurückzuziehen und es setzt langsam eine Abneigung, eine Schroffheit ein. Zu dieser negativen tritt als eine positive Komponente das Tun und Treiben und die Ideale des sogenannten Rüpelalters, das sich durch „Weiberverachtung", Eckigkeit, Ellenbogenwesen, Ungeschliffenheit, durch Abenteuerlust und Heldentum und Kameradschaft und endlich durch einen Zusammenschluß von Gleichgesinnten leicht bestimmt.

Auch in der Schilderung sehr vieler „Knabenschaften" will es sichtbar werden, denn sie erscheinen in diesen oft genug als Jagd- und Kriegerbünde. So hören wir über die Bororó am südamerikanischen Amazonenstrom, der Mittelpunkt des stammlichen Lebens sei das Männerhaus. Die dort zum Bunde vereinigten Männer heißen aroe, — das Wort hängt mit der jagdlichen Betätigung des Stammes zusammen. In den, so darf man ohne Übertreibung wohl berichten, fast jeden Tag und jede Nacht im Männerhause erschallenden Gesängen ist aroe nicht nur das dritte, sondern schon jedes zweite Wort, denn die Gesänge zählen nur Tiere und Dinge auf, und jedem genannten folgt sogleich ein aroe. Der Stamm macht eigentlich „den Eindruck eines aus Jägern zusammengesetzten Männergesangvereins".

Wie hier die Jagd das Denken der Mitglieder eines Männerbundes beherrscht und wie die einzelnen einander Jagdgenossen sind, so steht in anderen Bünden „Krieg" im Zentrum allen Tuns. Von einem marokkanischen Stamme, den Djebala, wird gesagt, daß ihre Versammlungshäuser echte Junggesellenhäuser seien, dabei zugleich das Zeughaus und das Arsenal des Dorfes, in dem man die für gemeinsame Zwecke dienende Munition bewahrt. Die unverheirateten Männer, mit Ausnahme der Gelehrten, bildeten eine kleine und schlagfertige Truppenmacht, die im Gemeindehause ihren Treffpunkt hat, und die wohl die Bewachung des Dorfes übernimmt. Mit diesen Belegen aber will es vollends deutlich werden, daß in den Knabenschaften und Jungmännerbünden, sowohl der primitiven Völker wie der uns noch zuwachsenden und zuletzt der europäischen, ein deutlich Unerotisches, eine im Letzten männische Gestimmtheit herrscht, (wobei ich natürlich das Erotische nicht auslöschen möchte. Nur scheint es gegen jenes Männliche zurückzutreten).

Die Jugend

Die schweizerische Form der Jungmännerbünde wird gewöhnlich als Knabenschaft, die ostdeutsche als „Jugend", die schwedische als ungdomen, unglydet, das ist junges Volk, bezeichnet. Zur „Jugend" gehörte man bei uns, das heißt in einem niederschlesischen Dorfe zwischen Bunzlau und Liegnitz, wenn man konfirmiert worden war; der Termin, wann nach der Konfirmation die Zugehörigkeit einsetzte, ist schwankend gewesen. Gewöhnlich wuchs man hinein, denn ein besonderer Aufnahmeritus bestand kaum noch. Wohl aber bestanden geschlechtliche und altersmäßige Differenzierungen: die Jungens hielten sich zusammen und auch die Mädels hielten sich besonders.

Die „Jugend" meines Heimatdorfes trat eigentlich nur bei drei Gelegenheiten sichtbar in Aktion: beim Tanz, bei einer Hochzeit und beim Begräbnis eines Mitgliedes oder auch sonst eines jungen Menschen. Der Tanzboden — an diesem Problem entwickelte sich eine Art von altersmäßiger Schichtung: die vierzehn- bis siebzehnjährigen Burschen durften noch nicht tanzen gehen; von siebzehn an erst hatte man dazu ein Recht. Und diese Grenzziehung machte uns viel Kummer, denn welcher Fünfzehn- oder Sechzehnjährige hielt sich nicht für reif, und wen verlangte es nicht, sich vor den Mädchen, mit den Mädchen zeigen zu dürfen. Aber die älteren Burschen und Mädchen hielten streng darauf, — die Burschen mit der Faust, die Mädchen mit dem „Korbe"; sie wollten von dem „grünen Gemüse" noch nichts wissen. Einfacher und zugleich komplizierter wurde das Problem, wenn man als junger Bursch im Nachbardorfe tanzte; einfacher, weil dort die Altersfrage nicht so leicht entschieden werden konnte, — man legte sich eben ein Jahr zu, — schwieriger, weil man im Nachbardorfe nichts zu suchen hatte und deshalb nicht geduldet wurde. Wir tauchten als Schüler, zwei siebzehnjährige Kaiserswaldauer, einmal in Kreibau unter den Tanzenden auf, und ich weiß es heut noch, mit welcher Mühe wir ungeschoren davongekommen sind. Hier nämlich erhebt sich ein ganzes Bündel von Problemen.

Beginnen wir mit dem ersten. Der konfirmierte Junge, das konfirmierte

Mädel sind meistens schon monate-, wenn nicht gar ein, zwei Jahre lang „aufgeklärt"; uns Dreizehnjährigen waren die diesbezüglichen Dinge in ihren gröbsten Zügen alle klar. Das braucht bei Bauernkindern, die täglich im Stalle ein- und ausgehen, nicht zu verwundern; sie ziehen sehr bald die nötigen Parallelen. Dies Klarsein bedeutete an sich wenig oder nichts; es war nur etwas, von dem die Großen nicht zu wissen brauchten, daß man es selber wußte und verstand. In manchen Fällen ergaben sich jedoch böse Zufälligkeiten. So kann ich mich noch erinnern, daß monate- und abermonatelang unter uns Dreizehn- und Vierzehnjährigen ein Fall besprochen wurde, welcher ein schwangeres Liegnitzer vierzehnjähriges Mädchen betraf. Das heißt, wir wußten zwar verhältnismäßig viel, und wiederum doch so wenig, daß unser Wissen von Angst und Zweifeln überschattet gewesen ist. So wuchsen wir nur sehr langsam — trotz unseres Wissens — in eine geschlechtlich klarere Altersschicht hinein, diejenige der etwa Fünfzehnjährigen, das heißt der Konfirmierten.

Weshalb ich von diesen frühen Dingen spreche? Weil hier ein Erstes, das uns angeht, sichtbar wird: die Gliederung, die — wenigstens bei den deutschen — Jugendlichen gilt: das Stadium des Überganges vom Kindes- zum jugendlichen Alter, und jene vorhin bereits erwähnte Differenzierung innerhalb der Jugend selbst. Sie ist nicht nur von außen her gesehen und nicht in die Jugend hineingetragen worden, es stehen dahinter auch innere, wachstumsmäßige Bedingtheiten. Und unter manchen vor allem die, daß erst der Sechzehn-, Siebzehnjährige zum geschlechtlichen Leben wirklich geeignet sei.

Daß diese wachstumsmäßigen Bedingtheiten eine wichtige Rolle im Leben der jungen Männer spielten, geht ja aus andern Umständen auch hervor. Der „Schuljunge" ist kein Arbeiter, den man ernst zu nehmen hätte. In unserm Bauerndorfe Kaiserswaldau halfen natürlich die älteren Knaben mit beim landwirtschaftlichen Tun, sie rückten fort, sie führten die Pferde usw.; aber die nicht im elterlichen Hause arbeiteten, die „auf den Hof gingen", das heißt auf dem zweitausend Morgen großen Dominium „Arbeit" fanden, wurden doch nur zum Distelstechen, Steinelesen und dergleichen Nebenbeschäftigungen gebraucht. War einer aber vierzehn, dann wurde man Pferde- oder Ochsenjunge, mit sechzehn oder siebzehn rückte man zum Kleinknecht auf und mit etwa zwanzig erst zum richtigen Knecht. Das richtete sich freilich mehr noch nach der Körperkraft, nach der Geschicklichkeit und wohl auch den speziellen Umständen, das bloße Lebensalter allein machte es nicht.

Ein ähnliches Weiter- und Aufrücken fand auch bei den schwedischen Bauernburschen statt; man maß die Möglichkeiten dafür nicht nur an den Jahren, die Burschen mußten vielmehr ihre Befähigung erst nachweisen. Gewisse Arten des jugendlichen Sportes, vor allem auch das Steineheben, scheinen vor allem anderen den Zweck gehabt zu haben, Zeugnis für die von ihm zu fordernde Leistungsfähigkeit wie für die Arbeitstüchtigkeit des männlichen Jugendlichen abzulegen. Derartige Kraftproben wurden mit einem Steine (kampasten, lyftesten), der am gemeinsamen Versammlungsplatze der Jugend — etwa am Dorfplatz oder unter den Bäumen vor der Kirche — lag, angestellt. Nur wenn ein Bursche einen solchen Stein zu heben vermochte, wurde er von seinen Gefährten als völlig erwachsen anerkannt. Das Steineheben ist also als eine „Männlichkeitsprobe" anzusehen. Daneben galten gewisse Arbeitsleistungen als Reifeprobe, so etwa das Pfluglenken, das Tragen von Getreide, das Laden von Heu und was dergleichen Künste weiter sind.

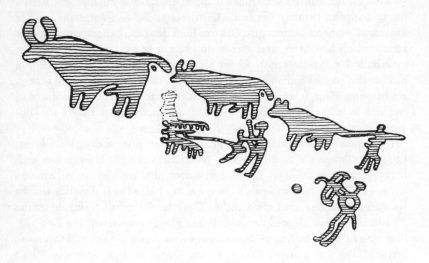

Ein bronzezeitlicher Pflüger

Das ist in Ostdeutschland übrigens auch der Fall gewesen: der rechte Knecht mußte einen vollen Getreidesack aufnehmen können und mußte ihn auf seinen Schultern auf den Schüttboden bringen, er mußte ein Heu- wie ein Getreidefuder kunstgerecht laden können, und ganz natürlich gehörte der Umgang mit den Pferden auch zu diesen Probestücken. Man fragte hier also nicht nach den geschlechtlichen Fähigkeiten, es wurde die Arbeitsreife und die körperliche Tüchtigkeit gemessen.

War das der Fall, und wertete man die körperlichen Fähigkeiten, dann läßt es sich leicht begreifen, daß die kriegerische Reife, die Waffenfähigkeit des jungen Mannes auch gewertet worden ist. Auch zog sie innerhalb der Jugend eine Grenze. Im Deutschen Reich, vor den beginnenden Umwälzungen (1914), galt wohl das zwanzigste Lebensjahr als Dienstjahr „bei den Preußen"; doch wurde in kriegerischen Zeiten diese Grenze vorverlegt: im Ersten Weltkrieg war der Siebzehnjährige militärdienstpflichtig. Herr Hitler hat in den letzten Monaten des Zweiten Weltkrieges die Grenze dann bis in das abgeschlossene vierzehnte Lebensjahr hinaufgeschoben, ein Torenstück der vielen Torenstücke des wohl nicht gesunden Mannes. Sonst galt das siebzehnte oder achtzehnte Lebensjahr als waffenfähig. Von den Jomswikingern, einem nordgermanischen Wiking-Kriegerbunde, ist keiner vor seinem achtzehnten Lebensjahre aufgenommen worden, und achtzehn war auch die langobardische Majorennität. Man meint, daß bei den germanischen Völkern diese innerjugendliche Grenze meist zwischen dem achtzehnten und dem einundzwanzigsten Jahre gelegen habe; wie Grimm bemerkte, zählte wohl die älteste Bestimmung nicht so die Jahre und das Lebensalter eines Burschen, sie maß sein Reifen an den äußeren Zeichen körperlicher Kraft. — Es liegt mir hier nicht an der die „Jugend" unterteilenden inneren Grenze; ich wollte nur wieder zeigen, daß im Vordergrunde alles Messens die körperlichen Fähigkeiten und die männliche Haltung stand; daß zwar die Fragen des sexuellen Lebens und das Schauen nach Mädchen dies Lebensalter so wie Sauerteig den Teig durchsäuert haben, doch daß es nicht das einzig Bestimmende gewesen ist. Ja, daß es anscheinend vor dem „Knabenhaften" hat abblassen müssen.

Mit diesem Wörtchen „abblassen" aber wird nun etwas ausgesagt, das das soeben Behauptete wieder auszustreichen scheint, denn das kann ja nur ausblassen, was vorhanden gewesen ist, was also irgendwie in Kraft und Gültigkeit gewesen ist; (es ist dabei gleichgültig, ob dies Ausgeblaßte eine ältere, das Knabenhafte, Männische eine jüngere Entwicklungsstufe ist, oder ob beides gleichalt und das eine nur zurückgetreten ist).

Nun deutete ich ja im Eingange dieses Abschnittes bereits an, daß sexuelle Fragen und Rätsel sicher eine Rolle spielten, daß sie ins Leben des pubertierenden Knaben eingegriffen haben. Mit dieser Bemerkung wird auch gar nichts Neues festgestellt, das „Frühlings Erwachen" spielt in diesen Jahren eine große Rolle und spielte vor Wedekind, schon seit Jahrhunderten, eine Rolle. Es spielt in hundert Farben in das Leben jedes Pubertierenden hinein, ob es die Schlafsaalgespräche in den Internaten sind, die mit Kasernenhof-Ausdrücken auch die letzten Schleier fallen machen, ob es die unter den Jugendlichen lebenden Stammtisch-Witze, die Lieder vom Typus des „Wirtshauses an der Lahn" sein mögen, ob Kreide- und Bleistiftinschriften an den Vorstadt-Bretterzäunen und die in eintöniger Folge immer wiederkehrenden Zeichnungen und Skizzen, die Phallen zeigen oder einen Geschlechtsakt anzudeuten versuchen, ob es die ersten Wege zu den Mägden in die Mägdekammer, zu alten Vetteln sind, die sich für zwanzig Pfennige gebrauchen lassen, — es schwemmt in einer breiten Flut auf diese Jahre ein.

Dies Dumpfe und Drängende aber will allmählich „klarer" werden, so wie in einem aufgerührten Teiche sich das alles setzt, was durcheinander wirbelte und das Wasser undurchsichtig machte, — der junge Bursche findet zu den Mädchen seines Alters. Bei diesen Versuchen aber gerät er in ein Netz von Schwierigkeiten: das unbewußte Abwehren reifender Mädchen und dann wiederum ihr Locken, die Ansprüche, die sich von anderen Seiten schon erhoben haben oder noch erheben, Besitzeransprüche, die ein oder mehrere andere geltend machen, die Abwehr der älteren Burschen gegen einen jüngeren Konkurrenten. Es treten sexuelle und soziale Ansprüche so in einen Streit, und es wird dringend notwendig, dieses Widereinander irgendwie zu klären. Dies Klären ist eine der Aufgaben unserer jugendlichen Organisationen.

Die Jugendschaft des Dorfes Färnäs im Kirchspiel Mora (Dalarna) hatte folgende Organisation und Ordnung: „Am ersten Sonntag im September hielt die männliche Jugend von Färnäs bei der Kirche von Mora die ‚Reiterversammlung' (ryttarstämma) ab, bei der jeder im Laufe des Jahres konfirmierte bei Geldstrafe verpflichtet war, zugegen zu sein. Der männliche Teil dieser Konfirmanden hatte dabei ‚Reiterversammlungs-geld' (ryttarstämpengar), auch friarplikt (Freierzins) genannt, zu erlegen. Erst nach Entrichtung dieses Zinses wurden sie Großburschen und durften an den Besuchen bei den Mädchen teilnehmen. Wurde einer von der Reiterversammlung früher auf derartigen Wegen angetroffen, so wurde er dafür zur Strafe in den Schweinekoben gesperrt. Die Einzahlung des Großburschenzinses (storgosspengar) konnte jedoch bis zum folgenden Mittsommer aufgeschoben werden. Die Höhe der Abgabe schwankte zwischen zwölf und vierundzwanzig Schilling. Die versammelten Anwesenden wählten einen Altmeister (alderman), der dann während mehrerer Jahre dieses Amt versah. Der Färnäser Jünglingsverband hatte schriftlich aufgesetzte Statuten, die verloren gegangen sind, deren Bestimmungen sich jedoch teilweise in der Überlieferung erhalten haben. Hauptzweck der Burschenschaft war die Aufrechterhaltung der Ordnung im Dorf ‚zu Tages- und Nachtzeiten‘. Diese Statuten hatten auf die mannigfaltigsten jugendlichen Vergehen bezug wie z. B. auf ‚das Werfen von Steinen, Stöcken und anderen gefährlichen Gegenständen auf Häuser und Dächer‘, auf ‚das mutwillige Einwerfen von Fensterscheiben‘, auf das ‚Stehlen von Äpfeln aus dem Garten des Nachbarn oder von Rüben aus seinem Rübenfelde‘, auf Weigerung, den Spielmann beim Tanz zu bezahlen und dergleichen. Jedermann, der an der Reiterversammlung teilnahm, mußte offen und wahrheitsgetreu Bericht über die im Dorfe vorgefallenen Ereignisse abstatten. War ein Bursche bei einem Mädchen gewesen und hatte dabei anderen Burschen den Eintritt verwehrt, so wurde dies in der Versammlung zur Sprache gebracht. Dann mußte das Mädchen vor allem Auskunft darüber erteilen, wie es sich mit der Sache verhielt. Wurde der Bursche schuldig befunden, so wurde ihm eine Freierbuße in der Höhe von 24 Schilling auferlegt. Hatte er sich bereits früher einmal gegen die Vorschriften der Jungmannschaft versündigt, so war die Geldstrafe empfindlicher. Bezahlte er nicht, so kam er in den Schweinekoben.“

Die Gruppe greift also in das Zueinander der Burschen und der Mädchen ein; sie regelt und ordnet dies Zueinander, — aber was hier deutlich sichtbar wird: von einer Begrenzung oder Regelung jugendlicher sexueller Rechte in Hinsicht auf die Älteren ist in diesen Ordnungen nicht die Rede. Was für die früheren Soziologen als das Wichtigste erschien, die Ehe vor jugendlichen Eingriffen oder Liebesabenteuern zu schützen, daran hat man im schwedischen Bauerndorfe anscheinend nicht gedacht. Weswegen nicht? Man wird dafür zwei Möglichkeiten nennen dürfen: die eine, weil eine solche Räuberei gleichgültig war, — das wiederum würde bedeuten, daß die Ehe als eine feste Institution zerfiele, denn es ist gerade das Wesen der Ehe, daß sie eine Gemeinsamkeit darstellt, in deren Eigentliches von außen her nicht eingegriffen werden kann. Die zweite aber wäre, daß eine solche Sicherung nicht möglich sei, weil sie durch andere schon vorhandene Sicherungen überflüssig wurde. Und das scheint einen wirklich entscheidenden Punkt zu treffen. Ich möchte eine Bemerkung eines schwedischen Volkskundlers zitieren, die zu dem oben Angedeuteten

einen Beitrag liefert. Er schreibt: „Es durften sich früher Burschen und
Mädchen in Dalarna niemals treffen, wenn andere es sehen konnten, nicht
einmal wenn sie zur Kirche gingen. Begegneten sie sich auf der Dorf-
straße, so war es ausgeschlossen, daß sie stehen blieben, um einander zu
begrüßen oder ein Gespräch miteinander anzuknüpfen, geschweige denn
miteinander weiterzugehen. Daß zwei junge Leute sich bei der Begegnung
die Hand zum Gruße gereicht hätten, kam überhaupt nicht vor. Dies galt
für die meisten schwedischen Gegenden. Auch heute noch ist es überall,
wo alte gute Bauernsitte in Ehren gehalten wird, nicht schicklich, daß
Burschen und Mädchen sich zusammen auf der Straße sehen lassen. Bei
einbrechender Dunkelheit konnten die Burschen wohl manchmal die
Mädchen nach Hause begleiten, am hellen Tage aber war es ausgeschlossen,
daß sie sich zusammen zeigten . . . Eine alte Frau aus Nuckö erklärte:
‚Nie hätte ich gewagt, meinem Alten ins Gesicht zu sehen, bevor wir verheiratet waren‘“.

Was hier berichtet wird, heißt doch, daß eine „Haltung“ dagewesen
ist, die dem Verhalten der nicht pubertierenden Kinder meines Dorfes
ähneln will: mit Mädchen zu spielen ist eine schandbare Sache für
den Jungen. So sehen die Dinge wenigstens von außen her vernommen
aus; in Wahrheit wird man für diese aus dem „noch-nicht-Wissen“, dem
„nicht-Erwachen“ gekommene Haltung eines knapp zehnjährigen Jungen
setzen müssen: ein gegenüber dem Rausche des Sexus kühleres Verhalten.
Wir werden bei unseren weiteren Untersuchungen finden können, daß
den germanischen Völkern eine männische Haltung eigen war, und etwas
von diesem Männischen war wohl schließlich auch der Grund, daß man
die Ehe vor einem jüngeren Liebenden nicht zu schützen brauchte. Dazu
kam schließlich, was auch unsere deutschen Bauern hatten, die Tugend
„Haltung“, das sich-selbst-in-Schranken-halten-Können.

Mit dem soeben Gesagten ist aber die Färnäser Ordnung noch nicht
ausgeschöpft. Sie deutet in ihren letzten Sätzen ein sehr seltsames Verhalten an: wenn einer bei einem Mädchen ist und Burschen kommen, so
soll er den übrigen Burschen den Eintritt in die Kammer nicht ver-
wehren. Das klingt doch so, als ob das Mädchen eine öffentliche Dirne
sei, in deren Kammer alle kommen dürfen, ja im Grunde noch viel ärger,
als ob die übrigen nun dem Liebesspiel der beiden zusehen dürften. In
Wahrheit ist hier von einem schwedischen Jugendbrauch die Rede, dem
Kiltgang oder der Nachtfreierei: die sämtlichen Burschen eines Dorfes

besuchten der Reihe nach die sämtlichen Mädchen ihres Dorfes. Sie kamen zusammen an und forderten Eintritt in des Mädchens Kammer und wurden vom Mädchen, das bereits zu Bett lag, aufgenommen, mit einem Schnaps bewirtet, saßen einige Augenblicke in der Kammer, dann blieb der eine von ihnen über Nacht, er legte sich zu ihr in das Bett, doch mußte er bei dieser Bettgemeinschaft halb bekleidet bleiben, und jede intime Berührung des Mädchens galt als eine große Schande, die mit der Ausstoßung und Verfemung beider durch die Knabenschaft geahndet wurde.

Was mir an dem soeben skizzierten Brauche so seltsam scheint, das ist — von der bereits besprochenen „kühlen Haltung" abgesehen — der deutlich durchscheinende Rechtsanspruch der Knabenschaft: die Burschen eines Dorfes verfügen sozusagen über die Mädchen ihres Dorfes. Sie treten in die doch sonst geheiligte Schlafkammer geschlossen ein, sie machen es untereinander ab, wer bei dem Mädchen bleiben darf, sie sind mehr oder weniger die „Besitzer" aller Mädchen ihres Dorfes.

Und dieses Besitzerrecht ist nicht nur aus dem eben beschriebenen Brauche abzuleiten; wir hatten im Rheinlande einen Brauch, der das „Mailehen" hieß. Er sieht so aus, daß beispielsweise in Ziegenhain in Hessen (in der Schwalm) die Burschenschaft des Dorfes in der Walpurgisnacht ein Feuer macht, und einer stellt sich auf einen Stein und ruft die folgenden Verse aus:

> Hier steh ich auf der Höhen
> und rufe aus das Lehen,
> das Lehn, das Lehn,
> das erste (zweite, dritte usw.) Lehn,
> daß es die Herren recht verstehn!
> Wem soll es sein?

Worauf die Umstehenden einen Burschen und ein Mädchen nennen. Die beiden sind für das kommende Jahr damit ein Paar geworden, und zwar darf er mit keiner andern, sie mit keinem anderen tanzen. Die beiden Zusammengegebenen können sich dem Spruche nicht widersetzen, und wieder wird sichtbar, daß die Burschen oder die Burschenschaft eines Dorfes über die Mädchen des Dorfes ein Verfügungsrecht besitzen muß. Ich sagte vorhin ja auch schon, daß die Kreibauer jungen Burschen uns Kaiserswaldauer gern von ihrem Tanzboden fortgeprügelt hätten; das hing wohl doch mit der — gewiß zu keiner juristischen Formulierung ausgewachsenen aber gefühlsmäßig stark vorhandenen — Vorstellung zusammen, daß die aus Kreibau stammenden Mädchen allein den

Umzug der Maienbraut, Holland, 18. Jahrhundert

Kreibauer Burschen zugehörten. Deswegen auch werden die Freier aus den anderen Dörfern ausgetrieben. Deswegen mußte einer sich erst „einkaufen", wenn er in dem fremden Dorfe freite. Deswegen vielleicht auch sperrte man den Braut- und Hochzeitswagen, die aus dem fremden Dorfe in das eigene kamen, gern den Weg und forderte einen Trunk und Lösegeld, ehe man sie weiterfahren ließ.

Wenn man die eben angegebenen Bräuche und Ordnungen überblickt, dann heben sich zwei Gedanken als die grundlegenden heraus. Der erste ward, wenigstens in seiner Konsequenz, schon mehrere Male angedeutet: die Mädchen des Dorfes gehören allein den Burschen ihres Dorfes. Das macht das Dorf zu einer geschlossenen Einheit, einer Insel, zu deren Ufern eigentlich kein fremdes Schiff gelangen kann oder darf. Und diese Geschlossenheit des Dorfes ist nicht nur im Rechtsanspruch, der von den Burschen erhoben und erzwungen worden ist, zu spüren, das Dorf stellt auch in seiner geistigen Verfassung eine Insel dar; der Interessenten- und der Gesichtskreis eines Dorfes reicht nicht weiter, als man mit einem bequemen täglichen Gang ausschreiten kann. In dieser größeren Insel aber ist noch eine kleinere zu erkennen, die in den Grenzen des Dorfes gegen seine Nachbardörfer liegt. So nennen die Sagen eines Dorfes die Familien und die Orte, die innerhalb des Dorfes und seiner Flur- und Waldmark liegen. Und jene Dorfgrenzen bilden auch eine Besitz- und Heiratsgrenze, das heißt, man kann von einer beinah endogamen Haltung sprechen. Das Band, das eine Dorfgemeinschaft eng zusammenhielt, war ganz besonders geeignet, die Tendenz zur Binnenheirat, die sich aus seinen Vermögens- und Verwandtschaftsverhältnissen ergab, zu stärken, zu unterstreichen und am Ende zu befestigen. So daß auch jeder, der außerhalb des Dorfes eine Schöne lockte, vor der nicht leichten Wahl stand, seine dörflichen Bindungen aufzugeben, und jede, die in das Dorf hereinheiratete, lange eine Fremde blieb. Hier liegen, wenn ich das im Vorbeigehen noch erwähnen darf, die großen gesellschaftlichen Erschütterungen, die sich 1945 durch die Zerstörung Ostdeutschlands und der Dorfgemeinschaften vollzogen haben; man hat ein Festes zu einem Zufälligen und Amorphen umgewandelt. Das was die in der Ostzone heute getriebene Politik bewußt erstrebt, die Auseinanderreißung der geschlossenen ausgezogenen Dörfer, das haben die westlichen Siegermächte unbedacht und unbewußt getan, und haben so ihrem späteren Gegner in die Hand gespielt. Zuhause deckte aber der endogame Bereich sich beinahe ganz mit dem lokalen.

Was über den Heiratsbereich des eigenen Dorfes zu sagen war, das gilt in Schweden, wie die schwedische Volkskunde anzugeben weiß, für den nächstgrößeren ländlichen Bezirk des Kirchspieles ebenso. Das dörfliche Leben, das sich um Kirche und Kirchplatz konzentrierte, darf als der Nährboden für die gesellschaftlichen Impulse angenommen werden, aus denen Benehmen, Mode und brauchtümliches Handeln hervorgegangen sind. Wie sich die Bauern zweier Dörfer durchaus voneinander unterscheiden, ja wie schon ihre Mundart kleine Abweichungen und Nuancen zeigt, so unterscheiden sich die der Kirchspiele (und der Amtsbezirke). Und wenn schon einzelne Dörfer endogame Bezirke gebildet haben, so gilt das für die Kirchspiele und die Amtsbezirke noch viel mehr.

Wenn aber in unseren Dörfern eine endogame Tendenz bestanden hat, dann sind die vorhin angeführten Bräuche nicht schwer zu verstehen. Die Mädchen des Dorfes müssen dann den Burschen ihres Dorfes gehören. Aus dieser Tatsache aber ist noch eine weitere Sitte zu erklären: der Kaiserswaldauer Bursche, der ein Kreibauer Mädchen haben will, hat dieses sozusagen aus dem Heimatdorfe herauszukaufen, und das geschieht, indem der heiratslustige Kaiserswaldauer junge Bursche die Jugend des

Nachbardorfes Kreibau zu bewirten hat. Dergleichen Feiern haben die
verschiedensten festlichen Formen angenommen, so etwa im schwedischen
Härjedal als Björnsud oder Bärenjagd. Und möglicherweise wird man
auch den „Polterabend" hierher rechnen müssen. — Aus seinem eigenen
Dorfe brauchte man die Erwählte freilich nicht herauszukaufen, die
Jugend des Dorfes begeht jedoch die Hochzeit eines jungen Paares, das
ihr bis dahin zugehörte, selbst als Fest; sie schmückt dir Kirche und den
Weg, die Tür des Hochzeitshauses, errichtet dem Brautpaare eine Ehren-
pforte und bekränzt die Stühle; dafür hat sich der Bräutigam natürlich
auch „zu revanchieren".

Ich habe damit den einen der beiden grundlegenden Gedanken, die in
der Färnäser Jugendordnung wahrzunehmen sind, aufgezeigt, und wende
mich nun einem ebenso bedeutsamen zweiten zu. Es war vorhin von den
Aufnahmebräuchen in die Jugendschaft die Rede und ich erwähnte das
Steineheben, Säcketragen oder Ringen; man wird mir leicht zugeben, daß,
wo solche Bräuche gelten, der beste Ringer, der stärkste Steineheber Lob
und Preis erhält. Wer auf dem Dorfe groß wurde, wird es mir bestätigen können, daß dieser Stärkste der tonangebende Anführer unter den Burschen war; man maß den Menschen eigentlich nur nach seinem körperlichen Können. So kam es vor, daß irgend ein armer Knecht und Häus-
lerssohn ein Wichtigerer war und mehr zu sagen hatte als der Schulzen-
sohn. Ich führe das an, weil es mir hilft, einen nächsten Gedanken deutlicher zu machen. Die Jugendbünde im oberösterreichischen Innviertel
oder „Zechen", wo sie in ihren ursprünglichen Formen sich erhalten
haben, sind ganz und gar auf den Prinzipien sozialer Gleichheit auf-
gebaut. Es gibt da keinen Unterschied nach wirtschaftlichen Verhältnissen und Beruf, der Bauern-, der Beamtensohn mitsamt dem Knecht
sind in den Zechen gleich, — man könnte bei ihnen von einem gesellschaftlichen Kommunismus reden. Ganz ähnlich war es in meiner schlesischen Kinderheimat, auch da galt in der dörflichen „Jugend" einer so
viel wie der andere, und auch aus Schweden werden wieder entsprechende
Züge mitgeteilt. Es ist von einer starken Tendenz der Gleichberechtigung
die Rede und anderseits von dem Bestreben, Recht und Gerechtigkeit
auszuüben, „was für die urwüchsige Egalität der Jugend überaus charakteristisch ist". Und schwedische Volkskundler fügen ihren Berichten noch
hinzu, daß diese volkstümlichen Rechtssitten in den Jungmannschaften
dazu dienten, die vielen verschiedenen geschlechtlichen Fragen und Verhältnisse, soweit sie innerhalb der Altersgrenze von Bedeutung waren, zu

regeln. Wie eine solche Regelung aber aussah, können wir aus Färnäs erfahren: dort muß die Kammer eines Mädchens jedem Burschen offen stehen; das heißt, daß einer der Burschen an sie so viel Recht hat wie der andere, und daß die sozialen Unterschiede nichts zu sagen haben.

Wenn ich das eben Festgestellte nun zu Grunde lege, um nun von neuem auf das Eigentümliche dieser Bünde einzugehen und um die Frage nach ihrer gesellschaftlichen Stellung zu erörtern, die Frage, ob sie zum Schutze der Ehe der Älteren eingerichtet worden seien, die Frage, ob das sie Tragende die „freie Liebe" sei, dann will mir scheinen, als ob von allen diesen Kriterien eigentlich keines in Frage komme. Die Grundtendenz ist in den nördlichen Landschaften eine männische gewesen; soweit ein Regeln der sexuellen Beziehungen not gewesen ist, ging es nur darum, soziale Bewertungen und daran knüpfende Unterschiede fortzuwischen. Man hat die sexuelle Frage eigentlich nicht vom Mädchen her gesehen, man sah sie vom Burschen her, ja eigentlich nicht einmal vom Burschen, sondern von den in einer Vergesellschaftung zusammengeschlossenen jungen Burschen. Und diese Vergesellschaftung hat an den sexuellen Fragen oder Nöten kein stärkeres Interesse als an andern Fragen auch gehabt; sie forderte weniger Liebe als das gleiche Recht. Egalität. Ich will nicht sagen, daß das Sexuelle nicht gewesen sei; ein Bursche von sechzehn, siebzehn Jahren wird es nicht abstreifen können, es gärt in seinem Hirne und es brennt gewiß in allen seinen Adern; nur, gleiches Recht, Egalität und alle männischen Tugenden, Kraft und Stärke stehen, wenn die Burschen sich zusammenfinden, irgendwie im Vordergrunde.

Es leben in diesen Knabenschaften oder Jugenden formende Prinzipien, und diese formenden, ordnungschaffenden, fordernden werden stark und drängen das Triebhafte und allein dem Blute Entquollene in den Hintergrund.

Dies Formende oder Ordnende will sehr deutlich sichtbar werden, wenn man die Knabenschaftssatzungen irgend eines Ortes studiert. Ich lasse diejenigen des rheinpfälzischen Dorfes Kriegsfeld folgen. Sie rücken sehr deutlich von den noch nicht aufgenommenen „Buben" ab, und scheinen in manchem sich an zünftisches Brauchtum anzulehnen; wer aber genauer zusieht, wird sehr bald bemerken, daß dieses Zünftische nur eine äußere Schale ist:

Articulus juris in termino.

Zunft articul vor die in dem Ort Kriegsfeld Burgerliche und Beysassente junge Bursch und seind in dieses articul Buch ab und eingeschrieben worden unter den Tag Nach Christi geburth 1787, als d. 20ten Mayus.

Alhier im zunft und wirtshauß in Kriegsfeld wurde unter dem heitigen dato die geselschafft oder zunft, unter den Ledigen Burschen wider erneuert, und die articul von wort zu wort, von dem Altgesel oder zunft Meister abgeschrieben und vorgelesen, welche also Lauthen:

1. soll von den zunft Meistern, und altgesellen unter fünfzehn Jahr Keiner angenommen werden bei straf einer Maß Wein.

2. Wan einer der die Jahren hat, und unter die gesellschaft begeben will, soll sich in geziemte Ordnung Melten: ich Bitt daß ihr mich aus dem Bubenstandt zu euch in die gesellschafft Möget nehmen.

3. Wan er dan angenommen wird, soll wenigstens die Altgesellen, die Helft, und der zunft Meister dabey sein, und dieses darf anders nicht geschehen als in dem zunft Haus.

4. Es soll Keiner ohn unterschidt anders angenommen werden als wie der tax bestehet, nehmlich in zwey Virtel Wein und Jedem einen Weck.

5. Wan er dan angenomen wird und ihm die articul vorgelesen werden, sich vor den Tisch hinstellen und den Huth unter den Armen Nehmen, die Andre aber nuhr den Huth abhalten und Keiner Lachen Bey straf einer Halb Maß Wein.

6. Wan er dan angenommen ist, so soll ihm einer von den Altgesellen daß erste Mahl zutrinken und sagen: gesundtheith Bruder Bursch halt dich frisch, worauf der jung Bursch daß Glaß biß auf den stumben austrinken Muß Bey straf einer Maß Wein.

7. so soll er auch gedenken daß er ein Pursch ist und sich nicht buwisch stellen bey straf.

8. soll er auch freyen zugang haben, zu den Mädgen gehen, und ihm Keiner nichts in den weg Legen Bey straf.

9. soll er auch sich geziemend Bey den Mädgen aufführen Bey straf.

10. Wan einer den Andern Bey einem Mädgen sieht, so soll er seinen weg gehen und keinen Lermen machen.

11. Wan einer mit einem Mädgen tantzen will und sie nicht will, so soll derselbe es bey den altgesellen anzeigen, damit sie Keiner ansprechen soll Bey gewisser straf und ihr den gantzen Tag keine Pläsir Machen bey straf.

12. solle der wirth, wo die gesellschaft ist, auf die Kirb einen Braden zu machen und alle Morgen den Kafe, wo der deß nicht tut, so ist die zech verfallen.

13. Wan einer im Feld von einem Mädgen gerufen wird, daß er ihm soll

helfen heben, so soll er ihm in der ordnung helfen, als dan soll er seinen weg gehen Bey straf.

14. Wan ein Pursch in einem wirtsHauß trinkt, soll er sich nicht übermäßig foll saufen, damit er die gesellschafft nicht beschimbt, bey dem aufdingen kan es erlaubet werden.

15. soll Kein Pursch sich bey Keinem Buben in die gesellschafft einlaßen, bey straf.

16. Wan ein Pursch ein Mädgen carasiret, so sollen die andern es ihm laßen, doch kennen sie bey Musicanten mit ihm tantzen, wan sie ihn um erlaubniß gefracht haben, bey straf.

17. Wan eine Benachbarte Kirbe ist, so soll ein jeder Pursch der auf die Kirb gehen will, in daß zunft Haus kommen und sich mit der gesellschaft bereden und hernach mit einander gehen Bey straf.

18. Wan einer auf der Reiß ist und ihm etwaß widerliches widerfehrt und er seinen weg nicht kommen kan und er kan einen aus der gesellschafft erlangen und er ihm nicht hilft, was er aus seinem Vermögen tun kan, so hat er die straf zu gewarten waß ihm zuerkant wird.

19. Wan ein Purch aus unserer gesellschafft beyeinander sein auf einem ort und sich anfechtungen aufwerfen, so sollen dieselben soviel als in ihren Kräften stehet ihnen suchen heraus zu helfen bey straf.

20. Wan einer aus unserer gesellschafft krank wird, so ist ein jeder verbunden ihn ordnungsmäßig zu besuchen und wan er solte sterben, ihm eine Kron aus der gesellschafft Machen zu Lassen, bey straf.

21. soll sich Keiner von der gesellschafft unterstehen, daß Mindeste waß unter uns geredet wird nicht ein einziges wort fort zu Blautern oder zu verrathen, bey straf.

22. soll allemahl der JahrTag sonthags vor der Kirbe gehalten werden und sich ein jeder einfinden und seine aufLag gerne zahlen mit einem Maß Wein. Benebst ordnungsmäßig noch zwei JahrTäg, welche gehalten werden, der eine den 1ten sonthag im May, der andere den Letzten WeinachtsTag.

23. Es solle der Schultheiß dem Letz aufgedingten Jungen Bursch es einhändigen, damit es derselbe denen Burschen bekant Machet, damit sich ein jeder einfindet und seine auflage mit einer Maß Wein herlegen, bey straf.

24. sollte ein Hisiger ausbleiben, der zu Hauß ist, so soll er von unserer gesellschafft ausgestoßen werden, wan er aber über feld gehet, so kan er seine aufLag zuvor zallen, ist er aber krank, so ist er Befreid.

25. auf einer andern zeiht ist er nicht gezwungen in dem zunftHauß zu bleiben, er darf auch anderst wohin gehen.

Die Kriegsfelder Artikel reden wie die Färnäser allein von der Knabenschaft, daß heißt, nur von der Vergesellschaftung der jungen Burschen. Die Mädchen erscheinen in diesen Artikeln nur als Einzelwesen, sie stehen der Knabenschaft als Einzelne gegenüber. Es scheint, als ob es keinen mädchenschaftlichen Zusammenschluß gegeben hätte, als ob die schon berührte Vermutung recht habe, daß dem weiblichen Geschlechte eine soziale Haltung fehle.

Ich denke da auch wieder an mein schlesisches Heimatdorf. Dort siechte die jugendliche Vergesellschaftung dahin. Sie war im Grunde eine überholte Erscheinung, die neue Zeit ging über sie hinweg. Das Bauerndorf wurde ein halbes Tagelöhnerdorf, dann ein Beamtendorf, und Tagelöhner- und Beamtenkinder entzogen sich den alten Zugehörigkeiten. Es gab noch Reste, ja, doch diese Reste schwanden auch zusehends, die meisten von uns verstanden sie schon nicht mehr. Da aber kam es, daß Adolfs-Erna starb. Die Erna war zwanzig Jahre; wir kannten sie eigentlich nur aus der Schule, dann wurde sie krank und manchmal sah man sie monatelang nicht mehr. Doch da sie unverheiratet starb, fiel es den Älteren ein, daß sie von uns begraben werden müßte. Wir wußten nicht recht, was dazu eigentlich alles nötig war, ich weiß, wir haben uns von den Älteren erst Rat holen müssen; dann aber ist es doch ganz gut gegangen. Sie lag als Braut im Sarge; der Sarg war weiß, mit Myrthen überstreut, und junge Burschen, nicht die gewöhnlichen Träger trugen ihn. Rechts aber und links und direkt hinterm Sarge sind wir gegangen, nicht die Verwandtschaft oder Freundschaft, sondern wir: die jungen Mädel und die jungen Burschen aus dem Dorfe; dann, hinter uns, sind erst die Eltern gekommen und die Geschwister. Das ist mir, als ich vorhin die Kriegsfelder Artikel abschrieb, wieder eingefallen; und, daß an jenem Tage die Mädel auch zu uns gehörten. Daß Mädel und Burschen bei uns zusammen die „Jugend" waren.

Damit wird aber ein ganz neues Faktum sichtbar. Man ist bisher doch immer davon ausgegangen, daß neben dem Zusammenschluß der unverheirateten jungen Männer ein solcher der Mädchen bestanden habe; Knabenschaften sind uns zwar verschiedentlich begegnet, von einer Mädchenschaft ist aber nirgend etwas zu bemerken. In Kaiserswaldau bestand so etwas wie eine hinsiechende vergehende Knabenschaft, sie zog gegebenen-falls die Mädchen zu sich heran. Und daraus ward die Kaiserswaldauer „Jugend". Die „Jugend" ist also eine männlich bestimmte, aber im weiteren eine beide Geschlechter umfassende Organisation der unverheirateten erwachsenen Leute. Ich sagte, sie zog die Mädchen heran und darf auf das beschriebene Begräbnis zurückverweisen. Ich will auch noch daran erinnern, daß es die „Jugend", also Knaben und Mädchen waren, die den Hochzeitspaaren Ehrenpforten errichteten. Und es war wieder die „Jugend", die Pfingsten einen Gröditzberg-Ausflug beschloß, die Leiterwagen putzte, und Burschen und Mädchen fuhren zum Tanze auf den Berg.

Wie nun verhält sich eine solche „Jugend" zur „Mädchenschaft", das heißt, stellt Kaiserswaldau einen frühen oder einen späten Zustand dar? Entwickelte sich die „Mädchenschaft" aus einem gemischten Miteinandersein, oder ist diese gemischte Vergesellschaftung ein Verfallszustand? Ich greife auf einen anscheinend altertümlicheren Parallelzustand zurück. Man hat in Hinsicht auf die jugendliche Gesellung in Schweden festgestellt, daß die geschlechtliche Zweiteilung der Jugend eine große Rolle spielte. Die Burschenschaften und Mädchenschaften erschienen als soziale Einheiten, die wohl teils ineinander übergriffen, teils aber auch einem wechselseitigen Zusammen- und Gegeneinanderwirken ihre Entstehung zu verdanken hatten. Hierbei waren die geschlechtlichen Merkmale sehr entscheidend. Organisatorisch habe die Jungmannschaft stets eine größere soziale und politische Prägnanz besessen als die Mädchenschaft. Damit ist aber keineswegs gesagt, daß die Zusammengehörigkeit der Mädchen ohne Einfluß auf die Jugendsitte blieb. Die Burschenschaft repräsentierte ein aktives, die Mädchenschaft mehr ein passives gesellschaftliches Prinzip. Die weibliche Sozialität ist nämlich anders geartet als die männliche, sie ist vor allem geeignet, die brauchtümliche Überlieferung aufzunehmen und zu erhalten. Sie wird durch Schamgefühl und mütterlichen Instinkt bestimmt und richtet sich im allgemeinen nur unter vom andern Geschlecht bedingten Voraussetzungen nach außen. Beim Kiltgang spielen die Mädchen eine meist passive Rolle. Dagegen hat die Beteiligung der Mädchen bei den geselligen Gelegenheiten ein offenbar aktiveres Gepräge, was ganz besonders gut in dem Zusammenwirken von Burschen und Mädchen beim brauchtümlichen Verkehr der Jugend zum Ausdruck kommt. Die Mädchen reagieren als Gruppe, wenn sich die Burschen ein ungeschicktes Benehmen zuschulden kommen lassen. — In Schweden ist also eine Zusammengehörigkeit der Mädchen festzustellen; man spricht von Mädchenschaften, zugleich sind diese Vergesellschaftungen aber wesentlich passiver als die Knabenschaften; sie treten weniger hervor, sie haben eine geringere soziale Prägnanz. Von hier aus erhält der Satz: „die Mädchen reagieren als Gruppe" ein ganz besonderes Aussehen und Gewicht. Wenn sie „als Gruppe" reagieren, dann sind sie keine Gruppe, zeigen sie nur eine gruppenähnliche Form. Das aber heißt, es fehlt die soziale Prägnanz, das Bündische, das Geschlossene und Gebundene, es ist allein ein Miteinander.

Ein solches verhältnismäßig lockeres und loses Miteinander ist aber nun auch bei den deutschen Mädchen festzustellen. Die Kaiserswaldauer reagierten als Gruppe, wenn sich die Burschen ungeschickt benahmen; ich weiß, die dicke Frau Weber war eine widerliche Frau, sie trank und lag im Bette und war ein schmutziges, hudliges, und nicht zu ertragendes Stück, die ganze Arbeit besorgte ihre Tochter, die von der Mutter zu Tode geschunden worden ist. Als einer von uns einmal sich über die Frau Weber äußerte, sprang doch die Tochter auf und hätte ihm am liebsten eine Ohrfeige gegeben! Er war der Stärkere — aber da gingen alle Mädel auf ihn los. Und es waren wiederum die Mädel, die, wenn sie es nicht zu bestimmen hatten, es doch bestimmten, was wir zu Silvester machten. Sie haben die brauchtümliche Überlieferung im Gange gehalten. Nein, einen Bund der Mädel hat es nicht gegeben; sie haben sich aber doch noch als zusammengehörig angesehen; sie fanden sich rein altersmäßig zusammen, sie saßen auf dem Tanzboden beieinander, sie schlossen sich unbewußt zusammen, sie reagierten als eine Gemeinschaft und sie taten einen Burschen sozusagen in Verruf. Sie wirkten anregend, regelnd, korrigierend; in ihren Händen lag die Sitte; sie stellten fest „das tut man und — das tut man nicht". Und so, das ist das merkwürdige Widersprüchliche an dem allen, obwohl sie nicht zusammengebunden, also kein Bund waren, sind sie in unsern „Jugenden" — als die Bewahrerin der Bräuche, des Alten — Korrektiv und Bindendes gewesen.

Ich wende mich nun noch einmal zu den Jungmänner-Gemeinschaften zurück, den Jungmannschaften oder Knabenschaften.

Es ist verständlich und findet sich auch im Brauchtum immer wieder, daß man den Eintritt in eine Gemeinschaft, den Übergang aus einem Zustande in den andern, irgendwie markiert. Bereits die Firmung, die Konfirmation sind solche Marken; sie lassen den Unerwachsenen in die Gemeinschaft derer übergehen, die nun des Sakraments teilhaftig werden dürfen. Der „Einstand", sobald man in eine Arbeitsgruppe eintritt, sei es als Lehrling im Handwerk, in der Fabrik, sei es als „Neuer" in einem Bureau, ist eine solche Marke, und es liegt nahe, daß alle diese Marken einen festlichen, fröhlichen Anstrich haben.

Auch wer das Kindesalter hinter sich gelassen hat und in die Knabenschaft eintritt, erlebt so eine Aufnahme. Eine „Initiation". Die ist natürlich nach Volk, Ort und Zeit verschieden. Sie ist in alten Jahrhunderten und bei den Naturvölkern eine bedeutsame ernste Handlung, bei uns zu einem verhältnismäßig unbedeutenden Tun geworden; ich möchte wenigstens glauben, daß das Steineheben nicht so viel gilt wie ehemals bei den Völkern draußen die Beschneidung. Wahrscheinlich wird diese Minderung damit zusammenhängen, daß unsere Gesellschaften sehr viel unbedeutender geworden sind; bei heute noch wichtig genommenen Bünden, etwa der Freimaurerei, hat nämlich die Initiation noch ihren alten Wert behalten. Ich werde im nächsten Abschnitt die Initiation ausführlicher besprechen und will hier nur, was sich bei uns gehalten hatte, kurz erwähnen.

In Kaiserswaldau und auch im Lübener Kreise vollzog die Aufnahme sich recht kurz; man wurde von einem der älteren Burschen aufgefordert, heute mitzukommen, und zahlte dem mehr oder minder großen Schwarme einen Trunk. Dann stand man als „Neuer" anfangs zwar noch ziemlich draußen, wuchs aber in den nächsten Monaten in den Kreis der Burschen und wurde von ihnen gutgeheißen, mitgenommen. Im Kreise der Mädchen ist es noch viel formloser zugegangen, da wurde die „Neue" mal zu einem Kaffee eingeladen, — weil eben ihr Zusammensein nur eine Geselligkeit gewesen ist. Das sind natürlich sehr dünne und schon ausgeblaßte Aufnahmeformen, und möglicherweise gar nur solche, die sich halten konnten, weil sie bei anderen Gelegenheiten — etwa dem Eintritt in die Lehre, dem Eintritt in eine neue Arbeitsgruppe — auch noch üblich waren. Und die sich hielten, weil sie „ganz passabel ausgesehen" haben, weil sie dem mehr und mehr verbürgerlichten Leben möglich schienen. Ja, die sich vielleicht deswegen hielten, weil im bürgerlichen, auf die Betonung und den Wert der „Arbeit" eingestellten Leben eine ein Arbeitsverhältnis einleitende Zeremonie „richtig" schien. Und die aus diesen Zusammenhängen wieder herüberstrahlte in die Bünde.

In Replot (Österbotten) haben zur Michaelismesse die Konfirmanden des Jahres die ältere Jugend freigehalten, wenn sie in deren Gemeinschaft aufgenommen werden wollten. Jeder verschaffte sich, so gut er es vermochte, ein tüchtiges und genügendes Quantum Branntwein zu dem

Feste. In eine Stube wurde zum Tanzabend eingeladen; der Spielmann wurde dabei zu oberst an den Tisch gesetzt. In kurzer Zeit war auch der Tanz in vollem Gange. Alle im Laufe des Jahres konfirmierten Burschen oder Mädchen spendierten den Branntwein aus halbmäßigen großen Flaschen. Die Älteren unter den Jugendlichen hatten zu entscheiden, ob mehrere Neulinge vielleicht zusammenlegen durften, um die durch die Bestellung des Spielmanns aufgelaufenen und durch die Tanzdiele verursachten Kosten unter sich zu teilen; doch wurden die finanziellen Fähigkeiten eines Spenders dabei in vollem Maße berücksichtigt, und ein armer Bursche brauchte die Zeche sicher niemals ganz allein zu zahlen. Wer sich dem Freihalten entziehen wollte, erhielt tüchtige Prügel und hatte obendrein noch allerhand Unannehmlichkeiten zu erwarten. Sehr oft beteiligten sich die Eltern an den den Söhnen auferlegten Zahlungen und Kosten für den Branntwein und für alle weiteren Unkosten, einmal weil diese Aufnahme schon ein alter Brauch gewesen ist und zum andern konnte es im Falle einer Weigerung leicht geschehen, daß ihnen die Fenster und die Türen eingeworfen wurden. — Das Ganze ist ein dem schlesischen ziemlich ähnlicher Brauch, und hüben wie drüben geschah die Aufnahme nach einem Trunk.

Eine viel rauhere und deshalb wohl ältere Form hatte die Aufnahme in die Burschenschaft von Leksand (Dalarna). Bevor ein Bauernbursche dort Großbursche wurde, mußte er die Älteren freihalten. Das geschah am zweiten Weihnachtstage. Alle im abgelaufenen Jahre Konfirmierten waren verpflichtet, ein halbes Maß Branntwein zu stiften. Man versammelte sich in einer Bauernstube; einer der älteren Burschen spielte auf der Geige auf und wieder ein anderes Mitglied hatte eine Ansprache zu halten, in der es erklärte, daß von diesem Tage ab die neuen Großburschen auch berechtigt wären, jedes beliebige Mädchen zu besuchen. Bei dieser Gelegenheit sollte man „den Burschen versaufen". Wer keinen Branntwein zahlte, wurde völlig ausgezogen, wenn die Gesellschaft sich bei einem Mädchen eingefunden hatte. In älterer Zeit mußte jeder ein Maß Branntwein zahlen, später begnügte man sich mit einem Liter. Die Mädchen aber wurden nie auf diese Weise aufgenommen.

Es ist die gleiche Aufnahmezeremonie und doch nicht die gleiche, weil sich ein Übermütiges und Wildes hineinmischt und ein Zug, der auf vorhin bereits erwähnte Urelemente schließen läßt, und der uns sogleich in deutlicher Form begegnen wird. Er zeigt, wie ich vorhin schon angegeben habe, die eine der beiden Grundhaltungen der Bünde an. Daneben stand jene andere, die das Wilde bändigt und bezwingt; dahinter ein Drittes, von dem es sich kaum sagen läßt, ob es ein Anfang oder nur ein Festgewordenes und Begleitendes ist: das soziale Element. Zieht man die beiden ersten, überaus deutlichen Äußerungen in Betracht, dann wird man sagen dürfen, daß alles Bündische in der Spannung steht, die zwischen dem Ungebändigten, den Wilden und Ausbrechenden auf der einen Seite, dem ordnenden, zur menschlichen Gemeinschaft Bändigendem auf der andern steht. An diesem Ordnenden und Bändigenden aber, um das noch einmal zu sagen, steht jener zu einem Gesetzhaften und zum Männlichen weiterschreitende innere Zwang, der auch das sexuell Triebhafte in die Ordnung zwingt.

Initiation

Wir sind mit unseren Überlegungen zu der Feststellung gekommen, daß in der „Knabenschaft" zwar sexuelle Interessen sichtbar werden wollen, daß sie jedoch von einer Reihe anderer überdeckt, von Fragen des sozialen Gleichgewichtes in der Gruppe, von der Betonung der Egalität, des gleichen Rechtes verdunkelt werden. Auch daß das männliche Rüpelalter eine gewisse Rolle in ihr spiele. Nun wird man natürlich aber nicht annehmen können, daß alle sexuelle Fragen ganz am Rande lebten, ich wies ja vorhin schon auf die sexuelle Gestimmtheit jener Jahre hin. Ich möchte das dort Gesagte jetzt wieder aufnehmen und es weiterführen: wer jene Inschriften in den öffentlichen Bedürfnisanstalten überblickt, dem fällt an ihnen auf, daß alle die Wünsche und Begierden sich sehr viel weniger auf das andere Geschlecht zu richten scheinen, als daß sehr deutlich ein gleichgeschlechtliches Verlangen sichtbar wird. Man prahlt mit seinem physischen Vermögen, seiner Stärke, man fragt nach Freunden, annonciert ein mögliches Stelldichein, und es sind Sechzehnjährige, welche dort nach Fünfzehnjährigen fragen; fast alle Inschriften scheinen von Jugendlichen dieses Alters herzustammen. Ich glaube jedoch nicht, daß die Fragen und Annoncen wirklich stimmen, es sind nur vorgegebene Wünsche, die hier Wort und Inschrift werden.

Weswegen dann aber erst von diesen nicht sehr schönen Schreibereien reden? Man kann die Antwort in ein einziges Wort zusammenfassen: weil hier ein Barometer für das jugendliche Begehren gegeben ist, weil wir an diesen Zeichnungen und Inschriften das ablesen können, was sich dem Fragen des Psychologen und des Lehrers gern entzieht. Was abzulesen ist? Das dumpfe sexuelle Drängen jener Jahre ist in die Äußerungen des männlichen Rüpelalters eingegangen. Die sexuelle Auslösung heißt jetzt: Prahlsucht und Auftrumpferei, heißt physische Leistung, Mut und Härte, Abenteuerei und Grausamkeit. Von hier aus wird man sehr vieles, was in jenen Inschriften prahlt und fragt und wird man die typischen Äußerungen dieser Jahre zu begreifen haben. Und möglicherweise nicht nur dieser Jahre, denn die Altersstufe kann sich sehr wohl mit einer kulturhistorischen Entwicklungsstufe decken. Die Dschaggas zum Beispiel lügen gemeinhin ihren Weibern vor, daß ihnen bei ihren Reifeweihen — und das heißt dort, der Beschneidung — der anus vernäht werde, und was sie von da an äßen, verdauten sie ohne Rückstand, also ohne sich entleeren zu müssen, wobei sie sich zur Aufrechterhaltung dieser ihrer Rederei den unangenehmsten und peinlichsten Situationen auszusetzen haben. Man wird das nicht, wie manche Völkerkundler es wohl tun, als eine „dem Manne oft eigentümliche Prahlsucht" zu bezeichnen haben; es ist vielmehr die Prahlsucht eben dieser Wandeljahre, nur daß dort die erwachsenen Männer anscheinend auf der Stufe bleiben, die für den pubertierenden jungen Mann charakteristisch ist.

Sehr häufig berichten die Völkerkundler von Aufnahmeriten in die Knabenschaft, daß diese von Grausamkeiten und Perversionen strotzten. So werden die Aufzunehmenden etwa bis aufs Blut geschlagen, — was ja noch im spartanischen Erziehurngsleben sichtbar wurde. Dann wieder begegnet man Marterungen: übermäßige Hitze oder Kälte, Aufhängen an einem Seil, das man durch Brust- und Schultermuskeln bohrte, Verstümmelungen, Zahnausschlagen, Einschnitte, Tatauierungen; man hat schließlich angenommen, daß das Mut- und Probestücke seien, durch welche man die Standhaftigkeit der Jungen habe prüfen wollen. Das mag in einzelnen Fällen sicher durchaus richtig sein, obwohl wir gerade von den Indianern wissen, daß die Marterungen nicht nur den Mut des Aufzunehmenden zeigen und erhärten sollen, sondern auch der Erzielung von ekstatischen Zuständen dienen müssen. Von diesen ekstatischen Zuständen und von ihren Zwecken werde ich noch sprechen; ich möchte vorläufig eine zweite Wurzel dieser Grausamkeiten zeigen. Und ich erinnere mich dabei an ein Erlebnis meiner Knabenjahre. Wir waren als Dorfjungen damals ziemlich wild und ausgelassen. Die Ausgelassenheit wuchs in den Monaten vor der Schulentlassung an, und sie riß in den Tagen nach der

Schulentlassung auch nicht ab, obgleich zu diesem Zeitpunkte doch die meisten Kinderspiele aufzuhören pflegen. Wir spielten auch keine Kinderspiele mehr. Doch eines Abends kamen wir, sechs oder sieben Vierzehnjährige, darauf, daß wir es nochmal versuchten. Wir wollten „Indianer" spielen und bauten uns dazu ein Zelt. Der eine von uns, unser Jungenshäuptling, saß allein im Zelt; ihm mußten, so hatte er kraft seines Häuptlingsamtes angeordnet, die einzelnen Gefangenen gebunden in das Zelt gegeben werden. Es zeigte sich dann, daß er — ein tausendmal erprobter Kamerad — nun forderte, daß der Eingelieferte sich in seinem Zelt entkleide, so daß er mit einem Taschenmesser dessen Mut erproben könne. Ich sagte, es war ein prächtiger und sonst immer richtiger Spielgefährte; er hat in seinem ganzen späteren Leben nie vermuten lassen, daß er perversen Gelüsten zugetan sei oder sie verstünde. Es war sein vierzehnjähriges Alter, das ihn übernahm.

Im vorigen Weltkriege, wenn ich mich recht erinnere 1917, erschossen sich in Liegnitz zwei blutjunge Offiziere. D a s war der Anlaß der Tragödie: diese Achtzehn- oder Neunzehnjährigen hatten zusammen auf einer Bude gesessen, scharf gekneipt, erst Sekt, dann Schnaps, der Alkohol ließ alle ihre Hemmungen verwehen, ihr vierzehnjähriges Knabenalter wachte plötzlich wieder auf, sie kamen von Zoten und Prahlereien zu dem plötzlichen Entschlusse, die Messer zu zücken und sich selber zu entmannen. — Es war an ihnen nichts Krankhaftes, keine sadistischen oder masochistischen Perversionen, keine Homosexualität; der Rausch der pubertierenden Knabenjahre hatte sie verführt.

In diesen Jahren scheint also das Sexuelle, das sich drängend meldet, zumeist in einem fremden Kleide oder Mantel aufzutreten; man spricht vom Rüpelalter, und wo solche Ausuferungen sichtbar werden, wird oft genug vergessen, was sie eigentlich verdecken und verhehlen. Ausuferungen sind vorhanden, so bei Knaben wie auch bei den Mädchen, nur daß das Grausame, Quälerische eher bei den Knaben, das sich-Entblößen eher bei den Mädchen aufzutreten pflegt. Ich saß im Scheitniger Park in Breslau an der hintersten großen Wiese; drei sechzehn- bis siebzehnjährige Mädchen lagen dort, sie hatten mich nicht gesehen, — aber plötzlich waren da Leute, die unten am Rande der Wiese gingen, und ebenso plötzlich rührte es sich bei den Mädeln, und sie versuchten unter Gelächter auf dem Kopfe zu stehen. Oder ein zweites: irgend ein Schwarm von siebzehn-, achtzehnjährigen Mädeln, die erst in einem Gasthause nach der Theaterprobe noch beisammen blieben und sich dann untereinander aufreizten, lachten, steigerten, gingen dann zurück in den Theaterraum, sie hockten sich alle im Kreise oben auf der Bühne nieder und — ließen ihr Wasser. Es waren Töchter von Fabrikanten, Lehrerinnen, Handwerkern, Arbeiterinnen, wie eben das dörfliche Theaterspielen sie zusammenführte. Sie waren nicht krank, verkommen, — nur der plötzliche Zwang kam über sie.

Ich sagte, bei Knaben sei es gewalttätiger, rauher, was geschehe. Ich habe als Schüler über drei Jahre in einem Internat gelebt, und was ich von allen diesen Dingen weiß, weiß ich nur von da. Die sexuellen Themen spielten in unsern Gesprächen eine große Rolle. Und wenn die aufgereizten Gedanken nicht mehr weiter wußten, kam es zu Raufereien, zu manchmal wüsten Kraftproben und zu Prahlereien.

Man wird nach allen diesen Beobachtungen leicht begreifen, daß ich die Riten der Initiation in diesen Gegebenheiten wurzeln sehe. Zumal die gleichen Einzelheiten immer und immer wieder sichtbar werden und sich in einer ewigen unaufhörlichen Folge wiederholen.

Auf diese meine Überlegungen könnte man mir natürlich sagen, daß ich von Quälereien der Pubertierenden untereinander spreche, und ganz allein von Grausamkeiten, welche Vierzehnjährige Vierzehnjährigen und Sechzehnjährige Sechzehnjährigen anzutun versuchten, daß aber die wirklichen Initiationen weiter griffen und daß in ihnen sehr oft Erwachsene ihre Hand im Spiele hätten. Es wäre sehr leicht auf diesen Einwand zu entgegnen, daß „Pubertät" kein kurzer oder zeitlos abgeschlossener Vorgang sei, daß auch der Zwanzigjährige noch hierher gerechnet werden müsse, ja daß, — ich habe einige Sätze früher schon davon gesprochen, — die Tiefkulturvölker diese Stufe manchmal nie verließen. Man darf dem allen auch noch zufügen, daß an Jahren Ältere mit Vorliebe sich den Jüngeren als gegebenes Objekt erwählen. Doch wichtiger ist zu spüren, daß in allen Initiationen das Denken, das Tun und das Gebahren des Rüpelalters stecken müsse.

Die als „Beschneidung" oder circumcisio bräuchliche Operation am männlichen Gliede, welche bei uns zumeist als eine jüdische kultische Sitte bekannt ist, wird bei sehr vielen Völkern auf der Erde ausgeübt. Wir finden sie im mittleren und südlichen Afrika, im mittleren Australien, in Indonesien und auf den hinterindischen Inseln, den Philippinen, auf den Inseln des Stillen Ozeans, im oberen Amazonas- und im Orinoco-Gebiet, verschiedentlich in Mittelamerika und im nördlichen Nordamerika. Man unterscheidet gemeinhin zwischen der Beschneidung, das ist dem Abtrennen des praeputiums, oder circumcisio, und einer durch einen Einschnitt in das Glied vollzogenen Offenlegung, der incisio. Die circumcisio ist die verbreitetste und wohl auch bekannteste Art; in Mittelamerika, vereinzelt in Südamerika (Quellgebiet des Amazonas), in Afrika (Kenia) und teils allein, teils mit der circumcisio verbunden erscheint in der pazifischen und indonesischen Inselwelt die incisio.

Die Beschneidung, welche bei den Juden einige Tage nach der Geburt stattfindet, geschieht bei den meisten Naturvölkern in den Monaten der Pubertät; sie zeigt den Übergang vom Kinde zum geschlechtsfähigen Manne an, und wird damit zu einer typisch männerbündischen Zeremonie, zu einem „zum Manne machen" und zu einem Aufnahmeritus in den Bund. Wenn ein Ostafrika besuchender Völkerkundler einmal meinte: mit dem Hinausziehen in den Busch, in die Buschschule, zur Beschneidung, ist für die schwarze Mutter ihr Sohn gestorben, so trifft das gewiß die Sache. Und auch in Südrhodesien ist die Beschneidung oder circumcisio ein Zeichen und eine Bedingung für den Übergang in den Männerbund; man redet die Knaben dort beim Ngongomela, Morgenstern-Aufgange an: „Bis jetzt habt ihr noch tief im Dunkel der Kindheit gesteckt. Ihr wart wie Weiber und ihr wußtet nichts. Nun sollt ihr sehend werden; Ngongomela sollt ihr sehen und alle Prüfungen der Beschneidung!" — Sie werden jetzt sehend, denn sie werden jetzt zu Männern, und die Geheimnisse des Männerbundes werden ihnen jetzt zugänglich werden.

Man hat die circumcisio als eine Männlichkeitsprobe angesehen und hat dafür auf die verschiedenen begleitenden Umstände hingewiesen. Die Knaben werden geprügelt, werden auf die vielfältigste Art erschreckt, ohne daß sie sich Furchtsamkeit anmerken lassen dürfen, wie sie auch vor dem Messer keinen Schmerz und Schrecken äußern dürfen. Doch scheint das nicht bei allen Völkern und Knabenschaften gleich zu sein. Von den Mambunda am Sambesi schreibt ein Forscher, daß er sie fragte, wie die Knaben die Schmerzen denn ertrügen; sie gaben ihm zur Antwort: Einige schreien — einige nicht. Es wird dort jedenfalls nicht als entscheidend angesehen, wie mutig oder wenig mutig sich die Knaben bei der Operation betragen. Auch von den Kai auf Deutsch-Neu-Guinea wurde berichtet, daß die sich unter dem Messer Befindenden meist aus vollem Halse schreien. Und in Neu-Pommern heißt es von den Duk Duk-Einweihungszeremonien, daß die Beschnittenen oft ein Schmerz- und

Wehgeheul anstimmten. Wir werden nach allen diesen Angaben wohl annehmen dürfen, daß die Beschneidung sicherlich nicht überall als eine Mut- und Männlichkeitsprobe angesehen werden kann, daß sie das vielmehr an bestimmten Orten erst geworden ist. Wahrscheinlich spielt bei dem Urteil den Beurteilenden ihr Herkommen einen Streich, denn es gibt Völker und Kulturen, welche Mut und Mannheit fordern, und andere, bei denen andere Tugenden mehr im Vordergrunde stehen.

Und in dies alles spielt die rüpelaltrige Haltung auch hinein; das glaube ich wenigstens aus dem Beispiel von den Offizieren und dem vorhin erzählten Kaiserswaldauer lesen zu dürfen, und etwas Ähnliches lehrt uns ein Bericht aus Karesau, der neuguinesischen Insel, denn dort fordert man auch unter andern, daß sich die Knaben von bösen Ameisen beißen lassen müssen. Dann müssen sie einen Trank aus Blut und Wasser trinken; das Blut stammt aus dem Gliede der Männer, die mit einem Vogelknochen und durch Hineinstechen ihren Penis reizen, bis er blutet; den Knaben wird bei der Initiation die gleiche Übung beigebracht. Dann wieder prügelt man auf die wehrlosen Burschen ein, wenn sie durch eine zusammengestellte Lanzengasse kriechen müssen. Das klingt doch sehr an die vorhin erwähnten Grausamkeiten, die jugendliche pubertierende Männer fertig bringen, an, und an die Ungehemmtheiten, hinter denen der haltlose Überschwang, die typische Überreizung dieser Reifejahre steht. Und dieser Übergang vom sexuellen Wollen in die Grausamkeit, diese Lust aus einem Schmerze saugen, ist sehr oft bezeugt. So heißt es von der Beschneidung bei den Kiwai-Papuas, daß auch die älteren Männer daran teilzunehmen pflegen, indem sie die Peinigungen der Initianden an sich selbst vollziehen. So wie man brennende Fackeln auf die eingesperrten Knaben wirft, so peitschen die Männer untereinander sich mit Fackeln; so legen sie dürre Kokosblätter auf die nackte Haut und zünden sie an und reißen sie erst ab, wenn sie verbrannten; es ist, als müßten sie sich selber einen Schmerz zufügen, daß sie an ihrer Lust und deren glühendem Drängen nicht ersticken. Sie peinigen sich und müssen ebenso die jungen Burschen quälen.

Ein Ähnliches ist bei den hellen afrikanischen Jägern zu bemerken, bei denen mit der Beschneidung eine Reifeerklärung und eine Einweihung in die Bräuche und Zeremonien der Jagd verbunden ist. Im Busch, wohin man die Initianden führte, fanden Tänze statt; es gibt „verwirrende Geräusche", bis sie in Exaltation geraten. Im Höhepunkte der Ekstase aber taucht ein Leopard oder ein einem Leoparden ähnliches Geschöpf vor ihnen auf; sein Eindruck ist furchtbar und die Burschen erschrecken sich zuhöchst. Dies fürchterliche Wesen stürzt sich aber auf die Burschen und es verletzt sie, namentlich an den Geschlechtsteilen, so daß sie ihr ganzes Leben lang die Spuren davon haben. Von einigen wird gesagt, es würde ihnen ein Hoden ausgerissen. Auf dieses folgen Tage wilder orgiastischer Natur. Das ist die Zeit, in der gewisse Büffelhörner zubereitet werden, die als die wichtigsten Zaubergeräte angesehen werden und für die Jäger bis zu deren Tode Bedeutung haben. In diese Hörner füllen sie das Blut erlegter Tiere. Die Frauen aber dürfen mit ihnen niemals in Berührung kommen. Gewiß kennt auch der Kult ein orgiastisches Tun, — ich will nur an die Maenaden des thrakischen Dionysos erinnern. Doch ebenso gewiß steht hinter diesem tierhaften Überfall, den mannigfachen Verletzungen und dem Ausreißen eines Hoden so etwas wie eine sexuelle Losgebundenheit, ein männisches Entbrennen. Erregung, Gewalt und Grausamkeit, das Überschreiten jener Grenze, die den geschlechtlichen Rausch vom Unberechenbaren trennt, das alles spielt in den Reifezeremonien eine, die entscheidende Rolle.

Von hier führt möglicherweise auch der Weg zu einem nächsten. Bei den Babali-Negern am Ituri (Inner-Afrika) ist die Beschneidung als ein Initiationsritus unbekannt, an ihre Stelle tritt der Körperschmuck, die Tatauierung. Die Tatauierung wird aber von dem Vogeldämon Maduali ausgeführt. Das Näherkommen des Maduali aber wird von einigen Männern durch das Geräusch der Trommel oder durch Schwirren dargestellt. Im Dorfe ruft es darauf: Der Maduali kommt! Die Männer greifen zu Pfeil und Bogen, als ob etwas Böses drohe und laufen dorthin, woher die Stimme des Maduali tönte, die Weiber und Kinder aber fliehen fort in den Wald oder verstecken sich im tiefsten Inneren eines Hauses. Der Maduali besteht aus einem schweren Kloben Holz, den man an starke Lianen gebunden hat und vorwärts zerrt. So ziehen die Männer alle mit einer Hand am Maduali, und mit der andern reißen sie Gesträuch und Gras am Wege aus, wodurch die Spuren des wilden Maduali gekennzeichnet werden sollen. Die dumpfen Laute, welche die alten Männer von sich geben, deuten das Stöhnen des gefesselten Maduali an. Begegnet dem Zuge aber eine Frau, so wird sie erschlagen und von den an der Einholung beteiligten Männern aufgegessen. Zu diesem anthropophagen Tun des Maduali-Männerbundes ist zu sagen, daß hier nicht ein beliebig Begegnender, sondern immer nur ein Weib von den in einem männerbündischen Tun Begriffenen geschlachtet wird; die Wertung und das Verhalten des Männerbundes gegen eine Frau entspricht der Wertung, die bei pubertierenden Knaben anzutreffen ist.

Auch ein Geheimbund wird bei den Babali oft genannt. Die zu dem Bunde gehörigen Männer tragen an der linken Hand aus Eisen gearbeitete Messerchen oder Krallen von Eisen, und diese Krallen stellen die Tatze eines Leoparden dar, ein in der rechten Hand getragenes Brett mit Nägeln seine Zähne. Vermummt durchstreifen die so Bewaffneten Tag und Nacht die Wälder, schlagen mit ihren Tatzen einen einzelnen ihnen Begegnenden nieder und töten ihn mit einem Schlag der Nägel (Zähne) in den Hals. Die von den „Leoparden-Menschen" so getöteten Opfer werden danach beiseite geschleppt und teilweise oder ganz und gar verzehrt. — Ob hinter dem Treiben der Leoparden-Menschen jene Kräfte stehen, die in den Pubertierenden revoltieren, ist schwer anzugeben; es will mir aber durchaus möglich scheinen, daß hier ein werwolf- oder raubtierartiges blutdürstiges „ekstatisches" Tun der angedeuteten männerbündischen Geheimgesellschaft sichtbar würde. Wenn ich das mit dem Überfall auf Frauen zusammenhalte, dann darf man wohl doch an eine sadistisch-orgiastische Ekstase denken und man kann eine sexuelle Triebkraft hinter alledem vermuten. Was in den plumpen und nichtsahnenden Dorfjungen aufzuglühen begann, was Neunzehnjährige zu selbstquälerischen sexuellen Peinigungen getrieben hat, — scheint mir in allen diesen Angaben wieder aufzuleuchten.

Ich trete damit in Gegensatz zu den bisher bestehenden Theorien, nach denen man die Beschneidung — als ein grausam quälerisches Tun — zu einer Mutprobe, einem hygienischen Verfahren hatte machen wollen, und in ihr eine rite de passage oder eine Art Entmannung sah. Im Jägerstadium des Menschen sei die Sitte unbekannt gewesen; in der auf diese folgenden zweiten Stufe oder im Kriegerstadium sei als Symbol der Unterwerfung des Besiegten unter seinen Sieger die volle Entmannung, das heißt das Abschneiden aller äußeren Geschlechtteile, Glied und Hoden, als „notwendig" aufgekommen. Dem folgte als eine abgeschwächte Übung das Eunuchentum, das allen Sklaven zum Zeichen ihrer Unterwerfung widerfuhr. Als letztes sei die am meisten abgeschwächte Form „Beschneidung" zum Zeichen der Unterwerfung eines Volkes unter Gott entstanden, so daß die aller Verstümmelung gemeinsame, zugrunde liegende Idee diejenige der Unterwerfung unter irgend einen Höheren sei. So wichtig es ist, daß hier auf die passive, erleidende und erduldende Situation des zu-Beschneidenden hingewiesen worden ist, so fast unmöglich will es mir jedoch erscheinen, von dieser Theorie aus alle Momente der Beschneidung zu erklären, vor allem auch die für eine männerbündische Initiation in Frage kommenden.

Sehr nahe an die vorstehende Deutung streift diejenige der Psychoanalyse: „Die Beschneidung ist dort, wo sie geübt wird, stets in den Pubertätsjahren ausgeführt worden. Wo sie heute in den ersten Lebensjahren oder -monaten vorgenommen wird, hat eine Verlagerung des Brauches stattgefunden. Die Beschneidung ist ein Symbol für die Kastration, zugleich aber auch ein Symbol für die Tötung und Opferung des ganzen Menschen. Die Zahnoperationen bedeuten eine Opferung des Geschlechtsgliedes und im weiteren Sinne eine Opferung des ganzen Menschen. Sie sind Ersatzhandlungen für die Beschneidung ... Die Tatauierung ist ursprünglich als typische Quälerei eine feindselige Handlung der Väter gegenüber den Knaben. Sie hat sich im Laufe der Zeit zu einem Stammeszeichen und einem Verschönerungsmittel entwickelt. Die Quälereien und Martern sind ursprünglich ebenfalls feindselige Handlungen der Väter gegenüber den Knaben als Strafe für ihre unbewußten Inzestgelüste und Mordabsichten. Durch säkulare Verdrängung ist aber die feindliche Seite der Ambivalenz der Gefühlsregungen in den Seelen der Väter mehr oder weniger ins Unbewußte geraten, so daß heute in der Hauptsache nur mehr die freundliche Seite bewußt auftritt. Sie erklärt diese Quälereien als Mut- und Standhaftigkeitsproben, die zur Abhärtung der Knaben dienen"; ich will die weiteren psychoanalytischen Leitsätze nicht zitieren, weil mir die eben angegebenen schon genug erscheinen. Wenn die vorhin zitierte Deutung den „Konflikt" bei der Beschneidung aus einer kriegerischen Auseinandersetzung und Versklavung aufgehen sah, so stellen die Psychoanalytiker die Generationen einander gegenüber. So wenig ich mit den psychoanalytischen Deutungen etwas anfangen kann, in diesem einen scheint mir doch ein richtiges aufzuleuchten: bei der Beschneidung und den mit ihr zusammenhängenden Zeremonien treten zwei Gruppen einander gegenüber: die Beschnittenen und die Nichtbeschnittenen. Da die Beschneidung meistens als Reifezeichen gilt und mehr oder weniger also mit der Pubertät zusammenhängt, stehen sich zwei Gruppen reifgewordener Männer gegenüber: die älteren Reifen und die eben in die Reife Eingetretenen. Man kann gut an die beiden vorhin aufgewiesenen Gruppen denken: die kleinen Burschen und die Vollburschen oder Knechte in der Knabenschaft. Da aber „Beschnittene" nicht mit „Ehemännern" gleichzusetzen sind, — man kann sehr lange beschnit-

ten sein und ist doch immer noch kein Ehemann, — wird man hier nicht
an jenes große Gegeneinander denken dürfen, das Soziologen zwischen
Unverheirateten und Verheirateten sehen wollten.

Ich sagte, daß die Beschneidung oft ein Reifezeichen sei. Die Reife ist
eine physische Erscheinung und man kann nicht sagen, daß sie der Mensch
nach seinem Belieben hemmen oder beschleunigen könne; die Reife anzuerkennen aber steht durchaus in seiner Hand, — das ist ein im gesellschaftlichen Raume geschehender Prozeß. Die Anerkennung kann durch
die Ältesten des Stammes geschehen oder durch die den Kern des Stammes darstellenden Besitzenden und Ehemänner oder durch die noch unverheirateten Reifen —, jeder wird mit anderm Maße messen. Die von den
Unverheirateten ausgesprochene Bedingung wird die sein, daß sich der
Neue in die von ihnen aufgerichtete Ordnung fügt. Daß diese Ordnung
die Beschneidung forderte, kann ich mir nicht denken; wohl aber will es
mir scheinen, daß in den Kreisen dieser Jungen, die alle doch Fünfzehn-,
Siebzehn-, Zwanzigjährige waren, das Gährende in die Ausgelassenheit,
die Gier, die Grausamkeit geriet, daß sie ihr siebzehnjähriges Alter ganz
und gar verführte. Und daß daraus — als sekundäre Erscheinung —
eine Forderung erwuchs —: daß sie nur den in ihre Ordnung aufnahmen,
der beschnitten war.

In ihre Ordnung aufnahmen, das besagt aber auch, daß sie ihn bei den
Mädchen, ihrem quasi-Eigentume, duldeten. Und so hängt sexuelle Freiheit und Beschneidung sekundär zusammen.

Daß dem so ist, scheint eine Unzahl von Berichten zu bezeugen. Es gibt
kaum einen Stamm, bei welchem einem unbeschnittenen Burschen der
Weg zu einem der Mädchen dieses Stammes offen war. Sie werden, sobald
bei ihnen die Reife sich bemerkbar macht, von ihren Müttern isoliert, in
Hütten vor dem Dorfe eingewiesen, wo sie sich dann, wie bei den Pangwe,
einen Monat völlig nackt und fern von allen Menschen aufhalten müssen.
Man nimmt dort aber nichts Besonderes mit ihnen vor; sie dürfen sogar
im Busche herumgehen und sich dort erlustigen, nur müssen sie vermeiden,
daß sie Weiber sehen. Um diese warnen zu können, führen sie eine Art
Xylophon mit sich herum, das sie bei ihren Spaziergängen dauernd schlagen sollen und dessen Ton weit hörbar ist. Auf Neu-Guinea müssen sie
sich in große Matten hüllen; an der Loangoküste gehen sie in Strohkrino-
linen aus, um so den Weibern gegenüber unsichtbar zu sein.

Mit einigen Zweifeln könnte man es noch für möglich halten, daß hinter
diesen Verboten kultische Bedenken stünden, — daneben sind aber ganz

eindeutig unkultische festzustellen. So werden in Neu-Guinea bei den Monumbo jene Knaben, die sich vor der Zeremonie mit Mädchen eingelassen haben, von einem als Frau verkleideten Manne angespuckt. Selbst den soeben Beschnittenen ist es in Neupommern nicht erlaubt, sich mit den Frauen zu einem intimen Beieinandersein zu treffen; erst langsam und ganz allmählich fällt das noch bestehende Verbot. Auch bei den Pangwe erfolgte die Erlaubnis nur allmählich. Nach der vorhin beschriebenen Stufe erhalten die Knaben einen Monat später eine besondere, sie vor allen andern kenntlichmachende Tracht: der ganze Leib der Jungen wird mit weißer Tonerde überstrichen, der Penis jedoch mit einem Stulp versehen, den eine Feder ziert; das Ganze sieht phantastisch aus. Von jetzt an dürfen sie in die Dörfer gehen zu Spiel und Tanz und dürfen auch von Weibern und Uneingeweihten gesehen werden; sie müssen jedoch noch weiter in den Hütten draußen schlafen und dürfen mit Frauen immer noch keinen Umgang haben. — In diesen und vielen ähnlichen Fällen also handelt es sich darum, die sexuelle Betätigung an sich mannbarer Jugendlicher noch hinauszuschieben. Und ich kann mir nach diesem auch sehr wohl vorstellen, daß die Beschneidung einmal einen solchen Riegel bildete, ich meine nicht so deswegen, weil ein Sexualverkehr mit einem wunden Gliede einige Zeit nicht möglich war, — das Hindernis war nach verhältnismäßig kurzer Zeit behoben, — sondern weil sie zu einem Mittel der Auslese und zum Zaune wurde: die jugendliche Gemeinschaft ließ den Unbeschnittenen nicht zu. So wurden ursprünglich orgiastische Ausgelassenheiten eine rituelle Pflicht.

Es führte zu weit, die übrigen Einzelheiten zu erörtern, obwohl noch manche derselben in die gleiche Richtung weisen; so etwa: daß während der Beschneidungszeremonien von den Männern in oder hinter dem Männerhause ein geschlechtlicher Verkehr gepflogen wird, indessen den Knaben dieser, wie gesagt, verboten bleibt; oder: daß wieder die Männer die besten und die leckersten Speisen essen, sie für sich reservieren, während sie den Frauen und den Unbeschnittenen und auch den eben Beschnittenen streng verboten sind, — als ob sie alles Gute nur für sich und ihre Mägen wollten. Doch möchte ich aus diesen Tatsachen keine weiteren Schlüsse ziehen; ich bin es zufrieden, wenn ich alle diese Dinge als sekundäre Erscheinungen in den Ordnungen jugendbündischer Gruppen zeigte, und wenn ich, was hinter diesem Sekundären als das Anfängliche stand, erhellte: das alle Äußerungen formende orgiastische, knabenhafte Denken. Und daß, wenn es die Zeremonien zu erklären gilt, man an die Zügellosigkeiten pubertierender Jünglinge denken müsse, an ihren Rausch, an ihre dem Wilden und auch Grausamen hingegebene Seele.

Ich weiß, daß diese Deutung manchen sehr enttäuschen wird. Man wird sie zu nüchtern finden, alle exotischen Farben fehlen, der „Wilde" in ihr ist eigentlich kein Wilder mehr; er ist ein Mensch wie ich und du, und ist im Grunde uns sehr nahe.

Mir will es scheinen, als ob es aber doch sehr nützlich wäre, uns über die Wildheiten unserer Seele einmal klar zu werden und zu begreifen, wie gering der Schritt im Grunde ist, der uns von einem in diesen Zeremonien lebenden Manne trennt. Oder, um einen völkerkundlichen Soziologen zu zitieren: „Die steigende Kultur pflegt dergleichen Dinge zu mildern, aber sie liegen tief im menschlichen Wesen begründet und treten immer wieder in irgend einer Weise hervor, wo sich Gruppen junger Männer als zusammengehörig fühlen und im übermütigen Bewußtsein ihrer Kraft denen, die ihrer Gemeinschaft beitreten wollen, einen dornenreichen Empfang bereiten."

Wie die oben gegebene Übersicht deutlich erkennen läßt, gehört die circumcisio zumeist den Völkern südlicher Breiten an. Es will mir scheinen, als ob das mehr als ein zufälliger Umstand sei. Ich zeigte ja schon, daß in den nördlichen Jugenden und Knabenschaften das Fordernde, die Norm und das Gesetzliche im Vordergrunde stehe; es findet da weder eine Operation am männlichen oder weiblichen Gliede statt, noch ist der jugendliche Geschlechtsverkehr an eine solche Operation gebunden. Das ganz gewiß vorhandene Heiße und Drängende der Pubertät führt nicht viel weiter als zu Redensarten, Zeichnungen und bleibt meist „verdeckt"; hier aber wird es viel offener sichtbar als im Norden, bis es in den noch höheren Breiten kaum noch faßbar werden will.

Was schon die äußere Erscheinung dieser Bünde sichtbar macht, das lehren die sie begleitenden Umstände noch einmal: im Norden treten die sexuellen Äußerungen stark zurück, im Süden werden sie deutlicher, stehen viel mehr im Vordergrunde; die bei den Zeremonien gebräuchlichen Figuren, die Bildwerke und die Schnitzereien des Männerhauses, die Masken zeigen deutliche Geschlechtsmerkmale. Ich greife nur einige heraus. So stehen die Männerhäuser in Doreh auf Neu-Guinea auf Pfählen oder den geschnitzten Bildern menschlicher Figuren; es wechseln ständig weibliche mit männlichen, durch riesige Geschlechtsteile bezeichnete Gestalten, ab. Und in der Nähe beider Eingänge oder auf dem Flur des

Hauses steht eine in nicht geringer Größe ausgeführte Schnitzerei, die ein in der Umarmung begriffenes Paar darstellt. Dergleichen Bildwerke kommen verhältnismäßig häufig vor, und die Besucher völkerkundlicher Museen und Kabinette kennen aus deren Sammlungen ja auch sicher manches Stück.

Wie Schnitzfiguren, so finden sich auch phallische Masken vor. In einer zusammenfassenden Betrachtung der Beschneidungsfest-Zeremonien, wie sie in Afrika erscheinen, wird gesagt, daß Masken mit stark betonten Geschlechtsorganen aufzutreten pflegen, und daß sie in ihren Tänzen die Umarmung zeigen. Auch bei den Kiwai-Papuas erscheinen solche Masken, die große Phallen zeigen, und bei den Ipi auf Neu-Guinea treten beim Schlußfest nach den Reifezeremonien welche auf; die führende Maske weist wieder einen Phallus auf, der sich beim Tanze gegen die Zuschauer zu bewegt. Auch sexuell betonte Geräte finden sich; so brauchen die Pangwe in der Buschzeit Xylophone, bei denen der Schlegel die Form des männlichen Gliedes zeigt. Und bei den Marind-anim auf Holländisch Neu-Guinea werden zwei hölzerne Puppen mit übertriebenen Geschlechtsteilen aufgestellt, an denen die Novizen Betastungen vorzunehmen haben.

Aber es bleibt nicht bei den bildlichen Darstellungen allein, denn ihnen tritt häufig eine mimische an die Seite. Im Kaiemunu-Geheimbund am

Initiationsgerüst auf der Insel Ulawa, Südsee

Purari auf Neu-Guinea werden von männlichen und weiblichen Masken Tänze aufgeführt, die auf die menschliche Umarmung Bezug haben und sie zeigen. Und wiederum bei den Pangwe wird das Fest mit einem Tanze der

71

Neulinge auf einem besonders hergerichteten Gerüst mit phallischen Zeichen und der Darstellung des Geschlechtsaktes eingeleitet, — und weitere Belege sind in jeder Monographie zu finden. Mit einem Worte: das Leben im Männerhause, die Beschneidungszeremonien und das ganze Tun und Treiben der jugendlichen Bünde scheint — in Afrika und in der Südsee, aber nicht im kühleren Norden — von sexuellen Gedanken durchtränkt und übervoll zu sein.

In einer völkerkundlichen Untersuchung wird dazu gesagt: „Die geschlechtlichen Ausschweifungen, die fast nach allen Berichten bei dem abschließenden Fest üblich sind, . . . können nicht aus der festlichen Stimmung hergeleitet werden, die durch reichlichen Genuß alkoholischer Getränke der großen Bedeutung gerade dieses Festes angeglichen wird, denn auch bei sittenstrengen und keuschen Völkern (zum Beispiel den Mande) in Westafrika kommen solche Ausschweifungen bei diesem Abschlußfest vor, während sie bei anderen Festen ganz unmöglich wären. Vielmehr stammen sie zu einem Teil aus der enormen Betontheit des Sexuellen, die der Zeremonie der Buschzeit von Anfang bis zu Ende anhaftet: in Angola bezeichnen Plastiken mit übertriebenen Geschlechtsorganen den Weg zum Busch; der Pfahl, der in Ostafrika, bei den Mambunda und vielen anderen Völkern eine solche Rolle in den Zeremonien spielt, ist wohl eine phallische Darstellung; von dem Pfahl, der bei den Pangwe das Tanzgerüst bildet, wird es ausdrücklich erwähnt; die Tänze, die im Busch gelehrt werden, tragen ausgesprochen ‚obszönen‘ Charakter; dasselbe gilt meistens von den Tänzen, die die Masken vorführen; zu den männlichen und weiblichen Masken gehören übertrieben dargestellte Geschlechtsorgane . . .“ Sind diese Darstellungen alle auf das Geschlechtliche gerichtet und will man sich nun der deutschen „Jugenden“ noch einmal erinnern, die schwedischen daneben stellen, dann wird deutlich sichtbar werden, wie groß die Unterschiede der südlichen von den nördlicheren Bünden sind. Und doch steht hinter beiden Erscheinungen noch dasselbe.

Ich nannte die Tatsache, daß ein junger Bursch nicht eher, als bis er beschnitten sei, mit Frauen verkehren dürfe, eine Sekundärform der Beschneidung. Als Sekundärerscheinung möchte ich auch ein nächstes ansehen und verstehen. Es handelt sich um die Frage, was aus den Knaben geworden ist, die während der Zeremonien, an den Begleiterscheinungen des chirurgischen Eingriffes, haben sterben müssen. Bei beinahe allen beschneidenden Völkern wird der Umstand, zumindest so lange die Zeremonien dauern, übergangen. So schweigen die Mambunda am Sambesi ganz und gar darüber: der Knabe wird heimlich beiseite getragen und begraben; seiner Mutter wird unter keinen Umständen etwas mitgeteilt, weil ihre Klagen den andern Knaben in der Entwicklung schaden würden. Man läßt sie drum ruhig das Essen für den Jungen weiter bringen; erst wenn die Zeremonien zu Ende sind, erfährt sie den Tod des Sohnes und dann mag sie klagen. Auch bei den Waregga wird, wenn einer der Knaben stirbt, dies seiner Mutter bis zur Rückkehr aller Beschnittenen nicht gesagt, da ihre Klagen dem ganzen Dorfe Fluch bringen würden. Die Tränen der Mutter wirken also wie ein böser Wunsch, es geht ein schädigender Einfluß von ihnen aus. (Anscheinend wird aber der Mutter weiter nichts gesagt, als daß ihr Söhnlein an der Operation gestorben sei.)

Im Tschadseebecken, bei den Bokko und Tschamba, aber wird der Mutter nach Abschluß der Buschzeit mitgeteilt, die Schwirren hätten ihren Sohn getötet. Man weiß nicht recht, ob hier ein schadenschaffender Einfluß anzunehmen ist, der von den zaubrischen Schwirren ausging, oder ob man allein meint, daß der Verursacher des Lautes, — er wird ja meist als Stimme eines bösen Dämons angesehen, — Schuld am Tode habe. Irgend ein Zaubrisches wird es sein, denn die Magwamba und Bapedi im Süden von den Zoutpansbergen behaupten, wenn in den Reifeweihen ein Initiand gestorben ist, das Ngoma habe ihn getötet und verschlungen. Als Ngoma bezeichnen diese Stämme aber alles das, was mit den Vorgängen der Reifefeier im Zusammenhange steht; man sagt: das Ngoma ist ein Büffelschild; oder es ist ein Krokodil, das beißt, oder ein Löwe, der zerreißt. Der Mutter wird der Tod des Knaben dadurch angedeutet, daß in den Napf, in welchem sie ihm das Essen bringt und den sie dort läßt, um ihn gegen einen nächsten auszutauschen und wieder mitzunehmen, am Rande eine Kerbe eingeschnitten wird; doch es ist ihr und allen Verwandten untersagt, zu klagen. Hier ist das Tötende also irgend ein unfaßbares Zaubrisches, ein einem Löwen oder Büffel vergleichbares Mächtiges, ein Mana.

Den afrikanischen Aussagen stehen die indonesischen gegenüber. Bei den Bukaua auf Deutsch Neu-Guinea, welche die Beschneidung am Balumfeste vollziehen, kommt es offenbar nicht allzuselten vor, daß sich ein Knabe verblutet und am Balumplatze stirbt. Dann wird die Leiche des Initianden sofort eingegraben, jedoch das Grab in keiner Weise, etwa durch Umrahmungen mit Steinen, wie es sonst üblich ist, bezeichnet oder angemerkt, und der bedauernswerten Mutter wird gesagt: der Balum hat deinen

Jungen verschlungen und nicht wieder hergegeben. Gründe dafür hat der Bukaua stets zur Hand: wahrscheinlich waren die zu opfernden Schweine noch zu mager, vielleicht hat auch der Junge nicht alle Vorschriften recht befolgt . . . Da wird der Junge also von einem dämonischen Ungeheuer aufgefressen. Es ist ein unter der Erde im Walde wohnendes Unwesen, das an den Beschneidungstagen hervorkommt, aus der Erde kriecht, zum Festplatz strebt und unter ungeheurem Lärm der Schwirren näher kommt. Man könnte es mit den uns geläufigen „Kinderschreckgestalten", dem „schwarzen Manne", dem „Klaubauf" oder dem „Wassermann" vergleichen, denn so wie wir von diesen, wissen die Bukaua-Männer, daß auch der Balum ein erfabeltes Untier ist, ein fikt; allein die Weiber und die Kinder glauben ihn.

Nicht anders steht es um die Erklärungen der Tami-Insulaner. Dort schlingt ein ähnlicher Dämon die Knaben „in den Schweinemagen", doch gegen ein Schweineopfer gibt er sie zurück; wenn aber ein Knabe an den Folgen der Beschneidung stirbt, heißt es, er sei in einen falschen Magen, in den Taromagen des Dämons geschlungen worden und er sei darin geblieben. Hier ist die Tatsache eines fikts ganz offensichtlich: die Knaben, die heil davonkommen, waren im Schweinemagen; das ist ein aus den näheren Festumständen abgeleitetes Bild: für die bereits Beschnittenen nämlich ist es nur ein großer Schweineschmaus.

Man wird nach diesen Überlegungen nunmehr sagen dürfen: das Ungeheuer, der Dämon, welcher Knaben schlingt und frißt, ist für die Frauen und die Mütter eine Wirklichkeit. Er ist auch, wovon wir nochmals hören werden, für die Initianden eine böse Wirklichkeit, genau so wie sie die Schwirren und Flöten als sein Schreien begreifen, — bis ihnen die Männer zeigen, was die Schwirren sind, bis sie die Männer in den Dämonenmasken gehen und kommen sehen. — Den Männern, die in den Reifezeremonien tätig sind, ist manches vielleicht auch eine religiöse Wirklichkeit: wir wissen aus neueren Untersuchungen, daß der in der Klaubauf-Maske der Maske verfällt, daß er sie zwar als Maske weiß, daß er sich dabei aber wie besessen fühlt, daß eine bis dahin unbekannte Dämonie von ihm Besitz ergreift; — und ähnliches mag in den hier diskutierten Fällen auch geschehen.

Daneben steht aber auch das kühle reale Wissen um die Dinge, und daß sie ein Spiel und ein den Weibern Vorgegebenes sind. Im Nanga-Kulte auf den Fidschi-Inseln liegen zwischen den Altären die eingeweihten Männer auf dem Rücken und scheinen tot. Sie sind mit Blut beschmiert, die Eingeweide aber der vorher abgeschlachteten Tiere werden so auf sie gelegt, daß, wer die Männer sieht, den Eindruck haben muß, als quöllen ihre eigenen Eingeweide aus dem Leibe. Im Allerheiligsten warten die Priester und erzählen den Initianden, daß sie, die Einzuweihenden, an dem Tode schuld gewesen seien. Hier wissen die Männer natürlich, daß sie spielen; genau so wie die Bakuba in den Gande-Zeremonien: hier verschwindet ein alter Mann in einem langen Tunnel und rüttelt darin an Pfählen, die so in dem Tunnel stecken, daß noch ein Teil von ihnen außen sichtbar ist. Den Knaben aber sagt man, daß der Mann in jenem Tunnel mit einem Dämon furchtbare Kämpfe auszufechten habe. Bevor er den Graben verläßt, beschmiert er sich mit Ziegenblut, und wenn er wieder sichtbar wird, zeigt er die völligste Erschöpfung. Er wird danach für tot erklärt und fortgetragen. Den Knaben, die fürchten, diesen Gang passieren zu müssen, wird gegen eine Zahlung aber Weg und Tun erlassen. Mit ihrer Zahlung verschaffen sie natürlich den Männern einen Schmaus.

Was aber besagt das alles? Bei den Mambunda und Waregga durfte die Mutter den Tod ihres Sohnes nicht beklagen, weil das als eine Art Verwünschung oder Zauber wirkte. Das glauben die Weiber. Doch das glauben auch die Männer, denn sonst könnte es den Männern ja gleichgültig sein, ob etwa die Frauen ein Klagegeschrei anstimmen oder nicht. Bei den Bukaua glauben die Männer möglicherweise nicht daran, weil ihnen der Balum ja zu einer Ausrede geworden ist; doch in den Masken haben sie ein Dämonisches erlebt. Und wenn bei ihnen wie bei den Tami und den anderen insularen Stämmen von den bei der Beschneidung Verunglückten angegeben worden ist, das Ungeheuer, der Dämon, habe sie verschlungen und gefressen, dann muß der Glaube an den Dämon ein Geläufiges gewesen sein, zumindest für Frauen und Kinder. Für eine Erklärung nämlich zieht man stets ein Naheliegendes, ein Denken und eine Vorstellung, die geläufig ist, heran. Der Balum, das Fest, die Maske, die in seinem Namen begangenen Zeremonien dominieren, und so wird die Erklärung, wo der tote Knabe blieb, auch in das dominierende kultische Geschehen einbezogen.

Das ist das eine. Das andere aber muß wohl sein, daß die Beschneidungsbräuche, wenigstens was diesen Zug betrifft, in einer noch-nicht-dämonischen, in einer vor-dämonischen Welt entstanden sind, und daß sie dann erst in eine dämonische Wirklichkeit hineingewachsen sind.

Ist die Beschneidung nicht nur ein reales Faktum, sondern eine aus der Zeit, da Zaubern galt, in eine spätere hineingewachsene Handlung, dann muß sie in ihrer Anlage und in ihrem Sinne auch zaubrisch sein. Zaubrisch, das heißt, daß sie dem Menschen eine Kraft verleiht, die ihm sonst fehlt, die der noch nicht beschnittene Mensch nicht hat. Die Kraft, die einem Dinge, einem leblosen oder lebenden, in der Zeit des zaubrischen Denkens zu eigen ist, kann sich in einem erwünschten wie in einem unerwünschten Sinne äußern. Ich möchte, um das verständlich zu machen, an die Elektrizität erinnern, die ja auch eine wirkliche Kraft ist; sie ist in der Hochspannungsleitung anzutreffen, und wer die Leitung anrührt, den trifft sie als Schlag; dieselbe Elektrizität in dieser oder in der an sie angeschlossenen Leitung macht unsere Lampen leuchten, Dreschmaschinen gehen und Züge fahren. Nicht anders steht es um die zaubrische Kraft in einem Dinge, die wir gemeinhin mit dem Südseeworte Mana oder dem irokesischen Worte Orenda heißen. Sie kann gefährlich sein und einen solchen tötenden Schlag austeilen, deswegen geht man ihm besser aus dem Wege, rührt das manaerfüllte Ding nicht an, es ist „tabu". Die Häuptlinge etwa haben sehr viel solcher Kraft; deswegen ist auch der Häuptling, seine Wohnung, sein Gerät, sein Land, ja ist der Weg, auf dem er etwa geht, tabu. Die andere Äußerung der Kraft ist die vom Menschen genützte, positive.

Wenn unser Schluß richtig ist, muß die Beschneidung dem jungen Manne Mana übermittelt haben. Es lassen sich dafür auch eine ganze Reihe weiterer Einzelheiten nennen. Daß beispielsweise die Beschnittenen im Ansehen und in der Geltung über den Unbeschnittenen stehen, wird oft festgestellt; es gibt kaum einen Stamm, bei dem man das nicht findet. Wenn aber bei den Ovaherero die Söhne der höheren Stände und der Anhang des Königs durch die Beschneidung gewissermaßen ausgezeichnet werden, weil das gewöhnliche Volk bei ihnen nicht beschnitten wird, sagt das schon mehr; das Mana der Oberschicht soll da gestärkt werden und ist wichtiger als das der unteren Stände, des gemeinen Volkes. Von den Bassonge teilt uns Wißmann mit, daß man im allgemeinen dort kein Menschenfleisch zu essen pflege, weil dessen Genuß den Esser unfruchtbar macht oder gelt; wer aber beschnitten ist, darf es verzehren. Da also muß die Beschneidung eine Stärkung bedeuten, eine Kraftzufuhr, durch welche man die Gefahr ausgleichen kann. Die Kai in Neu-Guinea wieder sagen, daß die Beschneidung ein Abzapfen schlechten Blutes sei, welches dem Wachstum nur nachteilig wäre; auch heißt es dort, daß unbeschnittene Männer keine Nachkommenschaft zu haben vermöchten. Zu dieser Entfernung eines Schädigenden, Negativen tritt dann ein Positives: das bei der Beschneidung fließende Blut wird aufgefangen, und nach der Heilung in Wasser aufgelöst und von dem Operierten, Beschnittenen getrunken, denn das erhöhe wieder seine Zeugungskraft. Als einen Erwerb von etwas Gutem, Positiven, von Mana sehen auch die Durra im Sudan die Operation am Knaben an; man sagt, daß der, bei dem sie unterlassen werde, schlecht mit den Weibern fahre und nichts tauge, und daß er auf der Jagd nichts mehr erlegen würde.

Nach allen diesen Beispielen wird man schließen dürfen, daß die Beschneidung eine Kraft erwecke oder übertrage, daß dem Beschnittenen Mana zugewendet worden sei; sie ist zugleich ein Steigern und Vergrößern jenes Manas, das er, in einem bescheidenen Maße, schon besessen hat. So darf man wahrscheinlich auch den Exodusbericht ansehen (4, 24 f.), die meines Wissens älteste Nachricht über diesen Brauch: als Moses auf dem Wege von Midian nach Ägypten und unterwegs in einer Herberge gewesen ist, kam ihm der Herr entgegen und wollte ihn töten. Da nahm Zippora, sein Weib, einen Stein, und sie beschnitt den Sohn und rührte seine (das heißt Moses) Füße. „Da ließ Er von ihm ab." Das aber wird bedeuten: der Dämon Jahve ergriff in seiner dämonischen Unberechenbarkeit den von ihm Ausgesandten, und Moses wird durch die Beschneidung seines Sohnes stark gemacht, das an dem Sohne gewonnene Mana wird durch die Berührung auf ihn übertragen, damit er Jahve widerstehen kann.

All diese eben gemachten Überlegungen lassen zu, den oben versuchten Schluß als einen richtigen anzusehen. Wenn die Beschneidung das Mana des Beschnittenen stärkt, ihn sexuell stark und leistungsfähig macht, ihn zeugen macht, ihm Jagdglück schafft und seine Gesundheit hält und mehrt, dann muß sie oder muß wenigstens diese Sinngebung der Operation aus einer Zeit, aus einer Denkwelt und aus einem Glauben stammen, in welchem Mana zu haben und zu gewinnen wichtig war. Sie stammt danach aus den Jahrhunderten zauberischen Denkens. Nun können wir das zauberische aber und das mythische Denken nicht als ein Vorher und ein Folgendes einander gegenüberstellen; es lebt auch heute, in unserm rationalistischen Denken, das wir als ein nachmythisches ansehen, noch viel zauberisches fort; doch werden wir glauben dürfen, daß das zauberische und Mana-Denken in mehreren Fällen einem mythischen vorangegangen sei.

Der relativen Chronologie läßt sich noch eine absolute an die Seite stellen. Es ist bekannt, daß in den kultischen Anschauungen und Riten sehr lange ein älteres nachlebte und noch gültig blieb. Das heilige Mahl der Christen wird mit „ungesäuertem", das heißt, dem heutigen gesäuerten Brote vorangehendem gehalten. Der Römer opferte Gerste, auch noch in den Jahren, als Gerstenbrei und Gerstenbrot in Rom schon lange nicht mehr gegessen wurde. So nimmt man auch die Beschneidung oft mit einem alten „Messer", in Indonesien beispielsweise mit einem Bambussplitter, im jüdischen Kulte mit einem steinernen Messer vor; die oben zitierte Exodusstelle sprach ja schon davon. Das Josuah-Buch erzählt, daß Josuah unterwegens, in der Wüste, als die Ägypten verlassenden Stämme nach Kanaan zogen, sich steinerne Messer machte und das Volk damit beschnitt (5, 2 f.). Ja noch im achtzehnten Jahrhundert hat die jüdische Gemeinde zu Wendel (Wetterau) das steinerne Messer beibehalten, sie führte die Beschneidung mit einem Schiefermesser aus. Das steinerne ist also das kultische Gerät geblieben. Wir werden wahrscheinlich keine falschen Schlüsse ziehen, wenn wir das steinerne ein steinzeitliches Messer nennen. Wenn aber das kultische Gerät ein steinzeitliches, neolithisches ist, dann wird die Übung gewiß auch aus der Steinzeit kommen. Wir werden nach allem diesen wohl die circumcisio als eine dem Süden zugehörige neolithische Sitte ansehen dürfen.

Ich habe versucht, die Beschneidung der Knaben auf ihre anfängliche Wurzel zurückzuführen und in ihr Äußerungen des Rüpelalters finden wollen. Es ist selbstverständlich damit noch nicht alles Notwendige über sie gesagt, sondern allein das psychologische Moment festgestellt. Dieses Alter ist, vor allem anderen, von sexuell gründenden Erregungen überflutet. Die Erregungen zur Entladung zu bringen, das bedarf an sich keiner besonderen Situation; sie drängen eigentlich stets zur Äußerung, sei es im rüpelhaften Gebaren des jugendlichen Menschen, das sich aus Trotz und Selbstbehauptungswillen, Eitelkeit und Schwäche zusammensetzt, sei es im Drange, Wände und Zäune mit eindeutigen Bildern und Worten zu beschmieren, sei es in ganz unmotivierten Grausamkeiten, Tierquälereien, dem Schlagen und Peinigen von Kameraden, sei es in Abenteuerei, in ziellosem Umschweifen und Heroenkult. Das alles ist eigentlich heute und immer da, und ist in seinem Dauernden der psychologische Hintergrund für das, was wir gemeinhin als Beschneidung zu bezeichnen pflegen. Die Operation als solche hätte an sich wohl keine Bedeutung erlangt, wenn sie nur eine Übung Einzelner geblieben wäre oder sich höchstens unter Wenigen abgespielt hätte. Was sie so wichtig macht, ist, daß sie eine gesellschaftliche Übung wurde. Daß sie das werden konnte, verdankt sie ihrer Einlagerung in den Bereich der jugendlichen Pubertät. Gerade der junge Mensch des Rüpelalters drängt zum Zusammenschluß, und wieder, wie unsere vorhergehenden Überlegungen zeigten, der männliche Jugendliche vor allen anderen. Aus dieser doppelten Wurzel, der besonderen psychischen Veranlagung des Pubertätsalters und dem Gesellschaftstriebe des männlichen Jugendlichen ist die Beschneidung als ein Brauch entstanden.

Es haben sich diesem Brauch frühzeitig besondere Sinngebungen angehängt. Ich meine hier nicht so die Erklärung der Beschneidung als Mutprobe oder Stammeszeichen, als Dokumentation der Reife und Geschlechtsfähigkeit, sondern vor allem ihre Einlagerung in das zauberische Denken. Damit ist uns, wenn wir der Frazerschen Stufentheorie der religiösen Entwicklung zuzustimmen vermögen, die Möglichkeit einer relativen, durch die Feststellung des verwendeten Werkzeuges und seiner zeitlichen Lagerung aber die einer absoluten Datierung gegeben. Diese Datierungsmöglichkeit erlaubte uns, die circumcisio als eine zumindest neolithische, also pflanzerische Übung anzusehen.

Was aber mit allem diesen noch nicht festzustellen war, und was in unserer Untersuchung das Entscheidende ist, worauf es in unseren Zusammenhängen am meisten ankommt, ist die Frage, wann diese Beschneidung zum Initiationsbrauch geworden ist. Die Antwort ist gleichermaßen leicht und schwer. Leicht, als ja mehrere Male davon gesprochen wurde, daß sie anfänglich eine Funktion oder besser eine Äußerung der in dem Flegelalter sich zusammenschließenden Jugendlichen darstellte, — und schwer, als dieser Zusammenschluß bereits ein festgefügter und geformter war. Denn Initiation setzt einen gesellschaftlichen Körper ja voraus, einen Körper oder eine Vergesellschaftung, die aufzunehmen imstande ist, und eine Ordnung, nach der aufgenommen werden muß. Das aber heißt: die circumcisio als Initiationsbrauch setzt einen Jünglings- oder Männerbund und eine Knabenschaft voraus, — andererseits aber formt und schafft sie auch, indem sie Norm ist, diesen Bund.

Hamatsa

Wenn hier von männerbündischen Initiationen die Rede ist, so ist es sicher richtig, festzustellen, daß die Beschneidung zwar die bekannteste, aber lange nicht die einzige Form der Initiation gewesen ist. Es wurde bereits vermerkt, daß sie im mittel- und nordeuropäischen Raume nicht zu finden sei, daß die hier festzustellenden Jungmännerbünde oder Knabenschaften meist körperliche Leistungen: Ringen, Steineheben und dergleichen fordern. Dann läßt sich eine weitere ethnologische Provinz, die der amerikanischen Indianer und der arktischen Völker, sichtbar machen.

Nun wissen wir zwar, daß sich die circumcisio auch in Nord-, in Mittel- und Südamerika nachweisen läßt, und es erhebt sich natürlich da sofort die von der Völkerkunde immer wieder neu gestellte Frage, ob das auf irgendwelche Zusammenhänge mit den vorhin erörterten Landschaften der Beschneidung, also vor allen Dingen wohl der Südsee, deute. Ob etwa Amerika zu irgend einer Zeit von Ozeanien oder Ostasien her besiedelt worden sei, (wie ja auch längst Zusammenhänge zwischen Indonesien und Westafrika vermutet werden). Nun scheint es, als ob sich gerade diese Frage einfach lösen lasse, wenn man vernimmt, daß die bei den amerikanischen Feuerländlern festgestellten Zeremonien in ihrer Form am meisten an den Typus der Reifezeremonien in Ozeanien erinnern, besonders da auch die Bräuche im Nordwesten Südamerikas und an der Nordwestküste Nordamerikas Verwandtschaft zeigen. Doch gegen die anscheinend hier am nächsten liegende Erklärung, Amerika sei also von Ozeanien und Asien über die Beringstraße her besiedelt worden, steht leider zunächst einmal das Argument, daß ganz Ostasien frei von der Beschneidung und verwandten Bräuchen sei. Man müßte deshalb annehmen, daß sie dort in den zwischenliegenden Jahrhunderten erst verblaßt und danach langsam ganz verschwunden sei; das heißt, daß von der Brücke „Beschneidung" nur der erste und der letzte Pfeiler stünden, der zwischen ihnen liegende Brückenbogen aber eingesunken sei. Doch — steht der letzte Pfeiler?

Wenn man jetzt die vorhandenen Berichte über die amerikanischen beschneidenden Stämme einmal kritisch liest, dann scheinen sie einem eben nicht sehr viel zu bieten. Man kommt beinahe selbst schon auf den Schluß, — auch wenn die Völkerkundler einen nicht auf den Gedanken bringen, — daß die Beschneidung hier nur eine dünne Tünche sei, die etwas ganz anderes Älteres überzogen habe. Das aber würde heißen, daß sie als eine fremde Kulturwelle in das Land gedrungen sei.

Dazu kommt aber noch ein zweites. In der bereits einmal erwähnten Monographie, die von den verschiedenen Arten der Beschneidung bei den Völkern handelt, wird über die Beschneidung und die übrigen Zeremonien gesagt: „Ein wesentlicher Unterschied (in diesen Zeremonien) ist allerdings für ganz Amerika festzustellen, das Fehlen des Sexuellen, das doch in Afrika und Ozeanien einen so breiten Raum in den Kulten einnimmt. Hier muß eine verschiedene Einstellung der Völker zum Geschlechtsakt selbst ihren Einfluß gehabt haben. Georg Friederici hat in seinem Aufsatze ‚Die Squaw als Verräterin' einiges Material über die geschlechtliche Einstellung des Indianers zusammengetragen; danach ist die Indianerin zwar besonders sinnlich veranlagt, der Mann aber außerordentlich träge und von sehr geringer geschlechtlicher Leistungsfähigkeit . . . Zu diesem Bild vom Indianer paßt durchaus das Fehlen der sexuellen Ausschweifungen und geschlechtlichen Andeutungen in diesen Kulten." — Damit wurde freilich die Frage nach der Beschneidung nicht beantwortet, — so scheint es; aber ich meine, daß sie doch beantwortet worden sei. Wenn, wie ich in diesen Blättern glaube aufgezeigt zu haben, die Anfänge der Beschneidung bei den pubertierenden Jugendlichen liegen, in denen das dumpfe und drängende geschlechtliche Erwachen Eckigkeit und Prahlsucht und Rüpelei und Grausamkeit aufgehen ließ, dann konnten die nordamerikanischen Jugendlichen eben keine circumcisio erfinden, denn das Erwachen ist bei ihnen nur ganz leise und schwach gewesen.

Vielleicht klingt aber hier auch noch ein zweites mit; vielleicht stehen neben oder für den sexuellen Grundgedanken, aus dem die circumcisio erwuchs, in diesen Ländern andere Gedanken und ist das „Jüngling-Sein" nicht ein Erwachen in das sexuelle Leben, sondern ein solches etwa in das menschliche Arbeitsleben, wie es die deutschen und die schwedischen Sitten könnten glauben machen, oder ein Aufstehen und Erwachen in das kriegerische Leben. Das aber würde heißen, daß verschieden gewertet worden sei: die einen verstehen das Sexuelle als das Tun des reifen Menschen und also als das, wozu der Mensch sein Leben leben soll, die andern die Arbeit und die dritten Heldentum und Kampf. Ein jeder erwacht zu dem, von dem er glaubt und denken muß, daß es die Aufgabe und Bestimmung seines Lebens sei.

Die Kwakiutl an der amerikanischen Westküste, nördlich Vancouver, haben einen Geheimbund, den Hamatsa, in dem Menschenfresserei zuhause ist; die Forscher berichten, daß die Novizen des Bundes von dem leidenschaftlichen Wunsche besessen seien, Menschenfleisch zu erlangen, und ihre Ursprungslegenden erzählen von einem menschenfressenden Ungeheuer im Walde, das von den vier Söhnen eines Mannes überwunden wurde und damit seine Kräfte an die Menschen abgeben mußte. Sie deckten sich mit einer entsprechenden Legende der Bilchula. — So wie in Indonesien und Ozeanien belehrt hier eine Frau die Menschen über die Bedeutung und die Einzelheiten der Kultvorgänge. Wie dort, so wurde auch hier ein Mädchen, das seinem Vater bei der Anfertigung der Zeremonialflöten und deren Schnitzereien geholfen hatte, erschlagen und begraben; die Kai auf Neu-Guinea haben eine sehr ähnliche Geschichte von den Schwirren: „Eine Frau des Distrikts Lâugube hackte einst Feuerholz. Ein flaches Stück sprang ab und flog surrend durch die Luft. Die Frau machte von dieser Entdeckung dem Bruder Mitteilung und dieser beschloß, sie praktisch auszunützen. Eine große Schweinefleischesserei sollte der Gewinn sein, den die Männer auf Kosten der Frauen einheimsen wollten. Aber da stand dem Manne nun die Schwester als Mitwisserin im Wege. Er teilte ihr sein Vorhaben mit, und sie riet in selbstloser Weise dem Bruder, sie zu töten, damit das Geheimnis den Männern gewahrt bleibe. Obwohl den Bruder dies Ansinnen befremdete, so folgte sein Egoismus schließlich doch dem Rate der klugen Schwester, die infolgedessen ihr Leben verlor. Auf der Suche nach einem Grunde, welcher die Beschränkung des großen Schweineessens auf die Männer motiviert, kam er auf den Gedanken, einem Knaben die Hoden aufzuschlitzen. Der Kleine starb infolge dieser Behandlung. Daher entfernte er bei einem zweiten nur die Vorhaut. Dies gelang. Er lud die Leute der Umgegend ein, teilte ihnen sein Geheimnis mit und übergab jedem Dorf die beiden Hauptschwirrhölzer, welche Namen trugen, und inszenierte das erste Fest." Diese sehr häufig vorkommende Kultlegende der Geheimbünde, — auch vom Duk-Duk Neu-Lauenburgs wird eine entsprechende erzählt, die Marind-anim kennen sie, — taucht also auch hier bei den Indianern auf.

Doch nun von dem Hamatsa-Bunde! Er wird eigentlich sehr oft genannt, die meisten Nachrichten aber stammen von Boas her, der in den letzten Jahrzehnten immer wieder ausgeschrieben wurde. Ich lasse, was er erzählte, in einem kurzen Auszuge folgen; es handelt sich um einen Geheimbund der Kwakiutl und zunächst die Aufnahme: „Der Novize gilt als besessen, und die Vorgänge der Initiation bezwecken, ihn wieder zu einem normalen Menschen zu machen. In dem abseits des Dorfes gelegenen geräumigen Kulthause beginnen die vereinten Bünde ihre Tänze und Gesänge, um den Initianden zurückzurufen. Er erscheint wie ein wildes Tier im Dorf und fällt Menschen an, beißt ihnen Stücke Fleisch aus den Armen und der Brust und verschluckt sie. Die Diener des Hamatsa laufen ihm mit Rasseln entgegen, um ihn zu beruhigen ... Bis vor kurzem wurden auch Sklaven erschlagen oder erschossen, von den Mitgliedern eines niederen Bundes zerteilt und von den ‚Bärentänzern‘ zuerst den vornehmsten, dann den andern Hamatsa-Mitgliedern angeboten; das Fleisch durfte nicht gekaut werden, sondern wurde hinuntergeschlungen. Auch der Novize verschlang Menschenfleisch. An der Stelle, wo die Sklaven getötet wurden, wurde der Kopf des menschenfressenden Ungeheuers in Stein geschlagen. — Der Schrei der Hamatsa ist haap haap haap, wodurch ihr dringendes Verlangen nach Menschenfleisch ausgedrückt werden soll. Der Novize nähert sich während der Buschzeit zuweilen dem Dorf und läßt scharfe Pfiffe aus einer Flöte und den Bundesschrei hören; darauf bringt ihm ein Mädchen aus seiner Verwandtschaft, das während seiner Initiation gemäß der Ursprungslegende in einem Zeremonialverhältnis zu ihm steht, Essen. Ein Beamter des Bundes bereitet die Leiche eines verstorbenen Verwandten des Initianden, die schon in Baumbestattung beigesetzt war, auf bestimmte Weise zu und trägt sie zu der Hütte im Wald, wo sie auf dem Dach deponiert wird. Vier Tage vor der Rückkehr lädt der Novize die Bundesmitglieder ein, zeigt ihnen den Leichnam und fragt sie, welches Stück sie zu verzehren wünschen. Das Mädchen, das ihn mit Nahrung versieht, kehrt mit ihm aus dem Walde zurück und trägt den zubereiteten Leichnam, wobei sie rückwärts geht. Im Hause wird er mit einigen Umständlichkeiten auf eine Trommel gelegt, und die Hamatsa, vom Dache des Hauses kommend, vollkommen nackt, verzehren ihn in Ekstase, nachdem das Mädchen zunächst vier Bissen genommen hat." — Es handelt sich also um eine kultische Anthropophagie, oder etwas genauer ausgedrückt, um das Verzehren eines verwesenden Menschenleibes.

Anscheinend ist der Hamatsa-Bund in keiner Hinsicht sexuell betont.

An Stelle der sexuell gerichteten Bräuche treten menschenfresserische, und auch die Masken zeigen keine phallischen Embleme. Nach seiner Rückkehr aus dem Walde hat der Initiand im Tanzhause noch seine ekstatischen Tänze aufgeführt, die langsam zahmer werden und auf eine Beruhigung hinweisen. Im Tanzhause ist ein Raum, das Allerheiligste sozusagen, der als das Haus des menschenfressenden Ungeheuers gilt. Die Front des Hauses ist mit einem Bilde des Ungeheuers oder mit einem andern, welches den Raben, seinen Diener zeigt, bemalt, und eine Türöffnung stellt den Rachen des Untieres dar. Vor diesem Bilde hat der Initiand vier Tänze aufzuführen; im zweiten trägt er die Maske des Raben, während er im vierten Tanz die Maske jenes dämonischen Ungeheuers selbst zu tragen hat und aus dem offenen Maule des Ungeheuers vor die Menge tritt. — Auch das erinnert an entsprechende ozeanische Bräuche, wo Masken bei den Initiationen eine große Rolle spielen und wo sie den Initianden erst verschlingen und dann von sich geben.

Das völlig andere aber sind die Einzelheiten der Initiation. Diejenige in den Hawinalal-Bund der Kwakiutl wird als wahrhaftige Mutprobe und Bewährungsprobe anzusehen sein: der Initiand lebt nämlich so lange in den Wäldern und muß fasten, bis er ganz dünn geworden ist. Dann holt man ihn herein; am Rücken und an den Beinen werden ihm Stricke durch die Haut gezogen, mit diesen aber wird er dann an einem Pfahle hochgezogen. Die Mitglieder des vorhin genannten niederen Bundes, die den getöteten Sklaven zu zerlegen hatten, knien unter dem Pfahl und müssen alle Lanzenspitzen nach oben halten, so daß, wenn etwa die Stricke plötzlich nachgeben sollten und er herunter fiele, er sich spießen würde. Ein zweiter Bund, die Bärentänzer, stellte sich nahe, um, falls sich das begäbe, über ihn herfallen zu können, und die Hamatsa-Mitglieder nähern sich mit ihrem Schrei haap haap, um den Zerstückten zu ergreifen und ihn aufzufressen. — Hier steht die Marter als solche ganz und gar im Vordergrunde; in den Geheimbund wird nur aufgenommen werden können, wer sich nicht fürchtet, wer die Proben zu bestehen vermag und — wem ein gutes Schicksal sie gelingen läßt.

Eine entsprechende Initiation beschrieb uns Catlin, der in den 1840er Jahren die Mandaner sah; das ist ein Stamm, der damals am Missouri wohnte, ein wenig unterhalb der Mündung des Yellowstone in den Strom. Bei den Mandanen haben nun die jungen Leute, welche das Alter der Mannbarkeit erreichten, durch Fasten und Martern sich einer strengen

Prüfung zu unterziehen. Aus dieser Prüfung greife ich einige Angaben heraus:

„Danach trat einer von den jungen Leuten, die durch anhaltendes Fasten und Wachen während beinahe vier Tagen und Nächten schon ganz erschöpft waren, hervor, um sich den Martern zu unterziehen, die in folgender Weise stattfanden: der Mann, der das Messer hatte, zog auf jeder Schulter oder auf jeder Seite der Brust ein Stück Fleisch zwischen Daumen und Zeigefinger in die Höhe, nahm das Messer, (das zuerst auf beiden Seiten geschärft und dann mit einem andern schartig gemacht worden war, damit es um so mehr Schmerzen verursache), und stieß es unter seinen Fingern durch das heraufgezogene Fleisch hindurch, worauf der Zweite mit den kleinen Holzstäben herzutrat und einen derselben durch jede Wunde steckte. Es wurde nun von Leuten, die sich auf der Außenseite der Hütte befanden, zwei Stricke in diese hinabgelassen, an die Stäbchen befestigt und der Gemarterte daran so weit in die Höhe gezogen, daß er über dem Boden schwebte, worauf noch an den Armen unterhalb der Schulter und dem Ellenbogen, an den Schenkeln und unter dem Knie ähnliche Einschnitte gemacht und Stäbchen hindurchgesteckt wurden, an die man Schild, Bogen, Köcher und zuweilen noch Büffelschädel mit den Hörnern hing. Oft blieben sie jedoch am Boden liegen, bis die ganze Operation, welche etwa fünf bis sechs Minuten währte, vorüber war. Nun wurden sie, während das Blut von ihrem Körper herabströmte, so weit hinaufgezogen, daß die angehängten Gegenstände den Boden nicht mehr berührten, so daß sie oft sechs Fuß über dem Boden schwebten. In diesem Zustande boten sie einen furchtbaren Anblick dar; die Stäbchen, woran die Stricke befestigt waren, wurden sechs bis acht Zoll herabgezogen, und der Kopf des Gemarterten sank entweder auf die Brust hinab oder hinten über, je nachdem sie an der Brust oder dem Rücken aufgehängt waren. Die Standhaftigkeit, womit alle diese Martern ertrugen, grenzt ans Unglaubliche. Keiner von ihnen verzog auch nur eine Miene, als das Messer durch das Fleisch gestoßen wurde . . . Wenn der Gemarterte auf die oben beschriebene Weise an den Stricken schwebte, tritt ein anderer hinzu und bringt ihn mittels einer langen Stange in eine drehende Bewegung, die allmählich immer schneller wird, wodurch die Schmerzen so vermehrt werden, daß der Unglückliche sie nicht mehr überwinden kann und in den rührendsten Klagetönen den Großen Geist anfleht, ihm in dieser Prüfung Kraft zu verleihen, während er zugleich wiederholt, daß das Vertrauen in seinen Schutz unerschütterlich sei. Das Drehen wird nun so lange fortgesetzt, bis seine Klagen verstummen und er still und anscheinend leblos dahängt, was gewöhnlich in zehn oder fünfzehn Minuten geschieht. Nun wird er von seinen Quälern genau beobachtet, die einander zurückhalten, so lange sich noch ein Zucken bemerklich macht, damit er nicht eher herabgenommen werde als bis er, wie sie sagen, ‚ganz tot ist‘.

Wenn er sich endlich in diesem Zustande befindet, die Zunge aus dem Munde heraustritt und sein Medizinbeutel, den er in der linken Hand hält, ihm entfallen ist, so wird den auf dem Dache befindlichen Personen durch Anschlagen des Stabes gegen den Strick das Zeichen gegeben, worauf sie ihn langsam und vorsichtig auf den Boden herablassen, wo er nun gleich einer Leiche liegt, jedoch nach ihrem Ausdrucke unter dem Schutze des Großen Geistes, der, wie man hofft, ihn beschützen und in den Stand setzen wird, aufzustehen und davonzugehen. Sobald er auf den Boden herabgelassen ist, zieht ihm einer von den Umstehenden die beiden Holzstäbchen aus den Schultern oder der Brust und macht ihn dadurch von den Stricken los, an denen er gehangen hatte; die übrigen Stäbchen, mit allem was daran hängt, bleiben jedoch in dem Fleische stecken.“ — Es folgt darauf das Opfer eines oder mehrerer linker Finger. Dann bringt man die zu Erprobenden hinaus und jeder wird von zwei jungen Männern mit den Handgelenken an deren Handgelenke gebunden. „Sobald das Zeichen gegeben ist, fangen die beiden jungen Männer mit der größten Schnelligkeit an zu laufen und der von ihnen Festgehaltene muß mit der ganzen noch an seinem Körper hängenden Last ihnen folgen, bis er vor Schwäche niederstürzt; aber auch dann wird er noch nicht losgelassen, sondern an den um seine Handgelenke geschlungenen Riemen so lange, oft mit dem Gesicht im Schmutz, im Kreise herumgeschleift, bis alle an seinem Körper hängenden Gegenstände ausgerissen sind, was oft nur dadurch geschehen kann, daß die Umstehenden mit dem ganzen Gewichte des Körpers darauf treten, denn es würde den Großen Geist beleidigen, wenn man die Stäbchen, woran die Gegenstände hängen, herausziehen wollte; sie müssen vielmehr mit dem Fleische herausgerissen werden.“ — Ich will die weiteren Einzelheiten dieser Prüfung übergehen; das Mitgeteilte bestätigt die vorhin schon gefallene Bemerkung, daß diese Initiationen wirklich Festigkeit und Mut erproben. Und daß sie aus einem anderen Geiste gehen als die der deutschen Stämme, aus einem durchaus anderen als diejenigen der heißen Länder.

Wenn ich den eben gebotenen Berichten weitere an die Seite stellte, so würde das zu erzielende Ergebnis sich wahrscheinlich wenig ändern;

es scheint ganz offensichtlich, daß die teilweise furchtbaren Quälereien den Mut und die Standhaftigkeit der jungen Burschen zeigen sollen. Wir kennen dies Männische der Indianer ja schon aus dem Cooper, und Marterpfahl und Skalp sind uns bereits geläufig gewordene Begriffe, — wahrscheinlich ist hinter ihnen eine indianische „Grundhaltung" anzunehmen. Ist das der Fall, dann wird es sich auch erklären lassen, weswegen die aus der Südsee oder Asien eingedrungenen Initiationen zu leeren Formen erstarrten, ausgeblasene Relikte wurden.

Nun deuten die angezogenen Berichte aber noch eines an! Boas behauptet, wenn er von den Initiationen bei den Kwakiutl spricht, daß der Initiand vom Geiste eben jenes Bundes, in den er eintritt, fortgeführt und fortgetrieben werde, und er lebt drei bis vier Monate mit dem übernatürlichen Wesen in dessen Hause im Walde oder in den Bergen. Die Aufgaben, welche er dort zu erledigen habe, seien nach der Art der Bünde untereinander ganz verschieden; Gesichte und Träume, Begegnungen mit dem Geiste und Visionen und die Erlangung von zaubrischen Gegenständen füllten die Tage aus. Es ist von hier zu den Initiationen der Algonkin nur ein Schritt. Dort werden den jungen Menschen irgendwelche berauschenden Getränke beigebracht, die ihnen besondere Träume und Halluzinationen schaffen. „Der Knabe ist zuvor auf die Träume vorbereitet worden. Er wird sich dann einbilden, daß er durch die Luft fliege, unter der Erde fortgehe, von einem Bergrücken über das dazwischenliegende Tal hin auf den anderen trete, daß er Riesen und Ungeheuer bekämpfe und ganze Scharen mit einem einzigen Arme besiege. Dann hat er Zusammenkünfte mit dem Mannitto oder mit Geistern, die ihm sagen, was er war ehe er geboren wurde, und was er nach seinem Tode sein werde. Das Schicksal seines Lebens wird ihm vollkommen enthüllt, die Geister sagen ihm, was sein künftiger Beruf sein werde, ob er ein tapferer Krieger oder ein gewaltiger Jäger, ein Doktor, ein Beschwörer oder ein Prophet sein werde." Hier treiben die Dinge also in einen anderen Zusammenhang hinüber. Wenn bei den Kwakiutl die Verzückung eine Einleitung gewesen ist, ein erstes und alles andere einleitendes Stadium der Initiation, hier ist es zu dem alleinigen Inhalte und zum Zweck geworden. Und diese Entzückung verlockt hinüber in Bezirke, in denen die Geister wohnen, er begegnet den Dämonen und die Dämonen offenbaren ihm, was bis dahin verborgen war; er wandert im Jenseitslande, — das sind alles Begebenheiten einer Welt, in welche der Tagmensch niemals eindringt oder einzudringen vermag. Sie ähneln, worauf die Forschung ja schon hingewiesen hat, den Jenseitserlebnissen und den Jenseitswanderungen der Schamanen.

Indem ich dies Wort gebrauche aber will es sichtbar werden, wie weit wir von den beschneidenden Völkern fortgegangen sind. An Stelle der Operation am männlichen Gliede trat das Schwingen; was dort aus einer rüpeljährigen Sexualität entstanden ist, wuchs hier aus einer dem Sexus fernen, deutlich männlichen Harthäutigkeit. An Stelle der wollüstigen Schmerzempfindung trat der echte Schmerz; an Stelle der wollüstigen Träume die Begegnung mit jenseitigen Dämonen.

Berserker

Nachdem ich die beiden sozusagen entgegengesetzten Pole der Initiationsgebräuche besprochen habe, — die männliche in den Schamanismus hinüberdeutende indianische Gruppe und die den sexuellen Zwängen und ihren Verlockungen hingegebenen der warmen Länder, — wende ich mich noch einmal den mittel- und nordeuropäischen zu. Ich möchte dabei mit einer wiederum männerbündischen, den nordamerikanischen Formen anscheinend nahen Vergesellschaftung beginnen. In der Ynglinga-Saga, das ist dem Anfange der Heimskringla, berichtet Snorri von dem nordgermanischen Gotte Odhin und den Seinen: „Seine Mannen gingen ohne Brünnen, und sie waren wild wie Hunde oder Wölfe. Sie bissen in ihre Schilde und waren stark wie Bären oder Stiere. Sie erschlugen das Menschenvolk, und weder Feuer noch Stahl konnte ihnen etwas anhaben. Man nannte dies ‚Berserkergang‘." — Von diesen Kriegern oder Berserkern gilt nun alles das, was von den Männerbünden anderer Völker gilt. Zunächst sind die Berserker so wie jene kultische Bünde; in der Ynglinga-Saga erscheinen sie als Odhins Leute, und man hat in den Untersuchungen der letzten Jahre Beziehungen zwischen ihnen und dessen einherjar-Schar gefunden; die einen entsprechen und gleichen ganz und gar den anderen. Des weiteren gehört hierher die Nachricht der Hrólfssaga Kraka, in der sie von Böthvarr Bjarke, dem Berserker, handelt. Der saß beim Überfalle auf Hrolf Kraki ruhig in der Halle; beim Könige draußen aber kämpfte ein ungeheurer Bär, der alle Gegner auf eine wunderbare Weise niederwarf. Als Böthvarr dann aber aus der Halle hinausging in den Kampf, verschwand der Bär und mit dem Bären freilich auch der Sieg. Böthvarr war also zwiegestaltig, Mensch und Bär; er ist zu gleicher Zeit im Hause und vor der Tür, und während sein menschgestalteter Leib im Hause ruht, ist draußen der tiergestaltete tätig und erwürgt die Feinde.

Wir kommen damit zu dem entscheidenden Umstande überhaupt. Im indianischen Hamatsabund erschienen ja schon Bärentänzer, die andere Menschen überfallen, töten und zum Fraß bereiten; im afrikanischen Leopardenbund sind „Leoparden" unterwegs, ein Mensch im Leopardenkleide, und er schlägt die Menschen. Der nordische Berserker wieder kämpft als Bär. Daß er als Bär erscheinen könne, lehrt bereits sein Name: ber nämlich ist Bär und serkr ist altnordisch Hemd, ein solcher Berserker also ist ein Mann im Bärenhemde oder -kleide; in anderen Quellen wieder gehen sie als ulfhethnar um; ulfr ist Wolf und hethnar ist Kleid oder Rock. Die Egil-Saga beginnt mit einer Geschichte Ulfrs, also Wolfs: „Ulfr war so groß und stark, daß er nicht seinesgleichen hatte. In seiner Jugend war er als Wiking auf Heerfahrten. Sein Gefährte auf diesen hieß Berdla-Kari, ein vornehmer, durch Kraft und Mut hervorragender Mann. Der war Berserker." — Als sie dann aufhörten zu wikingern und auszufahren, ging Ulfr auf seine Besitzungen. „Es heißt nun, daß Ulfr ein sehr tüchtiger Hauswirt war. Es war seine Gewohnheit früh aufzustehen und sich um die Beschäftigungen der Leute zu bekümmern; auch sah er dann wohl nach den Werkstätten und besichtigte Vieh und Äcker . . . Aber jedesmal, wenn es zum Abend ging, wurde er so unwirsch, daß nur wenige Leute mit ihm ins Gespräch kommen konnten. Beim Dunkelwerden pflegte er schläfrig zu werden. Man erzählte sich, daß er des Nachts häufig in verwandelter Gestalt umherging. Die Leute nannten ihn Kveldulfr, das heißt Abendwolf." — Ulfr, der mit Berserkern gute Freundschaft pflegte, ist also selber ein Berserker, er ist zwiegestaltig und geht des Nachts im Tierkleide oder „verwandelt" übers Feld, indes er — wie Böthvarr Bjarke — im Hause schlafend liegt. Und etwas Entsprechendes lehrt sein Stammbaum ebenfalls: Kveldulfr war der Sohn des Bjalfi und der Hallbera, also Hallen-Bärin, der Tochter Ulfrs, des Beherzten. Sie war zudem die Schwester von (Hallenbär) Hallbjörn Halbtroll aus dem Rabenhorst. Der Vater des Böthvarr Bjarke (kleiner Bär) hieß Björn (Bär), und seine Frau Bera (Bärin). All diese Namen sind so eindeutig wie nur möglich; sie lehren, daß der Berserker Bären und Wölfen nahe steht, wenn diese Verwandtschaft auch nur eine nach dem Namen ist, ja daß er ein halber Mensch sei, zugleich Mensch und Bär. Und das lehrt auch sein Aussehen: des Björn Halbtroll Enkel Grim wies, als er aus dem Mutterleibe hervorgekommen ist, eine mit dichtem Haar besetzte Wange auf; er war mithin „halb Tier", — und da kein Eisen biß, hatte er die den Berserkern nachgerühmte Unverwundbarkeit.

Die seltsame Tiernähe und die Tierverwandtschaft des Berserkers wird auch durch eine zweite Vokabel ziemlich angezeigt: man meint, daß hamast (im Altnordischen) oder die äußere Erscheinung eines andern annehmen, in Berserkerwut geraten, und hamr: äußere Bekleidung oder Schutzgeist, darauf schließen lasse, daß die vorhin erwähnte Bedeckung mit einer besonderen Hülle einen Zustand schaffe, den man als eine ‚Verwandlung' ansehen und erklären konnte. Auch die Zusammensetzungen mit hamr weisen in die Richtung: hamrammr oder einer, der sich in ein Tier verwandeln kann; hamsskipast oder die Gestalt wechseln, bald Tier sein und bald Mensch; hamhleypa oder ein Mensch, der sich in anderer Gestalt (Hülle) zeigt. So ist auch eine stehende Bezeichnung des Berserkers: eigi einhamr oder nicht nur in einer Gestalt erscheinend. Das Maskenerlebnis, von dem ich in einem nächsten Kapitel sprechen will, spielte also bei diesen Männern anscheinend eine große Rolle; sie glaubten — wie jener Schamane, der einen Bärenhandschuh trug und der sich an diesem Handschuh einsuggerierte Bär zu werden, — daß sie, wenn sie ein Bärenhemd anzogen, Bären wurden. Es heißt von Björn, dem Vater Böthvarr Bjarkes: „Er zog das Bärengewand über und ging als ein Bär hinaus."

Von diesen zwiegestaltigen Menschen aber wird nun manches, was sie von allen anderen unterscheidet, ausgesagt. In einigen Überlieferungen beispielsweise wird behauptet, daß sie Blut tränken oder rohes Fleisch gegessen hätten. So werden in der Hrólfssaga Gautrekssonar die Berserker deswegen beschimpft und daß sie eher Trolle seien als Menschen. In der Orvaroddssaga wird das Essen rohen Fleisches als wölfisch bezeichnet, und das läßt sehr leicht an Berserker denken, die ja im Wolfskleide wie im Bärenhemd gegangen sind. Das Essen rohen Fleisches und noch mehr das Trinken heißen Blutes wird sicher zu den altertümlichsten Eigenheiten gerechnet werden müssen; sie reichen in eine nicht mehr menschlich scheinende Zeit hinauf, und binden zugleich — so fern die beiden Bünde sonst einander sind, — die Berserker an das Treiben im Hamatsa-Bunde.

Ein ebenso Altertümliches wird das nächste sein: wenn die Berserker nämlich als feuerfest beschrieben werden. Vom Moldi und seinen zwölf

Berserkern schreibt die Svarfdoela: „Als die Feuer am hellsten brannten, wurde dem Jarl gemeldet, daß Moldi zur Halle reite und seine Mannen. Als jene angekommen waren, saßen sie ab. Darauf gingen sie in die Halle, alle zwölf, und wateten durch die Feuer und bissen in die Schildränder, ohne daß sie sich Schaden tun." — Auch in der Njala wird davon gesprochen, aber da ist es eine heidnische zaubrische Kunst. Thangbrand kommt da zu einem Fest nach Weidland; „dort waren schon zweihundert Heiden zusammen und man machte sich gefaßt auf das Kommen eines Berserkers namens Otrygg, vor dem waren alle in Angst. Man erzählte sich Wunderbares von ihm, daß er weder Eisen noch Feuer fürchte. Da fragte Thangbrand, ob die Leute den christlichen Glauben annehmen wollten; aber alle Heiden sprachen dagegen. ‚Ich will euch den Vorschlag machen', sagte Thangbrand, ‚daß ihr erproben sollt, welcher Glaube der bessere sei. Wir wollen drei Feuer machen: ihr Heiden weiht das eine und ich das andere, aber das dritte soll ungeweiht bleiben. Wenn aber der Berserker das Feuer fürchtet, das ich weihte, aber eures durchstampft, dann nehmt ihr den Glauben an.' ‚Das ist ein guter Vorschlag', sagte Gest, ‚dem will ich zustimmen für mich und meine Hausgenossen.' Und als Gest dies gesprochen hatte, da stimmten noch viele andere zu. Nun, hieß es, kam der Berserker auf den Hof zu, und man machte da die Feuer an, und sie brannten. Die Männer nahmen ihre Waffen und sprangen auf die Bankbühne hinauf und warteten dort. Der Berserker sprang ins Haus mit seinen Waffen; er kam in die Stube und stapfte sogleich durch das Feuer, das die Heiden geweiht hatten, und kam zu dem Feuer, das Thangbrand geweiht hatte, und wagte nicht da durchzustapfen, und sagte, er brenne von Kopf zu Fuß . . ."

Wie gegen das Feuer sind sie gegen Eisen fest. Von den Berserkern König Harald Schönhaars wird gesagt: Kein Eisen biß sie. Und so war auch Otrygg fest. Die Vatnsdoela kennt von zwei dem Feuer gegenüber Festen die gleiche Geschichte wie die Njala. Da weiht der Bischof die Feuer und spricht: „Nun laßt die mutigsten Männer mit dicken Knütteln die Bänke besetzen, denn die da beißt kein Eisen, man muß sie so zu Tode schlagen!" — „Die Berserker traten ein und schritten durch das erste Feuer und so durchs zweite und verbrannten sich gewaltig und entsetzten sich schrecklich über die Feuersglut und wollten sogleich zu den Bänken. Da wurden sie zu Tode geprügelt . . ."

Man hat in dem Zusammenhange der Feuer- und Eisenfestigkeit gesagt, daß eine Feuerfestigkeit sich überall nachweisen lasse, wo irgendwelche Fähigkeiten zum ekstatischen Erleben greifbar seien. Die Folge der echten Ekstase wäre eine spürbare Unempfindlichkeit der Hitze und Kälte gegenüber und auch gegenüber Stich und Schlag, und es sei darum ohne jede Mühe möglich festzustellen, ob eine Ekstase echt sei. Wie die Vatnsdoela deutlich zeigt, mißlingt, wenn die Ekstase ungenügend ist. die Feuerprobe.

Das eben Erschlossene aber führt nun ein Stück weiter. Wenn sich hier Merkmale einer Art Ekstase wahrnehmen lassen, ist sie nicht überhaupt das Eigentliche des Berserkerseins? Sein Tun ist doch ein rauschhaftes, eine Art von Amoklauf; sie werden im Grunde wie Tiere und sie wüten sinnlos los. Schon die Ynglinga-Saga erzählte ja, daß sie wie rasende Hunde oder Wölfe waren und in die Schilde bissen. In der Hervarar-Saga wird von Agantyr und seinen elf Brüdern dieses mitgeteilt: „Es war ihre Gewohnheit, wenn sie allein waren und merkten, daß die Berserkerwut sie überkommen werde, ans Land zu gehen und gegen Bäume und große Steine zu kämpfen. Denn es war ihnen geschehen, daß sie ihre eigenen Mannen erschlagen und ihre eigenen Schiffe verwüstet hatten." — Sinnlose Wutanfälle zeichnen sie also aus.

Bei diesen Wutanfällen treiben sie es ziemlich arg. Die Saga vom starken Grettir schildert Grettirs Kampf mit ihnen; sie waren überlistet und eingeschlossen worden, da stemmten sie sich „mit allen Kräften gegen den Bretterverschlag, so daß es in jedem Balken krachte und knackte. Endlich gelang es ihnen, den Verschlag zu durchbrechen und sie kamen hinaus auf den Gang und von da auf die Treppe; da kam der Berserkergang über sie und sie heulten wie die wütenden Hunde . . ." Auch in der Hrólfssaga Kraki, als Svipdags Kampf mit den Berserkern erzählt wird, heißt es: „Die Berserker gingen zu Svipdag und fragten, ob er vielleicht ein Kämpe sei, da er sich so prahlerisch gebärde; er erwiderte: ,ebensogut wie einer von euch!' Und bei diesem seinem Worte wuchs ihnen der Zorn und Kampfeseifer; aber der König gebot ihnen, sich diesen Abend ruhig zu verhalten. Die Berserker nahmen ein drohendes Aussehen ein, heulten laut und sagten zu Svipdag: ,Wagst du, mit uns zu streiten?!'" — Das „Heulen" meint ebenso wie das im vorigen Bericht ein Heulen im Zorn, in der sinnlosen Wut, im Amoklauf.

Wenn die Berserker „halbe Amokläufer" heißen dürfen, dann sagt das, daß sie dem Ekstatischen verfallen sind. Sie stehen mit diesen Zuständen den Algonkin-Indianern, den Kwakiutl, den Musquakie vom unteren

Mississippi anscheinend nahe; sie stehen, wie ich vorhin schon sagte, auch dem Schamanismus nahe. Nun haben die jüngsten schwedischen Forscher aber das Schamanisieren als „arktische Hysterie" auf eine geistige Konstitution zurückgeführt. Rasmussen beschrieb sie bei den Polareskimos: Ein junger Mann wird plötzlich wild, fährt furchtbar auf, zerstört, was er an überhaupt Zerstörbarem nur erreichen kann, versucht, die anderen zu töten, balanziert auf hohen Felsenspitzen, — und man kann viele dieser Äußerungen auch bei den Berserkern finden. Vergleicht man die arktischen Gegenden mit den andern geographischen Breiten, so zeigt sich, daß Fälle abnormer psychischer Reaktion sich nirgend in der Welt in nur annähernd gleicher Dichte finden. Von einem der besten Kenner des neuzeitlichen russischen Nordasiens, Dm. Zelenin, ist behauptet worden: Dans le nord, ces psychoses étaient beaucoup plus répandus qu'ailleurs. Das hat mit rassenbiologischen Faktoren nichts zu tun, ist vielmehr durchaus aus der arktischen Natur, der arktischen Umwelt und dem arktischen Klima zu erklären. Das geht daraus hervor, daß nicht nur Indianer oder Eskimos, daß ebenso arktische Siedler indogermanischer Herkunft und Kultur wie Russen und Skandinavier oder auch die Finnen von dieser arktischen Hysterie betroffen werden. Was für die indogermanischen Ansiedler in den arktischen Breiten gilt, das gilt in den subarktischen Zonen sicher immer noch, wenn es auch nicht die nördlichen Ausmaße erreichen wird. Dafür nimmt es in Skandinavien männlichere Züge an und statt der in den Schamanismus treibenden finden sich kriegerische Hysterien.

Wenn die soeben vorgetragene Deutung richtig ist, dann wird man weiter folgern dürfen: die den nördlichen Breiten zugezogenen Völker sind sicher in einem höheren Maße anfällig als die eingeborenen, die eine jahrtausendelange Anpassung schon immunisierte. Und man wird weiter folgern dürfen: weil die arktische Hysterie ein geographisch und kein rassenbiologisch begründetes Leiden ist, daß sie vom ersten Tage an vorhanden gewesen sei, und ebenso sicher doch wohl die subarktischen Nebenformen. Das aber erklärt, warum die Hysterie „Berserkertum" schon in den ältesten uns erreichbaren Quellen nachzuweisen ist; sie reicht zumindest in die vorchristlichen Jahrhunderte zurück und lebt aus mythischen Bezirken: Hallbjörn wird Halb-Troll genannt und auch die Mutter des Grim ist eine Trollin, ein dämonisches Weib.

Es ist in den letzten Jahrzehnten verschiedene Male versucht worden, die Berserker als Angehörige eines Männerbundes nachzuweisen. Man hat dabei sowohl auf eine Reihe germanischer Kriegerbünde, die Harier und die langobardischen Hundsköpfe und ihr berserkerhaftes Gebaren hingewiesen, — wobei „berserkerhaft" nicht so das eigentlich Ekstatische als wie das furioso kampfeslüsterner Männer meint, — und ebenso auch die „Tierverkleidung" der Berserker in Berücksichtigung gezogen, in welcher man Bestandteile einer Initiationszeremonie erkennen wollte. Dem fügte man schließlich noch die schon erörterten „primitiven" Äußerungen, das Trinken von Blut und das Verzehren rohen Fleisches bei, und sah auch im „Berserkerlaufe" ein männerbündisches Phänomen. Stimmt man dem zu, dann könnte man freilich auch noch ein paar Schritte weiter kommen. Das männerbündische Tun ist ja gemeinhin Tun der unverheirateten Jungmannschaft, und daß die meisten Berserker unverheiratete Männer waren, läßt sich aus den uns zur Verfügung stehenden Sagas leicht beweisen. Moldi in der Svarfdoela-Saga beispielsweise ist ledig; von Otrygg (in der Njala) wird man das auch gelten lassen müssen, denn als er gefällt ist, hört man nichts von irgend einer Rache oder Sühne. Auch Thorir in der Vatnsdoela lebte ohne Frau, und man kann diesen Belegen manche weiteren an die Seite rücken.

Dann lehren die Sagas noch ein zweites. Die Berserker treten gern in Gruppen auf: zu zweit, zu fünft, am meisten aber wohl zu zwölft. Wenn man auch sagen darf, daß dieses „zwölf" nicht ganz genau genommen werden müsse, weil „zwölf" ja eine „runde Zahl" sei, und das germanische Duodezimalsystem sehr leicht zu ihrem Gebrauch verführen konnte, so wird man doch aber immer noch zugeben dürfen, daß die Berserker gern zu mehreren vereint erscheinen. So in der Grettir-Saga, da zeigen die Berserker bei Thorfinn sich zu zwölft, Moldi in der Svarfdoela kommt selbzwölft, und König Adils hat in der Hrólfssaga zwölf Berserker, König Hrolfr auch wieder zwölf; in der Hervararsaga geht Agantyr selbzwölft ans Land, wenn der Berserkerwahn ihn und die Seinen überkommt. Man wird deshalb behaupten dürfen, daß die Berserker gruppenhaft auftreten. Ist aber das der Fall, dann kann man schon von einem bündischen Zuge bei ihnen reden.

Nun ist das Bündische, wie ich schon einmal erinnert habe, vor allem eine Angelegenheit der Jungmannschaft, der unverheirateten jungen Burschen; man trat, wenn man zu reiferen Jahren kam, aus diesen der Jugend vorbehaltenen Bindungen häufig wieder aus. Von hier gesehen scheint es für den Charakter der Berserker als einer männerbündischen Organisation ein glücklicher Beleg zu sein, daß nach den Sagas viele in der Jugend zwar Berserker, in ihrem späteren Leben aber ruhige und normale Männer waren. So etwa wird es von Kveldulfr (Egilssaga) überliefert. Aus eben diesem Umstande aber hat man wieder schließen wollen, daß diese Berserkerjahre eine abgegrenzte oder Probezeit gewesen seien: „Wenn man erfährt, daß es Leute gab, die nur in ihrer Jugend ein Berserkerleben führten und später heirateten und tüchtige Hauswirte wurden, so mutet das doch so an, als ob sie ,Probezeit' als Berserker durchgemacht hätten, — so wie es sich später gehörte zu wikingern." Nach dieser Annahme wären also die Berserkerjahre solche Jahre, wie etwa in unserer Zeit es die Soldatenjahre waren: eine von jedem gesunden Jugendlichen durchzumachende Schulung und Erziehung. Das freilich widerspräche, wenn ich das hier bereits bemerken darf, der oben gefundenen Deutung, denn wenn jeder Jüngling sie durchmachen muß, dann wird man sie nicht als eine Form subarktischer Hysterie erklären können. Man müßte denn annehmen, daß ein „Ursprüngliches", ein Schulmäßiges geworden ist, daß es das Krankhafte und das Wilde und das Ungezügelte verlor und daß von ihm ein Übbares und Erlernbares habe übrig bleiben können, (so wie ein religiöses Urerlebnis hat ein Kirchliches werden müssen).

Gibt man das zu, dann wird man mindestens zwei Berserkertypen unterscheiden müssen: den einen, der wie ein nordischer Amokläufer hat auftreten können, und einen zweiten, den Vertreter eines erlernbaren „Berserkertums". Ist es erlernbar, dann wird man vielleicht annehmen dürfen, daß es erlernt ward. Daß es zu den knabenschaftlichen Aufgaben gehörte, die Härte, den Kampfesmut, die Wildheit eines Berserkers anzunehmen. Wenn man das zugibt, dann liegt aber eine weitere Annahme nahe: daß diese männerbündische Gruppe auch Aufnahmezeremonien kannte. Das heißt, daß eine Initiation in das Berserkertum bestand. Bestimmte darauf bezügliche Nachrichten haben wir aber leider nicht; man hat jedoch aus andersgelagerten Angaben eine Art Initiation, die in den Händen der Berserker lag, erschließen wollen; es handelt sich um die so oft zitierten Nachrichten bei Saxo, die von dem Treiben der Berserkerschar am Hofe Frothos spricht: „Das Gefolge verwildert während des dreijährigen Friedens, und die Zustände werden von Saxo besonders trostlos dargestellt, damit die bald darauf erfolgende Ordnung um so eindrucksvoller erscheint und der König nach seiner tatenlosen verweichlichten Jugend um so herrlicher dastehe. Dieser allgemeinen Lage, die gekennzeichnet werden soll, verdanken wir es, daß die Gewohnheiten der

Berserker geschildert werden, von denen sich die Gesetze Frothos abwenden. Alle mitgeteilten Einzelheiten sind aber Initiationsriten. Die Stelle lautet nach Hermanns Übersetzung: ‚Die einen zogen sie an Strikken in die Höhe und peinigten sie in der Weise, daß sie sie wie einen Treibball auf- und abschwingen ließen; andere hießen sie auf eine Bockshaut treten und brachten sie, wenn sie nicht aufpaßten, auf dem schlüpfrigen Felle durch einen Zug an einem versteckten Seile zu Falle; andere hefteten sie an Keulen und verhängten über sie eine Scheinaufhängung wie mit dem Strick; anderen sengten sie Bart- und Kopfhaar mit brennenden Kienspänen ab; anderen verbrannten sie die Scham mit einem darunter gehaltenen Feuerbrande. . . Die Fremden warfen sie mit Knochen; andere zwangen sie zur Unmäßigkeit und ließen sie von dem übermäßigen Trunke bersten . . .‘ " — Daß manches der eben genannten von Saxo berichteten Quälereien sich unter den Initiationsgebräuchen der naturvölkischen Stämme findet, ja daß es sich auch in der germanischen Welt nachweisen läßt, — ich denke vorgreifend nur an die Berichte aus dem Hansekontor Bergen, — ist sicher richtig; aber was in dem Berichte sichtbar wird, sind nichts als Ausschreitungen, keine festen und geordneten Initiationsgebräuche. Saxo spricht hier wohl nur von eingerissenen Mißbräuchen; er will das verwilderte Leben am Königshofe schildern, zeigen, wie eine völlig unbotmäßige Soldateska Macht gewann und wie sie die nicht zu ihr Gehörenden terrorisierte. Doch darin können keine Initiationsgebräuche sichtbar werden; nicht nur sind die germanischen Knabenschaften geordnete Zusammenschlüsse; sie geben sich auch, wie ich schon zeigte, richtige Gesetze, und auch die Aufnahmeordnungen haben einen gesetzmäßigen Charakter, — hier aber verlaufen die Dinge ungeordnet, willkürlich und wild. Man wird deshalb die Ausdrücke Initiation und Aufnahme ganz und gar vermeiden, und man wird eher an die ersten Anfänge solcher Initiationsgebräuche denken: den jähen Rausch, mit seinem Messer an einem anderen zu operieren, der in der Trunkenheit aufsteigende Zwang, sich selber zu entmannen; ein aus dem Sexus in das Grausame Umschlagende tritt hier auf. Es sind die Anfänge, die erst zu Aufnahmebräuchen werden wollen, das Dumpfe, das Gährende und das Männische der Rüpeljahre.

Wenn ich mit diesem Schlusse ein Richtiges getroffen habe, dann ist es nicht mehr so einfach, von den Berserkern anzunehmen, daß sie die mehr oder minder pflichtgemäße „Dienstzeit" nordischer Jugendlicher waren. Dann wird man in ihren Zusammenschlüssen, im Berserkern unverheirateter junger Männer viel eher ein frühes oder ein Vorstadium unserer Knabenschaften sehen; sie lebten, was wir als Dreizehn- oder Vierzehn- jährige erlebten. Erst bei den Wikingern wurden aus diesen Vorformen richtige Männerbünde.

Die Sagas haben zwischen berserkr und víkingr oft nicht unterschieden. In der Svarfdoela-Saga wird über Moldi Folgendes gesagt: „Ein Mann hieß Moldi, er war Wikinger oder Berserker." — Ebenso spricht die Örva- rodd-Saga von einem Wikinger, Eythjófr genannt: „er war ein arger Berserker", und häufig werden Berserker einfach Wikinger genannt. Wahrscheinlich steht häufig der eine Name für den andern. Gelegentlich einer Behandlung beider Erscheinungen ward gesagt: „Die nahe innere Verwandtschaft zwischen Wikinger- und Berserkertum wird noch klarer bei Betrachtung der Aufnahmeriten und Gesetze der Kriegerbünde. Die wichtigsten Überlieferungen dafür bieten die Hálfssaga, die Hrólfssaga Kroka, die Gesetze König Frodes von Dänemark (Saxo V), die Jóms- víkingasaga und die Gesetze des irischen Kriegerbundes Fianna. Alle diese Überlieferungen stehen in irgend einem Zusammenhange mit Berserkern. Die Wahl der Halfsrecken besorgt Steinn, der Enkel des Berserkers Hromund. Die Helden Hrolf Krakes und die Kämpferschar am Hofe König Frodes sind Berserker und auch die Fianna steht in Verbindung mit dem Berserkertum. In der Jómsvíkingasaga ist zwar keine Rede mehr davon, aber Einzelheiten ihrer Bestimmungen decken sich mit Gesetzen der Halfsrecken." — Die Aufnahmeriten und Gesetze der wikingischen Männerbünde kommen nach diesem mit denen der Berserker überein; wahrscheinlich decken sich also beide Erscheinungen, nur die Namen wechseln.

In der Halfsaga werden folgende Gesetze aufgezählt: Niemand, der jünger als achtzehn Jahre ist, soll zu den Recken gehören. Im Hofe lag ein großer Stein; wer der Schar beitreten wollte, mußte ihn aufheben können. Die Mitglieder der Schar sollten ein männisches Wesen zeigen, also niemals bekümmert erscheinen oder furchtsam sein oder wegen einer Wunde den Mund verziehen. Weiter heißt es: Keines Schwert sollte länger als eine Elle sein. Jeder von ihnen sollte Zwölfmännerstärke haben. Nie sollten sie Frauen oder Kinder gefangen nehmen, nie eine Wunde vor dem nächsten Tage zur gleichen Zeit verbinden. Als Zeichen der Tapfer- keit pflegten sie nie auf dem Schiffe ihre Zelte aufzuschlagen oder bei Sturm die Segel einzuziehen. — Hier gehen Aufnahmebedingungen und die Gesetze des Bundes durcheinander; aber am besten erkennbar sind doch die Aufnahmebedingungen. Sie stechen von den bisher erörterten ziemlich deutlich ab: es fehlen die Grausamkeiten des Hamatsabundes und der Mandanen, es fehlen die sexuell gerichteten Riten wie subincisio und Beschneidung; was bleibt, das sind die mir aus meiner Jugendzeit vertrauten, in deutschen und schwedischen Knabenschaften oft erscheinenden Aufnahmeriten: Mutproben; um eines Risses im Finger willen nicht den Mund verziehen, von solchen Rissen nicht viel hermachen; Steine- oder Zentnersäcke-Heben, — und kurze Schwerter-Führen oder eine rechte Sturmbeständigkeit auf See, das alles gehört im Grunde in die nämlichen Zusammenhänge.

Und wenn man von hier noch ein paar Schritte weiter geht und die von den Jomswikingern aufgestellten Bundesgesetze überblickt, dann stehen sie mit den soeben besprochenen Halfrs in einer Reihe. Die Bundesforderungen der Jomswikinger aber lauten nach der Saga: „Kein Mann sollte aufgenommen werden, der älter wäre als fünfzig und kein jüngerer als achtzehn Jahre. Dazwischen sollten alle sein. Nicht sollte Blutsverwandtschaft mitsprechen, wenn solche Männer aufgenommen werden wollten, die nicht den Gesetzen entsprachen. Kein Mann sollte vor einem gleich streitbaren und gleich gerüsteten fliehen. Jeder sollte den andern rächen wie seinen Bruder. Keiner sollte ein Wort der Furcht sprechen oder in irgend einer Lage verzagen, wie hoffnungslos sie auch schiene. Alles, was sie auf den Heerfahrten erbeuteten, sollte Gemeinbesitz sein, minderes oder größeres Gut, das Geldeswert hätte. Und wenn einer das nicht hielte, so sollte er fort müssen. Keiner sollte eine Verleumdung ausbringen. Wenn aber eine Neuigkeit bekannt würde, sollte niemand so vorlaut sein, sie öffentlich mitzuteilen; alle Nachrichten sollte man dem Führer übermachen. Niemand sollte ein Weib in der Burg haben und keiner länger als drei Nächte auswärts sein." — Aufnahmebedingungen und Bundesgesetze mischen sich also wiederum; doch kann man sagen, daß dabei die letzteren überwiegen. Unter den Aufnahmebedingungen des Jomswikinger-Männerbundes erscheinen die uns aus manchen anderen Formulierungen schon bekannten Forderungen: die Aufzunehmenden sollen unverheiratet sein, zölibatär leben, sie müssen Furchtlosigkeit und Mut beweisen, mit den Brüdern teilen, sonst aber klingt alles, vergleicht man etwa diese Forderungen mit den aus Saxo erschlossenen freilich ziemlich sagenhaften, oder mit den Bräuchen, die wir als Knaben dumpf und drängend ahnten, viel gemäßigter und milder. Und wenn es stimmt, daß die von Saxo mit-

98

geteilten Ausgelassenheiten Initiationsformalien eines berserkerartigen
Männerbundes gewesen seien, dann führte von ihnen zu den Wikingern
sicherlich ein Weg, — das wäre jedoch ein Weg, wie er aus unsern Knaben-
Ungebärdigkeiten zu dem geordneten Leben unserer „Jugenden", unserer
Knabenschaften führte, ein solcher, in welchem alles schon zur Form ge-
diehen ist, und der zu einem weniger Harten, weniger Wilden, weniger
Ungebärdigen will.

Und „wenn ein Weg führte", dann — so lautete unser nächster Schluß
— führte er von einem Chaotischen, Ungezügelten und in seinem Drängen
wenig Klaren zu einem Geordneten, von einem status nascendi zum Geborenen und Gewordenen. Der status nascendi muß aber zeitlich noch
vor dem Geborenen liegen; das heißt, daß die Wikingerbünde sicher einer
jüngeren Zeit, das sich in den Berserkern Vordrängende einer älteren
angehören. Ein Ähnliches hat man übrigens schon vor einiger Zeit gesehen;
man schrieb: „Das allmähliche Abwenden vom Berserker- und Zuwenden
zum Wikingertum spiegelt sich deutlich in der Überlieferung, zum Beispiel
in der von den Nachkommen Ulfs des Furchtlosen. Sowohl in der einen
Linie Ulf—Hallbera—Kveldulf—Skallagrim—Egil, den Haupthelden
der geschichtlichen Sagas, als auch bei der anderen Linie Ulf—Hallbörn—
Ketil—Grim—Örvarodd . . erlischt die Berserkeranlage allmählich. Die
beiden Grim sind noch deutlich Halbberserker. Von Skallagrim wird erzählt, er sei schwarz und häßlich gewesen, er habe bei seiner Abfahrt nach
Island zwölf Genossen bei sich gehabt, alle sehr stark, manche von übernatürlicher Stärke. Egilssaga 27 wird berichtet: er tobte ähnlich wie Berserker. Egilssaga 40 hatte er nach Sonnenuntergang einen Anfall von
Raserei, in der er einen Mann tötete und dann auf seinen Sohn Egil los-
ging. Als ihm seine Magd zurief: Du rasest! ließ er Egil los, verfolgte die
Magd und tötete sie. Grimr lotninkinni ist zwar nicht mehr ganz, aber
doch zum Teil unverwundbar. . . Die Nachkommen im fünften Gliede,
Egil und Örvarodd, bekämpfen Berserker bereits erfolgreich, das sind ihre
größten Heldentaten . . ." — So also ist das Berserkertum und alles berserkerhafte Tun und Wesen ins Wikingtum hinübergewachsen, — oder besser
sagt man wohl: aus dem noch Ungeformten, Ungeklärten, dem chaotischen
und triebhaften Drängen hat sich ein in der Ordnung und in Haltung
Stehenwollendes erhoben.

Bei einem solchen Versuch, die beiden Erscheinungen zu erklären, läßt
sich ein sonst nur schwer zu lösendes Bedenken auch beheben: es hat mir
nämlich nie gut möglich scheinen wollen, Berserkertum und Wikingbund

in einer Gleichung zu vereinigen, denn man bringt „Amokläufer", bringt „Besessene" und subarktische Hysterie doch kaum dazu, in eine regelrechte und geschlossene Gemeinschaft einzutreten; schon in den Sagas ist die Zwölf nur eine stereotype Zahl und man wird höchstens eine nicht aus eigenem Trieb und Wollen kommende, durch äußere Umstände aufgezwungene Vergesellschaftung annehmen dürfen; der wirkliche Berserker ist ein in sich selbst bestehender Einzelfall. Die Dichter der Sagas aber, welche das viel ältere Berserkertum nur noch in seinen letzten und ausgehenden Studien kennen lernten, gebrauchten die termini Berserker und Wiking wechselweise; sie nannten — mit einem für sie poetischen Ausdruck — alles das, was männisch, was ungefüg, urtümlich und was wikingisch erschien, was dem in ihrer Vorstellung lebenden Wikingideal entsprach, Berserker.

Es ist zwar sicher, daß es im nordischen Altertum Berserker gab, und ich glaube ebenso, daß vieles was die Sagas und Berichte von den Berserkern wissen, der Kritik standhaltende Berichte sind, — aber ich glaube an keine Männerbünde von Berserkern.

Der Werwolf

Von dem vorhin bereits einmal erwähnten und später noch weiter zu untersuchenden afrikanischen Leopardenbunde wird gesagt, daß die ihm Angehörigen ein Opfer (und Schlachtopfer) dadurch töten, daß sie sich durch das Umhängen eines Leopardenfelles und durch das Anschnallen eiserner oder hölzerner Leopardenkrallen in einen Leoparden verwandelten. Von den altnordischen Berserkern, etwa von dem im vorigen Abschnitte genannten Björn erzählte man: er zog sein Bärengewand über und ging als Bär hinaus: steypiz síthan bjarnarhamrinn yfir hann, ok gengr björninn svá út, — und von dem Worte hamr: Bekleidung oder Schutzgeist, war auch schon die Rede. Fast wörtlich dieselben Angaben wurden im zwanzigsten Jahrhundert in Jämtland (also dem nördlichen Schweden) aufgezeichnet: „Ich hörte die alten Leute in Oviken davon erzählen, daß es welche gab, die sich zu einem Bären verwandeln konnten, und das geschah mit einem hamn." — Oder: „hamnbjörn ist einer, der sein hamn wechseln kann und so Mensch wird oder umgekehrt." — Und andere Angaben lauten: „Manche sind so böse, daß sie sich selber in ein beliebiges Tier verwandeln, damit sie in dessen Gestalt etwas Böses machen können. Lappen können sich verwandeln, sie wechseln das björn- oder varghamn, das Bären- oder Wolfskleid".

Eine in Dalarna aufgezeichnete Sage beginnt: „Einmal gab es nördlich von Kölen einen so bösen Mann, daß er sich selbst zum Bären verwandelte, indem er in eine Bärenhaut kroch. Da wurde er ein richtiger großer Bär und lief als solcher in Hälsingland und Härjedalen und bis zum Älvdals-walde und riß Menschen und Vieh. Man hieß ihn Stenkullas-Bär, denn er wohnte in seiner Hütte, die einem Steinhaufen (stenkulle) glich. Einmal, als man in Tannberg draußen auf dem Schwendland war und Roggen schnitt, fiel dieser Bär ein Mädchen an. Gammel-Back Per, der dort als Knecht diente, eilte zur Hilfe und gebrauchte seine Sichel als Waffe, aber er wurde dabei arg zerkratzt. Endlich lief der Bär doch seinen Weg, und sie haben wohl begriffen, was das für ein Bär war. . ." — Diese schwe-dischen Sagen erinnern also an Berserkererzählungen, denn hier wie dort verwandelt einer sich zum Bären, indem er ein Bärenfell, ein hamn, umtut, und hier wie dort geht dieser Bär die Menschen an. Der einzige Unter-schied ist der, daß die Berserker Kriegsleute waren und daß ihr Berserker-gang sich gegen Feinde richtete, daß aber der im Bärenhemde alles, vor allen Dingen auch Weibsvolk, angefallen hat.

In Schweden weiß man drei Wege, auf denen man ein Mann-Bär wird: durch zaubrische Verwünschung, dann durch besondere Zufälle bei der Geburt und endlich auch durch Selbstverwandlungskraft. Die Selbstver-wandlung mag irgendwie wohl mit der vorhin von den Berserkern er-zählten Verwandlung übereinstimmen und zusammenhängen; dahin weist schon die geographische Lagerung der Geschichten: man findet den Glauben, daß einer sich in einen Bären oder Wolf verwandeln könne, in Nord- und Nordwestschweden ausgebreitet. Die Vorstellung zeigt sich besonders in den Landschaften an der Grenze, bis nach Dalsland hinunter. Die westliche Ausbreitung wird aber als das Ergebnis eines Reliktgebietes gedeutet, dessen hierhergehörige Traditionen mit uns bekannten altwest-nordischen Überlieferungen zusammenhängen. Ich glaube, daß überhaupt mit einem Fort- und Weiterleben der alten Vorstellungen zu rechnen ist; glaubt man doch in Dalarne und Wärmland immer noch, daß die Ver-wandlung des Mannes in einen Bären durch Überstreifen einer Bärenhaut geschehe, so wie Berserker Bärenhemden angezogen haben. Es ist wahr-scheinlich nur eine „Verkürzung" des Gedankens, wenn aus der Bärenhaut in Norrland ein bloßer Bärenhautgürtel hatte werden können. Ein solcher Mannbär trägt unter der Bärenhaut sein menschliches Gerät, das Taschenmesser, das Feuerzeug, die Tabakdose, den Beutel und so weiter, und der, der einen Mann-Bären erledigt und abzieht, kann die Dinge finden. Freilich ist es nicht leicht, dergleichen „Tiere" zu erlegen, denn diese Wer- oder Mann-Bären — und das erinnert von neuem an die Berserker und ihre Unverwundbarkeit — sind fest. Man kann sie nur töten, indem man eine Silberkugel in die Büchse lädt, Brosamen in den Schuß tut oder andere ungewöhnliche Mittel braucht, — und das macht wieder an die Vatnsdoela, in der man die festgemachten Berserker, welche kein Eisen biß, mit Knüppeln zu erschlagen versuchte, denken.

Die häufigste von diesen Wer- oder Mann-Bären erzählte Geschichte ist wohl die, daß einst ein Bauer mit einem Lappen in den Wald gegangen ist, um Gras zu mähen. Sie übernachteten in einer Scheune. In Nähe der Scheune waren aber ein paar Pferde auf der Weide. Zum Abend nun, — der Lappe meinte, daß wohl der Bauer im Schlafe liege, — kroch er zu dreien Malen durch einen Riemen; das erste Mal bekam er einen Bärenkopf, das zweite Mal ward er zur Hälfte Bär, das dritte Mal ist er es ganz und gar geworden. Aber dabei sah er sich immer wieder nach dem Bette um, ob auch der Bauer schlafe, und dann ging er 'naus und draußen schlug er das fetteste Pferd und fraß es auf. Am Morgen kam er dann wieder in seiner menschlichen Gestalt; da saß er vorm Hause auf der Schwelle und stocherte sich das Fleisch aus seinen Zähnen. — Wir kennen die Sage in Norddeutschland auch; da endet sie meist damit, daß sich der Knecht beim Frühstück oder Abendbrot beklagt, er habe keinen Appetit, und daß der Bauer oder irgendwer entgegnet: da soll auch einem der Magen nicht weh tun, wenn einer ein ganzes Kalb gefressen hat. Worauf der Werwolf droht: Hättst du das heute Nacht zu mir gesagt, da hätte ich dir schon was anderes weisen wollen! Mir scheint der Schluß bedeutsam, denn er deutet doch darauf hin, daß Mann-Bär und Werwolf nicht zu jeder Zeit zum Schlagen fertig sind. Wie der Berserker in der Erregung handelt und nach dieser schlapp im Winkel liegt, — die starke seelische Aufpeitschung hat wohl seine Kraft verzehrt, — so folgen beim Mann-Bär Stunden der Unkraft und dann wieder Stunden der Kraft. Das aber läßt daran denken, daß sein Mannbärentum nichts anderes als ein Erregungszustand, als ein Handeln aus der Erregung heraus gewesen sei, daß alte berserkerhafte Züge wieder aufgegangen seien.

Viel häufiger und öfter als vom Mann- oder Werbären ist vom Werwolf die Rede. Werwolf heißt Mannwolf, so wie Wergeld: Manngeld, das als Sühne für einen erschlagenen Mann zu zahlende Geld bedeutet hat. Man hat bis jetzt die mancherlei Arten dieser Gattung „Tier", in der sich Mensch und Tier zu einem Doppel-Sein vereinigte, mit einem zusammenfassenden Worte bezeichnet und brauchte den Ausdruck „Werwolf" für sie alle. Es scheint mir aber, als ob man um einer größeren Klarheit willen hier doch unterscheiden müsse, der Mann-Bär ist ein anderer Typus als der Werwolf, zumindest in den nördlichen Gegenden erscheint er als ein Einzelgänger, während (im Baltikum und wieder von dorther ebenso in Ostpreußen wie in Skandinavien) die Werwölfe häufig vergesellschaftet zu kommen pflegen, — wie übrigens auch der Wer-Fuchs vergesellschaftet aufzutreten pflegt. — Die englische Forschung hat vier Gruppen Werwölfe unterscheiden wollen: voluntary-congenital, das sind die, welche kein Mittel brauchen, um sich zu verwandeln; voluntary-acquired, verwandeln sich freiwillig, bedürfen dazu aber eines Mittels, wie es zum Beispiel der Wolfsriemen ist; ein wirkliches Verwandlungsvermögen ist ihnen also nicht zu eigen und nicht innewohnend; involuntary-congenital, die wieder verwandeln sich ohne ihren Willen, auf Grund der mitgeborenen Eigenschaften; involuntary-acquired, welche unfreiwillig, auf Grund besonderer Umstände, diese Eigenschaft erwerben, zum Beispiel als eine Strafe für die Sünde. Von diesen vier Gruppen sind allein die beiden ersten und schließlich noch die dritte von bedeutenderem Interesse, sie führen das Werwolf-Sein auf eine, bestimmten Menschen eigentümliche psychische Kraft zurück.

Norwegische Quellen haben in der Mitte des dreizehnten Jahrhunderts ein oder vielmehr mehrere Male von den Werwölfen gesprochen, etwa von einem reichen Bauern, der hamskiftisk war; zeitweise war er ein Mensch, zeitweise wieder Wolf. Von einem Werwolf-Begebnis handelt auch die Völsunga-Saga, wenn sie von Sigmund und dem mit seiner Schwester Signy gezeugten Sinfjötli spricht; Sinfjötli, das ist der mit den gelben Schenkeln, ist der Wolf, entweder um seines sofort zu erwähnenden Wolfserlebnisses willen, oder weil er als Wolf, als Flüchtender, im Walde lebte. Signy schickte Sinfjötli zu dem Bruder Sigmund in den Wald, als er zehn Jahre wurde, also dem Reifealter näher stand. Dem Sigmund erschien der Knabe für seine Pläne aber noch zu jung und er beschloß, ihn an ein kühneres Leben zu gewöhnen; sie streiften deswegen den ganzen

Sommer durch die Wälder und überfielen und erschlugen Männer, um sie zu berauben, es war ein recht „wikingerhaftes" und raubritterartiges Leben. „Nun geschah es einmal, daß sie wieder in den Wald zogen, um sich Beute zu verschaffen; sie fanden aber ein Haus und in dem Hause zwei Männer mit dicken Goldringen; und die Männer schliefen. Sie waren verwunschen worden, Wolfsbälge hingen über ihnen; jeden fünften Tag vermochten sie aus den Bälgen zu schlüpfen; sie waren Königssöhne. Sigmund und Sinfjötli fuhren in die Wolfsbälge, vermochten aber nicht herauszukommen, denn den Bälgen haftete dieselbe Eigenschaft wie früher an, (nämlich, daß man sie fünf Tage als Wolf tragen mußte). Sie heulten wie Wölfe und verstanden beide ihr Geheul. Nun begaben sie sich in die Wälder, aber jeder von ihnen lief seine Straße." — Ich will ihr Wolf- und Wälderleben weiter nicht berichten, sondern nur noch erzählen, daß ihr Wolfs-Sein wieder von ihnen fiel, als sie an einem fünften Tage aus den Bälgen schlüpften und den Balg verbrannten. In die Geschichte mischten sich märchenhafte Züge und Romandetails, die Vorstellungen vom Werwolf aber scheinen doch noch durch, und man hat ebenso beachtet, daß es gerade wikinghafte Männer, der Heldensage zugehörige gewesen sind, von denen diese Abenteuer überliefert werden.

Werwolfdarstellung aus dem Jahre 1685

Nachrichten über Werwölfe ziehen sich durch das ganze Mittelalter und reichen herunter bis in unsere heutige, gegenwärtige Zeit. Eine der wohl am meisten erzählten Geschichten scheint mir die, in welcher von einer jungen Frau und ihrem Ehemanne die Rede ist; der Mann war aus ihr rätselhaften Gründen ziemlich häufig unterwegs. An einem Tage arbeiteten beide draußen auf dem Felde, als sich der Mann nach seiner Gewohnheit wieder von der Frau entfernte. Plötzlich kam aber ein Wolf aus dem Gebüsch, lief auf sie zu, schnappte — und er erfaßte ihren roten Friesrock mit den Zähnen und war nicht zu vertreiben, sondern zerrte sie immer hin und her. Durch Schreien und Schlagen mit der Heugabel wurde sie ihn endlich los. Ein wenig später trat ihr Mann aus eben dem Gebüsch, in welchem der Wolf verschwunden war und sie erzählte ihm ihre Angst. Er lachte, — aber da zeigten sich zwischen seinen weißen Zähnen die roten Wollfäden, die er aus ihrem Rock herausgebissen hatte und die ihm zwischen den Zähnen stecken geblieben waren. Sie gab ihn darauf beim Richter an und der ließ ihn verbrennen. Die Sage ist über das ganze skandinavische Land verbreitet und sie ist ebenso in Nord- und Mitteldeutschland nachzuweisen; es ist als klinge in ihr noch etwas Altes und Versunkenes durch: ein grausig Balladenhaftes, von dem Manne, der seine Frau ermorden will, für den die junge Frau ein Opfer sein soll, und darüber Grausamkeit und Härte. Es fällt mir dabei auch eben auf, daß Werwolfsagen eigentlich nur von Männern, daß sie fast nie von Frauen oder Mädchen handeln und berichten.

Von Männern —, und das ist weiter wichtig und zu unterstreichen, bei uns in Deutschland und in Skandinavien nur von einzelnen Männern, Einzelgängern. So viel ich bemerke, begegnet man allein im östlichen Preußen einigen Sagen, in denen die Werwölfe sich in Rudeln oder Scharen sehen lassen, wie es die wirklichen Wölfe ja am meisten an sich haben. Das ist nicht etwa nur, weil man in Preußen die Wölfe besser kannte, zumindest die skandinavischen Landschaften wußten ebensogut um sie Bescheid, es muß mit diesen Werwolfscharen etwas Besonderes auf sich haben. Von ihrem Auftreten nämlich berichtet 1555 Vendenhaimer: „Melanchthon habe in einer Vorlesung einen Brief zitiert, der ihm vor kurzem aus Livland von einem vir dignissimus zugegangen sei, quem scio non falsa scribere. Dort habe ein Mann gestanden, daß er alle Jahre zwölf Tage ein Wolf gewesen sei. Nach dem Weihnachtstage sei ihm ein kleiner Knabe erschienen, der forderte, daß er sich in einen Wolf verwandeln solle. Wenn er das nicht getan habe, sei ein schreckliches

Wesen mit einer Peitsche gekommen und so sei er in einen Wolf verwandelt worden. Dann seien viele andere Wölfe herzugekommen; sie seien durch die Wälder gelaufen und hätten Vieh gerissen, Menschen hätten sie aber nicht schaden können. Während jene Gestalt mit der Geißel voranging, durchschritten sie einen Fluß (pavisse eos in flumine; ich folge der zeitgenössischen Übersetzung durch Peucerus). Und dies sei jährlich zwölf Tage lang geschehen. Dann habe er wieder menschliche Gestalt angenommen." — An diesem Bericht erscheinen mir zwei Umstände interessant, das — was ich eben schon hervorhob — Herdenmäßige dieses Spukes; das Individuelle, Ichgewußte und Ichwertige, der Erscheinung ist gefallen; die Wer- oder Mannwölfe rennen hier in einem großen Schwarm durchs Land, sie reißen und räubern zusammen, und sie folgen zusammen einem Führer; nicht irgend ein Barthel oder Friedrich oder Sven tritt auf, sie treten zusammen auf und sie begehen das zu Begehende zusammen. Und es erscheint mir weiter neu und anders als die vorigen Geschichten, daß die Verwandlung nicht aus einem eigenen Entschlusse geschieht, sondern daß sie durch einen Führer aufgezwungen worden ist.

Nicht sehr viel anders lautet der Bericht des Olaus Magnus in seiner Historia de gentibus septentrionalibus von 1557: „Da im fünfzehnten Kapitel dieses Buches von verschiedenen Arten von Wölfen die Rede gewesen ist, habe ich es der Mühe für wert gehalten, am Ende dieses Buches über die wilden Tiere zuzufügen, daß die Art von Wölfen, die in Wirklichkeit in Wölfe verwandelte Menschen sind, — eine Art, von der Plinius (VIII 22) mit Zuversicht beteuert, sie seien als erdichtete Fabelwesen zu betrachten, — daß solche, sage ich, noch heute in großer Zahl vorkommen, zumal in den nach Norden zu liegenden Ländern. In Preußen, Livland und Litauen müssen zwar die Einwohner fast das ganze Jahr über durch die Raublust der Wölfe großen Schaden leiden, da ihr Vieh überall in den Wäldern, wenn es nur ein klein wenig von der Herde abirrt, von jenen zerrissen und verschlungen wird: und doch halten sie diesen Schaden nicht für so groß wie den, welchen sie von Menschen erleiden müssen, die sich in Wölfe verwandeln. Denn am Feste der Geburt Christi rottet sich gegen Einbruch der Nacht an einem bestimmten Ort, den sie unter sich festgelegt haben, eine solche Menge von Wölfen zusammen, die sich aus Menschen, in verschiedenen Gegenden wohnhaft, verwandelt haben und die sodann in derselben Nacht mit unglaublicher Wildheit sowohl gegen das Menschengeschlecht als gegen alle übrigen Lebewesen, die nicht wild sind, wüten, daß die Bewohner jener Gegend durch sie einen größeren

Schaden leiden, als sie jemals von wirklichen und natürlichen Wölfen zu ertragen haben. Denn wie man zur Genüge erfahren hat, belagern sie die Gebäude der Menschen, die im Walde wohnen, mit unglaublicher Wildheit, und sie versuchen sogar die Türen aufzusprengen, um sowohl die Menschen wie die übrigen Lebewesen daselbst zu vernichten. Sie dringen in die Bierkeller ein und saufen dort etliche Tonnen Bier oder Met aus, und die leeren Fässer schichten sie in der Mitte des Kellers aufeinander: darin unterscheiden sie sich von geborenen und echten Wölfen. Dem Ort jedoch, wo sie etwa in jener Nacht gerastet haben, schreiben die Einwohner dieser Länder etwas Vorbedeutendes zu, denn wenn einem dort etwas zustößt, etwa daß sein Gefährt umstürzt und er selbst in den Schnee fällt, so sind sie überzeugt, daß jener in demselben Jahre sterben werde, wie sie das seit langen Zeiten erfahren haben. Zwischen Litauen, Samogitien und Kurland ist eine Mauer, der Rest einer verfallenen Burg, dort kommen zu einer bestimmten Zeit des Jahres einige tausend dieser Wölfe zusammen, und sie prüfen die Geschicklichkeit eines jeden im Springen; wer jene Mauer nicht überspringen kann, wie es den Dickeren meist geschieht, der wird von ihren Vorstehern mit Geißeln gepeitscht. Schließlich wird fest behauptet, daß unter jener Schar auch Große dieses Landes und Männer aus dem höchsten Adel sich befänden. Wie diese zu solchem Wahnsinn und der äußerst schrecklichen Verwandlung kommen, der sie sich dann zu bestimmten Zeiten nicht zu entziehen vermögen, das soll im nächsten Kapitel gezeigt werden." — Nach einer Polemik gegen Plinius, der den Werwolfglauben eine dreiste Lüge schalt, fährt Olaus Magnus fort: „Zur Verteidigung der Mitteilungen des Euanthes, Agriopas und anderer Schriftsteller will ich hier mit einigen Beispielen zeigen, wie solches in den genannten Gegenden bis auf diesen Tag geschieht. Denn sobald einer, sei es ein Deutscher oder ein Eingeborener, gegen Gottes Gebot neugierig ist und sich der Genossenschaft jener verfluchten Menschen, die sich, sobald es ihnen beliebt, in Wölfe verwandeln, zuzugesellen wünscht, so daß er sein ganzes Leben hindurch zu bestimmten Zeiten des Jahres an festgelegten Plätzen mit seinen Genossen zusammenkommt und Verderben, ja den Tod über die übrigen Sterblichen und das Vieh bringt, so erlangt er von einem, der in solcher Zauberei erfahren ist, diese Kunst, sich zu verwandeln, die der Natur ganz zuwiderläuft, nämlich indem jener ihm einen Becher Bier zu trinken gibt, (wenn nur der, der sich jener verbotenen Gesellschaft anschließen will, ihn annimmt), wobei gewisse Worte gesprochen werden. Dann kann er, wann es ihm beliebt, seine Menschlichkeit ganz und gar in Wolfsgestalt verwandeln, indem er sich in einen entlegenen Wald begibt. Endlich steht es ihm frei, diese Gestalt nach Belieben nach einiger Zeit abzulegen und dagegen seine vorige anzunehmen."

Das ist der Bericht des nordischen Gelehrten. Aus ihm geht deutlicher noch als aus dem Vendenhaimerschen hervor, daß wir uns hier in einer durchaus neuen Landschaft, unter einem anderen Volk befinden. Das sich-zum-Werwolf-Verwandeln ist hier nicht die Folge einer psychischen Veranlagung oder eines ekstatischen Rausches, den man, wie manche Forscher meinten, gar bewußt gefördert habe, sondern ist das Ergebnis einer zauberischen Handlung. Die Werwölfe sind mehr oder weniger alle Zauberer; sie fahren in Keller ein und saufen dort die Fässer leer, wie später ein Zauberer Faust in des Erzbischof von Salzburg Keller fuhr; sie haben Zusammenkünfte, die den Versammlungen der Zauberer ähneln, sie werden durch einen zauberischen Wunsch und Akt zum Wolf, — zu diesem allen kommt aber als das Wichtigste das vorhin bereits Gesagte: daß die zum Wolfe Verwandelten wieder vergesellschaftet erscheinen; sie streifen in Herden, finden sich Weihnachten in Scharen zusammen; ja sie belagern zusammen die Gebäude und Ställe ihrer Feinde. Das ist, worauf ich ja vorhin schon einmal hingewiesen habe, ein deutschen und skandinavischen Sagen durchaus fremder Zug.

Man könnte einwenden, daß die Nachrichten über die Mann-Bären und Werwölfe jener Literaturgattung zugehören, die wir „Sagen" nennen, daß aber Sagen keine für den Historiker und Wissenschaftler brauchbaren Quellen seien. Das würde die Sage und ihr Eigentliches verkennen. Sagen sind Mitteilungen über Geschehnisse, nur daß ihre Sprache von der in unsern geläufigen historischen Quellen abweicht; aber man braucht nur ihre Sprache zu erlernen, um durch Sagen Mitteilungen, Angaben, Fakten zu erhalten, die in anderen Quellen häufig nicht zu finden sind, deren Wert als historische Nachrichten aber nicht zu leugnen ist. Man muß nur ihre Sprache reden lernen, — das heißt, man muß verstehen, daß Sagen Aussagen historischer Art über eine vor der unseren liegenden Kultur sind. Während wir vom Donner als von „Schallwellen" im Gefolge eines „Ausgleiches positiver und negativer Elektrizität" sprechen, spricht die Sage von „Gottes Stimme". Wo wir „Kretinismus" sagen, redet die Sage vom „Wechselbalg". Und was wir „prähistorische Siedlung" oder „Wüstung" nennen, heißt sie „untergegangene Stadt". Sie braucht nur andere termini, als unsere durch den Schulunterricht gegangene Zeit gebraucht, und sie sieht mythische Wesenheiten, wo wir Naturkräfte sehen, sie braucht mythische Begriffe, wo wir die rationalen brauchen. Das Faktum jedoch wird durch den terminus nicht verändert. Da wir das Faktum suchen, nicht aber den terminus, haben wir recht, die Sage als eine Aussage historischer Qualität heranzuziehen, und nur die Aufgabe, das hinter den Worten stehende Tatsächliche herauszufinden.

Gebe ich das zu, dann darf ich auch die Werwolf-Berichte unserer Sagen als solche über ein berserkerähnliches Phänomen annehmen, — und darf sie als den Angaben des Olaus Magnus und Vendenhaimer gleichwertige ansehen. Dann aber erhebt sich hier ein bisher nicht gesehenes Problem: die Sagen sprechen, wie ich schon einmal bemerkte, von einzelgängerischen Werwölfen, Vendenhaimer und Olaus Magnus sprechen von Werwolf-Vergesellschaftungen. Es sind nun diese Werwolf-Vergesellschaftungen gewesen, an die man Schlüsse auf den bündischen Charakter der Verwandlungskrieger hängte.

Es scheint mir infolgedessen geboten, der Frage intensiver, als das bisher geschehen ist, nachzugehen.

H. v. Bruiningk veröffentlichte das Protokoll eines 1691 zu Jürgensburg in Livland stattgefundenen Prozesses, in dem ein alter Mann namens Thieß, der als Zeuge gedient hatte, über sein Leben als Werwolf vernommen wurde. Ich lasse diesen Teil des Prozesses folgen:

„In puncto Lycantropiae aliorumque prohibitorum et nefandorum gestorum.

Judices praesentes:

Hr. Assessor Bengt Johan Ackerstaff, alß substituirter Landrichter.

Hr. Assessor Gabriel Berger.

Nachdehm der Kaltenbrunsche krüger Peter nach geleisteten zeugeneyde lächelte, ward er befraget, wahrumb er solches thäte? Responsio: Weil er sähe, daß sein einwohner, der alte Thies, auch schwehren solte. Quaestio: Wahrumb den derselbe nicht ehben so woll alß er über sein gewärtiges zeugnüß wehgen des kirchendiebes mit dem eyde möchte belehget werden? R.: Es wüste ja jederman, daß er mit dem teuffell umbginge und ein wahrwolff wehre; wie er den schwehren köndte, weil er solches selber nicht leugnen würde und von langen jahren solches getrieben.

Es ward dahehro dem alten Thiesen, wie er nach verhörung der übrigen zeugen ad dandum itidem testimonium vortraht, solches vorgehalten, welcher ganz frey gestand, daß er hiebevor ein wahrwolff gewehsen, jedoch hette er es nach der zeit wieder abgelehget, und zwahr schon vor etwa 10 jahren; berichtete dabey ferner, daß er desfalß auch bereits zu Nitau, als Hr. Baron Crohnstern, Hr. Rosenthal und Caulich noch richtere gewehsen, vorgekommen, alß zu welcher zeit ihm Skeistan, ein Lemburgscher baur, so nun schon todt, deswehgen die nase entzwey geschlagen, weil referent die blüten vom korn, so der Skeistan in die hölle gefehget, umb dem korn den wachstum dadurch zu benehmen, wieder hinauß getragen; die vorbenandte damalige Hrn. richtere aber hetten ihm desfalß nichts gethan, sondern nur dahrüber gelachet und ihn, weil der Skeistan nicht vorgekommen, frey wieder gehen laßen.

Man erkündigte sich hierauff vor weiterer befragung dessen, ob der Thies auch allemahl recht bey sinnen und gesundem verstande und nicht etwa im haupte verrükket gewehsen oder noch wehre, wohrauff nehben dehnen andern anwehsenden, so den Thiessen woll kandten. der substituirter Hr. Landrichter Bengt Johan Ackerstaff, alß unter wessen gute er in vorigen zeiten auch einige jahre gelehbett und gedienet, declarirte, daß es ihme an gesundem verstande nimmer gefehlet, er auch solches sein wehsen nimmer verleügnet und, nachdehme ihme vor diesem von den damaligen richtern desfalß nichts geschehen, desto freyer solches getrieben und von den bauren gleich einem abgotte gehalten worden.

Ipse ad haec quaerebatur: An was ohrte der Skeistan ihn zu der zeit geschlagen und womit? R.: In der hölle mit einem besenstiell, woran ein hauffen pferde-schwänze gebunden. — Der Hr. Praeses judicii zeugete ein, daß der Thiess zu der zeit an der nase beschädiget gewehsen.

Q.: Wie dan referent nach der höllen gekommen und wo dieselbe gelehgen sey? R.: Die wahrwölffe gingen zu fuß dahin in wölffe gestalt, der ohrt wehre an dem ende von der see, Puer Esser genand, im morast unter Lemburg, etwa $^1/_2$ meyle von des substituirten Hr. Praesidis hoffe Klingenberg, alda wehren herliche gemächer und bestellete thürhüter, welche diejehnige, so etwas von der von den zauberern dahin gebrachter korn-blüte und dem korn selber wieder außtragen wolten, dichte abschlügen. Die blüte würde in einem sonderlichen klebt verwahret und das korn auch in einem andern.

Q.: Welcher gestalt sie es dan machen, wen sie sich in wölffe verwandeln? R.: Sie hetten einen wolfs-pelz, den zögen sie nur an, und dergleichen hette ihm ein Marjenburgischer baur, so von Riga gekommen, beygebracht, welchen er nun vor einigen jahren wieder einem Allaschen bauren übergeben. Er wolte aber auf befragung beyder nahmen nicht nennen, und als specialius inquiriret ward, variirte er und sagte, sie giengen nur in den busch und würffen ihre gewöhnliche kleider ab, so würden sie stracks zu wölffen und lieffen dann als wölffe herumb und zerißen, was ihnen an pferden und vieh vorkähme, doch hätte referent kein groß vieh, sondern nur lämmer, zickel, ferckel und dergleichen zerrißen, im Segewoldschen aber wäre ein kerl gewesen, der nun auch schon todt, in Tirummees gesinde, der wäre recht vohrnehm und referent gegen ihm nichts gewesen, weil einem mehr macht als dem andern vom teuffel gegeben würde, und hätte jener, was ihme nur vorgekommen, an großem vieh, auch die schweine von der mast, in den gesindern weggenommen und alsdann mit seiner gesellschafft verzehret, weil ihrer oft 20 à 30 zusammen giengen, die ein hauffen wegfräßen und auf den wegen alsdann ihr mahl hielten undt es ausbräten.

Q.: Wie sie feuer undt werkzeug darzu bekähmen? R.: Feüer nehmen sie aus den gesindern undt bratspieße machten sie von holtz, keßel nehmen sie aus den gesindern, die hahre sengeten sie ab, rohe äßen sie nichts.

Q.: Ob referent offt mit auff solchen mahlen und gelagen sich befunden? R.: Ja, wie dann? — Q.: Wo das kleine vieh, so er genommen, geblieben? — R.: Das hätten sie auch verzehret. — Q.: Weil sie in wölffe verwandelt wären, warumb sie dann nicht das fleisch rohe, wie wölffe, verzehreten? — R.: Das wäre die weise nicht, sondern sie äßen es als menschen gebraten. — Q.: Wie sie es handtieren können, weil sie ja wolffes häupter und poten seiner außage nach haben, womit sie kein meßer halten noch spieße bereiten und andere darzu erforderte arbeit verrichten können. — R.: Meßer gebrauchten sie nicht darzu, sie zerrißen es mit den zähnen und steckten die stücker mit den pfoten auf stöcker, wie sie dieselbe nur finden, undt wenn sie es verzehreten, so wären sie schon wieder als menschen, gebrauchten aber kein brodt darbey; saltz nähmen sie von den gesindern mit sich, wenn sie ausgiengen.

Q.: Ob sie sich völlig damit sättigen und ob der teuffel mit ihnen eße? (R.): Prius affirmat, posterius negat; die zauberer aber äßen mit dem teuffel in der hölle, die wahrwölffe würden nicht mit dazu gestattet, sie lieffen dennoch bisweilen eilig hinein und erschnapten etwas und lieffen denn wieder damit als fliehend hinaus ... Q.: Weil der teüffel sie nicht leyden könte, warumb sie dann wahrwölffe werden und zur hölle lauffen? — R.: Dieses geschehe der uhrsachen halber, damit sie aus der höllen

111

außtragen möchten, was die zäuberer hinein gebracht hätten, an vieh,
korn und anderm wachsthumb, und weil er neben den andern sich im ver-
wichenem jahre verspätet hätten und nicht zu rechter Zeit in die hölle
gekommen, so lange die pforten noch offen gewesen und die von den
zauberern dahin gebrachte blühte und korn also nicht außtragen können,
so hätten wir auch solch ein schlechtes korn jahr gehabt... Q.: Wenn
dann solches geschehen? — R.: In Lucien nacht vohr Weynachten. —
Q.: Wie offt sie des jahrs in der höllen zusammen kommen? — R.: Ordinarie dreymahl: die Pfingst nacht, Johannis nacht und Lucien nacht; was
die beyde erste zeiten betreffe, nicht allemahl eben in denen nächten, sondern wenn das korn recht in der blüte stehe, dann alsdann undt in der
saat zeit nehmen die zäuberer den seegen weg und brächten ihn hernach
in die hölle und bearbeiteten sich die wahrwölffe, solchen wieder heraus
zu bringen.

Q.: Wer denn letzt verwichene Lucien nacht mit ihm in gesellschafft
gewesen? — R.: Sie kähmen von vielen örtern, aus dem Rodenpeischen
undt Sunßelschen zusammen, undt wer kennete sie eben alle undt fragete
nach ihrem nahmen, denn es wären unterschiedliche rotten, und hätte
Skeistan Rein, des obbemelten sohn, vor diesem sich auch zu seiner rotte
gehalten, nun aber hätte er ihn neülich da nicht gesehen und wüste nicht,
wie es kähme. Auff befragung wegen der Jürgensburgischen sagte er: Die
Jürgensburgischen müsten zu einer andern rotte gehören, denn deren
keiner sich bey seiner rotte befinde...

Q.: Ob allezeit, wenn sie zu andern mahlen sich an dem gemelten orth
der höllen begeben, sie solche gebäude da finden und dieselbe beständig
allda verbleiben? — Affirmat. — Q.: Wie es denn andere da herumb
wohnende leüte nicht auch sehen können? — R.: Es sey nicht über, sondern unter der erden, und der eingang mit einer pforten verwahret, welche
niemand finden könne, alß der dahin gehöre. — Q.: Ob nicht weiber
undt mägde mit unter den wahrwölfen, auch Deutsche sich darunter befinden? — R.: Die weiber wären woll mit unter den wahrwölffen, die
mägde aber würden dazu nicht genommen, sondern die würden zu fliegenden Puicken oder drachen gebrauchet und so verschicket und nehmen
den segen von der milch und butter weg. Die Deutschen kähmen nicht in
ihre gemeinschafft, sondern hätten eine sonderliche hölle.

Q.: Wo die wahrwölffe nach dem tode hinkähmen? — R.: Sie würden
begraben wie andere leüte und ihre seelen kähmen in den himmel, der
zäuberer seelen aber nähme der teüffel zu sich. — Q.: Ob referent sich

fleißig zur kirchen halte, Gottes wort mit andacht anhöre, fleißig bäte und sich zum hl. Nachtmahl halte? — Negat, er thue weder eines noch das andere. — Q.: Wie denn deßen seele zu Gott kommen könne, der nicht Gott dienet, sondern dem teüffel, auch nicht zur kirchen kommet, weniger zur beichte und zum hl. Nachtmahl sich hält, wie referent von sich selber gestehe? — R.: Die wahrwölffe dieneten dem teüffel nicht, denn sie nehmen ihme das jenige weg, was die zäüberer ihme zubrächten und deswegen wäre der teüffel ihnen so feind, daß er sie nicht leyden könnte, sondern sie mit eisern peitschen als wie hunde, denn sie auch Gottes hunde wären, außtreiben ließe, die zäüberer aber dienetcn dem teüffel und thäten alles nach seinem willen, darumb gchörcten ihm auch ihre seelen zu . . .

Q.: Wie alt und von wannen er gebürtig sey? — R.: Als die Schweden Riga eingenommen (1621), hätte er schon eggen und pflügen können; währe von gebuhrt ein Churländer. — Q.: Weil er noch verwichene Lucien nacht mit in der höllen gewesen, warumb er dann vorhin vorgegeben, daß er seinen wolffs stand schon vorlängst an einem Allaschen bauren übergeben? — R.: Darinnen hätte er die wahrheit nicht geredet, nun aber wolte er sich deßen hinführo begeben, weil er keine kräffte mehr hätte und alt wäre. — Q.: Was er dan vor nutzen davon gehabt, daß er ein wahrwolff geworden, weil ja kundbahrer Weise er ein bettler und ganz unvermögend sey? — R.: Keinen, sondern es hätte ihm ein schelm aus Marjenburgk durch zutrincken solches zugebracht und also hätte er von der zeit ab einem andern wahrwolffe gleich sich verhalten müßen.

Q.: Ob sie kein zeichen von dem teüffel bekähmen, woran er sie erkennen könne? — (R.:) Negat. Die zauberer aber zeichnete er undt dieselbe tractirte undt beköstigte er mit todten pferdeköpffen, kröten, schlangen und dergleichen ungezieffer. — Q.: Weil er nun schon so alt und abkräfftig sey, der ja seines todes täglich gewärtig seyn müste, ob er denn als ein wahrwolff sterben wolle? — R.: Nein. Er wolle es vor seinem tode einem andern beybringen, dem er es nur beybringen könte. —

Q.: Auff was art er es einem andern beybringen wolle? — R.: Er wolle es so machen, wie ihm geschehen wäre, und dürffe nur einem ein mahl zutrincken und 3 mahl in die kannen hauchen und die worte sagen: Es werde dir so wie mir, — und wenn dann der jenige die kanne entgegen nähme, so hätte er es weg und referent würde dann frey davon. — Q.: Ob er nicht meine, daß solches auch sünde und nur eine falsche einbildung vom teüffel sey und er solches keinem beybringen könne, als der gleich wie er nichts von Gott wiße undt selbst belieben darzu trage? — R.: Er könne es freylich keynem beybringen als der selbst belieben und verlangen darzu habe, wie denn schon viel ihn darumb angesprochen, demnach er alt und unvermögend wäre, daß er es ihnen überlaßen möge. —

Q.: Wer die jenigen sind, so ihn darumb angesprochen? — Die wären weit von hier, theils unter Hr. Richters hoff, theils unter Sunßel und wüßte er derer nahmen nicht zu sagen ...

Ihm ward hierauff beweglich zugeredet und vohrgehalten, daß solches nur alles eine teüfflische verblendung und betrug sey, wie er unter andern darauf abmercken können, daß ja, wenn die leüte solcher gestalt ihr vieh und schweine von der mast (scil. durch den Raub der Werwölfe) gantz verlieren solten, sie nicht unterlaßen würden, nachzuspühren und endlich die zeichen davon finden, insonderheit von gemästen schweinen, und wo dieselbe ausgebraten und verzehret? — R.: Sie raubeten nicht in der nähe, sondern von weitem, und wer könte ihnen nachspühren. — Q.: Wie solches möglich seyn könne, daß einer von ihnen große gemäste schweine und großes horn vieh als ein wolff und in solcher gestalt davon tragen könte, über 20, 30 und mehr meilen durch busch und brack und zwar gar aus Ehstland dieses orthes her, wie referent erzehle, worauß er dann umb so viel mehr abnehmen könne, daß es nur eine falsche einbildung und teüffelischer betrug und verblendung sey? — (R.:) Er blieb darbey, daß es ein wahrhafftes wesen sey und wäre der Seegewoldsche kerl Tyrummen offt eine gantze woche außgewesen; da hätte referent und seine gesellschafft inmittelst seiner im busche gewartet und wann er alsdann so ein gemäst schwein geholet, solches zusammen verzehret, mitler zeit aber hätten sie im busche von gefangenen hasen und andern wilden thieren gelebet; nun habe referent keine kräffte mehr dazu, so weit zu lauffen undt etwas zu hohlen oder zu fangen, fische aber könte er haben so viel er wolte, und wenn andere nichts bekommen könten, denn darinnen hätte er sonderlichen seegen.

Q.: Ob er dann nicht des vorsatzes sey, vor seinem tode sich zu Gott zu bekehren, von seinem willen und wesen sich unterrichten zu laßen, von solchem teüffelischen unwesen abzustehen, seine sünde zu bereüen und seine Seele von der ewigen verdamnis und höllen pein dadurch zu erretten? — (R.:) Hierauff wolte er nicht recht antworten, sagete, wer wüste, wo seine seele bleiben würde; er wäre nun schon alt, was könte er solche dinge mehr begreiffen. Zuletzt, auf vielffältiges hartes zureden, erklärte er sich, daß er davon ablaßen und sich zu Gott wenden wolte." Was ist das für eine Schar? Es sind in Wölfe verwandelte Menschen. Das Vermögen dazu erlangen sie nach Olaus Magnus wie nach dem Prozeß dadurch, daß es ihnen mit einem Wunsche zugetrunken wird. Ein solcher Wunsch gilt in der Volksanschauung als zaubrisch; er ist gewiß auch zaubrisch, denn er gibt die Verwandlungskraft. Diese Bezauberten gehen nun nach Olaus Magnus als Schädiger durch das Land; sie trinken die Bierkeller leer, verhindern also die Weihnachtsfeier, denn dricka jul ist ja der wichtigste Teil des schwedischen Weihnachtsfestes, sie schlagen das Vieh. Der alte Thieß hingegen bestreitet ihre zauberische Qualität, sie seien die Gegner der Zauberer und des Teufels, also so etwas wie Hexen-meister, Bändiger der Zauberer. (Doch auch die Hexenmeister der Sage sind nach ihrem Wesen Zauberer.) Ein Schwarm von Männern also zaubrischen Vermögens, zu Wölfen verwandelt, jagt um Weihnachten durch das Land, ein Schwarm, der menschliche Eigenschaften (im Essen), Wünsche und Absichten beibehielt.

Und dieser Schwarm —, Olaus Magnus sagt, daß die verschiedensten Menschen dazu gehörten, auch Große des Landes und Männer des hohen und höchsten Adels. Nach Thieß ist er nach Volkschaften gegliedert, aber nach ihm ist auch die Mitgliedschaft gemischt. Das Wichtigste jedoch ist, daß es sich stets um einen geschlossenen Kreis von Menschen handelt. Olaus Magnus spricht davon, daß man die Mitgliedschaft erwerben müsse, und Vendenhaimer erzählt, daß jene Werwölfe gezwungen worden seien, Weihnachten zusammenzulaufen, — zwingen aber kann man nur solche, die einem Bunde zugehören, die irgendwie verpflichtet sind. Der alte Thieß weiß ebenso, daß man durch einen Aufnahmeritus Werwolf werde; er weiß, daß man sich ordinarie versammelt; er spricht von „seiner rotte", — und das alles zeigt doch an, da es sich hier um eine fest-geschlossene Gemeinschaft handeln müsse. Von diesen Gemeinschaften aber wird man weiter annehmen dürfen, daß sie so etwas wie einen bün-dischen Charakter zeigen. Sie haben besondere sich jährlich wiederholende Handlungen wie das zu einem bestimmten Termine sich-Versammeln, das Mauerspringen, auch den Weg durch jenen Fluß; sie haben einen Anführer mit der Peitsche oder Vorsteher, welche Geißeln führen, und diese Führer werden ja sicher mehr geschaffen haben als nur die Geißel-Schwingen.

Was aber, darüber schweigen die Berichte. Sie schweigen, wenn man den Bund von Zauberern als eine Realität ansehen will, wahrscheinlich weil sie von Außenstehenden aufgezeichnet wurden. Sie schweigen, weil die Befragten über einen innersten Sinn des Bundes nichts sagten oder vielleicht als unbedeutende Mitglieder auch nichts Wirkliches zu sagen wußten. Sie schweigen, weil manches heimlich gehalten worden ist, wie etwa die Namen der Großen und der Männer aus dem höchsten Adel.

Ist, was in diesen Berichten kundbar wird, ein mehr oder minder aus der Wahrheit lebender Bericht, dann gab es in Estland, Livland und vielleicht den andern baltischen Ländern geheime Bünde mit Führern und Vorstehern, Mitgliedern, einem Gesellschaftsritual, Aufnahmeformeln, bestimmten Übungen, — Gesellschaften von Männern zauberischer Qualität.

Die Annahme, daß hinter diesen Werwolf-Scharen Bünde stünden, also scheint zu stimmen. Zu stimmen — mit einer kleinen Nuancierung freilich: es sind nicht deutsche oder skandinavische, also nicht germanische, sondern baltische Bünde; es sind nicht Kriegerbünde, sondern Bünde von Zauberern, Hexenmeistern und dergleichen.

Ich möchte von hier aus noch einmal die oben und im Zusammenhange mit dem Berserkertum erörterten Theorien überdenken. Man meinte, daß das Berserkertum zum Wikingertum geworden sei. Daß anfangs einige wenige waren, vom Blut- und Kampfrausch Überwältigte, „Amokläufer", Außersichseiende meinetwegen, und daß aus diesen Einzelnen eine Schar und endlich auch ein Kriegerbund geworden sei. Dabei erhebt sich freilich das vorhin geäußerte Bedenken: zwei, drei, auch vier Berserker können sich schon zusammenfinden, vor allem in einer Zeit, die dem sich-Ausgeben und dem kämpferischen Leben näher war, — doch einen wirklichen „Bund" von solchen Rasenden wird man sich nur schwer vorstellen können. Ekstatische, Rauschhafte schließen nur selten oder niemals einen Bund. Kam wirklich dergleichen zustande, so müssen für seine Mitglieder nüchterne Forderungen aufgeworfen worden sein: Furchtlosigkeit und kameradschaftliche Haltung, Härte, Stärke.

Die Werwölfe müssen den Mann-Bären ähnliche Gestalten gewesen sein. Auch sie waren anfangs mehr oder minder wahnbesessene Einzelne, Rasende, im Tierrausch Befangene, — man muß von neuem wieder an jenen Schamanen denken, der bei dem Anstarren eines Bärenfell-Handschuhes glauben lernte, er sei ein Bär. Und diese Einzelnen finden sich im ganzen germanischen Volksumkreis: bei Ober-, Mittel- und Niederdeutschen, bei Skandinaviern, in den Niederlanden. Sie sind im Grunde identisch mit den vorigen.

Den einzelnen Werwölfen in den germanischen Ländern stehen die baltischen Werwolf-Scharen gegenüber.

Die baltischen Bezeichnungen für den Werwolf stammen aber aus dem Germanischen; so weisen nach Loorits die nordestnischen termini inimesehunt (Menschenwolf) und koduhunt (Hauswolf) ins Germanische. Dann aber ist doch der nächste Schluß, daß einer baltischen zaubrischen Gesellschaft ein germanischer Name und teilweise auch germanische Vorstellungen entlehnt worden seien. Das Nichtgermanische, den germanischen Ländern Fremde aber, das Bündnis zaubrischer Menschen, muß dann baltischer Herkunft sein.

Das heißt: die baltischen Werwölfe sind ein Bund von Zauberern oder Hexern.

Die Hexe

Der alte Thieß erklärte in seinem Verhör, daß er durch Zutrinken zu einem Werwolf geworden sei; er wolle sein Werwolfsein vor seinem Tode ebenso auf einen anderen übertragen. Das ist ein in den Sagen- und abergläubischen Überlieferungen bekannter Brauch. Man kann durch Kauf, im Trunk, durch Schenken einen hilfreichen Kobold oder spiritus erwerben und kann ihn ebenso vorm Tode an einen anderen vererben oder weitergeben; die deutschen Sagen sprechen verschiedentlich davon und Fouqué behandelte in seinem „Galgenmännlein" ja den Stoff. Wer einen spiritus besaß, gehörte aber in die verdächtige Nähe der Zauberer oder Hexen.

Man fragte den alten Thieß bei seinem Verhöre auch, ob er kein Zeichen vom Teufel bekommen habe, an dem man ihn und andere Werwölfe zu erkennen vermöge? Die Frage ist eine in jenen Jahrhunderten tausendmal gestellte, es ist die nach dem „Hexenmal"; wenn eine Hexe mit dem Teufel einen Bund geschlossen hatte, zeichnete er sie mit einem Mal. Der alte Thieß behauptete ja auch, der Teufel zeichne die Zauberer so und stellt sich damit abseits von den Zauberern. Wie er sich auch ein zweites Mal dagegen wehrt, ein Zauberer und Teufelsbündner sein zu sollen: nur jene würden vom Teufel mit Pferdeludern, Aas und Ungeziefer bewirtet und gespeist. Das ganze Verhör läßt also ohne Schwierigkeit erkennen, daß man in einem Werwolfe einen Zauberer sieht; der Werwolf bestreitet jedoch den Teufelsbund und gibt nur einen Segenszauber zu. Die öffentliche Meinung, das werden wir dem hier Erörterten entnehmen müssen, sieht also in den Werwölfen Hexer, Zauberer, Teufelsbündner.

Noch deutlicher lehren das die Nachrichten bei Olaus Magnus. Da kommen zu Weihnachten die Wölfe an einem bestimmten Ort zusammen, so wie sich Ostern die Hexen an den Kirchen oder Walpurgis auf dem Blocksberg sammeln. Dann wüten sie mit unglaublicher Wildheit gegen alle. Sie werden zu Werwölfen durch das Zutrinken, in dem ich vorhin schon etwas Zauberisches fand. Dann üben sie Schaden gegen Menschen und Vieh, verwandeln sich, sie dringen wie Schwarzkünstler in fremde Keller, — die Werwölfe des Olaus Magnus sind in Wahrheit Zauberer, Hexer in Wolfsgestalt.

Von Hexen, die auch als Werwolf gehen, ist seltsamerweise hie und da die Rede; ich sage seltsamerweise, weil wir als Werwolf uns ja meist ein männliches Wesen vorzustellen pflegen. Doch heißt es in Wustrow in Mecklenburg: „Mal läuft da eine Hexe in Gestalt eines Werwolfs über Feld, um Kühe eines Bauern zu behexen. Da kommt ihr Mann daher, und wie er den Werwolf sieht, befürchtet er, es wäre seine Frau und ruft ihm zu: Marie, Marie, wat deihst du do? Das Weib erschrickt und wandelt sich in ihre menschliche Gestalt. Aber wie sich der Mann ihr nähert, hängen ihr noch die langen roten Haare über Hals und Brust und ihre Augen funkeln wie Wolfsaugen nach". — In dieser Sage mischt sich auf seltsame Weise Werwölfisches und Hexerisches. Es ist werwölfisch, in Wolfsgestalt zu gehen, durch den Namensanruf entwolft zu werden; es ist ganz alt werwölfisch, was hier wieder sichtbar wird, der lykanthrope Wahn, das Rasen; und es ist hexerisch, des Nachbarn Kühe behexen zu wollen. Und es ist schließlich hexerisch, daß eine Frau ein Zauberisches tut. So steht die Sage auf einer Scheide zwischen den beiden Ausgestaltungen, der eigentlich werwölfischen und der werwölfisch-zauberischen.

Aus Mecklenburg stammt auch die zweite Sage, die wiederum einen Grenzfall darstellt und beweist. Ich sagte vorhin, daß man zu einem Werwolf würde, indem man die Wolfshaut — oder einen Wolfshaut-gürtel — überstreife; davon, und daß zuweilen auch Unberufene über den Wolfsgürtel geraten seien, wurde oft erzählt. Es kam dann darauf an, daß sie ihn irgendwie los wurden, — wie Sigmund und Sinfjötli ihre Wolfshemden los wurden und verbrannten, — um wieder Mensch zu werden. Nun geht die mecklenburgische Sage so: In dem Dorfe Dodow bei Wittenberg lebte eine alte Frau, die einen Fuchsriemen besaß. Mit

Hilfe desselben konnte sie sich in einen Fuchs verwandeln und daher fehlte es auch auf ihrem Tische nicht an Gänsen und Enten und allerlei Geflügel. Ihr Enkelkind wußte drum, und als der Schulmeister in der Schule einst vom Zaubern sprach, erzählte das Kind vom Fuchsriemen und brachte ihn am anderen Morgen in die Schule mit. Der Schulmeister nahm ihn in die Hand, brachte ihn ganz ahnungslos dem Kopfe nahe und plötzlich stand er in einen Fuchs verwandelt vor den Kindern. Die brachen in einen betäubenden Lärm aus, daß dem Schulmeister Angst wurde und er mit einem Satze aus dem Fenster sprang. Er lief nach dem beim Dorfe gelegenen Berge und baute in diesen seine Höhle. Einmal wurde aber ein großes Treibjagen veranstaltet und unser Fuchs ward von den Jägern verfolgt; ein Schuß traf ihn — und vor dem verblüfften Schützen blieb ein Schulmeister liegen; der Schuß hatte nämlich den Fuchsgürtel getroffen und zerrissen.

Die Sage begegnet ein zweites Mal in Valburg in der Oberpfalz, nur daß die äußeren Umstände diesmal etwas schwanken: an Stelle des Schulmeisters ist es ein Kaplan, der durch den Riemen in einen Fuchs verwandelt ward. Es ist in beiden Geschichten der Glaube an den Wolfsriemen, der einen tölpisch Zugreifenden in einen Werwolf wandelt, und sie gehört damit zu den vorhin bereits erörterten, schon den Germanen zugeschriebenen Werwolfsgeschichten und -Vorstellungen. Doch ist es in Mecklenburg wieder eine Hexe, die einen Raubtierriemen besitzt und braucht, (im Oberpfälzischen hingegen ein Hüter, also Schäfer, aber die sind ja meistens auch der schwarzen Kunst getreu.) Die Sage neigt also zu der Gruppe der zauberischen Werwolfgeschichten. — Das zweite ist dann, daß in der Oberpfalz so wie in Mecklenburg der oder die Zauberin in einen Fuchs verwandelt worden ist. Daß also neben den Mann-Bären und den Wer-Wolf hier der Wer-Fuchs tritt.

Der Fuchs erscheint auch sonst in echt werwölfischer Art und Weise. So etwa erzählen die romanischen Graubündner: Vor vielen Jahren lebte in Wergenstein ein Mann und eine Frau. Sie hatten zusammen keine Kinder und das gab unter ihnen viel Uneinigkeit und hartes Leid. An einem schönen Herbsttage waren sie in Prada, sie hatten geerntet und luden Korn auf ihren Wagen; aber nicht lange, so fingen sie wieder miteinander an zu streiten. Da geht auf einmal die Frau von ihrer Arbeit fort, geht übers Feld und über den Rain hinüber in den Wald. Im selben Augenblicke kommt aus dem Walde ein großer Fuchs, der über den Acker auf den Mann zu läuft, und springt dem Manne an die Beine und zerbeißt sie ihm.

Der Arme kann sich des Tieres nicht erwehren und muß es am Ende richtig auch wieder laufen lassen. Dann ladet er, weil seine Frau nicht wiederkommen will, das Fuder fertig, und geht drauf zum Vieruhrbrot. Dort aber findet er seine Frau, die schon das Trinken gerüstet hat und das Essen; sie reden jedoch zusammen nicht ein einziges Wort. Doch wie sie zusammen am Tische sitzen, das eine dem andern gegenüber, sieht er, daß seine Frau noch etwas rote Wolle in den Zähnen hat. Aha, denkt er, jetzt weiß ich doch, woran ich bin! Er hatte nämlich an diesem Tage rote Strümpfe an. — Es ist die uns bekannte, vorhin bereits zitierte Werwolfsage, nur daß es eine Frau ist, die sich hier verwandelt, und daß das Wer-Tier wiederum ein Wer-Fuchs ist.

Der Wer-Fuchs kommt aber selten allein und als ein einzelner. In der romanischen Südschweiz ist immer wieder von Fuchsheeren und von ganzen Schwärmen von Füchsen die Rede, die doch in Wahrheit nur Schwärme von alten Weibern oder Hexen seien. So etwas erzählt ein weiterer Sammler aus Graubünden: Ein Mann saß einst um Mitternacht auf einem Heustadl und dort lauerte er auf die Füchse. Da kamen ganz plötzlich aus dem nahgelegenen kleinen Wäldchen etwa ein Dutzend ungeheuer großer Füchse, die fingen an im wunderlichen Reigen um den Stall herumzutanzen, und dieses seltsame Tanzvergnügen währte bis zum Morgen. Der Mann schaute freilich mit Entsetzen dem sich präsentierenden Schauspiele zu und wagte beileibe nicht zu schießen. Endlich, um drei Uhr morgens, kam einer der unheimlichen Tänzer nahe an den Stall heran, und rief mit lauter, wenn auch etwas heiserer Stimme: Recht häscht gha, daß hinnicht nit gschossa häscht, sus hett-a-mar-dr denn zeigat! — In einer parallelen Sage wird erzählt, daß es die Weiber von Guscha gewesen seien, welche ob Fläsch den seltsamen Tanz geschritten hätten. Es sind nach diesen graubündener Sagen also Weiber, die sich in Füchse verwandelten und im Walde tanzen; und gerade von diesen Weibern sagt man immer wieder, wofür ja auch ihre Verwandlungskunst und -gabe spricht, daß sie boshafte Vetteln und stets richtige Hexen waren.

Von Maladers im Schanfigg gingen zur Herbstzeit einst zwei Jäger nach Langwies. Nach ihrer Ankunft in Langwies begaben sie sich einige Stunden lang zur Ruhe; um Mitternacht brachen sie aber wieder auf. Als sie im weiteren Verlaufe ihrer Wanderung zu einer abgelegenen Wiese oben im Wald gelangten, da kam des Weges, den sie gingen, ein ganzer langer Zug von großen Füchsen, die alle paarweise und einander führend, Schritt um Schritt, aufrecht auf ihren Hinterbeinen gegangen sind. In ihrer Überraschung blieben die Jäger ruhig stehen; die Füchse aber zogen, ohne sich im geringsten nur um sie zu kümmern, in lang sich dehnender Prozession vorbei. Als aber am Schlusse des ganzen wunderlichen Zuges ein letzter einzelner Fuchs aufrecht dahergeschritten kam, da legte der eine von den beiden auf ihn an, er drückte ab und der Schuß krachte sogleich los, die Jäger hörten ein Schreien wie ein heiseres Lachen und sahen, wie der getroffene Fuchs sich überschlug. Doch als sie das geschossene Wild aufheben wollten, da fanden sie an der Stelle nichts als einen Rock, die Füchse aber waren wie der Wind verschwunden. Nun wußten die Jäger, daß das keine richtigen Füchse, sondern Hexen waren, die auf der einsamen Totenalp ob dem Strelapaß zu manchen Zeiten ihre Hexenversammlungen und Tänze hielten und die von dort den Weg herunterkamen. — Was der Graubündener hier erzählt, davon ist auch in anderen südschweizer Sagen oft die Rede. Die Hexen versammeln als Füchse sich an einem vorher bestimmten, abgelegenen Hexenort, wie sich im Baltikum die zaubernden Männer als Werwölfe an dem vorher festgelegten Orte versammeln, und wie die Werwölfe da schmausen oder zechen, tanzen die Hexen hier im Walde ihren Reigen. So kamen sie in Graubünden hinter dem Dorfe Ruis im Walde, neben dem Wasser Schmuor, das vom Panixer Berge fließt, und unter einem großen dürren Tannenbaum zusammen. Auf dieser Tanne, hieß es, wohne eine Hexe; unter der Tanne aber sollen zur Winterzeit sich soviel Füchse eingefunden und versammelt haben, daß mancher, der spät von Panix herübergekommen ist, erstaunte und sich nur mühsam durch den Haufen durchgefunden hat.

Um schließlich noch ein Begebnis dieser Fuchs-Hexensabbathe zu erwähnen: einst traf auch ein graubündener Jäger in der ödesten Alpenregion auf einen an eine einsame Wettertanne angebundenen Fuchs. Er lebte noch, war aber so abgemagert und zerschunden, daß jener Mitleid mit ihm fühlte und ihn losgebunden hat. Das Tier lief aber unbegreiflich schnell davon und war sehr bald im Steingeröll des hohen Berges verschwunden. Später hat dieser Jäger holländische Dienste angenommen. Da ist er eines Tages in einer großen niederländischen Stadt von einer vornehmen Dame in ihr Haus geführt und oben im Zimmer überaus reich bewirtet worden. Als er dann fragte, wie er denn zu dieser Ehre komme, hat ihm die Frau eröffnet, sie sei eben jener Fuchs gewesen; nach einem Hexentanze dort oben habe sie der Teufel zur Strafe für ein Versehen an die Wettertanne angebunden. — In dieser Sage ist also wieder, wenn auch indirekt, vom Hexentanz und von den Hexenversammlungen die Rede, und von der Fuchsgestalt der dort zum Tanze weilenden Hexe. Wir werden nach alle den Zeugnissen, die sich leicht vermehren ließen, nunmehr behaupten dürfen, daß in unseren Überlieferungen neben den Mannbären und Werwölfen auch Wer-Füchse existierten.

Wir dürfen dabei vielleicht sogar wie vorhin scheiden, und jene einzelgängerischen Werfüchse oder füchsischen Hexen, von denen die mecklenburger und die oberpfälzische Sage spricht, von den im ganzen Schwarm auftretenden südschweizerischen sondern, (wenn diese Sonderung auch durch den Umstand, daß Einzelgänger wie Vergesellschaftete in gleicher Weise Hexen sind, wieder unklar wird).

Die Hexe ein Werfuchs, — damit ordne ich die Hexen einer Gruppe zu, in der sie sicher noch nicht vermutet worden sind. Wenn man bisher von Hexen sprach, ging man gewöhnlich von den ältesten sprachlichen Zeugnissen aus, von hagazussa, und es bestand die letzten Jahre ein Streit darüber, ob in dem Wort das alte hag = Wald oder haga = Zaun zu finden sei, ob man die Hexe eine Waldfrau oder eine Zaunfrau nannte. Man hat sich dann meist für Wald entschieden und wies darauf hin, daß in den Zaubermärchen, die ja, wie wir heute meinen, aus alten und vorbäuerlichen Zeiten kommen, die Hexen im Walde wohnten und im Walde ihr böses Wesen trieben. Wir sehen sie ja heute noch immer dort und unsere Maler und Zeichner setzen sie gern in den Busch; wie auch die mittelhochdeutsche „Kaiserchronik" eine Frau gescholten hat:

du soltest pillîcher dâ ze holz varen,

danne di maegede hie bewarn;

du bist ain unhulde;

---

*) Ich möchte hier noch zwei Hinweise, die vorläufig außerhalb des Zusammenhanges zu stehen scheinen, uns aber später nötig sind, einschalten: J. A. Mac Culloch wies hin auf de Groot, Religious System of China: "In China the fox superstition is a kind of inverted werwolf belief, especially in N. China. The werfoxes dwell in the debatable land between earth and Hades, and can take human form at will — most frequently that of a young and pretty girl — but they may be detected by the possession of tails. Spirits of the dead may occupy the bodies of such foxes and revenge injuries on the living. Some legends show that the fox lives in graves and borrows human form from a corpse by instilling into himself the soul-substance. Wer-foxes can do either good or ill to men, but are grateful to those who are kind to them. Foxes in male form live with women, in femal form with men; in either case a morbid erotic stat is produced, resembling that caused by the medieval incubi and succubae. When killed in human form, all that remains is the body of a fox. Their animal form also appears spontaneously in sleep, or when they are overcome by wine, of which they are very fond. The wild fox superstition is found in Japan, but was not introduced there until the 11th. century. There are different kinds of foxes . . .

sie ist eine Unholde, eine Hexe, die man zu Holze, das heißt in den Wald gehen heißt, eine hagahazussa, ein feindlich gesonnenes Waldweib also.

Der Deutung, die einen verlockenden Ausblick auf die Bezeichnung Werfuchs zuläßt, — denn unter allen Waldtieren steht doch der Fuchs mit an der ersten Stelle, — wird nun die andere entgegengestellt. Im „Handwörterbuch des deutschen Aberglaubens" sagte man von ihr: Nach Noreen „bedeutet hagazussa (die älteste Form des Wortes Hexe) dasselbe wie altnordisch tunritha, oberdeutsch zûnrite, niederdeutsch walrîderske, nämlich Zaunreiterin. Dieser Bedeutung entspricht die Aussage der älteren Västgötalag, die Hexe reite auf einem Zaunstecken (a qiggrindu)". — Was aber soll und bedeutet dieses Reiten auf dem Zaun?

Da scheint es so, als ob man zu einer Antwort auf die Frage durch eine Erörterung des nordischen sejd gelangen könne. Auf dieses kam Snorri in der Heimskringla zu sprechen, als er von Harald hårfagri und von Regnvald rettilbeinr, dem Sohne Haralds, und ihren Auseinandersetzungen erzählt: „Ragnvald Geradebein herrschte über Hadeland. Er lernte Zauberkünste und wurde ein Hexenmeister. Aber König Harald haßte die Zauberer. In Hardanger wohnte ein Hexenmeister namens Vitgeirr.

The Ninko fox can also take various forms, especially that of a pretty girl. Men possessed by foxes run about yelping and eat only what foxes eat, but the possessing goblin-fox may be exorcized."

Wichtiger noch als der Nachweis des Werfuchses im ostasiatischen Raum ist, was Eisler über die Beziehungen der Maenaden zum Fuchs weiß. Er sieht im Fuchs ein traubenschädigendes Tier, das deshalb getötet werde. Um sich der Rache zu entziehen, verkleiden die Winzerinnen oder Maenaden sich dann selbst als Füchse: „Wenn die Winzerinnen als ‚Füchsinnen' ($\beta\alpha\sigma\sigma\acute{\alpha}\varrho\alpha\iota$) im dionysischen Festzug einhergehen, so kann die Absicht sein, die Verwüstung des Weinbergs, das ‚Zerreißen' der Reben und des dionysischen Sängers, der ‚das Schicksal seines Gottes erleidet', den als Weinbergfeinden bekannten Füchsen zuzuschieben. Es kann aber auch der Fuchspelz als althergebrachte thrakische Nationaltracht gemeint sein . . ."

Vermutlich trugen die Maenaden ursprünglich die Felle der einheimischen Raubtiere, des Luchses vom Othrysgebirge und der Wildkatze, so wie die tirolischen Wildfrauen, die ‚Fanggen' oder ‚Wildfanggen', eine Schürze von Wildkatzenfell tragen oder durchaus in Wildkatzenfell gekleidet gedacht werden bzw. die Fuchsfelle des ‚Bassareus'. Schon Dilthey hat sehr schön gezeigt, daß diese Raubtierfelle zunächst die Jägertracht des ‚wilden Jägers' Zagreus, seiner Treiber und Jagdhündinnen — $\varkappa\acute{v}\nu\varepsilon\varsigma$ $\acute{o}\varrho o\mu\acute{\alpha}\delta\varepsilon\varsigma$ des $\ddot{\alpha}\nu\alpha\xi$ $\dot{\alpha}\gamma\varrho\varepsilon\acute{v}\varsigma$ nennt Euripides in den ‚Bakchen' die Maenaden — darstellen, wie denn auch bei der kalydonischen Eberjagd auf der Françoisvase die Jäger Löwen-, Panther- und Hirschfelle, ganz wie sonst die Maenaden, über der Brust geknotet tragen, und umgekehrt Vasenbilder

Der König sandte Botschaft zu ihm und hieß ihn die Zauberei lassen", —
aber Vitgeirr ließ dem Könige widersagen: man könne ihm wohl nichts
vorwerfen, hexe doch Ragnvald auch. „Als König Harald diesen Aus-
spruch hörte, zog auf sein Geheiß sein Sohn Erich Blutaxt nach dem Ober-
land und kam nach Hadeland. Er verbrannte seinen Bruder Ragnvald
in dessen Hause mitsamt achtzig Zauberern, und diese Tat pries man
sehr." — Bei Ragnvald befindet sich also eine ganze Schar von Hexern,
und auch um Vitgeirr haben sich verschiedene gesammelt; ihr „Hexen"
ist aber als eine besondere Art der Zauberei angesehen worden, — als
eben dieselbe, welche Snorri von Odhin auch berichtet hat: „Mit dieser
Art von Zauberei ist aber so viel Ärgernis verbunden, daß sich die Männer
schämten sie zu lernen." Die Quelle bezeichnete „diese Art von Zauberei"
als sejd. Und Ragnvald wie Vitgeirrs Zaubern ist auch sejd gewesen.

Was ist nun sejd? Die meisten denken bei sejd an Hexerei; aber er hat
wohl durchaus „schamanistische" Züge angenommen. Die älteren Lehr-
bücher der germanischen (nordgermanischen) Mythologie beschreiben ihn:
„Sejd wird von Männern und besonders von Frauen getrieben. Das Wesen
solcher Zauberleute wird als ein absonderliches geschildert; einzelne Angaben über die Art ihrer Heimlichkeiten fehlen. Nur soviel ist zu entnehmen, daß der sejd bei Nacht geschah, daß der Zauberer auf einem

---

die Maenade ganz in Jägertracht mit kurzem Chiton, Jagdstiefeln, Köcher und Bogen
darstellen. Das nächtliche Hetzen des Wildes durch ganze Schwärme von Jägern
und Jägerinnen, das Zerreißen der Beute mit den Zähnen, das Bluttrinken und
Rohfleischessen der abschließenden Orgie entspricht noch den allerurtümlichsten
Jagdweisen, die sich fast in nichts von der eines Rudels Wölfe oder Wildhunde
unterscheiden und auch so beurteilt werden mußten, wenn höher kultivierte
Stämme derartige als Kulturrudimente erhaltene nächtliche Jagdzüge durch den
Wald rasen sahen."
Ohne mich auf die letzte Bemerkung Eislers einzulassen, zu welcher wohl sehr
vieles zu sagen wäre, hebe ich als für uns bedeutsam zweierlei heraus: die
dionysischen Maenaden im Fuchskleid — und ihr gemeinschaftliches Schweifen
durch den Wald, ihr „wilder Jagd"-Aufzug. An Werfuchs-Vorstellungen denkt er
dabei nicht, wohl aber im nächsten Satz, in dem er auf den „Maskenzwang", die
Lykanthropie zu sprechen kommt: „Die merkwürdige, von Oppian auf die ‚alten
Theologen , d. h. gewöhnlich Orpheus und Musaios — zurückgeführte Überlieferung, die Maenaden seien vor der Zerreißung des Stieres in Panther ‚verwandelt',
nicht bloß verkleidet worden, läßt eine auch sonst weithin nachweisbare Anschauung über die psychische Wirkung der Raubtiermaske erkennen." Hier
also wird das maenadische Tun mit dem bei Wer-Füchsen, Wer-Wölfen und Berserkern beobachteten und ihnen nachgesagtem Tun zusammengebracht. Sie werden
zu Wer-Füchsen und Wer-Panthern, zerreißen die Beute mit den Zähnen und
saufen Blut, sie werden vom sexuellen Rausche überwältigt *(βασσάρα)*, sie fahren
des Nachts durch Wälder und Gebirge, — sehr vieles von dem, was bei den
Hexen sichtbar wird, läßt sich an diesem thrakischen Weiberschwarm bemerken.

Stuhle saß (sejdhjallr), daß es auch dabei besonderer Lieder und Formeln bedurfte. Man bediente sich des sejds zur Erregung von Sturm und Unwetter und zur Stillung, wobei der Zaubernde in Walfischgestalt oder auf einem Walfisch reitend mitten in den Wogen, das gefährdete Schiff umkreisend, erscheinen kann, um Nacht und Nebel auf die Feinde zu werfen, um Feinde zu töten, um irgendwie Schaden zu stiften, um jemand gegen Eisen fest zu machen, um die Zukunft zu erkunden." — Wenn jüngere Forscher manche dieser Züge auch nicht gelten lassen wollen, die Nähe zum Hexerischen ist ohne alle Zweifel da.

Wenn ältere Forscher also den sejd als ein beinahe hexerisches Tun ansehen, die jüngeren erkennen eine besondere geistige Veranlagung hinter ihm. Sie sprechen von schamanistischem Tun, von den Entrückungen, die geschehen, auch von den Luftreisen, welche denen der Schamanen gleichen. Um die Schamanen wissen wir aus den heutigen Forschungen ja Bescheid; sie schlagen die Zaubertrommel, trinken Gifte oder steigern sich in einen kataleptischen Zustand, und in diesem reisen sie: ihr Geist ist auf dem Monde oder im Reiche der Geister unterwegs, und sie besprechen sich und unterhalten sich da mit den Geistern. Fast alle Berichte wissen von diesen ihren Ausreisen zu erzählen. So heißt es im „Bog om Lappernes Liv" des schwedischen Lappen Johan Turi: „Wenn der Noaide oder Schamane schamanisierte, lag danach sein Körper leblos da, und das Leben war auf dem Wege zu Birrus Engeln. Und wenn man seinen Leib fortrückte, so kamen die beiden, Leib und Seele, nicht mehr zusammen." — Und wieder in einer mythischen Erzählung nordamerikanischer Eskimos: „Ein mächtiger Angakoq (Schamane), der einen Bären als Schutzgeist besaß, beschloß einst den Mond zu besuchen. Er setzte sich in den Hintergrund seiner Hütte, den Lampen, die ausgelöscht waren, den Rücken zukehrend; seine Hände waren zusammengebunden, und ein Strick lief ihm um Knie und Hals. So vorbereitet rief er seinen Schutzgeist herbei, der ihn rasch durch die Lüfte trug und zum Monde brachte. Er sah, daß der Mond ein Haus war . . .", — und zum Schluß: „Schließlich entließ der Mann im Monde ihn, und sein Bär trug ihn mit derselben Schnelligkeit, mit der er zum Himmel aufgestiegen war, wieder zu seiner Hütte zurück. Während seines Besuches beim Monde hatte sein Körper unbeweglich und unbeseelt dagelegen, nun aber erwachte er wieder zum Leben. Die Stricke, mit denen seine Hände gebunden waren, fielen zu Boden, obwohl sie zu festen Knoten geschürzt waren. Der Angakoq war völlig erschöpft." — Es handelt sich also um eine in der Entrückung erlebte

Luftreise, und der Schamane verfügt anscheinend über eine Reihe Handgriffe oder Künste, um diese Entrückungen nach seinem Wunsch herbeizuführen; manches von dem, was ich vorhin von den nordwestlichen Indianern sagte, gehört hierher, und hinter dem Ganzen steht wohl ohne alle Zweifel das, was wir vorhin als „arktische Hysterien" bezeichnet haben. Der sejd, wenn er ein chamanistisches Tun gewesen ist, war also ein außer-sich-Geraten, eine Art der arktischen Hysterie. Das stellt ihn zunächst einmal den Werwolf- und Berserkererlebnissen an die Seite.

Für uns liegt aber in diesem Augenblicke eine andere Frage näher. Was der Schamane auf der soeben beschriebenen Fahrt zum Monde erlebt, das ist, was auch die Hexe auf ihrem bekannten Hexenfluge, ob der zum Brocken oder nach Blåkulla führt, erlebte, und zwischen den beiden Luftreisen ist kein großer Unterschied. Und wenn beim sejd ein Stab (sejdhstafr) nötig ist, heute aber niemand sagen kann, wozu man ihn dabei gebrauchte, so darf man vielleicht an die Schamanen und an ihren Stab, den sie bei ihren Luftreisen als ein Reitgerät benützten und als ein Tier, das sie zu den Dämonen trug, erinnern. Sprach aber das ältere Västgötalag denn nicht davon, die Hexe reite auf einem Zaunstecken (a qiggrindu)? Und schließlich soll auch ein Drittes nicht vergessen werden: man nennt als eine der wichtigsten Erscheinungen jenes Zaubers sejd die Tierverwandlung, das zu-einem-Tiere-Werden, den Gestaltentausch, und man hat dieses Vermögen wiederum als schamanistisch angesehen. Wir kennen es aber auch als eine charakteristische Kunst der Hexe: sie tritt als Katze auf, sie geht als Werfuchs oder Werwolf um. Man wird aus allem diesen nun als eine Summe ziehen: daß sejd ein Hexerisches u n d ein Schamanistisches gewesen sei.

Ist aber, so möchte ich nun weiter fragen, nicht alle Hexerei dem Schamanistischen irgendwie nahestehend?

Oder, um eigentlicher zu fragen, steht hinter beiden nicht das Außersich-sein, der Rausch, das aus-den-Bindungen-Treten, die ekstatische Hysterie?

In meiner Kinderzeit ging in den Dörfern am Gröditzberg in Niederschlesien folgende Geschichte um: Es sollte ein Kind getauft werden und die Paten warteten vor der Sakristei. Der Pfarrer war in der Sakristei, das wußten sie aber nicht. Deswegen konnte er es hören, wie sie sich untereinander über das Kind besprachen: was wollen wir es denn werden lassen, einen Alb oder eine Hexe? — Ich habe die Geschichte nie verstanden. Heut will mir scheinen, lasse sich eine Deutung für sie oder vielmehr aus ihr finden. Denn hinter der Frage, die von den Paten hin und her erwogen wird, steht doch, daß Alb und Hexe einander nahe und verwandt sein müssen.

Wie aber sind die beiden einander nahe und verwandt? „Alb" oder Mahre nennen wir eine den Menschen drückende nächtliche Erscheinung; die Seele des Albenden, das ist des zum Alb-Sein Verfluchten fährt nächtens aus und lagert sich dem zu-Drückenden auf die Brust, so daß er stöhnend kaum noch Atem finden kann. Gelingt es ihm zuzufassen, hält er einen Strohhalm, einen Apfel, ein katzenähnliches Tier, ein dünnes Band in Händen, der Alb hat also eine sich verwandelnde Gestalt. Oft kommt er auch von weither, das will sagen: über See; die niederdeutschen Albe oder Mahrten fahren im Siebrand aus und sie bekennen als ihre Heimat Engelland. Die Reise von weither, über See und durch die Luft, die Reise auf einem Stock, in einem seltsamen Gefährt, die Tierverwandlungen, das Menschenquälen und ihr kataleptisches Wesen, das alles nähert das Mahrtenwesen ganz der Hexe an.

Die Frage, was hinter der Vorstellung vom Alb gestanden habe, ward oft gestellt und ist verschieden beantwortet worden. Ich hebe aus allem bisher Besprochenen nichts als eines hervor: das aus-dem-Durchschnitt-Fallen derer, die als Albe angesehen werden. Es sind abseitige Menschen, die sich meistens für sich halten, psychisch labile und zuweilen exzentrische, leicht erregbare und beeinflußbare, schwanke Typen. Wenn man in Schlesien „Alb" als Schimpfwort brauchte, meinte man zudringliche, lästig werdende und zugleich ein wenig unsympathische Menschen.

Und nun erinnere ich an die mecklenburger Werwolf-Sage. Die Hexe, die sich in Wustrow in Gestalt des Wolfes zeigte, erscheint nach ihrer Rückverwandlung seltsam und im Aussehen fremd, die langen roten Haare hängen ihr noch über Hals und Brust, und ihre Augen funkeln wie Wolfsaugen. Hier ist, und viele andere Hexensagen zeigen uns dasselbe, das Rauschhafte und Hysterische oder das Exzentrische, das Außer-sich-sein sowie das „Wütende" der Hexe zu erkennen. Es wären unzählige deutsche Belege dafür anzuführen; so jener von der exzentrischen Hildesheimer Bauersfrau, die Leichen fraß, der von der Hildesheimer Hexe als Gans, die, als sie entdeckt ward, einen mit Katzenaugen angefunkelt hat, vom „Haushalt der Hexe" oder der „Frau Trude" in den Grimmschen Märchen, von der die Knechte oder die Gesellen ihres Mannes heimsuchenden Hexenfrau, die sie mit Zentnerlasten die ganze Nacht geritten hat. Der Hexe wird also alles das als eigentümlich nachgesagt, das man den Werwölfen einerseits, den albenden Mädchen andrerseits als ein Kennzeichnendes und für sie Charakteristisches zugemessen hat.

Von hier aus läßt sich vielleicht auch noch ein Stückchen weiter kommen. In der Lex Salica, im Pactus Alamannorum, im Edictus Rothari, wird stria oder Hexe mit meretrix, das ist Hure, striga mit fornecaria oder öffentlichem Mädchen gleichgestellt. Wie diese Gleichungen zeigen, mußte es also ehrenrührig sein, wenn man von irgend einer Frau als einer Hexe sprechen wollte, denn man behauptete damit, daß sie eine feile Dirne wäre. Ich will hier gar nicht an den Hexensabbath auf dem Brocken, nicht an die von den Hexen müde und matt gerittenen Knechte denken, nicht an die Liebschaft mit der Hexe, wenn der Knecht sie nachts belauscht und nackte, entblößte, sich mit Hexensalben schmierende Mädchen sieht; es liegt mir nur dran, auf das aus-der-Gemeinschaft-Herausfallende einerseits, das Unfeste, Schwankende und leicht-zu-Beeinflussende andrerseits, das ganze um diese Weiber witternde erotische Klima hinzuweisen. Es sind nicht selten den sexuellen Lockungen gegenüber aufgeschlossene Frauen und mehr, in sexueller Hinsicht unfeste und labile Frauen, die man als psychisch labil, als leicht beeinflußbar und schwank bezeichnen kann. Das aber heißt, die alle jene Eigenschaften haben, von denen man bei den Hexen wie bei Alben spricht.

Ich möchte von hier ein letztes kleines Schrittchen weiter gehen, weil sich vielleicht nun auch der Name Hexe deuten läßt. Die älteste deutsche sprachliche Form war hagazussa, und hagazussa ist walrîderske, Zaunreiterin. Sie reitet den Zaunstecken (a qiggrindu). Der Zaun der alten Zeit hat mit den heutigen Staketenzäunen nichts zu tun; er ist, worauf die niederdeutsche Form ja hinweist, stets ein „lebender Zaun", ein Zaun aus Bäumen und Gesträuch. Die auf dem Zaune reitet, die den Zaun zu reiten pflegt, sitzt also auf keinem Stakete, keinem Stecken oder Scheit, sie sitzt auf einem Baumstamme oder einem Strauch.

Wer aber reitet nun den Baumstamm oder Strauch?

Wir haben verschiedene schlesische Sagen über die „Baumreiterei"; ich will zum mindesten eine aus der Nähe des Zobtens nacherzählen. Dort stellte ein jung verheirateter Bauer nämlich einmal fest, daß seine Frau sich jeden Abend aus dem Bette stahl, vorsichtig hinaus zum Walde schlich, wo eine Birke stand, und daß sie die Birke lange krampfhaft an sich drückte. Am Morgen blieb er im Hofe und beredete das mit ihr. Sei ock nie biese (böse), hat sie da zu ihm gesagt, bei mir, do hon de Leute bei der Taufe wos versahn (versehen). Da hat er der Frau ihr Leiden was bequemer machen wollen und ließ die Birke schlagen und heimbringen in den Hof. Aber gerade das hätte er der Frau nicht antun sollen, denn wie die Birke starb, starb eben auch die Frau.

Was hier die schlesische Sage lehrte, lehrt in einer gleichen Art die Sage aus Hochwies, einer deutschen Sprachinsel in der Slovakei. Der Alb ist also in den deutschen Randgebieten, — und Randgebiete wie Sprachinseln hegen altes Gut, — ein Bäume oder Sträucher drückendes, auf ihnen reitendes Gespenst. Er tut das, was die Hexe nach ihrem Namen tun sollte oder tat.

Wir werden nach diesem allen aber sagen müssen, daß Hexe und Alb einander ziemlich nahe stehen, — wie Hexe (als Werfuchs) und der Werwolf auch einander nahe stehen, und daß die Hexe eins von jenen labilen Lebewesen ist, die aus dem Menschenreiche in das dämonische hinüberhängen. Die an der Grenze, zwischen diesen beiden Reichen stehen. So wie der Werwolf und der Berserker an der Grenze stehen.

Einer der ersten in den germanischen Quellen gegen die Hexen erhobenen Vorwürfe ist derjenige der Menschenfresserei. Das Gulathingslög des zwölften Jahrhunderts etwa erwähnt als hexerisches Tun troll oc manneta, Zauberei und Menschenfresserei. Im sechsten Jahrhundert schrieb schon die Lex Salica: Wenn eine Hexe einen Menschen frißt und es ihr bewiesen wird, so ist sie als schuldig festzustellen und zahlt achttausend Pfennige oder zweihundert Schillinge. Auch der Indiculus superstitionum spricht 743 von denen, die glauben, daß Frauen, weil sie dem Monde befehlen, die Herzen der Menschen aus ihren Körpern herausnehmen können und essen (: de eo, quod credunt, quia feminae lunam comendent quod possint corda hominum tollere iuxta paganos). Notker bemerkt in seiner Übersetzung des Marcianus Capella anläßlich dessen Erzählung von den Menschenfressern (manezza oder anthropofagi): das tun hierzulande die hâzessa oder Hexen. Im karolingischen Capitulare de partibus Saxoniae wieder wird gesagt: Wenn jemand, vom Teufel verblendet, wie die Heiden glaubten, daß ein Mann oder eine Frau eine Hexe sei und Menschen verzehre, und wenn er sie deshalb verbrennt oder ihr Fleisch zum Aufessen hingibt oder es ißt, der soll mit dem Tode bestraft werden. Die Zeugnisse, denen sich noch mehrere an die Seite stellen ließen, behaupten mithin, die Hexen hätten sich um Menschenfleisch bemüht; nach Burchards von Worms Korrektor wie nach dem

Indiculus sind sie vor allem Herzesser und das zwar auf zaubrische Art und Weise; sie treiben es ähnlich wie die Subachen bei den Sudan-Negern, denn Burchard ereifert sich gegen den Glauben, daß die Hexen bei verschlossenen Türen hineinzugehen vermögen um die Menschen zu töten und ihre Herzen zu verzehren, und an die Stelle des Herzens einen Strohwisch einsetzten oder ein Stück Holz, und dann die Angefallenen wieder lebendig machen könnten.

Die Texte, die ich soeben anführte, sind juristischer Art, sie stammen aus alten „Volksrechten", aus Erlassen und Beschlüssen, und nach der Anschauung der historischen Wissenschaft sind Quellen der Art die sichersten und verläßlichsten, die es gibt. Wenn man zu ihnen aber noch etwas bemerken darf, dann ist es dies, daß — ausgenommen das norwegische Gesetz, (das aber auch sehr viel jünger als die andern alle ist), — die Quellen dem südlichen oder westlichen ehmals deutschen Sprachgebiete angehören: der oberitalienische langobardische edictus des Rotharius, die fränkische Lex Salica wie die Gesetzgebung Karls des Großen. Auch Burchard hat ja der deutschen Westgrenze nahe gelebt, und sein Korrektor reicht zum Teil sehr weit zurück, nimmt kirchliche Texte aus nach-augustinischen Jahren auf. Man wird deswegen am besten wohl an eine Randerscheinung des ehemaligen deutschen oder germanischen Gebietes denken dürfen. Man wird sogar in Einzelnem auf antiken Einfluß schließen, so in dem Hinweise des Indiculus auf den Mondaberglauben, der schon in alten thessalischen Hexensagen sichtbar wurde. Das aber besagt, daß möglicherweise ein antiker Aberglaube den älteren deutschen Aberglauben beeinflußte und färbte.

Ich sprach soeben von diesen Zügen als von einer Randerscheinung. An eine solche werden wir auch bei der alpenländischen Sage, der zweiten für uns jetzt wichtigen historischen Quelle denken können. Vor allem in den Tiroler Sammlungen finden sich da Geschichten, in denen von Wald-weibern, Fanggen, welche hexerische Qualitäten haben, und deren menschenfresserischem Appetit und Tun die Rede ist. Im Oberinntal gab es beispielsweise eine solche Sage, in der das Hänsel- und Gretel-Abenteuer wiederkehrte, die Hexen in dieser Sage hießen Waldfrauen oder Fanggen. Man wird nach allem diesem wohl annehmen dürfen, daß anthropophage Hexen eher mittelmeerische Hexen waren und eher dem außergermanischen Gebiete als dem deutschen zugehörten, — vor allem auch deshalb, weil die menschenfleischgelüstigen Hexen zumeist in einem ganzen Schwarme, nicht als einzelne erscheinen, der Hexenschwarm sich aber im

deutschen und skandinavischen Gebiet anscheinend doch erst in mittelalterlichen Überlieferungen finden läßt, und wir ihn erst aus südländischen
Anschauungen übernommen haben.

Man wird in allen diesen Fragen überhaupt viel kritischer werden
müssen; das uns geläufige Bild der „Hexe" ist ein sehr komplexes, in das
man — allein aus Freude an allem Abstrusen, Schauerlichen und Grotesken — sehr viele sich irgendwie darbietende Angaben eingetragen hat.
So etwa auch die Geschichte aus dem Kathá Sarit Ságara:

„Eines Tages ging der König, als er von der Jagd im Walde heim kam,
rasch ins Frauenhaus; da die Wächter Verlegenheit zeigten, wurde in ihm
Argwohn rege, und als er bei der Königin, Kuwalajawali genannt, eintrat,
fand er sie mit einem seltsamen Gottesdienst beschäftigt: sie war splitternackt, die Haare standen ihr zu Berge, ihre Augen waren halb geschlossen,
auf der Stirn hatte sie einen großen Mennigefleck, und so stand sie mitten
in einem großen, mit verschiedenfarbigen Pulvern bestreuten Kreise und
murmelte, nachdem sie ein schreckliches Opfer von Blut, Wein und Menschenfleisch dargebracht hatte, mit zuckenden Lippen Zaubersprüche. Als
der König hereinkam, lief sie verwirrt um ihre Kleider; und auf seine
Frage bat sie zuerst um Straflosigkeit, und dann sagte sie: ‚Diese Opfer-
handlung habe ich verrichtet, auf daß du Glück und Gedeihen erlangtest.
Und vernimm nun auch, Herr, das Geheimnis meiner Zaubermacht und
wie ich diese Gebräuche gelernt habe.

Vor langen Jahren, als ich noch in meines Vaters Hause lebte, sagten,
während ich mich zur Zeit des Frühlingsfestes in dem Garten ergötzte,
meine Freundinnen, die mich dort trafen, zu mir: ‚In diesem Garten steht
in einer Baumlaube ein Bild Ganesas, des Gottes der Götter, und dieses
Bild gewährt Gnaden, und seine Macht ist erprobt. Nah dich diesem
Gebeteerhörer mit gläubiger Andacht und verehre ihn, auf daß du bald
einen würdigen Gatten erhaltest.' Dies gehört, fragte ich in meiner Einfalt
meine Freundinnen: ‚Was? bekommen die Mädchen ihre Gatten durch die
Verehrung Ganesas?' Und sie antworteten mir: ‚Wie kannst du fraggen?
Ohne ihn verehrt zu haben, erreicht niemand etwas auf der Welt', und sie
erzählten mir ein Beispiel seiner Macht. Nachdem mir meine Gefährtinnen
das erzählt hatten, ging ich, mein Gatte, und verehrte das Ganesabild,
das in einem einsamen Teile des Gartens stand. Als ich mit meiner Andacht
fertig war, sah ich plötzlich, daß meine Gesellinnen durch eigene Kraft
in die Höhe geflogen waren und sich in den Luftgefilden tummelten. Da
rief ich sie aus Neugier und bat sie aus dem Himmel herabzukommen, und

auf meine Frage über den Ursprung ihrer Zauberkraft gaben sie mir folgende Antwort: ‚Das ist ein Hexenzauber, und er rührt von dem Genusse von Menschenfleisch her, und unsere Meisterin darin ist eine Brahmanin, bekannt unter dem Namen Kalaratri.' Als mir dies meine Gefährtinnen sagten, war ich, da mich nach der Gabe in der Luft zu fliegen verlangte, ich jedoch Scheu trug Menschenfleisch zu essen, eine lange Zeit unschlüssig; dann aber sagte ich in meiner Begier diese Gabe zu besitzen, zu diesen meinen Freundinnen: ‚Macht, daß ich in dieser Wissenschaft unterrichtet werde!' Sie gingen augenblicklich und brachten mir, meinem Wunsche gemäß, Kalaratri, die ein gar widerwärtiges Aussehn hatte: ihre Brauen waren zusammengewachsen, ihre Augen waren erloschen, die Nase platt, die Backen dick, die Lippen klafften weit, die Zähne standen vor, der Hals war lang, die Brüste hingen herab, der Bauch war groß und die Füße breit; sie bot einen Anblick, als hätte sie der Schöpfer gebildet als Beispiel seiner Macht, auch Häßlichkeit zu erzeugen.

Als ich ihr, nachdem ich gebadet und Ganesa verehrt hatte, zu Füßen gefallen war, ließ sie mich alle meine Kleider ablegen und, in einem Kreise stehend, eine fürchterliche Handlung zu Ehren Schiwas in seiner schrecklichen Gestalt verrichten; dann besprengte sie mich mit Wasser und gab mir mannigfache Zauber, die ihr bekannt waren, und ich mußte von Menschenfleisch essen, das den Göttern geopfert worden war. Und kaum hatte ich von dem Menschenfleisch gegessen und die mannigfachen Zauber empfangen, so flog ich auch schon, nackt, wie ich war, mit meinen Gefährtinnen in den Himmel auf; und nachdem wir uns vergnügt, stiegen wir auf den Befehl der Meisterin wieder aus den Lüften herab, und ich ging nach Hause. So bin ich schon in meiner Kindheit ein Mitglied der Hexengemeinschaft geworden, und bei unsern Zusammenkünften verzehrten wir viele Männer.'"

Wer diese Geschichte langsam und bedenksam überliest, der wird in ihr nur weniges von dem Glauben finden, der in den abendländischen Hexenvorstellungen wirksam war. Sie ist sehr indisch — und auch ihre Einzelheiten wirken fremd. Auch die von ihr behauptete Vergesellschaftung der Hexen war, wie ich bereits bemerkte, den germanischen Völkern fremd; sie ist von ihnen erst in späterer Zeit erworben worden, — so wie die Vergesellschaftung der Werwölfe ihnen fremd und aus den baltischen erst in die germanischen Länder übernommen worden ist.

Zieht man das mancherlei Fremdländische bei den Hexen ab, dann wird als ältere germanische Vorstellung etwa übrig bleiben, daß psychisch stark erregbare und labile Frauen, die in Verschiedenem Alben und Berserkern und Werwölfen nahe stehen, die aber ursprünglich immer nur als Einzelne erschienen, in jüngerer Zeit zu Vergesellschaftung gefunden haben.

Was aber diesen jüngeren Schwarm und Hexenbund betrifft, den man vielleicht dem baltischen „Werwolf-Bund" vergleichen kann, so gelten für ihn natürlich alle die „Gesetze", die für das Leben aller bündischen Zusammenschlüsse gelten wollen. Von dem Geheimnis, das in allen diesen Bünden gilt, ist nicht viel not zu sagen, denn die baltischen Akten sprachen schon davon, und daß der Hexenschwarm in einem geheimen Dunkel leben mußte, das leuchtet aus jeder unserer Hexensagen wider. Was als das Eigentliche und Treibende hinter dem Hexenbunde stand, das wird in einem späteren Kapitel sichtbar werden, — der Hexenbund ist ja nichts anderes als ein „Weiberbund", nur aus dem Diesseitigen und Alltäglichen in das Mythische erhöht.

Am wichtigsten in unserem augenblicklichen Zusammenhange aber ist wohl das, was über die Aufnahmeriten und -zeremonien zu sagen ist. Ich kann mich dabei sehr kurz fassen, denn die in den Werwolf-Bünden sind ebenso leicht den Jürgensburgischen Prozeß-Protokollen zu entnehmen, wie sie in dem Berichte des Olaus Magnus sichtbar werden. Was aber die Aufnahmezeremonien in den Hexenschwarm betrifft, so liegen verschiedene, sich jedoch nicht deckende Überlieferungen vor. Ich übergehe die manchen „schwarze Messe-artigen" der Prozesse, in denen von den verschiedensten ausgelassensten Orgien die Rede ist, von den Umarmungen der Hexe durch den Teufel, von obszönen Riten, und lasse nur eine diesbezügliche Bemerkung aus dem „Hexenhammer" folgen, dem „Malleus maleficarum" des Heinrich Institoris und Jacobus Sprenger. Es heißt da im zweiten Teile quaestio 1 capitulum 2: „Die Art des Bündnisses mit dem Teufel ist eine doppelte: einmal feierlich, mit eben so feierlichem Gelübde, dann privatim, was zu jeder Zeit und Stunde mit dem Dämon geschehen kann. Die erste, feierliche Art geschieht, wenn die Hexen an einem festgesetzten Tage nach einem bestimmten Sammelplatze kommen, wo sie den Teufel in angenommener Menschengestalt sehen; und während er sie zur Treue gegen sich ermahnt, gegen zeitliches Glück und langes Leben, empfehlen ihm die Anwesenden die aufzunehmende Novize. Findet der Dämon, daß die Novize oder der Schüler geneigt ist, den Glauben und den allerchristlichsten Kult zu verleugnen und die dicke Frau, (so nennen sie die allerheiligste Jungfrau Maria), und die Sakramente nie mehr zu verehren,

Die Hexe buhlt mit dem Teufel, Aus dem Jahre 1490

dann streckt der Dämon die Hand aus, und ebenso die Novize oder der
Schüler, und diese versprechen mit Handschlag dies zu halten. Nachdem
der Dämon diese Versprechungen empfangen hat, fügt er sofort hinzu:
‚Das genügt noch nicht'. Und wenn der Schüler fragt, was denn noch
weiter zu tun sei, fordert der Dämon noch die Huldigung, die darin
besteht, daß die Novize (oder der Schüler) mit Leib und Seele, für alle
Zeit ihm angehöre und nach Kräften auch andere, beiderlei Geschlechts,

zu gewinnen suchen wolle. Endlich fügt er noch hinzu, sie sollten sich Salben aus den Knochen und Gliedern von Kindern, und zwar besonders von solchen, die durch das Bad der Taufe wiedergeboren seien, bereiten, wodurch sie alle ihre Wünsche mit seinem Beistande erfüllt sehen würden.

Von dieser Art haben wir Inquisitoren — und die Erfahrung ist Zeuge — vernommen in der Stadt Breisach, in der Diözese Basel, indem wir darüber vollständig durch eine junge, aber bekehrte Hexe unterrichtet wurden, deren Tante in der Diözese Straßburg eingeäschert worden war. Sie fügte auch hinzu, daß die Art, wie ihre Tante sie zuerst zu verführen versucht hat, folgende war: an einem Tage nämlich hatte sie mit ihr die Treppe hinaufzugehen und in die Kammer zu treten. Hier erblickte sie fünfzehn junge Männer in grünen Kleidern, so wie die Reiter zu gehen pflegen, und die Tante sagte zu ihr: ‚Wähle dir einen von diesen Jünglingen aus, und wen du willst, den will ich dir geben, und er wird dich zur Braut machen!' und als jene sagte, sie wolle gar keinen, ward sie arg von der Tante geschlagen, willigte darum ein und schloß das Bündnis auf die angegebene Weise. Sie sagte aus, daß sie öfters in der Nacht über weite Strecken mit ihnen geflogen sei, ja sogar von Straßburg nach Köln."

Das, was hier über die Initiationen sichtbar wird, berichtet Dinge, die in Wirklichkeit niemals geschehen sind. Man kann den Teufel nicht umtanzen und ihn wirklich küssen, man kann nicht als lebendiger Leuchter dienen, oder was die Bücher in einer entbrannten und sich selbst betrügenden Verwirrung sagen, und wenn, was hier beschrieben und für wahr gehalten worden ist, wahr wäre, — ist es nur in einem mythischen Raume wahr. Das heißt, daß hier ein in der täglichen und realen Welt sehr oft Geschehenes und Beobachtetes, nämlich die Initiation — sei es nun eine in eine Knabenschaft, in eine Zunft, in eine Bruderschaft — aus dieser täglichen in die übertägliche Welt erhoben worden ist. Die Aufnahmeordnungen in den Hexenbund sind also Riten, die in der irdischen und alltäglichen Welt ihr Grundbild haben, die aber verzerrt und überhöht und die verteufelt worden sind. Sie geben das Wirkliche in einem nichtmehrwirklichen Spiegelbilde wieder. Dies nichtmehrwirkliche Bild hat aber trotzdem seine Richtigkeit, denn es ist richtig, daß die Vergesellschaftungen und Bünde — wie jene Spiegelbilder — einen sie tragenden Grundgedanken haben. Und es ist richtig, daß sie ebenso wie jene Bünde zu ganz bestimmten Ausgestaltungen und Formen fortgeschritten sind, die alle aus den primären menschlichen Grundhaltungen aufgehen mußten. Und es ist richtig, daß diese primären Grundhaltungen solche „Haltungen" sind, in denen der Mensch in seinem anfänglichen Wesen sichtbar wird, noch unverdeckt und unverfälscht von allen gesellschaftlichen Forderungen. Mit diesem habe ich nun aber noch ein Weiteres ausgesagt: das nämlich, daß zu den Grundhaltungen nicht nur der vorhin erwähnte soziale oder gesellschaftlich gerichtete Trieb des Mannes, der auf die Blutsverwandtschaft und das Sexuelle gerichtete des Weibes gehören, daß — wenn sie stimmen sollten — neben ihnen doch noch andere stehen: das dumpfe Drängen des pubertierenden Menschen, das Verlangen nach Heldenhaftigkeit, die trübe Ekstatik des Berserkers, und vielleicht die Hysterie der Hexe.

DAS GEHEIMNIS

Die Wurzeln und Motive, welche zur Ausbildung von geheimen Bünden führen, sind mannigfacher Art; ich will eine Anzahl von ihnen an Beispielen sichtbar machen, beschränke mich aber dabei vorerst auf männliche geheime Bünde.

Daß, ehe ein Geheimbund entsteht, bereits ein Bund oder das Wissen um die Möglichkeit bündischen Seins vorhanden sein muß, liegt auf der Hand; wir werden annehmen dürfen, daß jeder Bildung von Geheimbünden die Existenz oder wenigstens die Möglichkeit nicht-geheimer Vergesellschaftung bündischer Art vorausgegangen sei, wie immer im einzelnen auch die Fortbildung zum geheimen Bund geschah.

Die Fortbildung eines Bundes zu einem Geheimbund hat sicher die verschiedensten Anlässe gehabt. Zuweilen zwangen herrscherliche oder andere politische Bedingungen bereits Bestehendes in die Dunkelheit, und manche glauben, daß so die vorindoeuropäischen Mutterkulte Griechenlands zu Geheimkulten wurden. Politische Zwänge sind ja auch heute noch wirksam und treiben beispielsweise revolutionäre Organisationen in das Verborgene. Ähnlich wichen auch nichterlaubte christliche Gemeinschaften in die Keller aus. Daneben stehen Versuche, besondere Wissenschaften und Künste zu verstecken, um sie als Eigentum, zu eigenem Nutzen zu bewahren. Auch wirtschaftliche Vorteile locken; so werden handwerkliche Kniffe das Eigentum von wenigen, — ich kann nicht alles aufzählen, was Menschen in den verschiedenen Kulturen in das Dunkel bannt.

Eins aber möchte ich doch mit einem Worte noch erwähnen. Es sind nicht nur die großen und Grundgedanken eines Bundes, die fortentwickelt werden und die als fortentwickelte vielleicht ins Dunkel weichen, — nicht selten verkümmert der Hauptast und ein Nebenast, ein anfangs nicht Wichtiges oder nur für Augenblicke Wichtiges wuchert aus, tritt in den Vordergrund und zwingt zu einer bis dahin nicht gegebenen heimlichen Tendenz. Ich denke da etwa an die Fortbildung bestehender Einrichtungen oder Formen, die aus bestimmtem Grunde nun in den engeren Bezirk geschlossener Bünde fallen. So wird man sich leicht vorstellen können, daß die bereits erwähnte circumcisio, die ja — von Sonderformen abgesehen — an männlichen Individuen vorgenommen wird, gerade deshalb zu einer ausgesprochen männlichen Angelegenheit geworden ist. Daß sie gemeinhin männliche Personen an männlichen ausüben, daß sie darum auch aus dem Kreise der geschlechtlich gemischten Gemeinschaft herausgenommen worden ist, vielleicht auch ausgesprochen männlich gerichtete Ideen an sich zieht. (Die eben charakterisierte Beschränkung auf eine männliche Gesellschaft gilt ohne allen Zweifel dort, wo sich der Brauch aus dem vorhin besprochenen jünglinghaften Tun entwickelte.)

Es ist im Grund schon eine nächste wenn auch noch nahe Stufe, wenn aus dem jünglinglichen Tun ein fester Ritus wird, wenn etwa die circumcisio ein fester gesellschaftlicher Brauch, wenn sie ein Hauptstück bei der Aufnahme in den Kreis der Männer wird. Wo sie das ist, da findet sie sicher im geschlossenen Kreise statt; sie wird wahrscheinlich auch an einem abgesonderten Orte geschehen, — und schließlich erfordert die ja nicht immer ungefährliche Operation bestimmte Verhaltungsmaßregeln in Diät, in hygienischer Hinsicht und im sexuellen Tun. Um die Erfüllung von allem der letzten Forderung zu erleichtern, hat eine Absonderung vom weiblichen Geschlechte statt. Das alles aber begünstigt ein Für-sich-sein der Männer, männliche Absonderungen, die zwar nicht ihnen aber doch den Weibern unverständlich sind; es führt zu mehr oder minder fest geschlossenen „geheimen" Bünden.

Und dieses geschlossen-Werden möchte ich jetzt zeigen. Das in die Vergesellschaftungen verlagerte große oder nebensächliche Geschehen. Das Heimlichwerden wichtiger Künste, Haltungen und Wissenschaften. Ich wähle dafür natürlich nur ganz wenige Beispiele aus, denn alle zeigen, das hieße den ganzen Umkreis menschlichen Hoffens, Suchens, Fürchtens abzuschreiten. Und ich beginne mit einer allerfrühesten Möglichkeit.

Jagdglück

Die Jagd gehört wohl mit zu den frühesten Methoden menschlichen Nahrungserwerbes. Sie ist nicht nur eine Technik, sondern in hohem Maße ein Ringen mit dem Glück, ein Überlisten des Tieres, und dazu wieder ist nötig, zaubrisch stärker zu sein als das Tier. Denn das Jagdtier entkommt eben dadurch dem Jäger, daß es zaubrische Kraft besitzt. Die Bosso, ein sudanischer Negerstamm, erzählen von einem Jäger Isaaka Menta: „Die Jäger im Dorfe Kumbe gelten als die tüchtigsten Jäger im ganzen Bossogebiet. Wenn ihnen auch einmal die Waffen ausgehen, so fehlt es ihnen doch nie an Erfolg, denn sie haben allerhand Zaubermittel, um das Wild zu ergattern. Die verdanken sie einem Jäger, der Isaaka Menta hieß und dem es auf folgende Weise gelang, in den Besitz aller geschätzten Jagdmedizinen und vieler Amulette und Zauber zu kommen: Isaaka Menta war seiner Sache so sicher, daß er morgens, ehe er zur Jagd ging, seine Frau zu fragen pflegte: ,Welches Tier soll ich dir heute für deine Küche erlegen?' Und die Frau konnte sicher sein, daß sie das gewünschte Wildpret erhielt. Auf diese Weise ward aber das Jagdgebiet derart ausgenützt, daß zuletzt nur ein einziges großes Tier übrig blieb. Dies Tier war eine Schuo-siri, das ist eine gelbliche, größere Antilope (vielleicht auch eine Gazelle). Die versteckte sich so gut im Ufergebüsch der Gewässer, daß sie dem Jäger Isaaka Menta stets glücklich entging. Eines Tages aber begegnete er, als er ausging, einem Manne, der sagte zu ihm: ,Isaaka, im Busch am Wasser sah ich soeben eine Antilope. Die hatte ein ausgelaufenes Auge und einen gebrochenen Fuß. Sie ist augenscheinlich sehr fett. Geh hin und schieße sie.' — Isaaka Menta ging heim, nahm sein Gewehr und sagte zu seiner Frau: ,Setze nur immer schon den Topf ans Feuer. Ich will hingehen und werde eine Antilope töten.' — Die Frau tat so.

Isaaka Menta ging zum Gebüsch am Wasser. Er sah die Schuo-siri. Die Schuo-siri hatte ein ausgelaufenes Auge. Sie hatte einen gebrochenen Fuß. Die Schuo-siri sah den Jäger. Sie sagte zu ihm: ,Isaaka Menta! Du hast alle Tiere bis auf mich in diesem Lande getötet. Wenn du mich nun heute auch tötest, wirst du den heutigen Tag nicht überleben. Wenn du mich tötest, werde ich deine Mutter töten, werde ich deine Großmutter töten, werde ich deine ganze Familie und alle Bewohner von Kumbe töten'. Isaaka Menta sagte: ,Bereite dich vor!' Er schoß. Aber die Schuo-siri fiel nicht. Er hatte sie nicht getroffen. Isaaka Menta schoß nochmals, aber es war wiederum nichts. Nun hatte er alles Pulver, das er bei sich hatte, verschossen, ohne daß die Schuo-siri berührt war. Er sagte zu ihr: ,Schuo-siri, warte bis morgen früh. Ich werde morgen früh zurückkehren!' Dann ging er heim. Als er in Kumbe ankam, sagten ihm sogleich die Leute: ,Soeben ist dein Vater gestorben.' Isaaka Menta tat alles, was er zu tun vermochte. Er nahm aus seinem Amulettgeschirr alle seine Zaubermittel heraus. Er rieb sich mit allen ein. Er tat alles, was möglich war. Am andern Morgen kehrte er an den Platz im Gebüsch am Wasser zurück. Er traf die Schuo-siri. Er sagte ihr: ‚Bereite dich vor!‘ Dann ergriff er sein Gewehr und schoß. Er traf nicht. Er schoß nochmals, aber er traf wieder nicht, und damit hatte er all sein Pulver verschossen, ohne die Antilope auch nur berührt zu haben. Er sagte zu ihr: ‚Schuo-siri, warte bis morgen früh. Ich werde morgen früh wiederkehren‘. Dann ging er heim. Als er in Kumbe ankam, sagten ihm sogleich die Leute: ‚Soeben ist deine Mutter gestorben.‘

In der Nacht legte er alle alten Zaubermittel ab und legte neue an. Er wusch sich mehrmals mit den Zaubermitteln. Er legte seine Ringe an. Er tat alles Erdenkliche so sorgfältig wie möglich. Die ganze Nacht sorgte er für die Vorbereitung. Am andern Morgen nahm er Flinte und Pulver und machte sich abermals auf den Weg. Im Gebüsch am Wasser traf er wieder die Schuo-siri. Die Schuo-siri rief ihn an und sagte zu ihm: ‚Komm einmal her!‘ Isaaka Menta ging hin. Schuo-siri nahm ein Papier hervor und sagte: ‚Ich habe schon zweiundsechzig Jäger getötet, die stärkere Zauberer waren als du. Sie sind alle auf diesem Blatt Papier verzeichnet. Ich will es dir geben, damit du die Wahrheit erkennen kannst.‘ — Nun hatte Isaaka Menta daheim aber zwei große Töpfe mit Tungu (Zaubermitteln), und darunter war das stärkste, was es gibt, zum Beispiel Skorpion und Schwarze Schlange. Auf diese Kräfte verließ sich Isaaka Menta, und er sagte: ‚Schuo-siri, das ist mir ganz gleich. Das kümmert mich gar nicht. Ich lasse nicht ab. Nach drei Tagen komme ich wieder hierher.‘ — Dann ging er nach Hause.

In seinem Dorfe badete Isaaka Menta drei Tage lang in den Tungu. Er legte alle Zaubermittel an, die er besaß. Nun trug er das Doppelte an Amuletten als sonst. Auch nahm er statt seines eigenen Gewehres das seines Vaters mit. So ausgerüstet, machte er sich abermals auf den Weg und kam an die Stelle im Gebüsch am Wasser, wo die Schuo-siri war. Isaaka Menta sagte zu ihr: ‚Bereite dich vor!‘ Dann schoß er das erstemal. Diesmal traf die Kugel die Schuo-siri. Die Kugel schlug durch das Tier, sie umkreiste es und durchschlug es an einer andern Stelle. Die Kugel zertrümmerte solchergestalt in ständigem Kreisen die Antilope vollständig. Als das geschehen war, ging er hin sie anzusehen. Aber kaum war er dort, so sprang Schuo-siri, zu alter Gestalt wiederhergestellt, auf und lief von dannen. Isaaka Menta sagte wiederum: ‚Bereite dich vor!‘ Er schoß. Seine Kugel traf Schuo-siri abermals und zertrümmerte sie alsdann in ständigem Umkreisen wie das erstemal vollkommen. Als aber Isaaka Menta hinging, sprang sie, auch wieder wie das erstemal zur alten Gestalt wiederhergestellt, auf und sprang von dannen. Isaaka Menta sagte abermals: ‚Bereite dich vor!' Und er schoß. Und wie das erste- und zweitemal zerschmetterte die Kugel das Tier vollkommen; und wie die beiden ersten Male sprang sie, wiederhergestellt, auf und davon, als der Jäger an sie herantreten wollte.

Isaaka Menta hatte aber unter anderm ein Amulett, das war an seiner Mütze angebracht und hing ihm im Nacken herab. Dies Amulett sprach zu ihm: ‚Isaaka Menta, tu mich hier hinten von der Mütze weg und binde mich um den Arm. Dann wirst du der Schuo-siri den Kopf abschneiden können.' — Isaaka Menta tat es. Als er nun aber wieder schießen wollte, sprang Schuo-siri, ohne den Schuß abzuwarten, auf und lief in den Busch von dannen. Der Jäger lief ihr sogleich nach. Er lief sehr schnell. Als er ihr aber ganz nahe war, ließ Schuo-siri ein Amulett fallen und rief: ‚Nimm das, aber laß mich leben!' Isaaka Menta nahm es auf und fragte: ‚Wie verwendet man das? Wozu ist das gut?' Schuo-siri sagte es ihm ganz genau. Es war eine große und wichtige Sache ...“ — Und so gewinnt Isaaka Menta durch immer weiteres Verfolgen der Antilope alle Zauber ab. Dann tötet er sie und kehrt mit seiner großen Beute heim.

Die Sage ist durchaus klar: die Jagd ist nur ein Ringen zwischen dem Jagdtiere und dem Jäger; ein Ringen, das heißt: die beiden messen ihre Kräfte, die Kräfte, die sie durch ihre Medizinen besitzen. Und „zaubern" ist nur: die stärkere Medizin zur Anwendung zu bringen.

Dergleichen dem Jäger nütze Medizinen gibt es sehr viele und sie variieren sowohl in der Substanz wie in der Anwendung derselben. Isaaka Menta erwarb sie von seinem Jagdtier. Daneben besaß er solche von Skorpion und Schwarzer Schlange, also von giftigen todbringenden Tieren, das wird sagen wollen: von Tieren, welche vermöge ihres Giftes zu starken Einwirkungen auf andere fähig sind. Bei den Mande wieder erhielt ein Jäger seine Medizin von einem Uoklo oder Waldgeist, und bei den nordamerikanischen Indianern erwirbt man sie durch ein an schamanistische Vorbereitungspraktiken erinnerndes, den Körper zwingendes Tun. So kann man sehr viele und vielgestaltige Zauber oder Medizinen nennen.

Neben den Medizinen, die durch ihr bloßes Dasein schützend, angreifend, helfend wirken, gibt es die ganze bunte Reihe zaubrischer Handlungen. All diese Handlungen oder Prozeduren wirken, — wir dürfen hier Frazers theoretischen Versuchen folgen, — dadurch, daß Analoges geschieht, oder dadurch, daß ein Zubeeinflussendes in Kontakt gebracht wird mit der Medizin und daß der Einfluß auch nach der Trennung der beiden Dinge oder Personen voneinander bestehen bleibt. Für uns ist ganz besonders die erste Möglichkeit hier wichtig, wie aus dem folgenden Beispiel sichtbar werden wird. Es heißt, ein alter Prospektor habe 1934 „bei den Kungbuschleuten Folgendes gesehen: Bevor sie auf die Jagd gehen, zeichnen sie den Umriß des Tieres in den Sand und unter allerhand Zeremonien schießen sie einen Pfeil auf die Zeichnung. Dort, wo die Figur getroffen wurde, wird auch das Wild getroffen werden." — Hier also hat eine bestimmte Handlung an der Zeichnung ein analoges Geschehen in der Wirklichkeit zur Folge.

Die Anschauung ist gewiß sehr alt. Wir kennen Funde aus der palaeo-

Maskenzauber in der Höhle Trois Frères, Ältere Steinzeit

lithischen Zeit in Westeuropa, die sich kaum anders als im vorstehenden Sinne deuten lassen. So schreibt man über eine vorzeitliche, einen Bären darstellende Tierskulptur in einer Höhle bei Montespan: Die Höhle ist schwer zugänglich; man erreicht den Eingang eigentlich nur durch

Schwimmen über einen unterirdischen Fluß. In dieser Höhle fand man die Skulptur eines Bären, vor der ein wirklicher, von ihr herabgefallener Bärenschädel lag. Man hatte ihr also diesen Schädel als Kopf aufgesetzt gehabt. Das Eigenartigste aber ist die Tatsache gewesen, daß diese Skulptur eine Fülle von Einschußlöchern trug; es ist mithin auf sie geschossen worden. Das aber besagt, daß hier ein Zauber getrieben worden ist: wie

Hirschjagdzauber, Felszeichnung bei Alpera in Südost-Spanien, Steinzeit

man den künstlichen Bären schoß und ihn erlegte, so wollte man den richtigen Bären draußen treffen und erlegen.

Doch dieser Zauber ist nicht der einzige gewesen, welchen Jagende auszuüben wußten, denn die Bassonge im Kassaibecken des Kongolandes erzählten von zwei Jägern: „Bandakulu (der, der in die Höhle schleicht) und Tschassamikomo (der in die Fährten schießt); die gingen beide auf die Jagd. Sie trafen auf einen fünf Tage alten Wechsel. Bandakulu sagte: ‚Die Fährten sind sehr alt. Es sind in den letzten Tagen keine Tiere mehr gegangen.' Bandakulu ging dem Wechsel nach. Tschassamikomo ging den Spuren nicht nach. Er blieb da, hob den Bogen und schoß in die Fährte. Es war die Fährte einer Gulungve-Antilope. Es lag sogleich eine tote Antilope da. Bandakulu kam. Er sah die tote Gulungve-Antilope und sah, daß alle Fährten herum alt waren. Er sagte: ‚Wie ist das gekommen?' Tschassamikomo sagte: ‚Ich schieße in die Fährte und das Tier liegt und ist tot.' Bandakulu war sehr erstaunt. — Tschassamikomo kam nachher an die Fährte einer Kassumbi-Antilope. Er schoß in die Fährte. Eine Kassumbi lag tot da . . .“ Es ist die Zauberkunst Tschassamikomos, daß sein Schuß in die Spur eines Wildes das Tier trifft und erlegt.

All die bis jetzt besprochenen jagdzaubrischen Übungen haben das gemein, daß sie in Händen eines einzelnen Jägers liegen. Wenn aber diese Medizinen oder Zauber Großwild gelten, dann liegt es nahe, daß sie von mehreren ausgeübt und vorgenommen werden, weil Großwild ja meist von mehreren gejagt werden muß. Von einem solchen Gruppen-Jagdzauber nun berichtet Frobenius in seinem Felsbildwerk „Ekade Ektab“: „Im Jahre 1905 traf ich in dem Urwaldgebiet zwischen Kassai und Luebo auf Vertreter jener vom Plateau in die Zufluchtsorte des Kongo-Urwaldes verdrängten Jägerstämme, die als Pygmäen so berühmt geworden sind. Einige der Leute, drei Männer und eine Frau, geleiteten die Expedition etwa eine Woche lang. Eines Tages — es war gegen Abend, und wir hatten uns schon ausgezeichnet miteinander angefreundet — war einmal wieder große Not in der Küche, und ich bat die drei Männlein, uns noch heute eine Antilope zu erlegen, was ihnen ja als Jäger ein Leichtes sei. Die Leute sahen mich ob dieser Ansprache offenbar erstaunt an, und einer platzte dann mit der Antwort heraus, ja, das wollten sie schon sehr gerne tun, aber für heute sei es natürlich ganz unmöglich, da keine Vorbereitungen getroffen seien. Das Ende der sehr langen Verhandlungen war, daß die Jäger sich bereit erklärten, am andern Morgen mit Sonnenaufgang ihre Vorbereitungen zu treffen. Damit trennten wir uns. Die drei Männer gingen dann prüfend umher und zu einem hohen Platze auf einem benachbarten Hügel. Da ich sehr gespannt war, worin die Vorbereitungen dieser Männer nun bestehen würden, stand ich noch vor Sonnenaufgang auf und schlich mich in das Gebüsch nahe dem freien

145

Platz, den die Leute gestern abend für ihre Maßnahmen ausgewählt hatten. Noch im Morgengrauen kamen die Männer, aber nicht allein, sondern mit der Frau. Die Männer kauerten sich auf den Boden, rupften einen kleinen Platz frei und strichen ihn glatt. Dann zeichnete der eine Mann mit dem Finger etwas in den Sand. Währenddessen murmelten die Männer und die Frau irgendwelche Formeln und Gebete. Abwartendes Schweigen hielt an, bis die Sonne sich am Horizont erhob. Einer der Männer mit dem Pfeil auf dem gespannten Bogen trat neben die entblößte Bodenstelle. Noch einige Minuten, und die Strahlen der Sonne fielen auf die Zeichnung. Im selben Augenblick spielte sich blitzschnell Folgendes ab: die Frau hob die Hände wie greifend zur Sonne und rief einige mir unverständliche Laute, der Mann schoß den Pfeil ab, die Frau rief noch mehr; dann sprangen die Männer mit ihren Waffen in den Busch. Die Frau blieb noch einige Minuten stehen und ging dann in das Lager. Als die Frau fortgegangen war, trat ich aus dem Busch und sah nun, daß auf dem geebneten Boden das etwa vier Spannen lange Bild einer Antilope gezeichnet war, in deren Hals nun der abgeschossene Pfeil steckte.

Während die Männer noch fort waren, wollte ich zu dem Platze gehen, um den Versuch zu machen, eine Photographie von dem Bild zu gewinnen. Die immer in meiner Nähe sich aufhaltende Frau hinderte mich aber daran und bat mich inständigst dies zu unterlassen. Wir marschierten also ab. Am Nachmittag kamen die Jäger uns nach und zwar mit einem hübschen Buschbocke; er war durch einen Pfeil in die Halsader erledigt. Die Leutchen lieferten ihre Beute ab und gingen dann mit einigen Haarbüscheln und einer Fruchtschale voll Antilopenblut zu dem Platz auf dem Hügel zurück. Erst am zweiten Tage holten sie uns wiederum ein, und abends bei einem schäumenden Palmwein konnte ich es wagen, mit dem mir vertrautesten der drei Männer über diese Sache zu sprechen. — Der schon ältere, jedenfalls von den dreien älteste Mann, sagte mir nun einfach, daß sie zurückgelaufen waren, die Haare und das Blut in das Antilopenbild zu streichen, den Pfeil herauszuziehen und dann das Bild zu verwischen. Vom Sinn der Formeln war nichts zu erfahren. Wohl aber sagte er, daß das ‚Blut‘ der Antilope sie vernichten würde, wenn sie das nicht so machten, auch das Auslöschen müsse bei Sonnenaufgang geschehen. — Inständig bat er mich, der Frau nichts zu sagen, daß er mit mir darüber gesprochen habe. Er schien große Furcht vor den Folgen seines Schwätzens zu haben, denn am andern Tag verließen uns die Leutchen, ohne sich zu verabschieden, fraglos auf seine Veranlassung, denn er war der eigentliche Führer der kleinen Gesellschaft."

Was hier Frobenius beobachtet hat, das läßt uns dreierlei erkennen. Zuerst einmal: der bei den Pygmäen übliche Jagdzauber beruht auf einem Dreifachen: es werden zaubrische Formeln ausgesprochen, es wird ein Analogiezauber ausgeübt, — so wie das Bild, so wird die lebende Antilope am Halse getroffen, — und schließlich wird Blut als Opfer dargebracht. Zumindest der Analogiezauber ist, wie uns die palaeolithischen Zeichnungen beweisen, alt, und dieser Zug in der Pygmäenkultur entspricht dem vorgeschichtlichen zaubrischen Denken. Als zweites wäre dann aber festzustellen, daß die Pygmäen noch nicht auf der Stufe eines männerbündischen Lebens stehen, zumindest nicht auf der Stufe eines männerbündischen Zauberns: sie ziehen die Frau zu ihren Zeremonien zu, ja geben ihr anscheinend eine besonders wichtige Rolle, denn hätte sie diese nicht gehabt, dann hätte man es ihr auch nicht zu verschweigen brauchen, daß Weiße das Geheimnis kennten. Hinwiederum wird deutlich, daß der hier ausgeübte Jagdzauber mehrere Handelnde, also eine Gruppe etwa, forderte. Noch kein bestimmter Bund, wohl aber eine handelnde Gemeinschaft ist vorhanden.

Und schließlich dann noch ein letzteres: der Zauber mitsamt dem hinter ihm stehenden Sinne muß geheim gehalten werden. Weswegen, ist dem Berichte leider nicht zu entnehmen; jedoch verwandte Sagen lassen es erraten; zum Beispiel wird bei den Mande in Afrika erzählt: „Ich habe einen Jäger gesehen mit Namen Djandjarriduga. Er hatte von jeder Hundeart hundertundzwanzig. Er hatte viele Kobas (Pferdeantilopen) getötet. Der Rest der Kobas hatte sich dann in den Löchern des Kaimans versteckt. Eine Kobafrau mit Namen Na bena djuma heiratete dann einen Menschen, den Jäger. Sie ging, um ihn zu betören, in den Wald und verwandelte sich in eine schöne Frau. Dann ging sie in die Stadt Djandjarridugas. Der Jäger sah sie. Der Jäger fragte: ‚Wovon lebst du? Von Reis?‘ Die Frau sagte: ‚Nein.‘ Der Jäger fragte: ‚Lebst du von Fufu?‘ Die Frau sagte: ‚Nein.‘ Der Jäger fragte: ‚Was ißt du denn?‘ Die Frau sagte: ‚Ich esse Hunde.‘ Der Jäger schlachtete seine Hunde. — Der Jäger sagte: ‚Willst du bei mir schlafen?‘ Die Frau sagte: ‚Warum nicht, aber ich will etwas erhalten. Ich habe einen jungen Bruder, der soll das Jagdhandwerk lernen. Willst du mir einiges sagen, was ihm nützlich ist?‘ Der Jäger sagte: ‚Warum soll ich es nicht tun? Komm!‘ Sie gingen in die Hütte, um zu schlafen. — Als sie in der Hütte waren, fragte Na bena djuma den

Jäger Djandjarriduga: ‚In was verwandelst du dich, wenn du die Koba jagst?‘ Der Jäger sagte: ‚In einen Berg, in einen Sumpf, in einen alten Knochen, in einen Kreuzweg.‘ Die Frau sagte: ‚Ach so!‘ Die Frau blieb lange bei dem Jäger.

Die erste Frau des Jägers, (die alles gehört hatte), sagte zum Jäger: ‚Du schwatzt zu viel zu fremden Leuten. Du hast der Frau zu viel verraten.‘ Da wurde der Jäger mit einem Male klug. Er sagte zu sich: ‚Was soll ich tun? Diese Frau weiß zu viel.‘ Der Jäger sagte zu der Kobafrau: ‚Ich will dich begleiten.‘ Die Kobafrau sagte: ‚Es ist gut.‘ Sie gingen. Der Jäger ergriff Pfeil und Bogen. Die Kobafrau sagte: ‚Laß das daheim, du willst mich unterwegs erschießen.‘ Der Jäger sagte: ‚Nicht doch.‘ Er stellte Pfeil und Bogen hin und ergriff das Gewehr. Die Kobafrau sagte: ‚Laß das daheim, du willst mich unterwegs erschießen.‘ Der Jäger sagte: ‚Nicht doch.‘ Der Jäger stellte das Gewehr hin und ergriff sein Messer. Die Kobafrau sagte: ‚Laß das daheim, du willst mich unterwegs nur erstechen.‘ Der Jäger blieb zurück. Die Kobafrau ging allein in den Wald zurück. — Der Jäger hatte seine Geheimnisse verraten und seine Hunde geschlachtet. Die Koba waren gerettet.“ — Seine Geheimnisse verraten, das will nach dieser Geschichte heißen, seine Jagdgeheimnisse und seine Listen, seine Medizin verraten. Das tut man im gewöhnlichen Leben schon nicht gern. Der primitive Jäger aber kann es überhaupt nicht tun, weil er sich damit in die Hand des Tieres gibt. Denn der, der das gehütete Geheimnis von ihm erlisten will, ist das gejagte Tier. Der Jäger und das Wild stehen sich, wie schon gesagt, in einem dauernden Wettkampfe gegenüber. Sie ringen miteinander. Und wer der Stärkere, der Listenreichere, Zauberreichere ist, gewinnt.

Er hat dem Jagdtier gegenüber gewonnen. Und weiter noch: er hat für sich gewonnen. Und endlich: für die seinen. Der Großwildjäger nämlich ist nicht nur in vielen Fällen nicht imstande, die Beute allein zu jagen und zu erlegen, er ist auch nicht imstande, allein sie zu verzehren. Und auch der Brauch, die Sitte, will, daß er mit seiner Sippe, mit den Nachbaren teilt. Wir wissen zum Beispiel von den arktischen Jägern, daß ihre Beute der Allgemeinheit gehört, nicht dem Harpunenwerfer nur allein. Wenn aber die Sippe und die Dorfgemeinschaft am Ergebnis beteiligt ist, so ist sie es natürlich auch an der Arbeit, an der Jagd. Wir haben ein Mandemärchen, in dem zwar nicht von einer gewöhnlichen Großwildjagd die Rede ist, sondern in dem es darum geht, daß ein ganz ungeheurer Büffel erlegt wird, aber auch an der Jagd und dem Erlegen dieses Untiers ist die ganze Dorfgemeinschaft interessiert und wie bei einer andern Jagd beteiligt. Es heißt: „In einem Soroko-Dorfe mit Namen Lau wohnte ein Donso. Der wollte gern die Tochter Tegeles heiraten. Er machte sich auf den Weg und kam nach Kumba. Er traf im Dorfe Kumba die Tochter Tegeles und sagte: ,Ich möchte dich gerne heiraten.' Die Tochter Tegeles sagte: ,Mein Vater Tegele ist von einer Gazelle getötet worden, die sich in einen wilden Büffel verwandelt hat. Der Büffel trägt jetzt an jedem Ohre eine Lampe. Wenn du den wilden Büffel tötest, will ich dich heiraten.' Der Jäger aus Lau sagte: ,Es ist gut. Ich werde den wilden Büffel jagen. Heute abend müßt ihr aber für mich tanzen.' Die Tochter Tegeles sagte: ,Wir werden heute abend für dich tanzen.'

Abends kamen die Dorfbewohner mit Trommeln zusammen. Die Tochter Tegeles fragte: ,Welchen Sang sollen wir vor dir jetzt tanzen?' Der Jäger sagte: ,Singt folgendes Lied:

Antilope Morgenstunde Sonne will fangen,
Gott will nicht.
Der Elefant Morgenstunde Sonne will fangen,
Gott will nicht.
Jäger Morgenstunde Sonne will fangen,
Gott will es.'

Das Lied sangen die jungen Mädchen bis zum andern Morgen. Am andern Morgen machte sich der Jäger aus Lau auf den Weg, den wilden Büffel zu suchen . . ." — Es geht aus diesem Märchen zunächst eines hervor: das nämlich, daß der Tanz der Mädchen — mitsamt dem von ihnen gesungenen Liede, das sie tanzen, — den Jäger in seiner Aufgabe unterstützt. Daß Tänze bei den Naturvölkern häufig magischen Charakter haben, ist längst bekannt, und will aus der Erzählung deutlich werden. Doch wichtiger als diese Feststellung ist die andere, daß hier der Jagdzauber nicht nur eine Angelegenheit des Jägers, sondern daß sie die einer ganzen Gemeinschaft ist. Er wird von der Gemeinschaft unterstützt. Von hier aus aber ist es dann nur noch ein Schritt, daß die den Jagdzauber übende Gemeinschaft einen bündischen Charakter hat.

Dies bündische Tun wird nun in einigen von Frobenius in Afrika gesammelten Berichten sichtbar. „In dem großen Völkerbecken zwischen Niger und Tsadsee und zwar vor allem in den dem Norden zu gelegenen Gegenden, soll eine besonders helle Art von ,Magussaua' weithin zerstreut leben. Die Haussa haben für sie keinen anderen Namen als Mahalbi, d. h.

Jäger. Sie ziehen in kleinen Horden, die jedoch als untereinander verwandt gelten, umher, wohnen im Busch und tauchen bald hier, bald da unter den Bauern auf. So zerstreut sie aber auch sind, so verlieren sie nie den Kontakt untereinander. Von diesen Mahalbi sagen die Haussa, daß sie nicht nur sehr geschickte Burschen und ein wahrer Segen im Kampfe gegen das Raubwild, sondern daß sie vor allen Dingen ungemein zauberkräftig seien, was besonders bei der Einweihung der Burschen in die Reifezeit und bei ihrer Einführung in den Stammesberuf hervortrete. Die jungen Burschen dürfen vor ihrer Weihe weder je dem Geschlechtsgenuß frönen, noch aber größeres Wild erjagen. Zu Reifezeremonien werden sie in einen Busch gebracht. Dort werden Tänze veranstaltet, wird verwirrendes Geräusch gemacht, bis die Burschen in Exaltation geraten. Im Höhepunkt der Ekstase taucht ein Leopard (oder ein leopardenartiges Geschöpf) auf. Sein Eindruck ist schauererregend. Die Burschen sind zu Tode erschrocken. Dieses Wesen stürzt sich auf die Burschen und verletzt sie, zumal an den Geschlechtsteilen, so daß sie für ihr ganzes Leben hiervon Spuren haben. Einige sagen, es wurde ihnen ein Hoden ausgerissen . . . Es folgen Tage orgiastischer Natur. Dies ist die Zeit, in der gewisse Büffelhörner bereitet werden, die als wichtigste Zaubergeräte für die Jäger bis zu ihrem Tode Bedeutung haben. In diese Hörner füllen sie Blut der erlegten Tiere. Die Frauen dürfen mit ihnen nie in Berührung kommen, sonst verwandeln die gefährlichen und wilden Tiere sich in sehr schöne Frauen, denen der ahnungslose Jäger sich hingibt, worauf sie Blutrache an ihm nehmen. Den Weiheplatz im Busch müssen die Burschen auf den Hacken gehend verlassen, denn wenn sie in gewöhnlicher Weise gingen, würde das wilde Buschgeschöpf an den Abdrücken der Zehen ihren Weg erkennen und ihnen folgen. — Von nun an sind die Burschen außerordentlich begehrt zum Beischlaf. Je näher der Buschzeit, desto fruchtbarer sind sie. Jedoch ist es notwendig, daß sie den Geschlechtsakt in der Hocke ausführen, weil dieses wie bei den Tieren und am fruchtbarsten ist. Von nun an ist der Bursche Jäger. Er muß aber von jetzt ab und von jedem erlegten Tiere einige Tropfen Blut in sein magisches Büffelhorn füllen . . ." — An dieser Erzählung, welche von einer Initiation bei Jägern spricht, ist ganz besonders der Zusammenhang zwischen den Vorgängen Großtierjagd und Sexualleben beachtenswert: die Übergangszeremonie zum Jägersein ist eine der Beschneidung ähnliche: die Monorchie. Daß diese (vorgeblich durch ein Großwild erfolgende) Operation fruchtbar mache, erinnert an ähnliche Anschauungen über den Wert der

circumcisio, — der Anfang eines jägerischen Fruchtbarkeitszaubers liegt
hier vor. Von einiger Bedeutung dabei ist wohl die Behauptung: die Reifezeremonien fänden in den Wochen oder Tagen statt, in denen die Büffel
brünstig seien und bespringen; und wieder, daß die Umarmung nach der
Art der Tiere vollzogen werden müsse, das weist von neuem auf jäger-
kulturliche Zauberkulte hin, in denen Fruchtbarkeit und „Vegetation"
geschaffen wird, — ich komme im übernächsten Kapitel noch einmal
darauf zurück. Dann aber will noch ein weiteres beachtet werden: der
Mensch wird durch und nach der Zeremonie dem Tiere gleich, oder: die
Initiation macht ihn dem Tiere gleich, ihm ebenbürtig — und eben dadurch
an zauberischer Kraft ihm ebenbürtig.

Viel schwieriger ist, die Übung mit dem tierblutgefüllten Horne zu
erklären, weil die verschiedenen Aufzeichnungen sich da widersprechen.
Vielleicht liegt aber der Sinn in jener Bemerkung eines Kordofaners: die
Jäger erlangen, indem sie von dem Blute der erlegten Tiere ein wenig
in ein Horn einfüllen, über die Jagdtiere Macht. Blut ist das Wichtigste
des ganzen körperlichen Lebens, „des Leibes Leben liegt im Blut", behaupteten schon die alten Juden, — und wer das Blut des Tieres in seiner
Gewalt hat, hat das Tier. Kommt aber das Blut des Tieres in unrechte
Hände, dann hat der Jäger über das Tier die Macht verloren, und dieses
kann ihn betrügen oder überlisten. Ganz ähnliches meinen wohl auch die
Haussa und die Tuaregs, die von den bezeichneten Jägern sagen: „Sie
trinken nach jedem Jagderfolge von dem Blute ihrer Beute, nachdem sie
ein wenig in ein Horn gefüllt haben, das sie immer bei sich führen. Die
Männer dürfen nicht tanzen. Wenn sie aber auf die Jagd gehen, müssen
die Frauen tanzen . . . das versetzt die Männer in Erregung. Statt aber
dann zur Umarmung überzugehen, müssen sie schnell zur Jagd eilen.
Wenn aber eine Frau, während ihr Mann auf der Jagd ist, einen anderen
Mann umarmt, so sagen die Tiere es dem Gatten. Die Leute sollen
behaupten, das Leben sei im Blute." — Hier also fällt beides noch einmal
zusammen: das Blut verschafft dem Jäger über das Tier die Übermacht,
und: Jagd und Sexualleben gehen hier ineinander über, die Jagd ist ein
dem Sexualrausch ähnlicher Rausch. In diesen Gedanken mischt sich
anscheinend nun ein zweiter; wieder die Tuaregs und Haussa erzählen
von den Jägern: „Wenn das Raubtier sie mit seinem Blick fesseln will,
so halten sie ihm ein Horn mit Antilopenblut entgegen und es läßt von
ihnen." — (Die Mande gebrauchen das schützende Horn voll Antilopenblut bei einer Begegnung mit dem Löwen, und bei den Djulla wie in

Adamaua scheint man es mit gleichem Erfolge zu verwenden.) Die kleine Antilope gilt als das schwerstjagdbare und das listigste Tier; ihr Blut, und das ist zaubrisch gesehen ihre Medizin, muß also eine besonders wirksame Medizin für Jäger sein.

Aber ich wende zu dem uns heute wichtigsten Problem zurück. Die Djulle erzählten: Diese hellen Jäger „sind viele kleine Trupps, die aber alle eine große Gemeinschaft bilden", — und es scheint so, als ob diese überall und außerhalb der Stammesgemeinschaft lebenden Jägergruppen Reste einer älteren, verdrängten Bevölkerung seien. „Zwar genießen sie wildwachsende Früchte, aber nie Korn. Auch hier wieder spielt erst Jagd und Burschenreife eine Rolle. Nach ihrer ersten Unternehmung werden sie in einer Höhle im Gebirge eingeschlossen. Hier müssen sie an die Wände Bilder malen. Diese Bilder werden mit dem Blut der geschossenen Antilope bestrichen. Angeblich wird den Burschen hierauf ein Hoden zerquetscht. Nach der Operation und ihrer Heilung verlassen sie die Höhle und zwar auch wieder auf den Hacken. Von nun an sind sie geschlechtüchtig und brauchen die Tiere nicht mehr zu fürchten." Ähnlich erzählen die Tuareg und Haussa von den Jägern, die angeblich von der Jagd und deren blutigem Ertrage leben. „Sie essen niemals Korn. Unter ihnen haben die Männer gar nichts zu sagen, alles aber die Frauen, denen die gesamte Habe gehört. Männer, die nicht großen Jagderfolg haben, gelten gar nichts. Als Burschen müssen sie durchaus keusch leben. Wenn sie geschlechtsreif werden, führen die Älteren sie nach dem Süden in Länder, in denen es Leoparden gibt. Dort müssen sie eine oder mehrere Antilopen jagen. Darnach werden sie in ein Erdloch gebracht, in dem sie geschlagen und zerkratzt werden. Hiernach (oder bezieht sich dies auf die Ereignisse in der Höhle?) müssen sie mit Leoparden oder Löwen kämpfen. Sie werden von dem Raubtier angefallen. Wenn dies sie aber mit seinem Blick fesseln will, so halten sie ihm ein Horn mit Antilopenblut entgegen und es läßt von ihnen. Nach diesem Kampfe sind sie ausgebildete Jäger. Sie haben in ihrem Beruf nun viel mehr Erfolg als die Tuareg, denn sie erhielten alle Zaubermittel durch die kleine Antilope."

Es mag genug sein an Belegen. Ich möchte ihnen nur zweierlei entnehmen. Als erstes: immer und immer wieder ist davon die Rede, daß der Beginn der Jagd mit einer Reifezeremonie zusammenfällt. Die Bischarin im Ostsudan behaupten sogar von den Jägern, daß Unbeschnittene bei ihnen nicht mitjagen dürften. Und jagen, auf die Jagd muß einer gehen, das fordert ja das Leben, weil alle diese Stämme eigentlich nur vom Jagen leben, und fordert die eigene Begier und ebenso die Stammessitte, denn Männer, die keine Jagderfolge haben, gelten nichts; sie werden also auch keine Frauenliebe erlangen können.

Die Initiation scheint hier in einer Höhle stattzufinden und sie besteht aus zwei Hauptphasen: der operativen Beseitigung des einen Hoden und der soeben erörterten Gewinnung der Jagdmedizin. Man hat die Monorchie als eine Eigentümlichkeit des hamitischen Afrika erklärt, meint aber dann: „unabhängig von der Frage nach dem ursprünglichen Sinn der Monorchie gestattet ihre selten klare Verbreitung in Afrika den Schluß, daß sie einer andern Kultur angehört als die Beschneidung; die Verbundenheit der Monorchie mit der Malhalbi-Kultur spricht dafür, daß ihr ein höheres ethnologisches Alter zuzuschreiben ist als der Beschneidung." — Vielleicht darf man das eben Angedeutete noch damit ergänzen, daß sie nach Angaben der Haussa und der Tuaregs den Stämmen zugehörte, bei denen die Frauen alles zu sagen und zu bestimmen hatten, und ihnen die ganze Habe gehörte, — und wir wissen weiter, daß nach der „Wiener Schule" auf der Kulturstufe des Sammlers die Frauen Eigentum besitzen, die Männer aber jagen. Nach diesem gehörten die afrikanischen „hellen Jäger" also zu den Sammlern.

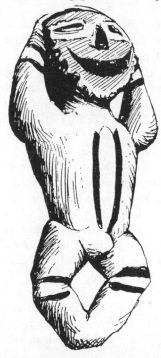

Zauberfigur der Ingiet, Neuguinea

Doch man wird wohl an eine jüngere Schicht auf dieser Stufe denken dürfen, in welcher bereits die Anfänge matriarchaler Ordnungen sichtbar werden, das heißt, in der die Stufe der Sammler in die pflanzerische übergeht. Die pflanzerische Welt, die Welt des matriarchalen Sein und Lebens, das ist die Zeit, in welcher die Männerbünde zu Geheimbünden werden wollen.

Mana erwerben

Auf den Nördlichen Neuen Hebriden und den Banks-Inseln bestand ein Geheimbund, die Suque, bei welchem Jenseitsglaube und irdisches Machtstreben in einer seltsamen Weise Hand in Hand gegangen sind. Der Bund umfaßte alle Eingeborenen, welche den Eintrittspreis erlegen konnten, so daß man kaum noch von einem „geheimen" Bunde sprechen kann. „Da ein Mann, der nicht zur Suque gehört, von der Gemeinschaft der Männer ausgeschlossen ist, so muß der Knabe möglichst früh in die Suque eintreten, und zwar geschieht dies, sobald der Bruder der Mutter oder auch der leibliche Vater die Eintrittsgebühren für den Knaben bezahlen will. Die Gebühren bestehen in Schweineopfern und in Zahlungen von Muschel- und Mattengeld an die höheren Suquegrade . . . Der Eintritt in die untersten Grade der Suque bietet nirgends große Schwierigkeiten, und es ist daher auch das Zeichen von sehr großer Armut, wenn ein Mann zeitlebens nicht in die Suque eintreten kann." — (Wie eben angegeben, zahlt in erster Linie oder zahlte vielmehr der Mutterbruder des Aufzunehmenden den Preis; diese bevorrechtigte Stellung des Mutterbruders aber weist auf eine matriarchale Ordnung der dortigen Gesellschaft hin.)
„Wenn ein junger Mann niemanden findet, der die Eintrittsspesen in die Suque für ihn bezahlen will, so ist sein erstes Bestreben, sich einen einflußreichen Alten geneigt zu machen, indem er ihm kleine Dienste leistet und in seine Gefolgschaft eintritt. Dafür wird er durch kleine Geschenke belohnt werden und aus diesen wird er sich ein paar kleine Schweinchen kaufen, deren Wert sehr gering ist. Er wird diese gegen größere einzutauschen suchen, wird diese sorgfältig aufziehen, und so wird er zuletzt in der Lage sein, die Zahl der Schweine zu erborgen, die zum Eintritt in die Suque nötig sind. Es ist aber die Eintrittszahlung in die Suque so gering, daß die meisten Knaben die nötigen Schweine ohne große Mühe auch von einem Manne, der auch nicht mit ihnen verwandt ist, erborgen können. Es helfen dabei auch die Sippenangehörigen, denn es ist für die Sippe eine Schande, wenn ein Angehöriger nicht in der Suque ist." — Schon diese Angaben lehren, daß sich der ehemalige Ge-

heimbund in einem Stadium der Auflösung zu befinden scheint, denn ein Geheimbund, in welchen der Eintritt jedem offen steht, verliert an Wert und Inhalt, wird zu einem „Verein", und „kapitalistische" Tendenzen treten in den Vordergrund.

Die kapitalistischen Tendenzen haben einen ganz eigenartigen Charakter. Wie schon gesagt, entrichtet man den Eintrittspreis in Schweinen. Aber nicht alle Schweine sind dazu verwertbar, Säue und Ferkel taugen nichts. Was allein taugt, sind Eber mit rundgewachsenen Hauern. Um solche Eber zu erzielen, schlägt man den jungen Tieren die oberen Hauer aus. Den unteren ist so der Widerstand genommen, an welchem sie sich abwetzen können, sie wachsen also weiter, krümmen sich und krümmen sich schließlich immer mehr, zu einem Kreise, stoßen auf den Unterkieferknochen, durchbohren den, und wachsen schließlich zu einem zweiten Kreise. Nur solche Schweine kann man brauchen, den Eintritt in die Suque zu bezahlen.

Der Suque-Geheimbund hatte mehrere Grade, doch variierte deren Anzahl und die Benennung der Stufen auf den einzelnen Inseln sehr. „Je höher man im Grade steigt, desto schwerer werden die Bedingungen. Wenn man ohne ererbten Besitz zu hohen Graden steigen will, dann ist schon sehr viel geschäftliche Begabung und Verschlagenheit nötig. Dabei ist immer noch ein Pate nötig, der einem höheren Grad angehört, nur fallen die Auslagen alle auf den Kandidaten selbst ... Oft gelingt es dem Manne erst nach mehreren Jahren, sich den für die Graderhöhung nötigen Besitz an Schweinen zu sichern und nun kann er sich zur Erhöhung bei den hohen Graden anmelden. Diese haben darüber zu entscheiden, ob der Mann zugelassen werden soll, und da ist es natürlich wichtig, auch den guten Willen dieser Männer gewonnen zu haben. Dies ist auch nur möglich durch Geschenke und Dienstleistungen aller Art, und dies ist der Grund dafür, daß die hohen Grade stets eine große Gefolgschaft um sich haben, die ihnen in allem zu willen ist. Denn wenn der gute Wille oben fehlt, so nützt dem Manne all sein Reichtum nichts, die Graderhöhung kann gegen den Willen der Oberen nicht erzwungen werden." — Sie geht an sich so vor sich, daß der im Grad Aufsteigende bei einem Festakt so und so viele Hauerschweine darbringt, tötet, ihr Fleisch — so wie das Mattengeld — vergibt und sich allein das wertvollste am Schwein, den Unterkiefer mit den Hauern rückbehält. Das dauernde Zeichen einer Rangerhöhung ist ein anscheinend recht bescheidenes: das Recht zu einem neuen Kochfeuer in dem Männerhause. Dort hat ein jeder Grad seinen

Feuerplatz und sein Feuer, und nie darf einer das Feuer eines anderen Grades benützen; denn ist er ranghöher als der Eigner dieses Feuers, verliert er seinen erworbenen Rang und muß von neuem aufzusteigen versuchen. Die oberen Grade sehen das Aufsteigen weiterer Männer nicht sehr gern, denn der, der kommt, nimmt ja mit seinem Eintritte in den Grad an ihren Vorrechten teil; das heißt, sie müssen mit ihm teilen. Wer aber den höchsten Grad erlangt, ist dann der Mächtigste und Angesehenste; das Streben nach dieser Stufe kann deshalb manchen Mann verlocken. Es wird von einem Alten aus einer der höchsten Kasten von Aoba Folgendes erzählt: Er trug sich mit dem himmelstürmenden Gedanken, in nicht zu ferner Zukunft hundert Hauerschweine zu töten. Damit hat er wahrscheinlich sein Vermögen ganz und gar erschöpft, ist aber dafür im ganzen Bezirke der größte Mann und sicher, daß es im Jenseits ihm gut gehen werde. Das einzige irdische Zeichen seiner Würde aber ist nicht mehr als wie ein Bündel Unterkiefer der von ihm geopferten Hauerschweine, das er in oder auch vor seinem Hause aufzuhängen hat.

Wenn schon die oberen Grade in der Suque in sozialer wie politischer Hinsicht Macht erlangen und zwar eine solche Macht, daß alles Häuptlingstum vor ihnen verblaßte und verlöschte, so ist der Wert der höheren Rangstufe für den Toten ein noch größerer. Der Mann von hohem Grade wird nicht nur ehrenvoller begraben, auch seine Seele verläßt den Körper nicht sobald wie etwa die Seele eines geringen Toten, eines Mannes kleiner Grade, die nach nur fünf Tagen schon ins Jenseits wandert. Für einen Toten der oberen Grade wird man erst am hundertsten, manchmal sogar erst am dreihundertsten oder tausendsten Tage das Totenmahl begehen und mit dem ganzen Dorfe für ihn feiern, weil seine Seele dann erst diese Welt verläßt. Sie kann jedoch, da sie ja eine mächtige Seele ist, nachts wieder zu den Menschen zurückkehren. Werden ihr Gebete und Opfer dargebracht oder beschwört man sie, nimmt sie vorübergehend in ihrem Standbilde Aufenthalt. Sie stirbt nicht wie alle die Seelen der Geringen mit der Verwesung der Leiche ihren „zweiten Tod", vielmehr wird sie zu einem mächtigen Suque-Geist.

Damit kommen wir zu der entscheidenden Frage, — nämlich zu der, um was es in diesem Geheimkulte eigentlich geht. Ein völkerkundlicher Beobachter bemerkte gelegentlich der Graderhöhung: der zu erhöhende „Kandidat soll durch Fasten und durch geschlechtliche Enthaltsamkeit möglichst viel Mana um sich sammeln; er darf sich auch nicht waschen und muß sich in geheimnisvoller Abgeschlossenheit halten." Es wird hier ein vorhin gelegentlich erwähnter, sonst aber unbesprochen gebliebener terminus „Mana" eingeführt, und die Begier nach Mana zum Beweggrunde alles Tuns gemacht.

Mana ist ein den Südseesprachen entstammender Begriff, den man im tondi der Batak und orenda der Irokesen wiederfinden will. „Mana is often operative and thaumaturgic, but not always. Like energy, mana may be dormant or potential. Mana, let us remember, is an adjective as well as a noun, expressing a possession which is likewise a permanent quality. The stone that looks like a banana is and has mana, whether you set it working by planting it at the foot of your tree or not. Hence it seems enough to say that mana exhibits the supernatural in its positive capacity — ready, but not necessarily in act, to strike." Es ist nach diesem also eine außergewöhnlich wirksame Macht oder Kraft, oder, wie man auch schreibt: die unpersönliche übernormale Kraft, welche die primitive Auffassung lebenden und leblosen Dingen, Ereignissen oder auch nur Wörtern zugemessen hat. Die angelsächsischen Religionswissenschaftler haben the supernatural als allgemeinen und umfassenden Oberbegriff ansehen wollen und haben ihm zwei Äußerungsmöglichkeiten zugeschrieben: „Tabu is the negative mode of the supernatural, to which mana correspondends as the positive mode" — oder: in dieser Sphäre stellt Mana die positive Seite des supernatural, tabu die negative, welcher man ausweichen müsse, dar. Die schwedische Schule hat gegen diese Systematisierung eingewandt, daß im Begriffe tabu schon der des Mana liege: man tabuiere ein Mana von gefährlichem oder schädlichem Charakter. Sie bildet deswegen einen Oberbegriff „latente Kraft" oder Mana, und ordnet ihn unter das positive oder operative Mana oder Zauberei, sowie das negative oder prohibitive Mana oder tabu.

Mana ist also die Dingen und Personen innewohnende ungewöhnliche Kraft. Mana „wohnt vor allem in einem großen Krieger und Häuptling, wie man an seinem Erfolg erkennt, wenn er nie eine Niederlage erleidet und viele Schädel auf der Schädeljagd erwirbt. Ein Mißerfolg aber zeigt, daß er sein Mana verloren hat. Das Mana ist in der Häuptlingsfamilie erblich; auch Wissen und Kenntnisse gehören dazu, auch Kenntnis der Zaubersprüche, die Macht verleihen und ebenfalls vererbt werden. Ferner verfügt der Priester, der Zauberer und Medizinmann über Mana, das ihn instand setzt, das auszuführen, was seines Amtes ist. Auch das Heilmittel, das er anwendet, ist mit Mana erfüllt . . . Aber auch Tiere und Pflanzen können von dieser Kraft erfüllt sein, ebenso auch Holzklötze, Steine, Waffen und Örtlichkeiten." — Es ist nach dieser kurzen Aufzählung leicht verständlich, wie nützlich es ist und wie sehr einem Manne gelegen sein muß, Mana zu erwerben.

Nun aber wieder die Suque und was sie angeht! „Das Prinzip der Suque besteht darin, daß man durch sukzessives Opfern von Schweinen, Matten und Geld sich im sozialen Range erhöht. Dadurch erlangt man Mana und wird daher nach dem Tode ein angenehmes Leben im Jenseits führen." Und er fährt weiter fort: jede Graderhöhung bringe „den Mann in eine Sphäre dichteren Manas, sowohl durch die Graderhöhung an sich, als auch durch die Gemeinschaft mit den anderen Männern des gleichen Grades. Er tritt aber nicht nur in die Manasphäre dieser Lebenden ein, sondern auch in die der Toten des gleichen Grades. Daher steht er nun zu mächtigen Seelen in besonders enger Beziehung, mit desto mächtigeren Seelen, je höher sein Grad ist. Denn jeder Grad hat die geistige Gemeinschaft mit den ihm entsprechenden Seelen . . . Wer nicht in der Suque ist, ist ein Lusa, eine Art von fliegendem Hunde, der als Einsiedler lebt. Er ist im Männerhaus nur geduldet und darf nicht mit den anderen Männern zusammen essen, kann an ihren Unternehmungen und Belustigungen nicht teilnehmen und ist freundlos. Er muß sich alle Mißhandlungen gefallen lassen, weil niemand sich für ihn einsetzt und weil seine niedere Stellung ein Beweis dafür ist, daß er kein Mana und keinen Ahnengeist hat, der ihn beschützen könnte."

Man hat in diesem Zusammenhange weiter festgestellt: „Es beruht jeder Erfolg, den der Eingeborene im Leben hat, auf Mana, der Lebenskraft. Es ist also das Bestreben eines jeden Eingeborenen, Mana zu erlangen, und dieses Streben hat gleichfalls die Suque in feste Regeln gebracht. Es gibt zwar eine Menge anderer Möglichkeiten außer der Suque, in den Besitz von Mana zu gelangen, durch zufällige Funde von manahaltigen Objekten; allein dies sind doch immer mehr glückliche Zufälle, während die Suque sozusagen die Gewinnung von Mana garantiert, wenn ihre Regeln befolgt werden. Die Geister höheren Grades sind manakräftiger als die niederen Grades und da der Mann durch die Graderhöhung in die Gemeinschaft mit den Seelen seines Grades tritt, so verfügt er auch über deren Mana . . . Wenn die Manaatmosphäre mit dem Suquegrade sich beständig verdichtet, so ist es klar, daß die höchsten Grade das meiste Mana besitzen und mit den mächtigsten Geistern in Verbindung stehen und daß sie daher eine fast gottähnliche Stellung auf Erden einnehmen.

Es wird jede unehrerbietige Handlung gegen diese Männer nicht nur von ihnen selbst gerächt, sondern da in ihnen auch die Seelen beleidigt werden, von diesen Seelen selbst. Daher wagt niemand, sich gegen die Übergriffe der hohen Grade aufzulehnen ... So hat die Suque eine ungeheure Macht über die Eingeborenen, trotzdem sie eigentlich gar keine Geheimnisse zu übermitteln hat. Ihr Wirkungskreis liegt durchaus nicht in dem Gebiete

Mann mit gekrümmtem Eberhauerschmuck, Neue Hebriden

der okkulten Wissenschaften; Gift- und Wettermachen sind Kenntnisse, die zwar vom Besitze von Mana abhängen, nicht aber von der Zugehörigkeit zur Suque. Diese beschränkt sich auf die Regelung der Beziehungen zur Ahnenwelt, auf die Erlangung eines angenehmen Daseins im Jenseits, auf das Ansammeln von Mana in seiner allgemeinsten Form ... Wenn die Männer hohen Grades sich fast alle auf Zauberkünste verstehen, so muß betont werden, daß dies Künste sind, die neben der Suque hergehen und die mit ihr nichts zu tun haben. Allerdings ist für jede Zauberei Mana nötig und darum sind auch die manakräftigen hohen Suquegrade am ehesten in der Lage, mächtige Zaubereien auszuführen; dies ist ihnen aber wiederum auch nur darum ermöglicht, daß sie den Reichtum haben, um sich die Zaubermittel, Amulette und Zaubergesänge zu kaufen, ohne die auch mit allem Mana nichts auszurichten ist. So vereinigt sich schließlich in der Person eines Mannes von hohem Suquegrade alles, was das Leben für den Melanesier wertvoll machen kann, und diese irdischen Vorzüge bilden vielleicht noch mehr als die im Jenseits den Impuls zur Graderhöhung. Die Männer hoher Grade werden daher umschmeichelt, es stehen ihnen alle zu Diensten und ihrem Willen kann sich keiner widersetzen. Sie sind in der Tat die Häuptlinge. Ihrem Willen hat sich die demokratische Männerversammlung zu fügen und ohne ihre Zustimmung kann die Bevölkerung nichts unternehmen. So wirken sie meistens unter der Hand auf alle Unternehmungen ein, ohne daß sie in der Öffentlichkeit stark hervortreten würden."

Man hat als das Charakteristische des Suque-Geheimbundes einen von ihm gepflegten Ahnenkult angenommen; das stimmt und stimmt doch nicht. Viel richtiger wäre zu sagen, daß die verstorbenen Mitglieder stets Mitglieder bleiben, denn jeder Grad umfaßt die heute lebenden und die ehemaligen Angehörigen, die geistweise immer noch anwesend sind. Sie wohnen in ihren Schädelplastiken, die im Männerhause und vor dem Hause des Sohnes oder Enkels stehen, oder in den Ahnenpfählen, und jeder Suqueangehörige ist mit den Geistern seines Grades in Kontakt. Wenn aber von diesen dann behauptet worden ist, ihr da-Sein und ihre Gegenwart beschütze „das ganze Dorf, weshalb man ihr körperliches Dasein dem Dorfe erhalten will, indem man sie zur Schädelstatue verarbeitet oder sie in einer Statue darstellt, oder indem man ihren Schädel auf dem Dorfplatze begräbt", so kreuzen wahrscheinlich hier zwei Anschauungen einander. Denn nach der einen besteht nur zwischen den Menschen und den Geistern ihres Grades Kontakt, nach dem soeben Gesagten aber zwischen Geistern der verschiedensten Grade und den Dorfbewohnern. Das letztere ist sicher eine unklare Auslegung eines ehemals gültigen Gedankens, und diese ganze Geisterlehre wohl ein Einschub in die Manalehre. Daß man durch Schweineopfer Mana erwerben könne und um so größeres Mana, je reicher man sei, je mehr und wertvollere Hauerschweine man zu opfern hat, das ist schon ein in sich begreiflicher und geschlossener Gedanke, in welchem die Ahnengeister sicher nicht mehr nötig sind. Es scheint mir müßig zu fragen, was wohl auf den Banksinseln, woher man die Suque ihren Ursprung haben läßt, das erste war: die Ahnengeister-Lehre oder vielleicht das auf Erwerb von Mana zielende Schweineopfer. Hingegen ist meines Erachtens eines ganz unbezweifelbar: daß der Gedanke Mana zu den frühesten gehörte, die sich der denkende Mensch in alter Zeit einmal erworben hat; er bildete eine Basis für eine ganz unübersehbare Vielzahl zaubrischer und mythisch-religiöser Vorstellungen und Gedankengänge. Und sicher hat da, wo Mana ein Erstrebenswertes war, das heißt, wo Mana als ein positiver Wert begriffen wurde, früh eine Geheimhaltung der für ihren Erwerb gebräuchlichen Methoden eingesetzt. Man teilte nicht jedem mit, wie man ein guter Jäger werden könne, nach welchen besonderen Medizinen einer etwa langen müsse, verriet die Quellen seiner sozialen oder politischen oder zaubrischen Macht nicht gern, weil man ja damit das, was einem wichtig war, entwertete, es jedem ergreifbar machte und sich selber Minderungen schuf. Und — diese Wissenschaften konnten, weil sie jeder haben wollte, sehr teuer gemacht werden, konnten zu einem weiteren Werte werden, zu einem wirtschaftlichen, kapitalistischen und finanziellen, wenn man sie gegen dieses oder jenes oder Muschelgeld verkaufte.

Das war der Anfang. Daß aber in einer Gemeinschaft wie der hier erwähnten, in welcher die Frau Herrin des Pflanzenfeldes ist, in welcher das Erbe in der mütterlichen Deszendenz verbleibt, ich meine, daß auf der matriarchal geordneten und bestimmten Stufe, derjenigen der Vorbauern oder Pflanzer, Lockungen aufsteigen, die Macht und Glück verschaffenden Geheimnisse zu einem Eigentum der sich zusammenschließenden Männergesellschaften zu machen, vor allem, wenn es dem Manne wichtige Geheimnisse sind, — scheint naheliegend. Von solchen Ausgangspunkten aber mußte sicherlich ein Weg zur Bildung geschlossener und geheimer Bünde führen.

Der Rapa-Kult

Die Frage, was wichtiger sei und was dem Menschen als ein erstes wichtig wurde, Jagdglück und Mana — oder etwa der Besitz des Feuers, wird sich mit unsern Mitteln schwerlich noch entscheiden lassen. Wir

wissen nicht mehr, als daß die beiden Wünsche frühe Wünsche sind, und
daß der Zauber ein Wild zu treffen und sein Fleisch als Nahrung heim-
zubringen, dem Zauber das Feuer zu besitzen und regieren, ebenwertig ist.

Der Feuerzauber der Marind, jener wilden Eingeborenen im holländi-
schen Neu-Guinea, ist wohl ein dem Majo-Kulte, der das Gedeihen der
Kokospalme fördert, nahestehendes zaubrisches Tun. „Es war eine Majo-
Zeremonie in Majo. Uaba gehörte zu den Eingeweihten und hatte eine
Iwåg (Mädchen) für die bevorstehenden Orgien mitgebracht. Es gelang
ihr jedoch zu entfliehen, so daß die Majo-Zeremonien vereitelt wurden.
Die Iwåg, sie hieß Ualiuamb, lief nach Mopa bei Gelieb und bereitete
daselbst Sago. Als Uaba vernahm, daß die Iwåg geflohen war, machte
er sich auf um sie zurückzuholen . . . ‚Wo ist Ualiuamb?‘ fragte er die
Leute, als er nach Mopa kam. ‚Sie ist im Sagobusch und klopft Sago‘, antworteten die Leute. Abends kam Ualiuamb mit Sago beladen zurück und
ging in die Hütte. Uaba hielt sich jedoch versteckt, bis es dunkel wurde,
dann schlich er sich unbemerkt in die Hütte zu Ualiuamb. Am folgenden
Morgen fand man Uaba stöhnend und jammernd mit Ualiuamb im Ko-
pulationsakt, aus dem er sich nicht mehr befreien konnte.“ — Er wurde
auf einer Bahre zusammen mit ihr nach Sendar bei Kondo getragen und
dort mit ihr in einer Hütte auf eine Schlafpritsche gelegt. Daselbst befindet sich Uaba bis zum heutigen Tag. Die Hütte, in der er sich befindet,
ist ein Geisterhaus. Dann kam ein anderer Dema (oder Dämon der Vorzeit) Aramemb nach Sendar; „dort ging er gleich in die Hütte, wo Uaba,
mit einer Matte zugedeckt, noch in Kopulation mit der Iwåg lag. Hierauf
packte er Uaba und schüttelte und drehte ihn hin und her, um ihn aus
seiner Lage zu befreien. Plötzlich entstand Rauch, Flammen schlugen hervor, denn durch den Reibungsprozeß war Feuer entstanden. . .“ — Das
Feuer ist also das Ergebnis eines sexuellen Aktes und Uaba der Feuer-
Dema, ist der Feuer-Dämon von Sendar. Als Bringer des Feuers ist er,
was man in der Völkerkunde als einen „Kulturheros“, Kulturbringer zu
bezeichnen pflegt.

Der Rapa-Geheimkult stellt eine dramatisierte Wiederholung dieser
Mythe dar, und sein Entdecker Wirz beschreibt ihn mit den Worten: „Die
Erzeugung des Feuers durch den Begattungsakt hatte die Entstehung
eines Geheimbundes zur Folge. Die Dema von Kondo, so erzählt die
Mythe, kamen fortan nicht mehr zu den Majo-Zeremonien, sie hatten
jetzt etwas anderes, viel Großartigeres. Sie hatten nun das Feuer und

verstanden es herzustellen. Sie hatten nun den Feuer-Dema, der sie fortan mit Feuer versah, wenn sie es nötig hatten.

Zu dem Geheimbund der Rapa-anim, das heißt der Feuerbohrer, gehören ausschließlich die Leute von Kondo. Alles was mit ihrem Bund zusammenhängt, ist in mystisches Dunkel gehüllt, so daß selbst die benachbarten Stämme mit Furcht und Schrecken vor dem Feuer-Dema erfüllt sind. Tatsächlich bestehen die Geheimbundzeremonien in nicht viel anderm als die der Majo. Der mythologische Feuerzeugungsprozeß wird einfach wiederholt, natürlich ohne das gewünschte Resultat zu ergeben. Aber es scheint dennoch, daß auch diesem Geheimbund neben allen Scheußlichkeiten ein tieferer Gedanke zugrunde liegt, welcher nicht zu verkennen ist. Nämlich, daß das Feuer erhalten bleiben und die Kunst des Feuerbohrens nicht verloren gehen soll. Daher muß es bei diesen Zeremonien stets von neuem auf uranfängliche Weise wieder erzeugt werden. Somit ist dieser Glaube an den Rapa-Dema selbst bei den Eingeweihtesten keineswegs ein Märchen.

Daß den Rapa-Zeremonien ein solcher tieferer Gedanke zugrunde liegt, das beweist schon das wenige, was ich bei meinem Besuch der Geisterhütte in Kondo gesehen habe: Unweit von Sendar, einer Siedlung der Kondoanim, liegt im dichten Walde das Geisterhaus des Rapa-Dema. Kein Uneingeweihter hat es jemals betreten, weder einer von den Fremden noch von den Marind; ein solcher ist nach der Aussage der Eingeborenen unerbittlich dem Tode geweiht. Er soll durch die Strafe des Feuer-Dema auf der Stelle gelähmt werden und müsse daselbst liegen bleiben. Tatsächlich sorgen die alten Männer der Kondo-anim dafür, daß das Geheimnis von keinem Uneingeweihten enthüllt und verletzt wird. Mein Begleiter, ein Fakfak-Papua, hatte vernommen, wo die Geisterhütte ungefähr liegen müsse, aber er war für keinen Preis dazu zu bringen gewesen, mir bei einer geheimen Durchsuchung der Hütte behilflich zu sein. Er bat mich entschieden mein Vorhaben aufzugeben, um nicht ohne mich nach Merauke zurückgehen zu müssen. So probierte ich es allein.

Eines Morgens in aller Frühe machte ich mich unbemerkt auf nach dem Geisterhaus. Keine Spur verriet etwas, kein Pfad, keine gekappten Sträucher oder Lianen deuteten darauf hin, daß sich hier im dichten Wald eine Hütte befinden sollte, obschon sie nur wenige Schritte vom Bach und von Jakau entfernt liegt. Ich fand sie nach einigem Suchen richtig auf. Zum Unterschied von andern Hütten war sie sehr hoch, mit vier türlosen Wänden aus Sagoblattrippen versehen, die jedoch nicht bis zum Boden herabreichten, so daß man nur von unten hineinkriechen konnte. Sie war von einem übermannshohen Bambuszaun umgeben, welcher einen ziemlich großen, rechteckigen Platz einschloß, der wiederum in zwei gleichgroße Teile geteilt war; in dem einen befand sich das Geisterhaus, der andere war leer. Wahrscheinlich, daß dieser zweite zur Abhaltung der Zeremonien bestimmt war. Rasch kletterte ich über den hohen Bambuszaun und befand mich vor dem Geisterhaus. Ich zögerte, — was dann, wenn ich entdeckt würde? — dann würde sich die Rache des Feuer-Dema dennoch bewahrheiten. Es war keine Zeit zu verlieren und ich begab mich ins Innere der Hütte. Auf den ersten Bilck war nichts besonderes zu sehen, als daß sich in zweidrittel der Höhe eine Abteilung befand, die die Hütte zur Hälfte abschloß, also eine Art Dachboden bildete; im übrigen war das Innere der Hütte ganz rot, ob mit roter Erde oder mit Blut bemalt, konnte ich nicht entscheiden. Ich kletterte auf die obere Etage, und vor mir lag eine Reihe von sonderbaren Dingen. Zwei große mumienähnliche Pakete, bestehend aus etwas, das in unzählig viele Areca-Blütenscheiden eingepackt und mit Lianen fest verschnürt war, so daß man ohne Beschädigung der Verpackung den Inhalt nicht nachprüfen konnte. Dies also war der Rapa-Dema mit seiner Gattin.

Nur an dem größeren der beiden Pakete war noch etwas besonderes zu sehen. In zweidrittel seiner Länge war in der Umhüllung absichtlich eine kleine Öffnung freigelassen, aus welcher der Fortsatz eines Halswirbels (Epistrophus) hervorschaute, und bei näherer Prüfung des Inhalts ergab sich, daß er aus lauter menschlichen Knochen bestand, die sämtlich rot bemalt waren. Anscheinend stammten sie von Kannibalen-Mahlzeiten, und daß sie von sehr vielen Individuen herrührten, verriet schon die Dimension der Pakete. — Nun aber, was mich noch viel mehr interessierte. Außer den zwei Paketen befanden sich mehrere ca. ein Meter lange, ebenfalls rot bemalte Stäbe auf dem Dachboden, über deren Zweck ich mir keinerlei Vorstellungen machen konnte, bis ich sie bei einem zweiten Besuch, ein Jahr später, nochmals genauer ansah. Sie waren an ihrem untern Ende angebrannt und zum Feuerbohren verwendet worden. Auch das Holz mit den eingebrannten Bohrlöchern war vorhanden, und ich wußte nun auch, wozu die große Menge Holzspäne dienen mußte, — natürlich um das Feuer anzufachen. Dies war der Inhalt der Geisterhütte, die ich eiligst verließ mit einer Fülle neuer Eindrücke, die mich den Rätseln des Rapa-Dema etwas näher brachten .

Es ist also zweifellos, daß bei den Rapa-Zeremonien tatsächlich Feuer gebohrt wird, was Hand in Hand geht mit den sexuellen Orgien und mit allerhand Schändlichkeiten. Vielleicht, daß durch den durchbohrten Leichnam des Geopferten hindurch das Feuer gebohrt wird, worauf die Länge der Stöcke hinzuweisen scheint, um der Feuererzeugung der mythologischen Überlieferung möglichst nahe zu kommen, damit die Zeremonien also mit der mythologischen Feuererzeugung möglichst identisch würden. — Wie ich von anderer Seite erfuhr, soll sich jedoch bei Sendar, in der Geisterhütte oder anderswo, tatsächlich ein Rapa-Dema befinden, nämlich zwei Steine, von denen der eine einen phallusartigen Fortsatz, der andere ein Loch besitze und das weibliche Prinzip repräsentiere. Es scheint, daß in allen Geisterhäusern sich ein derartiger Stein-Dema befinde, wie auch an den meisten Plätzen, wo sich ein Dema aufhalten soll."

So der Bericht, den Wirz uns über die dort von ihm gemachten Beobachtungen gegeben hat. Was seine Schlüsse betrifft, so möchte ich wohl glauben, daß das stimmt, was er bei seiner Beschreibung der Hütte des Geheimbundes angenommen hat. Was nachzutragen bleibt, sind einige weitere Einzelheiten dieses Kultes, daß nämlich das neue Feuer gebohrt wird, während eine Iwag, ein junges Mädchen jenes Stammes, mißbraucht wird. Das will mir nach der vorhin erzählten Rapa-Mythe auch wahrscheinlich dünken, denn jene Mythe behauptete, daß das Feuer das dankbar begrüßte Ergebnis einer langandauernden Vereinigung gewesen sei. Dieselbe muß also auch im Kult, der ja den mythischen Vorgang wiederholen will, geschehen. Da eine solche Vereinigung aber ganz natürlich fruchtlos bleibt, daß heißt, kein Feuer gibt, muß dieses durch eine analoge Handlung, das Feuerbohren mit einem Bohrholz oder Stab, erfolgen. Ob nun für diesen Akt ein sterbendes Opfer oder ein Leichnam, dessen Überreste man mißbraucht, indem man den Stab durch ihn hindurchführt und das Feuer bohrt, notwendig heißen will, wird sich, soweit ich sehe, nicht genau feststellen lassen, — aber die Annahme will mich unwahrscheinlich dünken.

Von diesen Überlegungen her gewinnen wir vielleicht einen weiteren Zugang zu den Problemen der Geheimbünde und geschlossenen Kulte. Man wird dabei wohl von der Frage des Wertes des Feuers für den einfachen Menschen ausgehen müssen. Es ist ihm ein Geschenk und Freund und dabei doch zugleich ein Feind. Die Kunst es zu gewinnen gehörte zu den großen Künsten und Entdeckungen des Menschen, und zugleich war es eine schwere Kunst. Noch das beginnende neunzehnte Jahrhundert wußte um ihre Schwierigkeit, denn man bewahrte glühende Kohlen über Nacht, um sich der Mühsal einer Feuererzeugung zu entheben, — das Märchen von den „Bremer Stadtmusikanten" hat noch diesen Zug, — und lieber holte man bei seinem Nachbarn Glut, als daß man Feuer schlug und neu entfachte. In alten Zeiten war aber das Feuererzeugen noch viel schwerer; es wurde gebohrt, mit einem Feuerquirl aus trocknem Holz gequirlt, mit einer Feuersäge aus dem Holz gesägt. Das neue Feuer aber war deshalb auch ein Gnadengeschenk und heilig, und noch die christliche Zeit weiß um die Feuer- und Lichtweihe, die Lichtweihe an Mariae Licht- meß, die des Feuers am Karsamstags- oder Osterfeuer. Erst recht wird sie in alten Zeiten üblich gewesen sein. Wie auch die alten Zeiten heilige Hüter und Bewahrer des Feuers, man denke an die Vestalinnen, kannten, und wie der Feuerbringer — etwa Prometheus oder der Große Rabe der Indianer, Mänäbusch, und Jelq — wie alle diese zu den Heilbringern und Halbgöttern zählen; wie Feuer ein Besitz der Himmlischen gewesen ist.

Das alles spielte mit, um eine Feuererzeugung, das neue Feuer, zum Gut und Kultgeheimnis eines kultischen Verbandes zu machen. Ich dachte soeben an die Vestalinnen. Sie haben das Feuer bewahrt und hüteten es; es war ein reines Feuer und sie selber waren rein, denn die Vestalin, welche ihre Jungfrauschaft preisgab, verderbte das Feuer und sie wurde drum getötet, so wie sie als eine verderbte Gottesbraut getötet werden mußte. Zwar war die Priesterschaft der Vesta kein Geheimbund, aber sie bildete einen geschlossenen, zahlenmäßig begrenzten Verband, der eigene, beson- dere Aufgaben und Pflichten hatte.

Es wurde bereits bemerkt, daß den Vestalinnen sexuelle Enthaltsamkeit geboten war. In irgend einer Weise scheint jede Feuererzeugung sowie das Dasein des Feuers mit dem Sexuellen einen Zusammenhang gehabt zu haben. Die Rapa-Mythe sagt ja auch ein Entsprechendes und man könnte meinen, daß eine physiologische Beobachtung zugrunde liege. Aber darüber hinaus wirkte noch ein anderes ein: die Tätigkeit des Feuerbohrens erinnert an den Geschlechtsakt, die Geräte werden als männliche und weibliche Organe angesehen, bezeichnet und diesen an- geglichen. Der oben zitierte Marind-Forscher schreibt: „Wie ich von anderer Seite erfuhr, soll sich bei Sendar, in der Geisterhütte oder anders- wo, ein Rapa-Dema befinden, nämlich zwei Steine, von denen der eine einen phallusartigen Fortsatz, der andere ein Loch besitze und das weib- liche Prinzip repräsentiere. Es scheint, daß in allen Geisterhäusern sich ein derartiger Stein-Dema befinde." Man wird nach diesem wohl annehmen dürfen, daß alles Feuerbohren dem sexuellen Akt verglichen worden ist, wie es die Rapa-Mythe auch als solchen sah, — und daß das Sexuelle deswegen im Kulte eine große Rolle spielte.

Nun aber heißt es weiter, daß alles sexuelle Tun und Denken bei den Marind zu einer außerordentlichen Bedeutung stieg; fast alle ihre Kulte waren sexuell gerichtet und waren von Orgien ausgesprochen sexueller Art begleitet. Die Orgien sind allgemein und reißen eigentlich alle hin; trotzdem teilt sich das Fest in lauter Einzelgeschehnisse auf und jédes Paar zieht sich abseits zurück. Es ist begreiflich, daß solches Tun die Wurzel für ein Geheimbündisches werden konnte. Und es ist ebenso begreiflich, daß zwischen dem kultischen Sexualakt, der im Rapa-Dienst begangen wird, und jenen Akten kaum ein Unterschied gefunden wurde. Und daß die Parallelität des Aktes drüben, des Aktes hüben die beiden als ein Identisches und Gleiches sehen ließ. Wenn das geschah, dann war es aber für die Marind nicht mehr leicht, das eigentlich Kultische vom nicht-kultischen Geschehen zu trennen. Dann rückte sehr vieles in die von den Männerbünden getragene und den Männerbünden zugehörige kultische Sphäre. Auch für den Wissenschaftler aber wurde es damit schwer, die einzelnen Teile eines Festes nach ihrem Herkommen zu bestimmen; wir wissen zum Beispiel nicht, in welche der eben festgestellten, die kultische oder außerkultische Gruppe, dieser Zug gehört: nachdem das neue Feuer gebohrt worden war, wurde mit ihm ein Scheiterhaufen angezündet, auf den man das mißbrauchte Mädchen lebend warf. Danach verzehrte man sie und übte mit ihrem Blut und ihren Knochen den Kokospalmen-Vegetationszauber wie im Majo-Kult, (auf den ich dann noch ausführlicher zu sprechen komme.). Nach allgemeiner Vermutung aber stammt das alles aus dem Majo-Kult und war im Rapa-Kult ursprünglich nicht beheimatet und fremd. Es ist erst in den Rapa-Geheimkult eingegliedert worden.

Der ausgebildete Rapa-Kult hatte also anscheinend eine kultische und noch eine zweite, ihm erst zugewachsene Seite. Ob die Erzeugung des Feuers zum Geheimkult treiben mußte, läßt sich aus den uns zur Verfügung stehenden Quellen nicht erkennen; man wird es für diese frühen Kulturen aber doch wohl glauben. Doch daß der „irdische Teil", das orgiastische sexuelle Tun, die Anthropophagie in das Geheime führen mußten, das wird man als ziemlich sicher, ja gewiß annehmen dürfen, schon weil es sich ja zumeist um Endokannibalismus handelt. Denn die mißbrauchte und geopferte Iwåg ist ein Mädchen, das aus dem eigenen Stamme kam oder zumindest doch in ihm aufgewachsen ist; und es ist schwer zu glauben, daß sich ein Mädchen für das Schicksal, welches ihrer endlich harrte, finden würde, wenn alle im Stamme die Geheimnisse des Rapakultes kannten.

Anthropophagie

Die Frage, wieso man durch ein Schweineopfer Mana erwerben könne, wie das im Suque-Geheimbunde ja beabsichtigt ist, ist nicht ganz einfach zu beantworten, vor allem, wenn man dem Alter des Geheimbundes gegenüber Bedenken haben muß. Die Völkerkundler glauben auch, daß diesem Schweineopfer einst ein Menschenopfer vorangegangen sei, und sie begründen das sowohl durch Aussagen der befragten Eingeborenen wie durch verschiedene Züge seines Zeremoniells. So sagt man, es sei bemerkenswert, daß bei den Zeremonien der Graderhöhung die Männer auf allen Inseln immer irgend eine Waffe trügen, sei es ein Bogen oder sei es eine Keule oder nur ein Pfeil. Man könnte das natürlich auch damit erklären, daß bei den Feiern die Männer stets in ihrer vollen Festestracht erschienen, und daß zu dieser naturgemäß auch alle Waffen gehören; doch wird dagegen gesagt, daß sie wahrscheinlich deshalb Waffen trügen, weil diese bei ihren bündischen Zeremonien nötig seien, weil diesen Festen nämlich früher ein kriegerischer Charakter eigen gewesen sei, und daß sie die Waffen beibehalten hätten, als an die Stelle der Menschenopfer Schweineopfer traten.

Von einer Fate genannten Insel berichtet Le Chartier über einen Festtanz anläßlich einer Graderhöhung und er sagt, „que la danse s'achevait autrefois elle-même par l'égorgement des prisonniers, qu'on dévorait après... On substitue aux vaincus de pauvres cochons gras;" — da wird es mithin ausdrücklich ausgesprochen, daß Schweineopfer einem Menschenopfer folgten, und etwas Ähnliches will man auch von Ambryn wissen. Von Maevo wieder wird durch einen Forscher mitgeteilt: „On dit, que le vieux Saravaé n'était qu'un pur homme et non pas un tamate esprit. Mais parce qu'il a vaincu Tacaro, il est devenu le patron des guerriers. comme Boe Bogrogo est devenu le chef des tueurs de cochon. Quand quelqu'un veut devenir chef en tuant des hommes, il va en pélerinage aus pays de Saravaé. Quand un autre veut devenir chef en tuant des cochons, il va en pélerinage à la grotte de Boe Bogrogo. Quand quelqu'un veut devenir chef par les deux moyens, il fait les deux pélerinages. C'est ainsi, que Malasi, le plus grand chef d'ici, me racontait l'autre jour, qu'il a fait autrefois les deux pélerinages. . . C'est pourquoi, concluait-il, j'ai réussi à tuer 7500 cochons et 100 hommes, que j'ai mangés, ce qu'aucun autre n'a pu faire." — Die Menschenopfer gingen den Schweineopfern also überall voran und sie begleiten sie zeitweise heute noch. Warum sie später schwanden, braucht an dieser Stelle nicht zu interessieren, denn wichtiger ist, was man zu einer Begründung dieser Annahme anzuführen hat: es sei leicht zu verstehen, wieso ein Mann durch solche Opfer in seinen Graden, das heißt in seinen Manakräften steige, denn es darf hier das gleiche Motiv wie überall im Kannibalismus angenommen werden, daß nämlich der Opferer die Herrschaft über das Mana des Geopferten erlange, — besser gesagt, daß er es sich aneigne, daß es ihm zufließen muß. Dadurch muß sich sein Mana aber jedemal vermehren, was durch ein bloßes Schweineopfer sicher nicht in diesem Maße möglich wäre. (Um den hier öfters zitierten Begriff des Opfers zu verstehen, wird man an den durch Robertson Smith in Übung gekommenen anschließen müssen; Smith hatte in seinen „Lectures on the religion of the Semites" festgestellt, daß bei nomadisierenden Völkern das Fleischessen eine heilige Handlung wäre, und jede Schlachtung eines Tieres, welches dem Viehbestande des Stammes oder eines Geschlechtes angehörte, ist durch bestimmte Vorschriften geregelt worden. Es sollte in irgend einer Weise ein jedes an dieser Festlichkeit Anteil erhalten. „Das Essen wird zu einem Opfer." Doch diesen Opfern haftet durchaus nicht der Gefühlston einer Furcht, des Schuldbewußtseins an, den wir dem „Opfer" heute so gern zuzuschreiben pflegen, sondern sie sind nur eine frohe Zusammenkunft der Stammesangehörigen mit ihrem Gott. Und auch den Schweine- oder Menschenopfern haftete kein Schuldbewußtsein an, — sie waren natürlich auch keine Zusammenkunft mit einem Gotte, — sie dienten nur dazu Mana freizumachen, Mana in sich aufzunehmen.)

Denn diese an dem Begriffe Mana haftende Vorstellung ist sehr weit verbreitet; man kann sie in uns geläufigen Gedankengängen ja noch wiederfinden. Ein schwedischer Religionshistoriker hat sie so kennzeichnen wollen: „Die Auffassung, daß der Natur eine allgemeine Kraft innewohnt, wie sie in den oben erwähnten Riten in der Wachstumskraft in Wald und Feld und besonders in der Fruchtbarkeit des Ackers zum Vorschein kam, finden wir auch beim Brote. Die Vorstellung von einer Machtkonzentration im Getreide bleibt an ihm haften auf seinem ganzen Wege vom Felde auf die Dreschtenne, vom Mehl zum Brot. Überall finden wir die Lebenskraft in dem, was zuletzt übrig bleibt, konzentriert. Es ist ja auch ganz natürlich, daß man die im wachsenden Getreide wohnende Kraft in dem nährenden Brote wiederfindet", und „alle diese Brote besitzen eine Fähigkeit, die Zeugungskraft zu bewahren und zu verstärken... Das Brot ist an und für sich etwas Kraftenthaltendes, vor anderen Dingen Ausgezeichnetes." — Wer also das Brot ißt, nimmt und eignet diese Kraft sich an, genau wie der, der ein Tier ißt, einen Becher trinkt, sich dessen Kraft und dessen Wesentliches angeeignet hat. „Das Essen, das vorkommt, hat den Zweck gehabt, die ganz materiell aufgefaßte Kraft, die in der Natur vorhanden ist, zu bewahren, zu vermehren oder zu schaffen... In derselben Weise, in der wir das Essen bei Erntefesten und so weiter erklärt haben, müssen wir auch das Essen von Tieren und Menschen, um deren Eigenschaften zu erhalten, auffassen. Es ist dieselbe Vorstellung, nur auf ein anderes Gebiet übertragen. Ihre Wurzel liegt nicht in der Vorstellung vom Werte eines göttlichen Individuums, sondern sie ist rein magisch. Indem der Mensch jemanden oder etwas ißt, das im Besitze der erwähnten Eigenschaft ist, erzwingt er sich dieselbe unabhängig von dem Willen etwa vorhandener Götter", — wie Jevons schon in seiner Introduction to the history of religion behauptet hatte: „The savage will eat an enemy to acquire his boldness, or a kinsman to prevent his virtues from going out of the family."

Die Völkerkundler des neunzehnten und zwanzigsten Jahrhunderts sind der Meinung, daß die geopferten Menschen gegessen worden seien, was dem Versuche Mana zu erwerben sicherlich entsprach. Aber die Anthropophagie spielte über diese Absicht hinaus in den Geheimbünden eine Rolle. Besonders umfangreiche Ausmaße hat sie bei den Marind gehabt; deren Erforscher aber sagen, es sei gar nicht auszumachen, ob dort am Anfange ein orgiastisches sexuelles oder anthropophages Tun gestanden habe, dem man erst später bestimmte religiöse Sinne unterlegte, oder ob die das erste waren und die Übungen nur ein Beiwerk, das sich aus irgendwelchen kultischen Forderungen ergeben hat. Es sind bei ihnen vier Kulte, in denen eine „kultische Menschenfresserei" gebräuchlich scheint: der vorhin schon besprochene Rapakult, der Majokult, der Imokult und noch zuletzt die Ezamfeiern.

Der Majokult dient heute dem Wachsen und Gedeihen der Kokospalme. In Wahrheit stellt seine Feier aber eine Einführung und Einweisung der jungen Menschen in den Kulturbesitz des Stammes dar, wobei die Majomythe dramatisiert und „nachvollzogen" wird. Es werden beim Majokult zwei Gruppen von Feiernden unterschieden: die Einzuweihenden und die Eingeweihten. Während der sich durch mehrere Monate hinziehenden Einweihung der jungen Menschen, der Majo-anim, „besteht unter den früher Eingeweihten, Männern und Frauen, den sogenannten Metoar, ein ungebundener geschlechtlicher Verkehr; allabendlich finden im Busch Orgien statt, zu denen Bewohner anderer Siedlungen ebenfalls freien Zutritt haben. An diesen Orgien durften sich die Majo-Novizen unter keinen Umständen beteiligen. Erst am Schlusse ihrer Absonderungszeit fielen für sie auch in dieser Hinsicht die Enthaltungsvorschriften fort, wodurch die Feiern einen noch obszöneren Charakter annahmen." — Die nächtlichen Orgien, welche die ganze Initiation begleiten, endeten stets damit, daß die bei den Gelagen gebrauchten Mädchen, die Majo-iwåg, getötet und gefressen wurden. „Bei den jüngst gepflanzten Palmen wird je ein Knochen der geopferten Iwåg begraben, und mit ihrem Blut werden die Palmstämme rot gefärbt. Damit soll die Fruchtbarkeit und Tragfähigkeit der Kokospalmen erhöht werden", — es handelt sich also um eine Fruchtbarkeitszeremonie.

Wo aber nimmt man dafür das Opfer her? Die Forscher behaupten: es „scheinen gewisse Mädchen des eigenen Stammes, vermutlich aber solche, die als Kinder auf den Kopfjagden geraubt oder zwischen befreundeten Siedlungen ausgetauscht worden waren, bei Gelegenheit der Majo-Zeremonien in einem engeren Kreise der männlichen Eingeweihten mißbraucht und aufgefressen zu werden".

Zwei Deutungen scheinen für diese Übung möglich. Eine erste würde sagen, daß sexuelle und kannibalistische Übungen wesentliche Teile bestimmter, dem Wachstume ihrer Kokospalmen dienenden Gebräuche seien. Wir wissen von diesen Kulten aber heute noch zu wenig, — man hat nur immer jüngere vegetationskultische Brauchtümer durchforscht, — als daß sich darüber eine bestimmte Aussage machen ließe. Auf eines aber wird man jedenfalls aufmerken müssen: die dem Gedeihen der Knollen- und Hülsenfrüchte dienenden Wachstumskulte gehören den Frauen und liegen vorzugsweise in der Hand der Frauen; das Pflanzen von Bäumen und ihr Gedeihen ist aber eine Angelegenheit des Mannes, und männliche Wachstumskulte werden anders aussehen als diejenigen des Weibes. Wenn der Erforscher der Marind vermutet hat, — nachdem er die Parallelerscheinungen im Imo-, Rapa- und im Ezamkult besprach: „Auch in andern Teilen von Neu-Guinea sind mit den allermeisten Geheimkulten vielleicht

Mit Ton übermodellierter Schädel eines Ahnen, Neue Hebriden

ursprünglich sexuelle Feiern, Menschenopfer und Kannibalismus verbunden gewesen, die dann im Laufe der Zeit vielfach durch Schmausereien
harmloserer Art ersetzt worden sind. So spricht auch dies wieder dafür,
daß der Majo-Kult vermutlich aus rein sinnlichen Festlichkeiten hervor-
ging", — ich meine, wenn er an eine solche Entwicklungsgeschichte dieser
Kulte glaubte, daß sie wohl denkbar, aber es meines Wissens selten ist,
daß man derartige Feste, indem man ihnen einen höheren Sinn beilegte,
erhöhte und sozusagen begreiflicher oder sittlicher macht. Vielleicht trifft
doch die vorige Annahme, daß in diesen anscheinend bösen Kulten allein
nach Mana gelangt wird, ihren Sinn am meisten: durch den Verkehr
erwerben die Mädchen und erhöhen ihr Mana, und das geht dann —
wie mit dem Blute an die Kokospalmen — durch ihr Verspeisen an die
begehrlichen Tischgenossen über.

Auf diese Deutung aber steuert nun auch zu, was über den Imokult
der Marind angegeben worden ist; ich lasse die einzelnen ihn betreffenden

Nachrichten sofort folgen. Da heißt es zunächst vom Kult und seinem großen Feste: „Das eigentliche Geheimnis und der Mittelpunkt der Zeremonien ist auch hier eine Reihe sexueller und blutiger Feiern, welche mit Kannibalismus abschließen. Ein Jüngling und ein Mädchen des eigenen Stammes werden nach dem Busch gebracht, wo sie von den Eingeweihten mißbraucht werden; sie wissen nicht, was ihnen bevorsteht. Man erzählt unter anderem von einer tiefen Grube, welche zu diesem Zweck gegraben wird, und aus welcher die beiden mißhandelten Menschen lebend nicht mehr herauskommen sollen. . .“ Dann heißt es an einem späteren Ort: „Nachdem die Eingeweihten und frischaufgenommenen Novizen, die sich vorerst jedoch einer längeren Prüfungszeit unterwerfen müssen, ihre Lüste befriedigt haben, werden das Mädchen und der Jüngling auf irgend eine ungewöhnliche Weise getötet. Ein Kannibalenmahl bildet den Abschluß der Festlichkeiten. Vermutlich ist der Jüngling nur ein Novize, der ohne zu wissen was ihm bevorsteht, im Augenblick des Ausübens des Coitus samt dem Mädchen getötet wird. Auch ist es nicht unwahrscheinlich, daß es sich auch hier wieder um Individuen handelt, die als Kinder auf Kopfjagden geraubt, dem Stamm einverleibt und in ihm aufgezogen wurden, oder daß es sich um solche Personen handelt, die sich irgend etwas zuschulden kommen ließen.“ Von dem Gerät Imbassum, der heiligen Speerschleuder, aber wird gesagt: „bei der Feier wird sie vermutlich als Marterwaffe verwendet, indem man der zu tötenden Iwåg den Leib damit aufreißt. Mit dem Auffressen der Hingerichteten sind dann die eigentlichen geheimgehaltenen Zeremonien beendet. Man schichtet zum Rösten der Leichen einen großen Scheiterhaufen auf, dessen Rauch weithin sichtbar ist. Das ist das Feuer des Imo, das auf mystische Weise entstanden sein soll. So sagen die Nichteingeweihten, und glauben an allerhand Dema-Spuk, während sich die Eingeweihten am Kannibalenmahl gütlich tun.“ — Was ich nach allen diesen Angaben noch einmal betonen möchte: ich nehme als letzte und entscheidende Ursache den Versuch, durch den Verkehr wie in der Mahlzeit Mana zu gewinnen, an. Die jüngeren Jahre aber verloren dann Sinn und Wesen, und alles glitt in das Orgiastische und Entleerte ab.

So wie der ganze Leichnam noch immer der Träger des Mana — oder, wie es die Irokesen nannten, des Orenda — eines Menschen ist, so kann die ungreifbare Kraft oder Macht in einem Körperteil enthalten sein. Wir sprechen ja heute noch von einem mutigen Herzen; die biblischen Jahre sahen die Zeugungskräfte eines Mannes in seine Lenden gelegt; ein kluger Mann „hat Köpfchen". Wer sich des Schädels oder des Hirns bemächtigen kann, bemächtigt sich drum mit diesem auch der Klugheit jenes Klugen. Dahin zielt nun ein uns aus Afrika bekannt gewordener Brauch: in Süd-Guinea werden die Schädel ausgezeichneter Menschen, berichten verschiedene Reisende, mit großer Sorgfalt aufbewahrt. Es handelt sich dabei durchaus um den Schädel und sein Mana. So wurde zum Beispiel einem kürzlich verstorbenen, angesehenen Manne nach seinem Tode der Kopf abgeschnitten; man hat ihn dann auf eine untergelegte Kreideschicht austropfen lassen. Man hat das Hirn als den vorzüglichsten Sitz der Weisheit angesehen und wenn die Kreide während des Zersetzungsprozesses unter dem Kopfe liegt und dieser hineintropft, saugt sie alle Weisheit ein. Wer dann mit solcher Kreide seine Stirn bestreicht, in dessen Kopf dringt alle Weisheit jenes Mannes ein, von dem die Kreide sich gefüllt und angereichert hat.

In dieser Mana-Vorstellung hat wohl die Kopfjagd der südostasiatischen und indonesischen Stämme auch den letzten Grund. Sie ist, zumindest bei den als Kopfjäger berüchtigten Marind-Völkern, mit Kannibalismus oder Menschenfresserei gepaart. Nach einem Überfall, sobald ein Kopf erbeutet wurde, trennt man von den enthaupteten Körpern die Arme und Beine ab und bringt sie zum Jagdlager, wo man daraus eine Mahlzeit hält. Im Lager werden die Köpfe auch notdürftig präpariert, indem man das Hirn entfernt, es dann mit Sago mischt, aus dieser Mischung einen Kuchen bäckt und den dann ißt. Ganz sicher dient diese Mahlzeit wie die vorige dazu, das Mana der ihrer Köpfe Beraubten in sich aufzunehmen. (Die Marind-Forschung hat etwas diesem Entsprechendes angenommen.) In einem monographischen Berichte wird über sie gesagt: es war in allen Marind-Dörfern eine feste Sitte, daß man in jedem Jahre mindestens einmal auf die Kopfjagd ging. Das war nicht bloß ein sehr beliebter und für die reifere Jugend ganz besonders interessanter Sport und eine Gelegenheit, um Mut und Tapferkeit zu erproben, die mehr oder minder angeborene Mord- und Raublust zu befriedigen und sich in den Genuß von kannibalischen Mahlzeiten zu versetzen, feindliche Gebiete zu durchstreifen und allerhand Abenteuer zu erleben, was bei dem sonst so eintönigen Leben dieser Sumpf- und Urwaldeingeborenen ein doppelt verständliches und für sie begreifliches Unterfangen ist, — die Kopfjagd war ihnen vielmehr eine notwendige Angelegenheit, die eine Erklärung in der Anschauung dieser Menschen findet:

wir müssen für unsere neugeborenen Kinder Namen haben. Denn es war bei den Marind Sitte, daß jedwedem Kind und dieses möglichst bald, nachdem es geboren worden war, der Name eines Geköpften als sein Haupt- oder Kopfname gegeben wurde. Deswegen war es mit dem Morden und mit dem Erbeuten irgendwelcher Köpfe, die man als eine Trophäe mit nach Hause nahm, noch nicht getan, man mußte vielmehr von dem Geköpften auch den Namen kennen; ein Kopf war ohne Namen wertlos; höchstens konnte man ihn einmal, indem man ihm einen beliebigen Namen beigab, weiterhandeln und vertauschen. „Man wird wohl kaum fehlgehen, wenn man die an die Kopfjagd anschließende Namengebung mit dem Glauben an mächtige seelische Kräfte, die insbesondere im menschlichen Kopf anwesend gedacht werden, in Zusammenhang bringt." — Man meint, daß daraus auch die Sitte hergeleitet werden müsse, den Kopf zu präparieren, ihn zu bemalen und zu zieren; man habe versucht, die Kraft im Kopfe möglichst festzuhalten, indem man den Kopf zurichtete und konservierte. „Die präparierten Köpfe bilden also eine Art von potenzierter Kraft, die sich in verschiedener Weise verwenden läßt. Schon der bloße Name enthält . . . Kräfte. Er ist selbst ein Teil der Person und besitzt gewisse Individualität. Diese Kräfte sollen bei der Namengebung zweifellos von ihrem Medium auf das Kind übertragen werden; die Kraft hat ihren Sitz im präparierten Kopf", — und dieser bleibt so lange in Achtung und Verwahrung, bis der nach ihm genannte Mensch einmal gestorben ist.

Die Meinung, daß eine dem hingemordeten Menschen eigentümliche Kraft in seinem Kopfe wohne, wird ganz ohne allen Zweifel richtig sein; was aber den Namen und den an ihn sich knüpfenden Gedankengang betrifft, so mag hier wohl ein zweiter Gedankengang den ersten kreuzen, denn wäre die Namensübertragung wirklich eine Manaübertragung, dann hinderte doch nichts, den Schädel nach einer erfolgten Übertragung als nunmehr wertlos und als seiner Kraft entleert beiseite zu tun; er wird jedoch und das wohl als ein Kraftquell aufbewahrt, so lange der zu ihm in Beziehung gebrachte Mensch noch lebt. Die Namensgebung also ist ein in-Beziehung-Setzen; wahrscheinlich ist diese Beziehung aber gebunden und es geht die Kraft vom Schädel X nur auf Menschen über, die X heißen so wie er; die aber vom Schädel Y geht auf die Y-Genannten über. Die Grundvorstellung aber ist dann die, daß jeder Schädel Mana-Träger sei. „Man begeht wohl keinen Irrtum, wenn man als die einfachste Vorstellung annimmt, daß jeder Feind, der seinen Kopf eingebüßt hat, seine

Lebenskraft gewissermaßen einem neugeborenen Kinde abtritt. Die Kräfte, die in den Trophäen aufgespeichert sind, werden aber noch in einer anderen Weise wertvoll. Die Köpfe zieren stets die Männerhäuser. Mit der Kopfjagd ist auch stets die Errichtung eines neuen Männerhauses verknüpft, wo die frisch erbeuteten Trophäen untergebracht werden. Sie bilden auch hier einen Ausfluß von Kräften, die jedenfalls dem Männerhaus als ganzem und dessen Bewohnern zukommen sollen." Damit, das heißt mit der Inanspruchnahme der erbeuteten Köpfe durch das Männerhaus, wird aber die Kopfjagd, an welcher bei den Marind sonst das ganze Dorf, mitunter sogar die Männer zweier Dörfer, teilgenommen haben, zu einer Angelegenheit besonderer Bedeutung für das Männerhaus, das aber heißt weiter, zu der Angelegenheit des Männerbundes.

Anthropophagie und Kopfjagd gelten inner- und außerhalb geheimbündischer Verbände. Es scheint mir aber, als ob nicht hinter jedem Kannibalismus, hinter jedem erbeuteten Kopfe der Mana-Gedanke stehe; man hat doch auch deswegen Menschen gegessen, weil man das Fleisch für ein besonders wohlschmeckendes gehalten hat, wie uns verschiedentlich berichtet worden ist. Man hielt sich ferner deswegen auch an Menschenfleisch, wenn anderes Fleisch nicht greifbar gewesen ist. Die Küstenbewohner der nordöstlichen Gazelle-Halbinsel haben einen der schwarzen Magie ergebenen Geheimbund, den Ingiet. In diesem war es verboten Schweinefleisch zu genießen. Und Kenner der Stämme meinen, daß, da doch niemand unter diesen Insulanern sein ganzes Leben lang auf Fleischgenuß verzichten wollte, — es außer dem Schweine auf der Gazelle-Halbinsel aber keine größeren Tiere gab, — die Ingiet-Mitglieder sozusagen zur Anthropophagie gezwungen waren. Schon bei der Aufnahme, wird von manchen Beobachtern behauptet, sollen die Novizen früher veranlaßt worden sein, aus einem ihnen dargebotenen Becher Menschenblut zu trinken, und einer ihrer bekannten Tanzgesänge hat begonnen: „Männer! Sprecht es alle aus! Blut eines Erschlagenen —!" Von einem andern Forscher wurde folgendes Erlebnis mitgeteilt: „Als ich das Ingietmitglied Tompuan aufforderte, mir eine Verwünschung zu diktieren, redete er sich mit seinen eigenen Worten in einen Anfall zuckender Wut: Weshalb kommst du hierher? Was willst du? Ich töte dich, kastriere dich, fresse dich, koche und verzehre dich!" So nahe lag alles dieses ständig seinem Denken.

Ebensowenig wie dieser Grund ist aber ein anderer zu übersehen, —

Modellierter Schädel, Mittel-Neumecklenburg

der Umstand nämlich, daß rauschhafte Zustände oft zu Grausamkeiten und Wildheiten treiben. Sadismus ist ein dem Durchschnittseuropäer heute geläufiges Wort; es sagt, daß im (zumeist sexuellen) Erregungszustande grausame Handlungen, Schläge, Peinigungen und derlei geschehen. (Es ist auch oft behauptet worden, daß die aus Konzentrationslagern berichteten Greuel einer entsprechenden Gemüts- und Seelenlage entsprungen seien.) Die rauschhafte Erregung kann sich sehr oft zu Mord- und Blutlust steigern; antike Maenaden, die Männer mit ihren Zähnen zerrissen haben sollen, werden sehr gern als Beispiel dafür angeführt. Und ähnliche Zustände mögen in manchen männlichen Bünden vorgekommen sein. Wahrscheinlich ist manches, was bei den Marind einmal in engem Zusammenhange mit ihrem nächtlichen orgiastischen Fest geschah, wenn es ursprünglich auch aus einem Mana-Denken aufgegangen ist, von Nacht und Tanz und Rausch gestachelt, in das Orgiastische, in den rauschhaften Mord und eine rauschhafte Anthropophagie getrieben. Vor allem mag auch hierher gehören, was im afrikanischen Leopardenbund und was in anderen negerischen Kulten sich begeben hat; da sprechen die aus den

Akten erhobenen Urteile und Belege durchaus für sexuelle Perversionen und sadistischen Rausch, der bis zur Folter und zu anthropophagem Tun hinaufgewachsen ist.

Ich will die übrigen Möglichkeiten, die zur Anthropophagie geführt, nun nicht mehr durchgehen, sondern nur noch einen Punkt erwähnen: die in den geheimen Bünden verankerte kultische Menschenfresserei. Sie spielt dort, wie schon die Berichte über die Marind zeigen, eine Rolle, und sie erscheint so in Ozeanien wie in Afrika. Auch hier gehen die verschiedensten Beweggründe sichtbar durcheinander. Wie bei den Marindanim handelt es sich in dem Geheimbunde Ngoi bei den Aduma in Loango um den Gewinn von Mana. Dagegen ist bei dem Geheimbunde des Kamalu Ju Ju, der in Liberia bestand, nur sehr schwer festzustellen, ob etwa ein Opfergedanke das Primäre gewesen ist oder nur ein perverses Gelüst nach Grausamkeiten und Menschenfleisch; es geht verschiedenes hier ununterscheidbar durcheinander. An ihren kultischen Festen haben furchtbare Martern an den Opfern und daran anschließend das Verzehren der zu Tode Gequälten statt, und es ist eine festgeschlossene Gruppe, die das tut. Der Oberpriester oder Kamalu bestimmt den, der getötet wird; das Opfer wird zu einem nächtlichen Fest des Bundes bestellt, ohne daß es erfährt, ob es sich nur um seine monatliche kultische Pflicht oder ob es um seinen eigenen Opfertod sich handelt. In den Beratungen werden die Martern und die Todesart bestimmt, die Köpfe der Opfer werden dem Oberpriester übergeben, der sich mit ihnen schmückt, das übrige aber wird verspeist. Den europäischen Schutzmächten sind das aber alles kriminelle Sünden, und da sie scharf zupacken, ziehen sich heute alle diese Dinge in das Geheimnis und den Schutz des tiefen tropischen Waldes zurück, wohin sich die afrikanischen Leopardenbünde auch zurückgezogen haben. Sie wollen, so wie sie ein grausames Tier als Bundeszeichen angenommen haben, die Grausamkeit, — schon ihre Initiationen lehren das. So trägt der bei den Dakkas im Tschadseebecken die Beschneidung ausübende Oberpriester die Kleidung eines Leoparden und seine Beschneidungsinstrumente befinden sich in einer Tasche, die aus den Pranken eines Leoparden hergestellt worden ist, — wie bei den Bum die in der Buschzeit ertönenden Schwirren Leoparden heißen. (Da bei den Dakkas die Beschneidung aber ein Opfer für den verstorbenen König, und wiederum der Leopard das Totemtier des Königs ist, so könnte freilich auch in dieser Hinsicht ein Zusammenhang bestehen.) Bei den Baluba, die im inneren Kongobecken wohnen, heißt der Beschneider Löwe

und er kommt im Löwenfell. Bei den Magwamba und Bapedi im Basuto-
land trägt der der Buschzeit Vorstehende ein Leopardenfell, und die acht
Männer, welche die Beschneidung auszuführen haben, Hauben aus Löwenfell mit dessen langer Mähne auf dem Kopfe. Es scheint nach alledem,
als ob hier die Initiation mit einem der großen Raubtiere in Zusammenhang stehen müsse.

Daß es ein wirklich ursächlicher Zusammenhang sein muß, lehrt der
im ersten Abschnitt dieses Kapitels angezogene, den Zauber der hellen
nordafrikanischen Jäger betreffende Bericht. Die Jagd schafft ja ein ganz
besonderes Verhältnis zwischen Mensch und Tier, und eine betonte Rolle
in diesem spielt der Löwe oder der Leopard. Das zeigt sich wohl am
deutlichsten in den eben erwähnten Reifezeremonien. Die jungen, der
ersten Großwildjagd entgegensehenden Initianten werden vor dieser in
den Busch gebracht und sehen dort Tänze, und wachsen durch diese Tänze
in einen wilden und erregten Rausch. Im Höhepunkt der Ekstase aber
taucht ein Leopard oder ein einem Leoparden ähnelndes Geschöpf vor
ihnen auf; sein Eindruck ist furchtbar und die Burschen sind zu Tode
erschrocken. Dies Wesen stürzt sich auf sie und schlägt mit seiner Tatze
vor allem nach ihren Geschlechtsteilen und verletzt sie so, daß sie ihr
Leben lang die Spuren davon haben; nach einigen Berichten wird ihnen
dabei ein Hoden ausgerissen. — Ich habe vorhin die psychologischen
Grundbedingungen untersucht und kann es deshalb bei dem dort Angedeuteten bewenden lassen; hier ist nur wichtig auf das löwenartige Untier
hinzuweisen, das bei der Initiation der Burschen eine wichtige Rolle
spielt, ja als der eigentliche Träger des Bundesrituals erscheint. Nur einen
anscheinend nebensächlichen Zug will ich dabei noch unterscheiden: durch
Tänze — es sind ja wohl Tiertänze, Tierjagd-Tänze — hat sich der
Bursche in einen Grausamkeitsrausch hineingesteigert; er „will“ die ihm
geschehene furchtbare Verstümmelung haben.

Er will vielleicht noch mehr als diese Verstümmelung nur am eigenen
Leibe; das lehren wohl doch die Vorgänge im Babali-Männerbunde am
Ituri. Die diesem Bunde zugehörigen Männer tragen an der linken Hand
aus Eisen gearbeitete Messerchen, also eins an jedem Finger, so daß sie
die Tatze eines Leoparden darzustellen vermögen, und rechts ein Brett
mit Nägeln; das sind eines Leoparden Zähne. Vermummt und so bewaffnet überfallen sie einen Menschen; sie schlagen ihn mit der Tatze nieder,
und wenn er am Boden liegt, töten sie ihn mit einem Schlag der Nägel
(Zähne) in den Hals. Die von den Leoparden-Menschen so erlegten Opfer

werden danach von ihnen in der Einsamkeit der Wälder aufgegessen. — Hier handelt es sich um kein Initiationsgeschehen mehr, sondern um einen bestimmten, einem Männerbunde eigentümlichen Brauch. Der Zweck des ganzen Vorganges ist wohl doch die Menschenfresserei und diese erhält durch die gepflogenen Bräuche eine Art von Weihe, denn es ist eigentlich sinnlos, einen Menschen, den man ißt und dessen Todesart deshalb am nächsten Tage nicht mehr festzustellen ist, auf eine so seltsame und im Grunde komplizierte Art zu töten, wenn diese Methode des Tötens nicht Besonderes bedeuten sollte. Auf etwas Besonderes aber weist auch eine Nachricht über den Leopardenbund, der bei den Kpelle in Sierra Leone existierte, hin. Dort töten die Mitglieder des Bundes irgend einen Mann des Stammes, den man als Opfer bestimmte, und das in bestimmten Formen, „indem sie sich durch Umhängen eines Leopardenfelles und durch Anschnallen von eisernen oder hölzernen Leopardenkrallen in einen Leoparden verwandeln. Mit dem Blute und dem Fett des Opfers wird der in einem Sacke aufbewahrte Bundeszauber gespeist, während das Fleisch von den Mitgliedern gegessen wird", wobei in einer dem Range in dem Bunde entsprechenden Reihenfolge ein jeder sich äußern darf, an welchem Stücke ihm gelegen sei. Die Bundesmitglieder aber sind der Überzeugung, daß ihrem Lande ein großer Schade widerfahren würde, wenn sie die Medizin nicht in gewissen Zeitabständen füttern würden. Die grausige Mahlzeit wird also als eine Zauberhandlung angesehen, und ein die Kpelle behandelnder Forscher fügt dem allen zu: der Leopardenbund bestehe aus den angesehensten Männern dieses Stammes, die für das Wohl des ganzen Gemeinwesens Sorge tragen, und die durch die beschriebenen Opferhandlungen und die Speisung ihres Zaubers sein Wohlergehen am wirksamsten zu förden hofften und vermeinten. „Dem gleichen Zweck dient aber auch das Essen des Menschenfleisches; sie nehmen dadurch zauberische Kräfte in sich auf, die ihnen selber als auch den übrigen Gliedern des Stammes zugute kommen."

Wenn es die älteren Männer des Stammes und die angesehenen sind, dann ist der Träger der Zauberhandlung eigentlich der ganze Stamm und sie geschieht durch die Repräsentanten dieses Stammes, so wie das Opfer, der zu Tötende, aus dem Stamm genommen wird. Das aber ist mehr oder weniger doch ein Sonderfall, wie ja das ganze Ritual der Tötung auch erkennen läßt, daß es ein ursprünglich bündisches, nicht ein stammliches gewesen ist. Um ihrer Einzelheiten willen freilich ziehen die Opfernächte und ziehen die anthropophagen Mahlzeiten ins Verborgene sich zurück, — aber natürlich geschahen sie auch früher nur geheimbundsweise.

Geschahen geheimbundsweise, weil diese Mahlzeiten lange schon ein Besonderes waren. Denn daß sie das lange waren, geht gewiß daraus hervor, daß man den Menschenmord und das Verzehren des Getöteten in das Aufnahmeritual der frühen geheimen Bünde fest verankert hat. So wird von dem geheimen Bunde aus den obersten Familien, der bei den kameruner Bali existierte, dies berichtet, daß bei den Aufnahmezeremonien in den Bund ein kleiner Knabe geschlachtet worden sei und daß sein Blut getrunken wurde. Ganz etwas ähnliches wird vom kameruner Meli-Geheimbunde auch gesagt: Die Meli-Sekte scheint sich vielen Mordverpflichtungen zu unterziehen, denn es wird von den Eingeborenen selbst erzählt, daß ganze Völker durch sie vernichtet worden sind. Die Aufnahmezeremonie in diesen ihren Bund soll eine schlimme Sache sein, ein Schwur zum Bunde, bei welchem ein Mensch lebendig verbrannt und hingeopfert werden muß. Nach mehreren glaubwürdigen Berichten ist Oktober 1884 als Folge der deutschen Besitzergreifung noch ein solches Fest gefeiert worden. Die englisch gesonnenen negerischen Rebellengruppen verbündeten sich gegen ihren König King Bell und die deutsche Macht, indem sie eine alte Sklavin so an eine Stange schnürten, daß sie sich nicht mehr rühren konnte, und sie über einem Feuer, das sie aus kleinem Holz und dünnen Bananenblättern aufgezündet hatten, zu Asche verbrannten. Schließlich wurde diese Asche als Zeichen des Schwures an alle sich verschwörenden Rebellen ausgeteilt. Dann wird gesagt, daß diese Asche gegessen worden sei, so daß wir hier eine Besieglung einer Bundesschließung mitsamt ihren Pflichten durch eine Art von Anthropophagie vorliegen hätten.

Den Sinn der anthropophagen Eintrittszeremonien werden wir am besten fassen, wenn wir uns eine naheliegende Erfahrung zu verdeutlichen versuchen: daß immer und überall gemeinsame Mahlzeiten bindend wirken können; sie schließen die Tischgenossen in eine weitere Gemeinsamkeit zusammen. Das christliche Abendmahl zum Beispiel hatte wohl den Sinn, mit seinem göttlichen Stifter eine nahe Gemeinschaft aufzurichten, doch war es darüber hinaus auch eine Agape und communio, und diese verbindende Wirkung erstreckte sich auf alle Tischgenossen. Vereinend wirkt das gemeinsam genossene Essen ja auch sonst. Wer bei den alten Deutschen mit einem Fremden Salz und Brot geteilt, wer ihn an seinen Tisch gezogen hat, mit ihm zusammen aß, der war mit ihm auch

eine Friedensgemeinschaft eingegangen. Und wer ins Reich der Unterirdischen hinabgeraten ist und sich verlocken läßt, bei ihnen nur einen
kleinsten Bissen zu genießen, der ist ihr Tischgenosse geworden und
gehört nunmehr zu ihnen; wir werden es in der eleusinischen Kultlegende noch einmal erfahren. So ähnlich werden wir die kannibalischen
Riten auch begreifen müssen: sie schaffen vermittels eines besonders
geschätzten, manahaltigen, durch seine Kräfte überaus wertvollen Essens
eine bündische Gemeinsamkeit, — und diese Gemeinschaft hat dadurch
auch einen über-gewöhnlichen Sinn erhalten.

Masken

Daß manche von den Geheimbünden anthropophage Gelüste zeigen,
will auch am Maskenwesen dieser Bünde sichtbar werden. Ich denke
dabei von neuem an die eben besprochenen afrikanischen Bünde, die
löwen- und leopardengewandet ihre Opfer überfielen. Noch deutlicher
aber wird es an der furchtbaren Lekal-Maske, die bei den Sulka in
Neupommern üblich war. Es ist das eine Maske, von welcher die älteren
Eingeweihten zwar viel zu sagen und zu berichten wissen, aber sie nicht
zeigen können, — weil sie nur in der Phantasie der Sulka existiert. Die
Maske Lekal aber gleicht nach ihren Angaben einem Riesenfische. Geheimnisvolle Männer bringen sie bisweilen in die See und schwimmen in ihr
davon; die Meereswogen tragen sie. Damit kein Seewasser in die Maske
dringen kann, gebrauchen sie Kalk und Ingwer, deren Zauberkraft verhindert das. So schwimmen sie hin und her, bis sie zu einem Menschen
kommen, der etwa im Wasser badet oder der dort Fische fangen will.
Wenn er aufmerksam wäre, würde er ein Grunzen hören; das ist die
Stimme des Lekal-Mannes, der sich hören läßt, und der Belauerte könnte
sich da vielleicht noch retten. Wenn aber die Lekal-Maske und der -Mann
erst bei ihm ist, schneidet er ihm die Brust mit einem scharfen Steine durch
und zieht dann seinen Unterkörper in den Lekal-Rachen. Dann schwimmt
der Mörder mit seiner Beute im Maule wieder heim. — Es will aus dem
Berichteten nicht recht deutlich werden, was, wenn der Lekal zurückkehrt,
mit dem Opfer noch geschieht, denn wenn die Maske mit dem Getöteten
im Maule nach Hause schwimmt, soll dieser entweder eine Opfergabe an
den Lekal sein, oder er wird als Speise für den Geheimbund heimgenom-

men. Wie aber nun dem auch sei, in jedem Falle hängt hier das Maskenwesen des Geheimbundes eng mit Menschenraub, mit Mord und wohl mit dem Verspeisen des Getöteten zusammen, (ob nun der Mörder oder der Lekal selber ihn genießt). Mir liegt hier aber vor allen Dingen an der Maske: ein Dämon, der Lekal heißt, wird durch die Lekal-Maske dargestellt. Die Maske wird ihn so zeigen, wie die Sulka sich ihn dachten. Die Maske ist also ein Abbild jenes Dämons, — aber diese Beobachtung läßt noch nicht erkennen, aus welchen primären Gründen einst die Masken aufgegangen sind. Und eine Frage nach diesen Gründen legt verschiedene Möglichkeiten bloß. Das Maskenwesen ist nämlich viel verwickelter, als es anfangs scheint.

Maske aus Britisch-Neuguinea

Ich möchte mit einem ganz einfachen und vielleicht Verständlichen beginnen. Von allen möglichen Antworten scheint die möglichste die zu sein, daß sich der Mensch unkenntlich machen oder sich verstecken will, wie er sich auf den Maskenbällen heut unkenntlich macht und sich ins Kleid der Colombine oder eines Pierrot versteckt. Wie sich ein Räuber in das Kleid des braven Mannes hüllt.

Ein solches Unkenntlichmachen kann sehr wohl reale Gründe haben und braucht nicht nur ein Fliehen des Menschen vor sich selbst zu sein, (das in ein sich-Enthüllen seines Innersten auszumünden pflegt). Schon jeder Jäger hat ja die Absicht, sich vor seinem Wilde zu maskieren, ob es der europäische Jäger auf dem Anstande tut, ob er durch Fiepen und Blatten einen Bock zu täuschen sucht, denn Fiepen und Blatten ist ja nur eine Maske für die Ohren, — oder ob es die indianischen Büffeljäger tun. Catlin, ein nordamerikanischer Maler, der um 1835 die indianischen Stämme aufsuchte und bei ihnen malte, hat seine Abenteuer und Schicksale bei ihnen sehr ausführlich mitgeteilt, und hat auch eine reiche Ernte Zeichnungen und Gemälde heimgebracht. Darunter ist eins, das eine wilde Büffelherde zeigt; die Tiere grasen, — aber im Vordergrunde hinter einer Bodenwelle bemerkt man zwei Indianer, die mit Bogen und Pfeilen bewaffnet näherschleichen; sie haben sich die Felle weißer Wölfe angezogen. Sie nähern sich also den Büffeln in der Maske eines Prärietieres.

Von diesen und ähnlichen Beobachtungen aus ist aber das Rätsel, das die Masken aufgegeben haben, sicher nicht zu lösen; man wird behaupten dürfen, schon allein deswegen nicht, weil hinter den Masken zaubrische und mythische Ideen aufzustehen scheinen, die mit den rationalen einer Jagdverkleidung nicht zusammenpassen. Und dann wohl auch aus einem kulturhistorischen Grunde nicht —: weil nämlich die uns hier wichtigen anscheinend männer- und geheimbündische Masken sind, die in den matriarchal gestimmten Kulturen ausgebildet werden. „Die neuere Ethnologie", schreibt eine der letzten gelehrten Untersuchungen, „hat die besonders engen Beziehungen, in denen das Maskenwesen zu den sogenannten mutterrechtlichen Kulturen steht, aufgehellt; es ist unbestreitbar, daß es dort besonders kräftig entwickelt und von besonderer Bedeutung ist. Vielfach sind Männerbünde ausschließlich Eigentümer des Maskenrechts, halten es streng geheim und üben damit eine tyrannische Herrschaft über Nichtzugehörige, Frauen, Sklaven und Kinder aus."

Was steht dann also hinter diesem männerbündischen Maskenwesen? Man wird zunächst — von außen her — drei Möglichkeiten unterscheiden müssen: das zaubrische Maskentum, die Toten- und als letzte die Dämonenmasken.

Das zaubrische Maskenwesen setzt mit den Tiermasken ein. Bei den Mandanern hatte Catlin einen Büffeltanz erlebt: „Die Büffel sind bekanntlich eine Art herumschweifender Tiere, die sich zuweilen in großer Menge versammeln und von Osten nach Westen oder von Norden nach Süden wandern, so daß es den Mandanern oft plötzlich an Nahrungsmitteln fehlt"; — wenn nun eine Herde naht, veranstalten sie einen zaubrischen Tanz; „bei einer solchen Gelegenheit bringt ein jeder seine Maske — eine Büffelhaut mit den Hörnern — die er für solche Fälle in Bereitschaft halten muß, aus seiner Hütte hervor und der Büffeltanz beginnt, damit, wie sie sagen, ‚die Büffel kommen'. Dieser Tanz hat nämlich den Zweck, die Büffel zu bewegen, die Richtung ihrer Wanderung zu ändern und sich nach dem Dorfe der Mandaner zu wenden und auf den schönen Hügeln in der Nähe zu grasen, damit sie die Tiere schießen und zur Befriedigung ihres Hungers kochen können . . . Etwa zehn bis fünfzehn Mandaner tanzen zu gleicher Zeit, wobei jeder die Kopfhaut eines Büffels mit den Hörnern auf dem Kopfe und seinen Lieblingsbogen oder Lanze, womit er den Büffel zu töten pflegt, in der Hand trägt." — Hier hat ein Analogie- oder Vormachezauber statt; so wie die Mandan-Indianer sich zum Tanz zusammenfinden, so mögen die Büffel sich zusammenscharen und zu ihnen kommen.

Ein solches Tier-Maskenwesen kennen wir schon aus alten Zeiten. Die Magdalénien-Felszeichnungen der französischen Höhlen enthalten ja Dutzende von Bildern, die hierher gehören müssen. So kommen in Les Combarelles einundzwanzig vor, teils affenähnliche, teils mit einem Löwen- oder Pferdekopf versehene. Drei Maskentänzer aus dem Abri Mège bei Teyjat gehen aufrecht, tragen Felle um den Leib und haben Ziegenköpfe. Die deutlichste aber ist wohl die Wandmalerei von Trois frères: ein vorgebeugter Mann ist mit der Maske eines Hirsches dargestellt. Man kann die menschlichen Körperformen ganz genau erkennen: Rücken und Leib, die Oberschenkel, Knie, Unterschenkel, Fuß, und dieser Körper zeigt einen Tierschwanz, statt der Hände Pfoten, und vorm Gesicht die Maske eines Hirsches mit Geweih. Der Körper selbst ist im Profil gezeichnet worden, doch das Gesicht scheint auf den Besucher zugewendet. Die Einzelheiten sollen alle sehr genau gezeichnet sein: die runden Augen, die Behaarung an den Ohren, das Geweih. Der Mann erscheint halb aufgerichtet und die Vorderarme sind wie in einer unbewußten geistigen Abwesenheit gesenkt; man hat gesagt: „die Hände sind in einer bestimmten Haltung erhoben, einer Haltung, die aus vielen anderen Maskenbildern, besonders aus dem Abri Murat und Les Combarelles bekannt ist." — Von den soeben genannten aber heißt es dann: „Eigentümlich sind zwei Zeichnungen aus dem Abri Murat bei Rocamadour (Lot). Beidemal ist dieselbe Szene dargestellt. Eine sehr gebückte Gestalt mit Tiermaske, hinter der eine andere, ebenfalls mit Maske, in leicht vorgebeugter Haltung steht. Da dasselbe Bild zweimal erscheint und auch in Les Combarelles vorkommt, scheint es einen Fruchtbarkeitstanz darzustellen, in dem der Zeugungsakt der Tiere gestaltet wird." — Ganz etwas Ähnliches gilt von einer Gravierung in Mas d'Azil. „Dargestellt ist eine männliche Gestalt im Linksprofil, in eigentümlichem Gang, mit gebeugtem Oberkörper und vorwärts gestreckten Armen. Das linke Bein ist vorgesetzt, der Kopf trägt eine Maske, der Penis ist erigiert. Dasselbe Merkmal kommt bei verschiedenen Maskenfiguren vor; es ist sehr wahrscheinlich, daß dies Moment mit dem Fruchtbarkeitscharakter der Maskentänze zusammenhängt." — In diesen leicht zu vermehrenden Nachrichten also wird gesagt, daß Menschen in Masken bestimmter Tiere fruchtbarzaubrische Tänze tanzen; das aber bedeutet, daß die Vegetations- und Wachstumskulte nicht nur den Pflanzern und den bäuerlichen Kulturen eigentümlich sind, daß sie auch bei den jagenden Völkern angetroffen werden können, nur daß sie ein diesen Völkern eigentümliches Antlitz zeigen. Die für den Jäger in Frage kommende Fruchtbarkeit ist die, dank deren sein Jagdwild sich vermehrt und Junge bringt, und Tänze, die einen solchen Erfolg auf zaubrische Art erreichen wollen, versuchen wahrscheinlich, das Beschälen der Tiere anzudeuten.

Von einer zweiten Gruppe zaubrischer Masken, nämlich jener, in welcher der Zauberer die Maske als Standestracht zu tragen pflegt, will ich im nächsten Absatz sprechen; diesem zaubrischen Maskenwesen möchte ich vorher die Toten- und Dämonenmasken gegenüberstellen. Die Totenmasken scheinen zahlenmäßig stark zu überwiegen; schon in den 1900er Jahren schrieben soziologische Völkerkundler, das Merkmal des Totenkults geheimer Gesellschaften seien die Masken, und noch die letzte wissenschaftliche Untersuchung folgt dem nach. Sie hat dafür vor allem auf die Namen der Masken hingewiesen und deutet das langobardische walapauz = sich maskieren als -pauz, vermutungsweise Butz, Klopfgeist oder ein Vermummter, und wala- aus walu- (in Walfeld!): ein Erschlagener oder Toter, ein walapauz wäre also der vermummte Erschlagene oder Tote. So wird auch Schembart aus Schemen, ahd scînan oder scheinen, als Schein, Erscheinung oder Schattenbild, Gespenst erklärt.

Die Masken sind Tote oder stellen doch Tote dar. Sehr deutlich zeigt das die Egungun bei den Yoruba in Westafrika. Der Name bedeutet Schädel oder auch Skelett und man sieht in dem Egungun einen von den Toten auferstandenen Mann; der trägt ein langes Kleid, das aus Gras angefertigt wurde, und eine Gesichtsmaske, gewöhnlich ein sehr häßliches Gesicht mit dünnen Lippen und mit einer langen spitzen Nase. Wenn er sich zeigt, so nehmen die Yoruba meistens an, es sei ein aus dem Lande der Toten Wiedergekehrter, der nun sehen wolle, was im Bereiche der Lebendigen vor sich gehe. „Obgleich es allgemein bekannt ist, daß Egungun nur ein auserlesener Mann ist, so wird doch im Volke geglaubt, daß ihn berühren den Tod-Herbeiführen heiße." — Noch deutlicher werden sich diese Anschauungen feststellen lassen, wenn man sich an den Aufzug bei den Kiwai-Papuas erinnert, bei dem die Masken sich als ganz bestimmte und bekannte Tote zeigen. Man hat die Sterbenden gemessen und man bildet ihre Größe, man bildet auch ihr Gesicht und ihre körperlichen Merkmale nach, und man putzt die betreffenden Masken mit dem Schmucke des Verstorbenen. Neu-Mecklenburg fügte solchen Masken der Verstorbenen ihr Totemzeichen bei und kennzeichnete sie so. Die überm Gesicht des Sterbenden abgeformte wächserne Totenmaske ist von den römischen imagines getragen worden.

Es ist zuweilen nicht festzustellen, ob die Masken Totenwesen oder ob sie dämonenähnliche Gestalten und Dämonen sind. Schon die Bezeichnung Schembart weist ja in die Richtung, denn hinter Schemen: Erscheinung kann auch ein „Gespenst", kann irgend ein nicht mehr recht zu definierendes Butz-Wesen stehen. Noch deutlicher wird das an den nordfranzösischen hellequins, (aus deren Namen der uns bekanntere Name Harlekin geworden ist). Was dieser Name etymologisch auch bedeutet haben mag, so viel ist sicher, daß die maisnie Hellequin, familia Herlechini oder Hurlewaynes kinne, von denen das elfte und die späteren Jahrhunderte erzählen, die Schar der Toten und vielleicht das „Wilde Heer" gewesen ist.

Daß hinter den Masken Dämonen stehen, wird sonst oft gesagt. Ich werde im nächsten Kapitel von der Maskenschar der Perchten sprechen, und ich erinnere hier nur an die voigtländische Frau Holle, die Werra, die der gelehrte Thomas Reinesius 1640 cum comitatu maenadum beschrieb. Die Namen sind hier in ganz besonderem Maße aufschlußgebend. Wenn man in walapauz das spätere deutsche Butz vermuten darf, dann würde der langobardische Name schon hierher gehören, und auch den Schembart könnte man in diese Zusammenhänge stellen, denn scheme ist in der Schweiz zu Tschämeler geworden, der Wildemannsmaske, im Bayrischen zu Semper, womit man einen ruprechtähnlichen Kobold der Zwölf Nächte meint, westböhmisch zu Zempera: bauchaufschlitzendes Schreckgespenst der Weihnachtszeit. Der ahd. Name grîma für Schauspieler ist im alten Norden in der Zusammensetzung egisgrîma: Schreckensmaske anzutreffen, und egisgrimolt ist ein fratzengesichtiger Dämon, und einen eisengesichtigen Grim darf man als Isengrim bezeichnen, wobei man sich noch erinnert, daß der lebende Leichnam, schwarz geworden, im alten Glauben gern als eisenfarbener Mann bezeichnet worden ist. Die schweizer Sträggele in dem Maskenbrauch des Sträggelejagens gehören nach ihrem Namen schon mit scrato, Schrat zusammen. Ich will es mit diesen Nachweisungen, die sich leicht vermehren ließen, und die bei den Naturvölkern ihre Parallelen finden, genug sein lassen, und deute nur noch auf einige Ausgestaltungen hin.

Von den Bewohnern der Inseln an der Kongomündung haben die Reisenden des achtzehnten Jahrhunderts unter anderem dies erzählt: „Sie sind große Zauberer und reden mit dem Teufel von Angesicht zu Angesicht. Wenn sie bei solchen Gelegenheiten sich versammelt haben, läuft einer von ihnen mit einer Maske herum. Dies währet drei Tage; wenn diese Zeit vorüber ist, so brauchen sie eine andere Zeremonie und alsdann redet der böse Feind aus dem vermummten Manne." — Das Maskenwesen also hat über ihn Gewalt gewonnen; der Dämon, den er darstellte, nahm von ihm Besitz. Das kehrt nun auch in einem mittelfranzösischen Zeugnis wieder. Zur Feier des Ersten Mai 1262 hat Adam de la Hale ein „Jeu de la feuillée" geschrieben, in welchem als Angehöriger der vorhin genannten maisnie Hellequin ein Croquesot vorkommt, und der trägt eine Maske hurepiaus. Das -piaus scheint unerklärbar, aber hure wird zu ûr, dem althochdeutschen und auch in den andern germanischen Sprachen vorkommenden Wort gestellt. Ur ist soviel wie tobend, stürmisch, wild; der urhano, der Auerhahn wird (wegen seines Balzens) „toll" genannt, der ur(ohso), der Auerochs oder Ur ist der „Wilde", „Kampfestolle"; von stößigem Vieh gebrauchen die Franzosen heute noch das Wort, zwei gegeneinander angehende Kühe „font les hures". Das hure- in hurepiaus ist also das verzerrte Schreckgesicht, das Wutverzerrte, — und das alles will doch soviel sagen, daß hier ein innerlich Erregter, Wütiger bezeichnet wird. Er ist deswegen „wütig", weil die Maske ihn übermannt, weil er das wird, was seine Maske andeutet, das er sei.

Ein Nämliches lehren die Mabucha-Tänze bei den Baining. Bei einem allgemeinen Tanzfest erscheinen nach drei, vier Stunden „junge Burschen im Alter von acht bis sechzehn Jahren, die sich an den Händen halten, die Reihen der Tänzer durchbrechen, furchtbar stöhnen, als ob sie große Schmerzen hätten, den Körper verrenken und die sonderbarsten Stellungen einnehmen und dann mit lautem Geheul davonstürzen, um einer anderen Abteilung Platz zu machen. Sie beißen dabei in ungekochte Taroknollen, essen abgerauftes Laub, ja sogar menschliche Exkremente. Der Tanz wird dabei immer schneller und wilder. Gegen Tagesgrauen nimmt plötzlich die Musik ein rasendes Tempo an, und eine Anzahl von jungen Leuten erscheint paarweise. Auf dem Kopfe tragen sie konische Hüte, welche, das Gesicht verdeckend, bis auf die Schultern reichen; der Körper ist mit Ruß und Öl glänzend schwarz eingerieben und ein Schurz aus zerschlitzten Bananenblättern umgürtet die Lenden. Diese Gestalten, fünfzehn bis dreißig an der Zahl, werden Geister genannt. Sie schreiten lautlos und ernst daher und tragen in den über den Kopf erhobenen Händen eine Keule und eine Anzahl Ruten, zusammengebunden aus langen, zähen, etwa fingerdicken Pflanzenstengeln. In einiger Entfernung von den Tänzern stellen sie sich schweigend auf, und alsdann stürzen Knaben und junge Burschen auf sie zu, reißen ihnen einen Teil der Ruten aus den Händen und hauen mit voller Kraft auf sie los. Bei jedem Schlage muß die Rute zerbrechen, sonst fängt der Geist nun seinerseits die Züchtigung an." — Wir haben hier also einen ins Ekstatische getriebenen Maskentanz, der mit sehr wilden Bewegungen beginnt, koprophagisch weiterschreitet und dann in einer Art von Außersichsein mit Flagellantismus endet.

Wenn ich im zweiten Bande vom Kaiemunu sprechen werde, spreche ich von einer Maske, die ein fischgestaltiger Dämon ist, und ein ganz ähnlicher Dämon wie der Lekal war. Dämonische Wesen müssen auch die Dema der Marind, die in den Dema-Masken vor die Menge treten, sein, denn diese Masken sind mit allen den Attributen ausgezeichnet, die an den Dema seinerzeit beobachtet worden sind.

Ein Wasser- und Flußdämon ist der Mangongo der Aduma, der als ein ungeheures Wesen aus dem Flusse steigt und den man als eine schwere Masse sich drin wälzen sieht. Nicht unfern davon kommt am Ogowe auch ein Waldgeist vor, der seine furchtbare Stimme nur bei Nacht ertönen läßt. Er kommt vom Walde ins Dorf und ist in Pisangblätter eingehüllt, so sehr, daß man in ihnen kaum den Mann erkennt. Und wenn in Deutschland die Frau Holle oder Klöpferle-Dämonen, wenn Wilde Männer überall ihr Wesen treiben, sei es beim Schembartlaufen Nürnbergs, in den Fastnachtstagen, sei es beim Almabtriebe, dann wird man schon sagen dürfen, daß hinter den Masken häufig ein dämonisches Wesen stecke.

Was aber bedeutet das Maskentreiben der Toten und Dämonen? Der Egunun, der bei den Yorubas auftretende Totengeist, bringt jedem, der ihn berührt und sich ihm frevelnd naht, den Tod; er ist mithin der Tod, der durch die Dörfer wandelnd geht. Der Tod — und ebensogut ein Abgesandter aus dem Totenlande. Im Juni jeden Jahres wird ein Egunun-Fest begangen; es ist ein Allerseelenfest und dauert sieben Tage, in denen die Klagen um die im letzten Jahre Verstorbenen laut geworden sind.

Darüber hinaus erscheint bei jeder Bestattung jener Egunun, und zwar mit einem Gefolge von Maskierten, alle zusammen schreiten sie, den Namen des Verstorbenen rufend, durch die Straßen. Ein gläubiger und halb vor ihm erschrockener Haufe folgt. Und wieder nach ein paar Tagen rückt der Egunun mit seinem Gefolge vor das jüngst betroffene Trauerhaus und bringt den Angehörigen gute Nachrichten von dem Toten. Gewöhnlich erzählt er, daß dieser im Lande der Toten angekommen sei und daß es ihm dort wohl gehe und er recht zufrieden wäre. Zum Dank für die erfreulichen Nachrichten speist ihn die Familie; er ißt allein mit seinem Gefolge, denn den Egunun essen sehen, das bringt jedem, dem dieses widerführe, ohne Zweifel seinen Tod. Der Egunun, der nur ein Mensch und wiederum ein Toter ist, den seine Maske zum Totenwesen machte, ermöglicht mithin den Yoruben, mit denen drüben eine Beziehung aufzunehmen.

Ganz etwas Ähnliches erlauben die Masken in Liberia. Die in den Belli-Geheimbund eingeweihten Alten, die soh-bah, erscheinen als wilde Waldgeister maskiert. Sie kommen in einem bis auf den Boden hängenden Blättermantel und einer über den Kopf gestülpten hölzernen Maske und führen vor den uneingeweihten Dorfbewohnern devil-dances auf. Von diesen soh-bah aber wissen alle Leute, daß sie dämonische Wesen aus dem Walde sind, und daß sie mit allen Geistern der Verstorbenen in Verbindung stehen. Es öffnet sich also über diese Maske wiederum ein Weg, der zu den Geistern und dämonischen Wesen drüben führt. Es ist ein Weg, auf dem die Einflüsse hin und her und Wirkungen aus dem einen Bereiche in den anderen gehen. Die Toten kommen herüber und sie wollen nachsehen und erfahren, was hüben geschieht — und greifen in das Hüben ein.

So wie die Menschen über die Masken in das Drüben greifen. Die Akisch bei den Minungo im Kongobecken, auf deutsch Waldteufel, stellen eine Art Dämonen vor. „Um die Schreckgespenster imaginärer Natur zu bannen, nehmen Zauberer dieses Stammes selber Schreckgestalten an." — Ihre Vermummung besteht aus einer geschnitzten schwarzweißroten Maske, welche ein Strahlenkranz von Adlerfedern krönt, einem zebraartig quergestreiften Netztrikot von brauner Farbe und einem aus losem Schilfgras hergestellten kurzen Rock; unter den Knien haben sie sich drei hohle Schalen, die voller klappernder, rasselnder Steinchen sind, angeheftet; sie sind die Waldteufel, die sie fortzuscheuchen angewiesen worden sind.

Akisch der Minungo

Ein zweiter Reisender brachte über diese Akisch in Erfahrung, daß sie „Scheinteufel" seien, und als solche hätten sie das Amt, die in den Wäldern hausenden Geister (Teufel) zu verscheuchen. Von jenen Geistern in den Wäldern von Kibokwe heißt es nämlich, daß sie genau so mächtig wären wie sie zahlreich seien, und jeder von ihnen habe ein besonderes Revier; wenn einer in seinem Gebiete aber einen anderen Dämon treffe, so ärgere er sich so sehr darüber, daß er nicht mehr bleibe, sondern sofort davongehe um sich einen andern Wald zu suchen, in welchem er seine unbestrittene Herrschaft üben könne. Nun glaubte man, Scheingeister sähen genau wie richtige Geister aus; wenn also ein richtiger in seinem Reviere einen Scheingeist sehe, veranlasse ihn dieses, sich davon zu machen und das Land zu räumen. So kann man also einem zuwidere Geister aus dem Lande treiben. Man muß bei den Minungo am Kongo als derselbe Geist erscheinen, bei andern Völkern wird man als der übergeordnete oder stärkere Dämon den nachgeordneten und schwächeren durch ein Auftreten zum Verschwinden bringen, (so ähnlich wie in den mittelalterlichen Höllenzwängen der dienende Teufel durch den Fluch bei Gott bezwungen wurde).

Es mag hier am Rande und im Zusammenhang mit dem vorhin Bemerkten auf einige Gleichungen zwischen „Maske" und „Hexe" hingewiesen werden, die jenen Schluß, daß hinter der Hexe außersichseiende Weiber stünden, den Werwolf-Männern ähnliche Weiber, noch einmal erhärten. Im langobardischen Edikt Rothari von 643 wird beispiels-

191

weise die Tötung eines Weibes quasi strigam quam dicunt mascam
untersagt. Masca bedeutet im Langobardischen einen bösen und unholden
Geist, der wie die römische striga lebende Menschen innerlich ausfrißt,
und auch bei Aldhelm wird im „Carmen de virginitate" masca in der
Bedeutung von striga angewendet, masca ist also ein den römischen Strigen
ähnlicher Dämon und ist zu gleicher Zeit am gleichen Ort die meretrix
und ist zu gleicher Zeit (Lex salica) die Hexe. Die hagazussa heißt in den
Glossen ferner histrio oder strio, und strio oder strigio ist ein „mimarius
qui strigam imitatur", ein Hexerich, ein Schauspieler, welcher Hexen
spielt; die wilden maskierten Schemenläufer stellen also Hexen dar; das
wieder besagt, daß Hexen wilde und ausufernde Menschen seien. Ein
gleiches gilt für das ahd. Wort für Maske: grîma; das heißt Gespenst
oder Dämon, und es kann auch Hexe heißen. Grimm sagt: „der Zauberkundige nahm eine Larve, grîma" oder einen trollsham, und, so dürfen
wir jetzt zufügen, ein Fuchs- oder Wolfshemd um; er trug die Maske und
er wurde, was die Maske zeigte. All diese Maskenworte und -begriffe
lassen deutlich werden, daß hinter den „wütenden" Masken Hexen oder
Zauberer standen, daß ihnen ein Berserkerähnliches angehaftet haben
muß, das heißt ein aus-sich-selber-Ausgehen, ein dem Rausche-sich-Über-
lassen.

Es bleibt nach diesen Überlegungen eine weitere Frage: die nach dem
zwischen Maske und Männerbund bestehenden Zusammenhange. Ich
streifte bereits zwei wichtige Punkte dieser Frage; der eine besagte, daß
die Masken vorzugsweise in der Zeit, in der matriarchale Rechte und
Ordnungen existierten, aufgegangen seien; was wieder heißt, daß sie den
pflanzerzeitlichen Kulturen angehörten. Die Pflanzerzeiten sind dämonen-
gläubige Kulturen, und immer wieder stehen hinter den Masken auch
Dämonen auf, ob sie nun Lekal heißen, oder ob sie Percht und Werra
heißen, und es ist eine der Aufgaben ihrer männerbündischen Bezirke, mit
diesen Dämonen sich auseinanderzusetzen und „sich zu rangieren". Ich sage
ausdrücklich „sich rangieren", weil damit zwei Wege angedeutet werden:
der eine ist der, sich den Dämonen und ihren Forderungen zu unterwerfen, wie sich ein kleiner Mann dem Willen eines Mächtigen unterwirft;
der andere: es mit dem Dämon aufzunehmen und ihn zu bezwingen. Dem
Dämon sich fügen, das ist, was die ersten Juden taten, die sich dem Berg-
und dem Gewittergotte Jahve unterwarfen; den Dämon versuchen zu
bezwingen, das ist Jakobs Pniel-Kampf, als ihm der Dämon begegnete

und er mit dem Dämon rang, mit ihm die Nacht hindurch gerungen hat und obgelegen ist (Genesis 32). Mit beiden Wegen aber werden wir fortan zu rechnen haben; der erste wird uns als der alltägliche und gewöhnliche erscheinen; der zweite ist zwar nicht der der Bünde, aber doch ein Ziel, nach dem die Bünde als nach den letzten und den größten Möglichkeiten streben. In einem gewissen Sinn sind es die Männerbünde, von deren höchsten und idealen Berufe hier die Rede ist: sie zwingen den Dämon und sie überwältigen ihn und seinen Haß. Wie jener ins Ideale aufgehobene Männerbund es tat:

> Sie reinigten von Ungeheuern
> die Welt in kühnen Abenteuern,
> begegneten im Kampf dem Leu'n
> und rangen mit dem Minotauren,
> die armen Opfer zu befrein,
> und ließen sich das Blut nicht dauren.

Die Verwandlung durch die Maske

Wie aber paßt alles dieses zum Leopardenbund? Die Mitglieder des Leopardenbundes sind nach unsern besten Forschern politisch denkende, um das Wohl des Staates besorgte Menschen, und nur ihr Mittel erscheint uns als unangebrachtes: sie wollen dem Staat durch Zauber und durch Opfer helfen. Und auch was weiter angegeben worden ist, daß der Termin sowie die Tatsache eines neuen Opfers in der Versammlung des Bundes besprochen und beschlossen wird, scheint einer nüchternen und realistischen Sphäre anzugehören. Und in dem soeben aufgedeckten Gedankengange geht es weiter: „Die zu der Ausführung des Mordes bestimmten Männer", — die Tötung geschieht mithin nicht in dem Zustande der Erregung, des etwa von psychischen oder sexuellen Reizen erzeugten Außersichseins des Mörders, — „die zu der Ausführung des Mordes bestimmten Männer haben vorher ihren Plan gemacht: entweder wird das Opfer unter einem Vorwande in den Busch gelockt und dort umgebracht, oder man überfällt es im Dorfe schlafend. Die Mörder handeln hierbei nicht als Menschen, sondern als Leoparden; sie sind ‚Menschenleoparden‘ oder ‚Springleoparden‘; in ein Leopardenfell gehüllt, an die

Hände eiserne Leopardenkrallen gebunden, nähern sie sich kriechend ihrem Opfer, reißen ihm mit den Krallen die Kehle auf und bringen es so schnell und lautlos ums Leben." — Damit hat aber nun eine sehr bedeutsame Wandlung stattgefunden: die Mörder sind eigentlich keine Menschen, sondern Leoparden, weil sie ja nicht als Menschen, sondern ganz als Leoparden handeln; das heißt doch aber, daß sie sich selbst als Leoparden fühlen und daß ein „Maskenerlebnis" anscheinend über sie Macht gewonnen hat.

Etwas Entsprechendes wird in einer weiteren Bemerkung ausgesagt: der Leopardenbund „ist ursprünglich offenbar eine Vereinigung solcher Männer, die den Leoparden als Totem haben. . . Die Entstehung des Leopardenbundes kann so zu denken sein, daß Männer, die sich durch das gemeinsame Leopardentotem verbunden fühlten, ihre Verwandlungsfähigkeit in ihr Tier sich zunutze machend, als Leoparden verkleidet sich an ihren Gegnern durch Raubzüge, Viehdiebstähle und gelegentliche Morde rächten, wie überhaupt auch bei anderen Stämmen das Totemtier dazu dienen muß, dem Feinde seines Besitzers Schaden anzutun." — Da ist ausdrücklich wieder von der Verwandlung in das Tier die Rede, — und wenn es in dem soeben zitierten Zusammenhange weiter heißt, daß jene Leopardenmenschen sich als Leoparden zu verkleiden pflegten, wird man an den vorhin erwähnten Zwang der Maske denken müssen.

Wir wissen von diesem Zwang der Maske oder Maskenerlebnis schon genug, um in demselben ein entscheidendes Geschehen sehen zu dürfen. Ich möchte, um die hier wichtigen Momente aufzudecken, auf ein volkskundlich-psychologisches Moment zu sprechen kommen. Ein Knabe hat die in Österreich übliche Nikolausmaske oder Ruprechtmaske, — die Krampusmaske, um den österreichischen Begriff zu brauchen, — angelegt und fühlt sich in dieser als der Krampus; er ist wie verwandelt. Verschiedene dazu befragte Versuchspersonen gaben darauf an, was sie aus eigenem Erleben zu der Frage beizusteuern hatten. Die eine erklärte: „Das ist das Dämonische, das eigentlich der Schlüssel der Erzählung ist: die Besessenheit, die den Spieler plötzlich in grauenvoller Weise ergreift und aus ihm das Instrument eines anderen macht." — Eine zweite Versuchsperson bemerkt: „Ich kann mich gut an die eigenen Gefühle erinnern, wenn der Nikolo zu erwarten war. Vorher der Zweifel, die Vorsätze möglichst frech zu sein, dann Angst und Schrecken, wenn die hohen Gestalten nahten, riesengroß sah man sie, und die Ketten klirrten. Ich habe später selbst den Nikolo gemacht und gesehen, wie sich Kindergesichter in Angst veränderten, Augen scheu und demütig wurden, vielleicht bin ich dann in meine Gestalt seltsam hineingewachsen. — Auch die Freude an Mummerei und Maske, das Fieber, eine solche Komödie selbst zu organisieren, ist wohl jedem Kind ein großes Erlebnis. — Rasen

Hexenartige Maske aus der Schweiz

und Schreien, scheinbar sinnlos, ist es nicht etwas Unheimliches, das viele mitgemacht haben? Als Gymnasiast noch, einsam auf dämmeriger herbstlicher Landstraße, bei starkem Sturm, da hab ich mit dem Sturm um die Wette geheult und gebrüllt. . . Und war damals auch nicht mehr Spieler, sondern Spielzeug eines Unnennbaren." — Man kann das Pubertätserlebnis, das Erfaßtwerden vom Rausch, vom sich-austoben-Müssen, kaum eindringlicher erklären, und kann zugleich auch wenig Eingehenderes über das Maskenerlebnis sagen. Zwei andere Versuchspersonen wieder schreiben, die eine: „Ich erinnere mich, daß wir in Verkleidungen auch

Angst vor uns selbst bekamen und dann im Schrecken davonliefen", —
die andere: „Aber das Unheimlichste war doch die alte Krampusmaske;
als ich meinen kleinen Bruder und mich auch im Spiegel sah, da war es
mir auf einmal, als wäre ich zum Teil ein wirklicher Krampus, und ich
kam in einen unheimlichen Zustand, als wir nun loszogen und ich sozusagen als Doppelwesen hinaus in die Nacht kam."

Was hier ein psychologisches Experiment zu lehren scheint, das lassen
verschiedene religionshistorische Berichte noch einmal erkennen. So wird
in Hinsicht auf den Berserkerglauben etwa festgestellt: „Die Alten
kannten sehr gut die eigentümliche ‚Verwandlung‘, die der Träger der
‚Maske‘ an sich erfährt, wenn er sich in die Verkleidung hineinlebt bzw.
diese sich wie ein fremdes Wesen verhüllend und verwirrend über sein
eigenes Selbst legt. Unter dem Namen der ‚Lykanthropie‘ oder ‚Kynan-
thropie‘ war den antiken Ärzten und Denkern eine über die ganze Erde
hin nachweisbare Form des manisch-depressiven sogen. melancholischen
Irreseins und der bestioden Entartung wohl bekannt, die sich darin
äußert, daß die Befallenen in Tiere verwandelt zu sein zum Teil glauben,
zum Teil zu glauben vorgeben, indem sie die Lebensweise, insbesondere
die amoralische, blutgierige Nahrungssuche und unverhüllte Sexual-
betätigung der betreffenden Tiere nachahmen. . ." — Und diese Verwandlung wird in einem zweiten Zeugnis so beschrieben: „Ein Reisender
zog einem Schamanen unvermutet einen Bärenhandschuh über die Hand.
Entsetzt starrte der auf die veränderte Hand, begann wie ein Bär zu
brummen und sich zu bewegen, und beruhigte sich erst wieder, als man
ihm den Handschuh abzog."

Wir werden aus diesen Feststellungen also zunächst folgern dürfen, daß
in dem Maskentreiben der Leopardenmenschen (human leopard oder man
leopard, im Gegensatz zum wirklichen, dem bush leopard) das Maskenerlebnis eine entscheidende Rolle spielen wird. Es handelt sich nicht nur
um ein übles menschenfresserisches Treiben, das listig getarnt wird, sondern um ein tieferes Erleben. Denn nicht allein die Eingeborenen sind
der Meinung, „es handle sich hier um übernatürliche Vorgänge", auch die
Leopardenmenschen fühlen sich getrieben und vorangejagt von einer
Macht, für die sie ebensowenig wie wir einen genauen Ausdruck haben.

Nur eines können wir angeben, — dieses eine freilich ist entscheidend,
— daß man die „Macht" als eine „übernatürliche" empfunden hat; als
solche kann sie dem einfachen Menschen aber nicht zugänglich sein. Es
sind nur wenige und Berufene, die sie wirklich haben können, zuerst

natürlich der Medizinmann oder Zauberer des Stammes, dann aber —
was uns hier wichtiger und bedeutsamer erscheint — die Männerbünde,
die mit dem Dämonischen Berührung haben. Vom Leopardenbund bis
zu den Perchtenläufern reicht ein Band, ein immer geheimgehaltenes
Wissen um die Masken-Dämonie. Und sicher ist diese Dämonie ein wichtiger Baustein jener Bünde.

Maske mit schiefer Nase und Schweinszähnen, Schweiz

Geheimes Wissen

Wie die Begegnung mit dem Göttlichen, so wird auch immer wieder das Wissen zum Geheimnis. Das ist sehr leicht verständlich, denn Wissen ist alten Kulturen etwas Gottgegebenes gewesen, und noch die törichte Bemerkung, daß „Wissen" zu „Glauben" werde, wenn es absinke, lebt in dem Gedanken. Wo Wissen zu einem Geheimnis wird, da steht es unter dem Banne der Priesterschaft, der Wissensbewahrer, oder dem der Bünde. Deswegen sind kultische Mythen oft nicht mitteilbar, die Marind-anim beispielsweise hielten viel verschwiegen; deswegen steht auch die Todesstrafe drauf, wenn Wissen ausgeplaudert wird.

Die Tariana am Rio Caiary in Nordwest-Brasilien, ein arowakischer Stamm, erzählen von ihrem Heilbringer eine Sage, nach der er von einer Jungfrau geboren worden sei. Sie aß von den Uaku-Früchten und wurde dadurch schwanger. „Nach einigen Monaten gebar sie einen Sohn. In einer Nacht, als sie schlief, verschwand ihr Sohn. Sie weinte bitterlich und suchte ihn überall, konnte ihn aber nicht finden. Da kam sie auch zu dem Stamme des Uaku und hörte ein Kind weinen. Sie suchte nach ihm, fand es aber nicht. Sie verbrachte die Nacht schlafend am Stamme des Uaku. Als sie des Morgens erwachte, fand sie ihre Brüste leer. Das Kind hatte die ganze Nacht, während sie schlief, an ihr getrunken. Jeden Tag hörte sie das Kind weinen, bis die Nacht kam, und jeden Morgen waren ihre Brüste leer, weil das Kind sie ausgetrunken hatte. So ging es Tag für Tag. Ein Jahr später weinte das Kind nicht mehr, und ihre Brüste trockneten aus. Darauf hörte sie das Kind scherzen, lachen und hin und her laufen, ohne daß sie sah, wer da spielte.

Die Zeit ging hin. Eines Tages erschien ihr Sohn, der schon Mann geworden war, und Feuer ging aus seinen Händen und Haaren. ,Mutter, hier bin ich! Laß uns nach Hause gehen!' Alle Leute freuten sich und liefen zu ihm hin, und die Alten kamen ihn zu sehen. Die Zauberer kamen, bließen ihn an und gaben ihm den Namen Isi, das heißt: du bist aus der Frucht entstanden. Das Volk sprach: ,Dieser soll unser Häuptling sein! Wir wollen ihn als Häuptling haben!' Er antwortete: ,Ich kann euer Häuptling nicht sein, weil ich noch nicht den Stein Nanacy habe. Er befindet sich auf dem Gebirge der Mondsichel.' . . .

Isi zog nun aus einem Zaubersäckchen, das die Sonne ihm gegeben hatte, einen kleinen Topf und setzte ihn aufs Feuer, um Pech zu sieden. Als es zu kochen begann, kamen aus dem Rauch Fledermäuse hervor. Dann kamen Nachtschwalben, Käuzchen, Eulen und andere Nachtvögel. Darauf kamen heraus andere Vögel, wie Schwälbchen, dann kleine Geier. Als der Königsgeier herauskam, packte ihn Isi und sprach zu ihm: ‚Bring mich nach dem Gebirge der Mondsichel, und wenn du mich zurückbringst, werde ich dich freilassen.' Der Geier brachte Isi nach dem Gebirge des Mondes. Als er auf den Gipfel des Gebirges kam, fand er dort den Mond sitzen. Dieser sprach zu ihm: ‚Nimm deinen Stein! Empfange deine Würde, mit der du Herrscher deines Volks sein sollst! Versammle dein Volk und laß es fasten! Ich will dich lehren, wie du dein Volk regieren sollst. Wer auf deine Worte nicht hört, den töte! Jetzt gehe weg!' Isi ging weg und als er zurückgekommen war, entließ er den Geier.

Man sagt, daß er nach seiner Rückkehr die Alten und die Zauberer zusammenrief und ihnen alles erzählte, was ihm der Mond gesagt hatte, und sie bat nichts auszuplaudern. Dann verließ er sie.

Die Weiber wollten gern wissen, was Isi gesagt hatte und suchten die Alten zu verführen. Bei Einbruch der Nacht machten sich die hübschesten Mädchen zu den Alten in die Hängematten und taten ihnen schön, damit sie erzählten. Die Alten taten das und schliefen ermüdet, und als sie des Morgens erwachten, sahen sie niemand. ‚Ich träumte!' sagte einer. ‚Ich auch! Ich auch!' riefen die anderen.

Da nun die Weiber alles wußten, was Isi gesagt hatte, gingen sie daran Häuptlinge zu machen. Die Männer begehrten es ebenfalls. Von den Alten, die geplaudert hatten, verbrannte Isi einen und streute seine Asche in den Wind. Da kamen daraus hervor Skorpione, die sehr giftigen Tokandyra-Ameisen und andere Sachen, die Schmerz bereiteten, auch giftige Pflanzen wie Curare. Einen anderen verwandelte er in eine Kröte, einen anderen in eine Schlange.

Isi erschien dann wieder, ordnete Fasten an, geißelte Männer und Weiber und lief hinter einer Frau her, die das Geheimnis enthüllte. Er forderte sie auf, seine Worte nicht weiter zu verbreiten, vereinigte sich mit ihr und tötete sie alsdann.

Darauf veranstaltete er sein großes Fest, versammelte vier Alte und verbot den Weibern etwas davon zu sehen und zu hören. Er gab neue

Befehle und sagte zu ihnen: ‚Alle Weiber, die mein Geheimnis zu wissen begehren, werden sterben. Alle Männer, die es ausplaudern, werden sterben. Ihr könnt es den Jünglingen erzählen, aber nicht den Kindern.' Nachdem er dies gesagt hatte, weinte er. Die neugierigsten unter den Weibern wünschten das Geheimnis zu erfahren und gingen hin um zu lauschen. Als er mit seiner Rede zu Ende war, starben sie alle und verwandelten sich in Steine. Isi weinte, weil seine Mutter auch gelauscht hatte und gestorben war.

Darauf tanzte er, um seine Häuptlingschaft und seine neue Würde zu feiern. Dann ging er zum Himmel."

Die Isi-Sage der Tariana ist die Kultlegende eines bei arowakischen und arowakisch beeinflußten Stämmen weit verbreiteten geheimen Männerbundes. Sonne und Mond verliehen dem Isi Zauberkraft und teilten ihm mit, was ihm zu wissen nötig war. Zu diesem Wissen gehörte anscheinend zweierlei: politisches Wissen, denn der Mond belehrte ja seinen Gast, wie man das Volk regiere, und die Weiber, als sie es erfuhren, versuchten — wie die belehrten Männer — Häuptlinge einzusetzen. Daneben hat dieses Wissen anscheinend mythische Qualitäten; es kommt von den Gestirnen; von der Sonne und dem Monde; und die es unbefugt erlauschen, müssen sterben und versteinern; dies Wissen ist also ein Mana, aber eins mit negativen Qualitäten, eins, dem man aus dem Wege gehen sollte. Das man tabuiert.

Das Eigentum und das Geheimnis der geheimen Bünde ist also ein dem profanen Gebrauch entzogenes und ein tabuiertes.

Die kultischen Mythen sind aber nicht nur bei den südamerikanischen Indianern, sie sind bei beinahe allen Naturvölkern tabuiert; darüber beklagen die Forschungsreisenden sich ja immer wieder. So waren die Marind-Mythen nur mit großen Schwierigkeiten zu erfahren, denn die Erzähler befürchteten nicht nur eine Rache der Dämonen, sie hatten in gleichem Maße auch die Totem-Genossenschaften zu befürchten, die sich der Nennung ihres Totem-Dämons oder Dema widersetzten. Das gilt natürlich ebenso für die geheimen kultischen Genossenschaften. Vor allem vermied man es, die Namen der Dema irgendeinem preiszugeben, und wie diejenigen der Dema, so auch die der Dema-Begleiterinnen, der Nakari. Ich mußte es oft, erklärte der schon zitierte Erforscher der Marind, als eine besondere Gunst ansehen, wenn ein Gewährsmann mir die Namen der Dema oder der Dema-Nakari zugeflüstert hat, wobei die Namen freilich leider oft erfundene gewesen sind. Daß es vor allem an diesen Namen der Dämonen lag, geht auch aus einer anderen Beobachtung von Paul Wirz hervor: „die Eingeborenen glaubten oft, es komme mir nur auf die Namen an; sie flüsterten an Stelle einer gesuchten Mythe mir nur Namen in das Ohr; ‚nun weißt du, um was du mich gefragt hast!' fügten sie dem zu."

Es wurde dann langsam sichtbar, was die Beweggründe dafür waren. Der wirkliche Name wird stets in den Zauberformeln angewendet, sowohl als Anrede an den Dämon wie bei der Bezeichnung des Objektes; in der gewöhnlichen Sprache aber ist das nie der Fall. Wenn man den Namen des Dema oder des Dämonen weiß, hat man somit den Schlüssel für die Zauberformeln in der Hand, und es wird dies in vielen Fällen einer der Gründe sein, weshalb man ihn nicht zu nennen und zu offenbaren wagt. Der zweite Grund: das ist die Furcht vor dem dämonischen Wesen selbst. Wenn man es zu oft nennte, könnte es sich verziehen und die ihm zugeordneten Pflanzungen würden dann nicht mehr gedeihen. Deswegen hält man die Namen der Tier-Dema weniger geheim, viel stärker die Namen des Kokos-, Sago- und Bananen-Dema und ihrer Nakari, welchen die Ausbreitung der betreffenden Pflanze zu verdanken ist. Ein dritter Grund, den Namen eines Dema nicht zu nennen, liegt in der Angst vor diesem Dema und vor seiner Rache. Das gilt besonders von den in den geheimen Kulten wirkenden Dämonen, von denen man überhaupt in keinem Falle zu reden wagt, weil sie sich sonst an den Ausschwätzern der Geheimnisse rächen würden — mit Krankheiten und Seuchen beispielsweise, die nicht mehr zu heilen sind.

Wenn man nun die verschiedenen Geheimkulte untersuchen würde, dann würde uns immer wieder dieses Schweigen sichtbar werden, das auf den einzelnen Zusammenkünften wie ein Zauber lag. Ich will es mit Wirzschen Bemerkungen einmal anzudeuten versuchen: „Das wenige, was man von den Majo-Zeremonien weiß, beschränkt sich auf einige sehr kurze Mitteilungen von dem einzigen Beobachter Heldering. Als erster und letzter Europäer hat er im Jahre 1907 von den Majo-Zeremonien etwas zu sehen bekommen." — Und von dem Imo-Kult der Marind-Völker ein paar Seiten weiter: „Über den Imo-Kult ist bei der außerordentlichen Verschlossenheit der Eingeborenen nur sehr wenig Zuverlässiges bekannt. Zwar gehören auch diese Zeremonien schon längst vergangenen Zeiten an; trotzdem wird heute noch innerhalb der Gesellschaft der Eingeweihten eine unglaubliche Geheimtuerei damit getrieben. . . . Die Uneingeweihten, namentlich die benachbarten Majo an der Küste, sind noch immer mit Furcht und Schrecken erfüllt vor dem Spuk der Imo-Dema und vor allem, was mit dem Geheimkult zusammenhängt. Infolgedessen werden noch stets Krankheiten und andere unliebsame Ereignisse, zum Beispiel Überschwemmungen, Sturmfluten, Erdbeben und Seuchen direkt mit den Imo-Dema in Zusammenhang gebracht, sei es, daß ein Kranker sich etwas zu schulden kommen ließ und für seine Schwatzhaftigkeit bestraft wurde, sei es, daß die Imo-Dema, allgemein über die Nichtachtung der alten Sitten erzürnt, die Menschen heimsuchen. Somit wird auch aus einem Nichteingeweihten niemals etwas herauszubringen sein." — Es ist die Furcht und Scheu vor jenen mythischen Urheberwesen, die bei den Marind Dema heißen, welche sie so schweigsam macht.

Wirz Aufzeichnungen über den Ezam lassen von dem Erlebnis aber etwas ahnen. Er schreibt von musikalischen Instrumenten, die man bei dem Kultfeste braucht: den Schwirren oder dem Schwirrholz und der großen Trommel. Das Fest fand in und vor dem großen Ezamhause statt, — das, wie das Dorf, durch einen hohen Zaun gehälftet worden war; auf einer Seite des Zaunes kampierten die Frauen und Kinder, und auf der andern Seite hielten sich die Eingeweihten auf. Der Forscher hat vor dem Feste auch das Ezamhaus betreten dürfen; er schreibt: „Besonders fielen mir da zwei lange dicke, geschälte Baumstämme auf; sie waren so dick, daß sie kaum zu umspannen waren. Sie waren schräg und zueinander parallel aufgestellt; das untere Ende reichte bis in die Weiberabteilung und ruhte auf dem Boden, das andere ragte unter dem wenig hohen Dache hervor und ruhte auf einem horizontalen Balken, welcher seinerseits wieder durch drei Stützen festgehalten wurde. Die beiden langen dicken Stämme, man nannte sie nach dem Baume, aus dessen Holz sie verfertigt waren, auch Uk, lagen einander parallel und nahe, so daß man nicht oder kaum zwischen ihnen hindurchkriechen konnte." — Auf ihnen lagen in einem Gestell die Schwirrhölzer und die Trommeln. Wirz nun beschreibt es, wie alles in der Hütte hockte, gedämpft sprach; „die brütende Stille, die ganze Hütte mit den seltsamen Dingen machte einen unheimlichen Eindruck. . . . Von Zeit zu Zeit erhoben sich die Männer und Jünglinge auf Auffordern der Alten. Man nahm die Trommeln behutsam aus dem kleinen Verschlag heraus. Auch hierbei mußte jedes unnötige Geräusch vermieden werden. Man behandelte sie mit einer Sorgfalt, als ob es sich um heilige Geräte handelte. Die Alten begannen mit dem Gesang, der äußerst monoton und ernst war, die Jünglinge schlossen sich an und deuteten den Takt an, indem sie die beiden Trommeln aufeinander schlugen. Man wiederholte beständig

Das Ganze machte auf mich einen ernsten und tiefen Eindruck. Was bezweckten Gesang und Trommeln, was die Totenstille, welche während der übrigen Zeit herrschen muß? . . .

So geht es mehrere Tage und Nächte hindurch, ohne daß sich etwas besonderes zuträgt. Den Abschluß der Zeremonien muß ich nach den Erzählungen der Eingeborenen mitteilen; sie sind zweifellos richtig, denn sie sind von ganz verschiedenen Orten und Personen übereinstimmend gemacht. . . . . Von nah und fern kommen die Männer herbei, denn jedem ist der Eintritt nach dem Ezamhaus gestattet. Es beginnt ein furchtbares Lärmen. Der Gesang und das Dröhnen der Bambustrommeln dauert fast ununterbrochen an. Zwischenhinein brummen die Schwirrhölzer. So geht es Tag und Nacht. Es scheint, daß die Leute in eine fabelhafte Erregung geraten, so daß es jedenfalls ungemein wild zugeht. Schon während meines Aufenthaltes herrschte unter den Eingeweihten und noch mehr unter den Novizen im Ezamhaus eine erotische Stimmung, die sich zum Beispiel in verschiedenen obszönen Redensarten äußerte. Ferner gilt während der ganzen Zeit völlige Ungebundenheit im geschlechtlichen Verkehr. Die Novizen sind einstweilen jedoch davon ausgeschlossen, um das Verlangen der jungen Leute noch mehr zu steigern. — Immer heftiger wird das Trommeln, wilder und erregter der Gesang, wuchtig werden die Schwirrhölzer geschwungen, so daß einem Sehen und Hören vergeht. Endlich ist der, nur den Eingeweihten bekannte und von den alten Männern bestimmte Zeitpunkt gekommen. Nachts wird eine (oder mehrere?) in vollem Schmuck prangende und von Öl und Farbe triefende Iwåg von einigen alten Männern nach dem Ezamhaus geführt. Eukalyptusrinde wird unter den Ulk ausgebreitet und die Iwåg genötigt sich hinzulegen, ohne zu wissen was ihr eigentlich bevorsteht. Alsbald nehmen auch die Orgien ihren Anfang, an denen sich nunmehr auch die Novizen beteiligen. Doch auch von ihnen ist einer bestimmt, das Opfer des Ezam zu werden. Denn plötzlich, auf ein gegebenes Zeichen hin, wird ein heftiges Getrommel eröffnet, rasch werden von bereitstehenden Männern die zwei

Stützen, welche die großen, schweren Balken tragen, zur Seite gestoßen und mit dumpfem Krach fallen sie zu Boden, den Jüngling und das Mädchen unter sich begrabend. Es erhebt sich ein fürchterliches Geheul, die Erschlagenen werden rasch unter den Balken hervorgezogen und in die Hütte geschleppt, wo sie zerteilt und geröstet werden. Dann hält die blutdürstige Menge ihre Mahlzeit." — Der Forscher hat diesem seinem Berichte noch hinzugefügt, daß es ihm nicht gelingen wollte, sicher und deutlich zu erfahren, ob es sich bei den Opfern, die im Ezam-Kulte fallen, um Angehörige des Stammes, also Marind-Jünglinge und -Mädchen handle, oder um auf den Kopfjagden aufgegriffene und im Stamm erzogene Kinder. Wir können aus dieser Bemerkung, die erklären soll, wieso sich für die beschriebene Kulthandlung Teilnehmer finden können, — weil ja die Ungewißheit, wer als Opfer falle, lähmend wirkt, — im Grund nur ein Vordergründiges, nicht das Ausschlaggebende nehmen. So grauenhaft auch anmutet, was beschrieben worden ist, so seltsam grotesk auch manche Begleitumstände auszusehen scheinen, — ich glaube, daß ein anscheinend abseitiges Sätzchen die Erklärung gibt. Es heißt in der Beschreibung, die nicht nur die ernste Stimmung, von der die Abende beherrscht werden, und das tiefe Schweigen, den brütenden Dämmer und den Klang der Schwirren angedeutet hat: „Das Ganze machte auf mich einen ernsten und tiefen Eindruck. Was bezweckten Gesang und Trommeln, was die Totenstille, welche während der übrigen Zeit herrschen muß? Wie stand dies mit dem folgenden, mit den grausamen blutdürstigen Feiern, die demnächst beginnen sollten, in Zusammenhang? Diese Fragen wurden mir nicht beantwortet, aber ich bekam die Überzeugung, daß hinter allem Rohen und den blutdürstigen Grausamkeiten, welche zweifellos die Hauptsache und das Wesentliche der ganzen Geschichte ausmachen, noch etwas anderes steckt. . ." — Was dieses andere war, das scheint mir nicht schwer zu erraten: es ist das Ahnen und das Gefühl des nicht-Alltäglichen, das sich hier begibt, das Ahnen der Nähe eines höheren Wesens, das im Kult erscheint, das Wissen, im Dienste und in der Verehrung eines solchen Wesens „anzubeten." Ja man kann vielleicht sagen, daß auf diesen Stufen gerade nicht so die Gegenwart und die Person des mythischen Wesens wirksam wurde, sondern ganz einfach das Erleben des „ganz Anderen", das Spüren des nicht-zu-Greifenden, einer numinosen Gegenwärtigkeit.

Und dieses Erahnen einer nicht zu definierenden Gegenwärtigkeit muß mehr als irgendwelchen anderen den geheimen Kulten eignen. Wir haben am Kongo jenen, dessen maskierte Oberpriester als Mukisch bezeichnet werden, und man schreibt von ihnen: „Zuletzt zeigte sich der eine Mukisch gar als Zauberer. Er hielt sich fern von den Leuten am Rande der Lichtung auf, wo er ein kleines Gehölz im Rücken hatte, und warf mit grotesken Gebärden Blätter vor sich auf den Boden. ‚Plötzlich‘ lag da ein nackter ‚Leichnam‘, der natürlich schon geraume Zeit unbeobachtet im Grase gelegen hatte; dieser — bei sechshundert Meter Entfernung war der Vorgang schwer zu erkennen — richtete sich auf und legte sich nieder. Alle Zuschauer fühlten sich durch dieses wunderbare Experiment aufs tiefste bewegt und jauchzten, mit der Hand auf den Mund schlagend. Der eine Mukisch tanzte nun wieder vor, kehrte dann um, und nachdem er Blätter auf den angeblich Toten gestreut, erhebt sich dieser als Schaf und kriecht sehr unschafartig in den Wald. Die ganz gut erkennbaren, hinten vorstehenden Beine störten die tiefe Überzeugung der staunenden und verwunderten Neger keineswegs und niemand von ihnen hatte sich getraut, das Wunder näher zu betrachten. . .“ — Es ist auch hier die Scheu vor einem Ungewöhnlichen Gegenwärtigen, der Schauer sowie das Bangen näher zu treten, was bestürzt und hemmt. Und so wie man vor einem Ungewöhnlichen erschauert, schweigt man auch, — weil jedes Sprechen die Sphäre eines Gegenwärtigen zerreißt. Weil es ein Unsagbares in ein totes Ausgesagtes niederzwingt.

Es will mir nach allem diesem aber soviel scheinen, als ob man den umgekehrten Schluß von vorhin wagen dürfte: weil diese Kulte das Geheimnis zu bewahren fordern, deswegen und nur deswegen oder vor allem wohl deswegen ward ihren Mitgliedern wohl ein numinoses Erlebnis übermacht. Wahrscheinlich sogar sind viele von ihnen nur deshalb entstanden, um ihren Mitgliedern solch ein Numinoses nahe zu bringen.

Ich möchte von hier sogar noch einen nächsten Schritt versuchen. Die vielen Beschreibungen und die näheren Mitteilungen jener Forscher, die sich des Maskenwesens der Naturvölker angenommen haben, gehen — was ja auch sehr leicht verständlich ist — aus einem Ton: die Maske zu tragen will bedeuten „unkenntlich zu sein“. Ich habe vorhin die Deutung als zu rational und vordergründig abgelehnt und — komme nun doch zu ihr zurück. Und sage zu ihr: Ja. Es ist schon so, daß niemand den kennt, der die Maske trägt. Und dieses nicht-Wissen um den Namen, die Person, das Tun, kann leicht zu einem über das Nächste hinaustragende Schritte führen. Wenn es ein Unbekannter ist, der in der Maske steckt, dann liegt es nahe, daß es einer „nicht aus unserem Dorfe" ist. Ein Mann von draußen. Draußen aber ist die Fremde, und die von draußen müssen deshalb nicht aus unserem Leben sein. Dies Draußen ist groß und richtig genommen hört es nirgend auf; sehr leicht verwischen sich die Grenzen zwischen dem Hüben und dem Drüben. Nicht nur Nomaden oder schweifende Hirten wohnen in der Wüste, und nicht nur räuberische Stämme, sondern auch die Dschin. Und niemand kann wissen, ob ein Dschin die Maske trägt.

Nicht nur das große und das entscheidende Wissen ist geheim, nicht nur die Mythen der Kulte und die zauberträchtigen Dema-Namen, auch an den Masken haftet das Geheimnis. Das Erschauern. Es muß an ihnen haften, wenn sie das erzeugen wollen, wovon sehr viele meinen, daß sie dazu allein dienen: in ihren Trägern und in ihren Beschauern das Gefühl hervorzurufen, dem nicht-Alltäglichen, dem Unbegreiflichen, einem Numinosen zu begegnen.

Das Schweigegebot

Das große Geheimnis ist ein Kennzeichnendes dieser Gruppen, fast alle primitiven Männerbünde zeigen esoterischen Charakter, und das Geheimnis gehört zu ihren wesentlichsten Eigenheiten. Gemeinhin — wie ich schon zeigte — wird der Neueintretende verpflichtet, wie über die Kultlegende so auch über alle kultischen Einzelheiten und alle besonderen Eigenheiten seines Bundes strengstes Schweigen zu bewahren. Ein solches Stillschweigen forderten auch die deutschen oder schwedischen Knabenschaften; wir wissen von dem, was in den Perchtenbünden, bei den Schelmen, bei Stopfern und Roitschäggata geschehen ist, eigentlich nicht viel, — wie wir ja auch das Brauchtum vieler Zünfte noch nicht kennen, — und Schweigen ist oft durch einen besonderen Eid geboten worden. Von einer schwedischen Knabenschaft, den Oja-Bussar, ward gesagt, daß von den Aufzunehmenden eine Kraftprobe hat bestanden werden müssen, ihr folgte sofort ein Eid, von dem man 1845 nichts mehr wußte, als daß man die strengste Verschwiegenheit nach außen angeloben mußte, daß gegen Verbündete keine Zeugenaussage abgegeben werden durfte und daß man sich auch zur Rache bei aufgezwungenem Streit verpflichten mußte; „so wahr das Leben mir lieb ist", schloß der große Eid.

Vom bayrischen Habererbunde ist ganz Ähnliches überliefert worden: Es heißt in einer zusammenfassenden Bemerkung über seinen Eid: „Vor etwa vierzig Jahren schritt die bayrische Regierung drakonisch gegen die Haberfeldtreiber ein. Obgleich Hunderte von Personen an den Haberfeldtreiben teilgenommen hatten, war es doch lange Zeit völlig unmöglich, irgendeinen der Teilnehmer festzustellen. Nur durch List und eine Vorspiegelung gelang es schließlich den Gerichten, einen der Verdächtigen, den man Monate lang gefangen gehalten hatte, zum Sprechen zu bringen, und das gab dann den Anlaß zur Aufdeckung der Organisation und zu ihrer Unterdrückung, wobei über viele Teilnehmer mehrjährige Zuchthausstrafen verhängt wurden." — Aus den Verhandlungsakten geht hervor, „daß der Schwur, den die Haberer zu leisten hatten, jeden Verräter mit dem Tode bedrohte. Der nächstbeste sollte denjenigen niederschießen dürfen, der etwas verrate." — Dies wird durch die Aussage des letzten Haberermeisters, Thomas Bacher in Westerham bei München, bestätigt. Nach seiner Mitteilung lautete der Haberereid am Ende des neunzehnten Jahrhunderts folgendermaßen: „Ich schwöre bei meinem Leben, unverbrüchliches Schweigen zu wahren über den Habererbund und über das heutige Treiben, nicht List, nicht Gewalt, nicht Zuchthaus, nicht Tod soll mich bewegen diesen Schwur zu brechen, so wahr mir Gott helfe, Amen!" — Die Mitglieder also schwören in Bayern wie in Schweden bei ihrem Leben, nichts von den Geheimnissen des Bundes zu verraten.

Nicht nur der äußerliche Inhalt der Kulte dieser Bünde wird geheim gehalten, nicht um des mehr oder minder gewußt gesuchten numinosen Erlebnisses willen wird man still, — dort wo das anthropophage Tun in Sein und Leben eines Stammes einzugreifen scheint, wie bei den Majo- und den Imo-Zeremonien der Marind in Neu-Guinea, wird durch die äußeren Umstände schon ein Schweigegebot erzwungen. Denn es ist doch so, und die verschiedenen Berichte über die Ezam-, Majo- oder Sosom-Zeremonien zeigen es ja auch, daß diese Vorgänge nicht gut mit dem Wissen eines ganzen Stammes geschehen können, zum mindesten erscheint es zweifelhaft und es ist gewiß auch unwahrscheinlich, daß Fest für Fest eine Iwåg, ein Mädchen, aufgetrieben werden kann, das sich von so und soviel Männern sexuell gebrauchen läßt und das von den Männern danach totgeschlagen wird und aufgegessen. Ist aber dem so, dann wird man eigentlich nur annehmen können, daß diese Teile der Kulte heimliche und geheimgehaltene waren, daß über ihnen ein mehr oder minder schweres Schweigegebot gelegen hat.

Wir haben ja viele bündische Übungen, über denen solch ein Schweigen liegt; so forderte es zum Beispiel der Ju Ju. Ein angelsächsischer Distriktskommissar, dem von den Eingeborenen ein besonders starkes Mana zugeschrieben worden ist, — sie nannten ihn drum den Skorpion, — hat einige seiner Geheimnisse aufgedeckt. Er schrieb darüber: „Ich war in Oloko", — Oloko gehörte zu seinem Amtssitz in Nigeria, — „um die Gerichtsverhandlungen zu leiten. Eines Abends kam ich bei den Polizeihütten vorbei und hörte, wie ein vorübergehender Schwarzer einem vor seiner Tür hockenden Gerichtsdiener auf Ibo folgende Worte zurief: ,Kamalu ruft dich zur Mitternacht. Komm oder stirb!' Der Angeredete schien tief erschrocken, während der Fremde ohne ein weiteres Wort seinen Weg fortsetzte. Ich tat das gleiche und kehrte anscheinend ganz unbefangen zum Rasthaus zurück. In Wirklichkeit aber war ich mir darüber klar, daß ich unversehens auf eine frische Fährte gestoßen war." — Hives ließ dann den Polizisten Okoro, einen recht gut aussehenden stämmigen Neger von etwa zweiundzwanzig Jahren, kommen. „Ich wiederholte zunächst die Worte, die ich von dem Fremden vernommen hatte: ,Kamalu ruft dich zur Mitternacht. Komm oder stirb!' Dabei beobachtete ich sein Gesicht, denn natürlich mußte ihn meine Kenntnis der Botschaft wie ein Blitz aus heiterem Himmel treffen. Wenn es für ein schwarzes Gesicht möglich ist schmutzig grün zu werden, dann trat dieser Fall hier ein. Er schüttelte sich wie im Fieber und seine angstvollen Augen suchten vergeblich nach einer Möglichkeit aus dem Zimmer zu entkommen. Der Raum hatte jedoch glücklicherweise nur einen Ausgang, den ich versperrte. Inzwischen bemühte ich mich, Okoro zu beruhigen und versicherte ihm ein übers anderemal, daß er nichts zu fürchten habe, wenn er nur die Wahrheit spräche. ,Ich', sagte ich, ,habe geschworen, die Welt von jenem verdammten Ju-Ju zu befreien, und mein Ju-Ju, der Ju-Ju des Skorpions, ist viel, viel stärker als alles, was Kamalu mir entgegenzustellen vermag.' Da er immer noch hartnäckig schwieg, fuhr ich fort: ,Ich weiß, daß du ein Mitglied, ein Bruder des Ju-Ju bist, aber ich sichere dir volle Straffreiheit zu für alles, was du dabei verbrochen hast. Du stehst unter dem Schutze des ,Skorpions'. Ich werde dafür sorgen, daß dir nichts zuleide geschieht, und, wenn du willst, werde ich dich sogar in einen anderen Bezirk versetzen lassen, aber du mußt reden.' Selbst diese Versprechungen vermochten seine Zunge nicht zu lösen, so entsetzt

war er über mein Ansinnen. Bei allen seinen Göttern schwor er, daß er
nichts von dem Ju-Ju wisse, der überhaupt gar nicht existiere, und daß er
nie den Namen Kamalu gehört habe."

Aus dem soeben zitierten Berichte läßt es sich eigentlich nicht erkennen,
weswegen ein dem Ju-Ju-Bunde Angehöriger schweigen mußte. Es scheint,
als sei es nur die Angst gewesen, welche Leugnen lehrte, als fürchtete jener
Okoro sich vor Kamalu und seinem Regimente, und der Berichterstatter
über diesen Vorfall schreibt ja auch: den eigentlichen Beteiligten wurde
durch die Angst der Mund versiegelt. Aber das reicht natürlich nicht zu
einer Deutung aus, aus einem nur negativen Faktum kann man keine
guten Schlüsse ziehen. Ich möchte deshalb versuchen, noch etwas tiefer
in die Dinge einzudringen.

Von dem im Vorstehenden genannten Ju-Ju ist behauptet worden,
er habe von allen seinen Mitgliedern einen Eid verlangt, daß sie das
Ansehen des Ju-Ju-Bundes immer wahren würden, daß keiner sich unterfangen werde, eines seiner Geheimnisse preiszugeben, daß er nie einen
der heiligen Flußbewohner (Krokodile) antasten oder verletzen, sondern
vor allen aufkommenden und sich meldenden Gefahren warnen werde.
Auch diesen Angaben kann man wenig oder nichts Entscheidendes entnehmen, wenn man nicht eben an einen heiligen Krokodil-Kult glauben
will. Was aber die Völkerkundler angeben, läßt viel eher daran glauben,
daß dieser Krokodil-Kult nur ein Aushängeschild gewesen sei, das äußere
Signum einer geheimen menschenfresserischen Organisation. Und wenn
daneben Gewalt und Mädchenhandel eine große Rolle spielten, dann
kann man es wohl begreifen, daß die Mitglieder dieses Bundes zum
Schweigen und zum Bestreiten aller Anklagepunkte angehalten worden
sind. Hier also trieb das Verbrechen und das un-Recht in das Schweigen.

Vom Purrah-Geheimbunde in Westafrika hat man annehmen wollen,
er habe einige Ähnlichkeit mit der Freimaurerei gehabt, denn erstens würden keine weiblichen Personen in ihn aufgenommen, und zweitens müßten
die Mitglieder sich vermittels eines Eides, den schwerlich je jemand verletzt habe oder noch verletzen wird, verpflichten, niemanden auf Erden
die Geheimnisse dieses ihres Bundes zu entdecken und ihren Oberen oder
Vorgesetzten in allen Dingen zu gehorchen. (Das mag zwar äußerlich
freimaurerischen Übungen ähnlich sehen, läßt aber keine im eigentlichen
brauchbare Vergleiche zu.) Von diesem Purrah-Geheimbunde und der
ersten Aufnahme in den Bund hat gegen 1804 ein alter englischer Reisender Golberry folgendes mitgeteilt: „Ein Kandidat wird nur unter der

Verantwortlichkeit aller seiner schon mitverbündeten Anverwandten zur Probe zugelassen. Diese schwören ihm den Tod, wenn er nicht in der Probe besteht oder wenn er nach seiner Aufnahme die Mysterien und Geheimnisse des Bundes verrät. In jedem Bezirk, der zu einem Purrah gehört, gibt es einen geheiligten Wald, wo man den Kandidaten hinführt; dieser muß sich an einer Stelle, die man ihm anweist, aufhalten; mehrere Monate muß er in einer Hütte, wohin ihm maskierte Personen seine Nahrung bringen, ganz allein leben; er darf weder sprechen noch sich aus der Umgebung, die ihm angewiesen ist, entfernen; wagt er, in dem Walde, der ihn umgibt, weiterzugehen, so ist er des Todes. Nach einigen Monaten von Zubereitungen wird der Kandidat zu den Proben zugelassen. Diese sind angeblich schrecklich. Man macht von allen Elementen Gebrauch, um sich von seiner Entschlossenheit und von seinem Mute zu überzeugen; man versichert sogar, daß man sich bei diesen Mysterien gefesselter Löwen und Leoparden bediene, daß während der Zeit der Proben und Einweihung die geheiligten Wälder von schrecklichem Geheule widerhallen, daß man daselbst während der Nacht große Feuer erblicke, daß ehemals das Feuer diese geheimnisvollen Wälder in allen Richtungen durchlaufen habe, daß jeder Uneingeweihte, der sich aus Neugier hineinzugehen verleiten lasse, ohne Schonung aufgeopfert werde, daß Unbesonnene, die dahin eindringen gewollt haben, verschwunden seien, ohne daß man jemals von ihnen wieder etwas gehört habe. Hat der Kandidat alle Proben überstanden, so wird er zur Einweihung zugelassen. Vorher aber muß er schwören, daß er alle Geheimnisse bei sich bewahren . . . wolle."

Der Purrah ist ein das Recht behauptender und ein kriegerischer Bund, der in politische Auseinandersetzungen einzugreifen pflegte, in Stammeskriegen auftrat und in innerstammliche Händel griff, so etwas wie die in den romantischen Ritterbüchern lebende „heilige Fehme". Es scheint, daß diese heilige Fehme sehr aktiv gewesen ist; „man kennt ihr Dasein, man fühlt die Wirkungen ihrer Gewalt, man fürchtet sie; der Schleier aber, der ihre Absichten, Beratschlagungen und Beschlüsse deckt, ist undurchdringlich, und erst im Augenblicke, da ein Geächteter den Todesstreich empfängt, weiß er, daß er verurteilt ist." — Hier aber liegt wohl der Schlüssel, denn es läßt sich leicht verstehen, daß eine politische und in Rechtshändel wirkende Gewalt aus dem Geheimnis, in dem sie als ein Geheimbund dauernd lebt, und aus dem Schweigegebot, mit dem sie sich abriegeln will, Autorität, Gewalt und eine sich überall durchsetzende

Wirksamkeit erlangte. Und auch der Jehve-Geheimbund an der Gold-
und Sklavenküste empfängt aus dem Geheimnisse, das ihn einhüllt und
umfängt, Gewalt. Es wird von ihm wie von den andern Bünden allen
angegeben, daß er ein rechtsbehauptender und politischer Geheimbund
wäre, und ihm wird Mädchenhandel wie privater Terror nachgesagt.
Wenn man von einem Bundesbruder dieses Ordens festzustellen wußte,
daß er Geheimnisse ausgeplaudert hatte, wurde er durch Gift, das innerhalb der nächsten sieben Tage wirkte, „fortgeräumt". Auch hier erachtete
man eine Geheimhaltung als geboten, — man kann politische Programme
auch in Afrika nur dann verfolgen, wenn sie den tragenden und sie treibenden Männern nicht aus Händen gleiten; man kann die einer „heiligen
Fehme" eigentümlichen richterlichen Aktionen nicht vor den Augen der
Vielen ausrichten, soll die Fehme nicht zerbrechen; das aber besagt, daß
solche Bunde einen Schweigezwang aufrichten müssen.

Es ließen sich außer den eben genannten ganz natürlich weitere Gründe,
die einen Schweigezwang der Bünde deutlich machen können, finden.
Ich halte es aber nicht für nötig, ihnen nachzujagen, denn was sich hier
ergibt, das sind im Grunde keine anderen Argumente als solche, die auch
in einem privaten Leben Schweigen fordern und erzwingen. Verbrechen
und Fehme, Mädchenhandel und politische dunkle Aktionen sind keine
charakteristischen Äußerungen der geheimen Männerbünde; wo sie erscheinen, handelt es sich um Spezialentwicklungen der Bünde oder es sind
Verfallserscheinungen, männerbündisch getarnte Vergesellschaftungen im
Dunkel. Allein der vorige Abschnitt konnte uns „dem Eigentlichen" näher
führen, und dort ergab sich, daß der eigentliche Sinn des Bundes ein
numinoses Erlebnis und das Wiederfindenwollen dieses Numinosen war.
Man kann ihm vielleicht — in seiner Qualität — ein zweites an die
Seite rücken. Ich möchte dies zweite aus einigen Einzelbeobachtungen
abzuleiten versuchen. Bei den Mambunda am oberen Zambesi hat gegolten, daß wenn der Sohn beschnitten wird und er die Buschschule frequen-
tiert, die Mutter von diesen seinen Erlebnissen nichts erfahren darf; der
Vater darf ihn zwar sehen, aber es ist streng verboten, daß er ihr etwas
mitteilt. Wenn man diese Angaben einmal überlegt, dann sind die Einzelheiten der Mutter gegenüber ein Geheimnis; dem Vater sind sie zwar
offenbar, das Schweigegebot jedoch läßt ihn verstummen.
Entsprechend wird auch den Knaben, die durch die Initiation gegangen
sind, verboten, den Nichteingeweihten und den Frauen etwas zu verraten.

So wird von dem Beschneidungs- oder Ngosafest der Kai gesagt, man zünde am Schluß der ganzen Zeremonien ein großes Feuer an, dann nimmt man alle Jungen und hält sie so nahe an das Feuer, daß manchen die Körperhaare versengt werden oder sie Brandwunden kriegen. Und man droht ihnen, falls sie von der wahren Bedeutung des Ngosafestes den Frauen gegenüber was verlauten lassen, Marter an und Tod. Man werde sie sicher dabei ertappen, und man werde sie schlachten, zerstückeln und in den großen Bambusrohren kochen und dann fressen.

Vom Balumfeste der Bukaua wieder wird berichtet, daß noch vor der Beschneidung einer von den Alten den Knaben mit einem Balumholze über den Körper aufwärts streiche und ihm von unten das Kinn gegen seinen Oberkiefer schlage: schweigen von balum soll er Weibern und Uneingeweihten gegenüber! Nach der Beschneidung aber werden die Jungen in den Wald geführt und dort in einer feierlichen Männerversammlung noch einmal ermahnt, vom Balumgeheimnis den Frauen niemals etwas zu verraten; die Übertretung des Verbotes hätte die Austilgung des Verräters, die seiner Sippe und dann die Zerstörung seines ganzen Dorfes zur Folge. Dabei erfolgt die gleiche Zeremonie mit dem Balumholze.

Weswegen verlangen die Bukaua und die Kai ein Schweigen? Am nächsten scheint zu liegen, daß die strenge Forderung zu schweigen mit der soeben stattgefundenen Operation zusammenhängt, denn sie wird überall vor, während oder nach der circumcisio erhoben. Was aber bezweckte und bedeutete eine solche Forderung? Von den Wajao in Ostafrika wurde uns durch einen Reisenden mitgeteilt: „Was habt ihr nur im Busch gemacht?' fragen die kleinen Mädchen ihre bisherigen Gespielen; ‚früher hattet ihr doch ein langes, spitzes Ding; jetzt ist es kurz und rund.' ‚Das haben uns die Männer', lautet die vorgeschriebene Artwort, ‚in den Leib zurückgeschoben und zugebunden.' Vom Schneiden dürfen die Mädchen nichts erfahren." — Ich führe diese wunderliche kleine Anekdote an, weil sie erkennen läßt, daß schon die Mädchen sich Gedanken machen, und sicher sind sich die Frauen auch über die Beschneidung klar. Das aber besagt, daß eigentlich „nichts zu verstecken ist". Warum verschweigt man dann aber den Prozeß und alles mit ihm zusammenhängende Geschehen? Warum bemäntelt man ihn durch Bilder? Warum haben Ausreden statt?

Indem ich die Frage aufwerfe, zeichnet sich auch schon die Richtung, in welcher wir eine Antwort suchen werden oder finden müssen, ab. Die vielen Bemäntelungen und das Drumherumreden kann doch nur bedeuten, daß „es die Frauen nichts angehe", was sich hier begibt. Es handelt sich um eine ausgesprochen und nur-männliche „Angelegenheit"; und dieses nur-Männliche hat sich auch ein „Abzeichen" ausersehen, das nur ein Mann aufweisen kann, weil es am männlichen Organ geschieht. Ein dumpfes „Spiel" rückt langsam zu dem Range eines „Zeichens" auf. Deswegen wird alles mit diesem Abzeichen Zusammenhängende auch als ein Geheimnis angesehen; deswegen wird es zu einem richtigen Qualitäts- und Bundeszeichen. Und als ein Bundeszeichen erhält es einen quasi-heiligen Charakter. Auf der am männlichen Glied verrichteten eigentümlichen Operation und ihrer Zeichenhaftigkeit liegt also das Gebot des Schweigens.

Es ist ein sakral-Weltliches, irgendwie verwandt dem Numinosen, das also in der Beschneidung unter das Schweigegebot geraten ist.

Was aber hat dieses sakral-Weltliche eigentlich getrieben?

Wir können die Antwort nur auf einem Umweg finden.

Das Geheimnis der Geheimbünde ist nicht nur für die Mitglieder, sondern auch für die Nichtmitglieder verbindlich. Schon dort, wo irgend eine leibliche Angst das Schweigen gebietet, erstreckt das „Schweigegebot" sich über den Kreis der Mitglieder hinaus, und auch die numinose Angst wie die auf diese zustrebenden besonderen Ausgestaltungen verlangen und fordern Schweigen und binden auch die Außenstehenden. So schreibt ein Reisender über die Yoruba in sein Tagebuch: „Diesen Abend ging der ‚Fetisch', um Diebe einzufangen. Diese Wächter machen ein Geräusch, dem ähnlich, das die Knaben machen, wenn sie einen gekerbten, an einem Bande befestigten Stock um den Kopf schwingen. Sobald man diesen Ton hört, darf keiner bei Verlust seines Lebens das Haus verlassen." — Es ist der Ton des Schwirrholzes, welcher bannend wirkt, — die Schwirren sind jene heiligen Hölzer, die die Männer schwingen, wenn sie die Frauen vor dem Betreten eines geweihten Platzes warnen wollen, durch welche Dämonen auch ihr Kommen anzukündigen pflegen. Ihr Anblick wie ihre Berührung ist den Weibern streng verboten; wieder ist also ein dem Kulte dienendes Zeichen tabuiert.

Wie das Berühren der Schwirren und das nicht-Fortgehen, wenn sie nahen, so ist der männerbündische Festplatz jeder Frau verboten, und so wie dieser Festplatz selbstverständlich auch die Hütten auf dem Platze, das für die Neubeschnittenen vor der Siedlung aufgeschlagene provisorische Dorf. Wenn bei den Kai auf Neu-Guinea zufälligerweise etwa eine Frau in dieses Dorf gerät, kommt sie nicht mehr davon. Ein Missionar beobachtete, wie bei einem solchen Feste sich eine Frau, wahrscheinlich doch von ihrer weiblichen Neugier angetrieben, zu nahe an das verbotene Dorf im Walde wagte, und wie sie ergriffen wurde; sie war von einigen Männern wahrgenommen und verfolgt und eingeholt und kurzerhand in eine alte Schweinegrube geworfen worden, in welcher man sie erbarmungslos getreten und zertreten hat.

Sehr viele im kultischen Gebrauche wichtige Einzelheiten dieser Bünde sind also dem Schweigegebote unterworfen, wurden Weibern tabuiert. Und diese Bannung wird in einer geradezu rigorosen Weise durchgeführt. Ich sprach bereits von einem entsprechenden Ereignis bei den Kai. Auch der Ogowe-Geheimbund bei den Akelle in Westafrika sperrt einen bestimmten Teil des Festplatzes für die Weiber. Bei ihren Tänzen werden die tanzenden Männer von den Frauen durch einen ausgespannten Strick, an welchem frische Blätter und Fetzen von Kleidern hingen, abgesondert und getrennt. Die Weiber aber durften über den Strick hinaus nicht tanzen, denn auf der Seite der Männer tanzte ein „böses Wesen", das alle tötete, die in seine Gewalt geraten sind; sein Zorn und seine bösen Absichten aber galten nur den Weibern. Auch hier steht mithin auf dem Bruche des Tabus der Tod.

Daneben, will es mir aber scheinen, wäre noch ein zweites festzustellen: der Ausschluß der Weiber — anders gesagt: die Gegnerschaft der Männer — ward hier aus dem realen in den mythischen Bezirk erhoben; die Weiber-Feindschaft wird zu einem den Männern freundlichen „bösen Wesen".

Zu einer furchtbaren Höhe steigert sich diese Weiber-Gegnerschaft in Neu-Guinea bei den Tami und in ihrem Kani-Bunde. Der Name Kani ist der Name eines Geistes und zugleich der Schwirren; das Kani-Fest ist die Beschneidung, und bei diesem männerbündischen Feste ergötzen die älteren Teilnehmer sich an einem Schweineopfer-Opferschmause. Das Schwein und alle seine Überreste sind deswegen tabuiert. Von dem Verhängnis eines Tabu-Bruches aber schreibt ein Missionar: „Ein ganz besonderes Augenmerk müssen die Leute auf dem Geisterplatze auf die (Schweine-)Knochen haben, denn die würden leicht von den Hunden verschleppt und dadurch zu Verrätern werden. Trifft eine Frau, die um die Sache weiß, einen Hund mit einem solchen Knochen, so nimmt sie ihm denselben ab und verwahrt in sicher; begegnet aber eine uneingeweihte

214

Frau einem solchen Hunde, so ist es natürlich leicht möglich, daß sie ihre Entdeckung ausplaudert. Dann ist unter Umständen das Schicksal des Dorfes besiegelt. Von einem Poumdorf (zwischen Festungshuck und Kap König Wilhelm) wird erzählt, daß dort das Geheimnis auf diese Weise offenbar wurde. Zum Unglück erfuhren die Nachbardörfer von dem Vorkommnis und nun blieb dem Häuptling des Dorfes nichts anderes übrig, als die Sache anzuzeigen und die Bundesglieder zur festgesetzten Strafe zusammenzurufen. Als alle Kaniglieder beisammen waren und das Dorf umzingelt hatten, nahm der Häuptling den Kani, stellte sich mitten auf den Dorfplatz und rief: ‚Weiber, kommt herunter, die Siassi (Bewohner der Insel Siassi) sind da!‘ Kaum hatten die Weiber die Häuser verlassen, als er anfing den Kani zu schwingen. In demselben Augenblicke brachen die Männer hervor und schlugen sämtliche Dorfbewohner, Männer wie Frauen, tot. Nur zwei ganz kleine Kinder ließ man am Leben, damit man später auf sie weisen und sagen konnte: ‚Seht, ihre Vorfahren haben das Geheimnis offenbar werden lassen, da hat sie der Kani alle verschlungen!‘ Auch das Dorf wurde dem Erdboden gleich gemacht, so daß nur einige Stümpfe von Kokospalmen und einzelne Pfähle davon Zeugnis gaben, daß dort ehemals ein Dorf stand.“

In diesem Missionarsberichte, scheint mir, will ein Doppeltes sichtbar werden: zuerst der Zwang, mit welchem der Geheimbund Kani herrscht und der, so wird man ohne weiteres sagen dürfen, wieder ihn beherrscht; die Dinge sind hier zu einer wahrhaft tragischen Verwicklung fortgeschritten: im Netze, das der Geheimbund spannte, fing er sich am Ende selbst. Das Zweite und augenblicklich Wichtigere aber ist die Gegnerschaft, in welcher der männliche Geheimbund gegen Weiber (und Nichteingeweihte) steht. Sie wirkt, als decke sich hier eine Feindschaft auf „seit Urbeginn“. Das Wort „Nichteingeweihte“ wirkt in diesen Berichten beinah nebensächlich; es gibt ja in Wahrheit auch nur eingeweihte Männer und nichteingeweihte Frauen, und unter den Männern sind Nichteingeweihte kaum zu finden; das, was der Kani der Tami vernichtet, also sind die Weiber.

Und diese Feindschaft wird von Reisenden immer wieder festgestellt. Sie steigt aus den realen täglichen Bezirken in die mythischen auf. So heißt es vom Mungi, einem Geheimbunde in Kamerun, daß seine Obersten sich in wilde Tiere zu verwandeln pflegten. Zuweilen wird in den Negerdörfern dann die Warnung laut, daß in der Nacht der Mungi sich im Dorfe blicken lasse und daß er kein weibliches Wesen in den Straßen

finden dürfe. (Gewöhnlich scheint er sich sonst im Walde draußen aufzuhalten.) Der Mungi kann jeden Menschen töten, den er will, und jedes
Weib muß sterben, wenn sie ihn ansehen würde. Es ist, als wäre hier die
Welt vom Männlichen her geordnet worden; der Mann besteht; das Weib
drückt sich am Rande scheu herum; statt aus dem Lebensrechte des Menschen lebt sie nur „aus Gnade", kann sie nur leben, wenn sie dem Gewaltigen aus dem Wege geht.

Man könnte gegen die eben ausgesprochenen Folgerungen freilich sagen,
daß diese männlich geordnete nur eine vorübergehende Welt gewesen
sei; daß die Berichte, welche meinem Schluß zugrunde gelegen haben,
bestimmte Dinge ganz einseitig übersteigert hätten. Man müsse das alles
auf „normale" mittlere Maße reduzieren. Dann würde sich etwa zeigen,
daß sehr vieles doch nur Forderungen, nicht aber Aussagen über einen
dauernd bestehenden „normalen" Zustand seien. Als solche würde man
beispielsweise auch das Schweigegebot auffassen müssen, denn es sei klar,
daß auf die Dauer keine Geheimhaltung irgend etwas nütze. Auch wenn
die europäischen Völkerkundler über die geheimen Männerbünde der
Melanesier und der Neger wenig oder beinahe nichts erführen, brauche
man noch nicht auf einen unbedingten Schweigebann zu schließen; ganz
sicher erführen die ein ganzes Leben mit den Ehemännern teilenden
Ehefrauen, die außerdem als Mädchen — wie die Iwåg der Marind an
den mit sexuellen Ergötzungen angefüllten Festen teilgenommen hätten, — von ihren ehelichen und geschlechtlichen Partnern, was erfahrbar
sei. Wenn mir auch diese Argumentation ein wenig kühn erscheint, denn
Ehe und Liebe schaffen in vielen Kulturen keine solchen Vertrautsam-
keiten, die wir aus unserer kennen, so bleibt immerhin bestehen, daß
wirklich sehr viele Frauen viele bündische Geheimnisse erfahren haben.
Von den soeben erwähnten Tami sagt der sie beschreibende Missionar,
daß er nicht wisse, ob die Kulte in Bukaua und Jabim den Weibern, wie
die Gesetze der Bünde es verlangen, fremd geblieben seien; auf Tami ist
zwar die ganze Sache ein Geheimnis, jedoch ein öffentliches, von dem die
verheirateten Frauen alle wissen, und das nur vor den Kindern verborgen
gehalten worden ist. Doch wegen der fürchterlichen Strafe, welche dem
Verräter droht, dem Tode, läßt keine Frau verspüren, daß sie etwas
davon weiß.
    Es gibt in einem solchen Augenblicke wohl drei Möglichkeiten. Ent-
weder tun die den Männerbünden angehörigen Eingeweihten so, als ob

die Frauen von ihren Mythen, ihren Kulten nichts erfahren; der Druck, den diese Bünde ausüben, reicht meist zu, um ein ins-Weite-Dringen und ein Zerbrechen des Geheimnisses zu verhindern. Man könnte sagen: weil der Geheimbund es nicht wissen will, daß Frauen sein letztes Geheimnis kennen, deshalb weiß er nichts. Das zweite, um einem solchen Bekanntwerden zu begegnen, wäre, was etwa vom Porrobunde in Westafrika berichtet worden ist: Es kommt beim Porro vor, daß Frauen in ihn aufgenommen werden, die weiblichen Häuptlinge und die Anwärterinnen auf den Häuptlingsstuhl und — Frauen, die Kenntnis von den Geheimnissen des Porro haben, wie es der Zufall oder eine außerordentliche Möglichkeit wohl gab; und Frauen, die etwas wissen, müssen dann entweder sterben oder sie werden in die Verborgenheiten des Geheimnisses eingeweiht. (Doch die dem Porro angehörigen Frauen haben solche Rechte, wie sie die andern Frauen ihres Stammes nicht haben können; so sind sie beispielsweise niemals wegen Ehebruches zu belangen.) Nun wissen wir schon aus der Erwähnung des Ju-Ju und Jehve, daß auch die afrikanischen Bünde meistens Männerbünde sind, daß aber die Frauen in manchen eine bestimmte Rolle spielten; die Rolle war freilich eine nicht sehr rühmenswerte, und man wird behaupten dürfen, daß sie nur bei bereits verfallenden Männerbünden sichtbar werde.

Ein dritter Weg ist von den Tapirapé in Goyaz gegangen worden: Nachdem hier früher jedes Weib getötet worden ist, das hinter das Geheimnis der männerbündischen Maskentänze kam, hat es ein unerwarteter Zufall einmal geben wollen, daß das Geheimnis sämtlichen Weibern des Stammes kund geworden ist. Sie alle zu töten schien den Männern doch nicht möglich, und so entschloß man sich, dann lieber das ganze Geheimnis preiszugeben, und aus dem kultischen Maskentanze einen unterhaltenden zu machen. Damit war zwar die aus dem Maskengeheimnis sich ergebende Konsequenz umgangen und das Verfahren des Tamihäuptlings brauchte hier nicht stattzufinden; damit war aber auch das ganze Maskenwesen seines Wertes beraubt, weil ein sehr Wesentliches desselben beiseite geworfen worden ist: das Eigentliche nämlich. Das was ins Geheimnis trieb. Das irgendwie dem Numinosen nahe Ahnen und Erschauern. Denn daß es an diesem lag, das geht ja aus dem Satz hervor, daß, als die Männer das ganze Geheimnis preisgegeben hatten, der kultische Maskentanz zu einem unterhaltenden geworden ist.

Wir kehren auf einem Umwege also wieder zu dem vorigen Resultat zurück. Zwar gibt es Bünde, deren Geheimnis in die Hand der Frauen kam, doch das sind ausgeartete (Ju-Ju), irgendwie zerbrochene Bünde; die nicht zerbrechenden aber halten ihr Geheimnis fest. Es ist ein von den Männern entdecktes mythisches oder zauberisches Gut, das seinen letzten Sinn vielleicht in einem Numinosen, im fascinandum und tremendum der Begegnung mit dem Drüben hat.

Es ist ein von den Männern entdecktes und den Männern vorbehaltenes Gut. Es ist ein gegen die Weiber und die weibliche Neugier rigoros verteidigtes Gut. Das führt uns von neuem zu der Frage nach dem Wesen und dem Sinn der Bünde. Die wichtigsten Untersuchungen über das Masken- und Geheimbundwesen stehen sich in ihren Antworten näher, als man anfangs denken möchte. Der eine, Frobenius, sah die geheimen afrikanischen Männerbünde aus einer manistischen Weltanschauung, aus dem Totenkult entstehen, (aber auf diese nicht zu haltende Deutung brauche ich hier nicht einzugehen.) Viel wichtiger ist ein nächstes, ihre soziologisch-religiöse Seite. Von ihr behauptete Frobenius: „Wie den Männern, so wird auch den Mädchen vor der Ehe ein Lehrkursus zuteil. Naturgemäß bezieht sich dieser Unterricht auf die Dinge des Geschlechtslebens. Die Hauptzüge sind die gleichen, die wir schon bei der Besprechung der Jünglings-Noviziate kennen lernten. Es ist also schon vor dem Auftreten der Geheimbünde eine Trennung und Scheidung der Geschlechter durchgeführt. Dieselbe wird dadurch charakterisiert, daß Jünglinge, und vice versa Mädchen nicht mit dem anderen Geschlechte verkehren können. Nun müssen wir die Entstehung der Bünde überhaupt im Auge behalten. Dieselben sind nichts anderes als eine Folgeform der Erziehung. Dadurch, daß gewisse Gruppen sich bestimmten Verfügungen zur Zeit der Vergeistigung, also den Enthaltungsgeboten unterwerfen, werden sie zusammengeführt und verbunden, so daß gesagt werden könne, das Bindende der Bünde liege zunächst in den Enthaltungsgeboten, die alle Mitglieder gleichartig machen. Es entsteht ein Innen und Außen. Dieses Innen und Außen, dieses Zusammenhalten durch die gemeinsamen Erziehungsmotive muß in jeder Richtung als Fundament der Entwicklungslinie angesehen werden. Demnach haben wir die Urformen der Geschlechterbünde in der Trennung zur Zeit des Noviziates zu suchen. Während die Enthaltungsgebote der grauen Vorzeit einer geringeren Bevölkerung und niedrigeren Kulturstufe angehören mögen, bilden die Bünde mit dem Prinzip der geschlechtlichen Ordenskriege sich erst in den Zeiten der Überzahl der Weiber und der daraus entstehenden Zwiespalte." — Die

Sonderung der Geschlechter, der Zusammenschluß der einzelnen Geschlechter, hat also nach seinen afrikanischen Beispielen in der Zeit der Reife statt. Das aber besagt, daß sexuelle Tendenzen hinter diesen Sonderungen stehen. Frobenius sah in den Enthaltungsgeboten das Zusammenbindende, aber gerade die Forderung des Enthaltens ist auf das Geschlecht und seine Eigenheiten und Notwendigkeiten zugeschnitten. Aus dem Geschlecht und seinen Bedingtheiten also gehen die Bünde auf.

In dieser Zusammenfassung aber will auch schon der Fehler, zu dem sich Frobenius hat verleiten lassen, sichtbar werden. Er spricht von den aus den Enthaltsamkeitsgeboten aufgewachsenen Bünden; dergleichen Enthaltsamkeitsgebote werden vorzugsweise für das Mädchen, in sehr viel geringerem Maße für den Burschen wichtig sein; gerade von sexuell bedingten Frauenbünden aber hören wir hier nichts. Man wird deswegen diesen seinen Argumenten nur entnehmen können, daß die Geschlechter sich im Reifealter voneinander sondern. Und ferner, daß diese Sonderung oder der Zwiespalt der Geschlechter vielleicht einmal die Knabenschaften in das Leben rief, – für welche Schlüsse uns das erste Kapitel ja schon Gründe gab.

Den sexual-psychologischen Gründen, die Frobenius so sehr betonte, stehen die von Schurtz betonten sozial-psychologischen gegenüber. Er hat sie in seinen „Altersklassen und Männerbünden" vorgetragen. Es heißt in deren letztem Kapitel: „Wie immer wieder betont werden muß, ist die Einteilung nach Altersklassen in der Hauptsache dem männlichen Gesellschaftstriebe entsprungen und steht so, obwohl in vielen Fällen auch die Frauen in Klassen organisiert sind, zum weiblichen Lebenselement der durch Blutsverwandtschaft verbundenen, im übrigen aber alle nur möglichen Unterschiede umfassenden Familie und Sippe entschieden im Gegensatz. Ein gewisser Wettbewerb zwischen den beiden Gesellschaftsformen, der Männergruppe und dem Familienverband, tritt überall mehr oder weniger deutlich hervor, und wir sehen denn auch bald den Männerbund als geringwertige Gruppe von Junggesellen, deren jeder durch baldige Heirat auf die höhere Stufe eines Ehemannes zu steigen sucht, bald schon in äußerlicher Symbolik die Familienhäuser als kümmerliche Anhängsel der gewaltigen Männerhalle, in der auch die verheirateten Männer nach Möglichkeit noch das Junggesellendasein mit seiner brüderlichen Geselligkeit fortsetzen. Das Gegenspiel der beiden Systeme bildet ein großes Kapitel in der Entwicklungsgeschichte der menschlichen Gesellschaft. In den Geheimbünden läßt sich in diesem Sinne vielfach ein

Schachzug des männlichen Prinzips erkennen, das sich mit Bewußtsein gegen das durch Frauen und Kinder vertretene Familienwesen kehrt und durch Einschüchterung seine Oberherrschaft zu befestigen strebt. Es ist merkwürdig zu beobachten, wie auch in diesem Falle das weibliche Element zuweilen nachahmend auftritt und durch eigene Geheimbünde der Unterdrückung nicht ohne Erfolg entgegenarbeitet. Natürlich spielen wirtschaftliche Beweggründe immer mit in diese Entwicklungen hinein. So lange die Männergesellschaft in ihrem Jagdmonopol eine reiche Erwerbsquelle besitzt und die Sammelwirtschaft oder der Feldbau der Frauen nur als Nebensache in Betracht kommen, sind besondere Maßregeln zur Aufrechterhaltung des Einflusses der Männer nicht nötig; geht aber die Jagd zurück und wird der Feldbau die Grundlage das Daseins, dann wird die Gesellschaft der Männer mehr oder weniger bewußt nach Mitteln suchen, die dadurch entstehende Abhängigkeit von den Frauen möglichst zu verringern. Ein solches Mittel ist das starke Betonen des Krieges, mit anderen Worten der Raubwirtschaft, ein anderes sind vielfach die Geheimbünde mit ihrer mystischen, scheinbar unwiderstehlichen Macht." — Der Männerbund ist also ein vom Manne unternommener Versuch, sich gegen das Weib und dessen herrscherliche Gelüste zu behaupten. Er wird jedoch nicht, wie Frobenius es vorhin wollte, im Gegen- und Voneinander zweier sexueller Parteien ausgefochten; die Auseinandersetzung hat sich hier im wirtschaftlichen Raum entzündet. Doch hinter allem Wirtschaftlichen steht ein letzter, tiefster Grund; es wurde vorhin bereits gestreift, daß zwischen den beiden Gruppen Mann und Frau ein psychologischer, sozialpsychologischer schroffer Gegensatz bestehe: der Mann sucht eine künstliche Vergesellschaftung, eine natürliche die Frau; der Mann tut sich mit seinesgleichen, Mann und Mann zusammen, die Frau greift über den Rahmen der Familie kaum hinaus. — Das sind um der Verdeutlichung willen ziemlich überspitzte Sätze; sie lassen jedoch erkennen, daß der Soziologe Heinrich Schurtz den Männerbund aus einer Urveranlagung des Mannes entstehen läßt. Er möchte behaupten, daß die Männer sozial veranlagte Wesen seien und daß die soziale Gestimmtheit eine psychische Eigentümlichkeit des Mannes wäre.

In den einleitenden Kapiteln seines Buches lehrte aber Schurtz, was von den meisten Lesern flüchtig übergangen wurde, daß eine Art Urfeindschaft zwischen Mann und Frau bestehe. Er wies dafür auf mehrere physiologische Eigentümlichkeiten hin. Ich glaube, daß er mit dieser Bemerkung etwas Richtiges ausgesprochen hat, denn es gibt rein instinktmäßige

Widersprüche zwischen Mann und Frau. Ich denke dabei an ein Gespräch mit einem Breslauer Universitätsgelehrten, der etwa sechzig war, verheiratet und zwei Töchter hatte. Er sprach von Mädchenschulen und von seinem früheren Unterricht in ihnen; der sei nicht schön gewesen, „mir war dieser weibliche Geruch zuwider." Er meinte nicht etwa die Parfüme, die vielleicht die Mädchen brauchten; es roch so weichlich, — ich habe seine Bemerkung damals nicht verstanden, aber ich lernte später, daß sie richtig wäre. Und ich begreife, daß aus solchen oft nicht faßbaren Motiven, aus von uns ungewußten, eine Version aufwachsen kann. Das wäre das eine. Und es kommt als weiteres dazu, was Gustaf af Geijerstam in seinen „Brüdern Mörk" zu übermalen suchte, weil er ein anderes und ihm wichtigeres Motiv verfolgen mußte: die seelische Inkongruenz Karl Henrik Mörks und Brites, seiner Frau. Aus dieser seelischen wächst die äußere Inkongruenz hervor. Und dieses Geschiedensein vom andern, Burschen von den Mädchen, das in den nördlichen bäuerlichen Kulturen noch so sichtbar ist, bleibt uns nur deshalb dunkel, weil der Mensch der bürgerlichen Welt in einem besonderen Maße einem erotischen fascinans erlag; und diese erotische Erfülltheit muß die Klüfte und Zwiespalte überdecken.

Daß sie vorhanden sind, das lehren unverdecktere, einfachere Kulturen. Sie lehren, daß zwischen „hüben und drüben", zwischen Mann und Weib die Kluft befestigt ist, von welcher schon das alte Gleichnis spricht. Daß jedes der beiden einen anderen Weg einschlug und geht. Sie lehren, daß in den Männerbünden männliches Denken triumphiert und daß auf einem männlichen Wege dem ihm nur Erahnbaren nachgetrachtet wird, und daß der Mann den Weg und die allmählich zur Übung gewordenen Praktiken dieses Weges ins Dunkel gehüllt hat, — weil das Eigentliche stets im Dunkel wohnt. Sie lehren, daß weibliches Denken andere Wege suchen mußte.

Was ich hier eben anzudeuten versuchte, mag vielleicht enttäuschen; es mag besonders in den Jahren, da die Frau sich gleichberechtigt fühlt und da sie die gleichen Rechte in der Familie wie im öffentlichen Leben, im Staate und in der Arbeit fordert wie der Mann, enttäuschen. Ich glaube jedoch, daß eine Rose nie ein Eichbaum heißen sollte, und daß, wenn zwei verschieden aussehen und verschieden wachsen und verschieden lieben und wenn in ihnen zwei verschiedene Wege angelegt erscheinen, sie diese verschiedenen Wege ausgehen sollten — bis zu ihrem Ziel.

WEIBERBÜNDE

Das ganze bündische Wesen, Knabenschaften und die „Jugenden", das heißt die Vergesellschaftungen unverheirateter Burschen oder Mädchen, sind seit sehr langer Zeit beobachtet und besprochen worden. Und man hat große theoretische Überlegungen angestellt. Stets liefen die Überlegungen und Behauptungen mit dem Kehrreim aus, daß zwar die Männer alle sozial veranlagte Wesen seien, daß aber das Weib sich allem bündischen Tun entzogen habe, Das vorige Kapitel scheint diesen Theorien ja auch Recht zu geben, es rückte die Vergesellschaftungen des Mannes in den Vordergrund und es erklärte sie aus einer männlichen „Uranlage". Ich sagte jedoch mit allem Bedachte: es scheint recht zu geben, — in Wahrheit ist aber die These niemals übernommen worden, daß bei den Frauen keine Vergesellschaftungen festzustellen seien. Ich möchte vielmehr, nachdem ich von den männlichen Verbänden sprach, nun von den weiblichen und von eigentümlichen Zügen sprechen, und so die alte These umstoßen, daß es zwar viele Männerbünde gebe, daß Weiberbünde aber nur auf dem Papier bestünden. Ich werde vielmehr nun das bis heute Unerwartete sichtbar machen: uralte, bis in die pflanzerischen Kulturen reichende Überlieferungen, die sich in Rückzugsgebieten und in Horsten noch erhalten haben.

Aus dieser Bemerkung, daß die Weiberbünde aus den pflanzerischen Zeiten in unsere späteren herüberreichten, aber erhebt sich eine nächste Frage: Besaßen die älteren Zeiten etwa nichts als Weiberbünde und sind die Männerbünde eine in der Kulturentwicklung vielmehr jüngere Form? Gilt, was ich vorhin folgerte, also nur für jüngere Zeiten? Und wenn —, entwickeln sich da dann nicht Epochen eines ungeheuren Maßes, vor deren Gliederung unsere psychologischen „Grundhaltungen" zusammenschmelzen, wie auch die Gliederung der politischen Geschichten dann zusammenschrumpfte? Wird uns mit dieser neuen Frage etwa eine neue Quelle aufgeschlossen, aus welcher die vor den schriftlichen Zeugnissen liegende Geschichte noch Geschichte wird?

Ich glaube, es gehen von solchen Betrachtungen wirklich neue Fragen auf. Und mit den Fragen heben neue Antworten sich ins Licht.

Canta Bovi!

Man hat behauptet, daß die an und für sich wenig beachteten Weiberbünde sklavische Nachahmungen der Männerbünde seien; das Weib habe
aus sich keine charakteristischen bündischen Formen entwickelt. Eine solche
Behauptung könnte eine Stütze in den bei heut noch vorhandenen Weiberbünden üblichen Aufnahmeriten haben, die scheinen wirklich den männlichen Initiationen nachgebildet worden zu sein. Sie weichen natürlich in
den äußeren Formen ab, ein physischer Eingriff, wie beim Manne die
circumcisio es ist, hat in den heutigen mitteleuropäischen weiblichen Vergesellschaftungen keinen Ort; daß aber entsprechende Operationen in
der pflanzerischen Zeit geschahen, wird von den Völkerkundlern oft
berichtet und mag anderswo ausführlicher erörtert werden. Ein Nach-
lassen dieser Bräuche hängt aber sicher nicht nur mit der milder und
sanfter werdenden „fortgeschrittenen Zeit" zusammen; viel wichtiger
erscheint es mir, daß die Weiberbünde sich deutlicher als die Männerbünde in zwei große Gruppen spalten: die Bünde der jungen Mädchen
und die der verheirateten Frauen. Der Bund der jungen Mädchen, der in
den „Jugenden" noch fortzuleben scheint, umfaßt die jungen Mädchen
von dem Eintritt ihrer Pubertät an bis zur Ehe; der circumcisio entsprechende Eingriffe müßten — analog den in den Knabenschaften
üblichen Gebräuchen — hier in den Monaten des Reifens, das heißt beim
Eintritt in den Mädchenbund, geschehen. Und sind bei den Naturvölkern
auch zu dem Termin geschehen. Die Reife, oder wie man heut lieber sagt
„Entwicklung" wird auch in Mitteleuropa als ein wichtiger Zeitabschnitt
angenommen, aber die ihn bezeichnenden Markierungen sind doch anderer
Art als die der frühen Völker. Denn physische Eingriffe, vor allem solche
an den weiblichen Organen, haben nicht mehr statt, dagegen erhält das
Kind nun eine weibliche Frisur und Kleidung, die ein Hervorheben oder
Deutlichmachen seiner Formen erzielen will. Die Konfirmation erscheint
als eine weitere Marke; das Kind löst sich vom Elternhause, „geht in
Dienst", es gilt sehr bald als mündig und als heiratsfähig, reif, — die
früher gebräuchlichen physischen Auszeichnungen haben sich also in das
Lebens- und Haltungsmäßige verschoben. Sie sind noch immer wichtig;

keine Unkonfirmierte und kein „Kind" wird in die „Jugend" aufgenommen werden, aber sie fallen nicht mehr so sehr nach außen auf.

Viel auffälliger ist vielmehr der Übergang des jungen Mädchens in
die Gesellschaft der verheirateten Frauen. Da haben — zunächst von
außen her gesehen — sehr wichtige rechtliche Veränderungen statt: das
Mädchen geht aus der munt des Vaters in diejenige des Ehemannes über.
Es treten auch neue wirtschaftliche, lebens- und haltungsmäßige, und es
treten neu die sexuellen Verpflichtungen an sie heran; die Jungfrau wird
zum Weibe. Ein neues Kleid kennzeichnete sie — in alter Zeit und noch
im neunzehnten Jahrhundert — für die Welt. Wenn in den Mädchen-
bünden, der „Jugend", keine besonderen Aufnahmeriten mehr stattfinden,
eine verheiratete Frau wird in die Gemeinschaft aller anderen verheirateten aufgenommen. Das „Hauben", das Austanzen des Kranzes, und
was an Brauchtum sich an Bauernhochzeiten noch gehalten hat, gehört
zu einem gewissen Teil hierher. Darüber hinaus bestehen noch bündisch-
geartete Bräuche. So wird im Hunsrück nach der wirklichen Hochzeit
eine „Weiberhochzeit" abgehalten, bei der die Frauen unter sich sind und
es „toll hergeht". In Irmelshausen in Unterfranken gab es eine Weiber-
vereinigung mit einem Fest, dem Weiberkitz. Von ihm berichtet ein Volkskundler, daß es (noch 1899) von mittags zwölf Uhr bis nachts ein Uhr
gedauert habe, und es sei interessant, daß jene jungen Frauen, die seit
dem zuletzt abgehaltenen Kitz neu in die Gruppe der verheirateten
Frauen eingetreten seien, an diesem Feste die Verpflichtung haben, den
älteren Frauen Kaffee, Bier und Branntwein zu spenden; erst dann
erlangen sie ihre vollgültige Aufnahme in den Kreis der Nachbarinnen.

Zu diesen verhältnismäßig milde gewordenen Aufnahmebräuchen tritt
ferner noch ein Zwang, dem die letzt Aufgenommenen oder die jüngsten
Mitglieder unterworfen werden. So müssen in der Hocheifel, zum Beispiel in Rodder bei Antweiler an der Ahr, am Donnerstage vor Fastnacht
die Männer in allen Stücken ihren Frauen gehorsam sein. Am Nachmittag
geht dort die Weiblichkeit im Zuge von Haus zu Haus, und dabei fällt
der jüngsten Ehefrau eine besondere Rolle zu. Mit einem umfangreichen
Reifrock und darüber gezogenen Unterrock, mit violettem Kamisol und
einer gestrickten Mütze angetan, muß sie die Hott, das ist die Kiepe,
tragen. Singend und lärmend, kreischend fordern die Evatöchter Speck
und Eier, die in die Hott getan werden, oder Brandewing, der ihren
Gaumen letzt. Die alten Junggesellen werden mit Vorliebe heim-
gesucht. Je reichlicher das gebrannte Wasser fließt und es die weiblichen

Zungen löst, um desto wilder tobt das Leben. Nach der beendigten Rund-
reise wird ein Gelage abgehalten. Wehe aber dem männlichen Wesen,
das dann in den Bann der Huldinnen gerät.

Was ist nun Zweck und Sinn solch eines Zusammenschlusses der verheirateten Frauen eines Ortes? Man wird antworten dürfen: am ehesten
die Erledigung speziell weiblicher, den verheirateten Frauen wichtiger
Angelegenheiten. Dergleichen gibt es aber nicht sehr viel. Das Sexual-
verhältnis zwischen Mann und Frau, das sogenannte Bettgeheimnis, entzieht sich weithin der Mitteilung und der Beratung oder Beeinflussung
durch den Weiberverband, — man trägt das Allergeheimste und Intimste
seines Lebens nicht gern in die breite Öffentlichkeit. Die hausfraulichen
Sorgen und Angelegenheiten wirtschaftlicher Art werden wahrscheinlich
eher unter den Nächstbeteiligten, nicht aber vor fernerstehenden Frauen
erledigt. Es bleiben die Fragen Geburt und Kindbett. Geburt und Kindbett sind Geschehnisse, die Frauen meistens untereinander abzumachen
pflegen; es gibt nur eine kleine Anzahl Ehen, in denen der Mann der
Niederkunft und dem Geburtsakt beiwohnt, in den meisten Fällen schickt
ihn seine eigene Frau hinaus. Und alles, was mit dem Kindbett und der
Wochenpflege zusammenhängt, erledigen besser Frauen als die darin
ungeschickten Männer. Hier also hatte eine Weibervergesellschaftung ein
weites Feld.

Es scheint auch so, als ob gerade diese Fragen vergesellschaftet erledigte
Frauenfragen waren. Der Mann wird stets aus den Zusammenkünften
der verheirateten Frauen hinausgewiesen, so daß dort weibliche und
intime Dinge besprochen werden können. Volkskundler berichten ferner
über eine sundgauische Sitte, nach welcher die Frauen am Hirzmontag
eine Hebamme für das folgende Jahr neu wählen oder auch die bewährte
alte zu bestätigen haben. Die gleiche Sitte ist für den unterfränkischen
Haßgau, besonders den Ort Goßmannsdorf, bezeugt, und hier erfolgt
die Wahl der neuen Hebamme nach einer Bewirtung der Frauen durch
die Gemeindeverwaltung; zum Dank veranstaltet die Gewählte eine
richtige „Weinkneipe". — So weit ist alles gut und leicht begreiflich. Nun
wissen wir aber, daß der Hebammenberuf ein ziemlich junger und erst
in den letzten Jahrhunderten fest gewordener ist; das Mittelalter kannte
ihn kaum. Stimmt das, dann reichen diese Sitten also nicht sehr weit
zurück.

Es tritt dem eben besprochenen Umstand aber ein zweiter an die Seite. Da handelt es sich um nordschleswigsche oder dänische Eigentümlichkeiten. Bei einer Niederkunft verliert der Ehemann dort angeblich alle Rechte; die Nachbarinnen übernehmen das Kommando und stehen der Schwangeren bei. Darüber und über das Verhalten der Weiber in dem Falle sind bei den dänischen Volkskundlern eine Reihe Angaben zu finden. So etwa berichtet man aus Nordschleswig: In früheren Zeiten waren die Frauen, wenn einer ein Kind geboren worden war, wie rasend. Je wahnsinniger sie sich benahmen, desto besser. Die Nachbarinnen des Hauses, in welchem das Kind zur Welt gekommen war, liefen im Ort herum und rissen den Frauen, denen sie begegneten, die Hauben ab, und ebenso den Männern die Hüte, die sie zerfetzten und mit Kot vollfüllten; dann tanzten sie wie Besessene mit jedem, den sie erwischen konnten. Stand aber ein Wagen draußen, so wurde er in Stücke zerlegt und diese weit umhergestreut. Kam jemand gefahren, so wurde der Wagen angehalten, die Pferde ausgespannt und alle Arten von verrückten Streichen ausgeführt. Und eine zweite Nachricht sagt, es sei ein Singen, Hurrahrufen und Halloh, so daß man es über den ganzen Ort hin hören kann; der Zug geht nun im Orte herum, es ist wie eine richtige Wilde Jagd, sie brechen in alle Häuser ein, nehmen was sie erwischen können, Fleisch, Eier, Brot. Singend und tanzend geht es weiter, und wenn sie einem Mann begegnen, so reißen sie ihm sofort den Hut herunter, dann muß er mit ‚ae Bajmor' noch eine Polska auf der Gasse tanzen.

Ganz ähnliches ist aus Jütland überliefert worden. In Give, wie auch an anderen Orten der Gegend von Vejle hielten sie Konegilde, (das ist so viel wie Frauen-Gilde, Frauen-Gesellschaft, — ein Fest, das alle verheirateten Frauen eines Ortes vereint und stets am Abend nach einer Niederkunft gehalten wird). Wenn also ein Kind geboren worden war, so wurden die Nachbarsfrauen gebeten hinzukommen, und wenn sie dann kamen, wurden sie in die oberste Stube 'naufgewiesen. Die Wildeste wurde zur Wöchnerin hinuntergeschickt und wünschte dort alles Gute über das Kind, um es vor Hexerei und Verzauberung zu bewahren. Sie sollte sich so fortschleichen, daß niemand von denen, die oben saßen und tranken, was bemerkte. Die Weiber bekamen süße Grütze und Bier und waren zuletzt berauscht. Auf ihrem Heimwege machten sie allerhand dumme Streiche. Bei einem Hause verstopften sie das Rauchfangloch. Ein ander Mal kamen etliche Weiber auch zu einem Wagen, den eben der Mann verlassen hatte um zum Kaufmann hineinzugehen, und fuhren mit ihm herum, als wären sie verrückt. — Und schließlich: In Arre hielten sie die Konegilde drei oder fünf Tage nach der Taufe. Da kamen die Frauen auch einmal zu einem Manne auf dem Felde und wollten ihm erst sein Essen wegnehmen, aber als eine vorschlug ihm die Hosen abzuziehen, wurde auch das sofort gemacht.

Es ist, um dieses zunächst festzustellen, ein wildes, „maenadisches", ungezügeltes Tun der Weiber, ein über alle Maße des täglichen Lebens sich-Hinausbegeben. Ob, was sie treiben, den Wöchnerinnen sehr zuträglich ist, das wird man mit einigem Fug und Recht bezweifeln dürfen. Daß sie es aber hauptsächlich auf die Männer abgesehen haben, als wollten sie Schmerzen und Pein der Niederkunft an denen rächen, darüber wird noch ausführlicher zu sprechen sein. Mir liegt es zunächst nur daran, aus den soeben mitgeteilten Stücken ein ungefähres Alter dieses Brauchtumes zu erschließen. Da wird man sagen, daß die Wildheit und Ungezügeltheit die einzelnen Übungen als „nicht jung" vermuten lassen, ja daß sie wahrscheinlich frühen Schichten angehören.

Und diese Vermutung wird von einer anderen Seite her gestützt. Wir haben Beweise, daß die Konegilden mindestens mittelalterlich, wenn nicht vielleicht noch frühzeitlicher gewesen sind. In einer Sammlung in Durham befindet sich eine Pergamenthandschrift, die etwa um 1350 geschrieben wurde. Der Hauptteil besteht aus einer Reihe von „Beispielen" zum Gebrauch für Prediger, welche von einem unbekannten englischen Franziskanermönche noch in der zweiten Hälfte des dreizehnten Jahrhunderts aufgeschrieben wurden. Die eine dieser Erzählungen lautet so: „Adhuc de ludis inordinatis hoc pretereundum non puto, quod frater Petrus, quondam socius Concedi visitatoris, qui et eidem mortuo successit in officio, mihi et quibusdam fratribus aliis Dublini narravit. Dixit itaque quod in patria sua, videlicet in Dania consuetudo est quod, quando mulieres jacent in puerperio, solent venire mulieres vicine et eis assistere et facere tripudia sua cum cantilenis inordinatis. Contigit ergo quadam vice quod, cum essent mulieres ad cuiusdam puerperium congregate, et truflas suas, secundum morem malum patrie facere voluissent, colligaverunt sibi unum fascem de stramine, et aptaverunt in formam hominis habentis brachia straminea, cui et capucium et cingulum applicuerunt, et vocaverunt eum Boui, et facientes tunc choream suam, duxerunt eum due mulieres inter se tripudiantes et cantantes et sicut moris erat, inter cantandum convertebant se ad eum gestu lascivo dicentes: Canta Boui, canta Boui, quid faceret! Ecce dyabolus, sicut potestatem super illas miseras habuit, respondit eis, voce terribili dicens: Ego cantabo, — et statim clamavit, non utique fascis, sed dyabolus in eo existens, et emisit sonitum tam horribilem quod quedam ceciderunt mortue. Alie tanto terrore et horrore percusse sunt, quod, diu languentes, vix cum vita evaserunt . . . ." — Hier haben wir also im dreizehnten Jahrhundert eine Konegilde; anstatt des Mannes, den man unterwegs ergreift, tanzt man hier mit dem Bovi, einer strohernen Puppe, der sich die Weiber unterwegens zugewendet haben und mit lasziven Gebärden eine Frage an sie stellen. Zwei Dinge erscheinen mir wichtig: einmal hören wir, daß schon im dreizehnten Jahrhundert Konegilden existierten, und zweitens, daß sie in einem sexuellen Klima standen, — so wie die heutigen Konegilden es noch stehen.

Ein sexuelles Klima, — das besagt natürlich nicht, daß hier von Kindbett oder Schwangerschaft die Rede sei, daß es hier um die Fragen ehelicher Gemeinschaft gehe; es sagt, daß hier der Rausch des Sexus gilt, die Lust zur Liebe, Lust zum Beischlaf, Lust zum Geilen, die Lust zur ungezügelten Gebärde, zum entblößten Wort. Daß hier die Hemmungen des täglichen Lebens nicht mehr gelten. Daß man maenadisch über alle Schranken schäumt.

Dies aber, der weiblichen Scham und Ordnung Abschied geben, ist was die Dinge so archaisch wirken macht.

Merkwürdig und das Gesagte anscheinend irgendwie unterstreichend mischt sich in das bisher Erörterte ein nächster Zug. In Ochsenbach bei Güglingen in Württemberg (wie überhaupt im Zaberngau) macht sich noch eine alemannische Weiberzeche breit. Zwei Weiber gehen fastnachts als Deputierte da zum Schultheiß, freie Zeche zu erbitten. Die Zusage wird gegeben und des Büttels Frau sagt allen Weibern im Dorfe das Fest — auf ihre gemeinschaftlichen Kosten — an. Unter dem Vorsitz der Frau Pfarrerin versammeln die Weiber sich auf dem Gemeindehause und finden dort ein Faß Wein vor. Die beiden Gerichtsboten schenken aus und alle Weiber beginnen nun zu zechen; dazu wird ein Bocksbraten angerichtet. Ehedem saß danach unter dem Vorsitz der Frau Pfarrerin ein Weibergericht und richtete über alle die, die nicht auf Kinderzucht und Reinlichkeit gehalten hatten. Dabei ward von den sämtlichen Genossinnen Verschwiegenheit gefordert; wer etwas ausplauderte, kam mit seinem Weinkruge hinten an den „Katzentisch", hinter den Ofen, und wurde zuweilen auch noch schlimmer bestraft. Unter den Fenstern aber wurde musiziert. — Man wird annehmen dürfen, daß jenes Weibergericht mit seinem Urteilen über Reinlichkeit und Kinderzucht ein Überbleibsel eines Gerichtes über ärgere Vergehen war, daß statt der physischen die sittliche Reinheit, statt der Kinderzucht die Zucht des weiblichen Lebens zur Debatte gestanden haben wird. Und auch die Pfarrfrau wird den letzten Jahrzehnten angehören. Was aber in diesem ganzen Berichte unerklärlich ist, das ist der Bocksbraten, den die Weiberzeche ißt. Was hat der Ziegenbock mit diesem Weiberfest zu tun? Er ist das geile und unzüchtige Tier *κατ' ἐξοχήν*, — und diesen Braten gerade suchen sich die Weiber aus?

Das Nächstliegende scheint natürlich, von diesem wunderlichen Braten nicht viel herzumachen, zumindest nicht so viel, wie augenscheinlich hier geschieht. Ein Braten ist halt ein Braten, — und ein Schweinebraten schmeckt zwar gut, man könnte jedoch auch zu dem „Schweine" allerlei bemerken. Doch da ist eine Kolmarer „Originalbeschreibung", die unter anderen archivalischen Nachrichten erscheint: „Die Weiber hielten in Weyher, Walbach und Zimmerbach einen Tag, der der Weibertag genannt wurde. Sie kamen auf öffentlichem Markt zusammen, die meisten masquirt. Jede hatte etwas zu essen in der Hand, die eine einen Hafen mit Fleisch, die eine mit Gemüß, wieder eine andere gebraten Fleisch an einem hölzernen Spieß, dann andere etwas anderes an Essens-Speise. Sie nahmen aus dem gemeinen Keller Wein, der in zwei Fößlein auf einem Pferde getragen worden, welches ein masquirtes Weib mit schellen führte. Jeder Beck und jeder Wirth mußte ihnen ein Leib Brods geben. Die Gemeind gab ihnen auch zwölf Gulden; daraus kauften sie einen großen Bock und zierten ihn, eines der Weiber zierte ihn mit Schellen. Dann zogen sie mit Musikanten uf den Meyerhof, da ihnen der Meyer Butter geben mußte. Sie aßen auf der Landstraße, backten Küchlen und die Reißende mußten mit ihnen um den Bock tanzen. Die Männer durften sich nicht sehen lassen biß auf den Abend, sie übten allen Muthwillen und schmissen die Fenster ein. Es war den 24. Februar 1681." — Auch hier verspeisen die Weiber also einen Bock. Man wird aus diesen mehrfachen Belegen wohl annehmen dürfen, daß irgend eine Beziehung zu dem Bocke besteht. Doch welche? — Einer der jüngeren österreichischen Volkskundler hat bemerkt: „Fast wäre man versucht, in ähnlichen Gelagen im Freien mit wilden Tänzen um einen Bock Wirklichkeitsbilder anzunehmen, die in verzerrter Form in manchen Hexenprozessen eine Rolle spielten." Ich werde auf diesen Gedanken noch in einem anderen Zusammenhang zu sprechen kommen, hier mag genügen festzustellen, daß im ganzen späteren Hexenwesen der Bock das Zeichen alles Geilen, Unzüchtigen, übermäßig Sexuellen ist. Der bildliche Vergleich, das Sprichwort und sprich-wörtliche Redensarten, volksmedizinische Wunderbücher schreiben ihm dasselbe zu; noch Johann Ev. Goßners „Herzbüchlein" 1812, das in das Abbild eines Herzens alle Sünden eingezeichnet hat, darunter die Unkeuschheit, die sich als geiler Bock repräsentierte, — in Schlesien war das Buch in meiner Kindheit noch am Leben, — auch dieses Erbauungs-büchlein kannte also noch den unkeuschen und unreinen Bock. Wir werden deswegen schon annehmen dürfen, daß auch in den Weiberbünden ein ähnliches Wissen um den geilen Bock bestanden hat. Gilt aber das, dann weist ihr Treiben wiederum auf ein sehr stark betontes Sexuelles hin. Das Sexuelle steht wie eine Urmacht hinter ihrem Tun.

Wie eine wahrhaftige Urmacht. Denn es wird hier nichts vertuscht, — die Schleier der scheuen Scham und Sitte fallen fort. Die Frauen in diesen Bünden sagen unumwunden aus, was sie regiert. Was sie zu einem wilden Tollen treibt. Was hinter ihnen und hinter allen Lebewesen steht.

Maenadisches

Wenn wahr ist, daß hinter dem Tun und Treiben dieser Weiberzechen ein Rauschhaftes und sie völlig Überwältigendes gestanden habe, dann läge notwendigerweise nahe anzunehmen, daß auch der Mann in ihre Vergesellschaftungen gezogen wurde. Denn alles dem Sexus entsprungene und ihm dienstbar seiende Tun des Weibes verlangt doch und bedingt in irgend einer Art den Mann. Doch die Berichte über die west- und südwest-deutschen Weiberzechen lauten dem gerade entgegen und sie sagen immer nur das eine aus: daß in den Vergesellschaftungen stets ein männergeg-nerischer Ton erklinge.

In dem vorhin bereits erwähnten unterfränkischen Orte Irmelshausen, heißt es zum Beispiel, hatten die Weiber einen eigenen Tag: ein Fest, das ihnen ganz allein gehörte, der Weiberkitz. In früheren Zeiten jährlich, später jedes dritte Jahr, kamen die Weiber nach der Gemeindewahl im Wirtshause zusammen. Zu dieser ihrer Versammlung durften nur der Ortsvorsteher und der Gemeindepfleger, der Lehrer und der Flurschütz Zutritt haben; die anderen Mannspersonen waren gänzlich von ihr aus-geschlossen. Wenn solche unabsichtlich oder auch aus Neugier dorthin

kamen oder sie schauten auch nur durch die Fenster in den Raum, hat
man die Unbefugten ergriffen und man pfändete sie, indem man ihnen
Mütze, Jacke oder Stiefel nahm, was diese dann in klingender Münze
wieder einzulösen hatten. Das Geld ward in die gemeinschaftliche Kasse
eingelegt, zu welcher auch die Gemeinde fünfzig Kreuzer zahlen mußte;
was sie an Geld zusammengebracht hatten, aber ward verjubelt. Es handelt sich also wiederum um ein den Weibern eigenes Fest, zu welchem die
Männer keinen Zutritt hatten und nicht kommen durften; sie wurden
gepfändet, wenn sie sich vor den Fenstern blicken ließen. (Das Pfänden
ist eine mildere Form des Ausschlusses von der Kitz.)

Ganz etwas Ähnliches wieder wird aus einem Dorfe Pfirt am Fuße der
Heidenfluh im Elsaß angegeben; es heißt: im Frühjahr am „alten Fast-
nachtssonntage" nach dem Fastnachtsfeuer ziehen die Erwachsenen in das
Wirtshaus, um zu feiern. Schlag zwölf Uhr nachts sind aber die Frauen
bei der Hand und nehmen den Männern ihre Hüte oder Mützen weg,
und diese können sie nur mit wenigstens einem Liter Wein auslösen. Die
Abwehr der Männer wird früher drastischer gewesen sein, denn was
heut vorliegt, ist ein abgekürzter, ausgeblaßter Brauch, ist eine mildere
Form des ehemals sicher rigorosen Tuns.

Der Ausschluß der Männer —, ich erinnere hier von neuem an den vorhin zitierten Bericht aus Rodder in der Eifel, — hat bei fast allen diesen
Weiberfesten einmal stattgehabt. (Wo heute von ihm nicht mehr gesprochen worden ist, wird man gewiß an einen unvollständigen Bericht, vielleicht auch an sehr ausgeblaßte Brauchtumsreste denken müssen.) Auch
was uns aus Oberkirch im Renchtal (Elsaß) überliefert wurde, — die
Niederschrift stammt aus dem späteren sechzehnten Jahrhundert, —
weicht nur in Einzelheiten von dem schon Bekannten ab. Dort wurden
die Männer von der Weiberfeier zwar nicht ausgeschlossen, aber sie wurden vor ein weibliches Gericht gezogen. Und es heißt in der Quelle
weiter: zu dem Feste „wurden alle Einwohner, arm und reich, Frau und
Mann, edel und unedel, samt dem Probst und seinem Konvent (vom
Kloster Allerheiligen) auf den Imbiß geladen. Der Schultheiß schenkte
den Frauen namens des Bischofs von Straßburg zehn Schillinge, ein Amt-
mann ebensoviel, ein Probst gewöhnlich eine Ohm Wein oder zwei, ein
Edelmann einen halben Gulden oder was sein guter Wille ist, und macht
man darnach die Irten (Zeche) aus und meldet, was ein jeder geschenkt
hat . . . Man kauft auch besondern Wein, den man diesen Tag braucht,
auch verordnet man einen Küchenmeister und einen, der Wein, und einen,

der Brot aufträgt. Und pflegen die Weiber einen Schultheißen ‚ußer innen‘ (unter sich) zu machen und nach dem Imbiß Gericht zu halten, ‚da sie die Mann strafen . . .‘“.

Es wird wohl keines besonderen Beweises mehr bedürfen, daß die Attacken gegen entgegenkommende oder in ihren Behausungen überfallene Männer, die durch zur Konegilde versammelte Weiber oft geschahen, in den soeben schon zur Sprache gebrachten Zusammenhang gehören. Der oben erwähnte Gedanke, daß in den handgreiflichen Schabernacken so etwas wie eine Rache an dem Manne als dem Verursacher der Schwangerschaft, der Schmerzen des Gebärens stecke, will mir abwegig erscheinen; mit einer Polska wird man einen solchen Sünder kaum bestrafen, und Hosenabstreifen wie laszive Worte und Gebärden wird man auch kaum als Strafe gegen dieses „Vergehen“ ansehen mögen. Vielmehr gehören all diese Ausschlußhandlungen und Gebräuche in einen sogleich noch zu erörternden anderen Zusammenhang.

Es liegen uns eine Reihe Berichte aus den österreichischen Alpen vor. Sie handeln von einer typischen Weiberarbeit: von der Flachsbereitung, — der Flachs ist ja ein pflanzerzeitliches weiberkulturliches Gewächs, — und wie die Männer von dieser weiblichen Arbeit ausgeschlossen werden. Die Brechlerinnen, die den Flachs zu dörren und zu brechen haben, wird dort erzählt, genießen „eigenartige Vorrechte, die sich bis zu terroristischen Äußerungen steigern können. Im windischen Gailtale lassen sie bei Tage keinen Mann in die Nähe und sind sehr gefürchtet. ‚Besonders die Brechlbadstube, wo der Flachs gedörrt wird, darf von niemand als dem Hårpåtsch oder der Hårpåtschin betreten werden; so heißt das Weib, welches den Brechlerinnen aus der stark rauchenden und rußigen Dörrstube den Flachs zuträgt. Sie ist von ihrem Geschäfte schwarz an den Händen und im Gesicht. Erspäht sie zufällig ein Knechtlein, so führt sie es unter schallendem Gelächter gewaltsam zum Tanze, daß er sich auf und auf berußt.‘“ Hier wehren die Frauen von ihrer Arbeit also alle Männer ab‚ so wie die Weiber der Trobriand, wenn sie die Pflanzungen besuchen, die Männer von deren Betreten abwehren und sie richtig überfallen. „Die eigentlichen Vorrechte der Brechlerinnen bestehen darin, daß jedes männliche Wesen, das mit oder ohne Absicht in ihre Nähe gerät, dafür büßen muß. Entweder wird es umringt, mit Werg umwickelt, an Händen und Füßen gepackt und an einem gefällten Baum unsanft gehobelt oder einen Abhang hinuntergerollt. Heute wird man meist umringt, und die Brechlerinnen reiben einem mit den stachligen Abfällen der Fasern höchst schmerzhaft Gesicht und Hände ein, bis man sich durch eine Geldspende löst, während welcher Zeremonie man auch nicht selten wild abgeküßt wird." Ein Küssen als Strafe, oder — wie wir dann vernehmen werden, handgreifliche und vom Sexuellen her betonte und gelenkte Prozeduren als Scheuch- und Abwehrmaßnahmen oder als eine weiblich bestimmte „Volksjustiz", damit erhalten diese Handlungen einen völlig neuen Ton. Ein Strafen, das aus dem sexuellen Triebleben herzukommen scheint: ein solches, bei dem man etwa einen überfallenen Mann entkleidet, bei dem man den auf der Erde liegenden Wehrlosen überschreitet, ein sexuell betontes Quälen, all das läßt die „Scheuchmaßnahmen" der Weiber als ein aufs Höchste und aufs Äußerste gesteigertes sexuelles Tun, als ein Erregtsein, das zu Grausamkeiten und zu Quälereien, zu mehr oder minder „sadistischen" Akten treiben will, erkennen. Es führt in die bereits vorhin erörterten Zusammenhänge, und gibt dem hier Beschriebenen ein sehr urtümliches Gesicht, ja über dieses hinaus ein völlig unerwartetes Gesicht.

Das gänzlich Unerwartete, das aus dem heutigen Lebenszuschnitt und der heutigen weiblichen Haltung nicht verstanden werden kann, — das Angefülltsein mit Begierde, sexuellem Rausch, mit dem Verlangen, um des Rausches willen quälen zu dürfen, — es ist trotz allem Zweifel in Deutschland heute noch vorhanden. Ich habe es in den 1919er Jahren auf der Hohen Iser, dem Moor- und Waldkamm zwischen dem Hohen und dem Mittleren Iserkamm gesehen. Das ganze Isergebirge ist ein großes Waldgebiet, das auf der preußischen Seite dem Grafen Schaffgotsch und zum Teil dem Staat gehört. In jedem Frühjahr wurden abgeholzte Flächen neu bepflanzt. Das Pflanzen besorgten die Frauen und Mädchen aus Groß-Iser; sie gingen, wie es fachsprachlich heißt, „auf die Kultur". Bei diesem Pflanzen waren aber die Weiber völlig unter sich, der Förster kam höchstens jeden Tag einmal vorbei. Er ging nicht gern vorbei, denn „wissen Sie", sagte er, „was man dort zu hören kriegt, das können Sie an keinem Stammtisch hören. Solche Reden führt kein Mann." — Er hatte recht: die Einsamkeit des weiten Iserwaldes, das Tage um Tage draußen, fern-den-Menschen-Sein, die sommerliche brütende Hitze — brütete heiße Räusche aus.

Ein zweites Mal erlebte ich Weiber auf der Kultur in Haasel im schlesischen Goldberg-Jauerschen Vorgebirge. Es waren die Wochen nach Pfingsten, da der Kuckuck schrie, da Wald und Wiese wie in einem blauen

Glaste lag, der geile treibende Brodem aus der Erde stieg, — sie pflanzten am Vorwerk. Und sie übernahmen sich an Zoten. Sie übernahmen sich an geilem und lasziven Tun, ich weiß nur noch, daß sie die jüngeren Mädchen ausgezogen haben, daß alle zusammen die Röcke abwarfen und halbnackend tanzten. —

Sie waren gesund. Sie hatten keinen schweren Tag. Der Wald, die Sonne und das heiße Frühjahr weckte sie, und eine lockte und stachelte immer eine nächste auf, das ganze gährende Frühjahr war in ihrem Blute. Ihr Weibtum ging auf in ihrem Blute, ihren jungen Sinnen; sie wußten vor Lust und Wollust sich nicht mehr zu halten, sie gierten nach Liebe und sie wollten zugleich martern dürfen. Das ist, was hinter den Weibern im Iserwalde sichtbar ward.

Man denkt bei diesen, dem Blute und seinem heißen Verlangen hingegebenen Weibern ja immer wieder an die Maenaden im Gefolge des Dionysos. Auch da tritt ein sehr Frühes und sehr Urtümliches in Erscheinung. Dionysos war ja ursprünglich gar kein griechischer Gott, er ist von den vorgriechischen Thrakern erst nach Griechenland gekommen und hat dabei Frühzeitliches und Vorgriechisches mitgebracht. Das für uns wichtigste Frühzeitliche an Dionysos war aber, daß er den Vegetations- und Wachstumsgottheiten zugeordnet ist. Er ist der Gott des Pflanzenwuchses, zuerst der Feige, dann des Weines. Bereits in seiner thrakischen Heimat wurde er ein Gott des Rausches; zwar stand in Thrakien an der Stelle des Weines, den die Griechen ihm gegeben, ein Rauschgetränk aus Cerealien, also irgend eine Art von Bier, doch sieht man deutlich, wie von seinen Pflanzen zu dem Trank, der eben aus diesen Früchten hergestellt ward, die Verbindungsfäden gehen. Als kultisches Essen, und ich erwähne das um der vorhin schon angedeuteten Parallelen willen, wird in Mykonos (auf den Inseln) ihm ein junger Bock gebracht, und von den tragischen Chören, die Herodot (V 67) aus Sikyon beschrieb, ist als von Bockschören ja sehr oft gesprochen worden. Doch wichtiger ist für ihn als Vegetationsgott seine Stiergestalt; er ist wahrscheinlich seinen Thrakern in der Frühzeit oft als Stier erschienen, der Wachstumsgott im Bilde des zeugungsstarken, zeugungskräftigen Tieres. Von ταυρόφθογγοι μῖμοι hatte Aischylos bereits gesprochen, und die Verehrerinnen oder Jüngerinnen des Dionysos Laphystios tragen nach ihres Gottes Vorbild Stierhörner auf der Stirn. Daß die Maenaden des Gottes im Kulte einen Stier zerrissen, (an dessen Stelle als Opfer auch Rehkälber oder Zicklein traten), gehört wahrscheinlich schon den ältesten Zeiten seines Dienstes; es wurde, so viel wir heute wissen, schon aus Thrakien mitgebracht. Man wird bei diesem Zuge sowohl an Hainuwele wie Osiris, das heißt an die zerrissenen und zerstückten Wachstumsgötter denken, die in den asiatischen und ostmittelmeerischen Kulten oft begegnen, — ich spreche in unserm Kapitel „Tod und Wiedergeburt" von ihnen.

In einer der neueren griechischen Religionsgeschichten wird gesagt, daß dieser thrakische Kult sich mit den griechischen nicht vergleichen lasse, wohl aber mit den noch zu beschreibenden orgiastischen Vorderasiens, vor allem mit den in diesen Landschaften geltenden der Großen Mutter, der auf den Bergen und im nächtlichen Dunkel ihrer wilden Wälder so oft gehuldigt wurde, und die Fruchtbarkeit und Wachstum gab. Das Stürmische, Begeisterte, das wilde Jauchzen seiner Jüngerinnen erscheint in ihren wie in seinen Kulten und rückt beide eng zusammen. Ein Weiteres, was ihn zu den vielen Wachstumsgottheiten stellen läßt, ist der in ihren wie seinem Dienste übliche Gebrauch von Masken. Man hat sehr oft auf die ihm geltenden Maskendienste und -aufzüge hingewiesen, in denen die Menschen in die Rolle göttlicher Gestalten schloffen; wie man den Gott in einem Tiere, das man ihm verglich und das in seinem Kulte zerrissen wurde, in sich essend aufgenommen hat, so auch identifizierten seine Verehrerinnen sich mit ihm, wenn sie das Fell des eben getöteten und zerrissenen Tieres um sich schlangen. Das in die Maske des Gottes Schlüpfen ist gewiß schon alt, der ganze Schwarm jedoch der Tityroi, Satyrn, Seilenen, Dickbäuche, Nymphen ist wohl erst im Griechischen zu ihm gestoßen. Für uns ist aber das dionysische Maskenwesen deshalb wichtig, weil es erlaubt, die göttliche Gefolgschaft allen jenen Gruppen beizuordnen, die in den Masken der Götter und Dämonen und der Tiergottheiten schwärmen, die Larven der Toten tragen, die in Hexenmasken sichtbar werden, — die Maskengestalten der bündisch zusammengeschlossenen Jünglinge oder Männer.

Das wichtigste an dem thrakischen Gotte aber ist wohl doch, daß er ein Bringer des Wachstums und der Vegetation gewesen ist. Phallisch erscheint er als die männliche zeugende Wachstumskraft. In den historischen Jahrhunderten, darf man wohl behaupten, hat sicher der Phallos in keinem dionysischen Aufzuge fehlen können. So führten ihn die Athener um, und eine pomphafte Feier des Dionysos, die Ptolemaios Philadelphos in Alexandria ausgerichtet hat, wies in dem Festzuge einen riesenhaften Phallos auf. Wieder zur Feier der großen (oder kleinen) Dionysien in

Athen waren seine Kolonien verpflichtet, hölzerne Phallen darzubringen; in Delos sind noch die städtischen Rechnungen über ihre Lieferung erhalten. In allen dionysischen Aufzügen erscheinen schließlich ithyphallische Gestalten, mit ihrem riesigen Gliede protzende Satyrn, Seilene und dergleichen. Noch besser ahmte man den zeugungskräftigen phallischen Dämon nach, indem man sich selber einen Phallos umgebunden hat, wie noch das Herkommen in der attischen Komödie das verlangte, in jenem aus den Gesängen phallophorischer Kerle entstandenen Spiel. — Es ist jedoch schon mehrere Male darauf hingewiesen worden, daß die in Griechenland begegnenden phallischen Aufzüge oder Feiern nicht erst den dionysischen Kulten ihre Existenz verdanken. Die Dienste des thrakischen Gottes knüpften vielmehr, als sie kamen, an schon bestehende, seit uralter Zeit bestehende Kulte an, und Hermes wie die Daktylen und Titanen waren phallische Gestalten. Die griechischen Stämme nannten sogar den Phallos selber einen Gott, wie wir aus dem von Semos auf Delos überlieferten phallophorischen Liede wissen.

Verschieden von den bisher besprochenen war der dionysische Phalloskult, der wohl noch alte thrakische Eigentümlichkeiten zeigte. Hier nämlich erschien der Phallos in den Händen der Maenaden. Auf einer von der Akropolis herstammenden rotfigurigen Scherbe ist eine ganz nackte Frau mit einem großen Efeukranz zu sehen; der Kranz und die ekstatisch verzückte Tanzstellung erweisen sie als Maenade, in ihren Händen aber hält sie einen Phallos, den sie schwingt. Und dem Dionysos Phallen ist in Methymna ein Mysterium gefeiert worden; am ersten Teil des Dienstes haben auch die Männer teilgenommen, dann mußten sie sich entfernen und allein die Weiber blieben da. Von diesem zweiten in das Geheimnis eingetauchten Teil des späten Festes vermutet man, daß phallische Riten in ihm stattgefunden haben, — und so ziehen sich die Zeugnisse eigentlich durch die ganze Zeit, vom ersten Erscheinen des thrakischen Gottes an bis in die Römerjahre.

Ich bin mit meinen Erörterungen zu den Untersuchungen vorgerückt, auf die es mir hier am meisten ankommt, zu der Frage der Maenaden. Es handelt bei diesen sich um eine thrakische Institution: ein mehr oder minder fest geschlossener Bund von Weibern diente Dionysos. Und es ist eine schon sehr altertümliche Institution gewesen, — die Griechen haben diesen Weiberschwarm dann mythisiert. Trotzdem hat sich ein Nachklang bis in eine spätere Zeit erhalten. Man feierte zum Beispiel bei den Ioniern die „Lenäen", ein nach dem Monat Lenaion (oder Gamelion) genanntes Fest, und man hat längst bemerkt, daß die Lenäen dionysische Orgien waren; bei Heraklit erscheint das Verbum ληναΐξειν (länaizein), für βακχεύειν (bakcheuein), und ληναι ist eine Bezeichnung für Bakchantinnen, Maenaden. Ephesische Frauen wieder führten dionysische Chortänze auf. In Bryseai am Taygetos stand ein dionysisches Heiligtum, das nur von Frauen betreten werden durfte, und in Alea (Arkadien) wurden sie an des Gottes Fest gegeißelt. In Elis endlich riefen sechzehn Frauen, schreibt Plutarch, den rauschverleihenden Gott herbei, und er erschien in Stiergestalt. Fast immer sind es also Frauenschwärme, die Dionysos verehren.

Von diesen Frauenschwärmen aber läßt sich zweierlei behaupten, — ich schweige von dem anscheinend Nächstliegenden, ihrer Aufgabe im Kult, und wende mich einer psychopathologisch angeregten Deutung zu. Es wurde gesagt, die von dem thrakischen Gotte Dionysos über die Frauen, die seinem Dienste sich widersetzen (Proitiden, Minyaden, Weiber von Argos), verhängte oder verordnete ‚Raserei' zeige die Merkmale der Wolfswut oder Lykanthropie: Bewußtseinsstörung durch eine vermeintliche Verwandlung in ein Tier, krankhafter Wandertrieb, Flucht in die Einöde mitsamt Menschenscheu, das exhibitionistische Abwerfen der Kleider (Aelian 3, 42: die Proitiden schweifen nackend durch das Land), manisch-erotischer Kannibalismus — das Zerreißen ihrer eigenen Kinder. Die Griechen aber nennen dieses wilde Schweifen „Lyssa" *(λυκια)*, das ist Wolfsart — Wolfswut, oder wie man heute bei uns sagen würde: die Weiber litten an der Hundswut oder Tollwut (Kynanthropia). Für diese Betrachtungsweise also sind die dionysischen Weiberschwärme, so weit sie Maenaden heißen dürfen, Außersichseiende. Entbrannte. Sie stehen den werwolfähnlichen Weibern, jenen frühen „Hexen" nahe, die wir ja auch als Außersichseiende, Hingenommene sehen lernten. Gilt das, dann wäre für die mittelmeerischen indogermanischen Wandervölker ein für die nördlichen Indogermanen Charakteristisches vorhanden und nördliche und südliche Brudervölker wären auf gleichem Wege.

Ich wende mich nun dem Mythisch-Kultischen dieser Weiberschwärme zu. Wie ich schon sagte, nennen wir ihren wilden Chor Maenaden, die mit dem Phallos in Händen ihrem Gotte dienenden ekstatischen Jüngerinnen. Man wird, wenn man die Frage der Maenaden recht erklären will, an zweierlei erinnern, an den Gott des Wachsens Dionys, der, wie ich oben zeigte, stets ein Herr der Fruchtbarkeit gewesen ist, und dann an eine Beobachtung der Philologen, daß die dionysischen Feiern oft nur von Frauen begangen wurden und obszönen Wesens seien. Sie mußten obszön sein, sagen wir besser, mußten Sexuelles denken, sie mußten mit sexuell betonten Riten wirken, denn man zaubert ja dadurch, daß man entsprechende, analoge Handlungen vornimmt oder sie beschreibt. War aber Dionysos ein Gott des Wachstums und der Fruchtbarkeit, dann wandten die Frauen — und vor allem die Frauen in der Zeit, als sie die Pflanzung in der Hand haben und die Felder bauen, — sich an den Gott um Fruchtbarkeit der Felder (und wahrscheinlich auch der Ehen). Dann aber gehört der Phallos und gehören sexuelle Lieder oder Reden, gehören ein Sexuelles Andeutendes sicher in den Kult. Und wird das Außersichsein maenadischer Weiber vorzugsweise ein sexuelles sein. So würde der phallische Umzug, die Aischrologie in einem sinnvollen und notwendigen Zusammenhang mit dem Maenadentum bestehen. Daß der soeben durchgeführte Schluß nicht ganz ins Irre geht, lehrt eine Bemerkung über die Frauenschwärme der Göttin Artemis, die eine sehr alte Gottheit alles Wachsens und der Hirten ist: die wilden Reigen, die die griechischen Weiber für die Artemis aufführten, bewiesen gewisse Ähnlichkeiten mit dem Toben der Maenaden; der Phallos spielte in den beiden Kulten eine wichtige Rolle. Damit ist aber nun ein ganz entscheidend Wichtiges ausgesagt: die enge Verbindung zwischen Maenadentum und Phalloskult, — die enge Verbindung zwischen maenadischem Rausch und sexuellem, mehr oder minder den Menschen in das Entbundene treibenden Geschehen.

Die Mutter vom Berge

Ich unterbreche hier den Gang der Überlegungen zunächst einmal, um eine Frage anzugreifen, die uns noch verschiedentlich begegnen wird, die Frage nach den den Weibern zugehörenden alten griechischen Kulten. Es rechnen dazu die dionysischen Kulte, die der Artemis, auf die ich in einem späteren Zusammenhange noch kommen werde, und schließlich auch die der Demeter. Die Demeter, in deren Namen man die Worte Gaia oder Erde und Meter, das ist Mutter, finden wollte, wurde in einem Thesmophorien genannten Feste, das beinahe durch ganz Griechenland im Gange war, verehrt. Die $\vartheta\varepsilon\sigma\mu oi$, die nach dem Namen des Festes an

dem Tage getragen worden sind, sind nach sehr einleuchtender Wort-
erklärung die im Kulte „niedergelegten Dinge", und das führt ohne
Umschweife auf das Kerngeschehen des ganzen Festes. Es wurde alljährlich, zu der Zeit der Saat, drei Tage lang begangen, der wichtigste Teil
des Kultes am dritten Tage und der ihn beginnenden späten Nacht. In
dieser saßen die feiernden athenischen Frauen wachend auf der Erde und
brauchten ein Lager aus den Blättern einer nesselartigen Pflanze(κνέωρον),
wie die milesischen Frauen bei ihren Thesmophorien Fichtenzweige. Die
Fichte gab aber nach einer alten Überlieferung Fruchtbarkeit, — man
braucht nur an die ihr nahverwandte Kiefer oder Pinie im Attiskult zu
denken, — und einem ähnlichen Zwecke diente auch das nesselartige Lager
κνέωρον. Es war ein alter und in späteren Jahrhunderten nicht mehr
recht verstandener Brauch, wie ja die alten Gewohnheiten in den Kulten
eine Rolle spielen. So haben auch die Sikeler „das vorzeitliche Leben in
ihm nachgeahmt", und man erinnert sich bei dieser Nachricht Diodors
mit Recht, daß sich besonders in den agrarischen Sitten Altertümliches
erhielt, weil man es gerade dort aus religiöser Scheu nicht ändern mochte.
Und das gibt auch zu Plutarchs Frage, warum wohl in Eretria die Frauen
gelegentlich der Thesmophorien ihre Fleischmahlzeit nur an der Sonne,
nicht im Feuerbrande rösteten, eine triftige Erklärung: es war dies Rösten
eine alte Sitte, die im Kulte noch fortbestand. Und, dürfen wir vielleicht
fortfahren, so erhielt es sich, daß dieses frühlingliche Fest ein Weiberfest
gewesen ist.

Die uns am besten bekannte kultische Handlung bei den Thesmophorien, die wohl bei ihrer Widerlichkeit aus unvordenklicher Urzeit stammt,
ist das Versenken von lebendigen Ferkeln in die Höhlen und das nach-
herige Heraufholen des verwesten Fleisches, das man zum Wachstumzauber in die neue Aussaat mischte. Die unterirdischen Demeterhöhlen
hießen megara (μέγαρα). Und eine solche grub man in dem Demeter-
heiligtum zu Knidos aus; es lagen in ihr, — die einer runden Krypta
ähnlich sah, — marmorne Votivschweine neben Gebeinen von Schweinen
und von anderen Tieren; da hatte man also den athenischen gleichende
Gaben dargebracht. Ein Lukianscholion berichtete, daß man das ver-
weste Fleisch heraufgeholt, auf die Altäre der Demeter gelegt, und es
dann dem Saatkorn untermengte, — so wie in Mitteleuropa und in Schweden lange noch ein Stück von dem zu Weihnachten geschlachteten Schweine
in den Saatkorb kam. Daneben wurden andere Dinge, die als Fruchtbar-
keits- und Wachstumzauber galten, in jene megara geworfen, beispiels-

weise lebende Schlangen, Phallen von Teig und Pinienzweige mit den jungen Zapfen. Die Schlangen und Pinienzapfen galten ebenso wie die Fichtenzapfen als eine getreue Nachbildung oder ein Zeichen für das Mannesglied; und wie die attischen Maenaden solche Nachbildungen geschwungen haben, so tragen die attischen Frauen Phallen in die megara. Es ist ein Aussaat-Fest, man bittet um die Fruchtbarkeit der Erde, — vielleicht daß man in noch viel älteren Zeiten überhaupt die Erde, die ja als Weib gedacht ward, so befruchten wollte. Das alles begleiteten unzweideutige Reden sowie Gesten; Aischrologien sind aber gewiß kein Zeichen der Verderbtheit jener Zeit, sie sind so etwas wie die Liturgie des Göttinnen-Dienstes, der geschah. (Aischrologien und der Gebrauch von phallischen Zeichen oder Bildern sind in den Fruchtbarkeits- und Wachstumsfesten, wie in allen Bräuchen, die man den vegetationskultischen Diensten beizurechnen pflegte, eine ständige Erscheinung.) Die Ferkel und Phallen aber sind die „niedergelegten Dinge", nach denen die Thesmophorien eben ihren Namen haben.

Man kann den eben ausgesprochenen Satz noch etwas variieren: Aischrologien und phallische Opfer, vorgewiesene Phallen sind für sehr viele weibliche Kulte alter Zeit bezeichnend, für die von Frauen begangenen Fruchtbarkeits- und Wachstumskulte. Was gerade zu diesen Zeichen geführt hatte, legte ich schon dar. Es bleibt zu überlegen, warum eigentlich alle Wachstumskulte den Frauen zugehörten, ebenso die Demeterkulte, wie die, in denen man sich an Artemis gewendet hat, wie schließlich die frühen dionysischen: diejenigen der Maenaden? Auch die Mysterien zu Eleusis waren zu Anfang ein agrarisches Fest und wurden von Weibern begangen, und es sind „zwei Göttinnen" gewesen (Demeter und Kore), denen die Mysterien galten. (Erst später hat man Eleusis auch den Männern aufgetan.) Die Eleusinien aber standen zu Anfang noch den Thesmophorien nahe;. der große schwedische Altphilologe Nilsson sagte einmal: „Die Thesmophorien sind . . . eine auf einer primitiven Stufe stehengebliebene Ursprungsform der Mysterien. Wenn man von den Mysterien das vorgriechische Erbe wegstreicht, ist der Rest den Thesmophorien zum Verwechseln ähnlich." Nehme ich das alles zusammen und wende ich den Blick zurück, dann fügen die griechischen weiblichen Kulte sich doch jenen zu, von deren letzten mitteleuropäischen Resten ich schon sprach.

Und dringlicher als vorhin erhebt sich jetzt die Frage, was tragend hinter dieser großen weiberkultischen Welle, die von den Rheinlanden bis nach Griechenland und Thrakien, vom Main bis an die mittelmeerischen Küsten reichte, steht?

Ehe ich die Frage zu beantworten versuche, möchte ich aber erst noch eins erörtern. Man sagte von dem Demeterkult in Hermione: die dort an Ort und Stelle aus Hörensagen und aus mündlichen Überlieferungen geschöpften Nachrichten des Pausanias geben den Eindruck, den die draußen vor dem Tempel bleibende Volksgemeinde von dem im Tempel stattfindenden Dienste haben mußte, deutlich wieder. Die Schilderung des Festzuges selbst und alles dessen, was vor den Türen des Heiligtums geschah, den Aufweg zu dem Feste, werden wir wohl als ziemlich richtig beschrieben ansehen dürfen; doch der von keinem Manne geschaute Vorgang in den Tempelräumen kam sicherlich nur unvollständig, durch die Phantasie der abergläubisch-ehrfürchtigen Menge arg verzerrt und seines Sinns entkleidet, und mit im letzten unklaren Einzelheiten zu der Kenntnis des Pausanias. Das aber heißt, daß es in Hermione sich um einen Kult gehandelt habe, der allen erlaubte, bis an die Tür des Tempels an ihm teilzunehmen, der aber wie jener dionysische in Methymna dann noch einen zweiten Teil, die eigentlichen und für den Dienst entscheidenden Zeremonien enthalten haben muß, und diese geschahen hinter den Türen des Tempels, im Verborgenen. Und dieser zweite Teil war ein von Weibern ganz allein begangener, kein Mann hat ihn gesehen, kein Mann hat an ihm teilgenommen.

In vieler Hinsicht entspricht der hermionische Kult den Thesmophorien in Kyrene. Dort trugen die eingeweihten Frauen oder Priesterinnen, die „Schlächterinnen" genannt wurden, Schwerter in den Händen, und ihre Hände und Gesichter waren mit Opferblut beschmiert; es hat durch sie demnach ein Opfer stattgehabt. Auch in Kyrene handelt es sich um einen weiblichen geheimen Kult; als nämlich der Grieche Battos die Mysterien hat belauschen wollen, ergriffen ihn die kyrenischen Weiber und rissen ihm die Mannheit ab, — so wie die Brechelstuben-Weiber in den Alpentälern, die Weiber der Großarltaler Spinnstuben die vorwitzigen Männer „hösln", und ihnen das Kastrieren androhen, wenn sie sich zu ihnen wagten. Es sind nicht nur die gleichen weiberbündischen Ordnungen und Kulte, die von der asiatischen Küste bis zum Rheine reichen, — sie ziehen sich am Rhein wie in Kyrene ins Verborgene zurück.

Den Wurzelgrund der Kulte aber zeigt uns wieder Hermione. Als nämlich Pausanias von seinem den Thesmophorien ähnlichen Feste, dem der Demeter Chthonia, berichtet hat, erfahren wir auch: daß dort zur Erntezeit zum Tempel der Demeter vier über und über mit Hyakinthen geschmückte Kühe getrieben worden sind. Dann werden sie einzeln in den Tempelraum hineingebracht und dort von vier auf Thronen sitzenden alten Frauen erwartet. Sobald ein Tier hineintrat, ward die Tür geschlossen und — die vier Weiber metzelten es mit ihren Sicheln nieder. Die Hyakinthe erinnert an den kretischen Vegetationsgott Zeus Kouros, die Rinder an den in Stiergestalt erscheinenden Dionysos, an Baal, an das im Mithrasdienst geschehende Taurobolion, die Niedermetzelung der Tiere läßt an wachstumzaubrische Opferfeste denken, in denen der Wachstumsdämon totgeschlagen und zerstückelt wurde, — wir kennen dergleichen alte Feste von Ägypten bis nach Indonesien und wissen um die Beteiligung der Frauen in den Kulten. Wenn die hier aufgewiesenen Parallelen also einen Schluß zulassen, dann ist es der, daß die in Griechenland notierten weiblichen Dienste oder Kulte in einen größeren und sehr ausgebreiteten Zusammenhang gehören.

Es ist zugleich ein zeitlich weiter und sehr tiefer. Er reicht, wie in die asiatischen und germanischen Länder so in frühgriechische und vorgriechische Entwicklungen hinauf.

Es reicht zu einem nur noch mit ungefähren Worten Auszusagenden hinauf.

Die Archäologen und Altphilologen haben uns belehrt, daß vor den klassischen Göttergestalten Griechenlands heut längst vergessene, kaum mit dem Namen noch zu nennende gestanden haben. Gestalten, in denen zwar ein Allgemeineres sichtbar wurde, die aber — trotz ihrer allgemeinen Geltung — nur lokale Namen trugen, so daß ihr Kult stets nur in einer kleinen Landschaft gelten konnte. Sie heißen zuweilen einfach nur „der Gott", „das Mädchen", (ich komme bei der Besprechung von Eleusis wiederum darauf zurück, — die eleusinischen Göttinnen gehörten nämlich auch einmal hierher).

Man hat die eleusinische Demeter gern von Kreta hergeleitet, und die minoische Zeit auf Kreta, Mitte des zweiten vorchristlichen Jahrtausends, besaß entsprechende Gestalten, bildete solche Göttinnen ab. Da zeigen sich auf den Siegeln etwa bewaffnete Göttinnen mit Speer und Bogen als wilde Jägerinnen, — oder tragen sie die Waffen für den Kampf? — daneben auch eine blumenhaltende Göttin unter einem früchteschweren Baume; aber von keiner wissen wir den Namen oder eine Mythe. Zu

Minoische Rhea auf dem Berge, Siegel aus Knossos

diesen Göttinnen nun gehört auch eine, die man zu bestimmen wagte; man sah in ihr die der Demeter nahe oder ihr entsprechende „Mutter" und nannte, als man sie zu beschreiben oder zu bestimmen angefangen hat, die spätere griechische Rhea-Kybele oder die phrygische Matar Kubile, welche von ihren Löwen begleitet, auf achäischen Denkmälern erschienen sei, — wie man sie auf altgriechischen, phrygischen und etruskischen Denkmälern wiederfinden wollte. Was aber nun die so in einen größeren Kreis geordnete kretische betrifft, — wies man vor allem auf eine jüngst gefundene bildliche Szene hin: am Altar wurde ein Adorant von einer weiblichen Gottheit überrascht, die oben auf einem Gipfel eines nahgelegenen Berges erscheint und die mit einem vorgereckten Stabe winkt, herrscht oder droht; zu ihren Füßen kauern wachend ihre beiden Löwen. Anbetend oder geblendet hebt der Sterbliche die Hand zum Haupte.

Ist aber nun diese Frau Kybele und die spätere Demeter?

Man wird dergleichen Zweifeln gegenüber zunächst sagen dürfen, daß eine vom Himmel oder einem Berge niedersteigende herrscherliche Frau, die Löwen als Wächter begleiten, wohl nur eine Göttin war. Ob sie die später auf Kreta Rhea genannte mütterliche Göttin ist, das wissen wir freilich nicht, — doch wird man so viel sagen dürfen, daß man auf Kreta anscheinend sehr oft Göttinnen abgebildet hat, und sicher wird unter diesen Abbildungen die der Muttergöttin sein, weil diese anscheinend beinahe allen Völkern angehörte.

Hier stoßen wir nämlich, will mir scheinen, auf ein Letztes. Allerletztes. Ich weiß von vorgeschichtlichen Kulten und deren Bezeugungen nicht sehr viel. So weit ich aber in den frühen pflanzerischen Kulturen blicken kann, — es sind wohl vor allem die neolithischen bandkeramischen, — deckte man weibliche Figuren auf, diejenigen von Butmir und von Tripolje sind wohl die bekanntesten, und man hat diese Figuren immer wieder als Kultbilder angesehen. Das wird in einem gewissen Umfange wohl auch richtig sein, die pflanzerischen Kulturen werden ja doch von der Frau getragen. Und wie in unsere bürgerliche und vielleicht schon proletarische Kultur Gedanken und Zeichen eines bäuerlichen Denkens eingegangen sind, ja wie Vorbäuerliches noch besteht, Vorbäuerliches bei uns existiert, — hat sich wohl auch die mütterliche Göttin längere Zeit erhalten. Sie ist bei jedem Volke als die immer Gültige bestehen geblieben, und nahm bei jedem Volke dessen eigensten Wesen und Charakter und einen, von diesem Volke ihr verliehenen, eigenen Namen an. So nannten die späteren Kreter ihre längst verehrte „Mutter" Rhea, so die vorgriechischen Stämme jene ihrem Boden eigene: Demeter, so fanden die vorderasiatischen Völker für sie Namen und Gestalt.

Wenn ich von dieser vorderasiatischen Großen Mutter sprechen will, weil sie viel deutlicher als die andern alle zu beschreiben ist, so nehme ich die Farben nicht aus einer späteren literarisch sich betätigenden Epoche; mir scheinen die aus der Frühe stammenden Anhalte wichtiger zu sein, diejenigen, in denen die Göttin noch ein halber Dämon ist. Da war die Große Mutter Vorderasiens eine richtige „Frau vom Berge", die aber nicht oben, auf der höchsten Höhe des Gebirges, thronte, sondern — wie alte phrygische Denkmäler es erkennen und beweisen lassen, im Inneren des Berges in seinen tiefen Tiefen wohnte. Nichts drückt ihr Wohnen in der Tiefe des Gebirges besser aus als jenes bekannte Felsenbild von Arslan-Kaja (Löwenfels), auf dem sie in einer Türumrahmung zwischen ihren Löwen sitzt. Sie ist die Mutter des Gebirges, die Bergmutter, die nur zu besonderen Zeiten aus ihrer Wohnung heraustritt und den Gläubigen einmal erscheint. Und ist die Frau, die alles Leben, Werden und Gedeihen gibt, die „Herrin der Geschöpfe", wie die späteren Griechen sie

beschrieben, die ewig Befruchtete, ewig Gebärende, wie ihr Name „Mutter"
sagt. Sie hatte in ihrer weiten Heimat keinen allgemeinen Namen; sie
hieß nur immer nach dem Orte, an dem sie der Glaube suchte, so an der
Grenze von Phrygien und Galatien Dindymene, das ist die Göttin oder
die Mutter vom Gebirge Dindymon, dann in der Troas Idaia, diejenige
vom Ida, in Phrygien Kybele (Matar Kubile), die von dem Kybeleberge,
und bei Magnesia Sipylene, die vom Berge Sipylos, und am Lethaios
Leukophryene, die vom Berge Leukophrys, und wie noch die verschiedenen Erscheinungen dieser „Mutter" heißen mögen, — man wird vielleicht ergänzend noch zufügen dürfen: wie auch bei uns die wichtigeren
Naturdämone oft nach ihrem Orte heißen: der auf der Vogelkoppe
Vogelhannes, der vom Rodenstein der Rodensteiner, der auf dem Heu-
scheuergebirge hausende Walddämon Heuscheuerwirt, (dazwischen stehen
freilich auch manche mit einem Sondernamen: Rübezahl). Und auch die
große hundertbrüstige Göttin der Stadt Ephesos, die von den Griechen
später Artemis geheißen worden ist und die auch wieder jene vorderasiatische Magna mater war, hieß bei den ihren nur Ephesia, die vom
Gebirge Ephesos.

Die große Mutter unter dem Fruchtbaum, Goldsiegelring aus Mykene

247

Die Große Mutter von Troja oder von Ephesos, von Pessinus — im Grunde ist sie mit ihren vielen wechselnden Namen und Gestalten noch ein lokaldämonisches Wesen, noch ein rübezahlisches, noch eine Gestalt, die einer Stadt und einer Landschaft Wachstum gab. Man denkt mit einigem Rechte an die deutschen Kinderbrunnen und die sie hegenden Gestalten, etwa den Glockensumpf bei Grone, den Hünenborn bei Kohnsen, den Frau Hollen-Teich auf dem Meißner, die Quelle bei Kleinen Lengden, und so weiter durch das Land; da hütet die Kinder im Hünenbrunnen eine Hünenfrau, im Hollenteiche die Frau Holle, in der Lengdener Quelle, (wie Grone) nicht fern von Göttingen, ist es eine unbenannte Wasserjungfer, — und es sind immer doch dieselben Wesen. Nur mit anderen Namen. So etwa wird man sich die dämonische „Große Mutter" denken müssen: an allen Orten die, die Wachstum und Gedeihen gibt, und doch stets andere Namen führend, stets in anderen Bergen hausend, stets von den Frauen um Fruchtbarkeit und Feldwuchs angegangen. Und mit uralten Diensten, die man schon nicht mehr verstand, die nur um ihres Alters willen galten, scheu verehrt.

Aus diesen, den frühesten Zeiten angehörenden dämonischen Gestalten, erwuchsen die Göttinnen, die man in den Thesmophorien ehrte, die Artemis genannten, die auf den minoischen Siegeln gegenwärtigen, und ihnen gehören wohl auch die vielen „Mutter Erde"-Göttinnen zu. Wie aber die Namen Aphrodite, Artemis, Demeter nur eine leichte, das Beständige übergehende und moderne Tünche sind, wie unter ihr die Große Mutter unverwandelt und auch ungealtert blieb, so blieben die alten Dienste. Und die alten Dienerinnen dieser Mutter. Und blieb was zu ihr aus den Tiefen ihres Blutes aufgebrochen war.

Die Brechelhütte

Das Treiben der dionysischen Maenaden ist von den Schriftstellern oft dem Tun der Weiber im Artemis- und Demeterkult verglichen worden, — nicht nur, weil es sich bei dem Weingott wie bei jenen göttlichen Frauen um griechisch gewordene Gottheiten handelt, nicht nur weil sich das weibliche Element im Kult so stark bemerkbar machte, sondern vor allem doch darum, weil alle Kulte den Wachtums- und Vegetationsgottheiten gewidmet gewesen sind. Das Vegetationsgottheitliche kommt ja im Wesen wie in den Diensten des Dionysos zum Vorschein. Die Orgien und Dienste ihm zu Ehren geschehen im Freien; die Weiber schweifen in den Bergen umher und suchen ihn; die Orgien werden mit dem Perchtenlaufen, Kornaufwecken und noch vielen entsprechenden europäischen Volksgebräuchen gern verglichen, mit allen, die Vegetation und Fruchtbarkeit hervorzulocken suchen. Daneben stehen Menschenopfer; auf Chios und Tenedos hat man dem Gotte Menschen zerrissen und zerfleischt, wie Ähnliches ja von den Maenaden in der Sage behauptet worden ist. Die Opfer, das Schweifen der Maenaden durch die Berge, ihr orgiastisches Tun, das auf die Fruchtbarkeit, auf das Geschlecht hinzielt, das alles läßt in dem thrakischen Dämon einen Wachstumgott erkennen. Und in dem Tun der Weiber werden wachstumsweckende Absichten, wachstumszauberisches Tun gelegen haben. Sehr vieles von den Berichten über sie weist darauf hin.

Schlägt man von dort den Bogen zurück in unser rheinisches Gebiet, so klingen hier ganz entsprechende Angaben und Nachrichten auf. In allen Ortschaften an der oberen Larg im Elsaß und in noch andern ziemlich auseinanderliegenden Dörfern zogen vor nicht zu langer Zeit die Weiber am Hirschmontag zum Gemeindewald, und sie bezeichneten hier einen stattlichen Eichbaum, den sie sich von den Männern fällen ließen; dann wurde er versteigert und aus dem Gelde ein gemeinschaftliches Mahl gehalten. An einem anderen Orte im Kanton Altkirch zogen die Weiber in Mannskleidern in den Wald um ihren Baum zu holen, den ihnen nach Ausweis der Gemeinderechnungen die Ortsobrigkeit in jedem Jahre ganz ausdrücklich schenkte. In Weilheim bei Tübingen wieder feierten die verheirateten Weiber ehedem im Frühling ein besonderes Fest. Sie hatten das Recht, im Weilheimer Walde um die Zeit, in der man die Eichen fällt und schält, sich eine Eiche auszusuchen und zu verkaufen, um sie zu vertrinken. Sie mußten sie aber selbst umhauen. Noch später ward ihnen statt der Eiche in jedem Jahre eine runde Summe Geldes gegeben, welche der Ortsschultheiß auszahlen mußte. Es gingen um die bestimmte Zeit drei bis vier Weiber, mit Äxten bewaffnet, zu ihm und erklärten: Wir wollen heut unsere Eiche hauen! worauf sie das Geld bekamen, das sie aufs Rathaus der Stadt trugen und es dort vertranken. Und eine Frau, die diesem Trunke nicht beiwohnen konnte, durfte sich ein halbes Maß nach Hause holen lassen; erschien sie aber, so durfte sie trinken, so viel sie vermochte oder konnte. (Seit 1810 hat man den Weilheimer Weibertrunk aber abgeschafft. Es geht bei allen diesen Nachrichten, die sich leicht vermehren ließen, sowohl um das Umhauen wie das Gewinnen eines Baumes, und man sieht in der Sitte einen weitverbreiteten bekannten Brauch, ähnlich dem Hauen des Maien zu Pfingsten oder nach der Ernte, — also ein nach der allgemeinen Ansicht wachstumsförderndes agrarkultisches Zaubertun.)

Nun ist das Hauen des Maien ein so oft belegter Brauch und es stehen so verschiedene Deutungen hinter ihm, daß ich nur ungern weitertragende Schlüsse an ihn knüpfe. Man wird deshalb nach etwas sichereren Angaben Ausschau halten. Zu diesen gewisseren Angaben rechne ich nun einige Notizen, die von dem Verhältnis der Frau zu manchen Früchten Nachricht geben. Da ist zunächst einmal der selten in seinem Wert begriffene Gebrauch, daß sich der Mann der Früchte auf dem Acker anzunehmen hat, vor allem der Cerealien, daß die Kohle und die Wurzelfrüchte, die alle „im Garten" an und hinter dem Wohnhause und den Ställen wachsen sollen, jedoch den Händen der Bauersfrauen überantwortet worden sind. Es sind die alten Pflanzerfrüchte, das heißt alle jene Früchte oder Knollen, die in den pflanzerischen Kulturen schon den weiblichen Händen zugestanden haben. Hier hat sich eine ziemlich alte Ordnung also bis auf unsere Zeit erhalten. Ein nächstes: wenn auf dem Kornfelde eine zauberische Hilfe nötig ist, fällt sie dem Bauern zu; er stellt den Acker beispielsweise unter Gottes Hand, er schließt den Sperlingen bei der Aussaat durch ein Zauberstück den Schnabel, er hat den schädigenden Bilsenschnitter zu vertreiben; den Segen- und Abwehrzauber auf dem Flachsfelde aber übt die Frau. Sie ist es auch, die aus dem Kohl das Ungeziefer zaubern muß. Und ist es, die vorzugsweise mit dem pflanzerischen Gerät hantiert, der Hacke. Wenn ich vielleicht noch eine wachstumzauberische Einzelheit erwähnen darf: in den um Goldberg in Schlesien liegenden Dörfern galt der Glaube: der Flachs erreiche in seinem sommerlichen Wachstum stets die Höhe, die Fastnachtsdienstag die ihn bauende Frau hat springen können. Die ganz Gescheiten kletterten deshalb auf den Tisch und sprangen von ihm herunter, — das war sicher hoch genug.

Was steht nun hinter diesen Bräuchen? Neben anderem sicher eins: die Frau hat nur auf solche Früchte Einfluß, welche „weiblich" sind; sie konnte den Flachs zum Wachstum antreiben und den Kohl, machtlos war sie den Obstbäumen gegenüber und dem Korn; das aber heißt, die „männlichen" Früchte waren ihrer Macht entzogen. Die männlichen Früchte, denn die Obstbäume sind schon in der Pflanzerzeit und sind in allen folgenden Zeiten in der Hand des Mannes, das lehren der Kokospalmen-Wachstumszauber der Marind, der Zauber der Kiwai-Papua, das lehren deutsche

Obstbaumzauber. Das Korn ist männlich, denn nur Männer führen den Pflug und säen, nur Männer bebauen den „Acker" und sind Herren des Ackerfeldes. Der Flachs dagegen ist weiblich, nicht weil ihn die Frau verspinnt, vielmehr weil sie ihn schon in jenen weit entlegenen Zeiten baute, als sie das erste Fruchtland anlegte und die Knollen pflanzte; der Flachs ist nämlich eine Anbaupflanze aus der Pflanzerzeit so wie die Hirsen, wie der Mohn, die Bohne und der Kohl, so wie die Rüben, — alles heute noch der Frau gehörende Früchte. Drum also, werden wir nun folgern dürfen, übt die Frau den Zauber, — weil es die ihr zustehenden, ihr gehörigen Früchte sind.

Sie übt ihn, wie aus fast allen unseren Belegen sichtbar wird, als einen sexuell gefärbten Zauber; sie weist etwa ihren Weiberschoß, als solle sein Anblick alle ihre Gewächse fruchtbar machen. So wie das männliche Glied die Erde fruchtbar machen soll, wenn die Maenaden es herumtragen, zeigen oder schwingen, (ich komme auf diese ihre zaubrischen Methoden noch einmal zurück). So wie die Erde durch die Liebesvereinigung der Menschen tragend wird. Und es ist deutlich, daß gerade immer wieder dann, wenn es ums Wachstum, um die Wiedergewinnung des Wachstums geht, um das Erhalten alles Wachsens, solches Tun lebendig ist. In Schlesien war es in den Dörfern um den goldbergischen Gröditzberg im vorigen Jahrhundert noch ein üblicher Binderinnenbrauch, daß sie beim Kornmähen einen — meist den jüngsten — Knecht ergriffen und ihm die Hosen abzogen. Ich erwähnte vorhin schon einmal, daß Ähnliches auch im österreichischen Innviertel Sitte gewesen ist. Das könnte natürlich weiblicher Übermut und Tollheit sein; vielleicht steht aber — neben manchem anderen — auch dahinter, daß „Korn" und „männliches" Glied und männliche Fruchtbarkeit zusammengehören.

Wenn sie zusammengehören, dann gehören aber Mann und männliches Glied mit weiblichen Früchten und mit weiblicher Arbeit nicht zusammen. Dann müssen sie auch von allem weiblichen Wachstum ausgeschlossen werden. Ich nannte vorhin das sexuelle durchglühte Tun der Weiberbünde; es ist in vielen Beziehungen heute Glut und Rausch. War es das immer? Fügte sich nicht allem Rausch am Ende eine Absicht zu, die große Absicht nämlich Fruchtbarkeit zu schaffen? Zum Schaffen von Fruchtbarkeit gehört das Ausschalten der zuwideren Dinge. Zuwider im weiblichen Bezirk ist aber ein ausgesprochen männliches Verhalten. Deswegen sind also von den vielen weiblich bestimmten Wachstumskulten die Männer ausgeschlossen, etwa von den Kulten in Kyrene; ich denke des ferneren an die Thesmophorien in Athen.

Hält man das eben Gesagte aber für zu kompliziert gedacht, obwohl sich die Beispiele für dergleichen häufen ließen, dann muß doch gelten, daß es typisch weibliche Angelegenheiten gibt und solche, bei denen die Männer einfach nichts zu schaffen haben, nicht nur was die Entbindung und das Wochenbett betrifft, — auch ausgesprochen weibliche Arbeiten zähle ich dazu. Und weil es nicht richtig wäre, die Männer zu dergleichen Arbeiten heranzuziehen, weil sie dem Wesen und der Geschichte dieser Arbeiten nach dem Weibe zugehören, und weil die Männer überdies als störend empfunden werden und — das weibliche Zusammensein auch stören, deswegen hat man sie dann so schroff als möglich ausgetrieben.

Das steht vielleicht auch hinter manchen Brechelhütten-Abwehrbräuchen. Wir haben gerade über diese Bräuche einen ausgezeichneten Bericht: „Sehr altertümlich ist der Brauch der Brechlerinnen in der Feldkirchner Gegend, wo alle vorübergehenden Männer gezwungen werden, sich rücklings auf den Boden zu legen, worauf die Brechlerinnen der Reihe nach über sie hinwegschreiten. In anderen Gegenden ist das ‚Hösln‘ üblich: man zieht dem Mann gewaltsam die Hose ab und füllt sie mit Spreu; diese Behandlung tritt in milderer Form auf, wenn sich die Weiber damit begnügen, dem Gefangenen alle Taschen und Hosenöffnungen mit spitzigen Flachsabfällen vollzustopfen, so daß er sich nicht von der Stelle rühren kann und oft unter Zurücklassung der Beinkleider das Weite sucht." — Noch drastischer, meine ich, aber kann ein Mann von einem Tun, das als spezifisch weiblich gilt, nicht fortgewiesen werden.

Durch dieses Fortweisen aber wird noch eins erhärtet: es sind die Brechlerinnen, die ihn ausgetrieben haben, nicht eine, eine einzelne würde es vielleicht nicht tun, die Gruppe der Brechlerinnen treibt ihn aus und fort, wie ihn die Konegilde in ihrer Gesamtheit überfällt, und wie die Weiber der Weiberzeche seine Mütze pfänden. All diese Gebräuche beweisen nicht nur einen weiblichen Zusammenschluß, sie zeigen vielmehr, daß es in ihm um weibliche Dinge geht, um Dinge, die einen Mann nichts angehen. Oder nun mit anderen Worten, daß Weiberbünde ihr Besonderes, Eigentümliches haben.

Was ist dies Eigentümliche? — Ein paar Gläser Wein, wie man es aus den westdeutschen Weiberzechen etwa nehmen könnte? Die Sorge um eine Wöchnerin im Wochenbett? Die weibliche Arbeit? Sicher alles dies. Doch sicher noch mehr als dieses. Sicher auch ein Dunkleres. Im Großarltal im Salzburgischen, einem besonderen Rückzugsgebiet, sind die Spinnstuben noch „richtige Frauenbünde, zu denen keine Männer zugelassen werden. Sollte es einer wagen einzudringen, so wird ihm die Hose ausgezogen und Kastrierung angedroht. Nach einer derartigen Zusammenkunft wird der Raum behandelt, als ob Hexen versammelt gewesen wären. Man räuchert aus und ‚läutet aus‘ durch Kuhglocken und Sensenzusammenschlagen, was übrigens auch aus der Haunsberggegend berichtet wird. Was bei diesen Spinnstuben getrieben wird, erfährt niemand." — Hier trägt der Weiberbund nicht nur abseitige und altartige Züge, es glüht in ihm ein Ungewöhnliches. Das Dämonische flackert auf. Die Bocksmahlzeiten erhalten plötzlich einen Hintergrund. Der Mann wird als ein Feind behandelt. Soll geschändet werden. Und hinter dem allem schwelt ein Hexenmäßiges. Und ein Wildes.

Von hier bekommt, was bei den Konegilde-Weibern, was in den Brechelhütten und „auf der Kultur" geschieht, das sexuell Rauschhafte und Berauschende eine tiefste Farbe. Sexus und Grausamkeit und alles dämonisch-Hexenhafte, es sind nur immer die wechselnden Facetten eines Steines, — es ist das Urhafte, das hier sichtbar werden will. Ein Urhaftes und Zeitloses, das seit Tausenden Jahren ist, und das in diesen Tausenden Jahren stets dasselbe bleibt, ein Unverändertes und ein Unverwandeltes, glücklicherweise nie zu Wandelndes. Das Weib ist ewig der Erde näher als der Mann.

Es ist der Erde ewig näher, — ich beschließe diese Überlegung, indem ich von neuem auf die Trobriand zu sprechen komme: „Überall auf den Inseln besteht die wirtschaftliche Sitte, daß die Frauen eines Dorfes in gemeinsamer Arbeit das Jäten des Gartens besorgen. Da diese langweilige, eintönige Arbeit nur geringes Geschick und wenig Aufmerksamkeit erfordert und sich leicht durch geselliges Plaudern beleben läßt, wird jeder Garten der Reihe nach von den Frauen gemeinsam vorgenommen, bis das ganze Gartenland der Dorfbewohner durchgejätet ist. Wie bei allen anderen ausschließlich weiblichen Beschäftigungen gilt es als unschicklich für einen Mann, sich den arbeitenden Frauen zu nähern oder ihnen irgendwelche Aufmerksamkeit zu schenken — es sei denn, es handle sich um geschäftliche Angelegenheiten.

Für die Frauen aus den Dörfern Okayaubo, Bewaga, Kumilabwaga, Louya und Bwadele und aus den Dörfern auf Vakuta verbindet sich mit diesem Gemeinschaftsjäten ein seltenes Vorrecht. Erspähen nämlich die

Die Brechelhütte

jätenden Frauen einen Fremden, der in Sehweite vorübergeht, so gibt ihnen die Sitte das Recht, diesen Mann zu überfallen — ein Recht, das immer mit Eifer und Tatkraft wahrgenommen wird. Der Mann ist Freiwild für die Frauen; geschlechtliche Gewalttätigkeit, unzüchtige Grausamkeit, widerwärtige Beschmutzung, grobe Behandlung — alles muß er über sich ergehen lassen."

Läßt sich nun zwischen dem, was eben über die Trobiand berichtet wurde, wie dem, was aus den alpenländischen Brechelhütten laut geworden ist, und dem, was ich im Iserwalde über die „Kultur" erfuhr, halte ich die Angaben nebeneinander, irgend eine Unterschiedlichkeit bemerken? Wenn man darauf wahrscheinlich nur mit Nein antworten kann, bedeutet das aber, daß das hier beschriebene weiberbündische Leben ein durch Jahrtausende und durch viele Kulturschichten gleichgebliebenes sei.

Aber ist es in Wahrheit durch Jahrtausende gleich geblieben?

Das führt uns zurück zu den Beobachtungen der Völkerkunde, die uns zu dieser Frage einige entsprechende Berichte liefern kann, und zu den schon erwähnten Schilderungen der gesellschaftlichen Art der Frau. Man sprach dem Weibe die eigentlichen gemeinschaftsbildenden Fähigkeiten ab; es schätze und pflege von allen Gemeinschaften allein die unfreiwillige, nur auf verwandtschaftlichen Beziehungen stehende und bestehende, die Familie; man hat ja deswegen auch die Vergesellschaftungen des Weibes als schlechte Nachahmungen und Kopien der männlichen angesehen. Das wurde besonders von den Reifezeremonien der Mädchen, soweit sie gesellschaftliche Formen erkennen lassen, angenommen.

Die Reifezeremonien gehen wohl von dem Umstande aus, daß die geschlechtliche Reife eines Weibes sich durch äußere Zeichen, vor allem durch ein sich alle Monate wiederholendes bemerkbar mache. Die Frau, die sich zu diesem Zeitpunkt unwohl fühlt, wird in den Tagen bei sehr vielen Völkern als Unreine angesehen; und der Begriff der Unreinheit ist ganz besonders dem Termin, an welchem diese Erscheinung sich zum ersten Male zeigt, verbunden. Es gibt kaum ein Naturvolk, wo die Anschauung nicht besteht, und auch bei alten Kulturvölkern lebt sie fort. Aus ihr ist anscheinend jene Reihe von Übungen aufgenommen, die „eigentlich auf der Hand liegen", nämlich etwa der Versuch, das erstmalig menstruierende Mädchen deutlich kennzuzeichnen. Im südlichen Indien wie in Kambodscha (Hinterindien) wird ihr beispielsweise ein Faden um den Hals, und ebenso um das Handgelenk geschlungen; sie wird bei den Cheyenne-Indianern (Nordwest-Brasilien), bei den Kai (Neu-Guinea), am Kongo wie bei den Betschuanen rot bemalt, erhält rotfarbige Kleidung (Xosa-Kaffern) oder ein Gewand aus irgend einem auffallenden, sonst nicht mehr getragenen Stoffe: die Kalyoquaht-Indianer (Britisch-Colum-bien) geben ihr etwa eins aus Zedernbast, und die Alfuren auf Ceram einen grob gewebten Rock aus Blättern einer wohl sonst nicht mehr gebräuchlichen Pandanus-Art, die Betschuanen wieder ein Kleid aus Schilf und Kürbiskernen. (Hier könnte jedoch auch noch ein zweiter Grund vorliegen: das Kleid muß in Liberia altmodisch und aus Baststoff sein, wie kultische Gerätschaften ja auch häufig altgebräuchliche sein sollen.) — Nicht an ein Kennzeichen oder irgend ein Auffälligmachen, im Gegenteil an ein Verhüllen denkt man bei den Kai, wo sich das Mädchen in eine große Matte wickeln muß, bei den Loangonegern, die es völlig eingehüllt umführen. Bei diesen Völkern also herrscht wohl eine Art von Scheu, die Männer das Mädchen sehen zu lassen, andrerseits wohl auch die Angst, daß sie mit ihren Blicken oder sonstwie schädigend wirke. Darum betritt sie auch die bloße Erde nicht, sie geht auf halben Kokosschalen (Kai), sitzt auf einer solchen nieder (Yap), wo anders auf Holz (Neu-Pommern, Neu-Irland und Südindien), und schläft auf Blätterlagern (Kai), wird also von der Erde vollkommen abgetrennt und isoliert. Genau so wie die Annahme, daß sie unrein sei, die Isolation, verursacht sie auch ein Waschen über das gebräuchliche Maß. Da sind entweder tägliche Waschungen vor-geschrieben wie schon bei den Wedda, bei den Suaheli oder in Transvael den Bavenda; in Malabar ist eine anfängliche rituelle nachzuweisen, oder auch eine Schlußabwaschung (Alfuren auf Ceram), ein Schlußbad auf den Marshall-Inseln, bei den Maruschi-Indianern (Britisch-Guyana) oder bei den Betschuanen.

Sehr nahe den aus den vorigen sich ergebenden Bräuchen stehen die Sitten, die Pubertierende — ebenso wie durch ihr Kleid — durch das Verweisen in einen bestimmten Wohnraum von den andern abzusondern. Sie darf zum Beispiel nicht in die Sonne oder in das Feuer sehen (Nutka-Indianer in Britisch-Columbien), weil sie die beiden verunreinigen oder auch beschädigen würde, auch nicht das Haus verlassen (Kambodscha), nicht die Straße betreten (Ojibway-Indianer), sie darf nur noch bei Nacht den Rauchboden verlassen (am Amazonas) oder baden (Kambodscha). In allen diesen Gebräuchen ist ein Doppeltes zu erkennen: sie muß einmal als Unreine davon abgehalten werden besonderen Schaden zu stiften, etwa die Sonne zu verderben, dann aber und zweitens handelt es sich um ihr Verhältnis zu den andern Menschen, zu denen des Hauses und des Dorfes, also der Gemeine; die muß man vor ihr und ihrem schädigenden Einfluß schützen. Hier meldet sich also ein erstes soziales Denken an, es wird an die Gemeinschaft und an deren Schutz gedacht.

Dies soziale Erwägen und Bedenken führt sodann, zusammen mit dem vorhin besprochenen Moment und dem Wissen, daß jetzt das Mädchen etwas Besonderes erlebe, — ihre Absonderung herbei: in einem Winkel des Hauses (Hupa in Kalifornien, Eskimo, Xosa-Kaffern), im Oberraum Passé, Nutka) und auf dem Boden des Hauses (Alfuren auf Ceram), oder im Rauchraum der Hütte (am Amazonas, Britisch-Guyana, Cheyenne-Indianer). Von manchen Völkern wird das Mädchen in den Wald geschickt (Suaheli); der draußen im Walde ihr gegebene (Wohnraum und) Absonderungsraum ist eine für diesen besonderen Zweck erbaute provisorische Hütte. — Wir finden die „Pubertätshütte" bei sehr vielen Völkern: den Shushwap im Inneren Nordamerikas, den Wintun in Kalifornien, den Indianern auf Vancouver, den Coroado in Brasilien, auf Yap,

Pubertätshütte

den Neuen Hebriden, den Marshallsinseln wie auf Neu-Pommern, in Surinam, in Ostindien, dort auch bei den Weddas, bei den Xosa-Kaffern, und sicher noch bei sehr vielen hier nicht aufgeführten Stämmen. Die Pubertätshütte ist zumeist ein kleiner armer Bau, der einem einzelnen Mädchen Aufenthalt gewährt; die Zeit, die es dort zubringt, ist verschieden lang. Wir hören von Fristen, die drei Tage (Indien) bis zwanzig Monate (Neu-Irland) oder mehrere Jahre (Kambodscha) umfassen. Die Dauer des Aufenthaltes ist deswegen für uns wichtig, weil hinter einer Zeit von mehreren Monaten oder Jahren ein anderes soziales Denken steht als wie hinter einer Frist, die sich auf drei, vier Tage zu beschränken pflegt.

Daneben ist aber noch ein zweiter Umstand anzumerken: in Neu-Britannien und Neu-Mecklenburg enthält die Pubertätshütte mehrere Räume, und jedes Gelaß wird einem anderen Mädchen zugewiesen. Ganz etwas Ähnliches zeigt sich in Neu-Mecklenburg, wo man die einzelnen Klausen für die pubertierenden Mädchen ins große Weiberhaus des Dorfes einzubauen pflegte. Hier tauchen von neuem Probleme des Gemeinschaftslebens auf.

Auf diese Probleme aber möchte ich jetzt zu kommen versuchen. Ich gehe dabei von einer naheliegenden Überlegung aus: der Eintritt der ersten Menstruation ist nicht ganz sicher festzulegen, man kann ihn wohl nur mit einem gewissen Ungefähr bestimmen. Deswegen entzieht sich der Einzelmensch, das einzelne Ereignis im Grunde auch einer durch die Gemeinschaft ausgebildeten Form. Erst wenn der einzelne Fall zu einem stets sich wiederholenden, zu einem für jedes Mädchen gültigen Geschehen geworden ist, und erst in einer Gruppe oder Horde, wo sich mehrere Mädchen von ungefähr demselben Alter und dem gleichen Wachstum finden, wo also die erste Menstruation bei mehreren „zusammenfällt", erst da kann aus dem Einzelnen ein Gemeinschaftliches entstehen. Das scheint, wie unsere Belege es erkennen lassen, der pflanzerischen Welt und ihren Entwicklungen zu gehören, — Neu-Mecklenburg und Neu-Britannien leben in der Pflanzerzeit.

Es wäre natürlich leichtsinnig, aus den wenigen Belegen, die noch dazu dem selben volklichen Gebiete angehören, den eben gezogenen Schluß als allgemein zutreffenden ziehen zu wollen. Wenn wir jedoch erfahren, daß die pflanzerischen Suaheli den Schluß der Pubertätsweihe durch ein Tanzfest feiern, zu dem sich die Mädchen eine gemeinschaftlich gebrauchte Hütte für die dem Feste folgende Nacht errichten, dann erhalten unsere

Schlüsse eine weitere Bestätigung. Was wir an Vergesellschaftungen der pubertierenden Mädchen treffen, scheint wirklich der pflanzerischen Zeit und ihren Ordnungen anzugehören.

Noch deutlicher aber wird dann dieser unser Schluß, wenn wir auf die den Pubertätsweihen sich anschließende Buschschule sehen. Die Unter weisung der reifenden Mädchen durch die alten, oder meist nur eine alte Frau in ihren ehelichen Pflichten, — bei den Basutos kommen dazu Kosmologie und eine Sittenlehre, — wird, wie der Name anzeigt, einem ganzen Mädchenschwarm zuteil. Ich kenne Berichte über die Buschschule bei den Suaheli und den Konde in Ostafrika, den Krobo an der Goldküste, den Negern Liberias und der Loangoküste in Westafrika, von den Basutos, Betschuanen und Wanjamwesi, — und von den Konde, Krobo, Suaheli, Bafiote und Basuto wird man sagen dürfen, daß sie der pflanzerischen Kulturstufe angehören. Von neuem erweisen sich also weiberbündische Eigenarten als Eigentum und Ausdruckswert der pflanzerisch bestimmten Welt.

Ein drittes Mal begegnen vergesellschaftete bündische Eigenarten beim Abschlußfest der Reifeweihen für die jungen Mädchen. Dabei steht überall der Tanz im Vordergrunde. Wir hören davon, um bei den Amerikanern zu beginnen, im alten Peru, bei südamerikanischen Amazonasindianern, dann bei den Nutka und den Hupa unter den nordamerikanischen Stämmen, in Ozeanien auf Neu-Mecklenburg und auf Nauru, in Afrika bei den Suaheli, Wabondo, Makololo, den Betschuanen, Xosa-Kaffern, Buschleuten, Ovambo. Das alte Peru gehörte der Kultur der Pflanzer an, die Amazonas-Indianer und die Ozeanier ebenso, Suaheli und die Mabondo rechnen zu den pflanzerischen Völkern. Gewiß hat Tanz oft irgendwelche kultischen Inhalte oder Zwecke und ganz gewiß stellt er auch einen Festbrauch dar, doch ebenso sicher lebt er oft aus sexuellen Trieben, und welcher der Inhalte es auch sei, wird man doch immer sagen dürfen, daß er nicht eher und wohl dann erst ganz erscheint, wo — was für eine auch immer — eine Gemeinschaft sich gebildet hat, und diese erst wieder, wo schon mehrere Familien sich zusammentaten, zusammen wohnten, zusammen sammelten und zusammen ihre Mädchen „weihten".

Wir werden nach allem diesen doch annehmen dürfen, daß unser Schluß, zu dem die Nachrichten von den Trobriand uns lockten: die Pflanzerzeit besäße irgendwelche weiberbündischen Zusammenschlüsse, mehr als nur eine oberflächliche Redewendung sei.

Wir werden vielleicht sogar darüber hinaus behaupten dürfen, daß alles was wir der pflanzerischen Zeit zuschreiben mußten, dem Sinn und seinem Werte nach heute noch gilt. Ich sagte bereits, wir kennten keine Mädchenbeschneidung mehr, und füge dem bei, daß wir auch keine Pubertätshütten mehr besitzen, daß wir die reifenden Mädchen heute nicht mehr verstecken, — doch da ich dieses schreibe, fällt mir eben wieder ein, daß unser Rapunzel-Märchen jene Pubertätshütte noch besaß, und fällt mir ein, daß wir die reifenden Mädchen heute noch kennzuzeichnen pflegen, ich sagte vorhin schon wie, und daß auch die menstruierende Frau sich heute noch immer von sehr vielen Dingen abgesondert hält: sie darf nach gängigem Volksglauben keine Blumen pflanzen und sie nicht begießen, darf keinen Wein abfüllen, gilt als unrein und gefährlich. —

Im Grunde ist alles, was die Pflanzer hatten, heut noch da, nur heutigen Zuständen angeglichen. Nur gemilderter. Unauffälliger.

Wenn aber noch alles da ist, dann wird man auch sagen dürfen, daß, — wenigstens vom weiblichen Leben her gesehen und von den Weiberbünden und ihren Geheimnissen her gesehen, — ein Bogen die alte Zeit mit unserer heutigen zusammenschließt. Das aber heißt endlich, daß die Frau nicht anders wurde. Daß sie viel älter und zugleich viel selbstverständlicher ist und allem Natürlichen viel näher als der Mann.

Hexensabbath

Unter den vielen Märchen und den sagenhaften Überlieferungen, welche Frobenius von seinen Expeditionen mit nach Hause brachte, findet sich auch die sogenannte Sunjatta-Legende der Malinke. Jene Malinke sind ein Pflanzervolk am oberen Gambia. In ihrer Legende aber wird uns zweierlei erzählt; erst ist die Rede von der Geburt Sunjattas, welcher eine Hexe assistiert, (bei dieser Gelegenheit wird übrigens eine seltsame und eingehende Übersicht über die menschenfresserischen Zauberinnen im Mandeland gegeben:) „Damals gab es in Mande neun Subaga oder Hexen; die hießen: erstens Sititi, die Führerin, zweitens Sototo, ihre Adjutantin, . . . fünftens Sumussu sungana niamorodjote, das hervorragend starke und kluge Zauberweib, das der Adjutantin untergeordnet ist . . ." — Ein solcher Aufbau mit Führerin und Adjutantin aber setzt eine geschlossene und geordnete Gemeinschaft, einen Bund voraus; das heißt, die Hexen des Mandereiches bilden eine Art von Hexenbund.

Von diesen neun Hexen wird Djalimussu tumbumannia, die, welche den Toten das Lied singt, Sunjattas Beschützerin. Von ihr heißt es in dem zitierten Märchen weiter: „Drei Jahre waren nach der Beschneidung Sunjattas vergangen. Einmal war Djalimussu tumbumannia verreist, da einigten sich die andern acht der neun Subaga und verwandelten ihn in einen Stier. Dann führten sie den jungen Stier hinaus und schnitten ihm den Kopf ab und töteten ihn; sie zerlegten ihn und machten neun Teile daraus. Jeder nahm seinen Teil, und den neunten Teil für Djalimussu tumbumannia hoben sie auf und gaben es der (Sunjatta schützenden) Subaga, als sie wiederkam. Djalimussu tumbumannia nahm ihr Teil und fragte: ,Was ist das für Fleisch?' Die andern Subaga antworteten: ,Das ist das Fleisch Sunjattas, den wir in einen Stier verwandelt und dann zerlegt haben.' Djalimussu tumbumannia sagte: ,Was ist mehr Fleisch, ein junger Stier oder neun große Buschbüffel?' Die acht Subaga antworteten: ,Neun große Buschbüffel haben mehr Fleisch.' Djalimussu tumbumannia sagte: ,Gut, dann bringt morgen sämtliche Knochen und Sehnen eurer Teile herbei, ich will euch dann jeder einen großen Buschbüffel dafür geben.' So ward es; man brachte am andern Morgen alle einzelnen Teile des Knochen- und Sehnengerüstes herbei und setzte den Stier wieder zusammen. Es wurde wieder ein junger Ochse daraus. Djalimussu tumbumannia schlug ihn auf den Schwanz und er wurde wieder Sunjatta . . ." — Das ist die in verschiedenen Variationen auch bei uns bekannte und die von Skandinavien bis in die steiermärkischen Alpen ausgebreitete Sage von der Hollerkuh, die schon den eddischen Jahrhunderten angehörte. Sie ist sehr alt und geht wohl letzten Endes auf einen Brauch der jägerzeitlichen Kultur zurück, (was in bestimmten Grenzen pflanzerzeitlich heißen würde.) Dann wurde sie bei den Malinke wie bei uns zur Hexensage. Von ihr ist mir in diesem Augenblick nur eines wichtig: daß sie von einem gemeinschaftlichen Tun der Hexen weiß: sie haben sich alle neun zu einem großen Hexenschmaus vereint, ein Menschentier geschlagen — und sie teilen es untereinander auf. Das sie zusammenhaltende Band ist nach dem Augenscheine fest und stark, so daß der Abwesenden ihr Stück bleibt, bis sie kommt.

Wir werden aus dieser Sage also schließen dürfen, daß pflanzerische Kulturen — zumindest die westafrikanischen — von Hexengemeinschaften, heimlichen Hexenbünden wissen.

Von Hexengemeinschaften, die den europäischen ziemlich ähnlich sehen. Die Subaga-Vorstellungen bei den afrikanischen Mandevölkern sind nämlich den europäischen Hexenvorstellungen so verwandt, daß man — wenn diese Situation nicht ganz und gar unmöglich wäre — an eine Entlehnung oder Beeinflussung glauben könnte. Die Subaga sind menschenfresserische Hexen, können aber nur immer ein Verwandtes fressen, wie ja die mittelalterlichen Hexen ein Verwandtes gaben. Jede muß jährlich, wie bei uns, ein Opfer liefern; entzieht sie sich der Pflicht, wird sie von ihren Genossinnen gestraft. Tritt hier bereits das „Bündische" der Gemeinschaften hervor, so will es am Mahle sichtbar werden. „Die Subagatrommel ist ganz besonderer Art. Ihr Sarg ist nicht aus Holz, ihr Sarg ist ein Menschenschädel. Sie ist nicht bedeckt mit Ziegen- oder Ochsenfellen, sondern mit einer Menschenhaut. Sie wird nicht geschlagen mit einem Schlegel aus Holz, sondern mit einer getrockneten Menschenhand. Auch klingt diese Trommel nicht so wie die anderen Instrumente. Sie ist vielmehr gewöhnlichen Menschen nicht vernehmbar. Sie wird aber von den Subaga auf zwei Tagesmärsche Entfernung gehört. Wenn die Subaga das Zeichen hören, kommen sie sogleich von allen Seiten zusammen und lassen sich sagen, welches Opfer ausersehen ist. In nächtlicher Stunde fällt die Gesellschaft der Unholden dann ganz leise und unhörbar in das Haus des Verfallenen ein . . ." — Und wie das Töten, so findet die Aufteilung dieses ihres Opfers und findet Verteilung und Schmaus des Opferfleisches in der Gemeinschaft statt.

Die Hexen-Subaga sind in der Vorstellung der Malinke rechte Menschen, Menschen mit zauberischem Können und mit menschenfresserischen Appetiten und Gelüsten. Es ist begreiflich, daß sie ihr Handwerk im Verborgenen treiben müssen, denn wagten sie sich ans Tageslicht und würde sie ein Mensch erkennen, wäre es ja leicht, sich gegen sie und ihren ganzen Spuk zu wehren. Und es wäre sicher, daß das Dorf, die Häuptlinge des Dorfes, oder wer sonst noch immer mächtig ist, zufassen würden. Deswegen muß ihre Gemeinschaft eben als verborgene bestehen.

Ein heimlicher Bund, ein sich-Zusammenfinden hexerischer Weiber, — und wieder führt uns die Untersuchung in die Pflanzerwelt. Das ist es, worauf ich hier am meisten achten möchte.

Seit längerer Zeit versucht die volkskundliche Hexenforschung im Überlieferungsgut zwei große Traditionskomplexe festzustellen. Der Hexenbegriff war ihren Schlüssen zufolge in den 1480er Jahren fertig;

in ihm sind anscheinend viererlei Vorstellungen verbunden worden: zuerst der Teufelspakt sowie die Buhlschaft mit dem Teufel, als zweites Ketzerei, was „Kult von fremden Gottheiten" heißen würde, als drittes und viertes Schadenzauber, Flug und Tierverwandlungen. Die erste Gruppe entstammt nach diesen Anschauungen der Scholastik, dem mittelalterlichen theologischen Denken, das letzte ist volksgängiges Gut. — Nun war vorhin vom Hexenwesen schon einmal die Rede, ich sprach von ihren Tierverwandlungen, von dem Fluge durch die Luft, und stellte die Hexen neben die Werwölfe und Schamanen; es waren labile, aus den täglichen Bindungen tretende Menschen. Wir fanden sie ebenso im nordischen Altertume wie bei uns. Dann trafen wir in den Alpen (im Großarltale) wieder auf die Hexen, auf männerquälende, sexuellen Zwängen hingegebene Weiber, und in den deutschen Weiberzechen, bei den Konegilden, zuletzt „auf der Kultur" wollte dieses Entfesselte wieder sichtbar werden; es waren in einem sexuellen Glühen brennende Weiberschwärme. Und diese Weiberschwärme sind im frühen sechzehnten Jahrhundert, ja sind in Dänemark fürs dreizehnte Jahrhundert schon bezeugt. Ob nicht die „Buhlschaft mit dem Teufel", die ja doch nichts anderes ist, als mit lasziven Worten und entsprechenden Gebärden einen Dämon, jenen Dämon Bovi locken, — aber in Bovi saß der Teufel, — ob diese „Buhlschaft" nicht in dem Entbrannten gründet? Daß dann die Theologie den Namen „Teufel" brauchte, will nichts besagen, — denn im altsächsischen Taufgelöbnis (um 840) zählt Donar und Saxnot ja auch allen Unholden oder Teufeln zu. Stimmt dieser Schluß, dann sähen die Dinge etwas komplizierter aus, ein „Buhlschaftliches" wäre von den mittelalterlichen Theologen zu einem Teuflischen, zu der Teufelsbuhlschaft umgedeutet worden.

Die Buhlschaft mit dem Teufel, das bedeutet nach scholastischer Lehre die Anerkennung des Teufels, ihm erwiesene Ehre, also Ketzerei. Buhlschaft und Ketzerei fiel also damit ungefähr zusammen; nach deutschen Überlieferungen fuhren die Hexen nachts zum Brocken, versammelten sich zum Mahle, beteten zu dem Bocksgestaltigen und gaben sich ihm — wie etwa den anwesenden Hexern — hin. Das alles ist einfach zu verstehen und schon tausendmal beschrieben worden. Vor der uns heut beschäftigenden Frage aber ist, was hier geschieht, ein zugleich Einfacheres und doch wieder Kompliziertes. Die Hexen fahren einzeln aus, im Höchstfall eine kleine Gruppe, der Sabbath schließt sie jedoch zu einer Gemeinsamkeit zusammen. Wir werden deshalb die ihn betreffenden Fragen durchgehen müssen.

Hexenzusammenkunft auf dem Blocksberg, Kupferstich 1663

Da ist als erstes das am Sabbath übliche Hexenmahl. Nach alten, schon öfters angezogenen Worten, unter denen manezza dominiert, war dieses Mahl ein anthropophages kannibalisches Essen; das klingt in den schon öfters zitierten Berichten Kemnats auf, und gilt in Hexenprozessen bis ins siebzehnte Jahrhundert. Daß in den Tagen eines Kopernikus und Galilei noch Menschen gegessen wurden, wird man nicht annehmen wollen; wie aber hat es damit in uns entfernteren frühen Zeiten, in den Jahrhunderten der sogenannten Völkerwanderung gestanden? Uppsala kannte das Menschenopfer doch noch ziemlich spät, und Opfer und Opfermahlzeiten lagen manchmal nah beisammen. Der Abscheu, mit welchem von den Hexen und vom Mahl gesprochen wird, läßt freilich vermuten, daß der ekelerregende böse Menschenschmaus in den Jahrhunderten Dr. Martin Luthers und des Hexenhammers nur in der Phantasie verängsteter Gemüter noch bestand. Wie aber in den Jahrhunderten der späten Bronze? Wie in den ferneren einer pflanzerischen Welt? Bei den Malinke fraßen die Subachen Menschen; und ist die Hexe eine Gestalt der pflanzerischen Zeit, dann lag der Vorwurf anthropophager Gelüste nicht sehr fern, der Vorwurf, der ja noch den thessalischen Hexen galt, und den das deutsche manezza uns bestätigt hat.

Und diese hexerische Menschenmahlzeit war bei den Subachen wie bei den Leopardenbünden der westafrikanischen Schwarzen wie in Thessalien ein gemeinschaftliches Mahl. Und ist es laut deutschen Hexenprozessen auch gewesen.

Das Hexenmahl ist aber nur ein Ausschnitt aus dem Hexenfeste. Ihm schließen sich Reigen an und wüste Orgien setzen ein. Was jene Reigen betrifft, so handelt es sich gewiß bei ihnen nicht nur um ein gesellschaftliches, fröhliches Tanzvergnügen; die alten Tänze reichten in das Kultische hinein. Noch heute steht hinter dem Reigen mancher unserer Fastnachtsmasken, — ich denke da etwa an den Tanz der Basler Ehrenzeichen, — ein beinah Kultisches. Einen „kultischen Sinn" hat nach spätmittelalterlichen Aussagen aber auch der Hexentanz, ward er doch um den König Satan selbst geschritten und diente er doch dessen Ergötzung und Verehrung. — Nur — dieser Reigen hatte wieder nach den selben Quellen noch einen andern, einen ausgesprochen sexuellen Sinn; man unterbrach ihn durch Geschlechtsakte, durch obszönes Tun, und Gesten wie Worte waren von zweifellos eindeutiger Art. Ja, wenn man nach dem Gesamteindruck des Hexensabbaths fragt, drängt sich das Sexuelle immer in den Vordergrund.

Das führt uns weiter — und zugleich zurück zu jenen Glossen, die ich vorhin bereits zitierte: Hexe = meretrix. Der Sabbath erscheint als Ort der ausgelassensten sexuellen Freuden; die Hexen vermischen sich mit dem Satan, alle vermischen sich untereinander, die jüngsten Hexlein werden von den alten überwältigt und werden im spöttlichen Tun gemißbraucht, alle sind von allem Zeuge; das sexuelle Rauschhafte, Ungewöhnliche und Entbrannte scheint irgendwie den letzten Sinn des ganzen Sabbaths auszumachen. Das ist nicht nur ein Schluß aus wüsten Hexenhammer-Lehren, nicht nur ein Schluß aus den Prozessen und aus deren Protokollen; die Gleichung meretrix ward schon im zehnten Jahrhundert aufgestellt. Und vorher, schon um 550 wieder ist die „Getica" des alten Jordanes, eines gotischen Historikers, niedergeschrieben worden. Da wird erzählt, daß Filimer, der fünfte König bei den Goten, wahrsagende Weiber oder Hexen, die in gotischer Sprache Alirunen hießen, des Landes verwiesen habe und sie in die Wildnis jagte. Dort aber vermischten sie sich mit den Satyren und den Faunen, und das Ergebnis dieser Vermischung waren die Hunnen. Ein solches geschlechtliches Zusammensein und Sichvermischen von Frauen und Dämonen war für das Mittelalter nicht nur Unzucht, es war Ketzerei. Unzucht und Ketzerei, das ist das Signum aber aller Hexen.

Und geht man weiter rückwärts —: Lukian und Apulejus erzählen in ihren Novellen viel von Hexen. Von verliebten Hexen. Und die thessalischen sind durchs ganze Altertum bekannt, wie sie noch bei den deutschen Humanisten ihren Ruhm bewahrten. Von jenen des indischen Kathá Sarit Ságara berichtete ich schon. Doch — ich will die antiken und die indischen Hexen heute lassen, weil sie vielleicht die Dichter dichtend etwas anders färbten, — was trotz dessen bleibt, das sind die menschenfresserischen lüsternen Hexen pflanzerischer Zeiten, die Hexen vom Range jener Malinkeschen Subachen.

Doch nicht allein die bösen, abzulehnenden Zauberweiber!

Nicht nur die abzulehnenden Zauberweiber! Darauf, glaube ich, kommt es an. Wir sind gewöhnt, mit „Hexe" solche Begriffe zu verbinden, die „böse" bedeuten, „schädigend", „gehässig", „widerwärtig". Und sicher gehören auch diese mit „Hexe" oft zusammen. Eigentlich allzuoft. Nur wird man doch anmerken, daß genau so wie die negativen auch positive Eigenschaften an den Hexen angegeben werden können. Der Mensch lebt ganz gewiß nicht nur im Nein. Mit anderen Worten: auch das uns anstößige Tun der Hexen war manchen Zeiten und in manchen Anschau-

ungen recht und gut. Es gilt auch hier, was von den Marind-Völkern ausgesprochen worden ist: man möge über die Handlungen der Marind im
Majo-Bunde schon „denken wie man will, obszöne Handlungen enthalten
sie nach unserer Auffassung zweifellos, denn während der ganzen Dauer
des Kultes besteht unter den Bewohnern der betreffenden Siedlung vollkommene Freiheit im geschlechtlichen Verkehr, so daß ein Mann selbst
mit seiner Tochter und Mutter Umgang haben kann, was unter gewöhnlichen Umständen als grober Verstoß gegen die Sittlichkeit gilt. Urteilt
man aber vom Standpunkt der Eingeborenen, so enthält dieser Kult
zweifellos eine Fülle von guten, geradezu großartigen Gedanken . . ."

Was aber war nun das Positive an den Orgien der Hexen? Man hat
vom Hexensabbath und von seinem Gange einmal geglaubt, daß sich in
ihm ein nächtliches Volksfest widergespiegelt haben könne. Wir haben
nur eine Art von Festen, die in Frage kämen: die mit dem Wachstumszauber und der Vegetation zusammenhängen. In ihnen geschehen auch
Menschenopfer, Anthropophagie, — die Linie reicht von den Marind-
anim bis nach Uppsala, bis zum Ertränken des Pfingstls in den deutschen
Frühlingsbräuchen. In ihnen sind „Tänze" üblich, bei den Zuni in Neu-
Mexiko wie auf der Basler Brücke und im alten Griechenland. In allen
Wachstumszaubern wimmeln ithyphallische Gestalten und hat das „Braut-
lager auf dem Ackerfelde" einen guten Platz. Was unterscheidet am Ende
den Brechelschrecken in den alpenländischen Tälern von jenen, dem
Hexensabbath zugeschriebenen, „Unsittlichkeiten"? „Das eigentliche
Brechlschrecken wird von einem Schimmelreiter (auf einem künstlichen
Roß) und einer Gruppe von Vermaschkerierten ausgeführt und gilt der
Brechlbraut. . . Eine Szene, die ein Fremder kaum jemals zu sehen be-
kommt, ist von unglaublicher Altertümlichkeit: Der Schmied aus dem
Gefolge des Schimmelreiters — der mit rußigem Gesicht, Hammer und
Zange auftritt — versucht das Reittier des Anführers zu beschlagen. Der
Schimmel ist sehr ungebärdig, schlägt aus und trifft das Weib des Schmie-
des, das von einem Burschen als Schwangere dargestellt wird. Sie stürzt
hin, und sogleich wirft sich der Schinder, der einen mächtigen künstlichen
Priap trägt, auf sie und mimt den Zeugungsakt." — So tritt der pfingst-
liche „Vegetationsdämon", der Hedemöpel, im alten hannöverschen Lande
mit dem Riesengliede auf.

Die Wachstumsfeste — und was alle diese Wachstumsfeste an sexuellem
Klima, sexuellen Übungen mit sich tragen, vergleichen sich wohl am
meisten jenen Sabbathen auf dem Brocken.

Die Wachstumsfeste —? In den Weiberzechen, Konegilden, in deren sexuellen Zwängen, deren Beziehungen zum Bock, in den Großarltaler Spinnstuben hexenmäßigen Wesens und Charakters, das heißt: in jenen vorhin tastend aufgespürten Weiberbünden, lebt neben anderem auch das wachstumskultische Brauchtum fort. Von ihnen führt ein direkter Weg hinüber zu den Hexen.

Und doch ist einem bei allen diesen Schlüssen nicht ganz wohl.

Wenn nämlich das Vegetationsdämonische die Wurzel wäre, aus welcher das Hexenwesen einmal aufging und gedieh, wenn es ein umgestaltet Vegetationskultisches gewesen wäre, — in jedem mittelalterlichen Dorfe kannte man wohl solche Kulte, Boemus und noch Sebastian Franck beschrieben sie in breitem Maße, — weswegen hat man die einen denn dann ruhig feiern dürfen und ihnen entsprechende, beinahe gleiche, galten als satanisch? Weswegen sah man dann hüben und drüben nicht das gleiche?

Wahrscheinlich, weil hüben und drüben eben doch kein gleiches war. Vielleicht nur e t w a s gleiches, aber doch noch nicht genug, um hüben und drüben als ein völlig Identisches zu begreifen.

Das, was in diesen Gleichungen mangelt, ist anscheinend nur ein Kleines und ist für diese Frage dennoch ganz und gar entscheidend —: die deutsche Hexe ist nämlich von Hause aus ein Einzelwesen.

Ich greife nach einer beliebigen deutschen Sagensammlung, der niedersächsischen von Schambach-Müller etwa, und sie darf vor andern gelten, weil sie ja eine dem Blocksberg nahe Landschaft offenbart. Da handeln die Nummern 193 bis 197 von den Hexen. In Nr. 193 heißt die Hexe die alte Bökersche, in Nr. 194 ist es die bekannte Hobein aus dem Wulften, (in Nr. 195 aber geht es um den Blocksbergritt, da fahren einzelne aus und treffen auf dem Berge in den Schwarm, in Nr. 196 handelt es sich um Katzenhexen, die manchmal einzeln, manchmal aber auch zu mehreren erscheinen), in Nr. 197 sitzt die Hexe an der Kirchhofsmauer. Nur eine, die Blocksbergsage, also kennt den Hexenschwarm und eine zweite weiß von einzelnen Hexen oder mehreren; sonst aber sind in der Brockennahen Landschaft alle Hexen Einzelwesen. Erst recht sind sie es im deutschen Posen oder Schlesien, wenn ich auch diese entferntere Landschaft noch anführen darf.

Und so wie heute sah es schon vor Zeiten aus. Als Luthers Mutter behext ward, war es eine Nachbarin; Sibylle von Neitschütz, die doch auch nur eine einzelne gewesen ist, behexte den sächsischen Kurfürsten und verfertigte einen Atzelmann.

Ich darf nach diesem feststellen, daß die deutschen Hexen-Überlieferungen von einzelnen Hexen, aber nicht von einem Hexenbunde reden. Und ich will diese Feststellung einer zweiten an die Seite rücken, die oben als eine Frage offen bleiben mußte, nämlich die: die deutschen Weiberbünde zeigen eine durchaus eigene Figuration. Die anscheinend deutlichsten, die nordschleswig-dänischen Konegilden, sind nämlich in Wahrheit keine Gilden oder Bünde. Zu einem Bunde gehört es doch, daß er geschlossen worden sei, daß eine Aufnahme und ein innerer Zusammenhalt bestehe. Die Konegilden aber umfassen alle Weiber eines Dorfes; sie sind ganz einfach die verheirateten Einwohnerinnen und sonst nichts. Schiebt man sie als nicht eigentlich weiberbündisch auf die Seite, dann werden — denn die „auf der Kultur" sind ebenfalls kein Weiberbund, — allein die südwestdeutschen und westdeutschen übrig bleiben. Ja, und die seltsam archaischen Bünde in den Alpentälern. Das aber besagt, daß Weiberbünde nur dort anzutreffen seien, wo ein romanischer Kultureinfluß zu spüren ist, (wobei ich „romanisch" aber gar nicht so sehr pressen möchte und lieber anstatt „romanisch" „mittelmeerisch" sagen will).

Was ich hier von den Weiberbünden zeigte, gilt auch von den Hexen. Wenn nämlich die Ketils Saga haengs, die aus dem vierzehnten Jahrhundert stammt, erzählt, daß Ketil des Nachts im Walde war und er von einem heftigen Rauschen in der Luft erwachte, und eine Hexe (trollkona) mit fliegenden Haaren fahren sieht, dann ist es die einzelne Hexe; sie fährt einzeln und allein. Die Hexen der nordgermanischen Stämme fahren meistens einzeln und allein. — Burchard von Worms in seinem Korrektor aber fragte einst: „Hast du geglaubt, daß es ein Weib gebe, welches zu tun vermag, was einige, vom Teufel getäuscht, tun zu müssen behaupten, nämlich daß sie mit einer Schar Teufel, die in Gestalt von Weibern, welche das Volk ‚Unholden' nennt, erscheinen, in gewissen Nächten auf Tieren reiten müssen?" — Der rheinische Bischof lebte aus antikem Gut, und er weiß deshalb von der Schar der Weiber oder Hexen, — was schon die Kirchenversammlung von Ankyra wußte: „Verbrecherische Weiber glauben durch Verblendung des Teufels, daß sie nächtlicher Weise mit Diana oder Herodias und vielen Frauen, auf Tieren reitend, über weite Länder flögen, und in gewissen Nächten zum Dienste der heidnischen Dämonen berufen würden." — Wir wissen, daß Artemis den Wachstumsgöttinnen zugerechnet worden ist, wir wissen von Weiberkultverbänden, ähnlich denen der Demeter, — die Gleichung, die uns zu Anfang so bedenklich scheinen wollte, geht hier auf. Die mittelmeerischen Weiberbünde und die Kultverbände, in deren Händen der Kult der Artemis, der Demeter, des Dionysos gelegen hat, — ich will vorhin bereits Gesagtes nicht mehr wiederholen, — sie werden auf dem Konzil zum Prototyp der Hexenflüge.

Dem eben Erarbeiteten Ähnliches hat man längst geahnt, — nur daß man immer von dem fremden Gut gesprochen hat, das von der bösen mittelalterlichen Theologie geliefert worden sei, und hinter dem man orientalische Vorstellungen hat finden wollen. Daneben hat man auch auf die alpenländischen oder provenzalischen Ketzer als eine bedeutsame „Quelle" für den Hexenglauben hingewiesen; man nannte vor allem Katharer, Albigenser und Waldenser. So das Problem zu formulieren aber geht nicht an. Wenn in den Ketzerprozessen Albingensern und Waldensern der Teufelspakt, die Teufelsanbetung, sexuelle Unzucht vorgeworfen wurde, dann hat die Kirche diese Anklagen sicher nicht erfunden; sie formulierte sie alle nach der vorhandenen Überlieferung, zum Beispiel nach dem erwähnten Konzilsbeschlusse von Ankyra. Sie formulierte sie aber auch, weil diese südlichen Alpentäler ein Rückzugsgebiet paganen Glaubens und paganen Kultes waren. Weil hier dianische Kulte möglicherweise noch in Resten, gewiß jedoch in den Erinnerungen abgelegener Täler lebten.

Hier, in den Tälern Piemonts, Sardiniens und Savoyens, die Rückzugsgebiete für sehr viel Vergessenes gewesen sind, begannen die Hexenverfolgungen durch die mittelalterliche Kirche.

Hier war das Ufer und der Rand der mittelmeerischen Welt; hier stieß sie an eine andere, nicht mehr weiberbündische Welt. Hier löste das Heer der Artemis und Hekate sich auf. Nur letzte verstiebende Wellen und Flocken leckten noch hinüber, — in eine andere Welt hinüber, welche männisch war.

Die Perchten

Die Percht, um mit den hier angrenzenden Perchtenumzügen zu beginnen, ist eine vorzugsweise dem bayrischen Sprachgebiet angehörende Erscheinung; sie ist aus Kärnten, aus der Steiermark, aus Ober- und Niederösterreich, Salzburg, Tirol und Bayern, Schwaben, in Ober- und Mittelfranken und dem voigtländischen Orlagau wie im Tschechischen bezeugt. (An ihre Stelle tritt im Mitteldeutschen Holda, die Frau Holle, in Schlesien die Satzemsuse und die Spillaholle, in der Altmark die Frau Harke usw.) Die Percht ist eine weibliche Gestalt, die eigentlich allen Flachsarbeiten nahe steht, — im slavischen Kärnten wird ihr Flachs geopfert, — und die vor allem die Spinnruhe an bestimmten Tagen eingehalten wissen will; so geht sie in Tirol in den Zwölf Nächten, besonders am Perchten- (oder Drei Königs-) Abend um und mustert die Spinnräder; den Mädchen, die vor Weihnachten abgesponnen haben, ist sie hold, den faulen verwüstet sie den Rocken. Bei den Romanen Südtirols (Rovreit oder Rovereto) half sie spinnen. Sonst ist sie auch um alle Hauswirtschaft besorgt, bestraft im Obersteirischen die Mägde, welche das Haus am Christabend nicht reinzufegen wußten und führt die kleinen, ungetauft verstorbenen Kinder. In mancher Hinsicht gilt sie als ein vegetatıonsdämonisches Wesen; so hat man es als einen ganz primitiven Fruchtbarkeitszauber angesehen, wenn Mensch und Tier die ihr als Opfer aufgesetzte Perchtmilch essen (Niederösterreich). Kühe, die sie entführte und dann wiederbringt, tragen — obwohl es in der Perchtennacht geschieht, um ihre Hörner einen Kranz von frischen Kirschenblüten (Tirol), und bei den slavischen Kärntnern ruft man sie um Graswuchs und um Regen an:

> Vechtra Baba daj pschenice
> moji kravitschki travice!
> (Vechtra Baba, gib Weizen,
> meinem Kühlein Gras!)

Bei den Tirolern schützt man sich vor ihr, indem man in eine Mohnstampfe lacht; das scheint auch ein alter Brauch zu sein, denn Mohn ist

ja schon eine pflanzerische Frucht; und es gehört den Brei- und Fladen-
zeiten, in denen man das gesäuerte Brot nicht kannte, an, die Früchte im
Mörser zu zerstampfen und zuzubereiten.

All die hier aufgezählten Züge lassen die Percht als einen vorzugsweise
den Frauen und den vom Weiblichen her bestimmten Kulturen eigentümlichen Dämon erkennen. Ihr parallel erscheinen, wie oben schon
gesagt, noch andere das Spinnen regierende dämonische Wesen, in der
Schweiz im sechzehnten Jahrhundert bereits die Chlunglerin und später
die Sträggele, die Spinnruhe in der Oberpfalz, also so etwas wie ein
personifizierter und dämonisierter technischer Begriff, das Pfinzda-Weibl
(Pfinzda: Donnerstag) in Nieder-Österreich und so weiter.

Im kultischen Tun erscheint die Percht in den dem Laien aus manchen
Darstellungen und Beschreibungen schon bekannt gewordenen Perchten-
aufzügen oder -jagden. Die Perchtenaufzüge stellen ein doppeltes Problem; sie sind ein fast rein süddeutsches, also anscheinend deutsches Phänomen, und — einem weiblichen dämonischen Wesen dient ein Aufzug
junger Männer. Es ist im allgemeinen doch so, daß männlichen Gottheiten
Männer, weiblichen aber Frauen dienen. Athenische Frauen verehrten in
den Thesmophorien die Demeter, und Männer hatten bei diesem Dienst
und Umgange nichts zu suchen; der Artemiskult ward ebenso von Weibern
getragen und gerichtet, den Kult des männlichen Ares hatten Männer in
der Hand. So wäre es möglich, Beispiele über Beispiele anzuführen, die
freilich nur eine Sache bewiesen, welche selbstverständlich scheint. Von
solcher „Selbstverständlichkeit" ausgehend muß es aber nun auffällig
wirken, daß alle menschlichen Verehrer oder jede Jüngerschaft der Percht,
die ich soeben als ein weibliches Wesen darzustellen versuchte, der Männerwelt gehört und daß „die Perchten" junge Burschen sind; ja was noch
seltsamer und beinahe verwunderlich erscheint, daß man aus diesem ihrem
Kulte einen Männerbund erschloß. Entweder, so wird man nach alledisem
folgern müssen, liegt eine Ausnahme vor, die allen alten Ordnungen
widerspricht, oder der Mythus, nicht jedoch der Kult hat sich gewandelt;
das hieße, ein ursprünglich (und von Männern verehrter) männlicher
Percht hätte sich gewandelt, wäre zu einer weiblichen Percht geworden,
und nur im Kulte hätte man die alten Ordnungen beibehalten. Man
könnte dafür sogar zwei Zeugnisse anführen, Zeugnisse aus Schwaben, die
freilich als schwäbische ganz vom Rande des Perchtgebietes kommen und
deshalb nicht eben als besonders beweisend angenommen werden können;
Sebastian Franck sprach 1534 von dem Gotte Pan: „Pan der Gott, der die

Leute fürchtig macht, den die Kinder Bockelmann oder Bercht nennen", —
und aus dem vorigen Jahrhundert haben wir eine volkskundliche Notiz:
„Im Neresheimischen bei Röttingen geht der Bercht um; er hat einen
ungeheuren Bauch und ein ebensolches Maul und ist der beliebteste
Kinderschrecken"; — es sind zwei nichtcharakteristische und nicht eben
bedeutende Belege. Man wird am ehesten an eine Rand- und Spät-
erscheinung denken dürfen, an eine Bezeugung aus den Jahren, da das
Ursprüngliche ausgeblichen war, wie ja in Spätzeiten oft Verwischungen
und Grenzüberschreitungen sichtbar werden. Wenn diese beiden Erklärungen also nicht recht taugen wollen, dann bleibt als dritte oder letzte
nur noch eine übrig: daß es sich bei der Percht und bei dem schon erwähnten Perchtenkult um ein ursprünglich fremdes, nicht dem Deutschen
eigenes Wesen handele, das bei dem Einzug in das Deutsche Wandlungen
erlitt.

Daß es sich hier um ein ursprünglich fremdes Wesen handle, ist in den
letzten Jahrzehnten mehrere Male behauptet worden. Man schrieb die
Percht zwar noch den Bayern zu, erklärte aber: die Bayern erhielten den
nötigen Stoff zur Ausbildung der Perchtgestalt und der ihr zugehörigen
Tradition von den Illyrern. Und diese Illyrer im heutigen Jugoslavien
waren eigentlich die Träger der hier in Frage kommenden griechisch-
römischen Tradition, so daß die Percht im letzten griechisch-römischen
Ursprunges wäre. Nun kann der Ursprung freilich kein direkter „percht-
tischer" gewesen sein, weil wir den Namen und die Funktion in der Antike
nicht entdecken; sie muß sich aus einem anderen „Stoffe" umgewandelt
haben. Als solche Grundlagen zog man zwei Komplexe in Betracht: zuerst
den Glauben an Artemis (Diana) und ihr Heer, und dann den diesem
nahestehenden von dem Schwarme der Hekate.

Was zuerst Artemis betrifft, ist sie die Jägerin und Herrin aller wilden
Tiere. Die Göttin, behauptete man, entspreche den Bedürfnissen ihres
Volkes; so ward sie in Arkadien und im westlichen Griechenland die
Herrin eines Jägervolkes. Ihr Werden hat man damit skizziert, daß
Artemis und Dionysos die beiden einzigen Götter seien, welche ein
Gefolge hatten. Sie war von ihren Nymphen umgeben und das nicht nur
in der Poesie, sondern genau so auch im Kulte, etwa in Karyai und in
Letrinoi. Und wie die Göttin mit ihren Nymphen, welche Tänze so sehr
liebten, so tanzten in ihrem Dienste an vielen Orten Mädchenchöre. Man
hat des ferneren schon seit langem darauf hingewiesen, daß die von
Artemis und ihrem Gefolge umgehenden Vorstellungen dem entsprachen,

das von der Wilden Jagd in unserm Volke umgegangen ist. Ob richtig ist zu sagen, daß die alte Göttin Artemis so etwas wie eine Zusammenfassung ihres Nymphenschwarmes gewesen sei, der sich zu einer Person verdichtende Aufbruch vieler Jäger, ob sich in ihr „die aus den Fluten und den Bergen", den Wäldern und Quellen namentlich und als Gestalt zusammenfaßten, das will mir trotz allem doch ein wenig zweifelhaft erscheinen. Es liegt natürlich nahe, einer Schar von niederen Dämonen, wo immer sie sich betätigt, einen Führer beizugeben; so etwa erhob sich die Frau Holle einmal über viele Hollen; so kann auch Artemis, einmal die erste unter vielen ihresgleichen zu einer immer größere Geltung an sich ziehenden Gestalt geworden sein; nur — glaube ich — wird man diesen Vorgang nicht zu früh ansetzen, ihn nicht schon in die noch ganz vorgeschichtlichen Epochen rücken.

Doch Artemis hat eine für unsere Überlegungen noch viel wichtigere Bedeutung. Sie war in weiten Bezirken eine Fruchtbarkeits- und Wachstumsgöttin; schon daß in Ephesos die Magna mater Artemis genannt wurde, deutet darauf hin. Als Fruchtbarkeitsgottheit ward ihr die Eiresione dargebracht, ein zierer Zweig, der vor den Türen der griechischen Häuser aufgerichtet wurde, (oder wie wir mit uns geläufigem Ausdruck sagen wollen: ein Maien). Doch noch ein weiterer Gebrauch, der in dem Dienste der Artemis vorkommt, verrät, daß sie die allgemeine Fruchtbarkeits- und Wachstumsgöttin war: die von den Lakedämoniern, den Spartanern und noch andern Stämmen in ihrem Kult gepflegten orgiastischen, „unanständigen" Tänze. Von Männern in Weiberkleidung und von Frauen wurde auch ein solcher Tanz, der als obszön beschrieben wurde, in Lakonien getanzt; die Männer trugen häßliche weibliche Masken und sie führten Zotenreden. Das Volk gefällt sich darin und betrachtet es als Witz, gerade den alten Weibern große Geilheit zuzuschreiben; deswegen auch nahmen die Bryllichisten (das sind eben solche Tänzer) sich häßliche Weibermasken vor und brauchten sexuelle Redensarten. Wenn Frauen und Mädchen das getan hätten, wäre es keine Persiflage; in ihrer Art waren deren Tänze aber ebenso unanständig und bei dem Mummentreiben banden sich die Weiber Phallen vor. Masken und Maien erinnern an die mitteleuropäischen Frühlingsschwärme, — und das erinnert gleichermaßen an das mitteleuropäische Fastnachtstreiben, daß diese Umziehenden den besuchten Häusern Fruchtbarkeit verleihen, und daß sie den Umgang wie bei uns als einen Heischeumzug halten. Um aller dieser Ähnlichkeiten willen hat man längst den Artemisumzug, — und ganz besonders den der Artemis Lyaia, den man in Syrakus beging, — den Perchtenläufen gleichgestellt.

Sehr selten jedoch sind Nachrichten über Artemismysterien; man nimmt zwar an, der Kult der Göttin Artemis habe die Voraussetzungen besessen zu dem gleichen Ziele zu gelangen, zu dem der Kult des thrakischen Dionysos gediehen ist, doch er habe eben dieses Ziel nicht recht erreicht. Trug aber der Kult der Artemis wahrhaftig die Bedingungen in sich, zu einem dem dionysischen ähnlichen Mysterium aufzuwachsen? Eben von dieser Frage aus entwickelt sich, so will mir scheinen, jetzt eine neue Grenzbestimmung jener eigentümlichen „Feier", die bei den lakonischen Männern und Weibern üblich war; es reicht anscheinend nicht, daß ihr ein Fruchtbarkeitskult zugrunde lag und daß das Orgiastische dem Geschehen die Farbe gab, das heißt, es reichen die bekannten kultischen Äußerungen noch nicht aus, um aus dem Kulte ein Mysterium entstehen zu lassen. Die alten Mysterien sind nicht aus dem kultischen Tun erwachsen, es mußte vielmehr in einer Kultmythe erst ein Kern gegeben sein, aus dem das Fort- und das Hinauswachsen über das Augenblickliche geschah. Eleusis und auch die Mythe von Osiris hatten einen solchen Kern, — es mag an dieser Stelle offenbleiben, was es war, — im Artemiskulte der Lakonier hat er wohl gefehlt, weil er trotz aller Möglichkeiten nicht hat wachsen können.

Es ist nach allem diesem augenscheinlich, daß, wie hier, zwei Wachstumskulte einander in weitem Maße entsprechen und sich beinahe decken können, und daß der eine der beiden weiterschreitet zum Mysterium, der andere zurück bleibt, stehen bleibt (und am Ende ganz verrinnt). Man wird es am eleusinischen Mysterium leicht exemplifizieren können: die Mythe der beiden Göttinnen, vorzüglich aber die der Kore wuchs auf und aus und führte zur Vorstellung einer besseren Todeswelt; das was der eleusinische Vegetationskult selber nicht erlaubte, geschah an dieser Mythe, dieser Geschichte des entrückten Mädchens, durch das Hineinsehen eines zweiten Gedankens in das Bild. Das zum Mysterium Treibende und Auswachsenkönnende muß vorhanden sein, wenn aus dem Kult sich ein Mysterium hat entwickeln sollen, es kann ein Ritus, kann ein Nebensächliches, kann die Mythe sein, — wahrscheinlich wird es viel eher als ein anderes die Mythe sein, weil in ihr durch ihr Episches ein Aktives ist. Und treibt. Wir werden deswegen gut tun von der heute üblichen Methode der vorzugsweisen Behandlung aller kultischen Formen wieder abzugehen, weil alle kultischen Formen Totes und Erstarrtes sind und weil die Mythe in sehr viel stärkerem Maße lebt und wächst, — so lange wir nicht das Tote und Geronnene aufspüren wollen.

Wie von der Artemis, so glaubte man auch von der Hekate, daß man sie hinter dem Perchtenglauben und dem Perchtenkult vermuten dürfe. Hekate, die im eleusischen Demeterhymnos schon begegnet, scheint ihre Heimat in Kleinasien, in der Gegend von Milet, gehabt zu haben. Sie ist von je der Artemis sehr nahestehend empfunden worden. Wenn man nun den Beziehungspunkten nachzugehen versucht, so scheint die Vorstellung von einem übernatürlichen tosenden Zug, die wilde Jagd der Geister, sicherlich die festeste zu sein; das Geisterheer der Hekate ist gleichsam eine Kehrseite von dem Schwarme der Artemis. Die Grundlage ist dieselbe, doch ganz verschiedene Seiten sind hervorgehoben worden, denn die Begleiterinnen der Artemis sind tanzfrohe und jagdfrohe Nymphen, die aber der Hekate unruhige Seelen und alle möglichen Spukgestalten. Man konnte, so sagte man, sich die Gespenster sicher einzeln denken, oft treten sie aber auch in großen Scharen auf, die man im Toben und Brausen des Sturmes wahrzunehmen glaubte. Das Geisterheer verlangte eine Führerin und das ward Hekate. Es fragt sich, ob sie es nicht von Anfang an gewesen sei. — Ich möchte zu dieser Theorie nichts weiter sagen, als was ich zu der entsprechenden vom Schwarm der Artemis bemerkte, — daß eine solche Entwicklung in verhältnismäßig junger Zeit geschah.

Hekatemysterien werden verschiedentlich genannt; als Stifter derselben wurde (auf Ägina) Orpheus angesehen; in ihnen wurden den Eingeweihten irgendwelche kultischen Gegenstände übergeben; diejenigen auf Samothrake, wo an der Spitze aller Götter eine der Großen Mutter oder Kybele ähnliche Göttin stand, beging man mit Hundeopfern und im nächtlichen Fackelschein; es scheint, als ob man sie den eleusinischen angenähert hätte. Für uns ist aber zweifellos der Schwarm und die Gestalt der Hekate viel wichtiger als ihre Mysterien, und hier setzte auch die Überlegung ein: genügt denn eigentlich dies Bild der Göttin mitsamt ihrem Schwarme, um in ihr eine Vorläuferin der Perchten oder nur der Percht zu sehen? Es handelt sich bei der Hekate wie bei der Artemis um eine weibliche Gottheit, und angeblich eine prima inter pares, — und wenn uns etwa einmal Männer in dem kultischen Artemisschwarm begegnen, so tragen sie alte Weiber-Masken und gebärden sich als Weiber. Das sind gewiß, von außer her gesehen, sehr überraschende Parallelen, und wenn die Percht — wie Hekate — die Führerin der toten Kinder ist, tritt eine weitere bedeutsame Entsprechung noch hinzu. Aber man muß doch diese Methode einmal richtig überlegen, dann wirkt sie nämlich nicht so überzeugend, wie es anfangs scheint: der ganze Beweisgang flackert dauernd hin und her; das eine Mal ist es die alte Jagdgöttin Artemis, zu welcher Gleichungen bestehen, das andere Mal die Hekate; man griff bei diesem Beweisgange ohne weiteres nach allem, wählte aber dabei zu zufällig gerade passenden Belege aus; was sonst noch alles da ist, bleibt als bagatell beiseite. So aber könnte man eigentlich alle Dinge auf Erden parallelisieren und kann beweisen, daß die Regenwürmer Nachtigallen seien. Man darf Beweisgänge dieser Art natürlich dann nur führen, wenn man die beiden zu vergleichenden Gestalten nach dem Sinn und Sein, mit einem Wort in ihrem Wesentlichen packen kann.

Wenn aber die hier besprochenen und „zufällig" wirkenden Parallelen: der Schwarm der beiden Göttinnen und der Schwarm der Percht, der Heischeumgang hier, das wiedergängerische Treiben dort, die scheußlichen Masken, — wenn das alles nicht genügen will, um Percht von einer oder von den beiden Göttinnen herzuleiten, — wo nehmen wir dann eine wirklich überzeugende „Vorform" her? Besonders da neben diesen noch ein weiterer Versuch besteht, — man hat schon längst auf 314 n. Chr. und Ankyra hingewiesen, wo das Konzil (im heutigen Ankara) Folgendes beschloß: es sei der Vorstellung entgegenzuwirken, daß des Nachts die Weiber mit einer heidnischen Göttin Diana oder der Herodias und einer unzähligen Menge anderer Weiber und auf Tieren reitend unterwegens seien. Das wirkte noch in die Schriften Gratians II. und in das große Bußbuch Burchards mitsamt dem Korrektor nach, — so wie wir aus den Predigten des Caesarius von Arles wissen, daß gallische Bauern von einem Dämon, die Diana genannt, gesprochen hätten: daemonium quod rustici Dianam vocant. Es ist aus dem Konzilsbeschlusse nicht mehr festzustellen ob die „unzählige Menge anderer Weiber" im Schwarme der Diana der hübigen oder jener Welt gehörten, aber sicher ist wohl doch, daß irdische Weiber nachts mit diesem Schwarme geritten sind. Wer diese irdischen Weiber waren, das wird nicht mehr ausgesprochen, — dagegen läßt die Herodias noch einen weiterführenden Ausblick zu. In Virgen und in Prägarten, also im südlichen Tirol, sieht man die Percht als eine Tochter des Herodes an, die ihren Vater zur Tötung der unschuldigen Kinder angestiftet habe, und Stephanus Lanzkranna schrieb im fünfzehnten Jahrhundert eine „Hymelstraß", in welcher verschiedene Aberglauben

angegeben und verurteilt werden, so etwa „der tyer begegnung, an gefunden ding an die frawen bercht oder an die frawen holt, an herodiasis,
an dyana, die heidenisch goettin oder tewfelin, an die nachtvarenden, an
die bilweyß . . ." glauben. Herodias steht also in einer Reihe, einem Werte
mit der Percht. Und eine ähnliche Gestalt ist auch die steirische Strigholde, denn das lateinische strix, striga wie das übliche griechische ἰτσὀξ
bezeichnet in Schwärmen auftretende nächtliche vogelgestaltige Dämonen. Man hat, weil man aus ihrem Namen Holda, Holle hörte, die —
übrigens weiblichen — Wesen der Frau Holle und der Percht verglichen;
auf ihre antike Herkunft weist ihr Name hin.

Was aber läßt sich nun diesem kurzen Überblick entnehmen? Zunächst
wohl eins: in einer deutsch-romanischen Berührungszone begegnen in oder
mit Scharen und Gefolgschaften auftretende Weibsdämone, — denn auch
die Percht, um dieses nun noch nachzutragen, ist eine Gestalt, die einzeln,
aber ebenso in einer Schar erscheint. Burchard in seinem Korrektor spricht
von einer turba demonum, im achtzehnten Jahrhundert übersetzte ein
Historiker den Text, den Burchard geboten: Credidisti, ut aliqua femina
sit . . . wie folgt: „Hast du geglaubt oder Teil an dem Unglauben gehabt,
daß einige gottlose, von dem Teufel verblendete Weiber vorgeben, daß
sie zur Nachtzeit mit der Göttin Diana, (in einer anderen Frage heißt es,
mit einem Haufen von Teufeln in Weibergestalt, die man Strigholden
nennt), und einer unendlichen Menge . . ." fahren? Doch ich will dann ausführlicher von dem Perchtenschwarme sprechen: All diese dämonischen
Weiberscharen haben keine deutliche, eindeutige Gestalt. Sie schauen aufs
Spinnen, sie führen die toten kleinen Kinder um, sie sind in einem einzigen kurzen Augenblicke hie und da, sie strafen den Lauscher, — manches in der Schar der Weibsdämone läßt noch an weiberzeitliche vegetationsdämonische Wesen denken.

Vor nun knapp fünfzig Jahren schrieb ein großer Forscher, Albrecht
Dieterich, das Buch und die Geschichte einer Göttin „Mutter Erde". Er
nannte die Göttin, welche keinen festen Namen hatte, die oft nur Mutter
genannt wurde, oft „die Göttin" nur, die in Kleinasien nach von ihr
bewohnten Bergen hieß: Idaia oder Kybele, Ephesia, eine „Gestalt der
Volksreligion". Als eine solche Gestalt wird man die Percht ansehen
dürfen. Es gibt in jener Berührungszone zwischen den deutschen und
romanischen Stämmen das Wissen um eine — wahrscheinlich vegetationsdämonische — Gestalt, und neben ihr, um einen ganzen solchen weibs-
dämonischen Schwarm. Und dieser Schwarm heißt irgendwo die Strigen

und Strigholden, an einer andern Stelle ist es Hekate mit ihrem Schwarm, an einer dritten die Percht mitsamt den Perchten, die Herodias, der man die Unschuldigen Kinder als Gefolge zugeschrieben hat, an wieder einer andern Artemis mit ihren Nymphen, woraus Diana mit der turba demonum geworden ist.

Es ist ein wohl aus alter Zeit auf uns gekommener Dämonenschwarm. Ich wies vorhin schon auf den eigentümlichen Umstand hin, daß die Frau Percht um Feld- und Wiesenwachstum angegangen wird, daß sie vor allem um den Flachs bemüht ist und das Spinnen, daß sie zu Mörser und Mohn Beziehungen zu haben scheint, kurzum, daß sie dem typischen pflanzerischen Gut verhaftet sei, — vielleicht klingt Pflanzerisches, Weiberzeitliches noch mal in ihr nach, wie man es in der Artemis nachklingen glaubte und in deren Weiberscharen; die mittelmeerischen Länder haben derlei treu bewahrt.

Was die Geschichte der Hexenschwärme uns hat finden lassen, wird hier zum andern Male deutlich: ein historischer Prozeß, der Nordeuropa und die mittelmeerischen Kulturen gegeneinander stellt.

Hat die Entwicklung den hier angedeuteten Verlauf genommen, dann werden wir auch annehmen müssen, daß es sich damit um einen im nördlichen Italien oder östlichen Gallien, in der Schweiz, das heißt in den Westalpenländern geschehenen Prozeß gehandelt habe. In eben denselben Landschaften aber hat man in den letzten Jahren ein deutlich sichtbares Nachleben weiberbündischer Formen festgestellt, ein solches, das in das Rechts- und militärische Leben der Graubündener wirkte, — und diese Beobachtung kann die schon gelegentlich des Hexenschwarmes und hier von neuem in unser Blickfeld tretende Vermutung stützen: am Nordrande des mittelmeerischen Erdkreises lebte Weiberbündisches fort und ging wie in das Leben in das Denken der angrenzenden Völker über. Das aber bedeutet, daß hier ein historischer Prozeß, der sich mit den historischen Hilfsmitteln nicht feststellen läßt, in seinen einzelnen Stationen sichtbar werden will.

Aber in eben diesem Zusammenhange scheint es mir auch not, noch eine zweite, nämlich folgende Überlegung anzustellen. Ich sprach vom Weiberbündischen, das am Mittelmeere aufgegangen sei, vielmehr das dort noch nachklinge, das sich dort gehalten habe. Das sagt zuerst, daß dort im Laufe einer historischen Entwicklung die weiberbündischen, pflanzerzeitlichen Riten überwunden worden seien; daß sie im Laufe der Jahrhunderte langsam hingeschwunden wären. Denn dort, wo wir die ältesten Zustände noch ertasten können, zum Beispiel im Dienste der Großen Mutter oder der Astarte, im Dienste der Demeter, im Eleusis tragen Frauengemeinden diese Kulte. Doch langsam blassen überall die Weiberkulte aus und ist die Männerwelt im steten Vordringen und Gewinnen. Der Attiskult, wahrscheinlich das Isismysterium, waren Männerdienste. Es ist fast so, als mache die ganze alte mittelmeerische Welt in jenen Jahrhunderten einen ungeheuren Wandel durch, als werde, was vorher alles einmal gelten durfte, falsch, als werde das Schwarze weiß und aus dem Guten werde Böses. In diesem Geschehen liegt aber, glaube ich, ein Problem von gar noch nicht gesehener und nicht ausgeschöpfter Tiefe. Es ist noch längst nicht aufgenommen oder etwa gar gelöst, wenn man von einem Wandel ihrer wirtschaftlichen Untergründe spricht, vom Übergange des Pflanzenbaues zum Pflugbau, von dem Übergang, der aus dem Pflanzenbaugeräte Grabstock einen Pflug gemacht; der wirklich vollzogene und geschehene Wandel liegt viel tiefer. Wahrscheinlich hängt er mit einer Indogermanisierung jener Welt zusammen und mit dem Vordringen einer das Männliche und das Männische betonenden Welt, mit der Verweisung auch des Weibes an die Spindel und ins Haus, mit einer Betonung ebenso der Waffe wie des „Heldenlebens". In der frühmittelmeerischen und minoischen Welt geschah das Märchen und wandelten Göttinnen und erschienen sie auf Bergeshöhen, — doch die mykenische indogermanisierte Welt tat Männerdienst. Ists aber an dem, und treffen diese Andeutungen das Rechte, dann heben sich hier zwei große Kulturen gegeneinander ab: die eine frühe, mittelmeerische, — übertreibend kann man sagen: die Welt und die Kultur des Weibes, — und ihr folgend jene zweite: die indogermanisch war, die männerbündisch und heroisch dachte.*)

---

*) Aus völlig anderen Zusammenhängen haben altphilologische Religionshistoriker das Gegeneinander dieser beiden Welten, den Zusammenstoß der weiblichen mittelmeerischen und der nördlichen männlichen Welt gesehen. Bei Apollonius (I 1119.1128) richtet sich das Gebet an die vom Berge, $M\dot{\eta}\tau\eta\varrho\ \varDelta\iota\nu\delta\upsilon\mu\dot{\iota}\eta$, und ihre beiden Beisitzer, die vornehmsten Daktylen Titias und Kyllenos, das heißt die beiden wichtigsten aus dem sie umgebenden phallischen Schwarm. „Man hat gewiß nicht das mindeste Recht, die phrygische Göttin als die Personifikation der ‚Mutter Natur' zu fassen. Sie ist eben die Mutter an sich, die alles geschaffen und geboren hat, ein einiges herrschendes und handelndes, segnendes und strafendes Wesen so gut wie Jahwe: sie ist dem menschlichen Auge nicht sichtbar und thront· in der wilden Bergeinsamkeit als $M\dot{\eta}\tau\eta\varrho\ \dot{o}\varrho\varepsilon\dot{\iota}\alpha$ oder $\delta\iota\nu\delta\upsilon\mu\dot{\iota}\alpha$. Ganz gewiß ist der sogenannte Tantalosthron am Sipylosgebirge eine Kultstätte der Göttin und gewiß hat sie dort dereinst in absolutester Einsamkeit und Selbstherr-

Diese männerbündische Welt schreitet in einzelnen Wellen vor. Eine Woge nach der andern überschwemmt die mittelmeerische Welt, und jede folgende treibt das männliche Wesen stärker vor. Um 341 sind es Weiber, welche nachts mit der Diana reiten, — Burchard von Worms hat etwa um 1000 diesen Passus wiederholt. Der Bischof Johannes Parvus von Salisbury berichtet Ende des zwölften Jahrhunderts von den Täuschungen, welche der Teufel Frauen vorzuspiegeln wisse, so daß sie sich einbildeten zu erleben, was sie im Geiste sähen: daß beispielsweise Diana (Noctiluca) oder auch die Herodias bei Nacht Zusammenkünfte mit Gastmählern abzuhalten pflegten, Kinder den Lamien opferten und sie dann wieder in die Wiegen trügen. Und der Thesaurus pauperum des Jahres 1468 spricht mehrere Male noch von der cohors Perchta, und sagt unter anderem: Multi credunt sacris noctibus inter natalem diem Christi et noctem epiphaniae evenire ad domos suas quosdam mulieres, quibus praeest domina Perchta . . . Auch der Discipulus (Johannes Heroldt) spricht im fünfzehnten Jahrhundert in seinen Sermones de tempore et sanctis von der Percht: Qui credunt quod Diana, quae vulgariter dicitur fraw Percht, cum exercitu suo de nocte solet ambulare per multa sapatia terrarum, und man wird annehmen dürfen, daß dieser exercitus der Diana oder Percht ein weiblicher Schwarm gewesen sei. Seit dem Hochmittelalter aber gehören dem Schwarme der Percht auch Männer an. In dem Trac-

lichkeit gethront. Die Prägnanz des Mutternamens und die durchsichtige Reflexion der griechischen Theogonie, die ihr den Uranos als Gatten gibt, zeigt deutlich, daß sie das Wunder des Zeugens und Gebärens dereinst für sich allein wirkte. Es konnte aber nicht fehlen, daß bei dem Zusammenströmen andersgearteter Kulte auch der phrygischen Mutter die männliche zeugende Gestalt hinzugesellt wurde. sie selbst heißt $M\tilde{\alpha}$, die Bithyner verehrten den $\Pi\acute{\alpha}\pi\alpha\varsigma$; einen skythischen $Z\varepsilon\grave{\nu}\varsigma$ $\Pi\alpha\pi\alpha\tilde{\iota}o\varsigma$ bezeugt Herodot IV 59" — (Kaibel 497 f); man meinte also, daß die von Norden in Kleinasien einwandernden indogermanischen Stämme den männlichen Gott der Mutter beigesellten. Und so wird gefolgert: „Wenn nun aber der Phallos die eigentliche Gestalt ist, in der man sich jene Götter vorstellte, so ist von selbst klar, ein wie hohes Alter der Daktylen- und Titanenkult beanspruchen darf. Da wir ihn in Griechenland ebensowohl finden wie in Kleinasien, so wird er schon den stammesverwandten Völkern eigen gewesen sein, die von Norden einerseits in die hellenische Halbinsel, andrerseits nach längerem Aufenthalt in Thrakien über den Bosporus nach Asien hineingedrängt wurden. In Asien aber fanden sie den Kult der Großen Mutter vor, dem sie sich so anschlossen, daß sie die eigenen Götter mit der fremden Göttin verbanden. Von Daktylen, Titanen, Kureten, Korybanten finden sich in Asien außerhalb der phrygischen Sphäre keine Spuren, während die Große Mutter weit über Phrygien hinaus nach Osten und Westen hin herrschte. In der Art der Ma-Religion muß es gelegen haben, daß sich ihr die fremdartigsten Kulte der Einwanderer leicht anschmiegen konnten. Aus Thrakien kam der Dienst des Dionysos, die Phryger brachten den ähnlichen des Sabazios mit . . ."

tatus de septem vitiis des dreizehnten Jahrhunderts beklagt der Schreiber sich über die Schüler, die lieber der Frau Percht singen als ein Ave beten: Hodie pueri non ministrant domino, sed diabolo, prius vadunt ad choream, quam ad ecclesiam, ante sciunt cantare de domina Perchta quam dicere Ave Maria. Es ist dann wohl ein weiterer Schritt in der Vermännlichung, wenn an die Stelle der Percht ein männlicher Dämon Percht getreten ist; ich nannte als Zeugen dafür vorhin Franck und füge dem jetzt noch Achaz Jason Widmann v. Hall mit seiner „History Peter Lewen" von 1550 zu, wo von dem Spinnstubengeschwätz der Knechte und Mägde über Berchtold und das wütende Heer die Rede ist.

Was aber die Mythe andeutet, läßt sich auch im kultischen Tun bemerken. Denn es sind Männer, vor allem junge Burschen, die den Perchtenzug agieren. Mitte des neunzehnten Jahrhunderts beschrieb ihn ein Tiroler Sagensammler: „Am letzten Faschingsabende war früher das Perchtenlaufen üblich. Es war eine Art Maskenzug, die Vermummten hießen Perchten. Man unterschied sie in schöne und schieche (häßliche). Erstere waren schön gekleidet, mit Bändern, Borten und ähnlichem geschmückt; letztere zogen sich so häßlich als möglich an, behängten sich mit Mäusen und Ratten, Ketten und Schellen. Alle Perchten trugen Stöcke. Die der schönen waren mit bunten Bändern geziert, die der häßlichen endeten oben in einem Teufelskopf. So ausgestattet sprangen und liefen die Perchten über die Gassen und kamen auch in die Häuser. Unter den schiechen Perchten war auch ein Aschenschütz, der mit einer Windbüchse Asche und Ruß den Leuten ins Gesicht schoß. Die schönen Perchten teilten manchmal Geschenke aus. So ging es laut und fröhlich her, wenn die wilde Perchte nicht selbst darunter kam. Mischte sich dieses Gespenst darunter, so war das Spiel gefährlich. Die Anwesenheit der wilden Perchte erkannte man, wenn die Perchten ganz wild und rasend tobten und über den Brunnenstock hinaus sprangen. In diesem Falle liefen die Perchten bald voll Furcht auseinander und suchten das nächste beste Haus zu erreichen. Denn sobald eine innerhalb der Dachtraufe war, konnte ihr die Wilde nichts mehr anhaben. Im andern Falle zerriß sie eine, deren sie habhaft werden konnte. Noch heutzutage bezeichnet man Stätten, an denen von der wilden Perchta zerrissene Perchten liegen. In einigen Orten, zum Beispiel in Oberlienz, lebt die Sitte des Perchtenspringens noch fort."

Zeugnisse über das Perchtenspringen der jungen Burschen liegen aus Tirol aus dem letzten Jahrhundert mehrfach vor. So heißt es unterm 13. Jänner 1668 im Verfachbuch des Landgerichtes Lienz: „Veit Eder und

Mitgespan haben gegen Peter Ackerer perchtlweis Ungebühr verübt."
Am 28. Februar 1719 im Verfachbuch Lengberg: „Drei ledige Bauern-
söhne zu Nörsach werden wegen Perchtenlaufens in verstellten Kleidern
bestraft." Ein Innsbrucker Regierungsakt vom 9. Dezember 1735 behandelt: „in Vigilia St. Nicolai fand in der Stadt Kitzbühel ein schwerer
Unhandel zwischen Perchtenläufern und Gerichtsdienern statt. Dreißig
bis fünfzig Burschen, verkleidet wie abscheuliche Gespenster mit Teufels-
larven, mit großen Glocken wie die sogenannten Schemen behängt, liefen
die ganze Stadt bis über Mitternacht unter größtem Tumult aus und ein,
teilten sich und drangen in die Häuser ein und verübten große Unanstän-
digkeiten. Solche Perchtenzüge fanden dort gewöhnlich am Vorabend
des Nikolaus- und des Dreikönigstages, auch am Dreikönigstag selber
statt ..."

Aus jener als weiblich beschriebenen Percht ward also hie und da ein
Percht, so wie der Perchtenschwarm ein durchaus männlicher Schwarm geworden ist, — in seinem Charakter, wenn auch nicht in seinem Aussehen,
seiner Maske. Das heißt, auch in der Maske will noch etwas sichtbar
werden! Wie sieht die Percht nach allen uns bekannt gewordenen Überlieferungen aus? Man kann zwei Gruppen von Angaben und Darstellungen unterscheiden: die eine beschreibt sie als ein greuliches Unwesen und
die zweite als ein Weib. Daß sie ein Weib ist, läge dem Gange meiner
Untersuchung nach am nächsten: ein weiberkultisches weibsdämonisches
Wesen hat wohl Weibsgestalt. Als altes und häßliches Weib sieht sie die
Steiermark wie als uraltes Mütterchen, als uraltes und steinaltes Mütterchen auch Tirol, wo sie jedoch auch so beschrieben wird: ein kleines altes
Weib mit glänzenden Augen und auffallend großer Nase. Die lange
Nase wird oft als deutlichstes Kennzeichen angegeben, mit ihr
erscheint sie in der Steiermark, im Salzburgischen, in Tirol (s' langnosate
Weibele), bei den Romanen Südtirols: Padrona Frauberta dal nos
longh, — wie sie im fünfzehnten Jahrhundert eine eiserne Nase hat.
Zuweilen wird sie auch riesig gesehen oder als ein Wildes Weib. Sie wirkt,
wenn man die weniger oft bezeugten Züge unterschlägt und nur die
häufigeren anführt, hexenartig und mit langer Nase, und so erscheint sie
auch in ihrer Maske, etwa bei den Kärntner Slaven. Daneben stellen sie
die Spiele und Masken auch als Ungeheuer dar, so etwa die oberkärnt-
nische als eine pelzbekleidete Gestalt mit fürchterlicher Larve und mit
einer Kuhglocke auf dem Rücken, so die Tiroler in Kitzbühel: gekleidet

wie häßliche Tiere und haben Bockshörner auf und große Schellen an. Das zeigt ganz einfach ihr Dämonisches, Ungeheures an.

Dämonisch und ungeheuer wird sie in fast allen Aufzügen dargestellt. Im Mölltale in Oberkärnten ist es beispielsweise Brauch, daß am Vorabende des Silvester- und Dreikönigstages sich mehrere Mannspersonen rauhe, zottige, schwarze Pelze überziehen, sie gehen in alten zerrissenen Weibskleidern und sie haben fürchterliche Larven. In Häusern, in die sie Einlaß finden, machen sie einen unerträglichen Lärm, hüpfen und springen wie Böcke von der einen auf die andere Bank, schreien, knurren und poltern und brüllen wie die wilden Tiere. Das sind die eigentlichen oder „schiachen" (häßlichen) „wilden Perchten", als deren Zeit im Pongau die Nacht angegeben wird. Am Tage erscheinen die „schönen Perchten" (ebenda), ihr Gegenspiel. Der Oberlienzer Kaplan Johann Plazoller (1837) hat zwischen der bösen oder wilden Perchtl und der schönen unterschieden. Die wilde ergehe sich in grotesken Spielen, Narreteien und Obszönitäten, doch „anders ist die Haltung der guten oder schönen Perchtl. Sie freuen in Darstellung eines wie übermenschlichen Wesens in Wohlgestalt und Schönheit. Gerader Wuchs, Gelenkigkeit und prächtige Kleidung soll die Augen der Zuschauer fesseln; sie bewegen sich in geregelten Sprüngen und mit Tanzen in der Freie und in Wohnungen; sie enthalten sich, so gut sie es verstehen, von Niederträchtigkeiten und Beleidigungen." — Und ähnlich hat der Tiroler Volkskundler Anton Dörrer unterschieden: „Vor den ‚schiachen' Perchten muß man sich in acht nehmen wie vor bösen Geistern und vor den kirchlich bestätigten Feinden des Christentums, den Teufeln, Hexen ... Zu den guten Geistern, die das Leben fördern, gehören die schönen Perchten."

In Lend im Pongau, berichtete ein Rauriser Knappe uns, zogen zu Anfang noch des neunzehnten Jahrhunderts an den drei Donnerstagen des Advents die schiachen Perchten um. Zwölf Burschen „waren in schwarze Schaffelle gehüllt, hatten zu Hauben genähte Dachsfelle auf dem Kopfe (die Perchtenhaube) und holzgeschnitzte Masken mit groben menschlichen Gesichtszügen, langen Zähnen, Hörnern oder solche von fabelhaften Tieren mit Schnäbeln und Borsten oder beweglichen Kiefern vor dem Gesicht", so zogen sie, begleitet von einer ganzen Schar maskierter Burschen, und unter vielstimmigem und entsetzlichem Höllenlärm durchs Tal. Bei Tage, und zwar am Perchtentage und den beiden Sonntagen, die folgen, ziehen die schönen Perchten; deren Gesichter bleiben unmaskiert. Sie tragen die alte Landestracht: Kniehosen aus schwarzem

Leder, weiße Strümpfe, in ihren Händen führen sie gewöhnlich einen Degen, und was sie schön macht, ist ein riesiger Aufsatz auf dem Kopfe, ein rhombenförmiger Aufbau, grellrot überzogen, mit Federn, mit Hirschgeweihen, ausgestopften Tieren oder Vögeln, mit anderen Schmucksachen, auch mit Landschaften und Spiegeln ausgeziert, kurzum mit allem was einem einfachen Manne als „schön" erscheint, — und diese Aufsätze oder Kappen können mannshoch sein.

Aus Oberdrum im Pustertale berichtete eine alte Oberdrumerin: „Zum Perchtenlaufen ist nicht etwa minderes Volk gegangen, sondern gerade die besten Bauern zu allererst. Es waren zwölf ‚schöne‘ Perchten mit hohen Helmen auf bunten Kleidern, mit vielen farbigen Bändern geschmückt. An den Helmen hatten sie kleine Schellen und Glöcklein, die bei jeder Bewegung klangen und tönten, in den Händen hielten sie lange Stöcke. Der Anführer, die Voran-Perchte, war besonders reich gekleidet und hatte einen extrahohen Helm mit den meisten Bändern und Glöcklein . . . Hinter den ‚schönen‘ Perchten und den Tänzerinnen zogen die ‚schiechen‘ Perchten . . . Alle Teilnehmer trugen Masken; die ‚schönen‘ Perchten feine, schöne, die am Helm angebracht waren, die ‚schiechen‘ Perchten aber schreckliche und lächerliche." — Es ist nach diesen Zeugnissen zwischen beiden Gruppen Perchten, den schönen und den schiechen, ein entscheidender Gegensatz. Was aber hinter diesem Gegensatz treibend steht, ist schwer zu sagen. Man könnte von einem gegensätzlichen Sinn der Dinge sprechen, von diesem zugleich als-gut-und-böse-Erscheinen der Dämonen, — davon, daß einer einmal hilfreich, einmal schadenbringend sei. Dann wären die schönen und die schiechen Perchten eigentlich dieselben, nur daß in ihrem Äußeren diese Ambivalenz zum Ausdruck käme. Das schöne und schieche könnte, — nach der Eigenart des Volkes, das schön gleich „gut" und häßlich oder schiech gleich „böse" setzt, — auch eine Charaktereigenschaft und Qualität der Perchten meinen, so daß man von guten und von bösen Perchten sprechen müßte, und diese guten und bösen würden einander widersätzlich sein. So nahe der Schluß liegt, so besteht doch eine große Schwierigkeit —: daß dieses Widereinander nirgendwo als Streit zum Ausdruck kommt. Denn eigentlich müßten doch die bösen und die guten Perchten in einem Kampf aneinander geraten und die bösen ausgetrieben werden; davon ist aber auch kein einziger Bericht vorhanden. Nur etwas, das freilich für sich allein nicht viel beweisen kann, besteht: daß man die Perchtenumzüge oft „das Perchtenjagen" nennt, und daß das ein Vertreiben der Percht und ein Verjagen

meint: es findet am Vorabende des Dreikönigstages statt. „Da sie Peitschenknall und Hundegebell, wie allgemein versichert wird, nicht vertragen kann, ziehen die Burschen in Oberkrain, Gail-, Kanal- und Rosen-
tal unter Peitschenknallen, Läuten von Kuhglocken und Hämmern auf
Blechkesseln durchs Dorf; in Vigaun, wo eine St. Lucien-Kapelle ist,
nur mit Kerzen in Prozession um diese; die Hunde werden ebenfalls
losgelassen. Auch am Schluß der Fastzeiten, so unter anderem in Leo-
poldskirchen bei Pontafel, wo die Hirten mit der ganzen männlichen
Jugend unter Kuhglockengeläut durchs Dorf und in den sogenannten
Flickergraben laufen, um die Perchtel zu verjagen, damit dem Vieh auf
der Weide kein Unglück zustoße."

Die hier die Percht austrieben, sind die Hirten und die jungen Burschen, die Burschen in Burschenkleidern und die Percht im Weiberrock.
Die schiechen oder eigentlichen Perchten kommen oft im Weiberkleid;
und wenn sie zum Beispiel in Mittersill im Oberpinzgau Besen tragen,
wird man von ihnen glauben dürfen, daß sie Frauen darstellen; in Grim-
ming und Stenitzer in Salzburg kommen sie im wallenden Haar und sind
mit Bettlaken verkleidet, ähneln also wieder Frauen, indessen andere,
etwa die Gasteiner, als unheimliche Tiere laufen: in Felle gehüllt, mit
Hirschgeweihen oder auch mit Bärenmasken, genau so, wie die Percht
vorhin beschrieben worden ist. Die „schönen" dagegen kommen in Kniehosen und mit weißen Strümpfen; die im Gasteiner Tale hatten immer
einen Bart, und Bart genau so gut wie Hosen und die weißen Strümpfe
zierten allein den Mann. Die Pongauer trugen, wie vorhin bereits gesagt,
den Degen, und die den „schönen" Perchten entsprechenden Schellfaschen oder Weißen (bei Unzmarkt im oberen Murtal) hielten Holz-
schwerter in den Händen. Sie heißen zwar Perchten, aber sie sind in
Wahrheit keine Perchten, es sind bewaffnete Männer — und man wird
annehmen müssen, daß sie die Waffen in diesen Aufzügen nicht umsonst
getragen haben.

Von Schritt zu Schritt will also eine Vermännlichung des Perchten-
wesens sichtbar werden. Und diese Vermännlichung betrifft nicht nur
die Perchten; nein sozusagen eine ganze Woge Männlichkeit hebt sich
herein. Neben dem Perchtenjagen steht das schweizerische Posterli- oder
Streggelejagen, eine Jagd auf ein dämonisches Wesen. Das Posterli ist
eine Art von Unhold, ist ein als alte Hexe oder Ziege Vermummter, oder
eine Lumpenpuppe. Und einem weiblichen Dämon gilt wohl auch das

Streggelejagen, denn Streggele ist das italienische strega, lateinisch striga oder Hexe, und sie erscheint so wie die Perchta und versieht das Spinnen. In Brunnen im Kanton Schwyz vertrieb die Jungmannschaft an Epiphanien die beiden „Waldfrauen" oder Hexen Strudeli und Strätteli und jagte sie unter Gelärm und Fackelschein und Glockenläuten. Wir stehen damit, so wurde von diesem Umstand schon einmal gesprochen, vor einer alten Tatsache, nämlich jene Knabenschaften vertreiben die Hexen und die Dämoninnen und sind ihnen feind. Vielleicht ist aber nach dem, was wir fanden, richtiger zu sagen, daß hier in einem mythischen und in einem kultischen Bilde die Auseinandersetzung zwischen männlichen und weiblichen Gruppen sichtbar wird, daß wie die weiblichen Kultbünde wichen und zurückgegangen sind, so auch der weibliche Dämon weicht, die „Hexe" weichen muß, und daß mit deren Zurückgehen eine männliche Welt im Vorstoß ist.

Wir sind mit allen diesen Überlegungen nun aber langsam zu einem Wichtigen vorgestoßen. Wer ist die Percht? — Der Philologe möchte es aus ihrem Namen finden. Der Name jedoch ist sehr viel schwieriger aufzuhellen als es anfangs scheint. In einem Mondseer Glossar um 1000 wurde der Dreikönigstag als „zi der Perahtun naht" oder „giperatha naht" genannt, das ist die Nacht der Leuchtenden, Hellen oder auch die leuchtende Nacht. Man deutete Percht danach als Leuchtende und begnügte sich mit diesem Deuten, bis man heut von dem hier vermuteten Namen einer heidnischen Göttin abgekommen ist und lieber an die Personifizierung eines Kalendernamens denkt. So wie zu Pfinzda (Donnerstag) ein Pfinzda-Weible geschaffen worden ist und wie die Italiener aus Epiphanias eine Frau Befana machten, so auch personifizierte die Schweiz Fronfasten zum Fronfastenwîbli — und so entstand aus der personifizierten Perchtennacht die Percht. Mit einer solchen sprachlichen Herleitung aber ist noch nichts gewonnen, wenn man nicht dazu nimmt, was in den letzten Jahren erst erarbeitet worden ist: daß in den Zwölf Nächten alle dämonischen Wesen auf dem Wege sind. Da schweifen die Wiedergänger um, da braust der Wilde Jäger durch die Lüfte, da läßt sich die Stampa blicken und die Chlungeri besieht die Stuben, der Buzebrecht erscheint sowie die Anklopfer in den Klöpflenächten, und auch der weihnachtliche Ruprecht ist solch einer aus der Schar, — das Drüben und seine Pforten stehen in den zwölf Nächten offen. Die, die herüberkommen aber sind in jedem Dorfe andere, und wie ihr Aussehen schwankt und ihr Gehabe, so sehr schwanken auch die Namen; bei manchen sind diese Namen nur lokal verständlich und sind ziemlich leer und dünn. So war es auch möglich, daß die Dämonen nach den Tagen, an denen sie kamen oder vorzugsweise beobachtet worden sind, den diesen Tag bezeichnenden Namen zugelegt erhielten.

Ist aber die Percht nur eine aus den vielen weihnachtlichen Spukgestalten und eine von den beschwerlichen, — denn sie fordert dies und jenes, was manchen aus seinen gewohnten Geleisen bringt und ihm Beschwernis macht, und ist sie die vorzugsweise am germanischen Südrande sichtbar werdende Gestalt, der sich ein bei den mittelmeerischen Völkern geltender Weiberschwarm anhängt, — dann wird man sehr froh sein, wenn sie nach der Zwölften wieder geht. Man gibt sich so viele Mühe wie möglich, daß sie wieder geht. Man treibt sie wie die übrigen weiblichen Dämonenwesen aus. Es sind die Knabenschaften, die den Degen gegen sie gebrauchen.

Aber dämonische Wesen verjagt man nicht nur mit den Degen, man muß vor allem gegen ihren Zauber wirksame Mittel brauchen. Das Hundebellen und Peitschenknallen können Dämone nicht vertragen, deswegen werden die Hunde losgelassen, ziehen die oberkrainer Burschen mit Peitschengeknalle und mit lautem Glockenläuten durch den Ort, (deswegen gehört das Apernschnalzen zu den Weihnachtsbräuchen). Das Glockenläuten ist ihr ebenso zuwider wie dem andern Spuk; im Gailtal bei Villach geht am Vorabend des Perchtentages ein Bursche, an die Fenster klopfend, und mit einer Glocke durch das Dorf, das ist das Perchtenjagen (oder das Kornaufwecken in Tirol). Und wie die Percht und Holle, so wird auch die Stampa ausgetrieben, so treiben die Schweizer Knabenschaften glockenläutend, lärmend, schellend die Streggele, den Türst, die Strudeli und Strätteli davon, — und man begreift, warum die vielen vielen Fastnachtsmasken fast alle mit Glocken, Schellen oder Klingeln ausgestattet sind. Die Knabenschaften mit ihren Masken sind Dämonengegner und -bekämpfer.

Sie treiben nicht nur die Dämonen, sondern auch die Hexen aus, das Posterli, das Streggeli, die Stampa bei den Südtirolern, die badischen Fronfastenweiber gelten ja als „Hexen" und soundsoviele ihnen entsprechende wären hier noch zuzufügen; dämonische Weiber und Hexen gehen in diesen Landschaften ineinander über.

Mit allen diesen Feststellungen aber will nun eins, das man bisher nur ziemlich unklar ahnte, deutlich werden: die Knabenschaft ist die

Bestreiterin der Dämonenwelt. Und wenn ich daran erinnere, daß sich hinter der Frau Percht ein weiberbündisches und ein vegetationsdämonisches Denken zeigt, dann will so etwas wie ein größerer Ausblick sichtbar werden. Die deutschen Religionshistoriker haben alle den Bericht, den die Heimskringla über den Asen- und Wanenkrieg enthält, als eine, ernsthafte religiöse Auseinandersetzungen meinende Nachricht angesehen. Sie setzten die Wanen mit den Vegetationsgottheiten gleich, die Asen betrachteten sie als die Götter einer jungen, kriegerischen Welt, und diese männische überwältigte jene ältere, pflanzerische. Die Untersuchungen an den Perchten lassen ein ähnliches erkennen. Auch hier erhebt sich eine männische gegen eine andere Welt; auch hier wird Weiberbündisches, Vegetationsdämonisches fortgeworfen, auch hier bekämpft man alles hexerische Tun, den sejd.

Es wäre zu viel, wenn man die männische Welt als d i e germanische oder gar , wie manche wollten, als eine eigentümlich deutsche ansehen würde; das wikingfrohe ist nur einer unter ihren mehreren Zügen, daneben stehen friedenstüchtige, stehen dem Dasein zugewandte Züge. Eins aber wird trotzdem stimmen, daß in den germanischen Völkern das männlich Gerichtete alle weiblich gerichteten Tendenzen überwiegt. Die männlich gerichteten überwiegen — und allein an diesem wird es liegen, daß man die Deutschen leicht zu Krieg und Streit verführt. Es kommt auf alle Umstände und auf Zeit und Klima an, ob die, ob jene Tendenzen in den Deutschen Oberhand gewinnen.

Mit dem hier eben angedeuteten aber wollen die deutschen Alpenländer zur interessantesten Landschaft alles deutschen Seins und Lebens werden: in ihnen hat nämlich die ganze Auseinandersetzung mit dem Süden, mit einer stärker dem Weiblichen zugewendeten Ordnung statt. In ihnen muß sich das Deutsche als das deutsche Schicksal einmal klären.

Der soldatische Kult

Ich wende mich nun, nachdem ich von den Perchten sprach, dem einen der spätantiken Mysterienkulte, dem des Mithras, zu. Der Mithraskult ist aus dem Persischen in das Abendland gekommen. Im alten vorzarathustrischen Persien (das ist: der Avesta-Zeit) galt Mithras als Genius oder

Mithras

Gott des unpersönlichen Himmelslichtes; und er erschien vor Sonnenaufgang oben auf den Bergesgipfeln, während des Tages aber und in allen
seinen hellen Stunden durcheilte er auf seinem von vier weißen Rossen
gezogenen Wagen die Räume des Firmaments, und wenn dann die Nacht
herniedersank, erleuchtete er noch mit einem ungewissen hellen Schimmer
die Oberfläche der Erde, „immer umsichtig, immer wachsam, immer da".
Mithras ist weder die Sonne noch der Mond noch das Sternenheer, sondern
mit Hilfe dieser „tausend Ohren" und „zehntausend Augen" bewachte
und überwachte er die ganze untere Welt, die Menschenwelt. Da nach der
persischen Anschauung jener frühen Jahre das Licht nichts von der Sonne
Kommendes ist, nur von der Luft getragen wird, so meinte man, daß er
die Mittelzone zwischen dem Empyreum, das Oromazdes bewohnte, und
der Unterwelt des Ahriman besitze, und gab ihm deshalb den Namen „der
Mittlere" oder „Mittler". Das übertrug man in einer weiteren Anglei-
chung auf das Ritual und heiligte ihm den Sechzehnten als den mittelsten
Monatstag, und als man ihn im Chaldäischen dann der Sonne gleichzusetzen suchte, da paßte das auch, weil die der mittelste der Planeten
war. Viel wichtiger in dieser Lehre will es mir aber scheinen, daß Mithras
als Gott des Lichtes ein Gegner der Nacht, der Finsternis und des Dunkels
und drum ein Gegner der das Dunkel bewohnenden Dämonen oder
daevas ist.

Mithras ist aber nicht nur ein Gott des ungreifbaren Himmelslichtes,
er gibt als solcher auch die Wärme, welche alles Licht begleitet und läßt
dadurch die Pflanzen wachsen und befruchtet die Natur. Mithras ist daher
auch der Herr der Weiden und der weiten Fluren. „Er gibt den Überfluß,
und er gibt ihnen das Gedeihen; er gibt die Herden, er gibt allen Nach-
wuchs und das Leben." — Er gießt das Wasser aus und läßt die Pflanzen
draußen sprießen; Mithras ist also ein Gott des Wachstums und der
Fruchtbarkeit, ein männlicher Wachstumsgott, wie ich ganz deutlich unterstreichen möchte, weil wir im vorderasiatischen und im mittelmeerischen
Bezirk noch viele Wachstumsgötter, aber weibliche Wachstumsgötter finden werden. Er aber ist ein männlicher Fruchtbarkeits- und Wachstumsgott, — vielleicht weil hier das ganze Wachstum „Herde" heißt, denn
die iranischen Perser sind ein großes Hirtenvolk gewesen, und alle Hirten-
betätigungen liegen in der Hand des Mannes. Allein ein Mann vermag
die Großvieh-Herden zu regieren, zu leiten, zu schützen, gegen alles
Raubzeug zu verteidigen. Deswegen ist Mithras aber auch ein streitbarer
und kämpferischer Gott, und er bekämpft ganz wachsam, unermüdlich

alles Böse und alle bösen Geister sowie alle Frevler, welche diesen dienen und sie erfahren und müssen die furchtbaren Wirkungen seines Zorns empfinden. Denn von der Höhe seiner himmlischen Wohnung her sieht er herab, beobachtet er und erspäht er beim Herabsehen alle seine Widersacher; bis auf die Zähne bewaffnet stürzt er sich hernach auf sie, zerstreut sie, greift sie an und schlachtet sie als Opfer hin. Den Seinen aber sichert er durchaus den Sieg.

Als einen Hirtengott und Gott der Hirten zeigten ihn dann auch die späteren ausgebildeteren Legenden, aus denen der uns bekannte Mithraskult erwachsen ist. Sie stehen in keinem logischen und genetischen Zusammenhange, nur in dem einen, daß er noch der Hirtengott und Helfer ist, — sonst aber sind sie nur Perlen einer zusammengereihten lockeren Kette.

Die erste von ihnen handelt von der Steingeburt des Gottes. Der Gott des himmlichen Lichtes nämlich ist aus einem Stein, aus irgend einem in einem Tale liegenden Felsentrumm geboren worden; drum nannte man ihn auch „den aus dem Felsen ausgegangenen Gott". Die Tradition berichtet, daß der ihn gebärende Stein „Petra genetrix", dessen Abbild in den Tempeln man verehrte, an einem Flusse und in dessen Ried und Gras gelegen habe, im Schatten eines heiligen, den Geburtsort überwölbenden Baumes; nur Hirten hatten, im benachbarten Gebirge versteckt, das Wunder des kreißenden Steines und der göttlichen Geburt gesehen. Sie hätten beobachtet, wie er der felsigen Masse sich entrang, auf seinem Kopfe trug er die bekannte phrygische Kopfbedeckung oder Mütze, ein Messer und eine leuchtende Fackel hielt er in der Hand. Dann sind die Hirten gekommen, um das göttliche Kindlein anzubeten und ihm die Erstlinge ihrer Herden sowie ihrer Erntefrucht zu bringen. — Hier also ward Mithras den Hirten geboren und die Hirten nahmen ihn an; es ist als sei er ihnen allein geboren worden und der ihre.

Das größte der Abenteuer aber, welche man von ihm erzählt, ist wohl der Kampf, der zwischen Mithras und dem Stiere geschah, dem ersten lebenden Wesen, welches Oromazd geschaffen hatte, — und schon in dieser Bemerkung über das erste von dem Schöpfer-Gott geschaffene Wesen, das für die Hirten immer das bedeutendste war und ist, erkennt man das Hirten-Denken. Und die Hirten-Dichter dieser Sage. Auf einer Matte in den Bergen weidete dieser wilde Stier, der Heros aber packte ihn mit kühnem Griffe bei den Hörnern und brachte es fertig, sich auf das aufbäumende und durchgehende Tier zu schwingen. Der wütende Vierfüßler nämlich setzte sich sogleich in Galopp und er trug seinen Reiter vorwärts, immer über Stock und Stein, doch dieser ließ ihn nicht los, auch als er von dem Wilden abgeworfen wurde, da ließ er sich einfach an den Hörnern des wie Rasenden hängend schleifen, bis jener erschöpft am Ende seinen Widerstand aufgeben mußte. Dann faßte ihn sein Besieger an den beiden Hinterbeinen und zog ihn rückwärts in die Höhle, welche ihm als Wohnung diente, und zwar auf einem mit Hindernissen reichlich übersäten Wege. — Das war die eine der Episoden zwischen Mithras und dem Stier. Die Fabel führt anscheinend in der Zeit sehr weit zurück; sie muß bei einem jagenden oder — möchte ich eher glauben — bei einem rinderbesitzenden und die Rinder hütenden Volke entstanden sein, bei einem Volke nämlich, das die Rinder sehr gut kannte, und dem der Fang und die Bezwingung eines wilden Stieres als eine ehrenvolle Tat galt, eine solche, daß sogar ein Gott sich nicht erniedrigte, wenn er eine solche Heldentat vollzog. Ich darf vielleicht auch an die hallstattzeitlichen und minoischen Bilder, an die dort üblichen Kämpfe mit dem wilden Stier erinnern; da galt es als höchste und heldische Leistung, einen Stier zu töten, — und niemand, der Stiere kennt, wird eine solche Leistung niedrig setzen. Die höchste menschliche Leistung aber legte man dem Gotte zu.

Die nächste Legende steht mit der eben erzählten kaum in einem epischen und ebensowenig wohl in einem logischen Zusammenhange. Es handelt sich wieder um die Bezwingung des im Felde gehenden Stieres; der Sonnengott sandte damals seinen Raben aus als Boten, um Mithras aufzufordern und um ihm seine Aufgabe anzugeben. Mit einem flinken Hunde verfolgte er das wilde Tier und es gelang ihm es in eben dem Augenblicke zu erreichen, wo es vor seinen Verfolgern sich in eine Höhle retten wollte. Der Held ergriff es mit der einen, linken Hand an seinen Nüstern und mit der rechten stieß er ihm das Messer in die Flanke. In diesem Augenblicke aber zeigte sich ein überaus Wunderbares, denn aus dem Leibe des zusammenbrechenden und verendenden wilden Tieres entstanden die heilsamen guten Kräuter und die nützen Pflanzen; aus seinem Rückenmark entsproßte das Getreide, das das Brot für die Mysterienmahle liefert, und aus seinem Blute der Wein. Die späteren bildenden Künstler haben dieses Wunder dadurch angedeutet, daß sie den Schwanz des Stieres in einem Ährenbüschel ausgehen ließen. Mochte auch der böse Geist auf das im Todeskampfe zuckende gefällte Tier nun seine unreinen Kreaturen loslassen, Skorpion und Ameise und die Schlange, um so in ihm die Quelle alles Lebens zu vergiften, — sie bissen vergeblich auf die

Genitalien des zu Boden liegenden Tieres ein und lechzten nach seinem Blute, ohne daß sie es doch erlangen konnten, — so haben sie den Vollzug des Wunders nicht mehr hindern können. Der von dem Monde gesammelte und gereinigte Same jenes Schöpfungsstieres erzeugte aber die vielen auf der Erde lebenden Arten nützer Tiere. Vom Hunde, dem treuen Begleiter Mithras, ward jedoch die Seele des gottgeschaffenen Stieres beschützt und hob sich in die Himmelssphären, wo sie nach dieser Zeit und für die Folgezeit zum Gott geworden ist und unter dem Namen Silvanus die Herden in Obhut nimmt und sie getreu beschützt. Auch diese Legende muß wohl unter Hirten, sie muß in einer Hirtenwelt erdichtet worden sein; nur Hirten vermochten die Welt aus einem Herdentier entstehen zu lassen, und Hirten begriffen in dem zeugungsstarken, zeugungskräftigen Stier den Zeuger des Guten, das in dieser Welt vorhanden ist. So hat auch eine ältere religionshistorische Forschung schon gelehrt und in der Tötung des Stiers ein Fruchtbarkeits- und Wachstumsopfer feststellen wollen; man dachte vor allem an die Zerstückelung eines Wachstumswesens, von der ich im nächsten Kapitel noch ausführlicher sprechen will, und meinte, wenn Mithras den Urstier ehemals tötete und geopfert hat, wenn aus dem Schwanze des Tieres ein Ährenbüschel aufgewachsen sei, so stehe dahinter der Gedanke, daß durch dieses Opfer die Fruchtbarkeit und alle natürliche Entwicklung angefangen werde.

Nach diesem begegnet die Mythologie der Hirten noch ein viertes Mal. Der zwischen den Prinzipien des Guten und des Bösen sich vollziehende Kampf soll sich natürlich nicht in das Unendliche fortsetzen müssen; wenn die für seine Dauer bestimmten Jahrhunderte verstrichen sind, so werden von Ahriman gesandte Plagen dieser Welt ein Ende machen. Ein Stier, der dem Urstiere ganz entspricht, wird wiederum erscheinen, und Mithras wird wiederum herabkommen und die Menschen auferwecken. Dann werden sie sich in einer riesenhaften Versammlung irgendwo zusammenfinden, der Gott der Wahrheit (Mithras) aber wird die Bösen von den Guten scheiden. Als letztes Opfer aber wird er jenen neuen Stier darbringen, sein Fett mit dem geweihten Weine mischen und den Gerechten diesen wunderbaren Trank, der ihnen die Unsterblichkeit verleihen wird, bieten. Darauf wird Oromazdes, dem Gebet der Seligen willfahrend, ein großes verzehrendes Feuer auf die Erde niederfallen lassen, durch welches die Bösen ein für alle Mal vernichtet werden. Die Niederlage des Geistes der Finsternis wird dann besiegelt werden, denn in dem Weltenbrande werden Ahriman und seine Getreuen zugrunde gehen, und das erneuerte

Weltall wird sich des vollkommenen Glückes erfreuen. — So wie am Anfange steht am Ende alles Seins der Stier. Wie er am Anfang der Schöpfer der Herden und des Weidelandes gewesen ist, denn das steht doch im Zentrum seiner Schöpfung, werden jetzt die Menschen aus seinem Blut und Fett sich die Unsterblichkeit und Ewigkeit ertrinken. Der Mithras-Glaube ist gewiß der Glaube eines Hirtenvolkes gewesen.

Mithras ist ein Gott der Hirten. Das Hirtenleben aber ist kein beschauliches, idyllisches. Die arkadischen Schäfereien zwar waren ein Traum des späten Barock und des Rokoko, Hirtenvölker jedoch sind wehrhafte Völker, wehrhaft nicht nur gegen das die Herde bedrohende Raubzeug, sondern ebenso auch gegen Menschen. Arabische Hirten, bei denen der Hirten- mit dem „Räuber"beruf wechselt, afrikanische Tuaregs, die Löwen bestehen, die schweifenden Hirten der sibirischen Steppen, zeigen wohl den am meisten gültigen Typ. Es wurde vorhin schon sichtbar, wieviel dieser Art bei Mithras festzustellen ist. Er ist der Vorkämpfer seiner Völker. Der um Siege angeflehte Gott. Er liegt in einem unaufhörlichen Kampfe gegen die Mächte des Abgrundes und der Finsternis, die daevas und Ahriman. In diesem ewigwährenden Kriege, welchen auch der Fromme gegen die Listigkeit und Bosheit der Dämonen führt, wird er von Mithras hilfreich unterstützt, denn Mithras ist jener Helfer, den man nie umsonst anruft, der Anker des Heils für alle Sterblichen in ihrer Not, der starke Gefährte, der ihrer Schwachheit in Versuchungen hilft. Er ist, wie bei den Persern, der Verteidiger von Wahrheit und Gerechtigkeit, ist der Beschirmer der Heiligkeit und furchtbarste Widersacher aller Höllenmacht, der ewig Junge und Starke. Er verfolgt die Bösen ohne Gnade, denn „immer wach und immer auf der Hut", so kann ihn niemand überraschen; und er wird in den unablässigen Kämpfen stets der Sieger sein. Das kehrt in allen Mithras betreffenden Inschriften unaufhörlich wieder und es gelangt zum Ausdruck in dem persischen Beinamen Nabarzes, wie in den griechischen und lateinischen Epitheta ἀνίκητος, invictus, insuperabilis. Der gegen die Mächte der Finsternis gerichtete Kampf ist aber nicht nur ein auf sittlichem Gebiete geschehender. Plutarch in De Iside et Osiride c. 47, ohne den Namen Mithras dabei anzugeben, beschreibt und kennzeichnet ihn als den eschatologischen: „Theopompos sagt, nach der Lehre der Magier herrsche abwechselnd der eine Gott dreitausend Jahre und der andere werde beherrscht, andere dreitausend Jahre streiten und kämpfen sie und vernichten gegenseitig ihre Werke, zuletzt unterliegt Hades",

— also Ahriman. Doch ehe der Kampf ein sittlicher oder eschatologischer war, ist er ein viel greifbarer gewesen, ein Ringen um gute Weide, um Herdenglück, um Wetter — und ein Ringen auch gegen menschliche oder tierische Feinde. Ich nannte es die Konsequenz des Hirtentums, — aber ist es die des Hirtentums allein gewesen?

Ehe ich darauf die Antwort finde, möchte ich noch ein mit alledem Zusammenhängendes erörtern. Der Mithras-Kult hat sich im ersten und zweiten nachchristlichen Jahrhundert über die ganze damals bekannte Erde ausgebreitet. Ich will hier nur die deutschsprachigen Landschaften einmal nennen. Der beste Kenner des Mithras-Kultes F. Cumont hat in Berücksichtigung des römischen Germaniens schon vor längerem angegeben: „Alle Regimenter scheinen berührt zu sein: die legio VIII Augusta, XXII Primigenia und XXX Ulpia, die Kohorten und Schwadronen der Hilfstruppen wie die Elitetruppen aus freiwilligen Bürgern. Bei einer so allgemeinen Verbreitung läßt sich kaum ausmachen, von welcher Seite her der Fremdkult sich in das Land eingeschlichen hat. Indessen kann man annehmen, daß er — abgesehen von einzelnen Orten, wohin er unmittelbar aus dem Orient durch die asiatischen Hilfstruppen gebracht sein muß — in Germanien durch die Vermittlung der Donaugarnisonen eingeführt worden ist. . .“ — Und dann zählt er die in den 1920er Jahren bekannt gewesenen Fundorte auf: „Die Agri Decumates, die Militärgrenze des Reiches, und namentlich die vorgeschobenen Posten zwischen dem Maintal und dem Bollwerk des limes sind außerordentlich fruchtbar an Entdeckungen von höchstem Interesse gewesen. Im Norden von Frankfurt, bei dem Dorfe Heddernheim, der alten civitas Taunensium, hat man nacheinander drei wichtige Tempel ausgegraben. Drei andere fanden sich in Friedberg in Hessen, ein weiterer wurde in Wiesbaden (Aquae Mattiacae) freigelegt, und je mehr die archäologische Erforschung des limes in jener Gegend fortschreitet, um so mehr wächst die Zahl der Kastelle, die wenigstens eine heilige Krypta neben sich hatten. . . Bekannt sind die von Stockstadt und Groß-Krotzenburg am Main, Oberflorstadt an der Nidda, die Saalburg und Altenburg-Heftrich im Taunus. Diese starke Bastion des römischen Staates war tatsächlich auch eine feste Burg des Glaubens an den persischen Gott. Andrerseits begegnet man längs des Rheines, von Augst (Raurica) bei Basel bis nach Xanten (Vetera), in Straßburg, Mainz, Neuwied, Bonn, Köln und Dormagen einer Reihe von Monumenten, welche beweisen, wie der neue Glaube, gleich einer Epidemie . . . sich verbreitet hat.“ — Ich will die weiter westlich gelegenen: Genf, Saarburg in

An der deutschen Westgrenze

Die Verbreitung des Mithras-Kultes in Germanien

den Vogesen, Schwarzerden zwischen Metz und Mainz, Trier und das
Maastal nur noch nennen. Dazu tritt dann das Alpenland; die Mithras
„geheiligten Monumente sind zahlreich vor allem längs der Etsch und
ihrer Zuflüsse, in der Nähe des großen Kommunikationsweges, der im
Altertum wie in unserer Zeit über den Brennerpaß oder durch das
Pustertal lief und den gegenüberliegenden Abhang hinab nach Rätien
oder Noricum führte: in Trient ein bei einem Wasserfall errichtetes
Mithräum; in der Nähe von San-Zeno Basreliefs, die in einer felsigen
Schlucht gefunden wurden; in Castello di Tuenno Fragmente von Exvotos,
die auf beiden Seiten bearbeitet sind; an den Ufern der Eisack eine Weih-
inschrift an Mithra und die Sonne, und endlich in Mauls die berühmte
skulpierte Platte..." — und dann die vielen Funde in Noricum, an der
Drau und Sau, am Wege zwischen Aquileja und der Donau.

Bei der Betrachtung und Erörterung der Ausbreitung des Kultes ergeben sich vor allem zwei ins Auge fallende Möglichkeiten: die innerrömische geschah durch asiatische Händler und durch Sklaven, die an den Grenzen durch mit asiatischen Soldaten aufgefüllte Heere. Der Hauptfaktor der Ausbreitung des Mithraskultes war jedenfalls das Heer. Die mithrische Religion war eine richtige Soldatenreligion; nicht ohne Grund hat man den Eingeweihten eines gewissen Grades den Namen milites gegeben. Doch die Armee hat nicht nur dadurch dazu beigetragen, die orientalischen Kulte zu verbreiten, daß sie die Angehörigen aller Weltgegenden, Bürger wie Fremde, in Reihe und Glied zusammenführte, sondern dadurch, daß sie die Offiziere, die Centurionen oder ganze Truppenteile fortwährend und unaufhörlich aus einer Provinz in eine andere versetzte, wie es die wechselnden Bedürfnisse des Augenblicks erforderten, und zwischen allen Grenzen so ein Netz von dauernden Verkehrsbeziehungen spann. Wenn die Soldaten ihren Abschied nahmen, behielten sie im Ruhestande die Gebräuche bei, an welche sie sich unter der Fahne gewöhnten, und fanden bald Nacheiferer unter ihren Freunden. Oft ließen sie sich auch in der Nähe ihrer letzten Garnisonen nieder, in jenen Municipien, welche an Stelle der früheren Marketendereien entstanden waren. Bisweilen verlegten sie ihren Wohnsitz auch in irgend eine große Stadt der Gegend, in welcher sie gedient, um dort mit ihren alten Waffenbrüdern zusammen den Rest der Nach-Dienstzeit und ihrer alten Tage zu verbringen; Lyon beherbergte in seinen Mauern immer eine stattliche Anzahl solcher alten Legionäre aus Germanien; die einzige mithrische Inschrift, welche London uns geliefert hat, bezeichnet als ihren Stifter einen emeritus der britannischen Truppe. Auch kam es vor, daß den entlassenen Truppen durch den Kaiser ein Ort und eine Landschaft angewiesen wurde, um eine Kolonie zu gründen. Elusa in Aquitanien hat möglicherweise die mithrische Religion durch Veteranen vom Rhein, die durch Septimius Severus dort angesiedelt waren, erhalten.

Die Einzelheiten der Verbreitung des Mithras-Kultes sind aber nicht so wichtig, als das was aus dem eben Gesagten nun geschlossen werden kann. Der Mithras-Kult ist eine ausgesprochene Soldatenreligion gewesen. Er wurde es, wie man glaubt, weil viele persische Soldaten in den Legionen dienten; ich glaube, so nahe eben diese Annahme auch zu liegen scheint, trifft sie doch nicht das Ausschlaggebende und Entscheidende. Das wirklich Entscheidende nämlich war, daß dieser Gott an sich „soldatisch“, männlich war. Soldaten gebrauchen einen männlichen, in allen Gefahren bewährten, ihnen Schutz und Sieg verheißenden Gott. Weil er das war, deswegen wurde er der Gott des Heeres durch das ganze Reich.

Hier aber erhebt sich nun die vorhin angedeutete Frage, die bisher ohne Antwort blieb, ein zweites Mal. Ich nannte den persischen Mithras einen Gott der Hirten. Aber ich habe dem noch zuzufügen, daß heute die Indogermanen für ein Reiter-Hirtenvolk gehalten werden. Wenn unsere vorhin gezogenen Schlüsse also wirklich stimmen, und wenn die indogermanischen Völker nicht nur einen Männerbund — an Stelle der Weiberbünde bei den mittelmeerischen Völkern — haben, (man wird verstehen, wie diese Wendung etwas sehr vereinfacht hat, was ganz gewiß viel differenzierter und viel komplizierter ist), — wenn diese indogermanischen Männerbünde kriegerische Ideale hatten, dann wäre der persische Mithraskult auch von der völkischen Grundlage her verständlich, denn auch die Perser sind ja Indogermanen, — die Iraner unserer alten Texte.

Ich biege anscheinend, ohne in meinen Darlegungen fortzufahren, nun in ein bisher ungenannt gebliebenes Neben- oder Aftergleis. Die Kulte der Alten und die Mysterien haben uns keine Liturgien hinterlassen; das heißt, wir kennen die innere Ordnung ihrer religiösen Feiern nicht. In einem ägyptischen Zauberpapyrus aber ward ein Text erhalten, in dem man so etwas wie eine Anweisung für den Mithrasdienst erkannte; es handelt sich um das sakramentale Abbild einer „Himmelfahrt der Seele"; der sakramentale Vorgang läßt den Mysten in ihm das erleben, was er nach seinem Tode durch Mithras wirklich zu erlangen hofft. Es ist das ein Mysterium oder sacramentum, was uns da beschrieben wird; (die beiden Ausdrücke decken sich, μυστήριον hat die abendländische Kirchensprache, anscheinend wohl seit Tertullian, mit sacramentum übersetzt).

Der äußere Verlauf der sakramentalen Feier hatte diesen Gang: nachdem der Neophyt die Vorhalle betreten hatte und in die Krypta des Mythräums — alle Mythräen oder Mithrastempel bestanden aus unterirdischen Räumen — voller Erwartungen hinunterschritt, bemerkte er in dem herrlich geschmückten und erleuchteten Heiligtume das Bild des jenen Stier erlegenden Mithras, das in der Apsis aufrecht stand, dann das des löwenköpfigen Kronos und noch manche anderen Gestalten. Zu beiden Seiten knieten die Eingeweihten betend auf den Bänken. Die Priester gingen in seltsamen Gewändern auf und ab. Man hatte das Licht geschickt und zu bestimmten gewollten Effekten angeordnet. Maschinerien und trügerische Bilder gaukelten Gefahren vor, die er bestehen und vor

denen er seinen Mut beweisen sollte; ein Rauschtrank verwirrte ihn, —
er flüsterte heilige Formeln nach, die seine Phantasie zu immer stärkerer
Erregung trieben; er glaubte sich über die Grenzen der Welt empor-
gehoben. . . In dieser Skizze will mir vor allem zweierlei beachtenswert
erscheinen: der in der Ekstase erlebte Himmels- oder Jenseitsweg des
Mysten, der vielen Erlebnissen vieler anderer Mysterien gleich ist und
entspricht, und — daß der Neuling seinen männlichen Mut beweisen muß.

Nichts anderes als diese Skizze lehrt die mitgeteilte „Mithrasliturgie". Sie
setzt mit einem Gebete, einer Anrufung der Anfänge ein: „Erster Ursprung
meines Ursprungs, erster Grund meines Urgrundes, Anfang meines Geistes,
Feuer, das Gott gab und aus dem ich entstand, Wasser, aus dem ich
wurde, Erde, aus der ich wurde, mein gesamter Leib . . ."; — man hat
gesagt: wenn er dem untödlichen Ursprung wiedergegeben werden und
den untödlichen Anfang schauen soll, kann er das nur dadurch, daß der
unsterbliche Geist in ihm und das unsterbliche Wasser, das Feste und die
Luft das heilige Feuer schaut, des Aufgangs abgrundtiefe Flut; daß in ihm
weht der heilige Geist. „Man sieht aus einigen nachfolgenden Vorschriften,
wie eigentlich die Erhebung durch den Geist gemeint ist: er muß von den
Strahlen Geist einziehen, dann hebt er sich zum Licht und kommt mitten
in die Luftsphäre" — und so weiter. „Hole von den Strahlen Atem, dreimal
einziehend, so stark du kannst, und du wirst dich sehen aufgehoben und
hinüberschreitend zur Höhe, so daß du glaubst mitten in der Luftregion
zu sein. Keines wirst du hören, weder Mensch noch Tier, aber auch sehen
wirst du nichts von den Sterblichen auf Erden in jener Stunde, sondern
lauter Unsterbliches wirst du schauen. Denn du wirst schauen jenes Tages
und jener Stunde die göttliche Ordnung, die tagbeherrschenden Götter
(:Planeten) hinaufgehen zum Himmel und die andern herabgehen. . .
Sehen wirst du, wie die Götter dich ins Auge fassen und gegen dich heran-
rücken. Du lege sogleich den Zeigefinger auf den Mund und sprich:
‚Schweigen! Schweigen! Schweigen!' das Zeichen des lebendigen unvergänglichen Gottes, ‚Schütze mich, Schweigen!' Darauf pfeife lang, dann
schnalze (und sprich: es folgen Zauberformeln), und dann wirst du sehen,
wie die Götter gnädig auf dich sehen und nicht mehr gegen dich heran-
rücken, sondern an die Stelle ihrer Tätigkeit gehen.

Wenn du nun die obere Welt rein siehst und einsam und keinen der
Götter oder Engel herankommen, dann erwarte das Krachen eines gewaltigen Donners zu hören, so daß du erschüttert bist. Sprich du aber
wiederum ‚Schweigen! Schweigen!' Gebet: ‚Ich bin ein Stern, der mit

euch seine Wandelbahn geht und aufleuchtet aus der Tiefe!' Wenn du das gesagt hast, wird sich sofort die Sonnenscheibe entfalten." — Wie sich der Myste vorhin durch sein Atmen der Luftregion anpaßte und so in die auffahren konnte, so macht er sich jetzt durch sein Gebet zu einem Planeten, einem Wandelstern, und er wird den Planeten in ihrer Sphäre sozusagen gleich, sie lassen von ihrer Feindschaft ab und dulden ihn bei sich.

„Nachdem du aber das zweite Gebet gesagt hast, wo es zweimal ‚Schweigen!' heißt und das folgende, pfeife zweimal und schnalze zweimal, und sogleich wirst du von der Sonnenscheibe Sterne (Sternschnuppen) herankommen sehen, fünfzackig, sehr viele und erfüllend die ganze Luft. Sprich du wiederum ‚Schweigen! Schweigen!' und wenn sich die Sonnenscheibe geöffnet hat, wirst du einen unermeßlichen Kreis sehen und feurige Tore, die abgeschlossen sind. Du aber sage sogleich das hier folgende Gebet her, deine Augen schließend", — und es folgt ein Gebet an den Herrn, der die feurigen Schlösser des Himmels verschloß, den Zweileibigen, Feuerwaltenden, also den Feuergott und Himmelspförtner Aion oder Kronos, der einen Menschenleib mit einem Löwenkopf hat.

„Wenn du das gesagt hast, wirst du Donner hören und ein Krachen in der Luft und entsprechend wirst du dich selbst erschüttert fühlen. Du aber sprich wieder ‚Schweigen!' Gebet. Dann öffne die Augen und du wirst die Türen geöffnet sehen und die Welt der Götter, die innerhalb der Türen ist, so daß von der Lust und Freude des Anblicks dein Geist mitgerissen wird und in die Höhe steigt." — Der Myste ist also über die Sphäre Luft und die der Planeten aufgestiegen in die ätherische zu derjenigen des Feuers und der Götter. „Tritt nun hin sogleich und ziehe von dem Göttlichen gerade hinblickend in dich den Geisthauch, und wenn deine Seele wieder zur Ruhe gekommen ist, sprich: ‚Komm herzu, o Herr!' Wenn du das gesagt hast, werden sich zu dir die Strahlen wenden und du wirst mitten unter ihnen sein. Wenn du nun das getan hast, wirst du einen Gott sehen, jugendlich, schön, mit feurigen Locken in weißem Gewande und in scharlachrotem Mantel mit einem feurigen Kranze. Sogleich begrüße ihn mit dem Feuergruße: ‚Herr, sei gegrüßt, großmächtiger, hochgewaltiger König, Größter der Götter, Helios, Herr des Himmels und der Erde, Gott der Götter, mächtig ist dein Hauch, mächtig ist deine Kraft, Herr, wenn es dir gefällt, melde mich dem höchsten Gotte. . .' " — Helios ist also der Erzengel jenes höchsten Gottes, zu dem der Myste hin will und in dessen Dienste und Tempel diese Anrufungen geschehen.

„Wenn du das gesagt hast, wird er zum Himmelspol kommen und du wirst ihn sehen schreitend wie auf einem Wege. Du aber blicke zu ihm auf und ein langes Gebrüll wie mit einem Horn, deinen ganzen Atem dran gebend, deine Seite pressend, gib von dir und küsse die Amulette und sprich zuerst zur Rechten: ‚Schütze mich!' Wenn du das gesagt hast, wirst du Tore sich öffnen sehen und kommen aus der Tiefe sieben Jungfrauen in Byssosgewändern mit Schlangengesichtern. Sie werden genannt des Himmels Schicksalsgöttinnen, haltend goldene Szepter." Es folgt das Begrüßungsgebet an sie. „Und es kommen hervor andere sieben Götter mit Gesichtern schwarzer Stiere, mit Linnenschürzen, mit sieben goldenen Diademen. Das sind die sogenannten Polherrscher des Himmels, die du in ähnlicher Weise begrüßen mußt, jeden mit seinem eigenen Namen: ‚Seid gegrüßt, ihr Weltachsenwächter, ihr heiligen und starken Jünglinge, die ihr umdreht auf ein Kommando die drehbare Achse des Kreises des Himmels und Donner und Wetterleuchten und Erdbeben und Donnerkeile entsendet. . .' " — Es sind die sieben Sterne des Großen und (die Stierhäuptigen) die sieben Sterne des kleinen Bären, die im Fixsternhimmel herrschen. „Wenn sie aber antreten hier und dort nach der Ordnung, blicke geradeaus in die Luft und du wirst merken Blitze herabkommen und Lichter funkeln und die Erde beben und herabkommen Gott übergewaltig mit leuchtendem Antlitz, jung, mit goldenem Haupthaar, in weißem Gewande, mit goldenem Kranz, in weiten Beinkleidern, haltend in der rechten Hand eines Rindes goldene Schulter, die da ist das Bärengestirn, das bewegt und zurückwendet den Himmel, stundenweise hinauf- und hinabwandelnd, dann wirst du sehen aus seinen Augen Blitze und aus seinem Leibe Sterne springen. Und du erhebe sogleich ein langes Gebrüll, pressend deinen Leib, damit du mit erregst die fünf Sinne, lang, bis du absetzen mußt. . . Und sieh dem Gott ins Antlitz lange brüllend und grüße ihn so: ‚Herr, sei gegrüßt, Herrscher des Wassers! Sei gegrüßt, Begründer der Erde! Sei gegrüßt, Gewalthaber des Geistes. Herr, wieder geboren verscheide ich; indem ich erhöht werde und da ich erhöht bin, sterbe ich; durch die Geburt, die das Leben zeugt, geboren, werde ich in den Tod erlöst und gehe den Weg, wie du gestiftet hast, wie du zum Gesetze gemacht hast und geschaffen hast das Sakrament."

So ist der Myste zum höchsten Gotte Mithras aufgestiegen, im Kult, wie er es nach dem Tode einmal will; „in den Tod erlöst", gibt sein Gebet ja selber an. Es ist ein langer Weg hinauf, erst durch die elementischen Sphären, dann durch die Planeten, die unteren Sterne, und am Ende durch die oberen, — ein Weg, der in den Isismysterien noch einmal begegnen wird. Der Myste stieg auf durch Einatmen des „Geistes", — des göttlichen Feueratems, werden wir mit Recht auslegen dürfen; der irdische Leib bleibt unten, und er wird dadurch unsterblich, daß ihn der göttliche Feuerodem erfüllt und ihn zum Gotte führt. Das πνεῦμα des Gottes erfüllt ihn und die Wiedergeburt geschieht. ἐξάφες ὅ ἔχεις καὶ τότε λήψει: gib von dir, was du hast, und dann wirst du empfangen.

Das ist das eine, aber darüber darf das andere nicht vergessen werden, daß nämlich das Himmelreich hier nicht nur hingenommen wird, daß es erarbeitet und errungen und erstritten wird. Man muß die Großen und die Gewaltigen bestehen, und das erfordert einen Mann, — wie männliches Tun, ein primitives und naives Männliches auch sonst immer wieder sichtbar wird; mit Pfeifen und Schnalzen, mit urigem Gebrüll besteht man Gott.

Es ist mir im Grunde jetzt nur auf diesen Beweisgang angekommen. Das Übrige den Mithras-Mysterien Zugehörige berühre ich nur. Was wir von ihnen wissen nämlich ist nicht viel. Zunächst, um bei dem Ausdrucke „Mysterien" selbst zu bleiben, man wird sich von demselben nicht verführen lassen dürfen und nicht annehmen dürfen, daß sie anfangs jenen hellenistischen entsprachen, (ich rücke sie deshalb von diesen auch ab und hierher). Denn nicht nach einem Vorbilde der hellenischen Kulte versuchten ihre Adepten ihre geheimen Gesellschaften zu gründen, Gesellschaften, deren esoterische Lehre sich allein in einer gestuften Folge von Weihen und Enthüllungen gewinnen ließ. In Persien selbst bildeten die Magier eine abgeschlossene Kaste, welche in mehrere Unterabteilungen geschieden war. Diejenigen aber, die sich dann vielleicht inmitten fremder Rassen mit anderen Sprachen und anderen Sitten niederließen, verheimlichten der profanen Menge noch eifersüchtiger den ererbten Glauben ihrer Väter. Die Kenntnis dieser Geheimnisse gab ihnen das Bewußtsein moralischer Überlegenheit und sicherte ihnen den Respekt der Völkerschaften, zu denen sie kamen und unter denen sie jetzt wohnten. Wahrscheinlich war das mazdäische Priestertum genau so in Kleinasien wie auch in Persien das Erbteil eines Stammes, in dem es immer vom Vater auf den Sohn gekommen ist; danach verstand man sich dazu, seine geheimgehaltenen Dogmen nach einer zu überstehenden Einweihungszeremonie auch an Fremde mitzuteilen, und diese Proselyten wurden nach und nach zu den verschiedenen Zeremonien des Kultes zugelassen. Mit anderen Worten: jene sogenannten

Mithras-Mysterien sind anfangs keine Mysterien wie die eleusinischen gewesen; sie waren allein der Kult des Mithras in der Fremde. Erst langsam sind sie in das Mysterienmäßige hineingewachsen, in jenes, was in der Mithrasliturgie aufscheinen will.

Die Einzelheiten des Kultes gehen uns hier nichts an; ich merke nur an, daß er im Babylonischen chaldäischen Einflüssen unterlag; vor allem hat aller Gestirnglaube sehr stark auf ihn eingewirkt. Die sieben Planeten wurden mit sieben Weihegraden gleichgesetzt; Sternbilder wie der Rabe, der Hund, der Löwe entsprachen jenen Tieren, die in den Mithrasdarstellungen den stiertötenden Gott umgaben; das hat der persischen, einer indogermanischen Religion, den Weg ins sternengläubige babylonische Tiefland leicht gemacht. Vielleicht war überhaupt der Stier das tertium comparationis für dort: das Frühlingsgestirn war dem aufsteigenden siegreichen Gotte des Lichtes angemessen und alles, was die Legende aussagte, bejahte ja die Astrologie, — wie auch der Skorpion, das böse winterliche Sternenbild, zugleich in der Legende bös und schädigend erschien. Die ganze Astrologie ward so durch Babel in den Mithracismus eingefügt, zusammen mit ihr auch alle daraus sich ergebenden Folgerungen und Schlüsse, so jene über die wichtigsten dem drohenden Verhängnis widerstrebenden Möglichkeiten: die Nekromantie und Oneiromantie, der Glaube an den Bösen Blick und Talismane, an Zauber und Beschwörungen, so daß der Name „Magier" jetzt mit Hexer gleichbedeutend wurde.

Der Mithraskult hat sieben Weihegrade aufgestellt. Ursprünglich waren es vielleicht nur zwei, die Grade Rabe und Löwe, — nach der Rolle, die beide in der Mythologie einmal besessen, oder nach der Gestalt, in welcher er vielleicht einmal erschien. Den ursprünglichen beiden hat man in der Folge andere Namen beigesellt, wohl um die heilige Siebenzahl zu erreichen. Die sieben Stufen der Initiation, welche der Myste nun durchlaufen mußte, um die vollkommene Weisheit und die Reinheit zu erlangen, entsprachen später den sieben Planetensphären, welche die Seele zu durchreisen hatte, um an den Aufenthaltsort der Erhöhten zu gelangen. Nachdem man Rabe gewesen war, wurde man zu dem Range eines Geheimen oder Verborgenen (κρύφιος) befördert; die Mitglieder dieser Klasse waren im Gottesdienste mit irgend einer Hülle bedeckt und blieben vermutlich für die übrigen Anwesenden „unsichtbar"; sie jenen zu zeigen, bildete einen feierlichen Akt (ostenderunt cryfios). Der miles gehörte zu dem heiligen Heere des unbesiegbaren Gottes und er bekämpfte unter seinem Befehl die Mächte alles Bösen. Die Würde des „Persers" erinnerte

an den ersten Ursprung der mazdäischen Religion; der welcher sie empfangen hatte, galt nun als ein Glied des Volkes, das ehemals allein zu den
geheiligten Zeremonien zugelassen war, legte daher bei diesen orientalische Kleidung an und setzte sich eine phrygische Mütze auf, die man auch
Mithras auf den Abbildungen zu geben pflegte. Weil dieser auch mit der
Sonne verglichen wurde, ihr identisch war, schmückten sich seine Diener
auf der nächsten Stufe mit dem Beinamen Ἡλιοδρόμοι: das ist die Boten
oder Läufer der Sonne. Die „Väter" endlich hat man den griechischen
Gemeinschaften (θίασοι) entlehnt, in denen man diese ehrenvolle Benennung häufig brauchte, um die ihr vorstehenden Alten oder Leiter zu
bezeichnen. Man meint, die niederen drei Grade berechtigten noch nicht
dazu, an den Mysterien teilzunehmen; erst wenn man „Löwe" wurde,
gehörte man zu den Eingeweihten, — der „Löwe" stand zwischen „Soldat" und „Perser", und die Mithrasliturgie spielt auf ihn an. Die Initiation zum Stande der Eingeweihten, das heißt zur Teilnahme an den
Mysterien, heißt hier Sakrament, wie manche meinen, weil man mysterium gleich sacramentum setzte und verstand, Tertullian zum Beispiel
gebraucht die beiden Ausdrücke gleichbedeutend; wie andere aus der
Organisation des Mithraskultes schlossen, wegen des Eides, den man den
Neophyten aufzuerlegen pflegte, — und der demjenigen ähnelte, welchen
der Rekrut zu leisten hatte. Der Kandidat verpflichtete sich vor allen
Dingen, die Lehren und Riten, welche man ihm mitteilen würde, geheim-
zuhalten, aber man forderte von ihm auch noch speziellere Gelübde. Der
Myste erlebte etwa, wenn er miles werden wollte, daß man ihm einen
Kranz auf einem bloßen Schwerte reichte. Er wies den angebotenen aber
mit der Hand zurück und ließ danach den Kranz auf seine Schulter gleiten, indem er sagte, daß Mithras sein alleiniger Kranz sei und auch
bleibe. Von nun an trug er nie wieder einen solchen, weder bei festlichen
Gelegenheiten, etwa beim Gelage, oder wenn man ihm einen als soldatische
Auszeichnung zuerkannte. Auch andere ins Militärische hinüberspielende
Zeichen waren vorhanden. Tertullian vergleicht zum Beispiel jene Rite,
bei welcher man „den Soldaten an der Stirne zeichnete", mit der confir-
matio. Das Zeichen oder Siegel nämlich, das man gab, ist ein mit einem
glühenden Eisen aufgebranntes Mal gewesen, ähnlich demjenigen, welches
man im römischen Heere dem Rekruten vor seiner Zulassung zur Ver-
eidigung aufzudrücken pflegte. Die unauslöschliche Marke erinnerte aber
den Professen an sein Soldatentum im Dienste des heldischen Soldaten-
gottes.

Bei vielen Zeremonien spielten Waschungen, also eine Art von Taufe, eine Rolle; die höheren Grade genossen bei einer Messehandlung Brot und Wasser, das man in Persien mit Haoma-Saft, im Westen aber mit Wein zu mischen pflegte; von dieser sakramentalen Mahlzeit, aber ganz besonders von dem Genusse des geweihten Weines, erhoffte man sich viel, denn der berauschende Trank erhob nicht nur den heiligen Trinker, gab Körperkraft und materielle Wohlfahrt, sondern teilte ihm auch Weisheit mit; er stärkte den Neophyten für seine Kämpfe gegen die bösen Geister, ja mehr, er schenkte ihm eine glorreiche Unsterblichkeit. — Wenn man all diese kultischen Übungen einmal geschlossen überblickt, dann steht in ihnen das Männliche ganz und gar im Mittelpunkte. Deswegen vielleicht auch schloß der Kult die Frauen beinahe gänzlich aus. „Während die meisten orientalischen Kulte den Frauen eine bedeutende, bisweilen sogar die ausschlaggebende Rolle zugestanden haben und dafür glühende An- hängerinnen in ihnen fanden, hat Mithras ihnen die Teilnahme an seinen Mysterien fast verboten. Die rauhe Disziplin des Ordens gestattete ihnen nicht, Grade in den geheiligten Kohorten zu erwerben, und sie erhielten, wie bei den Mazdäern des Orients, nur einen untergeordneten Platz in der Gemeinschaft seiner Gläubigen. Unter den Hunderten von Inschriften, die auf uns gekommen sind, erwähnt nicht eine einzige eine Priesterin, eine Eingeweihte oder auch nur eine Schenkgeberin." — Es ist der deutlichste Beweis des männlichen, ja man könnte beinahe sagen, männnischen Charak- ters dieses Kultes. Und ein Beweis, der ihn — wie vorhin schon einmal — in den Zusammenhang mit den nordeuropäischen Männerbünden rückt.

Die indogermanische Welt stellt also ihre Bünde auf den Mann und dessen Wollen, dessen letzte, eigentliche Gerichtetheit.

Stiertötender Mithra. Medaille des Tarsus

Zwei Geltungen

Ich wollte in diesem Kapitel eigentlich von den Weiberbünden sprechen und nun ist es die Beschreibung eines erregenden Zusammenstoßes geworden, der indogermanische Mann traf auf die mittelmeerische weiberbündische Welt. Es wiesen sich ihm zwei Möglichkeiten — und er nahm beide in die Hand: die Pongauer „schönen" Perchten trugen in der freien Faust den Degen; ein arisches Volk schuf einen soldatischen Mysterienkult. Die nämlichen Völker aber kann.n auch die zweite Möglichkeit: sie brauchten gegen einen zauberträchtigen Gegner zaubrische Methoden, sie wußten darum, wie man dämonische Mächte zwingt und bannt. Damit erhebt sich nun die Frage, welche der beiden Kampfesweisen von diesen Männern vorzugsweise angewendet worden ist? Trauen sie vor allem den Degen oder trauen sie irgendwelchen Zauberkünsten?

Ein wichtiges Zauberwerkzeug aller schönen Perchten war der Stecken. Das waren etwa drei bis fünf Meter lange Hartholzstecken, die dortzulande Teggelstecke oder Stacklstecken heißen, Stecken wie sie die Hirten auf den Almen heute noch führen. Sie springen mit ihrer Hilfe über alle unbequemen Hindernisse wie Bäche und Zäune, und sie stützen sich auf sie an steilen Hängen. Vor allem gebrauchten sie Hirten und Senner, sei es um das Salz zu schöpfen, sei es als tägliches Hilfsgerät, sei es als dickerer Keulenstock, der ihnen als Waffe gegen wütende Stiere und Wölfe diente. Hauptsächlich verwendete man sie beim Springen und es ist gerade dieses Springen, das gegen Dämonen als ein Abwehrmittel galt. In einer Geschichte aus dem Salzburger Lande wird gesagt: „Die alten Berchten, die noch die Geister der ‚Wilden Fohre‘ (Fahrt) zu beschwören hatten, mußten mit ihren Kraftsprüngen Unheil an Stellen abwenden, die für Mensch und Tier gefährlich waren. Davon erzählt eine Oberlienzer Geschichte vom Überzähligen: Zum Ronacher über Perlog kamen zwölf Berchten und sprangen über den Brunnentrog hin und her. Plötzlich sauste eine über das zweiundeinenhalb Meter hohe Brunnenrohr. Der Ronacher zählte sogleich die Berchten; es waren deren dreizehn geworden, also die ‚Wilde Bercht‘ mit dabei. Er sprengte rasch Weihwasser und hieß die Berchten ins Haus gehen. Drinnen waren nur mehr elf. Eine war spurlos verschwunden. Man fand ihre Kleider weit ober dem Hof und nannte danach den Ort ‚Perchteseben'. Seither gingen die Oberlienzer Berchtendarsteller am Morgen des Springens zu den Sakramenten, um gegen die ‚Wilde Bercht' gefeit zu sein."

In dieser Sage von den als „schönen Perchten" gehenden jungen Burschen gebrauchen die männlichen Perchten also eine Zauberkunst: ihr Springen vermag ein Menschen und Vieh gefährdendes Unheil abzuwehren. Doch hat es mit diesem Springen etwas auf sich, denn es wirkt nicht so, wie etwa ein Eimer Wasser in ein irgendwo aufgehendes Feuer wirkt, das heißt, daß zwei einander feindliche Elemente sich bekämpfen, sondern — das Springen ist ein den „wirklichen Perchten" eigentümliches Tun. Man wendet den Perchten gegenüber also einen Zauber an, der ihnen gehört, der ein den wirklichen Perchten eigenes Können ist. (So wie die Homoeopathie das Gift mit dem spezifischen Gift bekämpft.) Es kommt dann also eigentlich alles nur noch darauf an, wer von den beiden die stärkere Dosierung, wer „mehr Mana" hat. Nun erst läßt sich auch eine zweite Möglichkeit erklären: die „schönen Perchten" auf der Perchtenjagd bezeichnen sich als Perchten, sie sind auch Perchten, — und man wird an jene afrikanischen Dämone denken müssen, die man vertreibt, indem man sich so anzieht, wie sie gehen. Der echte Dämon fühlt sich von einem Kommenden neuen inkommodiert, er räumt das Feld und sucht sich einen anderen, nicht dämonisch bevölkerten, Bezirk. Ob hinter dem Perchtenkleid der schönen Perchten eine ähnliche Absicht steht? — Ein österreichischer Forscher wieder hat vermuten wollen, daß in der Übernahme des Kleides eigentlich eine Zauberhandlung stecke, durch welche der Mensch sich außerordentliche Kräfte anzueignen suchte, denn er griff über die Grenzen der ihm eigenen und gesetzten Kräfte in das Gebiet dämonischen Lebens, und beraubte sozusagen die Dämonen, was ganz natürlich deren Rache hat heraufgeschworen müssen. Denn das machte die Gefährlichkeit des Umgangs mit den jenseitigen Gestalten wie des Ergreifens und Erlernens jeder Zauberhandlung aus. Bei jedem eigentlichen Nachahmungszauber aber liegt es nahe, daß der kopierte Dämon, dessen Macht man brauchen will, erscheint und sich an dem ihn nutzenwollenden Menschen rächt. Man wird es an Hand der uns vorliegenden Berichte nicht entscheiden können, in welcher der beiden Vermutungen wohl das rechte stecke. Eins jedenfalls scheint mir sicher, und dies eine ist gewiß —: wer einen Dämon packt und ihn in seiner Gewalt zu haben meint, mag sich wohl vorsehen, daß er in seiner Rechnung sich nicht täuscht.

In Meerenschwanden im Aargau wollten die jungen Burschen Streggele jagen, und man erzählt: „Mehrere Nachtbuben wollten sich zusammen den landesüblichen Spaß machen, jenes Nachtgelärm zu veranstalten, das man mit Peitschen, Ketten und Schellen um die Häuser bekannter Familien erhebt und wobei namentlich die erwachsenen Mädchen durch maskierte Liebhaber unsanft aus ihrem Schlafe geweckt werden. Man nennt dies im Freienamte und im benachbarten Luzerner Land das Streggelejagen. Die Burschen sammelten sich in der Nacht des Fronfastenmittwochs vor Ostern und fingen den tollen Lauf an. Sie machten nun einen Scherz mit einem der ihrigen und steckten ihm in den Sack, in dem sich die gejagte Streggele fangen sollte, eine schwarze Katze. Diese wurde aber zu einem maßlos wachsenden Ungetüm, das erst durch einen Kapuziner beschworen werden konnte. Die Urheber des Spaßes starben bald danach." — Man kommt mit den Gewaltigen von drüben nicht gut aus. Was immer getan wird, niemals wird man es vergessen dürfen, daß wer in ihre Nähe tritt, mit ihnen in Gemeinschaft kommt, in ihre Gewalt gerät. Daß sie die Hände nach ihm recken werden. Das ist das eine. Und dann heben diese Sagen noch etwas hervor: in der Gewalt und Macht derjenigen, welche drüben herrschen, sein, das heißt: aus der Gewalt und Macht derjenigen hierhüben treten. Das aber ist nicht allein: aus einem menschlichen Bezirke austreten und ihn lassen, es ist: aus jenem Machtbereiche und aus jenem Schutzbereiche gehen, in dem man gesichert ist und eine starke mächtige Hand uns hält. Und hier berühren sich die vorhin gefundenen Bezirke noch einmal. Denn eine solche Sicherung vor einem Jenseitigen und Dämonen kann ebensowohl durch eine irdische oder menschliche Macht geschehen, wie sie durch eine zweite jenseitige, also etwa Gott, geschieht.

In einer Gasteiner Sage wurde unter vielem anderen Folgendes erzählt: „Ein Knappe betete auf den Rat eines alten Weibes vierzehn Tage nicht und vermochte sich darauf beim Perchtenlauf vom Brunnen aus auf ein Hausdach und in die Luft zu schwingen, wo er frei schwebend verharrte. Erst als der Geistliche mit dem Hochwürdigsten nach allen Richtungen den Segen erteilte, stürzte er klagend herunter und starb, nachdem er die große Lust des Herumfliegens gepriesen hatte." — Es ist ein Nichtchristliches und ein Widerchristliches, diese Kraft zu fliegen. Der Knappe erwarb sie und er wurde dadurch perchtengleich, indem er aus dem Bezirk der christlichen Macht getreten ist. Wer also den großen Perchtenzauber haben und erhalten will, den Zauber sich in die Luft zu schwingen und dadurch Gefährliches zu sichern, muß aus dem christlichen Machtbereich austreten und muß Christum lassen, und wird — das deutet sich wohl an — dadurch ein Perchte unter Perchten.

Aus Igls (Tirol) wird eine entsprechende Geschichte mitgeteilt, nur daß an Stelle des Begriffes „Percht" der andere, „Teufel", tritt. In Igls war es früher nach der Sage „Brauch, daß am Aschermittwoch zwölf Leute aus Igls im Teufelskostüm nach Ellbögen kamen und dort, dem alten Bergwerksort, allerlei Unfug trieben. Das Volk behauptete, es wären aber immer dreizehn statt zwölf gesehen worden, also sei der Leibhaftige unter ihnen gewesen. Er habe die erstaunlichsten Künste gezeigt, so daß auch die anderen über den Brunnentrog hinaussprangen." — Das ist ganz offensichtlich eine jüngere und zerstörte Variante der oben gegebenen Nachricht, daß im Schwarm der Perchtenläufer zuweilen sich eine unbekannte, wilde Percht feststellen lasse, obwohl wir auch ältere Teufelsagen eben dieses Typus haben. Ob aber Perchte oder Teufel, was die Sage lehrt, ist dies: daß niemand so frech sein dürfe, „den Teufel an die Wand zu malen", denn „wenn man den Teufel nennt, kommt er gerennt", dann ist er da. Wer sich das Kleid des Dämons anlegt, macht ihn kommen.

Wer sich das Kleid des Dämons anlegt, tritt ein in sein Reich. Er wird zu einem Genossen des Dämons, einem Gleichberechtigten. Ihm gleich. Und alle für jenen gültigen Gesetze gelten nun für ihn. Das Springen über die Brunnenstöcke aber bedeutet nunmehr ohne Zweifel, daß zwei auf gleicher Ebene ihre Kräfte messen wollen: der echte und der falsche Dämon — und der Mächtigere wird gewinnen. Die jungen Perchtenläufer wurden also und s i n d Perchten.

Ich darf vielleicht am Rande kurz noch Folgendes bemerken, daß hinter diesem Springen ein „ekstatisches" Tun gesehen wird; man sagt, daß ihr Umhertosen sie so sehr errege, sie in ein sich-und-ihre-Möglichkeiten-Vergessen, in ein Außersichsein erhebe, daß sie geradezu Unmögliches zu tun imstande seien. Das ist ein aus-sich-Heraustreten, ein hinaus-Können über alle Grenzen, wie es vorhin bei den Berserkern und den Werwölfen sichtbar wurde, und ist ein aus den nördlichen europäischen Ländern uns bekannter, dem mittelmeerischen Menschen aber nicht geläufiger Zug.

Doch wieder zu dem, was uns in diesem Abschnitte besonders wichtig ist! Ich sagte: der junge Perchtenläufer sei zu einer Percht geworden. Er wird — und ganz gewiß verhilft sein außersichsein-Dürfen ihm dazu, verhilft der Zwang der Maske, den wir vorhin kennen lernten, ihm dazu, — für Augenblicke zu einem Untertanen eines dämonischen Bereichs. Er ist ein Mitglied einer dem Dämonischen zugehörenden Knabenschaft. Wenn ich vorhin von dem soldatischen Kult der Mithrasdiener sprach, jetzt wäre von einer dämonischen Knabenschaft und Kriegerschaft zu sprechen.

Wir kennen diese dämonische Knabenschaft aus mehreren Zusammenhängen; ich möchte mit einem, der den meisten Lesern sehr geläufig ist, beginnen. Da gibt es im bayrischen Bezirke Miesbach eine Knabenschaft, die sich anscheinend jenseits aller dämonischen oder mythischen Bezirke als eine der Volksjustiz gewidmete betätigte: die der Haberer. Sie treiben das Haberfeld, das heißt: sie kommen in der Dunkelheit, und unter einem ungeheuren Lärm, Geschieße, Klappern, Jaulen, verlesen sie alle Sünden dessen, dem sie das Feld treiben. Das alles geht also ganz im irdischen oder hübigen Leben zu. Nun aber berichtet ein Aktenstück des Kreisarchives München, daß „nahe vor dem Dorfe Reischenhart, beim Hofe des Eggenbauern, bei starker Finsternis und stürmischem Wind in der Nacht von Samstag, dem 4. auf Sonntag, den 5. Januar 1851, von ungefähr fünfzig Mann um Mitternacht ein Haberfeldtreiben stattfand. Es galt dem Austrägler Johann Gschwendtner, der Lippentochter Maria, dem Metzger von Redenfelden und dem Maurermeister von Groß-Holzhausen sowie dem Anderl vom Stock; ferner sollen noch die Daumerin von Reischenhart und der Müllerschmiedsohn von dort beschimpft worden sein. Auch der Expositus von Kirchdorf wurde dabei beleidigt. Man verstopfte die Schlüssellöcher der Kirchentüre mit Holzspänen. Die Haberer nannten einen verstorbenen Pfarrer von Au als ihr Haupt und als den Verfasser der Knittelverse. Beim Treiben wurde großer Lärm gemacht und geschossen. Man fand einen Schnurrbart, den einer verloren hatte. Der Grenzaufseher von Kirchdorf hörte auf seiner Patrouille ein Murmeln und eine Stimme: ‚Wir sind vom Kaiser Karl vom Untersberg hergerufen, um Haberfeld zu treiben.'" — An diesem Auszug aus den Verhörsakten interessiert heute zweierlei: zuerst daß man den toten Pfarrer als Anführer nennt, — das kann natürlich ein Versteckspielen vor dem Dorfe sein, um zu verhindern festzustellen, wer die einzelnen Haberer waren. Dann aber wird der im Untersberge sitzende Kaiser Karl genannt, ein schlafender Kaiser, der zu seiner Zeit einst wiederkommen wird. Und diese Nennung dürfte mehr gewesen sein als eine leere Finte; wir sind in Miesbach in der Nähe des bei Salzburg liegenden Untersberges, wo man das Buch von Lazarus Gitschners Reise in den Untersberg noch liest, der Birnbaum auf dem Walserfelde vor dem Untersberge gibt das Zeichen, wann sich der Kaiser zu seiner Wiederkunft bereit macht und das Reich erhebt, — er ist um 1870 von zwei deutschengegnerischen Männern abgehauen worden, ein Zeichen dafür, wie stark all diese Vorstellungen noch lebendig sind. Wenn also der Kaiser im Untersberge genannt wurde, wird man glauben dürfen, daß es nicht bloß aus Übermut geschah und ein Gerede war, daß etwas vom mythischen Inhalte jener Vorstellung mitgeschwungen haben muß.

In Weyarn, um nur noch eine von den Untersberg-Angaben anzuführen, begann die Anrede 1863 am 24. März wie folgt:

> Ihr Herrn Waierer, laßt enk song,
> heit wolln wier a großartigs Hoberfeld jong.
> Thuats enk ober net untersteh,
> u. Thuats net zu nah zuba geh. —
> no fil weniger zuba schießen,
> das mar net gewald oleng müßn.
> Der Kaißer Karl foo Untersberg hot gschikt
> 400 Mann u. an Teufel dazua,
> wen ihr heit Sturm leit
> mach mar uns glei a Ruha . . . .

Hier kommen also die Haberer nicht nur aus dem Untersberge, sie haben in ihrer Gesellschaft auch noch einen mit, den Bösen.

Der Teufel wird überhaupt sehr oft als Haberergenosse angegeben. In Weyarn erklären sie 1834 am 3. Mai:

> I ho heut gwart mit größten verlangä,
> bis die Sonn is eingangä.

> Wir sind lauter zam gschworne Leut,
> drum hat der Teufel seine Freud.

> Mitten in unserer scharr is er dinna,
> er hat brazen und kaine Fingna.

> Füeß hot er wie ä Gaiß,
> er duet mir einsagn das i ois waiß . . .

worauf denn viele überaus zotige Rügeverse folgen. Nicht sehr viel anders lauten 1841 in Irschenberg die Reime.

Bei diesen Teufelsnennungen freilich könnte man erst recht vermuten, daß hier ein Auftrumpfen statthatte, daß die jungen Burschen den Mund so voll genommen haben, wie sie eben konnten; es sind ja alles Achtzehn-, Zwanzig-, Fünfundzwanzigjährige. Man muß die jungen Burschen dieser übermütigen Jahre kennen, um zu begreifen, wie nah solche Möglichkeiten liegen. Aber da sind die Münchener Akten aus dem Jahre 1827. „Am Samstag, den 20. Mai 1827, um dreiviertelelf Uhr nachts, wurde den beiden Bauerntöchtern Anna Kirchberger und Barbara Huber, beide zu Steingraben b. Elbach, ‚ins Haberfeld‘ getrieben. An beiden Häusern wurde angepocht und gerufen:

> Bauer, der Hammer hat dreiviertel elf geschlagen,
> dürfen wir deiner Hur ins Haberfeld jagen?

Darauf erfolgten mehrere Schüsse, und es wurden die Namen lauter solcher Personen verlesen, welche gewiß nicht dabei gewesen. Jeder antwortete mit ‚Hier!‘ Nun wurde abgezählt, und dabei fand sich, daß einer zu viel war, weshalb der Ableser rief:

> Einer ist dabei,
> den tun wir nicht kennen;
> Geißfüß’ hat er zwei,
> wie möcht er sich wohl nennen?
> Ich bild’ mirs schon ein:
> der Teufel muß’ sein! . . .“

Das ist die Vorstellung von der überzähligen Perchte oder Teufel. Wenn diese Sage in der zweiten Hälfte des neunzehnten Jahrhunderts und noch im zwanzigsten in den bayrischen Landschaften aufgenommen worden ist, wird man nicht annehmen dürfen, daß sie dort zum Märlein wurde. Man hat sie vielmehr im Salzburgischen und Tirol, man hat sie in vielen andern österreichischen Alpentälern noch erzählt, — wie sie in niederdeutschen Landschaften noch um 1900 lebte, — man wird deswegen nicht gut von den Haberern glauben dürfen, daß sie mit dieser Teufelsvorstellung Gaukelei getrieben haben. Wenn sie, wie das von zwanzigjährigen Burschen anzunehmen ist, sich über allen solchen „Aberglauben“ zwar erhaben dünkten, „wenn sie den starken Mann markierten“, — so viel wird trotz allem gelten, daß diese Vorstellung ihren Zuhörern nicht nur Unsinn war. Daß viele von ihnen an den Überzähligen bei den Haberern glaubten. Das aber besagt, daß hier ein solches Klima angenommen werden darf, in dem die Knabenschaft als eine dämonische Knabenschaft gegolten hat.

Den beiden Gruppen oder Erscheinungsformen der oberdeutschen Knabenschaften, denen die das Dämonische im Außersichsein und im Rauschhaften erleben, und denen, die sich den mythischen Untersbergbewohnern zuzuzählen pflegen, sei es, daß sie zum toten Heer und der Gefolgschaft des versenkten Kaisers, sei es, daß sie den mythischen Untersbergmänneln zugerechnet werden, den beiden so also in einer dämonischen Wirklichkeit verwurzelten Knabenschaften will ich noch einen quasi-dämonischen Männerbund zur Seite stellen. Die Perchten erlebten im Außersichsein die andere, die dämonische Wirklichkeit, sie wurden zu deren Teilhabern, waren richtige Perchten, den Streggelejägern starrte sie als böse Fratze aus dem Sack entgegen, sie hielten sie in den Händen, sie war ihr Besitz geworden, die Haberer nannten als ihren Genossen jenen Überzähligen, den Teufel, — der in dem folgenden Absatze zu besprechende geheime Männerbund taucht nur nach Meinung unbeteiligter Dritter ein in die dämonischen Bezirke.

Die Freimaurer, die ich in diesem Zusammenhange besprechen möchte, bemühen sich gemeinhin, einen sittlich-religiösen Lebensweg zu finden; so wenigstens steht das in ihren Ritualen und den Katechismen, und so bekennen in einem vertraulichen Gespräch auch ihre Brüder. Nach Meinung des bäuerlichen Volkes aber sind sie Teufelsbündner. In Mesow im Kreise Regenwalde in Pommern ward erzählt: „Die Freimaurer stehen mit dem Teufel im Bunde. Sie haben ein ganz schwarz ausgeschlagenes Gemach, darin steht ein Sarg, und in dem Sarg liegt eine schwarze Katze. Früher mußte der Teufel jedem Freimaurer eine bestimmte Zeit dienen, nach deren Verlauf derselbe seiner Macht verfallen war. Das dauerte dem Bösen jedoch auf die Dauer zu lange; und er läßt die Freimaurer deshalb jetzt jedes Jahr losen. Wen das Los trifft, den nimmt er mit sich." — Die Kehrseite des Teufelsbündnisses ist die vorhin schon erwähnte; so wie der Bursche die Perchtenkunst des Springens sich angeeignet hat, indem er zu beten aufhörte, also Christus hinter sich gelassen hatte, so schwören die Freimaurer das Zusammensein mit Christus ab. In einer Sage aus Stedingen im Oldenburgischen heißt es drum: „Einer erzählte, wie er in früheren Jahren einen ihm bekannten Freimaurer dahin zu bringen gesucht habe, daß er ihm das Geheimnis seines Bundes offenbare. Er habe lange nicht gewollt, endlich sei er in Tränen aus-

gebrochen und habe gesagt: ,Was kümmerst du dich um mein Unglück?'
Da habe ihn jener gedauert; er habe ihn zu trösten versucht, er könne
doch noch selig werden, Christus sei ja für unsere Sünde gestorben. ,Ja,
für deine Sünde', war die Antwort, ,aber nicht für mich, ich habe ihm
abgeschworen.' " — So wie er in den dämonischen Männerbund eingetreten
ist, hat er die alte Zugehörigkeit aufgeben und abschwören müssen.

In diesem Männerbunde, in den die Freimaurer eingetreten sind,
gewinnen sie sich zweierlei: sie werden über alle Maßen reich, — hier
setzte also ein auf das Geld gerichtetes Denken ein, — und sie erlangen
unbegreifliche zaubrische Fähigkeiten: so etwa können sie durch Bild-
zauber einen Menschen töten, so können sie doppelt gehen, und nehmen
auch durch Mauern alles wahr; wenn man jedoch die Summe aller dieser
Fähigkeiten nimmt, dann sind es ausgesprochen zaubrische, schwarz-
kunstlerische, aber keine solchen, wie sie die Mitglieder jener dämonischen
Knabenschaften gewonnen haben. Das eigentlich Mythische ist zu einem
bloßen Zaubrischen eingeschrumpft; nur selten und nur in älteren Aufzeichnungen klingt es noch an. „Ein Mann in Deichshausen im Oldenburgischen hatte sich zu den Freimaurern gesellt. Als es ihn nun gereute,
mußte er alle Nacht mit dem Teufel auf dem Boden auf eine fürchterliche
Art kämpfen. Man hörte ihn dabei gräßlich heulen, und seine lederne
Schürze, die er dabei vor hatte, war am andern Morgen ganz zerrissen.
Nachdem der Mann mehrere Male gesiegt hatte, ist der Teufel endlich
doch zurückgeblieben." — Es ist die oben erzählte Perchtensage und doch
eine andere, die Sage ist sozusagen kindlicher geworden, einfacher und
roh: dahinter steht aber immer noch der ausgesprochen „kämpferische
Gedanke". Man kommt von seinem Bündnispartner Teufel nicht dadurch,
daß man ihm absagt, daß man sich im Beten von ihm wendet, daß man
die kirchlichen Gnadenmittel oder Sakramente einsetzt, los, — was doch
im Wesen einer ursprünglich christlichen Vorstellung gelegen ist, — sondern indem man mit ihm wie mit einem Räuber rauft. Hier schlägt das
nördliche bäuerliche Denken sichtbar ein. Die Welt ist in das Diesseits
und in Ja und Nein geordnet worden, sie wird durchs Tun gehalten,
nicht durch Beten oder Singen.

Man wird mir zu den hier vorgetragenen Schlüssen vielleicht sagen:
das alles sind Phantasien, denn es gibt keinen Freimaurer-Teufelsbund.
Es gibt ihn aber doch, zwar nicht in der realen Wirklichkeit, jedoch im
Denken der bäuerlichen Sagenerzähler ist er Wirklichkeit. Er ist für sie
geradeso wie „der Teufel" Wirklichkeit. Ich messe an diesen Sagen nicht

das reale Faktum, sondern jenes Denken, und das, was hinter dem Denken als ein Eigentümliches sichtbar wird. Dies Eigentümliche heißt hier: der dämonische Männerbund, — der nur in Nebensächlichkeiten von dem Perchtenbunde unterschieden ist.

Ich messe hier das Gedachte. Und ich messe damit das Normale. Das tägliche Leben. Das in den Vorstellungen Seiende und Existente, denn auch das bang Befürchtete und auch das Beabsichtigte ist existent.

Wenn ich die eben formulierte Aussage aber zugebe, — und ich wüßte keinen Weg, sie als ein leeres und deswegen nichtsbedeutendes Gerede hinzustellen oder sie auch den Redewendungen „möglich, wenn . . ." ein- oder zuzuordnen, — ich sage, wenn ich die eben formulierte Aussage zugebe, gebe ich auch zu, daß in dem Denken über das Sein, den Aufenthalt, das Tun der Toten ein Mehr als nur ein Spiel mit Worten und Wünschen oder Annahmen sichtbar wird. Dann muß sich in diesen Bemerkungen oder Geschichten vielmehr offenbaren, was dem Erzähler Gewißheit ist. Und deshalb eine Wirklichkeit. Es muß sich das ihm geläufige und ihm richtige System seines Denkens offenbaren, die Welt-Anschauung, in welcher er die Dinge ordnet, mißt und wertet, und das ihm Wirkliche wirklich nennt, und was zufolge ihr nicht wirklich ist, in seinem Denken und Leben auch nicht „richtig" heißen kann.

Wenn man nun einmal diese Überlegungen zugrunde legen will und beispielsweise jetzt der Wirklichkeit der Toten und des Totenreiches im ganzen Bezirk des älteren nordgermanischen Lebens nachzugehen versucht, fällt uns sofort die seltsame Formulierung Valhall in die Augen. Valhall ist der germanische Ort und Aufenthalt der kriegerisch verstorbenen Toten. Er ist, weil er dem Denken jener Jahre gemäß ist und ihm richtig ist und in der Welt-Anschauung seinen Platz hat, eine volle Wirklichkeit. Das hieße, für den Germanen wäre Valhall Ort und Lebensraum der Toten. Nun aber wird in den Sagas eine völlig andere Ansicht laut. Zum Beispiel berichtet die Eyrbyggja über Thorolf, das ist der isländische Bauer, der seinem Gotte Thor auf einer Landzunge Thorsnes einen Tempel baute, und schreibt: „Auf dieser Halbinsel steht ein Berg; zu diesem Berge hegte Thorolf so große Verehrung, daß keiner dahin ungewaschen schauen durfte . . . Diesen Berg nannte er ‚Heiligenberg' und er glaubte, daß er dorthin kommen würde, wenn er stürbe, und alle seine Gesippen auf der Halbinsel." — Und als sein Sohn Thorstein ertrank, ging er mit seinen Genossen in den Berg ein, in dem Feuer brennen und ein Gelage statthat. Zu diesem Totenreiche aber wäre nun zu sagen: „Auch hier führen die Verstorbenen offenbar ein sehr leibhaft-menschliches Dasein, nicht in einem transzendenten ‚Jenseits‘, sondern an geweihter Stelle in nächster Nähe ihres Hauses. Das Leben nach dem Tod wird in primitiv-naiver Weise ganz nach dem Bild des diesseitigen

Der bronzezeitliche Speergott der Germanen

vorgestellt und hat sich von der Anschauungsart, die den ,lebenden Leichnam' kennt, noch nicht sichtlich differenziert. Aber hier — und das ist für unseren Zusammenhang das Wesentliche — umfaßt die Totengemeinschaft alle die Menschen, die zu jenem einen Hof auf Thorsnes gehören, die Gesippen, gewiß Frauen wie Männer . . . Solche Sippenorganisation der Toten — wenn man diesen Ausdruck gebrauchen will — wird alten Herkommens sein. Fustel de Coulanges hat in seinem berühmten Buche ,La cité antique' die ungeheure Wichtigkeit des Totenkultes für die soziale Organisation ins Licht gerückt und gezeigt, wie unerbittlich streng die sippenhafte Regelung der Totenverehrung war, daß sie geradezu das feste Rückgrat des sozialen Körpers der Antike bildete. Die Verstorbenen der Sippe — aber nur sie allein — hausen im Familiengrab, und ihre Wartung ist heilige Pflicht der Lebenden, das festeste Band, das die Familie umschließt und dauernd zusammenhält, weil es Vergangenheit, Gegenwart und Zukunft verknüpft. Der Valhallglaube mit seiner Gemeinschaft toter Krieger steht zu diesen antiken Vorstellungen, die Fustel de Coulanges für ur-indogermanisch hält, in einem ebenso fühlbaren Gegensatz wie zu der bäuerlichen Sippen- und Hofgemeinschaft der Toten, die uns die isländische Saga schildert. Was bedeutet dieser Gegensatz historisch? Ich glaube, die Gliederung des Totenreiches läßt uns die Dynamik der Kräfte erkennen, durch die die Gemeinschaft der Lebendigen gestaltet wurde. Der Wunsch, mit ihren ,Nächsten' beisammen zu sein, hat wohl die Menschen je und je beherrscht. Wer aber sind die ,Nächsten'? Offenbar die Mit-Glieder der ,stärksten' Lebensgemeinschaften. Für die Bewohner des bäuerlichen Erbhofs, der eine kleine Welt für sich bildet, sind andere Gemeinschaftskräfte bindend als für den Krieger, der seinen Kampfgenossen ,auf Leben und Tod' verbunden ist. Es bleibt wohl unmöglich, jene beiden Grundformen des ,sozialen' Totenglaubens zu trennen, indem man sie zwei streng geschiedenen, sei es zeitlichen, räumlichen oder gesellschaftlichen Schichten zuteilte. Aber zwei verschiedenen Lebenssphären werden sie angehören — die eine dem bäuerlich-seßhaften Dasein, die andere dem kriegerisch-bündischen. Eine soziale Grenze läßt sich nicht ziehen, denn auch die Krieger entstammten ja den grundbesitzenden Sippen. Aber von einer polaren Spannung der beiden Daseinsformen darf man sprechen."

An dieser Stelle und in diesem Augenblicke halte ich an. Es ist mir in dem Zusammenhange unserer Untersuchung nicht daran gelegen, den nordgermanischen Valhallglauben, der wohl nur ein wikingischer Glaube, mit seinem „glorifizierten" und „heroisiertem Schlachtfelde" war, — denn als ein solches und nur als ein solches hat ein Kenner des alten Nordens Valhall angesehen, — ich sage, es ist mir an einer Untersuchung dieser Vorstellung augenblicklich nichts gelegen. Ich wollte nur zeigen, daß die Mythisierung und Dämonisierung das Denken und die dem Menschen gegebenen Wirklichkeiten zu enthalten pflegt. Das Leben und seine Wirklichkeiten —: eine kapitalistisch denkende Zeit erhält von einem dämonischen Bundespartner Geld und Kapital; die Knabenschaft, die aus begreiflichen sexuellen Eigeninteressen die sexuelle Ordnung fordert, nimmt im Auftrage ihres Kaisers Karl ein Rügegericht an den mißliebig gewordenen und ein Charivari vor; die Knabenschaften der alpenländischen Dörfer wieder treiben die Dämonen, indem sie sich selber zu Dämonen verwandeln wollen, aus.

Sie treiben sie aus, indem sie selber zu Dämonen werden. Indem sie der Kirche absagen, — und man muß auch diesen Zug begreifen, der ganz gewiß als ein „heroischer" angesprochen werden kann. Denn um des Dämons Herr zu werden, geben sie sich selber dran; ich meine jetzt nicht so sehr das Wagnis, jenen Springer-Wettkampf zu bestehen, der in der Lust des jungen Menschen am Waghalsigen seine Deutung findet, — ich meine, daß er die Kirche aufgibt und das Ave Maria aufgegeben hat, daß er die Heiligen aufgab, den Herren Christus — und damit die Seligkeit. Wenn einer sein Christentum und seine Seligkeit um Geld verkauft, wie jener oldenburgische Freimaurer aus dem Lande Stedingen es tat, dann ist das für einen „Geschäftsmann" durchaus möglich zu begreifen; er tauschte ja nur ein Irreales für Begehrenswertes ein. Wenn aber ein Bursche, um des Perchtendämons Herr zu werden, um besser springen und schweben zu können als der Dämon, seinem Gott absagt, dann tauscht er ein für ihn sehr Reales, nämlich seine ewige Seligkeit, ein für ein eigentlich recht Unreales, nämlich für die „Heldentat". Er tauscht die Seligkeit ein für die Aufgabe und im letzten für den Ruhm, „das Land zu reinigen von den Minotauren". Er stärkt sein Mannestum, indem er seine ewige Seligkeit verkauft; er stärkt es, um gegen jenen weiberkultischen Dämon zu bestehen.

Ich sagte vorhin: zwei Welten, eine männlich geordnete aus dem Norden und eine dem Weiblichen zugewendete, stießen aufeinander; ich möchte das jetzt erweitern: nicht allein zwei gegensätzliche Welten, es stießen in diesen Welten und mit ihnen auch zwei Geltungen aufeinander. Das Dasein will eine andere Deutung und ein anderes Gesicht erhalten.

Heroisch

Mit dieser Feststellung aber habe ich nun eine Frage angerührt, die für die folgenden Überlegungen meiner Untersuchung wichtig ist: die Frage nämlich nach der ethnischen Gerichtetheit der Dinge. Wer jetzt, rückblätternd, noch einmal die ersten Seiten überliest, wird dort die psychologischen Grundlagen des Problems erörtert finden; es ging um eine „Grundhaltung" bei den pubertierenden jungen Burschen, um die der Mädchen, um das Außersichsein der Hexen und Berserker. Man glaubte die letzten vier Jahrzehnte, daß die psychologische Fragestellung, vor allem wenn sie mit einer soziologischen gekoppelt werden könnte, genüge, um alle volks- und völkerkundlichen Probleme aufzuklären. Dann wandte man sich, von manchen politischbestimmten Interessen angetrieben, den rassisch und völkisch gerichteten Interpretationen zu. Das brachte am Ende aber alle ethnischen Überlegungen in Verruf. Schon bei der Frage nach den Hexen und den Werwölfen jedoch wurde es klar und die im letzten Kapitel angestellten Untersuchungen lassen es erkennen, daß ethnische Kräfte formend oder zum mindesten differenzierend wirken. Ob sie für alle zu beobachtenden Erscheinungen einen Schlüssel bieten, ist eine andere Frage, die noch manche Erörterungen nötig machen wird, ehe man die Möglichkeit zu einer wirklich klaren Antwort hat. Das ganze System der volkskundlichen Erscheinungen ist so kompliziert, daß klare Entscheidungen oder Antworten nicht sehr häufig sind. Denn die soeben angedeuteten „Grundhaltungen", ebenso die psychologisch, wie die vom soziologischen oder ethnischen Standpunkte her bestimmten, umfassen doch nur die eine Hälfte der vorhandenen wirkenden Kräfte, aus denen ein volkskundliches Phänomen entstanden ist und in Erscheinung tritt; sie geben in einem gleichnisweise angenommenen mathematischen System von Ordinaten und Abszissen nur die eine (oder nur die einen) Ordinaten. Auf diese aber wirken die „zeitlich gebundenen Kräfte" als Abszissen. Im Kreuzungspunkte von Ordinate und Abszisse steht das Phänomen. Das heißt, daß zwar die eine oder andere „Grundhaltung" stets dieselbe ist, daß sie jedoch bei Sammlern sicher „anders aussieht" als bei Pflanzern, und anders als bei den Bauern, anders bei Bürgern und noch anders in der proletarischen Kultur. Es ist — in einem Gleichnis — stets derselbe Mensch in einem anderen Kleide.

Das is das eine, was einmal in Kürze angedeutet werden mußte. Wenn ich es nütze, wird ein nächstes ohne weiteres begreiflich sein: daß nämlich in jeder einzelnen der in unserem Zusammenhange interessierenden Kulturen die soziologisch-psychologische Grundhaltung anders aussehen muß, selbst wenn wir uns auf einen ethnisch einheitlichen Raum beschränken. Der Ansatz der proletarisch intendierten Kulturen ist „die Masse", ob es die Masse auf den Tribünen des Sportfelds und der Radrennbahn, ob es die Hörermasse des Rundfunks oder die des Kinos ist. Wir stießen in unsern bäuerlich gerichteten Alpentälern auf feste Gruppenbildungen bei den unverheirateten jungen Burschen, und stoßen in unsern Städten auf „entsprechende" Zusammenschlüsse: die Vergesellschaftungen der verheirateten und gereiften Männer. Das Schwergewicht liegt in den bürgerlichen Zeiten auf den „Männer"bünden; die Hansen und Gilden, alchemistische Vereinigungen und „Akademien", die Rosenkreutzer und Freimaurer vergesellschafteten meist gereifte Männer. Dagegen hat die der bürgerlichen vorgelagerten und vorangegangene Zeit die Einungen der Jüngeren und Unverheirateten gefördert: jene „Knabenschaften".

In allen noch typisch bäuerlichen Gegenden, bei den Siebenbürger Sachsen, die um 1200 aus dem moselländischen Franken ausgewandert sind, in unsern oberdeutschen Berglandschaften, in den alpenländischen Tälern, wie endlich in schwedischen Waldlandschaften spielen sie eine große Rolle. Sie sind, um eine der auffälligsten und bekanntesten Äußerungen anzuführen, in allen Alpentälern mit dem alten Maskenbrauch verbunden; sie sind die Hudler, die sich in Hall (Tirol) an dem Fastnachts-Donnerstage zeigen, die Schleicher in Telfs bei Innsbruck und die Imster Schemen, die Wampeler in Axam und die Maschgerer in der Ebene rund um Hall. Sie sind die Roitschäggätä und sie jagen Posterli und Streggele. Ihr Streggelejagen wird von einem Innerschweizer so beschrieben: „In den dunklen langen Nächten des Wintermonats brach ein Lärmen los, daß man meinen konnte, die Hölle sei losgelassen. Türst und Streggelen (eine Art Wilder Jagd) jagten durch das Land mit Peitschenknallen und Hörnergetön, mit dumpfem Glockengeläut und mit dem verwirrenden Rauschen aller möglichen Lärmgeräte. Gespenstische Tiere, Rosse und Geißen waren im Zug, wüste Hexen mit großen Nasen, Feuererscheinungen, die wie Irrwische schwankten und tanzten. Sie kamen zu heischen und durften sich rauben, was ihnen in den Weg kam, wie es die Schnabelgeiß, geisterhaft zuschnappend, noch bis in unsere Tage tut. Sie kamen aber auch zu strafen. Wie der Türst in der Sage, so jagten sie dem Vieh panischen Schrecken ein, daß es verstört und vergelstert davonstürmte; entzweite Eheleute brandmarkten sie mit ungeheuerlichem Lärmkonzert; faule Spinnerinnen, träge Mägde und böse Kinder zitterten vor unheimlicher Strafe. Und was es an Gemeinem oder Törichtem das Jahr hindurch gegeben hatte, das ‚fötzelten‘ sie aus und gaben es in übermütigem Schauspiel dem Hohngelächter preis. Denn das Streggelenjagen war nicht nur unheimlich, es war auch sehr lustig. Der Unbescholtene freute sich des Gerichts, das über die Bösen und die Dummen mit gewiß oft vernichtendem Spott erging und ergötzte sich mit Tanz und Schmaus. Vor allem aber war es ein Fest für die Spielenden selbst, die Streggelenjäger, Greifler und Chläuse. Es sind die ledigen Burschen, die ‚Knaben‘ zweifellos oft in Gesellschaften zusammengefaßt, wenn auch unsere Nachrichten davon schweigen. Einzig das Luzerner Turmbuch verzeichnet das Geständnis des Streggelenjägers Balthasar Lang von Kriens, daß er aller ‚siner gesellen . . . houptmann‘ gewesen sei und ‚si angefürt‘ habe.“ — Die jungen Burschen, die Knabenschaften oder die Jungmännerbände, sind also die Träger dieses wie der ähnlichen Maskenbräuche.

Und auch im schweizerischen Lötschental sind die jungen Burschen Maskenträger. Wenn dort „die Tschäggätä (:Geschecete), auch Roitschäggätä (Roi[sch] = Rausch) genannt, zur Fastnacht laufen, so bieten sie auch heute noch einen unheimlichen und wilden Anblick. Sie sind in Schafpelze gehüllt, tragen einen Leibgurt mit ‚Trichlä‘ (Trinkeln: Treicheln, Kuhglocken), und in den Händen Waffen, als Stöcke, Keulen, Flößerhaken. Früher gehörte auch eine hölzerne Spritze dazu, aus der man Vorwitzige mit einer Ladung von aufgeschwemmtem Kaminruß, Jauche oder gar Blut bedachte. Sie stürmen, laut brüllend wie Muni (Stiere), daher, lärmen mit den Treicheln und schwingen drohend ihre Waffen; dann ziehen sich Frauen, Kinder und minderjährige Burschen ins Haus zurück und schließen Tür und Fenster sorgsam zu. Vorwitzige kriegen einen Aschensack um den Kopf geschlagen, werden angespritzt oder von rußigen Händen im Gesicht geschwärzt; namentlich auf die Mädchen haben es die Tschäggätä abgesehen. Zum Dank werden sie dann mit Fleisch und Nidel regaliert.“ — Dem männlichen Geschlecht also müssen diese Masken angehören, sie tragen Waffen; minderjähriges Volk kann es nicht sein, weil sich das ja vor ihnen flüchtet, es sind entweder ledige junge oder reife Männer. Um ihrer Neckereien mit den jungen Mädchen willen wird man an das erste denken. Auch hier begegnet also eine Gruppe junger Männer als Träger des Maskenbrauches und als Träger dieses wilden Treibens. „Versucht man aus Sage, Überlieferung und lebendigem Brauch die alte Sitte sich zu rekonstruieren, so ergibt sich ein Bild von hoher Altertümlichkeit. Eine Knabenschaft . . . ist Trägerin des Masken-brauches . . ."

Die Aufzüge aller Knabenschaften sind maskiert geschehen. Uneingeweihte kennen vielleicht die einzelnen Mitglieder einer Knabenschaft mehr oder minder vollständig, wissen aber nicht — und Eingeweihte wissen es auch nicht immer — wer da welche Maske trägt. Besonders aber bleiben die eigentlichen Maskenträger unbekannt, wenn etwa der Perchtenzug, die Roitschäggätä einen anderen Ort besuchen. Und bleiben natürlich den Weibern und den Kindern gegenüber unbekannt, ja mehr als das, als Perchten sind sie unheimlich und gefährlich. Der schon einmal erwähnte Kaplan Plazoller erklärte: „Perchtl bedeutet in der Volkssprache ein Wesen wandelbarer Gestalt, dem eine übermenschliche Kraft und furienartige Begeisterung innewohnt. Schauer durchfährt die Seele, wenn dieses Gespensterwesen in der Nähe vermutet wird. Kinder werden durch Ankündigung vom Auszuge der Perchtl in Furcht gesetzt. Nicht in jedem vermag der aufwachsende Verstand die in früher Jugend erregte Furcht vor der Perchtl zu vertilgen; mancher Knabe spielt selbe bei Tage und scheut sich davor bei der Nacht."

Die ganze Geheimhaltung hatte mehrere Gründe. Der eine der sinn-fälligsten und für uns am einfachsten zu verstehende ist, daß diese Jungmannschaften auch die Träger der Volkspolizei gewesen sind. Sie übten das Rügegericht. Am besten bekannt von diesen Gerichten ist das mittelalterliche nordfranzösisch-germanische charivari, der gegen Unbe-liebte übliche Lärmaufzug mit Masken und Katzenmusiken und gereim-ten Rügen. Südöstlich von München, zwischen der Isar und dem Inn, betätigten sich die Haberer. Dem Haberfeld entsprechen das Hornergericht im Simmental, die Gräuflete, das Rügegericht der Greifler, in der Inner-schweiz. Es ist für uns verständlich, daß sich die Rüger nicht gern zu erkennen gaben, weil sie ja eine böse Antwort zu erwarten hatten. Denn es gab nicht nur einen Beleidigungsparagraphen und eine Klage wegen Unfug oder öffentlichem Ärgernis, der Angegriffene belästigte mit seiner

Antwort nicht stets die Gerichte, er wußte sich selbst zu helfen, und schlug einfach zu.

Das scheint mir jedoch noch nicht das Wesentliche und nicht das, was diese Bünde schon seit langen Zeiten in das Dunkel zwang. In einer Erörterung darüber, was von den kultischen Geheimbünden wohl geheim gehalten und ob in dieser Geheimhaltung nicht ein Schwindel und Betrug gelegen, wird einmal Folgendes ausgeführt: „Falsch wäre es, die Darstellung übernatürlicher Mächte einfach als ‚Betrug' abtun zu wollen, wie dies rationalistischen Forschern immer und immer wieder unterläuft. H. Websters lehrreiches Werk über die primitiven geheimen Gesellschaften (Primitive Secret Societies) etwa bietet zahlreiche Beispiele für eine solche Einstellung. Allerdings berichtet er eine ganze Reihe von Fällen, wo die Außenstehenden durch die Eingeweihten einfach getäuscht werden, wenn etwa die Mitglieder Fleischopfer als Gabe für einen Geist einsammeln und sie dann selber verzehren, oder wenn man den Weibern erzählt, das Heulen des Schwirrholzes werde von einem Gott ausgestoßen, während man dem neuen Mitglied zeigt, wie jenes Holzinstrument seinen Ton hervorbringe, wobei man den neu Eingeweihten bei seinem Leben verpflichtet, dies Geheimnis gegen alle Außenstehenden zu verschweigen. Aber gerade dieser letztere Fall ist ungemein lehrreich: denn auch nach dem esoterischen Glauben ist das Schwirrholz nicht etwa ein gewöhnliches Lärminstrument, sondern es ist der Sitz eines Dämons, vom Dämon geweiht oder gar mit ihm identisch. Der ‚Betrug' ist also nur ein sehr relativer. Auch die Eingeweihten sind nicht kalt berechnende ‚Desillusionierte', sondern auch sie sind durch einen über ihnen stehenden, nicht von ihnen abhängigen Glauben gebunden. Dies zu übersehen heißt meines Erachtens den ganzen Kreis zugehöriger Erscheinungen mißverstehen.

Für unsere Geheimbünde gilt dasselbe. Schon die Rolle von Teufeln und Dämonen beim Haberfeldtreiben und Perchtenlauf beweist dies aufs deutlichste. Die Dämonenverkleidung ist ein dämonisches Tun, über das dämonische Kräfte walten. Der ekstatische Maskierte fühlt sich von übernatürlichen Kräften getrieben, beseelt, ‚besessen'. Er ist kein flacher Schwindler, sondern ein Erfüllter. Es ist, glaube ich, eine jüngere Entwicklung, wenn etwa die dämonische Percht von den ‚natürlichen' unterschieden wird. In älterer Zeit fühlten sich gewiß auch die ‚natürlichen' Perchten als ‚wirkliche', eben als das, was sie darstellten: als dämonische

Wesen. Dieses Doppelbewußtsein zu verstehen, fällt dem modernen Menschen nicht eben leicht. Einerseits wußten die Mitglieder mehr als die Außenstehenden. Sie wußten, daß jene draußen manches Geheimnis nicht wußten, das den Eingeweihten bekannt war. Aber dieses esoterische Wesen einfach Betrug zu nennen, ist ein plumper psychologischer Fehler, denn auch die Wissenden selbst — ja sie vor allem — standen unter dem Banne der Dämonie, die nicht von ihnen ,gemacht' war, von der sie vielmehr selber abhängig waren." — Was aber nun eigentlich diese ins Geheimnis zwingende Dämonie gewesen ist —? Ein sie Hervorrufendes wurde oben schon ausführlicher angegeben. Wer sich vom Kaiser Karl im Untersberge beauftragt fühlt und weiß, wer eine Percht darstellt und in der Maske zu der Perchte wird, wem als das Streggele ein grauenhaftes Ungeheuer aus dem Sack erscheint, der steht dem Außergewöhnlichen und dem Unheimlichen und Geheimen nahe. Es ist nicht nur, daß man das Kleid und Wesen eines Dämons angenommen hat, daß man ins Reich des Dämons eintritt, selbst zum Dämon wird, — es ist vielleicht auch Ehrfurcht und Zurückweichen und ein sich-Bedecken; man legt die Maske an und man verdeckt mit einer Maske sein Gesicht, um nicht mit bloßem Gesicht dem Fremden, Unsagbaren gegenüberstehen zu müssen, wie Moses (Exodus 2) vorm feurigen Busche damals „sein Gesicht verhüllte".

Und man bedeckt sich, weil man sich von Unaussagbarem ergriffen fühlt. Denn eben in den dämonischen Knabenschaften kommt ein Unbegreifliches über einen. Der alte Gilg Tschudi schrieb im Jahre 1538 in seiner „Uralt warhafftig Alpisch Rhetia von einem knabenschaftlichen Bündener Maskenzug der Stopfer: ziehend also in einer harscht mit ein anndren von eim dorff zum andern / thuond hoch sprüng / und seltzam abenthür / als sy by warheyt veriehend / das sy soellich sprüng / nach hinthueug jrer harnisch und endung jrs fürnemens / sollicher hoehe un wyte niendert gethuon moegend." — Man hat sie den Perchten verglichen, „die stürmen, auf ihre Stöcke gestützt, in mächtigen Sätzen auch einher, und von berühmten hohen Sprüngen zeugt noch manche Fußspur an der Decke der Tanzstuben." — Es ist, als greife ein Fremdes Anderes in die hübige Welt herein, als ob in diesen Maskenträgern Unsagbares, überMenschliches ausgebrochen sei. Das drüben, das ganz und völlig Andere ist nicht nur vorhanden, es ist in ihnen selber, in den Maskenträgern gegenwärtig. Sie fühlen sich ergriffen.

Sie fühlen sich ergriffen und gehandhabt. Und sie sind die, die ergreifen. Die vergesellschafteten Jungmänner nämlich, jene Knabenschaften, sind eigentlich eine Art Beauftragte oder Funktionäre ihres Dorfes. Sie wirken und handeln gegen die Perchten, weil durch ihre Sprünge die für den Menschen schädlichen, schadenschaffenden Orte sauber werden. Weil sie die Percht verjagen und sie aus dem Orte treiben; sie jagen das Posterli, das Strudeli und Streggele. Ihr Tun ist eine Hilfe und ein großer Segen für das Dorf, weil sie die bösen und gefährlichen Dämonen aus dem Dorfe bannen. Man müßte sie loben, — aber so einfach ist auch hier das Leben nicht; sie helfen dem Dorfe, indem sie vorher ein Nichtchristliches begehen, — denn das hochwürdigste Sakrament schlägt ja jenen Schwebenden zu Boden, ein Zeichen dafür, daß seine Künste dem Lieben Gott nicht gefallen, zugleich ein Zeichen dafür, daß er aus dessen Gemeinschaft ausgetreten sei. Die Perchtenläufer treten aus der christlichen Gemeinschaft aus; sie haben ja auch den Dreizehnten, den Überzähligen oder Bösen unter sich, (so wie im Schwäbischen jener Überzählige, der Bocksfüßler, kam und unter den zwölf Rumpelklosen aufgetreten ist). Man glaubte es im Salzburgischen ebenso wie anderwärts, daß jener Überzählige, Dreizehnte der Teufel oder Dämon sei, und öfters sollen solche „Eindringlinge" erschlagen worden sein. Wer aber in einer Teufelsmaske erschlagen worden war, der wurde abseits des Friedhofes und an einem Wegrande eingescharrt. Man glaubte in Salzburg drum, daß unter allen Stein- oder Sühnekreuzen, die draußen stehen und deren man ein halbes Hundert kennt, — das älteste von 1553 im Taurisertal, — dergleichen als Teufel erschlagene Perchtenläufer liegen müßten. Sie sind des Teufels und der Teufel ist in ihrer wilden Schar. Sie, die den Dörfern Hilfe bringen sollen, sterben als Verdammte. Und man begreift aus diesem seltsamen Gegeneinander wiederum, daß es mit diesen Knabenschaften eine besondere Bewandtnis haben müsse; sie reichen vielleicht aus einer älteren, vor dem Christentum liegenden Zeit herüber in unsere, und ihr Älteres haftet noch an ihnen. Nun sind sie „Beauftragte" der Gemeinde, und sie wehren den Dämonen, und treiben nach Urteil ihrer Kirche und der Gläubigen „heidnisch Werk"; sie treiben ein Widerchristliches, ein vom Lieben Gott verbotenes Tun, und dieser Liebe Gott schafft selber keine Hilfe für die Täler; er läßt die Percht und ihr den Menschen schädigendes Zauberwesen zu. Sie tun, was Gott nicht tut, sie „kämpfen mit den Minotaurn" und lassen sich ihre Seele und ihr Blut nicht daurn, sie stehen für die Gemeinschaft, die zum Schluß nicht für sie steht, die sie wie irgend einen tollen Hund am ungeweihten Ort verscharrt.

Dies seltsam Zwiespältige, das sich im Grunde nicht nur zu den Perchten, das sich im Leben unseres Volkes oft und viel bemerkbar macht, dies seltsam Zwiespältige, das nicht nur den Zwiespalt Mensch und Kirche, das jeden in unserm Leben sichtbar werdenden Zwiespalt meint, das wohl bis in die tiefsten Schächte unseres Wesens langt und reicht, und das uns uns selber als ein Unbegreifliches erscheinen läßt, das hat wohl auch zum Heimlichwerden dieser Knabenschaften beigetragen. Denn ihre heroische Unseligkeit verwies sie in das Dunkel. Sie aber mußten das Leben, für das ihre Knabenschaften standen und das sie dem Dämon aus den Händen reißen wollten und ihm aus den Händen rissen, ins Richtige und Helle heben. Sie wußten es nicht und wußten nicht, wohin das alles einmal sollte; wenn man es ihnen gesagt hätte, hätten sie es nicht begriffen, sie waren nur blinde „Beauftragte", — aber sie richteten ihren Auftrag aus, und das war wohl das eigentliche Heroische, das sie taten. Und das, um dessentwillen es von ihnen zu reden sich verlohnt.

*Quod est inferius est sicut quod
est superius
et quod est superius est sicut quod
est inferius*

Fabula Smaragdina

TOD UND WIEDERKEHR

Eines der entscheidendsten Probleme des Menschen ist der Tod. Es steht in hundert Fragen und in hundert leeren Antworten vor ihm auf, ob Gerhart Hauptmanns „Michael Kramer" ihn die mildeste Form des Lebens nennt, „der ewigen Liebe Meisterstück", oder ob der „Ackermann" ihn einen grimmen Würger schilt und unbegreiflich heißt, ob er für Valentin Weigel die Bestätigung des Lebens ist, ob Christus dem Tode die Macht genommen und das Leben, der Mensch versucht das niezulösende Rätsel doch zu lösen. Er hat es bereits von seinem ersten Tage an versucht. Und seine Antwort ist so vielgestaltig wie er selber ist. Sie ist in zaubrischen Zeiten und Kulturen zaubrisch-rational, in Zeiten des mythischen Denkens ist der Tod ein mythisches Wesen, in unseren Jahren aber eine zerfallende Funktion.

Und wie der Tod dem Menschen immer eine Frage ist, so ordnet er sich in jede der menschlichen Situationen, in jede der Bindungen und Probleme seines Lebens ein. Auch in die Bindung „bündisch", von der hier die Rede war. Auch in die Bindungen des nachbündischen Lebens der Mysterien, auch in das Wagen und das Suchen einer bürgerlichen Welt, bis die von dieser Welt gefundene Lösung wiederum mit ihr zerfällt.

Ich will von allen den Menschen bisher aufgegangenen Lösungen hier nur eine nennen, weil diese eine schon durch Jahrtausende gegolten hat und vielen ein Trost und eine Hilfe war: die Wiederkehr und Auferstehung. Sie lebte bei frühen Völkern und sie lebte bis auf unsere Tage, so weit die Auferstehung Christi unseren Tagen galt, so weit die große paulinische Lehre I. Korinther 15 heute noch galt. Dies Wiederkehren und dies Auferstehendürfen ist ein ewiger Traum der Menschen, den sie, ins Rationale abgeglitten, noch im rationalen Denken träumen, wenn sie vom ewigen Leben in den Kindern und Nachkommen reden, der dürftige Trost der dürftig gewordenen, alles sich beweisen müssenden und sich doch nichts beweisen könnenden kleinen Bürger unserer Jahre. Der Trost der Menschen, die das ihren neuen Mythos heißen wollten, ob ihnen die Kraft zu einem Mythos auch schon längst entsunken war.

Ich möchte von einem alten Mythos und von seinen Bindungen jetzt reden.

Rinde und Stein

Wenn ich vom alten Mythos und von seinen Bindungen jetzt reden will, so führte es doch zu weit und würde in unserm Zusammenhange auch nicht möglich sein, von allen Naturvölkern und von ihren Anschauungen über Tod und Wiederkehr wie von den anderen über das ewige Bleibenmüssen bei den Toten etwas vorzutragen. Ich kann nur einige Andeutungen und nur wenige allererste Hinweise geben und fange mit einer Nachricht über die am primitivsten erscheinenden Völker an; das sind die Kubu im allerinnersten und hintersten Urwalde Sumatras. Bei diesen, nach Meinung der heutigen Völkerkundler allerprimitivsten Völkern, weiß man vom Tode und von einem Wiederkommen aus dem Tode nichts. „Sie lassen, wenn jemand stirbt", berichtet ein Forscher über sie, „die Leiche einfach liegen und ziehen weiter". Ein Begräbnis gibt es nicht. Es scheint, als sei bei ihnen das Sterben ein ganz Gleichgültiges. Ohne jeden Sinn.

Viel mehr und Wichtigeres wissen die Australier — jene Kulturen, die man den europäischen jungpalaeolithischen vergleicht — vom Tode. Nach ihnen hätte man vor Zeiten das Sterbenmüssen bessern können: man wäre zwar gestorben, aber wäre dann wieder auferstanden, — das aber haben die Menschen durch ihre eigene Torheit sich verscherzt. Es heißt bei ihnen in einem ihrer Berichte, einem sogenannten Märchen:

„Der Mond Balu sah eines Abends auf die Erde hinab; sein Licht leuchtete sehr hell, weil er wissen wollte, ob dort unten noch irgend jemand auf war, denn wenn die Menschen alle schliefen, pflegte er mit seinen drei Hunden zu spielen. Er nannte sie Hunde, die Menschen nannten sie Schlangen, und sie hießen Giftviper, Schwarze Schlange und Tigernatter. Als Balu mit den drei Hunden auf die Erde hinabschaute, erblickte er zwölf Dens oder Eingeborene, die durch einen Fluß wateten. Er rief sie an und sagte zu ihnen: ‚Heda, tragt mir einmal meine Hunde über den Fluß!' Obschon die Schwarzen Balu sehr leiden mochten, schätzten sie seine Hunde doch nicht, denn schon mehrmals, wenn er die Tiere zum Spielen auf die Erde geschickt hatte, bissen sie nicht nur die irdischen Hunde, sondern auch ihre Herren und durch das Gift waren die Gebissenen getötet worden. Daher antworteten die schwarzen Burschen: ‚Nein, Balu, wir sind bange; deine Hunde beißen uns, sie sind nicht wie unsere Hunde, deren Biß nicht tötet.' Balu sagte: ‚Wenn ihr tut, was ich euch sage, so sollt ihr wieder lebendig werden, falls ihr sterbt. Seht her und achtet auf das Stück Rinde, das ich ins Wasser werfe!' Und dabei warf er ein Stückchen Baumrinde in den Fluß. ‚Seht, es kommt wieder nach oben und schwimmt weiter. So wird es euch auch ergehen, wenn ihr meinen Befehlen folgt; zuerst geht ihr unter, wenn ihr sterbt, aber dann kommt ihr sofort wieder an die Oberfläche. Wollt ihr dummen Kerle meine Hunde aber nicht hinübertragen, so ergeht es euch wie diesem Stein', und er schleuderte in den Fluß einen Stein, der sogleich unterging, ‚dann steht ihr niemals wieder auf, ihr törichten Burschen!' Die Schwarzen antworteten jedoch: ‚Balu, wir können es nicht tun, wir haben zu große Angst vor deinen Hunden.' ‚So will ich hinunterkommen und sie selbst über den Fluß tragen und euch zeigen, daß es harmlose, liebe Geschöpfe sind.' Und er stieg vom Himmel herab; die Schwarze Schlange hatte er um den einen, die Tigernatter um den anderen Arm gewunden, und die Giftviper hing ihm über Schulter und Nacken herab. So trug er sie über den Fluß. Als er auf der anderen Seite angekommen war, hob er einen großen Stein auf und warf ihn ins Wasser. Er sagte: ‚Weil ihr feigen Burschen nicht tun wolltet, um was ich euch bat, so habt ihr in Ewigkeit verscherzt, nach dem Tode wieder lebendig zu werden. Ihr werdet bleiben, wo man euch eingräbt; wie der vorhin ins Wasser geworfene Stein werdet ihr dann ebenso zu einem Stückchen Erde. Hättet ihr getan, was ich euch befahl, so könntet ihr ebenso oft sterben wie ich, und immer wieder wie ich lebendig werden. Jetzt werdet ihr aber, so lange ihr lebt, schwarze Burschen bleiben, und Knochen, wenn ihr gestorben seid.' . . .“

Märchen, in welche literarische Gattung man diese Geschichte einzureihen pflegt, sind keine reinen Spiele der Phantasie, sondern „wahre“ Überlieferungen; das heißt, sie sind trotz ihrer „Wunder“ und „Zauber“ für den einfachen „Wilden“ wahr, genau so wahr, wie für den Christen die Geschichte von Jesu Auferstehung oder wie die von den fünf Broten, die fünftausend Menschen sattgemacht. Die sogenannten Naturvölker konnten zwischen einem solchen Wunder und einem historisch oder rational faßbaren Geschehen keinen Unterschied bemerken, denn alles Wunder ist ja in ihrer Weltanschauung Wirklichkeit. Man spricht so oft von Indien als dem Lande, das keine Märchen habe, weil nämlich das Märchen dort als Wirklichkeitsbericht empfunden wird, weil Wirklichkeitsbericht und Dichtung ineinander übergehen. Wir können mit einer etwas genaueren Differenzierung sogar sagen, daß unsere Märchen in der pflanzerischen Welt Geschichte sind, daß sie mithin wahrhaftige Geschehnisse zu berichten haben. Der Mond hat also einst die Menschen angerufen; es gab eine Zeit, da hätten die Menschen sich die Wiederkehr verschaffen können. Und noch ein zweites: In dieser Wirklichkeitsbetrachtung ist das Sterben etwas Arges; es wird als etwas, was doch besser nicht geschähe, und wenn es geschieht, was wieder gebessert werden sollte, aufgefaßt. Damit hat aber eine große und bedeutsame Wendung stattgehabt. Denn wenn es stimmt, daß bei den Urwald-Kubus Sterben unbeachtet blieb, hier wird es beachtet, und hier klagt man über jene Narren, die alle Menschen in das Unabänderliche gezogen haben.

Etwas ganz Ähnliches lehren melanesische Märchen, denn in Neu-Pommern auf der Gazelle-Halbinsel erzählte man Pater Meier dieses: „Eines Tages röstete To Karwuwu, der melanesische Dummkopf, Brotfrüchte. Da kam To Kabinana, sein Zwillingsbruder und im Gegensatz zu jenem ein kluger Mann, zu ihm und fragte: ‚Kochst du da?' — ‚Jawohl.' — ‚Weshalb tust du es denn heimlich? Soll die Mutter es nicht wissen? Bringe ihr doch auch eine halbe Brotfrucht.' To Karwuwu ging zur Hütte der Mutter. Sie war wieder ein junges Mädchen geworden und hatte sich gehäutet. Ihr Sohn erkannte sie darob nicht wieder. Er fragte: ‚Wo bist du, Mutter?' — ‚Ich bin hier.' — ‚Nein', entgegnete er, ‚du bist nicht meine Mutter.' ‚Und ich bin es doch; sieh, ich habe mich nur gehäutet.' Da weinte To Karwuwu bitterlich, daß seine Mutter eine andere Haut bekommen hatte, denn er kannte sie nicht wieder. ‚Ich mag dich nicht mehr leiden', sagte der Sohn, ‚du gefällst mir so nicht. Sag, wo hast du deine alte Haut gelassen?' Sie erwiderte: ‚Ich habe sie ins Wasser geworfen, das sie schon fortgeschwemmt hat.' To Karwuwu weinte weiter: ‚O, deine neue Haut mag ich gar nicht, ich werde dir die alte wiedersuchen.' Er stand auf, ging fort und suchte und suchte, bis er sie schließlich in einem Gestrüpp hängen fand; das Wasser hatte die Haut dorthin getragen. Er nahm sie mit, kehrte wieder zur Mutter zurück und zog sie ihr an. Am Abend kam To Kabinana heim und fragte seinen Bruder: ‚Weshalb hast du Mutter wieder die Haut angezogen, die sie abgestreift hatte? Du bist wirklich ein großer Narr! Nun müssen unsere Nachkommen immer sterben. Und nur die Schlangen werden sich häuten.' To Kabinana war sehr wütend über To Karwuwu, weil er das Häuten der Menschen vereitelte, und nur die Schlangen es verstehen . . . So häuten wir uns nicht, sondern die Schlangen. Eigentlich hätten wir es ursprünglich tun sollen, dann wären wir immer wieder jung geworden." — Nichtsterben und Nichttotbleiben war also die ursprüngliche Art des Menschen. Er hatte die „Medizin", dank welcher er das konnte. Durch Dummheit ist sie verloren gegangen und die Menschen bleiben tot. Und es liegt nahe, daß der Gedanke einmal weiterging: durch eine Medizin, dadurch daß eine Medizin gefunden wird, kann dieser Schaden noch einmal beseitigt werden.

Die Hoffnung, daß eine den Schaden bessernde Medizin gefunden werde, — es ist ein weniger abwegiger Gedanke, als es vielleicht scheint, denn solchen Medizinen haben die Menschen seit Jahrtausenden nachgetrachtet. Auch heute noch, — ich brauche nur an die mittelalterlichen Alchemisten zu erinnern, die glaubten und hofften, daß man eine solche Tinktur finden könne, die Quintessentia, den lapis, oder wie sie sonst noch hieß. Ein Paracelsus schrieb De vita longa und eben über die Tinkturen. Die Rosenkreutzer des siebzehnten Jahrhunderts hofften sie zu finden. Giovanni Paolo Marana schrieb wieder Ende des siebzehnten Jahrhunderts die wunderlichen Entretiens d'un philosophe avec un solitaire, und wußte darin von einem Einsiedler, einem über neunzigjährigen Greise, der von der Jugendlichkeit und Frische junger Mädchen war, zu schwatzen: daß er das lebensverlängernde ägyptische Elixier gefunden habe. Auch Cagliostro wie ein Saint Germain behaupteten es zu kennen, und eine rational gerichtete Zeit verwarf nicht etwa die Idee, sie transformierte sie nur in eine naturgeschichtlich-medizinische Phantasie: ein Voronoff vermochte durch Drüsenoperationen wieder jung zu machen. Wenn diese dem Kritischen zuwachsenden Jahrhunderte es zu denken wagten, wenn neben einem Averroës, Duns Scotus und Kopernikus, wenn neben Descartes und Kant dergleichen Gedanken bestehen konnten und bestanden, warum sollen sie dann Jäger oder Pflanzer nicht besessen haben? Im Gegenteil, sie haben nach der Möglichkeit der Wiederkehr, des aus-dem-Tode-Auferstehens gefragt und solchesgebenden Medizinen nachgespürt. So haben die Frauen, welche das Leben ihres Mannes verlängern wollten, in Indien den heiligen Pipalbaum mit roter Farbe angestrichen; man wird an eine Art von sympathetischen Zauber denken dürfen: so wie die rote Farbe des Menschen ein Zeichen ist, daß er noch lebt, so kann als ein kontagiöser Zauber dieses Auflegen roter Farbe auf einen korrespondierenden Gegenstand die Lebenskraft vermehren.

Ein ähnlicher Gedankengang steht hinter einem Märchen aus Neu-Pommern: „Eine gute, alte Frau war gestorben und wurde begraben. Sie grub sich aber selber aus dem Grabe, aus der Grube wieder heraus. Zufällig kam ein Kind vorüber; sie sagte zu ihm: ‚Hole mir etwas Feuer, damit ich mich daran wärmen kann.' Das Kind weigerte sich aber zu gehen; es gehorchte der guten Alten nicht, die ihm vergebens zuredete. So starb die Alte wieder. Hätte jenes Kind ihr gehorcht, so wären wir nicht endgültig gestorben. Man hätte uns wohl begraben, aber wir hätten uns selber wieder ausgegraben und zum Leben erwecken können, weil wir uns am Feuer erwärmt hätten. Da das Kind der alten Frau nicht gehorsam war, erwachen wir nicht wieder, sondern sterben ein für allemal." — Im Grunde handelt es sich um den vorhin besprochenen Märchentyp. Doch führt das Märchen den einen Gedanken ein Stück weiter, den nämlich, daß man den Schaden wieder bessern müsse. Zwar kann die ehemalige Situation nicht wiederkehren, die Hunde bleiben Giftschlangen und der Stein sinkt einfach nieder, doch will ein „rationaleres Denken" Möglichkeiten sehen: noch heute wenn das Verstehen des Verlustes den Menschen überschwemmt, greift er zu ihm im Augenblicke möglich scheinenden „Versuchen", will er dem langsam Erkaltenden durch Erwärmen helfen. Und wie man dem Menschen durch Erwärmen Hilfe bringen will, — im Märchen vom „Fürchtenlernen" wird es .noch als Torentum beschrieben, — wie man Ertrunkene auf den Kopf stellt, in dem wunderlichen Glauben, daß so das Wasser ausfließe und er wieder atmen könne, wie man das rote Blut im bleicherwerdenden Menschen „stärken" wollte, so auch bestreute man die Toten noch mit roter Farbe, — die palaeolithischen Rötelbestattungen lassen es erkennen, — als ob man dem welken Fleische habe Blut zuführen wollen.

Ich nannte es ein rationalistisches Denken der Naturvölker und ich wollte damit nichts weiter sagen, als daß man das anscheinend Zweckmäßige oder Logische versuchte. Daß man dem Unbegreiflichen und „Unlogischem", dem Tode, mit allen Künsten seines Überlegens habe begegnen wollen. Daß man das bessern wollte, was einmal versehen worden ist.

Und alles, was man versuchte, war doch keine Hilfe.

Der Kaiemunu

Was ist der Tod in den bisher besprochenen Märchen? In den neupommerschen der Gazelle-Halbinsel — also pflanzervölkischen — hat er weder Wesen noch Gestalt. Auch das australische weiß nur, daß eins stirbt; es ist allein vom Sterben die Rede, aber weder da noch dort vom Tode. Er ist ein Ohne-Gesicht. Ein Unbeschreibliches. Ungreifbares. Bis dann die Menschen in ihm einen bösen Dämon sehen. — Wenn ich „bis dann" fortfahre, sagt das etwa nicht, daß sich zwei deutliche Stufen gegeneinander setzen lassen, von denen die eine später als die andere sei, die spätere etwa aus der früher geschätzten sich entwickelt habe. Ich will damit nicht mehr als zwei Anschauungen gegeneinander stellen.

Als Dämon erscheint — ich sage besser nicht „der Tod" —, ein menschentötendes und verschlingendes furchtbares Ungeheuer in manchen der pflanzerzeitlichen Geheim- und Maskenbünde. Die Papua im Delta des Purari auf Neu-Guinea besitzen als Männerbundhäuser langgestreckt aussehende Gebäude, mit einem weitausladenden Dache, und die Plattform unter diesem Dache sieht wie die Unterlippe des Rachens eines Ungeheuers aus; tatsächlich stellt auch das Männerhaus ein solches Wesen — Kaiemunu — dar. Und jede Totemgruppe bildet im Männerhause eine eigene Einheit, als deren Zeichen ihre eigene Kaiemunu-Figur existiert. Die Kaiemunu-Figuren dieser eben genannten kleineren Totem-Gruppen sind von den Gruppen selbst aus Weiden oder Rohr geflochten worden. Ihr Leib ist hohl und die Figur mit diesem hohlen Bauche ist so groß, daß ein erwachsener Mensch in ihr Platz finden kann. Die Länge des ganzen Kaiemunu ist oft über dreieinhalb Meter; sie läuft nach vorn in einen aufgesperrten Rachen aus. — Was dieser Kaiemunu aber für ein Wesen ist, kann heute der Papua am Purari nicht mehr richtig sagen; der eine sieht in ihm eine große Echse, wieder andere ein Schwein; ursprünglich ist es aber wohl ein Riesenfisch gewesen. Die Kaiemunu haben außer ihrem Körper oder Leib im Männerhause ein zweites Ich in irgend einem Wasserlaufe des Purariflusses.

Die Kaiemunu spielen bei der Initation der jungen Burschen eine große

Rolle. Man hält die jungen Novizen eine längere Zeit im Männerhause. Dann fahren sie aus, angeblich um im Flusse Rohr zu schneiden. Inzwischen ist die alte Figur im Männerhause zerbrochen worden, und aus dem frischgeschnittenen Rohre flechten die Knaben eine neue. Beim Flechten der Rohre müssen die Neulinge aber darauf achten, daß sie von innen nach außen arbeiten, oder anders ausgedrückt, daß sie im Inneren des entstehenden neuen Ungeheuers hocken. Ursprünglich hat dieses Sitzen im Innern des Tieres wohl bedeuten sollen, daß es die Knaben verschlang und sie in seinen großen Magen schluckte, (was es auch mit den Leichen der Feinde tat, nur daß es die vollständig fraß, während es die verschlungenen Novizen wieder von sich gibt). Ich lasse zunächst einmal beiseite, was den Knaben widerfährt, und stelle nur fest, daß dieses Ungeheuer dauernd Menschen fraß. Und weiter: der Kaiemunu fordert immer wieder Speiseopfer, Menschenfleisch; er spendet dafür den Angehörigen der einzelnen totemistischen Gruppen, die ihn verehren und die ihm opfern müssen, Lebenskraft.

Kurz vor Vollendung der neuen Kaiemunu-Figur einer Gruppe werden bestimmte zauberstarke Kräuter in das Männerhaus geholt und unter der Figur angezündet, so daß sie geräuchert wird. Dann kauen die Knaben einige Zauberpflanzen und gehen hin und speien den ausgekauten Saft dem Kaiemunu in den Rachen. Das ist nach ihrer Meinung ein guter Zauber für die Schweinejagd. In Wahrheit ist es, dem furchtbaren Charakter jenes Ungeheuers entsprechend, eine für ihre Kopfjagden nütze zaubrische Medizin; die Knaben sollten gute Kopfjäger werden, so daß möglichst viele Schädel von Feinden des Stammes oder Fremden in das Männerhaus gelangten, um so der Gruppe viele Lebenskraft und Mana zuzuführen; daneben sättigte der Kaiemunu sich an den Erschlagenen. — Nimmt man das alles zusammen, dann ist der Kaiemunu ein Dämon, der Menschen fressen möchte. Dem man Menschenopfer gibt. Wie auch der Lekal des Sulka-Geheimbundes Menschenopfer will.

Der Lekal ist eine Maske, und geheimnisvolle Männer tragen sie; sie schwimmen in ihr hinaus und überkommen draußen einen Menschen, schlagen ihn tot und ziehen ihn in den Lekal-Rachen. Wer ist es, der schlägt? Natürlich sind es jene Lekal-Menschen, doch eben jene Lekal-Menschen in der Lekal-Maske. Und da der Träger der Maske immer gleich der Maske wird, nicht mehr der Mensch, — der Lekal ist es, welcher schlägt.

Was also tötet? — Es ist ein Dämon, der den Menschen tötet.

Von einem solchen Dämon wissen die Marind-anim auch zu sagen. Sie nennen ihn Sosom, und der Sosom ist ein großer Riese, ein Dema oder Geistwesen, von der Höhe etwa einer Kokospalme. Er wohnt im englischen Gebiet, das ist im Osten der Marind, und kommt alljährlich nach Beginn der Trockenzeit nach Westen. Bei seinem Erscheinen aber müssen die Männer der Marind jenseits des Dorfes, im Walde, eine hohe Hütte bauen, in der er sich zwei, drei Tage lang aufhalten kann, um danach weiter westwärts, in das nächste Dorf zu fahren. Wenn er erscheint, dann sollen ihm die Männer jedes Dorfes die Knaben bringen, die er auffrißt und verschluckt; von diesem Verschlucken merken aber die Knaben nichts; nur einigen schneidet er den Bauch auf, frißt die Eingeweide und legt statt deren junge Kokosnüsse in die Höhlung. Sie merken es nicht, — und er verschließt danach den Leib, und niemand sieht später davon eine Wunde. Versäumen die Mütter aber ihre Knaben herzugeben, dann kommt der Sosom in das Dorf und bringt alle um. Auch dürfen die Frauen, wenn er kommt, nicht in den Wald und nicht dem Platze nahetreten, wo der Sosom weilt; sie würden im Falle der Übertretung des Gebotes sterben müssen. Drum müssen die Weiber, wenn sie draußen seine Stimme hören, sich in den Häusern oder im Bereich des Dorfes halten. — Man hat dem hier zitierten Berichte noch hinzugefügt, daß man die Knaben im Sosomhause mißzubrauchen pflege, was freilich in unserem Zusammenhange nicht weiter wichtig ist. Denn wichtig ist nur, daß hier als tötendes Wesen oder Tod ein riesiger, aus dem tiefen Walde kommender Dämon erscheint. Daß es also auch hier ein Dämon ist, der sterben macht.

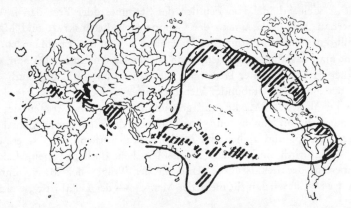

Der verschlungene Held (Jona)

Von diesem Sterben aber scheinen mehrere Vorstellungen zu bestehen; denn wenn der Sosom die Weiber im Dorfe umbringt, heißt das doch, daß er sie totschlägt, sie ersticht, erwürgt, erlegt; die Knaben jedoch verschlingt er, wie ein Untier das auch tut, und wie der Lekal einen im Wasser Überfallenen verschlingt. Wie auch der Kaiemunu zu verschlingen pflegte. „Verschlungen werden" ist aber wohl nichts anderes als verschwinden, so wie ein Toter aus dem Hause und dem Dorf verschwindet. Wie ihn die offene Erde und das Grab verschlingt.

„Verschlingen" kann freilich auch viel eindeutiger begriffen werden; in einer Welt, in deren Wäldern reißende große Tiere schweifen, in deren See der Hai sich tummelt, — und in einer Welt, in der die Menschen sich einander aufzuessen pflegen, bedeutet „verschlingen" einfach: durch Gewalt zu Tode kommen. Und gerade von einem furchtbaren Dämon wird man glauben müssen, daß er als Feind erscheint. Daß er ein greulicher Verschlinger sei.

Hier kreuzt nun in die eben entwickelte Gedankenfolge eine neue. Um ihr gerecht zu werden ist aber nötig, etwas weiter auszuholen. Es handelt sich um die Beschneidung. Man hat immer wieder angenommen, daß diese vor allem eine Mutprobe an den jungen Menschen sei, die teils allein, teils im Zusammenhang mit anderen Erprobungen geschehe, und daß sie deswegen auch als eine Mutprobe anzusprechen sei, weil nur, wer sie besteht, dem Männerbunde angehören dürfe; der Männerbund verlange von seinen Mitgliedern Tapferkeit und um die festzustellen, habe man eben diese Aufnahmeübungen eingerichtet. Wenn man das liest, hört es sich ganz plausibel an; man wird es jedoch ein wenig gründlicher überlegen müssen, denn mißt das alles nicht den Naturvölkern eine Überlegung zu, die in ihr sonstiges Denken nur schwer einzugliedern ist, die eher in einer heutigen bürgerlichen Gesellschaft möglich scheint. Doch gebe ich einmal zu, daß jene frühen ersten Männerbünde, Gemeinschaften aller für den Krieg in Frage kommenden waffenfähigen Männer, die zwingende Notwendigkeit empfanden, ihre Neulinge zu prüfen, weil eine solche Gemeinschaft sich gewiß nicht mit verzagendem und im entscheidenden Augenblick versagendem Volk belasten mag, dann könnte die circumcisio ganz gut dafür in Frage kommen. Sie fordert schon Zähnezusammenbeißenkönnen und Standhaftigkeit.

Auch eine Reihe anderer Übungen könnte man Mutproben nennen. Ich denke vor allem da an Peinigungen wie diejenige der Monumbo, bei welchen die Initianten eine ganze Reihe Feuer, die unter Jochen angezündet worden sind, durchkriechen müssen; sie werden dabei geprügelt, weil das — wie man meint — dem körperlichen Wachstum nützlich wäre. Danach berühren sie auch die Flöten, die im Männerhause sind, und müssen dabei noch eine große „numinose" Angst ausstehen, — weil diese Flöten die Eckzähne eines Ungeheuers sind. Bei den Nor-Papua auf Neu-Guinea wieder werden die Knaben am Meere mit einem scharfen Grase in das Glied gestochen; das fließende Blut wird aufgefangen, und man hört erst auf, wenn sich das austretende Blut „formt wie ein Mann"; dahinter steht sicherlich ein zaubrischer Gedankengang, der aber von den Gepeinigten Mut und Festigkeit verlangt. Ob aber die eben angeführten oder viele entsprechende Quälereien, die sich bei so und so vielen Völkern dauernd wiederholen, Mutproben heißen dürfen, das steht trotzdem noch dahin. Nicht alles was schmerzt, wird man als Mutprobe bezeichnen dürfen, denn hinter scheinbar ganz sinnlosen Peinigungen stehen Gedankengänge, die zaubrisch oder mythisch intendierten Schlußfolgerungen angehören, und die viel anderes wollen als nur einen Knabenmut erproben. Mutprobe hingegen wird man jene Prozeduren der Pangwe nennen dürfen, in die sich immer wieder die Vokabel „sterben" mischt, und die zu den Aufnahmeriten in den Sso gehören. Die Zeremonie begann mit einem großen phallischen Tanz. Zwei Tage später fanden dann die Quälereien der Neuen statt. Wenn alle Weiber und sonstigen Uneingeweihten fortgegangen waren, begab sich ein Teil der Eingeweihten in den Busch und suchte in diesem Nester von besonders stechenden Ameisenarten. Die Nester wurden in großer Zahl, oft an zweihundert Stück, gesammelt, vorsichtig an langen Stangen in das Dorf getragen und zu einer niederen Hütte, die man für die Einweihung der Novizen aufgerichtet hatte; dort schüttete man und hängte man das ganze eingesammelte Gut hinein, so daß es in ihr von Ameisen wimmelte und lebte. Dann hängte man auch noch mit gefährlichen Haaren bedeckte Zweige von Schotenbäumen in der Ameisenhütte auf. War das geschehen, so wurden die Knaben auf dem Dorfplatz aufgestellt und allen möglichen Quälereien und unangenehmen Zumutungen ausgesetzt. Die erste bestand in der Einnahme einer überaus ekelhaften Medizin; die wurde aus mehreren abscheulich schmeckenden Pflanzen und menschlichem Auswurf sowie anderen ekelhaften Stoffen hergestellt, auch Öl und eine tüchtige Portion von Pfeffer kam dazu. Wenn jeder der Jungen diese Teufelsspeise genossen hat, wird er von seinem Führer ergriffen und im schnellen Lauf von einem Versammlungshaus zum anderen durch das ganze Dorf geschleppt und es wird jedem drohend „ihr müßt sterben!" angesagt. Fällt einer hin, so wird er ohne Rücksicht wieder hochgerissen und weitergeschleppt und es gibt keine Nachsicht oder Linderung. Nach einer Pause folgt darauf die letzte und die ärgste Prüfung. Die Eingeweihten stellen sich mit Hauern und mit Messern vor dem Ameisenhause auf, und empfangen dort die Initianten mit wildem Geheul: Nun müßt ihr sterben! Jetzt ists mit euch aus! Die Angst der armen Jungen ist natürlich unbeschreiblich. Wenn sie nun von den Wartenden geängstigt worden sind, treibt man sie in das Haus, in dem die Ameisen auf sie warten, und wo sie von den wütenden Tieren fürchterlich zerbissen werden. Nachdem sie auch diese eben nicht gelinde Marter überstanden haben, erscheinen sie als genügend vorbereitet für den Tod. Ehe man sie aber abführt und sie sterben läßt,

Männerhaus in Neumecklenburg

erhalten sie noch eine Henkersmahlzeit vorgesetzt. Dann werden die Neulinge zum Sterben in den Wald gebracht, das heißt, sie müssen abseits des Dorfes in Buschhütten bleiben, und haben sich dort einen Monat, fern von allen Menschen, und völlig unbekleidet aufzuhalten und die Buschschule durchzumachen.

Es ist nicht wichtig, was mit den jungen Knaben noch geschieht; ich führte den ganzen Bericht ja nur deswegen an, um einen Beitrag zu der Frage „sterben" zu erhalten. Hier wird mit „sterben" und wird mit dem „Tod" gedroht. Sterben und Tod ist also etwas Bedrückendes und Schweres, (und den Bedrückungen gegenüber fest zu bleiben, wird von den Forschern den Standhaftigkeitsbeweisen zugerechnet).

Es scheint von hier zum nächsten nur ein kleiner Schritt. Kann man dem „Sterben" gegenüber seinen Mut beweisen, und wird bei der Initiation der Neulinge deren Mut geprüft, dann liegt es nahe, die beiden Erlebnisse zu verbinden. Wie aber sind diese beiden Erlebnisse miteinander zu verbinden? Vielleicht im Kriege oder (in der pflanzerischen Welt) auf eben die Weise, von der uns die Märchen sprechen. Die Märchen sind ja ein in der pflanzerischen Zeit entstandenes Gut. Da kann „der Jüngste" an Drachen und Untieren sich beweisen; da steht er dem Tode ohne Augenzucken gegenüber und wenn er wieder aufwacht, hat er weiter nichts zu sagen als: Liebe Leute, wie gut habe ich die Nacht geschlafen. Sonst aber? Die circumcisio und subincisio sind ja nur schmerzhafte Operationen, aber sie sind nicht der Tod. Dem Dämon begegnen, wenn es im Walde einen Dämon gibt, das wäre vielleicht dem Tode gegenübertreten. Wäre Standhaftigkeit.

Dem Dämon begegnen, — man braucht ihn nicht selbst zu treffen; schon seiner Maske zu begegnen ist so viel wie ihm begegnen.

Von diesen Begegnungen bei der Initiation hört man sehr oft.

Ich denke zum Beispiel an das Beschneidungsfest der Kai auf Neu-Guinea. Sind bei dem Stamme die Vorbereitungen für das Fest getroffen, ergeht die Einladung an die verschiedenen Festteilnehmer. Die kommen in dem die Feier begehenden Hauptdorfe zusammen, und jede Dorfschaft hat ein oder mehrere Schweine mitgebracht, auch Taro, Yams, Zuckerrohr, Bananen, Kokosnüsse. Es haben sich auch die zur Beschneidung bestimmten Knaben eingestellt, sie werden versammelt, gezählt, und dann einstweilen wieder der Obhut der Frauen in den verschiedenen Dörfern übergeben. Den Frauen, die von der eigentlichen Bedeutung des Ganzen keine Ahnung haben, sagt man, daß alle Speisevorräte und die vielen Schweine für einen furchtbaren Geist bereitgehalten würden, denn der sei gekommen, um über die Knaben herzufallen und sie zu verschlucken. Nur durch die Darbietung einer gewaltigen Menge guten Essens und ganz besonders durch das Überreichen fetten Schweinefleisches sei dieser zu bewegen, ihre Jungen zu verschonen oder doch wenigstens nach dem Verschlucken wieder auszuspucken. Sind alle Dorfschaften versammelt und die Vorbereitungen abgeschlossen, ruft der Veranstalter: Löst die Ngosahölzer aus den Hüllen! Ngosa heißt eigentlich ‚Großvater'. Man bezeichnet aber in diesem Zu-

sammenhange das beutegierige Wesen so, welches die Knaben gleich verschlingen wird.

Ich unterbreche hier, um einen Bericht über die Bukaua mitzuteilen.
Dort findet die Beschneidung stets im Balumhause statt. Ist dieses während der Vorbereitungen für den Balumkult errichtet worden, so werden
die Jungen abgeholt und in das Haus geführt. In der dem Abschiedstage
vorhergehenden letzten Nacht schläft in den Dörfern der Bukaua sicher
keine einzige Mutter: beständig weint sie, herzt und liebkost ihre Kinder.
Kommen dann am Morgen die Väter, um die Jungen zu entführen, so
können sie eines nicht sehr freudevollen Empfanges gewärtig sein. Dann
folgen die Mütter weinend den entführten Kindern; immer aufs neue
brechen sie dabei in Rufe aus: Mein gutes Kind! Mein schönes Kind!
Der Balum wird dich fressen! Doch können die Mütter den Abziehenden
nicht zu lange folgen, denn mehrere, mit langen Bambuszweigen aus-
gerüstete Bukaua-Männer halten in einiger Entfernung vom Balumplatze
am Wege Wache und schlagen ganz unbarmherzig auf die jammernden
Mütter los, wenn diese es nicht vorziehen, jetzt doch wieder umzukehren,
— und schlagen nicht nur, sondern schreien auf die Weiber ein: Der Balum frißt euch und die Bienen werden euch zerstechen! Der brummende
Ton der auf dem Balumplatze geschwungenen Schwirren dringt währenddessen als die Stimme des Geistes an ihr Ohr, so daß sie laut weinend
kehrtmachen und in ihre Hütten weichen.

Ein Vierteljahr bis fast ein halbes haben die Bukaua-Jungen im Balumhause, außerhalb des Dorfes, ihre Tage zu verbringen; sie starren vor
Schmutz, ins Wasser kommen sie nämlich nicht und auch vor Regen-
schauern sind sie in dem Hause sicher, sie kommen ja kaum hinaus und
arbeiten auch die Monate über nichts, außer daß sie zum Zeitvertreibe
Pandanusblätter-Matten flechten oder sie schnitzen eine Menge der im
Balumkulte gebrauchten Flöten. Von solchen Flöten unterscheiden die
Bukaua drei, und deren verschiedene, von dem tiefsten bis zum schrillsten
gehenden Töne sollen allen zufälligerweise einmal in die Nähe kommenden Weibern sagen, daß auf dem Platze wahrhaftig Geister gegenwärtig
seien; davon erschreckt sollen sie sofort die Flucht ergreifen.

Als nächstes wird von den Männern dann der Balum eingeholt. Den
Frauen wird eingeschärft, sobald der Balum kommen wolle, sich ja nicht
in der Nähe des Balumplatzes sehen zu lassen, sondern in ihren Hütten
zu bleiben; denn ist erst der Balum los und er wird eine von den
Frauen gewahr, so frißt er sie; das heißt, die Männer würden sie er-

schlagen. Um nun den Balum zu holen, gehen verschiedene der Bukaua-Männer mit Muschelhörnern durch den Wald und blasen und schreien nach ihm, denn irgendwo in den Tiefen des Waldes hält er sich meist auf. Infolge der Vorstellung, daß der Balum sich im Walde aufhalte, die man bereits den kleinen Kindern beizubringen pflegte, gehen die Bukaua allen irgendwie verdächtig erscheinenden Plätzen aus dem Wege, zum Beispiel den Stellen, wo menschliche Gebeine liegen und verbleichen, oder wo eine plötzliche Krankheit über einen kam. Das alles sind Orte, wo die bösen Geister hausen. Haben die Männer draußen lange genug geschrieen und gelärmt, zerschneiden sie einen Strick, den sie danach den Weibern zeigen mit der Bemerkung: Seht mal, mit diesem Strick war er gebunden! Nun ist er los! Ihr Weiber, nehmt euch jetzt noch mehr in acht, daß er nicht kommt und eine von euch holt und frißt! Dabei vernehmen die Frauen wie aus weiter Ferne, anfangs noch leise, dann aber näherkommend, laut und immer lauter, den brummenden Ton der Schwirren. Das ist seine, des Balums Stimme. Nach andern Quellen graben sie den Balum im Waldesdunkel aus der Erde; es werden dabei natürlich viele Wurzeln zerschnitten und zerrissen, ehe er herauskann. Mühsam nur gelangt er an das Tageslicht; ermattet, verletzt und ohne Kräfte kommt er oben an; deswegen ist anfangs auch sein Rufen noch ganz schwach, nur langsam erholt er sich und wird sein Rufen kräftiger und lauter.

Im Balumhause haben die Initianten ebenfalls den Lärm vernommen. Da sie so wenig wie die Weiber wissen, was da brummt, — denn keiner von ihnen hat bis dahin je ein Balumholz gesehen, geschweige gehört, wohl aber viele schreckliche Geschichten mitgeteilt erhalten, was alles der Balum, der nun näher und näher kommt, bereits getan, — sind sie natürlich in eine ganz entsetzliche Angst geraten. Es kommt dazu, daß neben dem Geschrei der älteren Bukaua und dem Geräusch der Schwirren sonst noch allerlei geschieht, um Angst und Schrecken möglicherweise noch zu steigern. Indessen die Jungen nun in ihrem dunklen dumpfigen Versammlungsraume aus einem Zittern und Heulen immer in das andere fallen, tun sich die Alten draußen gütlich, denn sie laben sich zusammen mit allen ihren Gästen an den leckeren Schweinebraten. Im Laufe des Nachmittages findet dann die Beschneidung statt: der Balum verschlingt die Jungen, doch die Menge der geopferten Schweine besänftigt und veranlaßt ihn, die Knaben wieder auszuspeien. Bei diesem Ausspeien aber beißt und ritzt er sie, weshalb sie nach der Beschneidung einer Zeit der Ruhe bedürfen, um

Verschlungen

die erhaltene Wunde wieder heilen zu lassen, — mit solcher Erklärung wenigstens fertigt man die Weiber ab.

Vom Kanifest der Tani auf Neu-Guinea wieder wird berichtet, daß dort die Jungen durch einen Geist, der Kani heißt, verschlungen werden; das aber ist nötig, daß die Jungen alle schön und stark und dazu fähig werden, viele und kräftige Nachkommen zu erzeugen. Bei solchem Verschlucken beißt der Kani die Knaben in ihr Glied; der Schnitt an diesem wird deswegen Kanizahn genannt. Was nun die Zeremonie betrifft, so heißt es, daß der Kani die Jungen in seinen Bauch hinunterschlucke, „in den Schweinemagen"; doch speit er sie wieder aus, wenn ihm ein Schwein gegeben wird. Bleibt aber ein Junge infolge allzustarken Blutverlustes, (die Bukaua und ein Teil der Jabim spalten auch die glans), tot auf dem Platze liegen, so teilt man den Weibern mit, daß ihn der Kani in den Taromagen geschlungen habe. Den Frauen und Nichteingeweihten aber wird der Kani als ein ganz furchtbares, drachenähnliches Ungeheuer dargestellt, das man mit stärksten Lianen an die größten Bäume binden müsse. In diese Bäume hackt man viele tiefe Furchen ein, die durch das Scheuern der Bande des Kani da entstanden seien, und wühlt den Boden um den Fuß der Stämme auf. Das Surren der Schwirren wird als Brüllen des Kani hingestellt.

So weit zunächst die drei neuguinesischen Berichte. Sie lassen, wie ich doch wohl annehmen darf, erkennen, daß die Initiationszeremonien der drei papuanischen Stämme ein überaus Kompliziertes und Zusammengesetztes sind. Am deutlichsten hebt sich die circumcisio heraus. Das nächste Bemerkenswerte ist, daß der Initiant verschlungen und unter bestimmten Bedingungen wieder ausgespieen wird. Dies zweite hat meines Erachtens mit der Beschneidung nichts zu tun, denn weder begründet noch deutet es die körperliche Operation. Der ganze Kanikult der Tami mit dem Herbeiholen des Kani, mit dem Verschlingen der Initianten, (so wird das Vorbeigehen des Dämonen an den erhobenen Schwirren der Männer bezeichnet), könnte geschehen, ohne daß die Beschneidung vorgenommen werden muß, und umgekehrt kann diese Beschneidung wiederum geschehen, ohne daß das Verschlingen durch den Kani nötig wäre. Dem Ngosafest der Kai ging ebenso das Verschlingen wie auch das Wiederausspeien des Initianten durch den Geist voran, es hatte mit der Beschneidung mithin nichts zu tun. Und wenn die Tani die Beschneidungswundmale so erklären: der Kani verletze den Penis beim Verschlucken seiner Opfer, so wird man das nur als eine sekundäre, ziemlich späte, als eine durch einen anderweit entstandenen Glauben an das Ungeheuer und danach übertragene mythische Erläuterung betrachten dürfen.

Das aber bedeutet, daß die Vorstellung vom Verschlungenwerden aus anderen uns augenblicklich vielleicht noch nicht deutlichen Zusammenhängen in das Beschneidungsbrauchtum dieser Stämme eingedrungen sei.

Aus welchen Zusammenhängen? — Ich erinnerte vorhin an das Märchen. Das Märchen hat seine Anfänge in der pflanzerischen Welt, in der wir auch diese Bräuche finden, und wir werden es daher befragen. Im indonesischen und südasiatischen Märchen wird der Held, der mit dem Ungeheuer kämpfen soll, von ihm verschlungen.

Wenn ich nun frage, ob dieses „Verschlingen" wirklich „Tod" bedeutet, dann muß die Antwort lauten: in den Heldenmärchen: Nein. Verschlungenwerden ist eins von den vielen Abenteuern, das einem Helden, der zum Kampfe auszieht, widerfährt. So etwa erzählen die Algonkin von dem Riesenfisch, der ihren Heilbringer Mänäbusch verschlungen hat, die Tlinkit vom Großen Raben, den der Wasfisch schluckte, die Blackfoot von Blutkloß, den der Sauger eingesogen hat. Der Held zog gegen diese tierischen Ungeheuer, Tierdämonen, und sie verschluckten ihn, doch es gehörte zu seinem Heldenleben, daß er von ihnen wieder ausgespien wurde.

Und diesen Heldenerlebnissen oder Heldenabenteuern gehen die, die auf die Neulinge losgelassen werden, parallel. Es ist der Sinn des Kanimärchens, nicht daß sie verschlungen und nicht daß sie getötet, sondern daß sie wieder ausgespien werden. Im Kaiemunu-Bericht wird das ja auch direkt gesagt —: sie arbeiteten aus dem Bauche des Kaiemunu sich nach draußen.

Aus einem geflochtenen Untier, einer Maske, — und ich füge dem jetzt zu, daß bei sehr vielen indonesischen Stämmen die Initianten durch ein aus Rohr geflochtenes oder Holz gebautes Untier kriechen. So etwa wird bei den Kai für die Initiation eine Hütte mit einem hohen offenen Eingang an der Vorderfront gebaut; nach hinten verengert sie sich immer mehr, eben weil sie das die Initianten verschlingende Ungeheuer mit seinem ganz weit geöffneten Maule darstellen soll. Und vom Verschlucken und Wiederausspeien durch den Ngosa: ein Mann steigt auf das an der Türe jener den Körper des Unholdes darstellenden langen Hütte errichtete Gerüst, und spielt dort das Verschlucken und Ausspucken mit den Knaben durch.

Im Grund wird also mit den Knaben all das vorgenommen, was in den

Märchen durch die Helden vorgenommen wurde. Die Initiation der Knaben spielt ein Heldenabenteuer durch.

Ein Abenteuer von Art und Umfang des soeben hier erschlossenen paßt aber sehr gut in die gegebene Situation, in dieses Gemisch von Männerleben, Jungensidealen, von Grausamkeiten, Abenteuergelüsten, realistischem Tun. Die Männer spielen da den Sosom oder Balum, schrecken Weiber, — man denkt sofort an die vorhin bereits erwähnte Klaubauf-Maske und an das Maskenerlebnis, das sich hier natürlich wiederholt, — sie glauben den Balum und sie glauben ihn doch nicht. Man quält die Jungen, wie man Kinder mit dem Klaubauf quält, und wie man im Klaubaufspiel ein pädagogisches Zuchtmittel sieht, so dort im Balum-Erlebnis ein Notwendiges für den Mann. Aus diesem Gemisch von Glaube und Ernsthaftigkeit, von Miterleben und Fürwahrhalten und Darüberstehen, von Freude am Quälen, Mutprobe und der Formel „heldisch leben", von Schabernacken und der Lust an Braten wird man es verstehen.

Ist es ein Initiationsbegebnis oder eine Mutprobe? — Beides: ja.

Ist es ein Spiel der Männer mit halb knabenhaften Dingen? — Ja.

Und steht dahinter ein Bedürfnis nach dem heldischen Sichbewähren? — Ja.

Aus dieser dem Jünglingshaften angepaßten seelischen Situation und der viel realistischeren der Männer wird man es erklären, — nicht aber dahinter ein Wiedergeburtsmysterium entdecken wollen. Hier das Erlebnis „Tod" und „Wiedergeburt" feststellen wollen, heißt doch, mit einem entlichenen europäischen Maßstab messen, was seine eigenen Maßstäbe in sich trägt. Entweder bedeutet „Wiedergeburt" hier etwas völlig anderes als sie bei uns bedeutet, nicht mehr als ein Abenteuer, das Wiederhervorkrabbeln aus dem Bauche eines Klaubauf-Wesens, oder wir dürfen diesen Ausdruck hier nicht brauchen.

Doch um nun zu dem für uns Wichtigen zu kommen —: was sagt das alles über die frühen Männerbünde?

Wir werden entgegnen dürfen, daß in diesen frühen Bünden das Heldische (im märchenhaften Sinne) eine Rolle spielt. Daß man von Ungeheuern, Kaiemunu-Dämonen, Balum-Wesen weiß, daß anthropophage Mahlzeiten, Kopfjagden eine Rolle spielen, daß man dort aber auch die realistischeren Daseinsfreuden, ob es nun Schweinebraten oder Sexus sei, erlangt. Der Mann in diesen Kulturen ist in eine mythische Welt gestellt, die er als Mann, auf eine männliche Art, bewältigen muß.

Jona

Zu den Geschichten vom Verschlungen- und Ausgespieenwerden rechnet die religionsgeschichtliche Forschung auch die Prophetenlegende von Jona ben Amittai, den Jahve zur Bußpredigt nach Niniveh sandte; „aber Jona machte sich auf und floh vor dem Herrn und wollte gen Tharsis und kam hinab nach Joppe", von wo er sich nach der Stadt am Guadalqivir einschifft. Das Schiff gerät in Seenot und da alle Versuche es zu erleichtern nichts mehr helfen, rufen die Schiffer, ein jeder seinen Gott an. Auch das bleibt nutzlos; da begreifen sie, daß ein Schuldiger unter ihnen sein müsse; sie werfen das Los. Es fällt auf Jona, und er wird ins Meer gestoßen; „da stand das Meer still von seinem Wüten." — Das was hier vorliegt, ist — bis auf die kleine Tatsache, daß es sich um einen Propheten handelt, der durch die Flucht sich Gottes Auftrag entziehen will, — ein bekanntes Märchen, das im östlichen Mittelmeergebiet und vorderen Orient umgeht. Und wie in all den Märchen, so gilt auch hier das in-das-Meer-Werfen als Sühneopfer und Untergang und Tod. Wenn die Geschichte weitergehen sollte, so konnte sie nur so weitergehen, daß Jona vom Meere wieder ausgeworfen wurde, (nachdem er — wie 1, 12 andeutet — seine Schuld erkannte und damit Jahves Forderung genügte). So argumentieren auch die theologischen Kommentatoren, nachdem sie fanden, daß Jonas Gebet im zweiten Kapitel der Schrift erst später eingefügt worden sei. Stand aber dieses Gebet zu Anfang nicht im Text, dann wußte er auch nichts von einem Aufenthalte Jonas in dem Bauche des Fisches, denn außerhalb des Gebetes wird von dem Aufenthalte im Bauche des Fisches nichts berichtet.

Was für die Textherstellung durch die theologischen Philologen gilt, das gilt auch für die Märchenforschung: die ganze Legende des Jona-Buches wurde aus zwei Märchen zusammenkomponiert. Das eine erzählte von der Flucht des Gottbeauftragten, dem Urteil und dem Versinken im Meer, und daß das Meer den Reuigen auswarf, der nun seinem Auftrage nachgekommen ist. Das andere erzählt von einem Manne, den ein Fisch verschlang und der (meist nach drei Tagen) vom Fische wieder lebend ausgespieen wurde. Dabei hat aber das zweite Märchen, um sich dem Plan des Ganzen einzufügen, eine Umformung erfahren. Der Jona des Bibelbuches betet im Fisch: „Ich rief aus meiner Bedrängnis zu Jahve, und er hat mich erhört; aus dem Innern der Hölle hab ich geschrien, du hast meine Stimme gehört." Jona betrachtet den Aufenthalt im Fische also nicht als ein Verschlungensein, einen Untergang und Tod, sondern als Rettung. Untergang und Tod war ihm das Meer: „Du warfst mich mitten in das Meer, daß die Strömung mich umgab, alle deine Wogen und Wellen gingen über mich; schon dachte ich: verbannt bin ich aus deinen Augen . . . Es um-

Jona im Walfisch. Aus einer byzantinischen Handschrift, 9. oder 10. Jahrhundert

ringten mich Wasser bis an die Seele, die Tiefe umgab mich, Tang war um mein Haupt gewunden . . . da holtest du mein Leben aus der Grube."

Der Religionshistoriker wie der Märchenforscher fragen zunächst einmal nach der Herkunft der soeben angedeuteten Märchen. Man hat da wohl auf ein buddhistisches Märchen hingewiesen, das mit dem eben erst erschlossenen nahe übereinzustimmen scheint: Ein Kaufmannssohn mit Namen Mittavindaka aus Benares hatte gegen den Willen seiner Mutter sich aufs hohe Meer begeben, wo das Schiff durch eine unbekannte Gewalt am Weiterfahren verhindert wird. Um den Urheber ihres Unglückes zu entdecken, werden auch wieder Lose geworfen, und dreimal kommt das Unglückslos in die Hand Mittavindakas. Darauf setzen die Schiffer ihn auf einem Floße aus, sie selbst führen aber ungehindert ihre Reise durch. — Man wird natürlich nicht behaupten, daß die buddhistische Erzählung das Vorbild unserer Jona-Sage war, daß diese eine Umdichtung jener darstelle, aber man wird sagen dürfen, daß das Mittavindakamärchen und die ursprüngliche Jona-Legende einander ähneln, so daß sie auf eine gemeinsame Volksüberlieferung zurückgehen werden. Und diese

Volksüberlieferung dürfte der Verfasser des Jona-Buches, vielmehr der vor ihm stehende Erzähler, von irgendwoher aus dem Osten erhalten haben.

Schwerer ist die Entstehung der zweiten Hälfte der Jona-Legende zu erklären. Man hat bei einer Untersuchung der Sintflutsagen schon erkannt, daß es bereits vor Jesu Zeit den Glauben an einen Fisch als Retter gab; das Sinnbild „Fisch" für Christus sei nicht aus jenem Pseudoakrostichon Ἰηοῦς Χριστὸς Θεοῦ Υἱὸς Σωτήρ erst entstanden. Man hat in diesem Zusammenhange auch auf eine Bemerkung des Clemens Alexandrinus in seinem Paídagogos hingewiesen, in der er von den Siegelsteinen der Christen spricht, und er verbietet den Christen eine Anzahl von Ringsteinen, wie sie in jenen Jahren üblich waren, nämlich diejenigen, auf denen Köpfe von Göttern, ein Schwert, ein Bogen, ein Becher und Bilder von männlichen und weiblichen Geliebten abgebildet waren. Dagegen sind seiner Meinung nach nicht zu beanstanden die Ringsteine mit dem Bilde einer Taube, eines Fisches, eines Segelschiffes und einer Leier. Es ist dem Wortlaut dieser Stelle nach ganz deutlich, daß eine Auswahl aus vorchristlichen Symbolen getroffen worden ist. Dann aber hätten wir den Beweis, daß man den Fisch als glückhaftes Symbol nicht erst im Christentum geschaffen, sondern übernommen hatte und ihn auf Jesus Christus übertragen habe. So kühn der in den Sätzen mitgeteilte Gedankengang auch scheint, in seinen letzten Prinzipien wird man ihm zustimmen dürfen, denn in den eben angeregten Gedankengang weist auch ein Satz aus einer Homilie des Severianus: Si enim Christus non esset piscis, nunquam a mortuis surrexisset.

Wenn eine solche Vorstellung für die ostmittelmeerische Welt erschlossen werden kann, so fehlen in dieser doch Belege, die eine Errettung durch den Fisch in einer der Jona-Legende entsprechenden Formulierung zeigen. Man hat im Grunde nur zwei Haupttypen von Erzählungen festgestellt: die eine, in welcher sich ein Held von einem Fisch verschlingen läßt, um ihn von innen heraus zu töten, — die griechische Hesione- und die Andromedageschichte kennen diesen Zug, — und eine zweite, in welcher zwar der Fisch als Retter aus einer Todesnot erscheint, nicht aber so, wie es die Jona-Legende zeigt, vielmehr Arion und seiner Errettung aus dem Meere nahe. Der Jona verschlingende und wiederausspeiende Fisch läßt sich nicht nachweisen, — wenn wir nicht die südostasiatische und melanesische Überlieferung zu Hilfe nehmen. Dort haben wir in den geheimbündischen Ritualen Belege für das Verschlungen- und Wiederausgespieenwerden eines Sagenhelden, — wenn diese Belege auch viel eher an die Gewinnung von Lebenskraft, von Mana, als an eine Errettung aus dem Tode denken lassen. Es bliebe, wenn man die eben erwähnten Belege nicht gelten lassen will, nur noch die Annahme, daß das Geschehnis „Verschlungen-" und „Wiederausgespieenwerden durch den Fisch" im Ostmittelmeerischen durch die Vorstellung von dem „rettenden Fische" einen neuen Sinn bekommen hätte.

Ist dieser Schluß — er scheint mir nahe zu liegen — erlaubt, dann bleibt uns freilich noch eine Frage zu erörtern: wie kam ein südostasiatisches mythologisches Bild, dessen Spiegelung in den Geheimbundriten zu beobachten war, nach den ostmittelmeerischen Ländern? Hier ist wohl recht, auf die vorhin gemachte Feststellung zurückzugreifen, daß nämlich die erste Hälfte der Jona-Legende auf eine Herkunft aus östlicheren Bezirken schließen läßt. Kam aber die erste Hälfte der späteren Erzählung aus dem Osten, dann mag wohl auch die zweite von dorther stammen.

Wir haben für diesen Weg noch einen Hinweis zu beachten. Schon Gunkel, der große alttestamentliche Forscher, erklärte und deutete jüdische Mythologien aus babylonischen Texten und zog dafür vor allem das Tiâmat-Epos vom Kampfe des uns im Folgenden noch begegnenden Gottes Marduk mit dem als Weib und Untier gedachten Urmeere Tiâmat heran. Er hob dabei schon jene eigentümliche Kampfmethode hervor, nach welcher der Gott ihr das Maul durch einen Sturmwind offen halten ließ und si von innen her zerschnitt. Wie in den östlichen Märchen fährt also der Held ein in den Leib des Wasserungeheuers, (er tötet es von innen) und kommt heil wieder an den Tag.

Man hat dann eine entsprechende alttestamentliche Mythe festgestellt. Es heißt bei dem Propheten Jeremia 51, 34: „Gefressen, vertilgt hat mich Nebukadnezar, der König von Babel; hat mich stehen lassen als einen leeren Topf; hat mich verschlungen wie der Drache; hat seinen Bauch mit meinen Leckerbissen angefüllt; hat mich verstoßen." Die Kommentatoren haben zu diesem Jeremia-Text bemerkt, hier lasse der Prophet Jerusalem das Schwere des Exils beklagen, die Stadt sei leer geworden wie ein leerer Topf; was kostbar war, das hätten die Sieger fortgeschleppt; sie selber sei vernichtet, ihre Bewohnerschaft verstoßen. All das verstehe sich ohne weiteres als Schilderung der Situation. Nicht aber der Gedanke, daß Nebukadnezar gefressen, und daß er es verschlungen habe wie der Drache. Das sei nur dadurch zu erklären, daß dem Verfasser ein Mythus von einem Drachen vorgeschwebt, in welchem das Ungeheuer den besiegten Feind verschlingt. Die Annahme finde ihre Bestätigung durch Vers 44, der eben den verschlingenden Drachen nennt: „Ich suche es heim an dem Bel zu Babel und hole aus seinem Maule, was er verschlungen hat." Hier wird das Ungeheuer, auf welches der Prophet anspielte, noch einmal und diesmal namentlich genannt; es ist der Bel zu Babel. Und es ward von den Kommentatoren die Frage aufgeworfen, ob hier nicht israelitische Tradition den Namen des besiegenden Gottes mit dem — vermutlich in seinem Tempel abgebildeten — Ungeheuer identifizierte. So viel ist jedenfalls gewiß: es gab in Babylon im Mythus und Kultus ein heldenverschlingendes Ungeheuer.

Für uns ist aus dem ganzen Beweisgang aber wichtig, daß Reste der keilschriftlichen babylonischen Überlieferung von einem Ungeheuer sprechen, in dessen Maul ein Held hineinfährt und aus dem er wiederkommt. Das ist die zweite Sage, aus welcher das Jona-Märchen gebildet worden ist. Und sie wird aus dem alten Zweistromlande berichtet, dessen Beziehungen zu den biblischen Büchern und dessen Einflüsse auf deren Inhalte nach sechzig Jahren Forschung festzustehen scheinen. Sie wird uns aus dem alten Zweistromlande überliefert, das zwischen den Ostmittelmeer-Landschaften Phönikien und Kanaan, in welchem die Jona-Legende haftet, und den südostasiatischen Verschlingungsmythen eine Brücke bildet. Wir werden nach alledem annehmen dürfen, daß ebenso wie Verschlingersagen aus indonesischem und melanesischem Gebiete nach Westafrika gelangten, — ich werde im folgenden Abschnitt über diesen Umstand sprechen, — sie in das Vorderasiatische wirkten. Was im südöstlichen Asien und der vorgelagerten Inselwelt in den geheimbündischen Ritus aufgenommen wurde, und was in Afrika zur Formel „Tod und Auferstehung" fortgebildet wurde, das trat in Vorderasien in das Götterepos und den Jahve-Mythos ein.

Die Jona-Legende hätte für unsere Untersuchung keine weitere als eine bestätigende Bedeutung, wenn es sich nur um sie und ihre Herkunft handelte. Nun aber machen die Schriftsteller des Neuen Testamentes von ihr Gebrauch; Matthaeus und Lukas erwähnen sie nach der sogenannten Redenquelle, das ist nach einer oder mehreren (erschlossenen) Spruchsammlungen der in den christlichen Gemeinden bewahrten Herrenworte. Es heißt bei Lukas (11, 29 ff.): „Als sich aber die Volksmengen sammelten, begann er zu sagen: Dies Geschlecht ist ein schlimmes Geschlecht, es begehrt ein Zeichen. Aber es wird ihm kein anderes Zeichen gegeben als das des Propheten Jona. Denn wie Jona den Nineviten ein Zeichen war, so wird es auch der Menschensohn diesem Geschlecht sein. Die Königin von Südland wird im Gericht auftreten zusammen mit diesem Geschlecht und es schuldig sprechen, denn sie kam von den Enden der Erde, um Salomos Weisheit zu hören, und siehe, hier ist mehr als Salomo. Die Leute von Niniveh werden im Gericht aufstehen zusammen mit diesem Geschlecht und es schuldig sprechen, denn sie taten Buße auf die Predigt des Jona hin, und siehe, hier ist mehr als Jona!" — Die neueren Kommentatoren sind sich darüber einig, daß Jesus — wie auch der Wortlaut lehrt — veranlaßt wird, seine prophetische Verkündigung durch ein Beglaubigungs-Zeichen, also ein Wunder, zu erhärten. Er lehnt das ab, denn so wie Jona durch sein plötzliches Auftreten den Leuten in Niniveh ein Zeichen Gottes war, so wird es auch der Menschensohn bei seinem plötzlichen Erscheinen diesem Geschlechte sein. Er selbst, sein Kommen ist das Beglaubigungszeichen. Und Jona wie die Königin von Saba werden als Anklage wirken, denn ihnen glaubte man, der Heidin, und weiter die Heiden dem Propheten; aber dem größeren, der heute kommt, dem glaubt man nicht.

Was hier bei Lukas über Jona gesagt wird, hat also mit dem Fischwunder nichts zu tun und es berührt infolgedessen unsere Aufgabe nicht. Anders die Fassung dieser alten Überlieferung, die man zu den für echt gehaltenen Herrenworten rechnet, bei Matthaeus (12, 38 ff): „Da entgegneten ihm einige von den Schriftgelehrten und Pharisäern und sagten: Meister, wir möchten von dir ein Zeichen sehen! Er antwortete ihnen und sprach: Ein böses und ehebrecherisches Geschlecht verlangt ein Zeichen, aber ein Zeichen soll ihm nicht gegeben werden, außer dem Zeichen des Propheten Jona. Denn wie Jona drei Tage und drei Nächte im Bauch des Fisches war, so wird der Menschensohn drei Tage und drei Nächte im Herzen der Erde sein. Die Männer von Niniveh werden mit dieser Generation vor Gericht treten und zu ihrer Verurteilung dienen, denn sie haben Buße getan auf die Predigt des Propheten Jona hin — und siehe! hier ist mehr als Jona! Die Königin des Südens ..." — Matthaeus hat also die Herrenrede ebenfalls übernommen, aber er hat sie — um das erste Auffällige zu bemerken — gegen den Schluß hin umgestellt, (wie seinen Hinweis auf die Männer von Niniveh vor jenen auf die Königin von Saba), wahrscheinlich weil er den sachlichen Zusammenhang so besser gewahrt fand. Aber er selber zerreißt dann den Zusammenhang, indem er auf Jesu Auferstehung vergleichend deutet. Ist das, so fragen die Kommentatoren zu der Stelle, nun aber das Zeichen des Jona, oder was ist es? Bei Markus 8, 11 verlangte man auch ein Zeichen und Jesu verweigerte es: Es wird diesem Geschlechte keines gegeben. Ist das nun hier, bei Lukas wie Matthaeus, ein Zusatz, — ein Zusatz, vermuten manche, im Sinne der späteren Gemeinde-Theologie. Das würde bedeuten, daß die „Gelehrten" der frühen christlichen Gemeinde in Jonae Verschlungen- und Wiederausgespieenwerden einen Hinweis auf Christi Tod und Nie- derfahrt und Auferstehung sahen. Ist aber nun richtig, was ich am Kaie- munu zu beweisen versuchte, wohin ja auch das Tiâmat-Epos denken läßt, daß hinter dem allen alte Heldenmärchen stehen, die Sage von dem ver- schlungenen und wiederausgespieenen Helden, dann hat in den Gemeinden eine Wendung stattgefunden. Es wurde von ihnen, was in den asiatischen Legenden niemals lag und was auch in der jüdischen nicht gefunden wurde, das Niederfahren und Ausgespieenwerden als „Wiedergeburt" verstanden.

Nach diesem bleibt noch zu fragen, wodurch denn eigentlich die Wen- dung kam? Man wird natürlich sofort an christliche Formulierungen den- ken, ist doch die Wiedergeburt ein wichtiges Glaubensstück der Christen- lehre, (ich brauche nur an Nikodemi Nachtgespräch (Joh. 3) zu erinnern. Letztlich von hier aus hätte die Jona-Legende also ihren neuen Sinn erhalten.

Dabei liegt aber nahe, noch eins zu bedenken. Die ersten Christen- gemeinden hatten manches rituelle Gut, das sie als einen geschlossenen Bund erscheinen ließ. Ich denke nur an die Initiation durch eine Wasser- taufe wie an die Scheidung in verschiedene Grade: Katechumenen, Auf- genommene, Diakone. Zum Abendmahle ließen sie nur „Eingeweihte" zu. Sie standen in manchen Lehren den Mysterien sehr nahe. Es bleibt mithin zu fragen, ob da nicht die Mysterienkulte, in denen die Frage Tod und Auferstehung so entscheidend war, herüber und in die Deutung der an Jona knüpfenden Frage weisen, — was freilich noch immer keine echte Lösung wäre, denn es bliebe nun zu fragen, woher die Mysterienkulte, die sich aus älteren Kulten entwickelten, dieses Problem erhoben haben.

Afrikanische Wiedergeburt

Bei den Mandingostämmen im westlichen Sudan bestehen sehr viele Masken und Geheimbundsitten. Verbunden mit der Beschneidung der Knaben ist in diesen Bünden die Rede von einem dämonischen Wesen, das verschlingt: „Bei diesen Versammlungen ist allezeit eine gewisse Sache, die niemals fehlt, das ist der brüllende Horey oder Hore. Sein Geräusch gleicht der tiefsten Baßstimme. Man hört ihn allezeit in einer gewissen Weise brüllen und er dienet, die Knaben in Furcht zu erhalten. Wohl setzt man dem Horey unter einem Baume Speise hin, aber das genügt ihm nicht. Er schluckt die Knaben weg und behält sie so lange in seinem Magen, bis sie durch anderes Futter daraus erlöst werden. Einige sollen zehn oder zwölf Tage darinnen gewesen sein. Andere noch mehr." — Ganz ähnliches wird vom Geheimbund Niamu der Gersse und dem Loea Doni der Kirsse berichtet; auch sie erinnern an jene melanesischen Bünde, bei denen das Verschlingen und Wiederausspeien zu beobachten gewesen ist; dazu hat der Niamu eine den melanesischen ähnliche Kultlegende. Da aber die Völkerkundler öfters von einem Zusammenhange der westafrikanischen mit jener melanesischen Kultur gesprochen haben, wird man die beiden Vorkommnisse zueinander stellen dürfen.

Der Horeybund wie der Niamu und der Loea Doni kennen dämonische Verschlinger, und diese tauchen zu Anfang der Beschneidungsmonate der Knaben auf. Wir haben in Melanesien schon feststellen können, daß beide Erscheinungen oder Bestandteile des Kultes, sowohl die circumcisio wie der von der Verschlingung handelnde Ritus ursprünglich selbständige Handlungen gewesen seien. Wir fanden des weiteren Kultbräuche und Traditionen, in denen die beiden unverbunden nebeneinander stehen. Sind aber die beiden erst im Laufe der Zeit zusammengewachsen und — hängen westafrikanische Erscheinungen mit melanesischen zusammen, dann könnte, — wenn jene Vereinigung noch nicht geschehen war, als sich der melanesische Einfluß bis Westafrika erstreckte, — auch Afrika noch beide Riten unverbunden nebeneinander haben. Und sie sind wirklich in

Westafrika als unverbunden nachzuweisen, wie etwa bei den Babali-Negern am Ituri, die einen menschenfressenden Dämon Maduali haben.

Viel wichtiger als dieser Nachweis will mir scheinen, was sich aus einem Bericht vom Rio Nunez (zwischen Senegambien und Liberia), wo ein Geheimbund Simo existiert, ablesen läßt. Von diesem Simo der Susu weiß man freilich nicht sehr viel, weil die in ihm geübten Zeremonien sehr geheim gehalten wurden. Man sagt, die alten Männer gingen zu den Novizen in die Wälder, und ritzten ihnen an verschiedenen Teilen ihres Körpers, besonders aber am Unterleibe allerhand Figuren in die Haut, und unterrichteten sie dazu in einer Sprache, die im Geheimbunde wohl, doch nirgend sonst verstanden würde, und ließen sie Eidschwüre ablegen, daß sie von den Dingen, die sie im Simo erfahren würden, niemanden draußen etwas sagten. Dann müssen die jungen Leute sich ein ganzes Jahr im Walde aufhalten, wo sie auch einen jeden töten dürfen, der in den Wald kommt und nicht in der Simo-Sprache unterrichtet ist. Wer aber diese geheiligte Sprache kennt und spricht, darf ohne Bedenken an dergleichen abgelegene Orte gehen und sich dort mit den jungen Leuten unterhalten. Man sagt, wenn eine Frauensperson das Unglück habe, den Simo in seinen geheimen Bräuchen irgendwie zu stören, so bringe man sie nicht nur ums Leben, sondern es würden ihr auch die beiden Brüste abgeschnitten und andern zum warnenden Beispiel an beiden Seiten der Landstraße aufgehangen. Die Susu behaupten auch, man schneide allen einzuweihenden Knaben die Kehle ab und lasse sie eine Zeitlang für tot liegen; nach diesem aber würden sie wieder von neuem belebt und nun in die Geheimnisse des Geheimbundes eingeweiht, und wären danach viel munterer und lustiger als zuvor. — Nach diesem Bericht hat also kein Verschlingen durch den Dämon statt, ein solches Verschlingen bedeutet ja auch nicht den Tod, — der Initiant ist vielmehr wirklich totgeschlagen worden. Sein Wiederkommen kann also nur nach einem Auferstehen vom Tode, infolge eines Wiederlebendigwerdens geschehen.

Noch krasser erscheint, was man vom Ndembo- Geheimbunde überliefert. Der Ndembo oder Nkita war im Kongolande weit verbreitet. Wer in den Ndembo aufgenommen werden wollte, den wies der Ganga an, auf ein gegebenes Zeichen hin sich plötzlich und ohne alle Umstände tot zu stellen. Der Anweisung entsprechend stürzte also der Novize auf irgend einem öffentlichen Platze unerwartet nieder; man legte Begräbnisgewänder über ihn und er ward nun zu einer Umzäunung außerhalb des Ortes, die Vela heißt, hinausgetragen und dort hingelegt. Man sagte von ihm, er sei Ndembo gestorben. Es folgten die jungen Leute beiderlei Geschlechtes nach der Reihe; zuweilen wird dieser jähe Tod zu einer Art von Hysterie; auf diese Art kommt aber eine größere Zahl von jungen Leuten für die nächstfälligen Einweihungszeremonien zum Ndembokult zusammen. Man nimmt nun an, daß die auf diese Art Gestorbenen im

Zwei Kalelwa-Masken beim Vertreiben der Weiber

Vela, draußen vor dem Orte, verwesen und vermodern, bis nur ein einziger Knochen übrig geblieben ist. Den nimmt der Ganga an sich, und nach einer gewissen Zeit, die an verschiedenen Orten zwischen drei Monaten und drei Jahren schwankte, glaubte man, daß er den Knochen vornehme und vermöge seiner Zaubermittel nun jeden einzelnen vom Tode wieder auferstehen lasse. Die Ndembo-Gesellschaft kommt danach in feinen Kleidern in einem feierlichen Aufzuge wieder in die Stadt zurück.

Man muß in diesem Berichte zwischen einem Drinnen und Draußen scheiden oder noch besser zwischen einem Drinnen und zwei Draußen. Die Draußenstehenden glauben, daß der Einzuweihende sterbe, daß er hinausgetragen werde, begraben werde und verwese, und daß der Ganga ihn vermittels eines Zaubers aus einem letzten vorhandenen Knochen wieder auferwecken könne. Das ist auch eine Vorstellung, die wir aus dem Märchen kennen und die bei vielen frühen Völkern gang und gäbe war. Das Drinnen heißt, daß jener leitende Priester oder Ganga durch irgend eine Beeinflussung Jünglinge dazu bringt, ohnmächtig vor allen niederzufallen, und daß diese Einzelerscheinung (durch Autosuggestion?) zu einer wirklichen Massenerscheinung werden kann. Selbst wenn wir diese beeinflussende psychische Kraft nicht kennen, wenn wir sie mit dem Ganga „Zauber" nennen würden, weiß doch der Ganga und wissen nach einiger Zeit es auch die Eingeweihten, daß hier nur ein „als ob"-zu-Nennendes geschehen will. Von beiden Deutungen ist aber die der Draußenstehenden zweifellos die ältere, das mehr oder minder gewußt geübte Tun des Ganga jünger. Ja, man wird weiter erinnern müssen, jene Wiederbelebung aus dem letzten Knochen sei religions- und menschheitskulturengeschichtlich schon sehr alt. Und es ist endlich weiter wichtig, daß gerade dieses Alte mit keiner Beschneidung oder einem ähnlichen verbunden war.

Dem Ndembo entsprechende Vorstellungen finden wir ein nächstes Mal im Belli-Geheimbunde (im westafrikanischen Liberia), in dem ein Belli Paaro genanntes Zeichen neben der Beschneidung steht. Das Belli Paaro aber nennen sie einen Tod und Wiedergeburt und eine Einverleibung in die Versammlung der Geister oder jener Wesen, mit denen sie sich zuweilen im Busch zusammentun und ihnen das für die Geister bereitete Opfer essen helfen. Das Zeichen Belli Paaro empfangen sie sehr selten, gemeinhin alle zwanzig oder fünfundzwanzig Jahre nur einmal. Und sie erzählen davon ganz wunderliche Dinge, nämlich daß sie getötet, gebraten und so ganz verändert würden, dem alten Wesen und Verstand vollkommen stürben und einen neuen Verstand und neue Wissenschaft bekämen. — Wenn der Bericht vom Sterben und vom Wiedergeborenwerden als neben der Beschneidung noch bestehenden Riten spricht, lehrt doch der ganze Zusammenhang, daß dieses seltsame Toderlebnis — in einer ekstatischen Gemeinschaft — weder als bedingend noch auch als irgendwie verbunden dem Beschneidungsbrauch erscheint. Dagegen ist sicher, daß in den drei besprochenen Bünden ein um die Frage des Todes kreisendes Gut besteht, das Wiedererwachen eines Gebratenen aus dem Tode (Belli), das eines

Abgekehlten (Simo), das aus einem letzten Knochen (Ndembo); es hat mit dem Verschlungen- und Ausgespieenwerden nichts zu tun, ist aber doch als eine frühzeitliche Vorstellung nachzuweisen. Wir rühren in ihm an ein anscheinend afrikanisches Gut, das vor der melanesischen Welle schon vorhanden war, und dem sich ein späteres, das ekstatische, aufgelagert hat.

Von diesem späteren aber möchte ich jetzt noch etwas sagen. J. Büttikofer schreibt in seinen „Reisebildern aus Liberia" von dem den Vey und Cola eigentümlichen Greegree-Busche. „Es gibt für Knaben und Mädchen je einen besonderen Zauberwald. Beinahe jede größere Stadt (Dorf) besitzt je einen solchen sowohl für Knaben als für Mädchen, doch sind beide Institute weit voneinander abgelegen und stehen in keinerlei Beziehung zueinander . . . Der Zauberwald, in welchem die Knaben ihre Erziehung erhalten, heißt in der Veysprache bery oder belly. Die Knaben, sowohl Freie als Sklaven, werden etwa im zehnten Altersjahre hingebracht und ungefähr ein Jahr dort behalten. Der Ort ihres Aufenthaltes ist ein dafür angewiesener Platz im Walde in der Nähe des Dorfes, wo zu diesem Zwecke die erforderlichen Hütten errichtet sind. Keinem Uneingeweihten, und ganz besonders keiner weiblichen Person ist der Eintritt in diesen Bezirk erlaubt, und es wird allgemein behauptet, daß Zuwiderhandelnde durch die Bewohner oder deren Waldgeister gefangen und getötet werden . . . Während ihres Aufenthaltes in dieser eigentümlichen Pension, der von einigen Monaten bis zu mehreren Jahren dauern kann, gehen die Zöglinge vollständig nackt. Alle sind beschnitten. Die Circumcisio wird bei Knaben gewöhnlich sehr früh, oft schon im ersten Lebensjahre, mittels einer Glasscherbe ausgeführt, und zwar in diesem Falle durch alte Frauen. Knaben, bei denen dies bisher nicht der Fall war, haben sich der Operation bei dem Eintritt in den belly zu unterziehen. Sofort nach ihrem Eintritt erhalten die Zöglinge einen andern Namen, den sie auch nach ihrem späteren Austritt behalten, und es wird ihnen der Glaube beigebracht, daß sie durch den Waldgeist mit dem Eintritt in den Wald getötet und darauf zu neuem Leben erweckt werden. Es darf daher nicht befremden, daß sich die Kinder sehr vor dem Zauberwalde fürchten und oft nicht anders als mit Gewalt oder List hineingebracht werden können, zumal mit dem Eintritt auch die schon früher beschriebene, schmerzhafte Operation des Tätowierens verbunden ist. Es geschieht oft, daß ein Knabe, der nicht gutwillig in den Zauberwald geht, durch einen sogenannten Teufel — in der Veysprache son-bah (großer Waldteufel) genannt —

aufgegriffen und nach dem belly gebracht wird, ohne daß jemand etwas davon weiß, obschon man es allgemein vermutet. Fragt man die Mutter eines verschwundenen Knaben, wo derselbe geblieben sei, so erhält man gewöhnlich zur Antwort: der Geist hat ihn weggeführt, oder: der Geist hat ihn genommen. Ob die Zöglinge durch ihre son-bah (Erzieher) beim Eintritt in das Institut auf irgend eine Weise hypnotisiert werden und nachher wirklich an eine Tötung und Wiedererweckung glauben, oder aber einem abgelegten, strengen Gelübde zufolge nur tun, als ob sie wirklich getötet und wieder erweckt worden wären, lasse ich dahingestellt, da keiner, der selbst diese Schule durchgemacht, die nötige Aufklärung geben wird, selbst dann nicht, wenn er geschlagen oder sogar mit dem Tode bedroht wurde. Sicher ist aber, daß Knaben und auch Mädchen nach der sogenannten Wiedergeburt tun, als ob sie alle Erinnerung an ihr Leben verloren hätten, ihre früheren Bekannten nicht mehr erkennten und alles, was ihnen früher gut bekannt war, ganz aufs Neue wieder lernen müßten."

Hier will ein in dem vorigen Bericht Anklingendes deutlicher sichtbar werden; dort war von irgendwelchen Beeinflussungen gesprochen worden; hier gibt der Forscher an, daß er es nicht genau feststellen könne, ob man die Aussage der „Gestorbenen" durch Gewalt erzwang oder ob sie durch irgend eine Hypnose überwältigt worden seien, — in jedem Falle habe ein deutlicher Einfluß auf sie stattgehabt.

Und wir begegnen der Behauptung, daß ein Einfluß stattgefunden, daß man die Knaben Tod und Wiederkehr erleben ließ, ein zweites Mal und zwar am Kongo in den Nkimbabünden. Der Nkimba — oder der Quimbe bei den Bomma an der Küste — ist ein geheimer Orden Wiedergeborener, der nur dann, wenn ein Monstrosum oder Krüppel im Lande geboren worden ist, Eintritt Begehrende in seine Gemeinschaft aufzunehmen pflegt. Derjenige, an dem die Aufnahmeweihen vollzogen worden sind, geht nun durch Wochen oder Monate stumm umher, denn das vergangene Leben ist von ihm vergessen worden und die Erinnerung findet sich nur langsam wieder ein. Doch gehen in Bomma oftmals mehrere Jahre hin, bis wieder einmal eine Quimba eröffnet werden kann. Wenn dieses daher in einem Bomma-Dorfe geschieht, so strömen dort aus den umliegenden Dörfern alle jungen Leute, die diese Weihezeremonie noch nicht durchgemacht, zusammen, so daß sich in ein und derselben Quimbe die verschiedensten Altersstufen von acht bis zwanzig Jahren vereinigt finden können. Sehr regelmäßig dagegen wird die Beschneidung ausgeübt, bei welcher die Knaben im Walde zurückgehalten werden, bis man sie nach dem Vernarben der Wunde feierlich entläßt. Für die auf die Beschneidung folgende Wehrhaftmachung in der Kimba wird immer außerhalb des Dorfes ein langes Haus gebaut. Die für die Jünglingsweihe Eintretenden werden dort in Palmblattzeug gekleidet und einer ganzen Reihe von Prüfungen unterworfen, in deren Verlauf man sie in einen totenähnlichen Zustand bringt und sie danach im Tempel oder Fetischhaus vergräbt. Sie haben, wenn man sie dann zurück ins Leben ruft, für alles Frühere die Erinnerung verloren, selbst für die Eltern, ebenso für ihren Vater wie die Mutter, und können sich auch ihres eigenen Namens nicht erinnern, so daß man ihnen neue Namen zu verleihen pflegt. — Die Wendung „in einen totenähnlichen Zustand bringt" wird aber durch einige Bemerkungen über im Inneren bestehende Formen dieses Geheimbundes deutlicher. Es heißt vom Ganga dort, er ziehe sich mit seinen Schülern in den Wald zurück. Die Knaben verweilen dort unter ihm ein halbes bis zwei Jahre. Der Kandidat erhält ein Tränklein oder eine Speise, nach deren Genuß ihm sein Bewußtsein zu entsinken pflegt; die an der Zeremonie Teilnehmenden erklären ihn für tot. Wenn er dann aus der Ohnmacht wieder zu sich kommt, glaubt man, er habe alles Alte und Frühere vergessen. Die Dorfbewohner aber meinen, er sei von den Toten auferstanden, und er erhält nunmehr auch einen neuen Namen.

Ich halte es für angebracht und jeder wissenschaftlichen Untersuchung förderlich, daß man die Menschen, um welche es sich im Einzelfalle immer handelt, für solche hält, die ehrlich sind und einen nicht betrügen. Und auch für solche, die aus einem guten Glauben handeln. Es scheint mir richtig, in den Zauberern, Priestern und Geheimbundführern nicht nur Betrüger oder schlechtes Volk zu sehen. Ich will hier auch an das vorhin bereits Gesagte, das Masken-Erlebnis betreffende, noch einmal erinnern und eine Bemerkung über die Kiwai-Papua anschließen. Bei ihrem Horiomu-Feste treten Masken auf, in denen man die Toten aus dem letzten Jahre erkennt; man kann die Einzelnen ganz genau an ihrem Schmuck, der dem oder jenem Verstorbenen bei Lebzeiten eigen war und den sonst niemand trug, feststellen und identifizieren. Sie sehen, daß die Gestalten ganz genau dieselbe Körpergröße wie die Verstorbenen haben, und sie wissen natürlich nicht, daß man die Toten mit Stäben gemessen und die Länge festgehalten hat. Sie hören, wie vorne die Toten bei ihrem Namen gerufen werden und wie sie antworten, und sie sind natürlich davon überzeugt, daß die Verstorbenen wirklich wiedergekommen seien. Die Männer, welche die Masken der verstorbenen Stammesbrüder tragen, glauben nicht anders als die Frauen an die Wiederkehr der Toten, nur stellen sie sich ihr Kommen anders vor als jene. Es ist nicht wahr, daß sie vielleicht die Frauen betrügen wollen, während sie selber wissen, daß das alles „nur Theater" sei. Im Gegenteil sind sie in ihrem Innersten überzeugt, daß alle Toten bei dem Horiomufest anwesend seien, jedoch als reine Geister und dem Auge unsichtbar. Sie wollen mit ihren vermummten Gestalten also nur den Weibern die Gegenwart der Toten deutlich zum Bewußtsein bringen. — Was für die Kiwai gilt, das gilt gewiß auch anderswo. Und man wird auch dem afrikanischen Priester oder Zauberer zugestehen, daß er nicht nur ein Gauner und Betrüger sei.

Und trotzdem ist in dem allen noch ein Unterschied. Der Kiwai-Papua ist der Anwesenheit der Toten ganz gewiß; der Ganga braucht aber Hilfsmittel: berauschende Speisen und Getränke, Gift und Hypnose und den Geist des Menschen zwingende Unterweisung. Er „führt den Zustand", der vom Kiwai nicht herbeigeführt zu werden braucht, weil seine Toten zu der rechten Zeit, „von selber" kommen, „herbei". Es stehen hier also gegeneinander ein Geglaubtes und Erlebtes, ein aus der inneren Überzeugung Gültiges und Selbstverständliches, — und ein Herbeigeführtes oder Gewolltes oder Beabsichtigtes. Und wenn ich aus dieser Feststellung weiter schließen darf, auf die bedingende geistige Haltung bei den beiden schließen darf, ist die des Ganga jünger. Weiter, — bei der Frage, was denn der fortgeschrittenere, „rationalere" Zustand sei, die Auferweckung eines Gebratenen, die aus einem letzten Knochen und die durch Zaubermedizinen, oder aber der Versuch, dem Initianten einzureden und zu suggerieren, er sei gestorben und aus seinem Tode wiedergeboren worden, wenn nicht gar ihn durch Gifttränke geistig zu verwirren, — wird man gewiß den letzteren den späteren nennen.

Man wird ihn auch nicht als bodenwüchsig anerkennen mögen; er wirkt zu „künstlich", zu sehr überkommen, nicht „gewachsen". Urtümliche Mythologeme stützen sich kaum auf Hypnose und kaum auf einen durch Vergiftungen erzeugten Rausch. Viel eher wird man hier an Entlehnungen glauben müssen, die man durch künstlich geschaffene Erlebnisse hält und führt.

All dieses läßt auch die Frage nach der zeitlichen Schichtung wieder stellen. Der Glaube, daß einer durch einen Zauber aus dem letzten Knochen von neuem erstehe und ein Abgekehlter wieder lebend werden könne war, wie gesagt, ein primitiverer, älterer als der andere. Daß einen ein Geist aufraffe und man wiederkehren dürfe, als Wiedergeborener in sein Dorf, erschien uns jünger. Da aber die ersteren Vorstellungen keinen sicheren Zusammenhang mit der Beschneidung haben und sie sichtbar nicht bedingen, wird man wohl sagen dürfen, daß in den verschiedenen Fällen, wo Wiedererweckungsglaube und circumcisio sich verbanden, die circumcisio nur noch ergänzend zugetreten sei; sie wurde in Melanesien einem Verschlingungs-Abenteuer, in Afrika dem Wiedererweckungsglauben zugefügt. Und wie Verschlungen- und Wiederausgespieenwerden hieß: dem Dämon begegnen und den Dämon als ein „Held" bestehen, wie es, worauf die Kaiemunu-Zeremonie schließen läßt, auch ein Gewinnen von Stärke, Lebenskraft und mana ist, — so will der Afrikaner einen Wiedererweckungs„zauber" finden.

Die Frage, was hinter diesem seinem Gedanken treibend steht, wird viele Antworten, nicht nur eine Antwort haben müssen. Aus einem letzten Knochen wiedererwachen oder -auferstehen können, führt in sehr alte und sehr primitive geistige Bezirke; man findet den Glauben bei den frühen Pflanzern weit verbreitet, — da also muß ein vor Zeiten schon Gedachtes durchgeschlagen sein. In-der-Hypnose-Sterben sieht kaum afrikanisch aus; das und der Glaube an ein Wiedergeborenwerden-, Wiederkommen-können ist wohl aus fremden Kulturen in die afrikanische gelangt. Hier wurzelte es aber ein und trieb von neuem aus, weil es — in anderen Formen — doch das selbe Suchen war. Uralte Gedanken schlagen nämlich immer wieder durch. Die Völker ergreifen immer wieder, was sie haben. Weil Afrika die Wiedererweckung aus dem Tode längst schon glaubte, deswegen ergriff es und nahm es diese neue Methode an.

So wichtig das eben Vorgetragene für den Ethnologen scheint, in dem uns hier beschäftigenden Zusammenhange muß die Frage, was diese Probleme für den bündischen Zusammenschluß bedeuten und wo sie in das Geheime weisen, wichtiger sein. Rückt man die Frage aber in den Vordergrund, ergibt sich als erstes, daß den pflanzerischen Menschen die hier erörterten Vorstellungen immer stark beschäftigt haben: ob es die Wiederkehr des Helden aus der Gewalt des Dämons ist, ob eine Wiederkehr aus dem Tode, an die afrikanische Stämme denken, (oder ob schließlich ein Zusammenhang der Lebenden mit den Toten, an den nach jüngerer Anschauung die germanischen Stämme dachten).

Wir werden hier aber noch ein zweites festzustellen vermögen. Am Anfange steht die Begegnung mit dem Unholde, mit dem Ungeheuer, ob er nun Sosom, ob er Kaiemunu, ob er sonstwie hieß. Steht die Bewährung dessen, der dem Dämon irgendwo begegnet, selbst wenn der Dämon Furchtbarkeiten, das Verschlingen, übt. Hier ist die Welt noch knabenhaft, noch auf „das Abenteuer" hingerichtet; der sich dem Ungeheuer gegenüber Bewährende ist der „Held". Er hat sich als Held, — auch wenn das Ungeheuer sterben macht, wie in der Maui-Mythe der Neuseeländer, — zu bewähren. Nach dieser, von fremden Beeinflussungen durchsetzten Mythe kehrt Maui am Ende seines Heldenlebens in sein Vaterland zurück; „es war hier seine mächtige Ahnin Hine-nui-te-po, Große Frau Nacht, die man blitzen sehen kann, als ob es sich öffne und schließe, da wo der Horizont an den Himmel stößt. Was man darunter so leuchtend rot scheinen sieht, sind ihre Augen, und ihre Zähne sind so scharf und hart wie Stücke aus Glaslava; ihr Leib gleicht dem eines Mannes." Maui beschloß sie zu besuchen. „Da kamen die Vögel zu Maui, um seine Genossen bei dem Unternehmen zu sein, und es war Abend als sie mit ihm auszogen, und sie kamen zur Wohnung der Hine-nui-te-po und fanden sie in festem Schlafe. Maui befahl den Vögeln nicht zu lachen, wenn sie ihn in die Alte hineinkriechen sähen; erst wenn er ganz drin sei und wieder aus dem Munde herauskomme, dürften sie nach Herzenslust lachen. Da streifte Maui seine Kleider ab und kroch hinein. Die Vögel hielten sich still; aber als er bis zum Rumpfe hinein war, konnte der kleine Tiwaka-waka sein Gelächter nicht länger zurückhalten und brach in seiner munteren Weise laut hervor; da erwachte Mauis Ahnin, klemmte ihn fest zusammen und so wurde er getötet. So starb Maui und so kam der Tod in die Welt; doch wäre Maui in ihren Leib eingedrungen und unversehrt hindurchgekommen, dann würden die Menschen nicht gestorben sein." — Die Mythe war, wie wir wissen, fremden Einflüssen unterworfen; wahrscheinlich ist aber, daß Verschlungenwerden „Tod" bedeutet, auf Rechnung der späteren Einwirkungen zurückzuführen. Gilt das, dann bleibt noch immer, was vorhin schon blieb: Verschlungenwerden ist eines der Abenteuer eines Heldenlebens.

Ist aber das Denken der Stämme auf das Abenteuer zu gerichtet, und wird „das Abenteuer" in den bündischen Ritus einbezogen, weil ja Verschlungen- und Ausgespieenwerden sich im Bund abspielt, weil es durch Maskenwesen oder im bündischen Männerhaus geschieht, dann will der Bund das, was ich oben „heldisch" nannte. Zuweilen erfolgen gewiß die Abenteuer für das ganze Dorf, die Sosom-Geschehnisse widerfahren zum Beispiel jedem Knaben, gemeinhin ziehen sie sich aber doch in das Bündische zurück, ja werden zu einem Geheimgehaltenen eines Männerbundes.

Es liegt natürlich nahe, nun die Frage aufzuwerfen, warum das Abenteuer meist im Bunde geschehe. Man wird darauf verschiedene Antworten finden können. Zuerst: da Abenteuer meistens männliche Angelegenheiten sind, werden sie begreiflicherweise gern vom Männerhause angezogen. Ferner: daß zwischen dem Bunde und dem Dämon ein Kontakt besteht; die Männer holen ja den Balum oder Sosom ein, sie dürfen ihm nahekommen, während die Weiber aufgefressen werden, und er schenkt ihnen Güter, — wie der Majo beispielsweise, von dem die Marind-anim ihre Kokospalmen haben. Die Nähe und der „Besitz" des Dämons ist ein Gut des Bundes. Und es ist ebenfalls ein Bundesgut, die Medizin zu haben, durch die man aus seinem Tode wiederkehrt ins Leben.

Das Gut ist für den Bund und die dem Bunde Zugehörigen reserviert. Und ganz natürlich hält man alles Diesbezügliche geheim, weil Werte, in die man sich mit andern teilen muß, verlieren.

Zuletzt mag schließlich eine kulturhistorische Bemerkung stehen. Die Männer- und die Geheimbünde, welche jetzt besprochen wurden, gehörten durchgängig der Kultur der Pflanzer an. Ob sie sich wirklich gegen die Frau zusammengeschlossen haben, in Abwehr der Frauen, in einer Art von Selbstverteidigung, wie Laienschriftsteller immer wieder wissen wollen, — darüber habe ich in meinen Quellen nichts gefunden. Was ich vielmehr in den Berichten fand, war dies: ihr Eigentum und Wert in Indonesien ist „das Heldische" gewesen. Und war bei afrikanischen Völkern die Erweckung aus dem Tode. Das müssen den frühen Zeiten wichtige Besitze gewesen sein. Und man begreift aus diesem, was in pflanzerischen Zeiten zu den geheimen Bünden hinführte. Und was ihre Zwecke waren.

VORSPIEL DER MYSTERIEN

Der Beginn eines neuen Kapitels gibt uns die Berechtigung zurückzublicken, um den bisher begangenen Weg zu überschauen. Wir haben die Bildung von Männer- und Weiberbünden und die einzelnen Elemente dieser Bünde durchgesprochen; wir haben uns dann gefragt, was diese Bünde aus dem Tageslicht in das Geheime und Verborgene führen konnte, und wir sind schließlich zwei frühen Tendenzen nachgegangen: der über die Weiber niedersinkenden Entfesseltheit, und dem Verlangen des jungen Menschen, das Abenteuer zu bestehen, in das ihn die Begegnung mit Ungeheuern und Dämonen führt. Das waren, sieht man einmal vom Zeitlosen aller Grundhaltungen des Menschen ab und achtet man nur auf ihre zeitliche Eingelagertheit, mehr oder weniger Äußerungen der pflanzerischen Zeit. Ein solches Festlegen der Erscheinungen in die Kultur vorbäuerlichen Lebens aber ist, worauf der vorige Satz ja schon andeutend hingewiesen hat, auch eine Fixierung im historischen Raum, — wobei „historisch" weniger eine Verknüpfung mit politischen Ereignissen oder Daten als eine Bezogenheit auf zeitlich begrenzte geistige Prozesse meint.

Ein solches Zurückblicken wie das eben geübte ist aber und bedeutet zugleich ein neues Atemholen, und ein-sich-Vorbereiten auf den nächsten Schritt. Ich will jetzt von dem Weiterwachsen geheimer Bünde aus der pflanzerischen Welt ins Bäuerliche sprechen. Dafür bedarf es als erstes einer Untersuchung der neu auftauchenden kultischen Elemente, vor allem des diese neue Gestaltung tragenden Grundgedankens. Dahinter, das heißt wie hinter dem Grundgedanken so auch hinter den einzelnen Elementen, stehen aber die in der Forschung als vegetationskultisches Tun bezeichneten Handlungen und Zwecke, das heißt die Übungen, die Wachstum und Gedeihen bewirken wollen, die Stücke aller dem Leben und Werden auf dem Felde dienenden Prozesse. Sie setzen da ein, wo das Gedeihen der Nahrung wichtig und notwendig wird, wo sich der Mensch an sie und ihre Möglichkeit gebunden weiß, und reichen herüber in das pflanzerische und bäuerliche Leben und wieder mit diesem bis herab in unsere Tage. Sie sind, sieht man das so, ein Band, das uns mit dem entschwundenen und in der grauen Ferne liegenden frühen Denken der ersten sorgenden Menschen heute noch verknüpft, zugleich ein Überholtes und dabei noch immer Gegenwärtiges, wie jeder Sommerweg in jedes unserer Felder lehrt. Von diesen Vorformen oder bildenden Elementen möchte ich jetzt sprechen.

Intichiuma

Den frühesten uns greifbaren Vorstellungen dieser Art begegnen wir, soweit ich sehe, bei den Australiern und Tasmaniern. In der Geschichte der Kulturen werden diese beiden Völker den Stämmen des sogenannten Jung-Palaeolithikums gleichgesetzt; es sind die vor den Pflanzenbauern lebenden Jäger. Bei diesen Jägern hat sich eine Vorstellung ausgebildet, die man zuerst bei nordamerikanischen Indianern fand, der Glaube an einen gemeinsamen Ahn von Mensch und Tier: man pflegt das als Glaube an ein Totem oder Totemismus zu bezeichnen. Der Totemismus lehrt, daß eine Gruppe oder Clan mit einer bestimmten Tier- oder Pflanzenart zusammenhängt; sie beide sind blutsverwandt; die Menschen nennen sich auch nach dem Tier, und sie stehen zu dem Vetter Tier in einer näheren Beziehung; das Tier beschützt sie und läßt ihnen Hilfe angedeihen; hinwieder pflegt man das Fleisch des Tieres nicht zu essen. Das wichtigste aber ist, daß hier nicht „Einzelne" in Beziehung treten, daß diese Verbindung zwischen „Art" und „Clan" besteht. Ein Totem ist eine ganze Art, niemals ein einzelnes Individuum, zum Beispiel die Tierart Löwe, nicht „der" alte Löwe an der Klippe, die Gattung Emu, nicht „der" auf dem Felsen nistende gefleckte Vogel. Es spiegelt im Totem sich das Dasein jener Jäger wider: das Individuum ist nichts, der Clan ist aber alles. Das Individuum ist, was es ist, nur durch den Clan. Es kann infolgedessen auch kein einzelnes Individuum sich einem einzelnen Individuum der Gattung Strauß etwa verbinden, es muß ein „Clan" mit einer ganzen „Gattung" in Verbindung stehen.

Dies in Verbindung-Treten aber hat nun eine zweifache Konsequenz: die Menschen einer Totemgruppe sind die Nachkommen eines Ahns, sind also Brüder und Schwestern, eine Heirat zwischen ihnen würde Inzest, würde also Ehe zwischen Blutsverwandten sein; man muß drum seine Frau aus einem andern Totem nehmen. Das zweite ist, daß das Tier des Menschen Vetter ist, der Löwe Vetter eines jeden Mannes in einem Totem

Löwe; nun pflegt man seine Vettern aber nicht zu essen. Das will besagen, daß ein Mann des Totem Lachs die Lachse meiden muß, ein Emutotem-Angehöriger die Emu; der aus dem Emu-Totem aber kann natürlich Lachse essen. Die Lachse wachsen also für die Emu- oder Rabenleute, die Emu für die Lachse oder Känguruhs und Krähen. Ein gutes Gedeihen der Emu nützt den Emu-Leuten nichts. Doch sind, gerade in Australien, Zauber festzustellen, die ein Gedeihen der Emu oder irgend einer Pflanze suchen, — und diese Zauber werden im ersten Falle durch die Emu-Leute, im zweiten durch die dem Totem jener Pflanze Zugehörigen ausgeübt und werden mithin für die dem eigenen Totem Fremden ausgeübt. So weit ich sehe, sind die Zauberübenden immer Männer.

Ich lasse zuerst den Zauber des Hakea-Totems folgen, wie die Arunta des innersten Australiens ihn zu üben pflegen. Der Totemplatz stellt eine ovale und nur seichte Vertiefung vor, an deren Rande ein alter Hakea-Baum zu finden ist. Inmitten dieser Eintiefung steht ein schon sehr abgegriffener, nur wenig sich aus der Erde und über sie erhebender Stein, von dem man glaubt, er stelle einen Klumpen Unjiamba-Blüten, das heißt die Blüten eben des Hakea-Baumes dar.

Bevor die Zeremonien beginnen, wird die flache Erdvertiefung von einem der alten Männer des Unjiamba-Totems rein gefegt, wobei er mit seinen Händen über den Stein zu streichen pflegt. Wenn das geschehen ist, dann setzen die Männer des Totems sich um diesen Stein, und eine beträchtliche Zeit vergeht, in der sie alle zusammen ihre Zauberlieder singen; der Kehrreim derselben stellt die dauernde Wiederholung der Aufforderung an jenen Unjiamba, nun viele Blüten zu treiben und zu tragen, dar, und daß die Blüten sehr viel Honig haben mögen. Dann fordert der Alte einen der jungen Männer auf, an seinem Arme eine Ader zu öffnen; das geschieht, und während das Blut jetzt über den Stein hinspritzt und fließt, fahren alle andern Männer in den Zauberliedern fort. Das Blut läuft weiter, bis es den Stein vollkommen überdeckt; sein Rinnen bedeutet die Zubereitung des Abmoara, das man bei den Arunta herzustellen pflegt, indem man die süßen Blüten des Unjiamba-Baumes in Wasser taucht. Die Zeremonie und damit auch der Zauber ist vollendet, sobald der Stein mit rotem Blute überzogen ist. Der Stein wird als ein heiliges Objekt betrachtet; der Platz selbst ist tabu, das heißt, er ist verboten für Weiber und Kinder und nichteingeweihte junge Männer.

An diesem Zauber scheint mir zweierlei bedeutungsvoll. Zuerst, er wird von eingeweihten Männern ausgeführt; nur Männer nehmen an der Zauberhandlung teil, nur Männer singen Zauberlieder, und niemand als diese Männer dürfen den Zauberplatz betreten. Das Zweite und Wichtigere: diese Männer treiben Wachstumszauber; sie wollen die Unjiamba oder Hakea blühen machen, — es ist die Totempflanze dieser Gruppe der Arunta; die Männer des Hakea-Totems zaubern, daß die Hakea blühend werde. Ob sie von diesem Blühen irgend einen Nutzen haben, ob sie zum Beispiel dann das honigsüße Wasser trinken, das man durch Auslaugen der Hakea-Blüten herzustellen weiß, darüber wird in dem oben übersetzten Berichte nichts gesagt.

Ich lasse es zunächst bei diesen Feststellungen bewenden und kehre mich einer zweiten ähnlichen Nachricht zu.

Der Udnirringita-Zauber gilt den Udnirringa-Maden; das sind die Larven eines Kerbtieres, die vom Udnirringa-Strauch, von dem sie gewöhnlich fressen, ihren Namen abbekommen haben. Zu Anfang der Udnirringa-Zeremonien begibt sich der ganze Stamm in eine gewisse Nähe zum Kultorte bei Alice Springs; dann schleichen die Eingeweihten sich so still davon, daß ihre Weiber und die nicht dem Totem angehörigen Männer von ihrem Gehen nichts merken, legen alle ihre Waffen ab und lassen sogar die Schambinde hinter sich zurück. Darauf führt der Leiter der Zeremonien, ein alter Mann, die Männer im Gänsemarsch hinüber in die Nähe von Emily Gap, wo sie am Abend ankommen und sich für die Nacht zur Ruhe begeben. Es ist noch zuzufügen, daß sie während der dreitägigen Zeremonien kein Essen zu sich nehmen; was sie unterwegens etwa finden, das haben sie dem Leiter oder Alatunja abzuliefern. Bei Tagesanbruch brechen sie Zweige von den Gummibäumen am Eingange des Gap, ausgenommen der Alatunja, der die zum Kulte nötige hölzerne Mulde, das Apmara, trägt; die andern halten in jeder ihrer Hände einen Zweig. So gehen sie im Gänsemarsch am Platze des Heilbringers Intwailiuka, der ihnen vorzeiten die Udnirringa gab, vorüber, bis sie zu einer seichten Vertiefung am Gap-Rande kommen. In dieser liegen ein Quarzblock und um diesen kleinere Steine; der große Stein stellt eine Maegwa dar, ein reifes Tier, die kleineren, welche den großen umgeben, dessen Eier. Der Führer beginnt zu singen und berührt den großen Stein mit dem Apmara, die andern rühren ihn darauf mit den Zweigen an, und ihr Gesang ist eine Aufforderung an das große Tier, fruchtbar zu sein und Eier zu legen; eine kurze Weile später berühren sie auf gleiche Art und Weise auch die kleinen Steine. Ist das geschehen, so nimmt der Leiter einen Stein, streicht jedem der Männer mit ihm über den Bauch und sagt dazu: Unga muna oknirra ulquinna, du hast viel gegessen. Dann legt er den Stein zurück und streicht den Bauch ein zweites Mal, nur diesmal mit seiner Stirn anstatt mit einem Stein. Nach diesem allem steigen die Männer von dem Rande des Gap hinunter zum Bach und halten dort bei einem Felsen an, der „die geschmückten Augen" heißt und wo der Intwailiuka in alten Zeiten zu kochen pflegte und die Larven aß. Der Leiter streicht diesen Felsen wieder mit dem Kultgerät und jeder Mann folgt ihm darin mit seinen Zweigen; der Alte singt aber dabei Einladungen an die Kerfe, von allen Seiten zu kommen und ihre Eier abzulegen. Man glaubt, am Fuße des Felsens, tief im Sand versunken, sei noch ein überaus großer Maegwa-Stein vorhanden. Es war an dieser Stelle, wo der mystische Intwailiuka, als er Churinga unchima auf den Felsen warf, gestanden hat; Churinga sind Steine, welche die Eier darzustellen pflegen. Der Leiter tut das mit mitgebrachten Churinga heute ebenso, indessen die andern Männer singend auf- und niederrennen. Die Steine rollen von dem Felsen nieder in das Bett des Creek und werden gesammelt und dann wieder mit zurückgenommen.

Drauf wendet die Totemgruppe sich zum nächsten heiligen Platz, der anderthalb englische Meilen von dem vorigen gelegen ist. Der Leiter geht dort in eine vier bis fünf Fuß tiefe Höhle und scharrt mit der Apmara im zusammengehäuften Sande; dann legt er zwei mit sehr großer Sorgfalt überdeckte Steine frei; der größere ist ein Churinga uchaqua, er stellt ein Uchaqua dar, das ist das Larvenstadium des Kerbtieres Udnirringa, der kleinere ist ein Churinga unchima oder Ei. Die Steine werden sauber abgerieben und es wird ein Lied gesungen; dann streicht der Alatunja allen wiederum den Magen, wie es schon bei der ersten heiligen Station geschah. Auf diese Art und Weise sucht man zehn Kultplätze auf. —

Ich will die Zeremonien der Rückkehr in das Lager und was sich in diesem am nächsten Tage begibt, nicht mehr beschreiben, weil das bisher hier Mitgeteilte sicherlich genügt. Es läßt zwei Dinge erkennen: erstens daß man dorthin geht, wo sich der mythische Heilbringer einmal aufgehalten hat, und daß man die von ihm ehemals ausgeübten Handlungen wiederholt. Er hat die guten und wohlschmeckenden Insekten aufgespürt, er lehrte sie zu essen — und er wußte, wie sie sich vermehren; wenn man ihn nachahmt, wird man wieder seine Erfolge haben. Denn es geht ja darum, daß Udnirringa wachsen und gedeihen; die Zauberlieder fordern die Tiere immer wieder auf zu kommen und Eier zu legen, eben weil man Eier haben will. Und man will Eier haben, um den leeren Bauch zu füllen;

der Spruch des alten Zauberers und Leiters „du hast viel gegessen" nimmt den Erfolg des hier geübten Zaubers sozusagen schon vorweg; er sagt das aus, was man durch diesen Kult erzielen will, um durch diese Aussagen den Erfolg herbeizuzwingen.

Wie aber geschieht der Zauber? Wenn man ihn ganz genau betrachtet, dann steckt in diesen zaubrischen Handlungen deutlich ein Gedanke —: der Unjiamba-Zauber hat es auf ein gutes Trinken abgesehen, der Udnirringa auf ein ausgezeichnetes fettes Essen; das fließende Blut im ersten stellt den süßen Becher dar, im zweiten werden die Bäuche gestrichen: du hast viel gegessen. Es ist ein Nahrungszauber und der Zweck des Zaubers ist, das Essen, das Trinken, alles was dem Bauche gefällt, zu schaffen, — das geht auch aus dem nächsten, einem Honigameisen-Zauber, klar hervor. Es ist jedoch nicht nur ein Nahrungszauber; alle diese Nahrungsmittel sind ja entweder Tiere oder pflanzliche Produkte, und wenn sie uns zur Verfügung stehen sollen, müssen sie gewachsen sein. All diese Zauber wollen also Wachstum und Gedeihen. Das muß man sehr deutlich hervorheben und vielleicht noch unterstreichen, weil es die Volkskunde bisher nicht begriffen hat. Volkskunde und Religionsgeschichte sprechen seit den 70er Jahren des 19. Jahrhunderts von Vegetationsmagie, von Vegetationsdämonen oder -kulten, und denken dabei an Kulte in der bäuerlichen Welt. Ich habe gezeigt, daß diese den bäuerlichen Menschen zugeschriebenen Kulte in Wahrheit schon den vorbäuerlichen Kulturen, schon den Pflanzern, zugehören. Nun aber erscheinen ähnliche Kulte in der jägerlichen Welt.

Das ist das erste. Aber dem ist gleich ein zweites zuzufügen: die pflanzerischen Kulte fassen das Gedeihen ins Auge, das für den pflanzerischen Menschen das entscheidende gewesen ist: sie denken an Ackerfrüchte, Korn und Hirse oder Flachs. Und weil das Feld in pflanzerischer Zeit der Frau gehört, so sind die Träger dieser Kulte vorzugsweise Frauen. Und weil das Wachsen als ein Tragen und Gebären begriffen worden ist, so langen die pflanzerischen Kulte in die sexuelle Sphäre.

Das Denken der Jäger und Sammler aber ist ein anderes gewesen. Dort stehen die für den Jäger wichtigen Tiere im Vordergrunde; wir finden bei den Arunta den Emu, das Känguruh und außerdem die Wilde Katze, daneben die Tiere der Sammler: Honigameise und Udnirringa, (und noch die angenehmen Pflanzen: Mannah und die Blüte des Hakea-Baumes, aus denen man sich irgendwelche Genußmittel schaffen will). Und so wie die Objekte, sind die Träger des Geschehens andere; in beiden zitierten

Berichten führen Männer den Zauber durch; gelegentlich des Emu-Zaubers aber wird einmal gesagt: „Die Weiber sehen (diesem Abschnitt des Geschehens) sehr begierig zu, denn das ist eine von den wenigen Gelegenheiten, an denen ihnen erlaubt ist, freilich auf Distance, bei einer religiösen Zeremonie zuzusehen." Es ist auch leicht begreiflich; die entscheidenden wirtschaftlichen Möglichkeiten gehören bei Jägern und Fischern in die Hand des Mannes. Und schließlich sind auch die Formen des Zaubers bei den Jägern andere. Das Sexuelle müßte nach unserer Meinung eigentlich nahe liegen, denn alle Vermehrung der Tiere, der Beute, ist doch dran gebunden, daß weibliche Tiere von den männlichen beschlagen werden; — man möchte es viel eher hier als bei den Pflanzern suchen, die um Vermehrung und Wachstum ihres Kornes bitten, denn dessen Früchte scheinen allem Sexuellen fern zu stehen. Noch weiter scheint aber die jägerische Welt davon entfernt zu sein. Vielleicht — was freilich hier nur als Vermutung stehen kann —, vielleicht bedurfte es einer großen geistigen Welle, daß eine Sexualisierung der Welt und alles Seins einmal geschah, und daß die pflanzerischen Kulte einen sexuellen Ton erhielten.

Schiebt man das aber einmal als ein sekundäres Phänomen zurück, dann wird man die jägerischen Vegetationskulte jenen an die Seite rücken, die man bisher allein als Vegetationskulte betrachtet hat. Es sind die Kulte einer weit zurückliegenden fernen Zeit. Sie muten sehr einfach an und sind in Wahrheit doch schon kompliziert; sie zogen sich schon vom Tageslicht und von der Öffentlichkeit zurück. Und die sie allein ausüben dürfen, müssen Eingeweihte sein. Es sind noch keine geheimen Männerbünde, die sie tragen, es sind die einem Totem Zugehörigen, die in einem Totem Aufgenommenen, die allen als Angehörige dieses oder jenes Totems ganz genau bekannten, — doch ihre kultischen Handlungen finden im Geheimen statt.

Ich will es mit diesem kurzen Hinweise genug sein lassen und wende mich nun dem Anliegen des Kapitels zu: den auf das Wachstum und Gedeihen gerichteten pflanzerischen Kulten.

Hainuwele

Es ist ein anscheinend völlig Abseitiges, wenn ich frage, woher die Menschen nach ihrer Ansicht die Kulturpflanzen bekommen haben. Denn wenn ich die Frage irgend einem Manne von der Straße stelle, wird er mir achselzuckend antworten, das gehe die Gelehrten an, die darüber nachdächten, wann die Affen Menschen geworden seien und wann sie — zwischen Affen- und Menschenleben — das Getreide fanden. Da spuken noch immer Darwinsche und Haeckelsche Ideen nach und diese Ideen sind für viele Hunderttausende heute noch „wahr"; der einfache Mann des Abendlandes glaubt heute an die „Wissenschaft", wie er vor zwei-, dreihundert Jahren an die Bibel glaubte, und wie die älteren Völker an die Wahrheit ihrer Mythen. Die Mythen, die ihre geheime Überlieferung gewesen sind. In den geheimen Majo-Zeremonien auf Neu-Guinea, die von den Marind-anim bis vor kurzer Zeit gefeiert wurden, hat man den Neueintretenden die Kultmythen mitgeteilt, und diese Mythen berichteten von der Herkunft aller nützlichen Gewächse, wie sie die Herkunft und den richtigen Gebrauch der Güter, die sich der Stamm im Laufe der Zeit erworben hatte, lehrten. Da hieß es zum Beispiel von der Kokospalme, also dem Gewächse, dem die in den Sumpfebenen und den Küsten Süd-Neuguineas hausenden Marind ihr Leben und ihre Existenz verdanken, daß am Anfang der Geschichte die ersten Marind eine Majo-Zeremonie gefeiert hätten, das heißt ein wildes orgiastisches Fest mit Masken und Gesängen und mit den glühendsten Ausschweifungen, daß zu diesem Feste sich uneingeweihte fremde Jünglinge eingefunden hätten, die an den sexuellen Vergnügungen teilzunehmen versuchten. Und sie, gesellten sich zu den Majo-Iwåg, das sind jene Mädchen, die in den schwülen Nächten gebraucht und hinterher gefressen werden. Es stellte sich dann heraus, daß diese jungen Männer als Fliegende Hunde zu den Feiern kamen und verschwanden, und als man den Flattertieren nachfuhr, fand man eine Insel, auf welcher die Fliegenden Hunde immer über Tag verweilten, indem sie zu einer am Strande wachsenden Kokospalme wurden. Die Marind hieben die Palme um, der Kokosgeist entfloh, ward aber von seinen Mädchen wieder an den Strand gelockt. So ist am Marind-anim-Strand die erste Palme aufgegangen. Die Kokospalme ist also eine Verkörperung, eine Sichtbarwerdung sozusagen, des Kokos-Demas, (Dema nennen die Marind ihre Geister). Der Kokos-Dema hat wie eine Kokospalme ausgesehen, — davon erhielt die Palme ihre sichtbare Gestalt.

Die Marind haben nicht allein der Kokospalme nachgefragt, sie wollten auch wissen, wie die Banane oder die Sagopalme, wie unter den Tieren beispielsweise das Känguruh entstanden ist, und wo, was sonst in ihren Sümpfen wuchs, den Ursprung hatte. Den Sago-Dema begriffen sie als eine alte Frau, die trieb auf einer verfilzten schwimmenden Insel Gras den Bian hinunter; wo sie dann an Land ging, wächst heute noch im Strom dies Ufergras. Ein Mann verlangte sie dann zu seiner Frau zu haben, doch da sie ihn verschmähte, ward er böse und schoß auf sie; sie aber wollte sich rächen und schlich seiner Mutter nach, und in dem Augenblicke, wo letztere sich bückte, um Wasser zu schöpfen, klemmte ihr die Sago-Demafrau den Hals in einen Gabelast und stieß sie mit dem so gefesselten Kopfe in den Sumpf. Aus deren langen Zöpfen entstanden verschiedene Wasserpflanzen, die heute die Sümpfe überziehen, — also flutende, treibende Gewächse aus den langhinflutenden, treibenden Haarzöpfen einer Frau.

Ein Ähnliches hat also hier ein Ähnliches hervorgebracht. So wurde nach einer weiteren Legende aus dem Kopf des Dema, dem runden Kopfe, die runde harte Frucht der Kokosnuß; das aber kann man noch heute an der Kokosnuß erkennen, denn die drei „Keimgruben" waren die Augen und der Mund; die Beine des Kokos-Demas sind zum Kokospalmbaumstamm geworden, die Haare zu den Blattwedeln und den Fiedern, welche oben sitzen; im Rascheln der Blätter aber hört man noch des Dema Stimme —. Und ähnlich verhält es sich mit allen andern Pflanzen oder Tieren, die irgend ein Dema den Marind gegeben hat, — sie werden als Demawesen oder Teile eines Dema angesehen. Die zwischen den Tieren, Seewesen, Pflanzen oder deren Früchten und menschlichen Körperteilen bestehenden Ähnlichkeiten überzeugen, sie müssen einmal aus solchen Körperteilen hervorgegangen sein.

Ein ganz Entsprechendes wird aus dem indonesischen Ceram überliefert. Dort existiert die Kultmythe eines Geheimbundes Wapulane, — die man voreilig eleusinischen an die Seite rückte. Der Weg von Indonesien bis Eleusis aber ist so groß, die zeitlichen Abstände zwischen den beiden Kulten so beträchtlich, daß man das Hüben nicht gut neben das Drüben rücken kann. Zum Glück nicht, denn das Atmen des tropischen Urwaldes lebt in Hainuwele, dieweil Eleusis ein uns Näherstehendes zum Leben brachte. Die Mythe erzählt vom Mädchen Hainuwele oder Kokospalmenzweig: ein Mann gelangte, als er im ceramesischen Urwald Schweine jagte, in den Besitz der ersten, sogleich von ihm gepflanzten Kokosnuß. Sie wächst in einer zaubrisch kurzen Zeit und blüht; er steigt hinauf, um eine der Palmblüten abzuschneiden, dabei verletzt er sich am Finger, und aus dem austropfenden Blut, das sich dem Saft der Blüten vermengte, ward ein kleines Mädchen; das ist die „Kokospalmenzweig" genannte, oder Hainuwele. Und etwas vom süßen gärenden Seim der Blüte ist an ihr. Dann heißt es weiter, daß sie sehr schnell aufgewachsen sei, denn nach drei Tagen war sie schon ein heiratsfähiges junges Mädchen. Die Menschen auf Ceram feierten eben einen großen Maro-Tanz. Wenn aber die Leute in der Nacht den Maro tanzen, so sitzen die Frauen, die nicht mittanzen, in der Mitte, und reichen den Tänzern Sirih und Pinang zum Kauen. Bei jenem großen Tanze aber stand das Mädchen Hainuwele in der Mitte, und reichte Sirih und Pinang. Als der Morgen graute, brachte man den Tanz zu Ende und die Tänzer gingen schlafen. Am Abende des zweiten Tages versammelten sie sich wieder, und wieder ward Hainuwele in die Mitte ihres Tanzes gestellt, um Sirih und Pinang auszuteilen. Wenn aber die Tänzer Sirih haben wollten, gab Hainuwele ihnen schöne schmückende Korallen. Und das geht an den nächsten Tagen, Nacht um Nacht, so weiter: in jeder Nacht ward Hainuwele oder Kokospalmenzweig in Mitte des Tanzes gestellt und ihre Geschenke wurden größer; den Menschen ward aber ganz unheimlich von dem, was geschah. Sie kamen zusammen und berieten sich heimlich miteinander. Vor allem waren sie sehr neidisch, daß Hainuwele-Kokospalmenzweig dergleichen Kostbarkeiten verteilen konnte und beschlossen sie zu töten. Auch in der neunten Nacht des Maro-Tanzes wurde aber das Mädchen Hainuwele inmitten des Platzes gestellt, um wieder Sirih zu verteilen. Die Männer gruben auf dem Platze jedoch ein großes Loch. Im innersten Kreise der großen neunfachen Spirale, die alle Tänzer bildeten, aber tanzte die Familie Lesiëla. Und in der langsam kreisenden Tanzbewegung der großen Spirale drängten sie das Mädchen Hainuwele-Kokospalmenzweig auf die Grube zu und stießen sie hinein. Der laute dreistimmige Gesang der Maro-Tänzer in der dunklen Nacht verschlang und übertönte jeden Klageschrei des Mädchens. Man tanzte am Rande und man schüttete Erde auf sie nieder, und alle Tänzer stampften mit ihren Tanzbewegungen und Schritten die Erde über dem hinabgestoßenen Mädchen Hainuwele fest. Als sich der Morgen nahte, war der Tanz beendet, und alle Tänzer gingen, wie nach jeder Nacht, nach Hause.

Als aber der Tanz zu Ende war und Hainuwele nicht nach Hause kam, da wußte ihr Vater Ameta, daß sie ermordet war. Er nahm neun Ubi-Stäbe, (Ubi braucht man zu Orakeln), und baute mit ihnen zu Hause die neun Kreise der Tänzer auf. Er wußte nun, daß Hainuwele auf dem Maro-Platz ermordet worden war. Da nahm er neun Blattrippen von der Kokospalme, ging mit ihnen auf den Maro-Platz und steckte die neun Blattrippen nacheinander in die Erde. Mit ihrer neunten traf er den innersten Kreis der Maro-Tänzer, und als er sie wieder herauszog und genau besah, da hingen die Kopfhaare und das Blut von Hainuwele dran. Da öffnete er die Grube und grub ihren Leichnam aus, und er zerlegte und zerschnitt ihn in viele Stücke. Die einzelnen Teile des Körpers aber hob er auf und grub sie in dem Gebiete rund um den Maro-Tanzplatz ein. Die Leichenteile der Hainuwele aber verwandelten sich in Dinge, die es zu jener Zeit auf Erden noch nicht gab, — vor allem aber verwandelten sie sich in die Knollenfrüchte, von denen die ceramesischen Menschen seitdem leben. — Das ist anscheinend ein blutiges und sehr wildes Märchen. Die Zeit kennt eine seltsame Zeugung aus dem Seim der Blüte und aus dem Blut des Mannes, der ihr ungeschlechtlicher Vater ist. Das Mädchen verteilt kostbare Dinge an die Maro-Tänzer. Und schließlich zerteilt ihr Vater ihre Leiche, sät sie sozusagen aus, und aus den einzelnen Gliedern werden Knollen und Früchte.

Bei diesen „Knollen und Früchten" aber halte ich vorerst an. Hier ist, und das erscheint mir notwendig festzustellen, nicht mehr nur eine zwischen der Kokospalme, der Banane oder einer Wasserpflanze und einem menschlichen Körperteile festzustellende Gleichheit oder Ähnlichkeit, die zu der Bildung einer aitiologischen Sage führte, sondern es sind hier Nutzpflanzen, eßbare Knollen oder Früchte, die nach der Mythe aus den Gliedern Hainuweles entstanden. Man wird als den für diese Wendung in Frage kommenden Gedankengang den setzen: daß aus dem guten Fleisch der Göttin, das man etwa essen konnte, die guten, nahrhaften, eßbaren Knollenfrüchte wuchsen. Denn die erinnern nicht nur an ein Glied des Menschen, das tertium comparationis ist die Eßbarkeit, ist der dem Fleisch der Göttin und den Knollen gleiche Wert. Hier wurde also nicht mehr von der äußeren Form, hier wurde zumeist vom Wert, vom gleichen Nutzen her gedacht.

Entsprechende Mythen finden sich bei den Pflanzervölkern noch sehr oft, ich weise nur die auf die Isi-Sage der Tariana und Tukano, zwei Indianerstämmen am linken oberen Amazonas hin, auf die Legende der Azteken, „wie der Mais entstand", auf die Erschaffung der Nutzpflanzen bei den Kiwai-Papuas. Wir haben nach diesen Belegen also einen weitverbreiteten Zug, der die dem Menschen nützen Pflanzen, Knollen oder Tiere aus dem zerstückten Körper eines Ahnen entstehen läßt.

Nutzpflanzen aus der zerstückten Göttin

Mit diesen Kultlegenden aber ist für unser Thema eigentlich nichts gewonnen; sie geben nur eine Begründung und Rechtfertigung des Kultes, wir wissen jedoch von dem in ihm Geschehenden noch nichts. Das eigentlich kultische Geschehen läßt sich etwa so zusammenfassen: den Majo-Zeremonien zufolge sind die Kokospalmen entstanden, daher bewirken die gleichen Zeremonien Gedeihen und Fruchtbarkeit der Palmen. Der nun dafür in Frage kommende Akt bei den Marind ist dieser: ein Mädchen wird von den Eingeweihten bei den Zeremonien, die sich die ganze Nacht hinziehen, mißbraucht und dann erschlagen; sie wird danach von allen älteren Eingeweihten aufgegessen; die Knochen werden bei den jüngst gepflanzten Palmen eingegraben und deren Stämme mit dem Blute des Opfers rot gefärbt. Das fördert die Fruchtbarkeit und den Ertrag der Palmen. Die einzelnen Teile also des im Kult erschlagenen Mädchens, das man zerlegt hat, wirken auf die „zugeteilten" Bäume. Der Kult will mithin das Gedeihen der nützlichen Pflanzen fördern.

Wenn diese Angaben noch ein wenig unklar wirken, so läßt ein indischer Bericht die Dinge deutlicher erkennen. Es handelt sich um Nachrichten über die Khond in Nordostindien; nach deren von mehreren Forschern aufgezeichneten Schöpfungsmythe ist unsere Erde am Anfang weich und völlig unfruchtbar gewesen. Die Göttin der Erde aber schnitt sich einmal in den Finger — und ihr auf unsere ungeformte Erde niedertropfendes Blut gab dieser erst ihre feste, heute vorhandene Gestalt. Unter den andern Dingen, welche sie den Menschen brachte, standen der Krieg, die Jagd, der Ackerbau im Vordergrunde. Bei ihrem Tode aber fordert sie die Menschen auf, sie zu zerstücken; doch die lehnen es ab und wollen es nicht tun, weil man die eigenen Stammesangehörigen nicht töten mag, — die Göttin ist also als eine der ihrigen angesehen worden, — weil man die blutigen Opfer sich vielmehr von fremden Stämmen holt. Es müssen jedoch noch weitere Mythen existieren, nach denen die Göttin geopfert wurde, denn es wird ein Zug berichtet, wonach der Sohn der Erdgöttin auf den ausgesprochenen Wunsch derselben ihr Fleisch von seinen Knochen löst und es danach im Felde vergräbt. Zudem stützt auch die Khondsche Opferpraxis diesen Zug. Das Opfer, das stets bereits in jugendlichen Jahren von irgend einem fremden Stamm erworben worden ist, genießt bei seinen Lebzeiten eine sorgsame Behandlung. Es wird verehrt und immer wieder sagt man ihm, daß es durch seinen Opfertod zu einem Gotte verwandelt werde. Nachdem es der Priester am Opfertage leicht verwundet hat, stürzt sich die ganze Opfergemeinde auf den Todgeweihten; sie reißen ihm buchstäblich das Fleisch von den Knochen, wobei jedoch der Kopf unangetastet bleiben muß. Das Fleisch wird unter die verschiedenen Stammesgruppen aufgeteilt, die ihrerseits die ihnen zugefallenen Teile hälften; die eine Hälfte wird auf dem öffentlichen Versammlungsplatze des Dorfes vergraben, die andere wiederum in so viel kleinere Portionen unterteilt, daß jede Familiengruppe ein gutes Stück erhalten kann. Das graben die einzelnen Familienhäupter auf den Feldern ein. Mit aller Deutlichkeit geht aus der Schilderung hervor, daß dieses Menschenopfer eine wirksame Wiederholung jener Tötung, die nach der Mythe an der Erdgöttin einst vollzogen wurde, ist, und daß es Gedeihen und Fruchtbarkeit der Felder schafft.

Es ist mit dieser letzten Wendung eigentlich schon ausgesprochen, was ich zusammenfassend zu bemerken hätte, daß nämlich die Zeremonien und Einzelhandlungen des Kultes das in der Vorzeit Sichvollzogenhabende wiederholen, — so wie die Messe auch das Opfer des Gottessohnes wiederholt. Und wie die Messe dem katholischen Christen alles das beschert, was ihm der Opfertod des Heilands einstens gab, so gibt dies Opfer wieder, was das erste Opfer brachte. Wenn man es roh und utilaristisch sagen will: die sich im Kult vollziehende Nachahmung des Geschehens, das in der Götterwelt geschah, hat eben den Erfolg, den jenes erste hatte, garantiert ihn sozusagen. Und wie die erste Sichaufopfernde die Göttin war, so wird das neue Opfer in den Götterrang erhöht, es wird durch. seine Nachahmung zu dem Nachgeahmten. Er wird zu einem der „Heilbringer", bei den Khond zur Göttin, bei den Marind zu einer dem Dema ähnlichen und entsprechenden Gestalt.

So wie die Göttin zerstückelt wurde, teilt man auch das Opfer auf, es werden aus seinen Gliedern sozusagen wieder Knollenfrüchte. Das haben wir aber schon im ceramesischen Wapulane-Kult erlebt. Hier bei den Khond jedoch geschah ein nächster Schritt. Der ehemalige Vorgang, der im mythischen Bezirke sich begab, wird wiederholt, um seine früheren Erfolge zu erlangen, und — um den Feldern überhaupt Fruchtbarkeit zu verschaffen. Das scheint dasselbe zu sein und ist in Wahrheit doch nicht mehr dasselbe. Im Kult der Ceramesen wiederholt man jenen „Schöpfungsakt", im Kult der Khond wird aber allgemein nur „Fruchtbarkeit" erzeugt. Die Wirkung reicht weiter und zugleich ist sie auch allgemeiner.

Das kultische Tun, die Zerstückelung eines an die Stelle der Gottheit tretenden Mädchens und die Aufteilung der Stücke gehört, um dies zu unterstreichen, pflanzerischen Kulturen an. Wenn wir es nicht aus sonstigen völkerkundlichen Angaben schon wüßten, so weist doch die Betonung der Knollenfrüchte als jener, denen der Zauber vorzugsweise zugute kommt, der Umstand, daß die Göttin die Kulturbringerin war, daß weibliche Opfer fallen, deutlich auf die weiblichbestimmten pflanzerischen Kulturen hin. (Selbst da, wo die Kulturbringer zwei Brüder sind, lebt Mythe und Ritus noch aus pflanzerischem Denken.) Aber es wächst aus diesem dann doch schon herüber in die sich langsam umformende, männlich werdende Welt, — die Mythe von Osiris etwa steht an der Grenzscheide zwischen beiden. Die pflanzerischen Ceramesen wie die Khond, die Kiwai-Papuas, die Marind und so und so viele andere pflanzerischen Völker erzählen von einer Göttin, die zerstückt, zerrissen wurde, aus deren Gliedern dann die Anbaufrüchte aufgegangen seien, die Marindanim opfern Mädchen, — in der Osirismythe aber wird ein männlicher Gott zerstückt.

Plutarch erzählte, seinen Bericht mit später Gelehrsamkeit und neu-platonischen philosophischen Gedankengängen verbrämend, von dem ägyptischen Unterwelt- und Wachstumsgotte dieses (ich übergehe die Einzelheiten der später zu erörternden Legende): als Isis den Leich-nam des von Typhon oder Seth ermordeten Osiris fand, führte sie ihn mit sich fort, — und nun bemerkt Plutarch De Iside et Osiride c. 18: „Da aber Isis zu ihrem Sohne Horos reiste, setzte sie das Gefäß mit dem Osirisleibe beiseite; Typhon, in der Nacht bei Mondschein jagend, traf darauf, erkannte den Körper, zerriß ihn in vierzehn Teile und streute sie umher. Sobald Isis dies erfuhr, suchte sie die einzelnen Teile wieder zusammen... Man nennt nun viele Osirisgräber in Ägypten, weil Isis da, wo sie auf jeden einzelnen Teil stieß, ein Grab errichtete... Von den Teilen des Osiris konnte Isis allein das Schamglied nicht finden, denn dies war in den Fluß geworfen und von dem Lepidotos, dem Phagros und dem Oxyrhinchos verzehrt worden, welche unter allen Fischen am verhaßtesten sind. An seiner Statt machte Isis eine Nachbildung und weihte den Phallos, den auch jetzt noch die Ägypter feiern." Der Kirchenvater Eusebios wieder spricht von sechsundzwanzig Stücken, in welche Typhon den Leichnam des Osiris zerrissen habe und die er an alle zum Morde Mitverschworenen verteilte. Daß dann die einzelnen Gliedmaßen des Osiris zu Gewächsen wurden, davon weiß weder Plutarch noch Eusebios; wohl aber ist sichtbar, daß er ein Vegetations- und Wachstumsgott gewesen ist, ein Gott, der Früchte und Knollen und Getreide wachsen ließ, und den man als die per-sonifizierte Garbe angesprochen hat. Und sichtbar ist auch die Rolle der Frau in diesem Kult, vor allem, daß es die Frau ist, die den Phallos weiht, — was unsern Begriffen und Anschauungen von der Art der Frau sehr widerspricht. Wir werden jedoch noch mehr gerade zu diesem Punkte ver-nehmen. Vorläufig jedoch begnüge ich mich damit, daß uns die Mythe vom Zerstückten in Ägypten, anscheinend an der Grenze der weiblich gerichteten, pflanzerischen zur männlich gerichteten Zeit, begegnet ist. Und, um auch das vorweg zu nehmen, daß sie in einem zum Mysterium gewordenen geheimen Kult begegnet ist.

Etwas sehr Ähnliches erfahren wir von einem anderen, am Rande der griechischen Welt erschienenen und ins Mysterium sich wendenden Gotte, dem Dionysos; man hat deshalb auch oft gesagt, daß die Dionysosmythe nur eine ins Griechische übertragene Osirismythe gewesen sei. Dionysos stammte aber aus dem thrakischen Phrygien, und der uns hier besonders interessierende Zug wird von den Religionswissenschaftlern und Altphilologen als alt und vorhellenisch angesehen, ja er sei älter als die Einwanderung der thraktischen Phrygier in Kleinasien, und man glaubt einen frühen vorderasiatischen Kult in ihm versteckt. Nun, von Dionysos berichtet Nonnus, Zeus habe ihn als Schlange mit Persephone gezeugt; er hätte sehr bald nach der Geburt den Thron des Vaters eingenommen; doch während er sich in einem Spiegel besehen habe, seien die Titanen gekommen und überfielen ihn. Erst rettete er sich von ihnen, indem er die verschiedensten Gestalten annahm, diejenige des Zeus, die eines Löwen, eines Pferdes, einer Schlange; zuletzt verwandelte er sich in einen Stier. Jedoch als Stier fiel er durch seine Feinde und wurde von ihnen überwältigt und in Stücke geschnitten. Ganz ähnlich lautet der kretische Mythos, wo auch die Titanen, durch Hera aufgestachelt, den Wehrlosen überfallen haben, ihm seine Glieder abschnitten, den Leib kochten und verspeisten, und nur das Herz durch Pallas Athene gerettet werden konnte, — man sieht, wie nahe das alles der Osirismythe kommt. Dann aber setzen den ganzen weiteren Ablauf wandelnde Unterschiede ein. Wenn nämlich die Gliedmaßen des Osiris über Ägypten hin begraben wurden, vom thraktischen Dionysos wird immer wieder eins berichtet: daß alle Stücke wieder zusammengesetzt worden sind, entweder durch Apoll, worauf man sie auf dem Parnaß begrub, oder in Delphi, wo nach der Sage das Grab des Dionysos sich befand (oder — nach einer Überlieferung, in welcher er der Sohn des Zeus und der Demeter war), ward er von seiner Mutter zusammengesetzt und wieder jung. Das muß die Wirkung entweder eines Einflusses von außen her oder vielleicht die einer inneren Umgestaltung der Mythe sein; und wenn hier Demeter genannt wurde, läßt es sich schon erahnen, wo diese Umgestaltung ihren Anstoß und Anreiz haben wird: die griechischen Mysterienkulte und ihre Versprechungen wirkten ein.

Das was der Mythos angab, aber gestaltete der Kult. Auf Kreta ist alle zwei Jahre ein Fest gefeiert worden, bei dem man das ganze Leiden des Gottes sichtbar machte, — Clemens von Alexandria bezeugte es auch für Griechenland. Die Kreter rissen mit den Zähnen einen Stier in Stücke und streiften mit wildem Geschrei und Rufen durch die Wälder; als orgiastische winterliche Feste des Dionysos-Zagreus werden sie beschrieben, und immer wieder wird behauptet, daß alles in dem Zerreißen und Zerlegen des Stieres gegipfelt habe. Euripides in seinen Bacchae weiß ja auch, daß Menschen dem dionysischen Schwarm als Opfer fielen; man hängte sie erst am Baume des Dionysos, an einer Pinie oder Kiefer, auf und zerriß sie dann. Da man Dionysos als einen Wachstumsgott ansehen darf, wird es schon recht sein, dieses kultische Zerreißen und Zerstücken als eine dem Wachstum und Gedeihen günstige Handlung aufzufassen; als eine von den geheimkultischen Schwärmen des Dionysos zuerst geübte und den späteren Mysterien überkommene Feier.

Es ist von Zagreus, Osiris und Dionysos ein weiter Sprung in die Jahrhunderte der mittelalterlichen Geschichtsschreibung, aber sachlich geurteilt bleiben wir immer noch beim Thema und bei der eben aufgeworfenen Frage. Im fünfzehnten nachchristlichen Jahrhundert verfaßte der Krakauer Domherr Johannes Dlugosz eine an Anekdoten reiche Historia Poloniae und erzählte darin dieses: der erste christliche König Polens habe aus Anlaß und im Zusammenhang mit dessen Christianisierung befohlen, an einem und dem nämlichen Tage, am 7. März, die sämtlichen Götzenbilder zu zerbrechen, in Sümpfe, Seen oder Teiche zu versenken und sie zuletzt mit Steinen zu überdecken. Des zum Gedenken werde dieser Vorgang noch alljährlich in Polen und dem bis 1327 Polen zugehörigen Schlesien an vielen Orten von den Leuten im Spiel wiederholt: „quae quidem . . . idolorum confractio et immersio tunc facta apud nonnullis Polonorum villas simulacra Dziewannae et Marzannae in longo ligno extollentibus et in paludes in Dominica Quadragesimae Laetare projicientibus et demergentibus repraesentatur et renovatur in hunc diem." Derselbe Schriftsteller sagt einige Seiten vorher bei der Aufzählung der heidnischen Gottheiten des alten Polens: „Ceres autem mater et Dea frugum, quarum satis regio indigebat, Marzana vocata apud eos in praecipuo cultu et veneratione habita fuit." — Hier also, in polnischer mittelalterlicher Überlieferung, ist, wenn Johannes Dlugosz recht hat, die alte Übung wieder festzustellen, daß nämlich ein nach der Gottheit genanntes und die Gottheit irgendwie vertretendes Wesen getötet und zerstückt wird und verstreut. Und seltsamerweise ist es hier wieder eine Göttin wie in den asiatischen Bezirken.

Vielleicht fand aber hier noch ein seltsamerer Prozeß statt als die Nachricht ahnen läßt. Was Dlugosz nämlich über das mittelalterliche Polen mitzuteilen weiß, das lebte in polnischen Inseln Schlesiens noch heute. In Chorzow, dem heutigen Oberschlesien, wurde eine Puppe, Marzanka genannt, zerrissen und in einen Teich geworfen; in manchen an Polen grenzenden Strichen Schlesiens wurde eine Strohpuppe von den Mädchen mit Frauenkleidern ausstaffiert, die trugen sie aus dem Dorfe, der untergehenden Sonne entgegen. Dann wurde sie an der Grenze unter

Scherzen und Lachen ausgezogen, die Glieder in Fetzen gerissen und zuletzt aufs Feld geworfen. Marzanka, die Tödin, wird hier also wie Osiris und wird wie Hainuwele zerrissen und vertan, und man erwartet weiter von diesem Frühlingsbrauche, daß er die Felder fruchtbar und die Saat gedeihlich mache.

Um einige Zeit verschoben hatte ein gleicher kultischer Brauch im Troppauer Kreise, also dem früheren Österreich-Schlesien, statt. Dort hieß die letzte Garbe in der Ernte mortua, die Tote. Ein jeder Bauer vergrub die seinige auf dem Acker in den Boden. Nach etwa zwei Wochen an einem vorher abgemachten Tage ging man hinaus aufs Feld, wo die begrabenen Garben lagen, und sah, ob sie schon ausgekeimt hatten und grün geworden waren. War das der Fall, so nahm man es als gutes Zeichen für die nächste Ernte. Diejenige Tote, welche am meisten grün geworden war, wurde wieder ausgegraben und hereingebracht. Hier haben wir also das Vergraben der einzelnen Garben oder „Toten" auf den Feldern, ganz analog doch dem Vergraben der Leichenteile des Osiris, und haben wie dort die Wiederkehr der Toten in das neue Leben.

Trotz aller dieser Übereinstimmungen ist mir nicht ganz wohl, die mittelalterlichen polnischen Bräuche neben die antiken und wieder mit den antiken neben südostasiatische zu stellen. Vielleicht ist es aber trotzdem nötig, solchen Schluß zu ziehen. Ich möchte zunächst in diesem Zusammenhange daran erinnern, daß alle asiatischen zerstückten Wesen weiblichen Geschlechtes waren, und daß behauptet wurde, ihnen seien die Fruchtpflanzen zu verdanken, aus ihren Gliedern seien sie entstanden. Die Völker jedoch, bei denen diese Zerstückungsmythen existierten, waren pflanzerische Völker und bei allen pflanzerischen Völkern liegt, wie ja bereits gesagt wurde, aller Anbau in der Hand der Frau. Noch die Osirismythe stammt von einem pflanzerischen, erst in den Pflug- und Ackerbau hinüberwachsenden Volk, bei dem, wie uns Plutarchs De Iside et Osiride erklärt, Osiris den Anbau des Getreides einführte und begann. Und auch Dionysos gab seinem thrakischen Volke das Korn; es heißt, daß er sogar die Bauernarbeit selbst verrichtet habe, er habe als erster den Ochsen vor den Pflug gespannt, er habe die Schar gelenkt, den Samen dabei ausgesät. Zu seinen Sinnbildern zählte der Schwingfächer, das ist jener schaufelförmige Korb, den man gebraucht hat, um die Spreu vom Korn zu trennen, indem man das ungereinigte in die Höhe warf. Dieses einfache, heute noch im Gebrauch befindliche Gerät, spielt bei den Riten der Dionysosmysterien eine Rolle; es heißt, daß man den eben geborenen jungen Gott in einen solchen Korb gelegt habe als in eine Wiege. Drum wird er so oft als Kind im Schwingfächer dargestellt. Von diesen Überlieferungen und Darstellungen wiederum wird auch der Beiname des Gottes „in der Futterschwinge" abgeleitet, (denn so hat man das griechische Liknites zu übersetzen). Dionysos ist also schon ein erster Bauer. Er ist der typische Bauer, weil es Bauernarbeit ist, den Pflug zu führen oder den Stier vor seinen Pflug zu spannen, die Männerarbeit, welche keine Frau verrichten kann. Wir werden mithin in diesen Mythen von Osiris und Dionysos, im Übergange von der geopferten Göttin zum zerstückten Gotte den Übergang von einer weiblich beherrschten Zeit zu einer männlichen begreifen. Weiblich beherrscht war jene pflanzenbauerische, matriarchale, männlich die patriarchale, bäuerlich gerichtete Kultur. Die weiblich bestimmte aber verdankte einer Göttin das, was wieder die männlich bestimmte einem Gott verdankte.

Ich habe hier Hainuwele und die kiwaipapuanische Göttin als weibliche gegen die antiken männlichen Gottheiten ausgespielt, und ich muß nun erklären, daß auf jeder der beiden Seiten nur ein, zwei Namen für sehr viele gleichgeartete erschienen sind. Ich nannte vorhin schon einige Seitenstücke zur Zerstückten, und füge dem zu, daß auch Osiris und Dionysos nur zwei Vertreter einer größeren Gruppe sind. Man müßte zu ihr auch den von den Maenaden zerrissenen Pentheus stellen, wie den von Hunden zerstückten Aktaion, wie Dionysos Zagreus, wie Orpheus, wie Romulus, — ich will auf Einzelheiten nicht erst kommen. Eins aber scheint mir doch noch wichtig und erwägenswert: warum wohl waren die Majo-Zeremonien, die Riten der Kiwai, diejenigen der ceramesischen Wapulane, die der vorderindischen Khond wie die so und so vieler anderen ein geheimes Tun? Warum liegt das Geheimnis und ein Tod und Untergang androhendes Verbot auf denen der Tariana und Tukano, die am Amazonas sitzen? Warum hingegen sind die der bäuerlichen Welt gehörigen Zerstückungsriten, die doch im Grunde dasselbe wissen und dasselbe tun, ein allen Zuschauern völlig offenes Gemeineigentum, wie meinetwegen die Riten des christlichen Gottesdienstes es sind? Ist das nur deshalb, weil die meisten bäuerlichen Riten kühler und nicht so stark im Sexuellen wurzeln wie die pflanzerischen? Sind männliche Kulturen offener, weil sie kühler sind? Und sind sie kühler?, — oder sind sie nur deswegen offen, weil sie im Laufe der Jahrhunderte und im Laufe ihres Weiterwachsens aus einer pflanzerischen in die Bauernwelt gealtert sind? Und weil sie im Altern ausblaßten und so langsam „harmlos" wurden?

Mutter Erde

Die eben angerührte Frage macht es zuerst nötig, ganz kurz auf eine Volksvorstellung hinzuweisen, die weit verbreitet, ja bei beinahe allen Völkern festzustellen ist. Denn wie die südostasiatischen Mythen an den Anfang der pflanzerischen Welt und ihrer Kultur eine göttliche Frau setzen, der die Menschen die nutzbringenden Pflanzen verdanken, so scheint es zu den alten Vorstellungen der Menschheit zu gehören, daß eine Mutter alles Seins die Dinge schaffe. Es ist ein Gegenstück zu der soeben besprochenen Auffassung, daß alles aus den Gliedmaßen eines zerstückten Mädchens hervorgegangen sei, ein Gegenstück und ebenso ein weiterführender Schritt, denn an die Stelle des Umformens, durch das aus den vergrabenen Körperteilen Knollengewächse werden, tritt wie die Bezeichnung „Mutter" ausweist, das Gebären. Wahrscheinlich stößt man hier überhaupt auf zwei verschiedene mythologische Provinzen und stehen die Völker des geschlechtlichen Zeugens neben den älteren eines ungeschlechtlichen. Doch findet man die Vorstellung von der gebärenden Mutter und im speziellen der gebärenden Mutter Erde schon sehr früh. So spielt die Erdmutter bei den nordamerikanischen Eingeborenen eine große Rolle. Für die Comanchen ist die Erde ihre eigene Mutter, der Große Geist ihr Vater. Als General Harrison in den nordamerikanischen Indianerkriegen den Häuptling der Shawnees, Tecumseh, zu einer Unterredung rief: „Komm, Tecumseh, und setze dich zu deinem Vater!" antwortete ihm der Indianer: „Die Sonne dort ist mein Vater und die Erde meine Mutter, ich will an ihrem Busen ruhen!" und setzte sich nieder auf die Erde. Von den Kariben wird bei einem Erdbeben gesagt, es sei nichts anderes, als daß ihre Mutter tanze. Noch bei den Indern des Veda wird seit alter Zeit von einer Mutter Erde gesprochen wie vom Vater Himmel.

Man kann dergleichen auch bei den alten europäischen Völkern finden. Als eine Stätte uralten Erdkultes in Athen ist etwa der Erdschlund der ἡ Ὀλυμπία bezeichnet worden, in den sich die deukalionische Flut verlaufen habe. Und ebenso klingt die Vorstellung von der Mutter Erde in allen Stadien des griechischen Menschenlebens auf. Das Kind ist aus der

Erde heraufgeboren worden; man stellt es in den Schutz der göttlichen Mutter Erde, die es vor tausend bösen lauernden Dämonen schützt. Und jedes sich in der Ehe zusammenfindende Menschenpaar weiht sich der Mutter Erde und bringt ihr Opfer dar, daß sie ihm Frucht aus ihrem Mutterschoße gebe; ja man verstand vielleicht den Zeugungsakt als einen Zauber, durch den man die Mutter Erde zwang, ein Kind zu geben. Der Sterbende geht zur Mutter Erde ein zur letzten Ruhe. Und auch ins Recht hat diese Vorstellung hineingegriffen. Der Eid der Bürger von Chersonesos auf der Krim besagte, wenn sie den Schwur nicht hielten, solle ihnen die Erde keine Frucht und sollen ihnen ihre Weiber keine Kinder mehr gebären.

Um endlich aus vielen hierhergehörigen Zeugnissen noch ein letztes anzuführen — es steht in einer von Plato — allerdings fingierten, doch nach dem üblichen Schema gehenden — Leichenrede, die über gefallene griechische Krieger (im Menexenos) gehalten wurde. Da werden die Toten gepriesen als die αὐτόχϑονες. Sie wurden von keiner Stiefmutter, sondern von der Mutter aufgezogen; nun liegen sie nach dem Tode wieder in der Mutter, im heimischen Schoße ihrer Gebärerin und Ernährerin. Nun, heißt es weiter, müßte man zuerst die Mutter preisen. Und unter vielem anderen wird hervorgehoben, daß dieses griechische Land in einer Zeit, in der noch jedes Land Lebendiges zeugte, fleischfressende und grasfressende Tiere, doch nichts Wildes trug, sondern von allem Lebendigen den Menschen sich auswählte und den Menschen brachte. Und es wird dann ein merkwürdiger Beweis geführt: wie eine Frau, wenn sie geboren habe, daran zu erkennen sei, daß sie dem Neugeborenen Nahrung geben könne, so auch die attische Erde, denn sie hatte Nahrung, sie trug das für die Menschen passende, Weizen oder Gerste. Und es heißt weiter, nicht die Erde habe die Frauen nachgeahmt, sondern die Frauen hätten es der Erde nachgetan, als sie in Schwangerschaft und in Geburt getreten seien.

Wie bei den Griechen, so lebte — um nur ein anderes altes Kulturvolk anzuführen, — die Mutter-Erde-Vorstellung bei den Juden. Von den alttestamentlichen Philologen wird erklärt, daß sich im Alten Testament noch einzelne Angaben erhielten. Wenn es bei Jesus Sirach 40, 1 heißt: Es ist ein elend, jämmerlich Ding um aller Menschen Leben vom Mutterleibe an, bis man sie in der Erde begräbt, die unser aller Mutter ist, — klingt der Gedanke sicher deutlich an. Aber verschiedene Forscher haben gegen dies Zitat Bedenken, weil es vielleicht nicht frei von griechischem Einfluß sei und möglicherweise einen fremden Gedankengang hereingetragen habe. Dagegen sei eine Erinnerung an die Vorstellung von der Mutter Erde als einer allgebärenden in den Sätzen zu erkennen, in denen die Erde oder Unterwelt, in die der Mensch nach seinem Tode komme, dem Mutterleib verglichen werde, aus dem er als Kind einmal hervorgegangen sei; so heißt es Hiob 1, 21: Ich bin nackt von meiner Mutter Leib gekommen, nackt werde ich wieder dahinfahren, und so bezeichnet auch ,das Unterirdische' den Mutterleib; Ps. 139, 15: Es war dir mein Gebein nicht verhohlen, da ich im Verborgenen gemacht ward, da ich gebildet ward unten in der Erde.

Die Möglichkeit, noch weitere Zeugnisse für den Glauben an die ,Mutter Erde' in volkskundlichen Überlieferungen einzuholen, stünde offen, ich will sie aber in dieser Untersuchung nicht erschöpfen. Ich möchte nur noch einige deutsche Stimmen bringen.

Jacob Grimm bemerkte in seiner „Deutschen Mythologie": „Fast in allen Sprachen wird die Erde weiblich und . . . als segnende, gebärende, fruchtbringende aufgefaßt", — und diesen Satz schrieb er doch nur darum, weil ihm die deutsche Überlieferung dazu Anlaß gab. Wir haben bei uns schon frühe Belege für die mütterliche Erde; es heißt in einem angelsächsischen Segen, der die Äcker fruchtbar macht: Erce erce erce eordan môdor, „und es scheint damit nicht die Erde selbst, vielmehr ihre Mutter gemeint, aber der Ausdruck ist noch rätselhaft". — Hâl ves thu folde, fira môdor, heil sei dir, Erde, der Menschen Mutter! Wenn man dann einen Rest des alten Glaubens an die Mutter Erde in den vom Volke gegebenen Antworten auf die Frage, woher die kleinen Kinder kämen, finden will, daß man sie nämlich aus den Teichen oder Quellen schöpfe, aus Felsen lese oder aus Erdhöhlen nehme, so werden wir diesem Beweisgange gegenüber doch Bedenken tragen. Wir zählen dergleichen Angaben heute zu den fikten, das heißt zu sagenhaften Aussagen, Kindersagen. Wir wissen, es steht kein alter Glaube hinter ihnen, man muß sie als Antworten, die ad hoc gegeben wurden, als eine Verlegenheitsaussage ansehen und erklären. Bedeutsamer aber ist für unsere Überlegungen ein nächstes: aus Dörfern des württembergischen Oberamtes Öhringen wird berichtet, dort legte die Hebamme das Neugeborene auf die Erde, von der es der Vater aufhob, oder aus Brieg in Schlesien, wo man das Kind auch auf die bloße Erde legte, daß man das tue, damit es stark und kräftig werde. Dahinter könnte ein bekannter germanischer Rechtsbrauch stehen: erst wenn der Vater einen Säugling aufhob von der Erde, ward es von ihm als Kind, als sein Kind anerkannt. Dagegen ist aber dann mit Recht behauptet worden, es gebe sichere Zeugnisse, daß das Legen des Kindes unter den Tisch wie an den Herd und hinter den Ofen nicht das Wesentliche sei; man habe es vielmehr an den Ofen oder Herd gelegt, um es den Schutzgöttern des Hauses zu weihen und zu verbinden, es also durch dieses ihrem Schutz zu übergeben, ähnlich wie man das Kind dem Schutz der Götter übergibt, das man zum Tempel bringt, im Tempel darstellt, in den Schoß der sich in diesem Tempel aufhaltenden Gottheit legt. Nach diesem Vorgange aber wäre das Legen des Kindes auf die Erde ein Weihen und eine Übergabe an die Gottheit selber, und diese Gottheit könnte keine andere als die Erde sein. — Vielleicht soll man in diesem Zusammenhange auch erwähnen, daß man die Hebamme bei den Alemannen wie in Skandinavien als jordemoder oder Erdmutter zu bezeichnen pflegte.

Wenn Schiller in seinem „Liede von der Glocke" dichtet:

Dem dunklen Schoß der heil'gen Erde
vertrauen wir der Hände Tat,
vertraut der Sämann seine Saat. . .

dann deutet der Ausdruck „Schoß" unzweifelhaft auf eine weiblich gedachte Erde und auch eine weibliche Gottheit hin. Ich nannte vorhin schon Platos fingierte Leichenrede, in der ja ähnliche Gleichnisse ausgesprochen worden sind. Schon öfters genannt hat man den hiermit im Zusammenhange stehenden, aus römischem Altertume bezeugten, auch im Mittelalter noch bekannten Brauch, den Sterbenden aus dem Bett zu nehmen und ihn auf die Erde zu tun. Im elften Jahrhundert etwa legte man Bischof Benno von Osnabrück in seiner letzten Stunde auf die Erde und er starb auch so. Es wird sich in diesem Brauche weniger darum handeln, die Lage des Sterbenden zu verändern, als um den Versuch, ihn mit der Erde in einen innigeren Kontakt zu bringen. Dabei liegt wohl die Anschauung zugrunde, daß die Toten und daß der ihnen am nächsten Zugehörige in der Erde wohnten. Mit diesem Wissen um den Aufenthalt der Toten in der Erde, — man mag hier auch an eine häufiger zitierte Grabschrift denken:

Hier ruht im Mutterschoß der Erde
Christiane Wilhelmine Andreas aus Coßmannsdorf
geb. d. 18. April 1815, gest. d. 7. Januar 1904

ist jenes, das von dem Schoß der Mutter Erde spricht, verbunden, und es steht ganz notwendigerweise hinter dem hier diskutierten Bilde, dem von der weiblichen und gebärenden Erde. Unser aller Mutter.

Ich will es mit diesen Andeutungen genug sein lassen, weil, wie ich hoffe, eins aus ihnen deutlich geworden ist: bei sogenannten Naturvölkern wie bei den germanischen Stämmen, bei Griechen und Römern wie bei Juden, und über die Juden hinaus bei Kanaanäern und Arabern bestanden und bestehen Anschauungen, Redensarten, Sitten, in denen die Erde als ein gebärendes weibliches Wesen sichtbar wird. Es ist von ihrem Schoß, dem Mutterschoß, die Rede, und „Mutter Erde", Erdmutter sind sehr oft gebrauchte Ausdrücke in den Sprachen. Sind stehende Bilder in der gehobenen Rede oder in der Dichtung.

Die weiblich gedachte Erde, von deren Schoß so oft die Rede ist, ist vorzugsweise eine empfangende und gebärende, eine Mutter. Der Vers des Liegnitzer Dichters v. Logau über den Mai:

Dieser Monat ist ein Kuß,
den der Himmel gibt der Erde,
daß sie, jetzo eine Braut,
künftig eine Mutter werde

spricht ein vor allem in seiner letzten Zeile in weitem Umkreise Richtiges und Gültiges aus.

Als Dieterich, der große Volkskundler und Altphilologe, sein schönes, sein schönstes Buch, die „Mutter Erde" schrieb, sprach er von „einer Gestalt der Volksreligion". Er wollte, so weit ich es verstehe, zweierlei damit zum Ausdruck bringen: daß es sich hier um ein Stück ältester V o l k s - religion, nicht also um priesterliche und theologische Systeme handle. Viel eher um ein naives und noch bildhaftes Ergreifen. Ja, er ging weiter und er wies noch darauf hin, daß voneinander ganz unabhängige Völker in seltsam übereinstimmenden religiösen Riten ein übereinstimmendes religiöses Denken zu bekunden scheinen. Das zweite ist aber: wenn es sich hier um eine bei vielen Völkern sichtbar werdende Anschauung gehandelt hat, und diese Anschauung nicht von dem einen an das andere weitergegeben worden ist, dann läßt es sich begreifen, daß diese „Mutter Erde" ohne Namen ist. Sie ist zuerst die eine Einzige gewesen, die man „die Göttin" nannte, die „sie" genannt wurde oder „Mutter", ohne auszeichnenden Eigennamen, — wir haben dies Stadium noch in Eleusis, wo der Name „Kore" nichts anderes ist als „Mädchen", als schlechthin „das Mädchen", — es mußte, wenn etwa die Anschauung von der „Mutter Erde" sich verbreitete und wenn sie wanderte, jeder Eigenname unterwegs verloren gehen. Sie mußte ihn auch verlieren, sobald sie vor jüngeren Göttern, den Hauptgottheiten, in das Volk und in die „Unterschichten" wich. Es blieb von ihr, wenn man den törichten Ausdruck brauchen darf, nur ihre Berufsbezeichnung. Es blieb ihre ewige Mutterschaft.

Und sie muß vorzugsweise, um auch dies noch zuzufügen, in weiblichen Kreisen und im Weiberkult geblieben sein; als sie ins Männliche fortschritt, wurde alles Dunkel und was sie in das Geheime gewiesen hatte, blaß und hell.

Vorgeschlechtlicher Zauber

Ich habe soeben zwei große mythische Möglichkeiten gegeneinander gestellt; die eine erklärt die Entstehung der Nutzpflanzen sozusagen ungeschlechtlich, — sie wuchsen aus dem zerstückten Leibe eines frühzeitlichen Heilbringers auf, — die andere läßt alles Lebendige geboren werden von der Mutter Erde. Von beiden Ansätzen her gelangt man in geheimkultische Bezirke, die Lehre von der Zerstückelung führt in den ceramesischen Geheimbund Wapulane, in das von den Tarziana und Tukano geforderte Verschweigen. Der Weg in die geheimen Dienste der Muttergöttin ist ein wenig länger, und um ihn zu begreifen, ist vorher eine weitere Überlegung not. Wir gingen, wenn wir dem Glauben nachzuforschen uns bemühten, daß aus den abgetrennten Gliedern eines frühen Wesens, aus seinem zerstückten Leibe Tiere, Gräser, Nutzpflanzen entstanden, daß ein zerstückter Mensch, den man in seinen Acker grub, dem Felde — und schließlich auch den benachbarten — Fruchtbarkeit bescherte, sehr alten und sicher auch sehr frühzeitigen Gedankengängen nach. Es sind zugleich recht komplizierte Gedankengänge, denn es steht hinter ihnen nicht nur die Vorstellung, daß Ähnliches immer wieder Ähnliches produzieren könne, nicht nur die zweite, daß es bestimmte Möglichkeiten geben müsse, das Wachstum anzuregen, sondern auch noch die, daß alle einzelnen Glieder des zerstückten Gottes Kraftstoff oder Kraft enthalten, die schaffend wirken, also Mana oder Orenda. Der Mana-Gedanke aber äußert sich nicht nur auf dem Felde, er überschattet das ganze Leben, und es ist natürlich Mana, wenn einer stärker und an Kräften mächtiger als ein anderer ist. Und es ist Mana, wenn man seinem Gegner überlegen ist. Und es ist Mana, was das männliche Glied, vor allem das erregte, aufhebt, was es stark macht und es schwellen macht. Das lebt noch heute bei uns, zwar nicht mehr mit dem Worte Mana, wohl aber in mehr oder minder plump geäußerten Anspielungen fort. Doch nicht allein bei uns, es ist schon eine alte Überzeugung. Als das Buch Hiob den vorzeitlichen Behemoth beschreiben und seine Stärke, also auch sein Mana, zeigen will, da heißt es: Siehe, seine Kraft ist in den Lenden! Und wieder: Die Adern seiner Scham starren wie ein Ast! Es gibt kein deutlicher sichtbares Zeichen seiner Stärke oder Kraft. (Wie ja auch Ssleimân-Bek in einem jüngeren syrischen Märchen die Hoden des Dämons in die Hand nimmt und sie wiegt, um am Gewicht derselben die Stärke des Dämons abzumessen.)

Man kann es sich auch ganz gut vorstellen, daß — da ja nur der gesunde, erwachsene und kräftige Mann im Vollbesitze dieser Fähigkeiten ist, — der Phallos zum Zeichen und Bilde aller Stärke, aller Kraft geworden ist. So wie das Blut, das Haar, das Herz, der Kopf, so ist das membrum virile ein Kraftträger und ein Manaträger. Man kann das sehr vielen und verschieden gelagerten Zeugnissen entnehmen, so etwa verschnitt man den besiegten und gefallenen Feind, wie von den Montenegrinern noch aus später Zeit berichtet wird; mit diesem Verschneiden aber beraubte man ihn seiner Kraft und machte ihn machtlos, so daß er nicht mehr zu fürchten war.

Wir wissen ja auch um einen ausgedehnten ägyptischen Phalloskult. Er haftet vor allem an Osiris und an dessen Mythe. Als Typhon Osiris getötet hatte, wurde dieser von seinen Mördern in einen Sarg getan und in den Nil geworfen. Isis beweinte den Gott und suchte ihn, nach vielen Mühen fand sie den im Papyros des Stromes hängengebliebenen teuren Sarg. Sie nahte sich dem Gotte als Falke und wurde von ihm schwanger. Als sie den Sarg verließ, ward dieser von Typhon oder Seth gefunden, und der zerriß den Leichnam des Ermordeten in vierzehn Teile; den ebenfalls abgerissenen Phallos warf er in den Sumpf. Dort haben die Fische ihn verschlungen und er blieb verloren, indessen Isis alle anderen Gliedmaßen wiederfinden konnte. In jedem Gau Ägyptens wurde dann ein aufgefundenes Stück begraben; nur für den Phallos ist ein künstlicher angefertigt worden. Außer in Plutarchs Schrift De Iside et Osiride ward diese Geschichte in Bildern und dramatischen Aufzügen dargestellt, galt also durchaus über die lokale Welt hinaus. Und mit ihr gilt weit über die lokale Welt hinaus der Phallos als Zeichen der Lebenskraft, des Wachsens und des Zeugens; das Bild des Gottes zeigt ihn noch im Tode aufgerichtet, wie dieser im Tode ja noch zeugend wirkt. Vielleicht weist dieses Außergewöhnliche eines männlichen Vermögens gerade den es Vermögenden als Gott aus. Maria-Träger.

Aber wir finden entsprechende Vorstellungen schon viel früher. Sie sind bei einem westamerikanischen Stamme, den Moki, mit seinen Kat-

Altmexikanisches Erntefest

shina-Dämonen im amerikanischen Altertume nachzuweisen. Diese Katshina kommen im Sommer von den San Francisco-Bergen, wo sie im ärgsten Winter schöne Gärten haben, zu den Moki nieder, und tanzen hier ihre Tänze zum Gedeihen der Vegetation, dann aber gehen sie Ende Juli wieder heim, in ihre Berge. Wer in den alten Zeiten einen Katshinatänzer unmaskiert erblickte, erblindete, — es ist ja ein weitverbreiteter Glaube, daß man Dämonen und Götter nicht anschauen darf, und gerade an ihrem phallischen Sein erkannte man die Dämonen. Der Humis-

Katshina ist der Mais-Katshina, he who makes corn grow high. Das zeigt auch seine Ausstattung mit den Maisemblemen an. Diese Katshina tragen alle Phallen, der Kokopeli-Katshina zum Beispiel einen ungeheuren mitsamt einem vogelartigen Schnabel. Ihr Phallos zeigt erstens einmal ihr dämonisches Wesen an, dann aber ist er auch ein Zeichen ihrer Kraft, und zwar den Mais wachsen und gedeihen zu lassen, sie geht vom Phallos sozusagen auf die Pflanzen über. Vielleicht darf man auch eine Schale hierherziehen, die man in Arizona in einer Mokisiedlung ausgegraben hat. Zwölf phallische Gestalten sind in Seitenansicht wiedergegeben worden, man sieht infolgedessen immer von jeder nur einen Arm, ein Bein; sie traben hintereinander, die Hände auf die Hüften des Vordermannes gelegt, während der vorderste seinen großen Phallos hält. Alle Gestalten erscheinen schwarz gemalt, allein die Glans der Phallen ist jedesmal in einem brennenden flammenden Rot dargestellt. Zwei Männer schütten aus Schöpfgefäßen Wasser auf den Tanz. Man wird entweder annehmen, daß die tanzenden Gestalten um ihrer riesigen Phallen willen keine menschlichen Wesen sind, — ihr Phallos macht wie vorhin an Götter oder Dämonen denken; an einem Dämon haben ja außergewöhnliche Bildungen statt, — oder daß sie im Regenzauber besonders große Phallen tragen, um Kraft zu zeigen, um ihren Zauber wirksamer zu machen. Auf jeden Fall sind aber diese ihre Phallen ein Zeichen besonderer Kraft, besonderen Könnens oder außergewöhnlichen Vermögens. Der Phallos zeigte — pars pro toto — ihre großen Kräfte an. Man könnte vielleicht, weil hier allein die Kraft gewertet wird, weil es um eine zaubrische Kraft geht, um ein Wachsen, Schaffen und Gedeihen, nicht um Geschlechtliches, — von seiner sozusagen vorgeschlechtlichen Bedeutung sprechen.

Zu den wichtigsten Abwehrmitteln gegen den Bösen Blick gehören der Phallos und die weibliche Scham. Der Glaube an den Bösen Blick besagt, daß, wenn man von einem Neidischen oder Übelwollenden angesehen werde, der feindliche Wille durch den Blick des Auges wirksam werde. Man nennt natürlich eine ganze Reihe von Abwehrmitteln; im Mittelmeerischen gebrauchte man im Altertume wie heute den Phallos, und man hat das erklärt: der Mensch wende von dem, was unanständig sei, ganz unwillkürlich seinen Blick ab, und eben das sei es ja, was man beim Neidischen erreichen wolle; der Neidische, das ist der mit dem Bösen Blick Behaftete und Schädigende, also wird beschämt. Nun wäre ja wohl zu fragen, ob wirklich der Phallos bei den Alten diese Qualität und Wirkung hatte, sein überaus häufiges Erscheinen, — ich denke nur an die bildende Kunst, an Hermen und Priape, — spricht eigentlich nicht dafür. Wir blicken heute doch ein wenig weiter; und hinter der sehr neuzeitlichen Vorstellung vom Beschämen und vom Unanständigen erhebt sich eine ältere, die vom Mana, und sicher geht von der manahaltigen Qualität des Phallos auch das ihn im vorstehenden Beispiel auszeichnende Apotropäische aus. Man hing, wie Plinius (XXVIII 4, 7) und Plautus (Miles 1398 f) berichten, den Kindern den Phallos in einer Kapsel verborgen oder auch frei um den Hals, und auch der Imperator trug beim Triumph ein Phallosbild, weil sich die Mißgunst an diesem Tage ja am stärksten gegen ihn erhob. In allen archäologischen und in den volkskundlichen Sammlungen des Mittelmeergebietes finden sich Phallen von verschiedenstem Material; man brachte ihn — vor allem in Latium und Etrurien — an Stadtmauern an (Alatri, Altilia, Arpino, Cesi, Correse, Ferentino, Fiesole, Norba, Spello, Terni, Todi), am Hause wie etwa in Pompeji, an Grabmälern, und man erfährt, daß in Böotien die Grabsteine häufig phallischen Schmuck aufweisen. An Rüstungsstücken wie an den Vorderteilen der Schiffe ist er angebracht. Zuweilen errichtete man auch freistehende Phallen von bedeutender Größe, so wurden mannsgroße aus weißem Marmor in Chiusi ausgegraben, — wobei man aber doch wohl die Frage stellen müßte, ob es sich hier um apotropäische oder manahaltige, segenspendende Zeichen handle. Sonst aber und bei sehr vielen Schmuckstücken, Anhängern, Ringen, Ketten, bei den die Stadtmauern zierenden wird man ganz gewiß an ihre unheilabwehrenden, apotropäischen, schützenden Kräfte denken.

Ich lasse es mit diesen Bemerkungen, die nur deshalb stehen, weil man noch immer die apotropäische Kraft des männlichen Organs als die entscheidende und zum Zauber treibende betont, genügen, und wende mich wieder dem Gange unserer Überlegungen zu. Ist, wie ich oben glaubte schließen zu dürfen und auch schloß, das männliche Glied in den besprochenen zaubrischen Handlungen ein sozusagen vorgeschlechtliches oder nichtgeschlechtliches Organ, so gilt das erst recht für das der Zeugung dienende Sekret des Mannes. Daß es im Augenblicke des Orgasmus ausgeschieden wird, kann meines Erachtens nicht dazu veranlassen, es mit der einige Wochen später erst bemerkten Schwangerschaft des Weibes oder mit der dreiviertel Jahre später erscheinenden Frucht in irgend einen Zusammenhang zu bringen. Es ist allein Begleiterscheinung eines als „schön" empfundenen Zusammenseins. Wahrscheinlich jedoch, weil es dem

Wollustorgan entquollen ist, weil nur der starke, erwachsene Mann es produziert, gilt es als Zeichen des Vermögens und der Kraft und Stärke eines Mannes, und ist es Mana-geladen, ist es sichtbares Mana eines Mannes. Entsprechende Gedankengänge oder Bilder tauchen ja noch heute in Stammtischrunden und Kasernenhofgesprächen auf.

Ist aber dem so, und haftet dem Sekrete eines Mannes sein Mana an, ist es der Mana-Träger oder Träger seiner Kraft, dann muß es nicht nur geeignet sein, zum Leben zu erwecken, zu schöpfen und dem Geschaffenen Wachstumskraft und -trieb zu geben, — wie Hans Heinz Evers in seinem abenteuerlichen Roman „Alraune" den Samen des Mannes in die „Erde" tropfen und Leben werden ließ, zu einem den Lüsten überlassenen Weibsgeschöpfe werden ließ, — sondern dann ist es auch imstande, Feindseliges zu hemmen, das Widrige zu tilgen, schädliche Kräfte auszuschalten. Genau so wirkt das männliche Sekret bei den Marind-anim; in deren Majo-Zeremonien, bei denen man alle männlichen Novizen in die dem Stamme eigenen kulturellen Besitztümer einzuführen pflegt, ist üblich, die Speise zuerst in minderwertiger Qualität zu reichen, und dann wird ihr ein Tropfen männlichen Sekretes beigemischt. Wenn die Novizen die Speisen ohne diese Vorbereitung und ohne die schützende Beigabe äßen, würden sie ganz sicher krank; sie könnten dann nämlich die betreffende Nahrung nicht vertragen. Wenn die Novizen beispielsweise reines Wasser tränken, in dem kein Same aufgelöst sei, sagte man den Schweizer Forschern, dann schwöllen sicherlich die Nieren an; wenn sie die reinen Bananen äßen, würde das den Magen ruinieren; die Füße würden ihnen anschwellen, wenn sie reinen Sago äßen. Das männliche Sekret ist also ein mit Kraft geladener Stoff.

In diesen Denkzusammenhang gehört nun aber noch ein zweites. Vom Imo-Geheimkult bei den Marind-anim wird gesagt, daß die Novizen sich bei Beginn der Feier einem Fasten unterzögen; sie dürfen alsdann nur eine gewisse Pflanze essen, die von den Eingeweihten mit männlichem Sekrete überstrichen wird, — was übrigens bei andern Marind-Kulten auch geschieht. Der Zweck sei, schreiben die Forscher, jedenfalls kein anderer, als die Novizen in eine sexuelle Gestimmtheit zu versetzen, damit sie für die bevorstehenden Orgien vorbereitet seien. Auch aus dem Blute mißbrauchter Mädchen und dem männlichen Sekret wird ein Getränk bereitet, das man den Novizen gibt, und wieder, berichtet man den Forschern, würde es verabreicht, um die geschlechtliche Erregung bei den Trinkenden zu steigern. Man wird dabei wahrscheinlich diesen Gedankengang annehmen müssen: weil Blut und weil vor allem das Sekret von Männern stammte, die sich im Zustande sexuellen Rausches und der Erhobenheit befanden, so werde es auch einen gleichen Zustand bringen müssen. Das Mana-Denken und ein Analogiezauber gehen hier Hand in Hand.

Von hier zum nächsten Schlusse ist es nur ein kleiner Schritt. Und er ist wie der vorige bei den Marind festzustellen. Man hat gesagt, wie sie das männliche Sekret als Stoff, in dem sich ein prophylaktisches und ein Heilmittel treffen, zu betrachten pflegen, so sei es bei ihnen auch ein zeugender lebenskräftiger Stoff. Das ist an ihren Schöpfungsmythen ohne Mühe abzulesen. Die Dema, das sind Dämonen oder Geister, haben das geschaffen, was den Marind bei Tage und bei Nacht umgibt, das Schwein, das Känguruh, den Yams, den Sago, die Banane, und immer war dabei Sperma nötig; es war sozusagen eine Vorbedingung, der Grundstoff für die Erschaffung oder Umwandlung der Dinge. Deswegen, so meint man auch, ist die Gewinnung des Sekretes bei den im Kokospalmen- oder Majo-Kult stattfindenden Zeremonien als eine direkte Notwendigkeit für ihr Gelingen zu betrachten, — wie diese Zeremonien ja auch Inszenierungen der Kulte sind.

Das männliche Sekret ist den Marind ein lebenschaffender Stoff, das lehren wie ihre Kulte auch ihre kultischen Legenden, so die von der Entstehung der Banane: „Der Dema Geb befand sich in Jam und Buti bei Kondo-miraw. Täglich ging er an den Strand zum Fischen und um Muscheln zu suchen. Dabei blieb er aber jeweils so lange im Wasser, daß sich schließlich an seinen Körper Seepocken ansetzten, so daß er mit der Zeit ganz stachlig und hart wurde." Er wird dann einmal von den Marind-Männern abgekratzt und um ihn zu heilen, mit dem männlichen Sekret bestrichen. „Hierauf sperrte man den Knaben in eine Hütte und legte ihn auf eine Schlafpritsche. In der Nacht, als es niemand sah, wuchs aus Gebs Nacken eine große Bananen-Staude, die bis zum Morgen schon zahlreiche reife Trauben trug. Geb war also zum Bananen-Dema geworden und hatte die Banane hervorgebracht," und zwar die Stamm-Banane, von der alle anderen Bananensorten hergekommen sind. Ganz offensichtlich ist also die Banane aus Gebs Körper, den man mit Sperma behandelt hatte, hervorgegangen. Wahrscheinlich, so meint man, liege folgender Gedankengang zugrunde: die Seepocke besitze eine gewisse Ähnlichkeit mit der Banane. Durch die besondere (beinahe zauberische) Kraft und Wirksamkeit, die der Marind dem männlichen Sekrete zuzuschreiben pflegt,

wurde aber die Haut des Geb, die einer Seepocke ähnlich war, zum
Wachstum und Treiben und zu ihrer Umwandlung angereizt, und so entwickelte sich aus den beiden die Banane.

Ganz etwas Ähnliches erzählten die Marind-anim auch von Aramemb.
Durch eine Anzahl obszöner Künste war es ihm gelungen, „für die bevorstehenden Majo-Zeremonien viele Iwåg (Mädchen) zu bekommen, und es
habe somit das Fest einen sehr ausgelassenen und opulenten Verlauf
genommen, wie keine Majo-Zeremonie vorher. Statt mit Kokosöl schmierte
er sich mit seinem Sekret, was zur Folge hatte, daß ihm auf den Schultern
und auf dem Kopf Jamsknollen wuchsen, und zwar die verschiedensten
Sorten. Er riß sich seine Auswüchse aus dem Kopf und pflanzte sie. So
entstand die Jamspflanze." — An beiden soeben zitierten Mythen fällt
als erstes auf, daß zwar das männliche Sekret hier zeugend wirkt, daß
aber dies Zeugen einen außergewöhnlichen Ablauf hat. Es ist, als ob das
Sperma das zeugende Mittel an sich wäre, es wirkt — wie in der Frau —
wo man es nur anbringen kann, es reizt und treibt zu einem fruchtbaren
Wachsen und zum Werden. Mit dieser Kennzeichnung aber verliert es
sein nach unserer Ansicht durchaus Eigentliches und Charakteristisches;
es ist nicht mehr der zu der Fortpflanzung seines Geschlechts notwendige,
der in der Frau und mit dem Weibe zeugende Stoff des Mannes, es ist
vielmehr ein Mana-Geladenes oder der Träger einer Kraft, an dessen
Stelle auch ein anderer Manaträger treten könnte.

Daß dem so ist, lehrt die Aramemb-Mythe ein paar Sätze weiter:
„Anstatt mit roter Farbe, bemalte Aramemb sich die Stirne mit dem Blut
einer Iwåg, eines Mädchens; infolgedessen wuchsen ihm zwei rote Papa-
geien auf dem Kopf." Blut also ist ebenso mit Mana geladen wie das
männliche Sekret. Und so wie Sperma, irgendwohin gebracht, zum Wachstum reizt, so reizt das Blut. Es ist ein zweites zeugendes Sekret.

Das aber besagt doch, daß hier Zeugen ungeschlechtlich ist.

Es wurde bereits in einem früheren Kapitel dargelegt, daß man im Kult
das wiederhole, was nach dem Bericht der Mythe in einem vergangenen
Zeitabschnitte geschehen sei. Wenn in der Mythe das männliche Sekret
Leben schaffte, dann muß, wenn man das mythische Geschehnis wiederholt, durch dieses Wiederholen wieder Leben geschaffen werden. So muß
ein Ausstreuen männlichen Samens Leben aufgehen lassen, muß ein Be-
streichen der Pflanzen diese zum Gedeihen bringen. Ein solcher, wie ich
schon sagte, naheliegender Gedankengang hat bei den Kiwai-Papua an

der Mündung des Fly River auf Neu-Guinea den Moguru-Kult entstehen lassen, the most secret ceremony. Landtman berichtet von ihr und ihrer wichtigsten, der Maure moguru oder life-giving medicine: „This ceremony is resorted to when the plantations, particularly the sago palms, for some reason or other will not thrive.

At a great maure moguru the life-giving medicine is prepared in a baru (receptacle made of the smooth skin of a certain palm), which has previously been used for sago-making with the observance of special rules. The sago needed for the moguru is made in that baru. After the baru has done service at the moguru it is not used any more for ordinary sago-making. The 'mother' and 'father' (who conduct all the ceremonial rites of their totem group), begin the cutting of the sago palm with a stone axe which has been smeared by her with secretion from her vulva. The baru, too, is anointed with the same fluid, as well as with semen from the man. Along the side walls of the darimo (Männerhaus) minor compartments are temporarily partitioned off with mats for the women, where it is quite dark. In the large central gangway or hall a fire is lighted, and there the men dance, walking round and round the open space with short tripping steps, beating their drums and singing. They dance two and two abreast, and so numerous are the participants generally that the column forms a continuous oval round the house. The baru, or receptacle, is placed on the floor in the men's room, and a number of sweet-smelling medicine plants, etc., are collected in it: the sap or scrapings of the bark of the samera and sagida bushes (croton and dracaena), nirivare, manababa, tibeia etc. On minor occasions a large coconut shell seems to be employed instead of the baru; rubbed black and beautifully carved, it is strictly reserved for ceremonial use.

The whole occasion is calculated to cause sexual excitement. The moguru forms the one great exception to the strict rules of decorum and morality which on the whole are a very prominent characteristic of the people. The stupendous scenes which take place at the moguru, forbidding as they are, do not primarily arise from sexual licentiousness, but must rather be considered as a mass-psychosis under the incitation of superstitious awe. In groups, one after another, the men betake themselves to the women's compartments, where soon a promiscuous intercourse is in progress. All jealousy, all marriage rules, otherwise so strongly emphasized, are laid aside, men exchange their wives, and any one may choose any partner he likes, avoiding only his closest blood relations. After the act the men empty the semen into the baru, and the women add in a similar way to the production of the potent medicine. Sometimes a separate coconut bowl seems to be used by the different couples, afterwards to be poured off into the baru. Everybody seems to be intent upon contributing as much as possible to the medicine, so that the baru should be filled up, and a great number of men, summoned from other villages, render assistance, their wives being among the other women. Meanwhile the dancing and singing go on in the large room. Returning from the women's enclosures, the men pick up their drums again and join in the dance, afterwards renewing their visits to the women. The longer the orgies last, the looser becomes the general behaviour. The debauchery lasts till early morning, when everybody goes and swims, afterwards drying themselves at a fire and putting on their usual covering. The people then sleep most of the day."

Wozu taugt nun die von der Gemeinschaft gewonnene Medizin, deren Bedeutung nach dem, was Landtman über die Ernsthaftigkeit des Geschehens sagt, groß sein muß? Sie wird in erster Linie als vegetationszaubrisches Mittel gebraucht: „The morning after an observance of the maure moguru the people distribute the medicine collected in the baru. Each man obtains some in a coconut bowl, adding to it red paint. With the mixture he smears the trunk of one sago palm, and while doing so he asks the tree to grow large and yield plenty of food. Sometimes coconut palms and banana trees are treated in the same way. 'That thing make plenty kaikai, plenty egg (fruit) he come out by and by.' Generally some of the medicine is also buried in one of the other gardens, or sprinkled over it. Occasionally some shoots or roots are treated with the medicine before planting. According to one of my informants, a number of sago shoots were sometimes taken into the darimo during the moguru. There they were handed from man to man, each passing them once round his body; afterwards they were planted. Sprouting coconuts, also, seem at times to have been kept in the darimo during the ceremony, and it is said that they were even carried by the men during one of the dances. They, too, were planted the next morning. Now and then when the gardens are not growing well the owner will ask his father and mother to perform a kind of private moguru by themselves there, of which the people know nothing. After the rite the plantations will again prosper." — Die Medizin wird auch sonst, von Menschen, als Kräftigungsmittel gebraucht. "With the dose administered to the young people are mixed small pieces of sprouting mangrove fruit: 'that tree he got too much' (a great many) fruit he hang down — he mean people — he want make plenty people by and by." Hier also ist all das, was wir theoretisch setzen konnten, im „praktischen" Tun vorhanden: man gewinnt das zeugende Sekret, um es als treibendes, wachtumförderndes Mittel anzuwenden. Man braucht es, um seine Fruchtbäume, um die Erd- und Knollengewächse mit Mana versehen zu können, um ihnen Mana zuzuführen. Und dieses Sekret, die für den Anbau sicher wichtigste Medizin, ist, weil man seine Gewinnung ganz und gar in den Händen hat, weil man es in der Menge, die man braucht, sich schaffen kann, wahrscheinlich vor allen anderen, komplizierteren im Gebrauch.

Sie muß von einer außerordentlichen Bedeutung für die Kiwai sein.

Was aber in unserm Zusammenhange vor allem anderen wichtig ist —: daß diese Zaubermedizin im Männerhause gewonnen wird. Nur Eingeweihte nehmen an ihrer Beschaffung teil. Die männlichen Initianten werden — wenn man auch auf eine möglichst große Menge dieses manahaltigen Stoffes Wert legt — nicht herangezogen. "The boys before marriage are only partly let into the secret of this episode of the moguru, as regards the other part of the ceremony their initiation is more complete." — Die Marind-anim kennen einen ähnlichen Sperma-Zauber; auch sie gewinnen die wichtige Medizin im Männerhause, bei den den eingeweihten Männern vorbehaltenen Festen. Man könnte natürlich sagen, daß aus der Natur der Sache gerade der Zauber einer männlichen Gesellschaft angehören muß; das wäre jedoch zu schnell geschlossen, denn die einzelnen Berichte zeigen, daß auch die weiblichen Genitalexkrete eine Rolle spielen. Es muß hier also noch ein weiteres Bestimmendes wirksam sein.

Auf dieses weitere Bestimmende deutet nach meiner Meinung folgendes: "The moguru is the most secret . . . ceremony of the Kiwai people. Shrouded in an atmosphere of mystery, it is never spoken of except among those initiated, and the mere mention of its name to women is a most serious offence." — Die von den Kiwai gewonnene Medizin ist also ein Geheimes, das ganz besonders vor der Weiberwelt gehütet wird. Nur die in das Moguru eingeweihten Männer kennen es. Wir haben hier also, wenn wir beide Ergebnisse zusammenfassen, das wachstumszauberische Geheimnis eines Männerbundes.

Mit diesem Ergebnis aber gewinnen wir noch ein zweites, vielmehr die

Völsi

beiden nächsten Kapitel lassen uns ein zweites erkennen: das in der Sache eng benachbarte und im Wesen doch entfernte, sehr weit entfernte und anders gedachte eines kultischen Weiberbunds.

Phalloi

Es liegt mir viel daran festzustellen, daß die Begriffe „männliches Glied" und „Zeugen" eine ganze Zeitlang noch nicht zusammenzugehören scheinen. Der Phallos war ein Glied am Körper wie der Arm, der Magen, und wie das Essen dem Magen Genuß und Freude schuf, so der Verkehr mit einer Frau dem Gliede. An diesem Punkte, an dem wir halten, setzte aber anscheinend eine neue Entwicklung ein. Der deutlichste Stein an jenem Punkte, wo die Wege auseinandergehen, ist der norwegische Völsa thattr, der sich im Flatcyiarbok (etwa 1390) findet.

„Im nördlichen Norwegen, in abgelegener Gegend, stand ein Bauernhof, bewohnt vom Bauern mit seiner Frau, mit Sohn und Tochter, Knecht und Magd; zu denen war der neue Glaube noch nicht gedrungen. Einmal zu Ende des Herbstes starb der fette Lasthengst, und als man ihn ausbalgte, um nach der Sitte der Heiden sein Fleisch zu genießen, da schnitt ihm der Knecht das Glied ab und wollte es wegwerfen; der Bauernsohn aber nahm es und wies diesen ‚Völsi', wie er ihn nannte, unter Gelächter den drei Frauensleuten in der Stube vor. Die Mutter nahm den Völsi an sich, trocknete ihn, wickelte ihn in ein Tuch und legte Kräuter dazu, damit er nicht faule. Durch die Kraft des Teufels wuchs der Völsi und erstarkte. Die Bäuerin wendete ihm all ihren Glauben zu und hielt ihn als ihren Gott; auch die Hausgenossen verleitete sie zu diesem Irrglauben. Jeden Abend wurde der Völsi hereingetragen, von dem einen zum andern gereicht, und jedes sprach eine Strophe über ihn. — Einst segelte der fromme König Olaf, der von diesem Heidentum gehört hatte, ins Nordland. Da ließ er seine Schiffe in der Nähe des Bauernhofes vor Anker legen und forderte zwei seiner Begleiter auf, mit ihm bei dem Bauern Nachtherberge zu suchen. Der eine war ein vornehmer Norweger, der andere der treue isländische Skald des Königs, Thormod. Sie machten sich mit grauen Mänteln unkenntlich, traten unbemerkt in der Dämmerung ein und nahmen in der

Stube Platz. Als die Bauerntochter kam, um Licht zu machen, und die Männer nach ihrem Namen fragte, da nannte sich jeder von ihnen Grimr. Das Mädchen aber sah den Goldschmuck und die kostbaren Gewänder unter den Mänteln hervorschimmern und erkannte den König. Sie verriet dies in einer Strophe, aber Olaf befahl ihr, sich nichts merken zu lassen. Bald traten die andern ein und unterhielten sich mit den Fremden. Zuletzt, als der Tisch aufgestellt und das Essen vorgesetzt war, kam die Bäuerin, den Völsi im Arm. Sie schlug die Tücher von ihm zurück und überreichte ihn dem Bauern, indem sie die Verse dazu sprach:

> „Gekräftigt bist du, Völsi,
> und hervorgeholt,
> von Leinen gepflegt
> und mit Kräutern gestützt.
> Es empfange Mörnir
> diese Opfergabe!
> Aber du, Bauer selbst,
> zieh an dich den Völsi!"

Darauf trug der Bauer seine Strophe vor und gab den Völsi an den Sohn weiter. Dieser reichte ihn der Schwester, dann kamen Knecht und Magd an die Reihe, endlich die drei Fremdlinge, als letzter von ihnen Olaf selbst." — Jeder einzelne sprach eine Strophe von vier Langzeilen. Die Erzählung geht damit aus, daß Olaf den Völsi nimmt und ihn dem großen Haushunde vorwirft und die Bauersleute zum Christentum bekehrt.

Es kommt hier nicht drauf an, was über das Wesen und die Herkunft dieser Dichtung auszusagen war; mir ist nur wichtig, daß hier das Glied des Pferdes nicht mehr als ein Mana-haltiges Ding erscheint oder als ein nicht mehr vor allem Manahaltiges, sondern daß es als ein Objekt von sexueller Bedeutung existiert. Der Sohn des Bauern zeigt es den Weibsleuten vor und es gibt ein Gelächter, — ich brauche die Situation wohl nicht im einzelnen auszumalen. Ein gleiches lehren auch die Strophen, diejenige des Bruders enthält die zwei- vielmehr eindeutige, sehr eindeutige Strophe: tragt doch den Stößel vor die Frauen! und sie bedarf so wenig einer Erklärung wie die nächste: sie sollen den Schwengel netzen heute Abend! Hier will das Sexuelle durchaus sichtbar werden; es ist die eindeutige Zweideutigkeit eines Bauernburschen, die mehr enthüllt als sie angeblich zu verhüllen sich bemüht.

Vom Völsi des nördlichen Norwegens scheint es ein weiter Weg, der in das Schlesien des zwanzigsten Jahrhunderts führt, und es ist doch ein kürzerer als man denkt. Ich wanderte in den herbstlichen 20er Jahren von Breslau nordostwärts und auf Öls und Namslau zu; in einem Dorfgasthause kehrte ich ein. Da saß ein „Schweindelschneider" neben der Wirtin im Gespräch. Die Schweindelschneider waren die lebenden Zeitungen unserer schlesischen Dörfer; man sah sie von oben herab und mit mißtrauischen Augen an, weil ihr Beruf ein wenig anrüchig und kein sehr vornehmer war; sie kamen jedoch in jedem kleinsten Winkel unserer Welt herum. Der schwatzte nun auch von dem und jenem und von allerlei geheimen Dingen und auch, daß man, was er den Schweinen abschneide, essen müsse; das sei sehr gut, er habe es sich mal braten lassen und in derselben Nacht wahrhaftig einen Sohn gezeugt. — Hier also verbanden sich ganz unzweifelhaft die beiden Begriffe „männliches Glied" und „Fruchtbarkeit" oder „sexuelles Tun", — wie das in seinen weiteren Darlegungen auch noch sichtbar wurde.

Wie bei den tropischen Naturvölkern und den Nordgermanen, so spielte der Phallos und sein Kult auch in der früh- und noch mehr der vorgriechischen Welt eine Rolle. Wahrscheinlich ist damals doch schon die Frage, was zeugend wirkte, dagewesen, doch sicher nicht so, wie die Religionswissenschaftler um die Jahrhundertwende es immer wieder angenommen haben, daß man den Himmel als zeugende, die Erde als empfangende Gottheit betrachtet habe. Der Hinweis auf den homerischen Eid, nach dem man die Strahlen der Sonne für das Zeugende gehalten habe, geschieht gewiß zu recht, nur hat man dabei übersehen, daß hier schon eine sehr weit entwickelte, von den frühen Zeiten weit entfernte Verbildlichung bemerkbar wird. Ich möchte auch glauben, daß die Berufung auf die zaubergebetartigen Formeln ὗε, regne! zum Himmel, κύε empfange! zu der Erde nicht in so frühe Zeiten hinauf gehört, wie man es immer wieder hören kann. Hat man den Regen mit dem zeugenden Sekret des Mannes verglichen, was doch als Grundtatsache hinter dieser Formel steht, dann mußte man erst begriffen haben, daß der Mann der Zeuger, das Sperma die zeugende Flüssigkeit des Mannes sei. Wer aber das begriff, für den ergab sich als der nächste Schluß, daß er mit seinen zeugenden Kräften auf das Wachstum wirkte. Das ist die bei den Kiwai-Papua angetroffene Situation. Wenn aber dann die Erde als die große Mutter gilt, dann ist das nächste nicht, den unsichtbaren Himmelsgott zu suchen, der sich mit ihr vereinigt, sondern einen nächsten Zeuger, dessen Vermögen und dessen Können man ja kennt. So braucht man keinen Gott zu setzen oder anzunehmen, der etwa im Blitz und Regen sich der Mütterlichen naht, sondern das männliche Zeugungsglied, von dem man heute noch so spricht, als ob es ein eigenes Wesen und mit eigenem Willen sei, und das man damals auch selbständig dachte, ist der Zeuger. (Das weibliche Glied wird nicht als selbständiges gesehen, es ist die Erde und ihre warme, gebärende, treibende Tiefe.)

Der Phallos als Zeuger, das ist aber meines Erachtens eine Situation, die vor dem Wissen um den Phallos als das zeugende Glied bestand. Das will besagen, er wurde als ein selbständig Wirkendes angesehen, als eines, das ohne seinen natürlichen Träger wirke und wirken könne. Dann aber wird er auch selbständig, nicht nur als ein Glied erscheinen. So kennen wir ihn auch aus vielen antiken Überlieferungen, vor allem aus frühantiken. Herodot zum Beispiel hat erzählt, daß ebenso in Griechenland wie in Kleinasien viele Phallen stünden, er hat sie aber der griechischen Urbevölkerung zuschreiben wollen, und diese älteste Bevölkerung von Hellas nannte er Pelasger. Der Phalloskult ist also auch nach griechischer Ansicht ein sehr früher. So wie im alten Hellas taucht er auf altphrygischen Gräbern auf, und er spielt in den samothrakischen Mysterien eine Rolle.

Der Phallos als zeugendes Wesen oder Zeuger, — in den griechischen Mütterkulten hat man ihn so gekannt, ich werde noch davon zu sprechen haben, und weise zunächst nur auf die athenischen Thesmophorien hin.

Der Phallos als zeugendes Wesen oder Zeuger, — wenn die Mutter Erde den Menschen aus ihrem dunklen Mutterschoß geboren hat, dann wurde der Mensch in sie gezeugt und war ihr Kind. Wenn sie ihn aber aus dem Tode wiedergebären sollte, dann mußte er von neuem in sie gezeugt werden, — das ist wohl der Grund, weshalb der Phallos auf so vielen griechischen Gräbern stand. Nicht nur die Gräber in Phrygien und Altsmyrna zeigten ihn, auch griechische, und das Fingerdenkmal des Oresteshügel zwischen Messene und Megalopolis war wohl ein Phallosbild.

Der Phallos als Zeuger, — man kann diesen Gedanken sicher denken, und doch fällt es uns schwer, ihn bis ins letzte zu vollziehen, weil er ein Glied zu einem selbständigen Wesen macht. Wir können solch einen logischen Schluß normalerweise nicht mehr ziehen; man müßte sehr weit zurückgreifen, etwa in die sogenannten Frühkulturen oder in die das Frühe bewahrenden Schichten unseres Volkes; es gibt natürlich solche Orte, wo noch Frühes lebt, zum Beispiel scheint es im Denken pubertierender Knaben auf. Wer die Latrinen und die öffentlichen Aborte einmal mustert, der findet nicht nur sehr viele Zeichnungen von Phallen, in denen sie wie vom Körper abgelöst, für sich, erscheinen, wie Wesen von eigener Existenz, vergleichbar irgend einem Tier, der findet das gleiche auch in zahllosen Inschriften ausgesagt, die von „Ihm" sprechen, die ihm tierische Namen geben. Stammtisch- und Schützengrabengespräche ließen Ähnliches erkennen. Und ließen ihn, wenn die Sprechenden es auch schon besser wußten, doch als ein Wesen eigenen Wollens, als den Zeuger sehen.

Wenn man den Phallos für selbständig existierend hält, so ist es von da gewiß nur noch ein kleiner Schritt, daß man ihn für ein Wesen ansieht. Eine lebende Gestalt. Das ist natürlich keine gleichgültige menschliche Gestalt, das ist — schon um des seltsamen, Menschlichem widersprechenden Aussehens willen, ein nicht-mehr-Menschliches, über-Menschliches, ein Dämon. Nach diesen Dämonen hat man in den 20er Jahren oft gefragt. Man forschte zum Beispiel jenen „Fingerlingen" nach, (wie man das griechische δάκτυλος vielleicht am besten übersetzt), von denen die alten Dichtungen immer wieder sprachen. Der eine von ihnen, Konisalos, das ist wohl Kegelchen, erwies sich dabei ganz unvermutet als ein priapeiischer Dämon. Wenn aber Konisalos ein Daktylos gewesen ist, so werden — schloß man — die andern Daktylen ihm gleichen, das heißt, sie waren im letzten alle phallische Gestalten. Und wenn Pausanias (VIII, 34) jenen Grabhügel zwischen Megalopolis und Messene, den man im Volke Finger- denkmal (Δάκτυλοι μνῆμα) nannte, erwähnt, so wurde vorhin von einem Grabphallos gesprochen, doch dieser Phallos war zugleich ein wirk- licher Daktylos, nur eben — wie man mit Lächeln dazu bemerken kann — ein andrer Finger.

Und wie die Daktylen nannte man die Titanen priapeiische Götter. Der erste der beiden von Apollonius (I, 1126) genannten Daktylen heißt Titias, und man hat gesagt, der Stamm, von welchem dieser Name Titias gebildet wurde, habe überall dieselbe Bedeutung, nämlich eine phallische. Titos, der Vogel, sei ein überall übliches Synonym für Phallos. Von da bekam der Sohn der Erde, Tityos, seinen Namen, von da auch die Satyre oder Tityroi, und die Titanen. Sie sind die Söhne der Rhea oder der alten Mutter Erde, in Wahrheit Götter, aber wie alle übrigen Götter der vor- homerischen Welt sind sie gestürzt worden und sie haben unterliegen müssen, ein neues Göttergeschlecht vertrieb sie von den alten Thronen. „Aus diesen ithyphallischen Göttern hat die verschönernde Poesie einer späteren in milderen und freundlicheren Religionsformen wurzelnden

Zeit die übermütigen, gegen den großen Zeus sich auflehnenden Titanen gemacht. Es waren Götter einer vergangenen Zeit, sie mußten vor den neuen Himmelsherren weichen, aber da sie Götter waren, konnten sie nicht sterben. Die Dichter haben sie in den Tartaros verbannt, die Wirklichkeit aber bewahrt ihr Andenken unter manchen alten Kultformen und

Phallische Prozession mit kultischem Gerät

Namen. Sie sind Söhne der Erde, die selbst Titaia heißt, und durch Befruchtung des Titos, Mutter der Titanen wurde, genau wie sie die Giganten gebar, die ja gewiß nicht als erdgeboren zu erklären sind, aber doch fast in allen Zügen das Titanenantlitz zur Schau tragen ... Es ist naiv zu glauben, daß verschiedene Gegenden Griechenlands sich die Titanen- oder Gigantensage allein auf Grund wilder oder vulkanischer Bodenbeschaffenheit angeeignet hätten: dabei wird vorausgesetzt, was noch nicht in einem Falle bewiesen ist, daß aus Naturvorgängen alte Sagen entstanden seien." — Nicht also so sehr die mythische Überlieferung, die theologische Priesterlehre, als Wortableitungen und -beobachtungen deuten jene alten Wesen und lassen die letzten Wurzelgründe ihres Seins erkennen.

In den soeben erörterten Zusammenhängen aber muß man weiter schließen: „Die Natur der Titanen steht unweigerlich fest; ihre Verwandtschaft mit den vornehmsten Daktylen und damit die Verbindung dieser Söhne der Gaia mit der Religion der Phrygischen Erdmutter kann ebensowenig bezweifelt werden. Dagegen kann der Kontrast zwischen der Zwergengestalt der Daktylen und der Riesenhaftigkeit der Titanen nichts verschlagen. Der Phallos muß, wenn einfach seine Gestalt vermenschlicht wird, Zwerggestalt annehmen; wenn ihm aber in seiner Größe ein menschenähnliches Wesen als Träger angedichtet wird, so muß es ein Riese werden. Daktylen und Titanen stehen zueinander im gleichen Verhältnis wie Kerkopen und Kerkyon, die man weder voneinander noch von den übrigen Ithyphallen sondern kann. Wenn nun aber, was hieraus folgt, der Phallos als solcher die eigentliche Gestalt ist, in der man sich jene Götter vorstellte, so ist von selbst klar, ein wie hohes Alter der Daktylen- und Titanenkult beanspruchen darf. Da wir ihn in Griechenland ebensowohl finden wie in Kleinasien, so wird er schon den stammverwandten Völkern eigen gewesen sein, die von Norden einerseits in die hellenische Halbinsel, andererseits nach längerem Aufenthalt in Thrakien über den Bosporus nach Asien hineingedrängt wurden. In Asien aber fanden sie den Kult der Großen Mutter vor, dem sie sich derart anschlossen, daß sie die eigenen Götter mit der fremden Göttin verbanden. Von Daktylen, Titanen, Kureten, Korybanten finden sich in Asien außerhalb der phrygischen Sphäre keine Spuren, während die Große Mutter weit über Phrygien hinaus nach Osten und Westen hin herrschte. In der Art der Ma-Religion muß es gelegen haben, daß sich ihr die fremdartigsten Kulte der Einwanderer leicht anschmiegen konnten." — Der phallische Kult ist also nach dieser Argumentation ein griechischer, übergriechischer; er lebte bei den Griechen wie bei den Thrakern und den Phrygern; man wird vergröbernd sagen dürfen, bei den indogermanischen Stämmen. Ist aber das der Fall, dann hätten wir hier den schon einmal beobachteten Gegensatz: wie Männerbünde im nördlichen Europa den vorderasiatischen Weiberbünden gegenüberstehen, wie Grausamkeitsriten der nördlichen Völker den weniger angreifenden des Südens, so hier die männlich bestimmten Gottheiten den weiblichen.

Daneben liegt aber eine zweite Überlegung, die hier zum wenigsten schon einmal gestreift werden mußte: in einem vom Weibe getriebenen, sich einer weiblichen Gottheit zuwendenden vegetationskultischem Tun war anscheinend der Phallos ein notwendiges Stück. Spielt er doch in den sicher bezeugten weiblichen Kulten keine kleine Rolle.

Ich wende jetzt aber noch einmal zurück zu jener These, nach der die alten ersten Gottheiten nichts als Phallen waren. Die griechischen Religionswissenschaftler behaupten beispielsweise von Uranos: „Keine dichterische Phantasie kommt ungenötigt auf den abscheulichen Gedanken, wie Kronos seinen Vater Uranos mit der Sichel entmannt und wie seinen Teilen nun ein selbständiges Dasein und Zeugen beschieden ist. Eben diese

Sonderexistenz des Phallos, wie die Hesiodeische Theogonie sie faßt, oder vielmehr seine Präexistenz hat eine primitive Religionsanschauung vorgebildet." — Und, an den Daktylos Kyllenos und das vorhin von ihm behauptete anknüpfend, heißt es weiter: „Es wird derselbe Daktyl Kyllenos sein, nach dem sowohl seine Verehrer Kyllenier hießen, wie auch der arkadische Berg Kyllene genannt wurde, auf dessen Gipfel das altertümliche acht Fuß hohe Standbild des Hermes stand. Wie das Bild aussah, das Pausanias so schamhaft beschreibt, hören wir von anderen Gewährsmännern, es war nichts als ein Schamglied. Herodot (II, 51) führt den ithyphallischen Hermes auf die Pelasger zurück und deutet an, daß er in solcher Gestalt in den Samothrakischen Mysterien verehrt wurde . . . Der Hermes, den die alten Bewohner Griechenlands verehrten, hat wirklich nicht anders ausgesehen als das Idol auf dem Kylleneberg, und seine Lebensführung beschreibt der lokalkundige Dichter des Aphroditehymnos: ,er wie die Silene liegt immerdar in Liebesbrunst bei den Nymphen des Gebirges, im Versteck liebelockender Höhlen'. Aber hier ist er schon ein lebensfroher Jüngling, dereinst war er ein Phallos." Die alten griechischen Gottheiten sind also Phallen, später phallische, das heißt ausgesprochen männliche Gottheiten gewesen, — so wie die bronzezeitlichen übermenschlichen Gestalten der skandinavischen Felsritzungen (hällristningar) phallische Wesen waren.

Ich schiebe jetzt aber diesen von den Altphilologen angeregten Gedankengang beiseite und wende mich einem anderen, in gleichem Maße naheliegenden Probleme zu. Ich sagte im vorigen Abschnitte, der Phallos verschaffe Mana und er sei ein Träger guten Manas. Er ist als solcher aber auch ein apotropäisches, Unheil abwehrendes Ding und Zeichen, — genau wie auch das weibliche Glied. Ich kann mich aus meiner Kinderzeit in einem niederschlesischen Bauerndorfe des Tages noch gut erinnern, an dem die Bauern gegen die Zigeuner den Gendarm zur Hilfe riefen, und wie die eine ältere Zigeunerin, von ihm aus einem Gehöft gejagt, die Röcke hob und mit hindeutender Gebärde ihre Scham aufdeckte. Es ist auch recht, hier an die den Bösen Blick abwehrende Gebärde la fica zu erinnern, bei der man den Daumen zwischen die unteren Gliedabschnitte von Zeige- und Mittelfinger steckt (Ovid, Fastes V, 433 f) und sie dem Schädiger entgegenhält. Nach alter landläufiger Meinung deutet das den cunnus an.

Das apotropäische Zeichen schützt aber nicht allein den Menschen, sondern es reicht weiter. Das Kogo-shui ist eine japanische Shintoschrift; sie lehrt, wie eine Heuschreckenplage zu vertreiben sei: „ihr müßt Rindfleisch in die Mündung der Bewässerungsgräben auf dem Reisfelde legen und die Gestalt eines männlichen Penis machen und diesen dazu stellen; dies geschieht, um ihren Zorn wegzuzaubern . . . Nach Ausführung dieser Unterweisung wuchsen die Reisstecklinge wieder in dichter Fülle und das Getreide reifte üppig." — Der Phallos vertreibt das Übel und er wird damit zugleich ein dem Gedeihen der Saaten nützes Mittel. Ja, als das eigentliche Instrument der menschlichen Fruchtbarkeit wird Fruchtbarkeit zu schaffen seine Aufgabe sein und heißen.

Die englische Chronica von Lanercost berichtet zum Jahre 1268, es wurde ein simulacrum Priapi aufgestellt und die Herde intinctis testiculis canis in aquam benedictam besprengt; da schafft in gleichem Maße das priapische Bild wie das vermittels der Hundetestikel gesprengte Weihwasser das Gedeihen der Herde. Und ebenda wird weiter berichtet, ein nachgeahmter, angeblich menschlicher Phallos sei einem singenden weiblichen Chore vorangetragen worden, und diese Handlung begleiteten Gesten und schamlose Worte: „Insuper hoc tempore apud Inverchetin in hebdomada Paschae sacerdos parochialis nomine Johannes, Priapi prophana parans, congregatis ex villa puellulis, cogebat eas, choreis factis Libero patri circuire; ut ille feminas in exercitu habuit, sic iste procacitatis causa membra humana virtuti seminariae servientia super asserem artificata ante talem choream praeferebat, et ipse tripudians cum cantabitus motu mimico omnes inspectantes et verbo impudico ad luxuriam incitabant." — Es hat ein Priester in der Osterwoche die Mädchen seiner Gemeinde also angeregt, den Reigen zu schreiten, dem man auf einer Stange ein Priapusbild vorantrug. Wir werden vermuten dürfen, daß es sich da um einen wachstumskultischen Umgang handelte; dafür spricht ja die österliche Zeit, in welcher dergleichen Umgänge üblich sind, dafür spricht die teilnehmende Schar, die man auch sonst zu frühlinglichen Aufzügen braucht, dafür spricht schließlich das vorangetragene Bild, denn ein Priap ist ja ein Gott mit einem aufgerichteten männlichen Gliede.

In diesen Beispielen erscheint der Phallos als ein die Vegetation anregendes, Wachstum, Gedeihen und Fruchtbarkeit verschaffendes Zauberding. Von hier führen sicher Wege in den Kult der Großen Mutter, und wieder aus diesem oder wie zu diesem in die Demeterfeiern und die späteren Mysterien. Ein in der heutigen Zeit schamhaft umschriebenes Glied, von dem man am liebsten überhaupt nicht spricht, steht so am Anfange großer religiöser Entwicklungen und weiter, über die Völkergrenzen reichender Ideengänge.

Die Große Mutter und ihr Schwarm

Ich habe den Phallos als ein Eigenwesen zu zeigen versucht, als eine Gottheit, die in dieser ungegliederten Gestalt sich zeigt. Die Magd Ocresia erlebte den sie umarmenden Gott zum Beispiele so: er stieg als Phallos aus dem Feuer des Herdes vor ihr auf. Und von den griechischen Religionswissenschaftlern wird erklärt, man brauche keinen der Mutter Erde verbundenen männlichen Gott zu suchen, „der Phallos ist der Gott". Die Vorstellung ist aber nicht nur eine der Antike eigentümliche gewesen, sie findet sich überall und findet sich bei sehr vielen von der Antike und ihrer Kultur entfernten Völkern und zu unterschiedenen Zeiten. Sie findet sich wiederum in der Antike auch nicht überall, so fehlt sie der kretischen Blütezeit, und unterscheidet Kreter und Hellenen, bei denen der Phallos wie der cunnus eine große Rolle spielten.

Man hat den Kult des Phallos gern damit erklären wollen, daß alles mit der Zeugung Zusammenhängende für den Menschen interessant und als ein Rätsel eines steten Nachdenkens würdig gewesen sei. Ich glaube, daß das zu sehr aus einem heute Festzustellenden deutet. Das Rätseln um Zeugung und Geburt ist unsern Kindern doch deswegen interessant, weil die Erwachsenen immer wieder dichte Schleier darum weben, dem Aufgeklärten ist es nur ein Faktum unter vielen. Und ehe man die eben ausgesprochene Deutung annehmen könnte, müßte man erst wissen, was denn im alten Griechenland ein Kind von zehn, elf Jahren über Geburt und Zeugung wußte. Wahrscheinlich war aber den alten Griechen — und ich meine jetzt mit „alt" die noch vor-städtischen, noch dem bäuerlichen Dasein nahen Griechen — ein anderes sehr viel bedeutsamer und wichtiger als dies Rätsel. Ihr Denken und Trachten richtete sich wohl sehr früh auf das, woran dem Bauern vor allen andern Dingen viel gelegen ist, dem griechischen wie dem heutigen Bauern und dem Bauern aller Zonen: auf Wachstum der Frucht und Ernte, auf die Fruchtbarkeit der Herde. Denn sicher ging die der Herde aller Fruchtbarkeit des Weibes vor. Noch heute

wird unseren Bauern, wenn auch in der scherzenden Rede, ein solches
Denken und eine solche Haltung nachgesagt, und — so darf ich als Bauern-
kind behaupten — nicht zu Unrecht nachgesagt. Die Fruchtbarkeit des
Ackers und die Ernte ist ihr Lebenszweck.

Ich meinte vorhin, daß zwischen dem Phallos und dem Wissen um die
Fruchtbarkeit der Erde, um das Gedeihen der Vegetation Beziehungen
bestünden. Er sei der Dämon der Zeugung selber, sagten Griechenkenner.
Und als der Dämon der Zeugung zeugt er fort und fort, zeugt er, wo
man sein Bild anwendet und es braucht. Man pflanzte ihn nicht deswegen
auf die Gräber, wie Altphilologen lehrten, um die erloschene Zeugungskraft lebendig zu erhalten; man deutet besser: „damit in der mütterlichen
Erde neue Zeugung stattfinde. Die steinernen Phallen auf den Gräbern
sind in der Erde Schoß gestoßen. Man darf sich nicht scheuen, so eigentlich
als möglich die Gedanken auszudenken." Und das kommt sicher dem
Denken der Alten noch am nächsten. „Das Männliche, Zeugende, das dem
weiblichen empfangenden Erdenschoß gegenüberstand, tritt selten in
ursprünglichen Anschauungen als eine machtvolle Gottheit, vor allem
nicht einheitlich innerhalb der verschiedenen Volksreligionen hervor. Die
empfangende Mutter ist immer dieselbe, die Erde: der zeugende Vater
ist immerhin erst verhältnismäßig spät der Himmel. . . . Vielfach ist es
dem einfachen Denken unmittelbar selbstverständlich, daß der Regen,
der die Erde befruchtet, der männliche Same, daß der Lichtstrahl das
zeugende Glied sei. Eben dies unmittelbare Denken denkt aber durchaus
nicht unmittelbar zu dem zeugenden Glied einen Gott, dem es gehöre.
Es ist selbst der Gott. Bleibt aber die Mutter Erde immer dieselbe und
eine einzige, — denn die Abstraktion, daß die verschiedenen Felder und
Äcker doch e i n e n mütterlichen Erdenschoß ausmachen, ist sehr früh,
so weit ich sehen kann, überall da bereits vollzogen, wo wir zu beobachten
die Möglichkeit haben, — so ist der zeugenden Glieder Zahl unendlich.
Es ist ein ähnlicher Vorgang im religiösen Denken wie bei dem Blitz.
Ursprünglich ist jeder Blitzstrahl — der nebenbei auch vielfach als zeugender Strahl aufgefaßt worden ist — ein Augenblicksgott. Erst fort-
schreitende Abstraktion faßt die Blitzstrahlen als verschiedene Handlungen eines Gottes zusammen und weist das alles als Wirkungsgebiet
einem Gotte zu. Die Zeugungen, die die Erde befruchten, sind unendlich
an Zahl; ihre göttlichen Bilder, die Phallen, werden in beliebiger Vielheit
gedacht und verehrt, — wie dem einzelnen Blitz der Fetisch des Meteor-
steines entspricht, so der einzelnen Zeugung der phallische Stein, der

Klotz, der in der Erde steckt — bis dann ‚der Phallos' es ist, der als der Bewirker aller Zeugung in einem einzelnen Abbild angebetet wird, auch ehe bewußt der Prozeß der Abstraktion sich vollzogen hat." — Ich glaube, daß man vor allem den letzten Satz beachten muß —: auch ehe der Prozeß der Abstraktion sich vollzogen hat, denn an den Phallos als den Zeugenden zu denken, ist eben keine Abstraktion, ist Mythisierung eines manischen Objektes.

Hier wird man an den vorhin erörterten Gedankengang anknüpfen müssen, nach welchem der Phallos als ursprüngliche Gottheit zu dem phallischen Gotte wurde, und rückwärts gewendet schließen, daß die phallischen Götter und Dämonen wahrscheinlich an Stelle eines Gottes, der der Phallos war, getreten sind. Darüber hinaus vermeinte man jedoch, die Sonder- oder vielmehr die Präexistenz des Phallos sei „in primitiver Religionsanschauung deutlich erkennbar. Es ist sehr bedeutsam, daß zum Beispiel noch die Große Mutter von einem ganzen Thiasos oder Schwarm von phallischen Wesen umgeben ist: zur einen Mutter gehören die unzähligen Phalloi, die ihr ihre Zeugungen bewirken, wie Scharen kleiner Dämonen neben ihr, der einen großen Göttin." Es wimmelt also um jene große Göttin, die kleinasiatische „Mutter Erde", ein Schwarm von Phallen, die sie alle tausendmal befruchten wollen. Der Phallos als Wesen, als fingergestaltiger Dämon sozusagen, — in der unendlichen Wiederholung befruchtet und schwängert er unendlich oft die Erde. Das scheint grotesk gedacht und ist im primitiven Denken doch so häufig nachzuweisen, — ich brauche nur an die Marind-anim und die Entstehung der Bananen zu erinnern, noch besser an die Entstehung der Alraune aus dem männlichen Samen in der Erde.

Man wird sich bei dem soeben Erörterten bald an das erinnern, was ich schon von den Thesmophorien zu berichten hatte, daß man Demeter, die ihren Kultort in der Erdhöhle (oder μέγαρον) besaß, Nachbilder von Phallen opferte, was doch nur bedeuten konnte, daß sie, die große, empfangende Mutter, viele Male befruchtet wurde. Ihr wurde im Opferzauber dargebracht, was sie im mythischen Raum erleben sollte, was alle weiblichen Fruchtbarkeitsdämone und Göttinnen erleben sollten, denn sexuelle Reden (Aischrologie) und sexuelle Abbilder finden sich sehr oft in diesen Kulten, — und auch im Artemis- und dionysischen Kult erscheinen sie. In dieser Beobachtung rücken mehrere Wesen eng zusammen, die man gemeinhin nicht zusammen zu nennen pflegt: die Große Mutter in

Kleinasien, Artemis und Demeter. Man glaubte, daß, als die Griechen nach Kleinasien kamen und auf der jonischen Wanderung dieses schöne Land ergriffen, sie dort auf die Verehrung der Großen Mutter stoßen mußten. Ich sprach von ihr schon oben, und ich erinnere nur daran, daß sie die Herrin über die Natur, ihr Wachstum und Gedeihen, wie über alles Getier und alles Lebewesen gewesen ist. Wenn man zu Hause in Hellas von ihr sprach und an sie dachte, dann muß man sie der griechischen Demeter verglichen haben. Die Griechen in Jonien dachten eher an die Artemis; Acta Apostolorum 19 hören wir ja noch davon, daß Paulus den Kult der ephesischen Diana störte, — das war die hundertbrüstige Große Mutter von Ephesus. Was die kleinasiatische Mutter und die Artemis gemeinsam haben, ist, daß sie beide die Herrin aller Tiere sind. (Da Artemis keine alte griechische Göttin war, ist sehr leicht möglich, daß sie überhaupt kleinasiatisch ist.) Es geht mir hier aber nicht um Artemis, ich werde sowieso noch über sie zu sprechen haben, mich interessiert in dieser Stunde nur die Dreiheit: Mutter — Demeter — Artemis. Vielleicht steht hinter den drei Namen immer nur dieselbe, vielleicht sind es nur Ausgestaltungen eines Urgedankens und ist es dieselbe Mutter Erde, die bei jedem Volke nur anders heißt, aber vielleicht waren sie sich auch nur ähnlich und man rückte sie deshalb zusammen. Denn diese Gestalt erscheint auch bei den Kanaanäern.

Man hat sie in ihrer besonderen phönikischen Ausgestaltung so charakterisiert: die Göttin erscheine unter dem Namen Aschtart, ohne engere Verbindung mit einem Gott; sie scheine jungfräulich und gelte doch als die Mutter alles Lebens. In ihren ältesten bildlichen Darstellungen oder Wiedergaben (auf den zu Tell Ta'annak gefundenen Bildern einer Göttin) sei ihre gebärende und nährende Mütterlichkeit schon deutlich ausgedrückt. Als die karthagische Tanit heiße sie „große Mutter". Wie die Entstehung des Lebens, liege auch dessen ständige Erhaltung, und so wie diese, liege auch sein Schutz in ihrer Hand. Im letzten ist sie der babylonisch-assyrischen Istar gleich. Istar-Astarte aber ist ganz allgemein die lebengebende und gebärende Kraft in der Natur. Geht Istar von der Erde in die Unterwelt hinab, hört auf der Erde alle Befruchtung und alles Gebären auf. Man wird sie deswegen auch die „Mutter Erde" nennen dürfen. Und kanaanäische Forscher meinen, daß Aschtart von Hause aus nichts anderes als eine „elementare Kraft" gewesen sei, daß ihr hingegen alle ethischen Züge fehlten. Schon diese letzte Bemerkung weist auf eine sehr

415

alte Zeit zurück, denn erst die fortgeschritteneren Kulturen ethisieren ihre Götter.

Ja, der Versuch, die Zeit der asiatischen Großen Mutter zu bestimmen, kann noch zu einer etwas genaueren Angabe führen. Altphilologische Religionshistoriker nehmen an, daß, ehe die Phryger aus ihrer europäischen Heimat ausgezogen sind und in Kleinasien Fuß faßten, dort ein Mutter-Kult bestand. Nicht also die griechenverwandten Phryger haben sie geschaffen; sie wurde bereits in Kataonien und Kappadokien, im Küstenlande des Hellespont wie der Propontis und des Pontos, in Lydien und Mysien, in der Troas unter dem Namen Ma verehrt. Auf Kreta lebte sie noch ohne einen uns bekannten Namen und ist dann später in die Gestalt

Die kretische „Große Mutter"

der Rhea eingegangen. „Der Lallname Ma führt uns in eine sehr alte Zeit. Wie von den Kindern ihre Mutter stammelnder Weise angeredet wird, so von den Frommen ihre große Göttermutter Ma oder Ammas oder Ammia." Die Zeit der in Kleinasien überall verehrten Großen Mutter reicht also vor die „ionische Wanderung" des Griechenvolkes zurück, und reicht in die mykenische kretische Kultur zurück, das heißt, bis in die Mitte des zweiten vorchristlichen Jahrtausends.

In jenen Jahrtausenden glaubte und sah man sie im Berge wohnen,

wie sie ja auch nach den Gebirgen ihre Namen hat, — ich sprach im ersten
Bande dieser Untersuchung schon davon, — da haust sie als *μήτηρ ὀρείη*
oder Mutter aus dem Berge. Sie thront nicht auf dem Berge, oben auf
der höchsten Kuppe; sie hat ihr Haus vielmehr im Innern des Berges,
sitzt in ihm, wie es in Phrygien gefundene Felsbilder, vor allem das
Relief von Arslan-kaja zeigen; da hat sie die Pforte ihrer Wohnung weit
geöffnet, um sich mit ihren Löwen den Gläubigen zu zeigen. Mit ihren
Löwen fährt sie nächtens durch die tiefen Wälder, und die am Berge
stehende Göttin wird der kretischen verglichen, wo die von Löwen um-
gebene Namenlose auf den Kuppen steht. In vielen Höhlen war ein
Thron der Göttin aufgestellt; in der auf Kreta gezeigten Geburtshöhle
des Zeus, wo Rhea, die sicher eine Gestalt der kleinasiatischen Großen
Mutter ist, den Gott zur Welt gebracht hatte, sah Pythagoras ihn stehen,
und er war sicher für die alte Berggottheit bestimmt gewesen, die Mutter
der Berge, aus der Rhea sich entwickelt hat.

Ihr Wesen glich dem der Berge, aus denen sie gekommen ist, den wilden
durchstürmten und vom Sonnenbrand durchglühten Höhen; es hatte
wilde, unserem heutigen Denken unbegreifliche Züge. „In Asien, wir
wissen noch nicht genauer, bei welchem Volke zuerst, ist das Naturleben
in einer gewaltigen mütterlichen Göttin zusammengefaßt, aber diese
Göttermutter ist nicht mütterlich gegenüber den Menschen, sondern wohnt
auf den Gipfeln der Berge unnahbar, und sie vernichtet zugleich; die
Löwen sind ihre Diener, und die Jünglinge, die sie mit ihrer Brunst an
sich reißt, verkommen, sterben oder werden sich wie Anchises und Attis.
Den Hellenen ist die Mutter Da, Demeter, die durch menschliche Arbeit
friedlich gewordene Erde", und noch einmal: „Die kleinasiatische Göttermutter, Mutter vom Berge, ‚große Mutter‘ und wie sie sonst heißt, ist universal, aber sie gebiert nicht, sondern liebt ihren Attis oder wie er heißt,
der früh sterben muß." — Sie ist das elementare, wilde, nur dem Blute
folgende Weib; sie ist der Bergwald; die Löwen sind die rechten Zeichen
ihrer Art.

Man hat gesagt, die Mutter-Religion bestehe in sexuellen Riten, im
brünstigen Kulte des weiblichen Glieds und des Phallos, — das ist in
einem gewissen Maße richtig und doch falsch. Man wird, so möchte ich
glauben, hier ganz deutlich scheiden müssen. Die Große Mutter hatte
keinen ebenbürtigen männlichen Gott zur Seite; sie war die Mutter und
Gebärerin, — aber immer wird nur sie genannt. Drum kennen wir keinen

Mann der hundertbrüstigen Artemis von Ephesos und keinen der Dindymene, der Idaia oder Sipylene, im Grunde trägt und gebiert die Große
Mutter aus sich selber. Ich glaube auch, daß die vielen Phallen, welche sie
umgeben, noch nicht an ein geschlechtliches Zeugen denken machen, — wie
ja die phallischen Opfer der athenischen Thesmophorien kein wirkliches
Zeugen, sondern eine Zauberhandlung waren; man gab der Erde Mana.
Und das Mana machte sie gebären. So ist auch Istar die Gebärende „aus
sich" gewesen, ganz wie die „Mutter Erde" Mutter ist aus sich.

Wir würden, wenn dieser Schluß und diese Argumentation zu recht
besteht, damit ein Seitenstück zu jener ungeschlechtlichen Zeugung haben,
bei der aus dem zerstückten Gotte Pflanzen wachsen.

Zu diesen Beobachtungen aber tritt dann noch ein nächstes: so wie die
matriarchal gerichteten Pflanzer eine Göttin dachten, aus deren zer-
stücktem Leibe alle Knollenpflanzen kamen, so muß es den weiblich
bestimmten Pflanzern nahe liegen, das Wachsen und Werden einer großen
Mutter zuzuschreiben. Die weiblich geordnete Welt wird nicht nur
Göttinnen statt Götter denken, sie wird die wichtigste Schöpfung auch
von einer Göttin kommen lassen und wird, zumal die Mutter ja das neue
Kind gebiert, das Junge und Neue und das Werden von der Mutter kommen lassen, — nicht aber von einem für sie vielleicht noch unwichtigem
Zeuger-Gott.

Wenn aber die Welt zu einer männlich geordneten geworden ist, dann
wird der Zeuger wichtiger als die Mutter sein. Vielleicht hängt diese männliche Ordnung im Ostmittelmeerischen mit dem Zuzuge eines indogermanischen Bauernvolks zusammen. Man sagte von diesem späteren Stadium
im vorderasiatischen religiösen Raume, vor allem in Hinsicht auf die
Große Mutter und Dionysos: „Die stille Mütterlichkeit der Demeter, wie
sie einst in Eleusis gewesen war, ist übertönt von den rauschenden Orgien
des zerrissenen und auferstandenen Gottes, der aus nordischen Bergen
wie ein religiöser Wahnsinn über Griechenland gefahren war, und der
Mütter, wie sie aus den Schluchten asiatischer Berge immer wieder neu
ins weite Land hervorbrachen." — Nun zeugen die phallischen Götter mit
der reifen lockenden Mutter Erde, nun erst wird aus dem Manazauber
brünstiger sexueller Rausch.

Hier eben, glaube ich, hat sich der entscheidende Schritt vollzogen.
Erst ist das männliche Glied ein Manaträger, es hat zaubrische Qualität;
dann wird es ein „Attribut" der Göttin, ihrer Erscheinung zugeordnet,
doch noch halb nebensächlich. Und dann wohnt ihr jeder Phallos bei, ein

ganzer Schwarm von Phallen ist um sie, befruchtet sie und zeugt mit ihr, und macht sie allen Pflanzenwuchs und Korn und Wein und Herden und Wild und wohl auch alles Menschenvolk gebären. Und sie ist die niemals ein Ende findende Gebärerin Natur. Deswegen ist immer neues Beiwohnen, ist ein nächster Phallos not.

Bis an die Stelle der vielen Phallen oder „ungeschlechtlichen" Befruchter der eine tritt, der Tamuz oder Adonis oder Attis heißt, der in sie zeugt. Und der nunmehr der Zeuger ist.

Das war anscheinend nichts als eine letzte, kleine Wendung, man schritt vom Phallos an sich fort zu einem persönlichen Phallosträger. In Wahrheit ist aber dabei doch ein Entscheidendes geschehen, wird „Fruchtbarkeit" von der Gebärenden verlagert auf den Zeuger. Der männliche Zeuger ist nun der, der Wachstum schafft und Ernte. Ich sagte vorhin, daß weiblich gerichtete Kulturen an die „Mutter", daß also die Pflanzer an die schaffende Mutter denken würden; so werden, kann man wohl diesen Gedanken jetzt zu Ende führen, in männlich gerichteten Kulturen Vater-Götter zeugen. Das aber gilt nun für die patriarchal geordnete bäuerliche Welt. Wir können es schon beim Übergange aus der pflanzerischen in die zu einer bäuerlichen Haltung schreitende aztekische Welt bemerken; in ihr begegnet man mehreren phallischen Fruchtbarkeitsdämonen; die Tätigkeit der Götter beruht auf ihrem geschlechtlichen Verkehr, und Saat und Wachstum und die Ernte sind daran gebunden. Die dafür in Frage kommenden Gottheiten werden phallisch dargestellt, genau wie eine Kette Phallophoren das Erntefest umrahmt. Es führte zu weit, fortschreitend alle phallischen Gottheiten aufzuzählen, so weit sie dem Bauern als die zeugenden erscheinen. Ich greife aus der germanischen Überlieferung nur die bronzezeitlichen vor allen in Bohuslän noch sichtbaren Zeichnungen heraus, die man in Felsen ritzte und erinnere an die Holzfiguren, die man in norddeutschen, dänischen und britannischen Mooren fand, und denen ein übergroßer aufgerichteter Phallos eigen ist. Im zehnten nachchristlichen Jahrhundert noch ist Freyr zu nennen, von dessen ithyphallischen Standbild im Götterhain des alten Uppsala Adam von Bremen (IV, 26. 27) Nachricht gab, er sei dort „cum ingenti priapo" dargestellt gewesen. Heute ist das alte Uppsala zu einem Ausflugsort geworden, zu dem man durch Ackerfelder und am Rande eines Waldes geht, dann steigt man durch einzelne Kiefern zu den Königsgräbern nieder, drei großen, überturmhohen, grün mit Rasen überzogenen Hügeln. Vergraut steht hinter der Mauer eine stille alte Kirche, — daneben sind

Ausflugsgasthäuser aufgeschossen, parken Autos, Autobusse, und Flirten, Gelächter, Sonntagslärm und Sonntagssonne füllt das Dorf; der bäuerliche Kultort ist ein städtischer geworden.

Wenn ich behauptete, daß die männlich gerichteten Kulturen sich männlichen Göttern zuwendeten, gilt das nicht nur für die bäuerlichen, es gilt in gleichem Maße für die hirtennomadischen Kulturen. Ich denke da etwa an den alten Herdengott, den Hermes; schon Herodot bemerkte (II, 51) das Ithyphallische an ihm, er schrieb es einer sehr frühen Vorzeit, den Pelasgern, zu, — und ich beschrieb schon die daktylische Statue der Kyllenier.

Die phallischen wachstumschaffenden Wesen haben sich gehalten, auch als die frühgermanische und antike Welt versank; sie wechselten nur vom Mythos hinüber in den Kult, und aus dem Kult sind sie zuletzt in dörperliche Spiele geraten. So wenigstens wird man eine Zeitungsnachricht deuten müssen, die im „Hannöverschen Tageblatt" vom 2. Mai 1875 stand:

„Zu Vardegötzen bei Jeinsen im Amte Calenberg (Provinz Hannover) treten am ersten Pfingstfeiertage folgende Masken auf: erstens der Hedemöpel, ein ganz mit Hede bewickelter Bauernbursch, vor dem Gesicht eine pappene Gesichtslarve mit von Ziegelmehl rotgefärbten Wangen; zweitens der Laubfrosch, an Leib und Gliedern von oben bis unten mit dicht belaubten Zweiglein und grünen Blättern bewickelt und mit einem mächtigen Phallos ausgerüstet, der aber in Gegenwart von Honoratioren abgeschnallt wird. Beide kämpfen darum, wer drittens die Greitje, einen in abgetragene Frauenkleider gesteckten Kameraden zur Tänzerin haben soll, indes vier andere Burschen festlich gekleidet, aber ohne Maske, mit riesigen Peitschen von langer Schnur den seit Wochen schulgerecht eingeübten vierschlägigen Dreschertakt klappen. Haben Hedemöpel (der Vertreter des Vegetationsalten vom vergangenen Jahre) und Looffrosch, der Darsteller des im Frühling wieder einziehenden Wachstumgeistes, mit ihren plumpen Füßen zum Ummeklappen den Takt stampfend, ihren Streit nach einiger Zeit mit dem Siege des letzteren und der Vertreibung des ersteren beendigt, so umarmt Laubfrosch die Greitje und tanzt zu allgemeinem Jubel mit ihr unter Küssen und oft sehr indezenten Pantomimen." —

Ich lasse damit genug sein, denn es lag mir nur daran, die große Bedeutung phallischer Gestalten in den Kulten, die Wachstum und Fruchtbarkeit und Zeugen suchen, darzutun. Das eine Beispiel mag für viele Dutzende anderer stehen, die in der volkskundlichen Literatur beschrieben und besprochen wurden. Im Grunde treibt hinter allen diesen Gestalten nur der Sinn: daß einer mit Zeugungskraft und Zeugungswillen kommen möge. Nicht mehr die Frau als die Gebärende ist die Hauptperson; sie spielt im Vardegötzener Berichte nur eine Nebenrolle, das ganze Geschehen fand zwischen den männlichen Gestalten statt und wieder die wichtigste unter denen ist der Phallosträger.

Das Lager auf dem Ackerfelde

Wie neben dem Begriffspaar „Phallos" und „Glied zum Zeugen" ein anderes „Phallos" und „großes Mana" stand, — wobei ich nicht behaupten möchte, daß die beiden Begriffspaare in einer zeitlichen und entwicklungsgeschichtlichen Reihung aufeinander folgten, so ist auch das Begriffspaar „Umarmen" und „Zeugen" nicht immer dagewesen. Man hatte zu Anfang dieses Jahrhunderts bereits festgestellt, daß unter den Naturvölkern manche den Zusammenhang, der zwischen Umarmen und Schwangerschaft bestehe, noch nicht kennen würden; sie gäben dergleichen höchstens für die Tiere zu. Die menschlichen Embryonen aber lege ein höheres Wesen einer Frau, wenn sie an seinem Ort vorbeikomme, in den Leib.

Etwas ganz ähnliches berichtete man auch von den Trobriand.

Es handelt sich bei diesen Überlegungen natürlich nicht darum, ob jene primitiven Völker überhaupt ein Umarmen kannten oder ob sie so unwissend wie die neugeborenen Kinder waren, — dies „Wissen" liegt sicher als „Instinkt" in ihnen und ist ein Erbteil aus Jahrhunderttausenden, — was ich hier frage, ist, seit wann man weiß, daß der geschlechtliche Verkehr ursächlich mit der Schwangerschaft, dem neuen Kinde, zusammenhängt. Seit wann man weiß, daß dieses erste dieses zweite nach sich zieht.

Man sagte einmal, und diese Bemerkung trifft gewiß den Kern der Sache: „Wie alle Geschehnisse um den primitiven Menschen herum für ihn nur eine zusammenhanglose Fülle von Wundern, ich möchte sagen von magischen Akten, ist, die er ganz allmählich durch die kindlichsten Fehlschlüsse in Kausalitätszusammenhänge zu bringen sucht, — nur neben-

bei mag man erwägen, wie lange es vielfach gedauert haben mag, bis
man den Zusammenhang von Zeugung und Geburt richtig erkannt
hatte, — so ist die Zeugung und Geburt ein Wunder, ein magischer Akt,
der eben wie durch Zauber etwas zur Erscheinung bringt, was vorher wo
anders war." — Ich glaube, daß in dieser anscheinend bisher unberück-
sichtigt gebliebenen Beobachtung etwas Wichtiges ausgesprochen worden
ist. Da wo der Phallos ein Manahaltiges, ein Apotropäisches gewesen ist,
das heißt, wo ungewöhnliche Kräfte in ihm lagen, da mochte er leicht zu
einem zaubrischen Mittel werden. Ich will nicht sagen, daß die Schluß-
kette so gegangen sei, sondern nur andeuten, wie nahe die entscheidenden
Gedankengänge hier beieinander liegen, und daß es von einem zum
andern möglicherweise nur ein Schritt gewesen sei. Ob dieser Schritt
geschah, oder ob andere Wege eingeschlagen worden sind, ob bei verschiedenen Völkern nicht verschiedene Wege gegangen wurden, das alles
bedürfte einer ausführlicheren Untersuchung.

Von dem Augenblick an, in dem der Mensch den Zusammenhang
zwischen Umarmung und Geburt erkannte, bis zu der Folgerung, es
geschehe damit etwas, was ähnlich auf dem Acker, auf dem Weideland
geschehe, ist sicher ein sehr langer Weg gewesen. Man hat zwar oft
darüber reflektiert, wie nahe es dem Menschen liegen müsse, so Zeugung
wie Geburt im Bilde des Säens in die Erde und in dem Hervorbrechen
junger Schosse aus der Erde zu sehen, und man erörterte im Anschluß
daran gern, wie jene vermeinte Parallelität der Vorgänge des Erdlebens
und des Menschenlebens als eine Identität erscheine und wiederum im
ursprünglichen Denken zu einem kausalgeordneten werden müsse; doch
das zieht viele einzelne Schritte in einen einzigen zusammen. Wir werden
verschiedene Stationen und Übergänge anzunehmen haben, wie auch der
Phallos nur schrittweise seinen späteren Sinn erhielt. Die Beispiele, die
ich im folgenden vorzuführen gedenke, bezeichnen wohl schon die letzten
Stationen eines Weges, aber wir können von ihnen auf die vorhergehenden schließen. Die meisten von ihnen gehören jenen Überlieferungen an,
die man den vegetationskultischen Nachrichten zugerechnet hat, und die
im Laufe der letzten Jahrzehnte immer wieder besprochen worden sind.
    In der volkskundlichen und religionswissenschaftlichen Forschung spiel-
ten nämlich seit Mitte des vorigen Jahrhunderts diese Fragen eine große
Rolle. Man handelte von Vegetationsdämonen und von den diesen zu-
gedachten Kulten. Der Danziger Forscher Wilhelm Mannhardt hatte um

1870 aus einer Reihe frühlinglicher und johannistäglicher Bräuche, auch aus den Erntesitten, „Korndämonen" feststellen wollen, zuweilen tier-, zuweilen menschengestaltige Wesen, die das Wachstum fördern, die man in Aufzügen — etwa als den Pfingstl, als Maigraf und Maigräfin, als den Haferbock, den Erbsenbär, als „Alten" und die Hure — darstellte und im Kult umführte, die über den Winter alterten und im Frühjahr jung erschienen, und deren Gedeihen und Kräftigsein demjenigen der Saat entsprach. Die aus den Frühlings- und Erntebräuchen erschlossenen Kornwesen und -dämonen waren freilich in keiner der klassischen Mythologien nachzuweisen, sie mußten — wenn sie bestanden — neben Zeus und Wode und neben den römischen oder griechischen Hauptgottheiten stehen, so wie die nirgend vermerkte „Mutter Erde" neben ihnen stand; man stieß in ihnen vielleicht auf ältere, an den Rand gedrängte Wesen. Das alles erschien, — vor allem, weil viele agrarische Sitten und Gebräuche, für die man vorher keine einleuchtende Deutung finden konnte, nun plötzlich begreiflich und sinnvoll wurden, — gut zu hören und zu glauben. Man hat die Schlußfolgerungen nicht nur für die deutsche Volkskunde angenommen, fand vielmehr entsprechende Erscheinungen auch bei außerdeutschen Völkern, und man entdeckte sie schließlich auch im Altertume. Wie jede Entdeckung, so zog auch diese immer weitere Kreise und es gab eine Zeit, da beinahe alle Götter und Dämonen aus irgendwelchen vegetationsdämonischen Anfängen hergeleitet worden sind. Zuletzt gebrauchte man

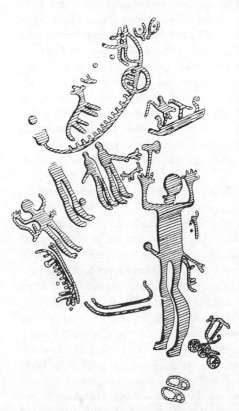

Der Axtgott der bronzezeitlichen Germanen

diese Lehre auch als einen

Schlüssel, um die bereits erwähnten bronzezeitlichen Felszeichnungen zu deuten und las aus diesen allerlei entsprechende Begehungen heraus; jedoch der Abstand zwischen diesen Ritzungen und den frühesten schriftlichen Zeugnissen ist so groß, — beträgt er doch rund dreitausend Jahre, — daß einem bei diesen Ausdeutungen ziemlich unbehaglich wird. Ich lasse sie deshalb lieber ganz und gar beiseite und halte mich an die zumeist aus jüngeren Jahrhunderten mitgeteilten Fälle.

Beginnen wir mit einigen Angaben aus den tropischen Bezirken. Im alten Indien beispielsweise wurden am Mahâvratatage, das ist dem Sonnenwendtage, Opferhandlungen vorgenommen, zu denen die Frauen mehr als sonst herangezogen wurden. Sie schlugen die Laute und trugen Wasser um das Feuer. Dann wurde aus einer bestimmten Kaste ein Paar ausgewählt, das südlich von dem großen Feuer seine Vereinigung vollzog. — Ganz ähnliches geschieht im südlichen Afrika bei den Kimbunde: am Erntefest entzündet man dort große Scheiterhaufen und nackte Kimbundefrauen tanzen um die lodernden hellen Feuer; am Ende des Festes schließen sich geschlechtliche Orgien an. Den beiden Nachrichten füge ich schließlich eine dritte bei; sie kommt aus Java und es heißt, um eine reiche Reisernte zu erzielen, begingen dort Männer und Frauen nachts die Felder, liefen sie hinaus, und opferten linga und yoni (das bedeutet, sie umarmten sich). — „Um eine reiche Reisernte zu erzielen", — damit ist also ein Motiv enthüllt, das wohl als das bestimmende dieses Aktes angesehen werden muß.

Daß dieser anscheinend simple als der richtige Grund betrachtet werden muß, lehrt eine Nachricht sozusagen vom anderen Ende unserer Welt; sie spricht von einem Erntefestkult bei den Peruanern. „Im Monat Dezember", schrieb der alte Spanier Pedro de Villagomez in seiner Carta pastoral de exortacion é instruccion, „nämlich zur Zeit der herannahenden Reife der Frucht pal'tay oder pal'ta, bereiteten sich die Teilnehmer an dem Feste durch fünftägiges Fasten, das heißt, Enthaltung von Salz, Beißpfeffer und vom Beischlaf, darauf vor. An dem zum Anfang des Festes bezeichneten Tage versammelten sich die Männer und Weiber auf einem bestimmten Platze zwischen den Obstgärten, alle splitternackt. Auf ein gegebenes Zeichen begannen sie einen Wettlauf nach einem ziemlich entfernten Hügel. Ein jeder Mann, der während des Laufes ein Weib erreichte, umarmte sie auf der Stelle. Dieses Fest dauerte sechs Tage und sechs Nächte." — Für eine Deutung wird man zwei Punkte ins Auge fassen müssen: erstens findet das Fest in den Obstgärten statt, muß also irgend eine Beziehung zum Wachstum der Pflanzen in den Gärten haben, und als solche wird man ja nur die Absicht annehmen können, die Fruchtbarkeit und das Gedeihen der Pflanzen in den Gärten zu fördern, — und zweitens hält man es in den Erntetagen ab. Das Erntefest ist aber nach Meinung der Forscher ein sehr einleuchtender Termin, an dem man für neues Wachstum sorgen muß, und einen andern Zweck habe es anfänglich nicht gehabt. Die Pflanzenwelt war ja allmählich alt geworden und es war höchste Zeit, daß sie sich wiederum erneute. Also ist eine Folgerung, daß das Vorhandensein von reichlichen Lebensmittelvorräten die Einrichtung eines Festes begründe, eine irrige, da man nicht um der erlangten Fülle willen feierte, sondern um diese Fülle zukünftig wieder zu erlangen. Und diese erlangt man durch den Vormachezauber der Umarmung.

Wir werden nach diesen Beispielen also sagen dürfen, daß an verschiedenen Stellen der Erde der Gedanke sichtbar wird, durch ein Beisammensein von einem zeugenden Mann und einer Frau auf diese Erde einen Zauber auszuüben, der sie veranlaßte, fruchtbar zu werden und zu tragen.

Daß der Gedanke aber wirklich vorhanden und nicht allein von mir erschlossen worden ist, lehrt eine Nachricht aus der ceramesischen Inselwelt. Selbst bei den christlichen Amboinessen geschieht es noch, daß, wenn man eine magere Obsternte anzunehmen hat, sich der Besitzer nachts in seinen Obstgarten und zu einem Baum begibt, sich dort entkleidet und, an diesen Baum gelehnt, die bei der Umarmung eines Weibes üblichen Gebärden übt, damit der Baum — und damit auch der Garten — fruchtbar werde. Der Glaube an das im Phallos liegende Mana eines Mannes, an die im männlichen Sekret vorhandenen zaubrischen Kräfte, ist hier vom manaistischen, allgemeinen zaubrischen Denken, fortgeführt zu einem deutlicheren, daß es zeuge, daß man mit diesem Stoff zeugen könne, und ist vom zaubrischen Gegenstande zur zaubrischen Handlung fortgeschritten. Der Amboinese übt die zeugende, fruchtbarmachende Handlung aus, um seinen Garten zu dem entsprechenden Geschehen anzuregen.

Nicht immer hat man ganz eindeutige, uns vielleicht obszön anmutende, in Wahrheit doch reine und durch ihren Sinn geheiligte Handlungen vorgenommen, man deutete sie sehr oft nur an. Man kann das sehr gut in einem australischen Ritual bemerken. Dort feiern die Watschandies ihr großes Caarofest, sobald im Frühling die Yams reif sind, die Tiere Junge haben und Eier und alle übrigen Nahrungsmittel vorhanden sind. Es findet zur Zeit des ersten Neumondes der Yamsreife statt, nachdem man sich — wie immer bei den Eingeborenenfesten — für die Dauer des Festes einen Lebensmittelvorrat schuf. Am Abend der Feier ziehen sich alle Frauen und Kinder, weil nur die Männer unter sich das Fest begehen, zurück, und keiner der Männer darf von nun an bis zum Schluß ein weibliches Wesen erblicken oder gar mit ihm zu schaffen haben. Sie graben vielmehr die Nacht ein großes tiefes Loch. Am andern Morgen versammeln sie sich wieder auf dem Platze und fahren fort, sich zu schmücken und die Körperzeichnungen anzulegen. Zum Abend beginnt die eigentliche Zeremonie. Sie tanzen schreiend und singend um das Loch im Boden und fahren die ganze Nacht mit diesen ihren Tänzen fort. Und jede Figur der Tänze, wie der Refrain all ihrer Lieder, behandelt das sexuelle Leben mitsamt allen seinen Reizen. Das Loch ist so gestaltet und mit Büschen ausgeschmückt, daß es die Schamteile einer Frau nachahmt. Beim Tanze tragen die Männer ihren Speer vor sich, um einen Phallos anzudeuten; jede ihrer Gebärden macht dran denken, daß sie im Grunde hier den Akt vollziehen. Zum Abschluß pflanzen sie dann Stöcke in den Boden, um so den Schauplatz ihrer nächtlichen Feier anzudeuten. Damit ist dieser Ort ein tabuierter Platz geworden. Die Völkerkundler aber stellen im Hinblick auf den Satz, den ich vorhin schon anführte, zu dem allen fest, daß diese Feier in der Zeit des Nahrungsüberflusses, zur Zeit der Yamsernte und der vielen jagdbaren Tiere, stattgefunden habe; sie ziele auf eine Erneuerung und Verjüngung, auf ein Fruchtbarwerden sowohl der künftigen Feldfrucht wie der Tierwelt hin. Das gehe ganz augenscheinlich aus dem Tanze hervor. Wer etwa sagen wolle, daß ein solch absonderlicher Tanz allein der Wollust diene und sie zu erregen suche, habe für die hier geschehene Zauberhandlung keinen Blick und übersehe, daß nur ein Vormachezauber unternommen werde, den die dabei gesungenen Worte kräftig unterstützen; die meisten Zauberhandlungen sind ja, wie wir wissen, Nachahmungen von den Vorgängen, die man zu erzielen wünscht. In unserm Falle kann man zweierlei für möglich halten: entweder daß alle Männer der Watschandies, also alle Phallosträger, die weibliche Erde befruchten, — das läge jenen Kulten, von denen vorhin bereits gesprochen wurde, parallel und nahe, der Schoß der mütterlichen Erde wäre dann jene Grube; oder: daß sie andeutend ihre Frauen umarmten, daß also ein abgekürzter Analogiezauber vorgenommen wurde. Mir würde die erste Deutung als die näherliegendere erscheinen, die Völkerkundler haben aber die zweite vorgezogen.

Viel deutlicher scheint mir eine zweite Mitteilung zu sein, die Mannhardt in den 70er Jahren des 19. Jahrhunderts erhalten hat; ich rücke das wichtigste Stück des Briefes an ihn ein:

„In der Ukraine zieht am St. Georgstage nach beendigtem Gottesdienst der Geistliche in vollem Ornat mit seinen Kirchendienern und der ganzen Gemeinde auf die ausgesäten und bereits grünenden Felder des Dorfes, um sie nach griechischem Ritus einzusegnen. Den ganzen folgenden Nachmittag bis in die sinkende Nacht bringt darauf der Bauer auf den Feldern zu. Man geht von einem Felde zum andern, begrüßt die Nachbarn und ißt besonders für diesen Feiertag zubereitete kalte Speisen unter dem gehörigen Zusatz von Branntwein. Die alten Leute mit den Kindern bleiben in der Nähe der Feldwege; die erwachsene Jugend aber entfernt sich über die Felder, bis sie den Alten in einer Vertiefung aus dem Gesichte verschwinden. Hier stecken sie eine Stange mit einem angebundenen Tuche oder einer Flagge auf, angeblich um den Platz zu bezeichnen, auf dem sie sich vergnügen, und zum Zeichen, daß hier die Alten nichts zu suchen haben. Alle legen sich auf die Felder, und wer eine Frau hat, wälzt sich einige Male mit ihr auf dem Saatacker um. Wie man denken kann, folgen diesem Beispiele auch die jungen Leute auf ihrem abseits gelegenen Turnplatze. So oft ich fragte — schreibt mein Berichterstatter, Hofrat Hochhuth in Pilomnik bei Kiew, — weshalb sie auf diese Weise auf den Feldern sich wälzten, erhielt ich zur Antwort, daß das von jeher so gewesen sei; der heilige Georg habe sich auch auf den Äckern gewälzt, und ich würde schon sehen, welcher Getreidesegen danach zum Vorschein kommen werde. Dieses Wälzen auf den Feldern ist besonders in den flachen Steppen der Ukraine üblich, die aus sehr fruchtbarer Schwarzerde bestehen; auf dem Sand- und Lehmboden des bewaldeten Hügellandes von Wolhynien und in Podolien am Dnjestr ist es mir nicht vorgekommen."

An diesem Brauche erinnern zwei Züge an das vorhin Dargelegte: das sich-Umschlingen und paarweise-Wälzen auf der Erde, wozu man abseitige Orte, die von andern nicht betreten werden dürfen, aufzusuchen pflegt, — das deutet doch auf eine dort geschehende Umarmung hin; und zweitens, daß dieses Tun die Felder fruchtbar mache. Man wählte dafür den St. Georgstag oder 23. April, weil ja im Frühjahr alles Gedeihen beginnt und alles Wachsen, und weil darum ein Einwirken auf den Acker wichtig ist. Der St. Georgstag ist ein wichtiger, auch in Deutschland wichtiger Tag; in meiner Kinderheimat fing an ihm der Sommer an; von ihm an ging man barfuß, denn da „war der Gift aus der Erde", von ihm an herrschte im Bauernhause die sommerliche Tageinteilung. Man hätte für die Umarmung als Vormachezauber, durch den man die Erde fruchtbar und gedeihend machen wollte, drum keinen geeigneteren Tag als diesen finden können.

Dies „Brautlager auf dem Ackerfelde", wie es Mannhardt nannte, begegnet uns auch in einem estnischen Johannisbrauch, der von der abgelegenen Insel Moon berichtet wird. Der fast vergessene Aufsatz „Osiliana" von J. B. Holzmayer aus dem Jahre 1873 spricht davon. Es heißt in ihm:

„Auf Moon befindet sich an der Landstraße bei Magnusdahl ein Hügel, welcher Ledo mäggi heißt und diesen Namen führt von dem Ledo tulli, welches alljährlich auf demselben am 1. Juli abends, also am Abend vor Heu-Marien abgebrannt wurde ... Wenn das Feuer brennt, reichen sich die Teilnehmer die Hände, und man tanzt im Kreise zur Musik des Dudelsacks herum. Die Jugend wirft unter beständigem Hurrahrufen Steine ins Feuer. An den heiligen Abenden muß der Monenser eine Beischläferin haben, so am Johannisabend, so auch am Abend vor Heu-Marien. Während nun der Rundtanz um das Feuer fast nur aus Weibern und Mädchen besteht, gehen die jungen Kerle, welche Beischläferinnen suchen, um den Kreis herum, beobachten die Mädchen, entfernen sich darauf und geben dann kleineren Burschen von zehn bis siebzehn Jahren etwa den Auftrag, die ausersehenen Mädchen ihnen in den Wald zu bringen. Darauf ruft einer von den Jungen das bezeichnete Mädchen unter irgend einem Vorwande aus dem Ring der Tänzerinnen heraus, und die übrigen Jungen, etwa zehn an der Zahl, umringen die Jungfrau und schleppen sie mit Gewalt, der eine vorn am Gurt ziehend, die andern hinten stoßend, über Stock und Stein, über Zäune und Gräben, bis nach mehrmaligem Fallen und wiederholtem Ringen der Zug bei dem Harrenden angelangt ist. Dieser wirft sie nieder, legt sich neben sie und schlägt das eine Bein über das Mädchen, (die Zeremonie muß er durchaus beobachten, wenn ihn das Mädchen nicht für einen Stümper halten soll), und die Knaben entfernen sich hierauf, um ihre Dienste einem anderen zu leisten. Ohne sie weiter zu berühren liegt er so bis zum Morgen neben ihr. Die Mädchen aber, denen solches widerfährt, freuen sich dessen nicht wenig, selbst wenn man ihnen auf dem Transport das Hemde zerrissen hat, (die Mon'schen Weiber und Mädchen gehen nämlich im bloßen

Hemde, nur wenn sie zur Taufe und Hochzeit gehen, ziehen sie einen Rock an, den sie ümbrik nennen). Die nicht gewählten Mädchen können ihren Neid und Mißmut kaum bezwingen, und die Mütter der Bevorzugten erzählen mit Wonne den Ruhm und die Vorzüge ihrer Töchter." Die Frage nach dem vielleicht vorhandenen Sinn in diesen Übungen ist schwerer zu beantworten, als es anfangs vielleicht scheint. Zwei Deutungen bieten sich als zugleich mögliche und naheliegende an. Die eine von ihnen stellt den Mooner Brauch zu einer Reihe schwedischer (und auch deutscher), die man in ihrer Gesamtheit als „Nachtfreierei" bezeichnet hat: ein junger Bursche liegt in der soeben beschriebenen Art mit einem jungen Mädchen über Nacht im Bett zusammen, ohne daß eine wirkliche Berührung stattgefunden hat. Die Nachtfreierei, auf die ich vorhin zu sprechen gekommen bin, gehört zum Brauch der Knabenschaften und Jungmännerbünde, und deren Anteil wieder am festlichen Tun des Dorfes ist bekannt; man könnte mithin in diesem johannisfestlichen nächtlichen Tun aus Moon nachtfreierische knabenschaftliche Begehungen vermuten, und hat es, um das gleich zuzufügen, hie und da bereits vermutet. Mannhardt hat freilich eine andere Deutung vorgezogen. Er sieht im Moonschen Fest ein dem ukrainischen entsprechendes „Brautlager auf dem Ackerfelde", das aber nur noch in Andeutungen vollzogen worden sei. Es wolle, wie alle bisher besprochenen Übungen dieser Art, durch einen Vormachezauber Fruchtbarkeit und Wachstum schaffen, und manches bisher noch unerwähnt Gebliebenes spricht dafür. So hören wir, von Tänzen nackter Weiber am Johannisabend, nach denen sich Männer und Frauen ungescheut vereinigt hätten.

„Im Anhang eines Reval-estnischen Kalenders (Eesti ma rahwa Kalender 1840) wird erzählt, daß vor sechzig Jahren im Fellinschen bei einer alten Kirchenruine Tausende von Menschen am Johannisabend zusammengeströmt, auf der Ruine ein Opferfeuer angezündet und Opfergaben ins Feuer geworfen hätten. Unfruchtbare Weiber tanzten nackt um die Ruine, andere saßen beim Essen und Trinken, während Jünglinge und Mädchen in den Wäldern sich verlustierten und viel Unart ausübten." — Und ähnlich soll das estnische Metsik-Ausführen so ein Bacchanal gewesen sein, wobei die skandalösesten und unzüchtigsten Gebräuche vorgekommen sind.

Aus Polen ergibt sich aus Synodalbeschlüssen der unter Bischof Laskari abgehaltenen geistlichen Synoden, daß gegen die wilden Tänze mit geschlechtlichen Ausschweifungen eingeschritten werden mußte, die am

Johannis- oder Peter und Paul-Abende abgehalten wurden. Der Umstand, daß diese Feste stets im Felde geschahen, und daß als ihr Termin in wärmeren Landstrichen ein Frühlings- und in kühleren oder östlicheren der Johannistag erscheint, läßt eher an vegetationskultische Zauber und Absichten denken, als an nachtfreierische Übungen bei den Knabenschaften.

Und schließlich spricht für die letzte Deutung auch noch das, was wir von älteren englischen Sitten mitgeteilt erhielten: the rolling of young couples down Greenwichhill, at Easter and Whitsuntide, verbunden wälzen sich Mann und Frau am Maitage auf dem Acker. Davon sprach übrigens R. Fletcher in einem Gedichte "May-day" schon im Jahre 1656:

> The game at best, the girls May rould must bee,
>
> where Croyden and Mopsa, he and shee,
>
> each happy pair make one hermaphrodite,
>
> and tumbling, bounce together, black and white.

Auch England kennt also einen frühlinglichen Brauch im Felde, bei dem andeutend eine Umarmung stattzufinden pflegte.

All diese abgeblaßten und andeutenden Bräuche lehren wohl dasselbe: die kultische Umarmung eines oder mehrerer Menschenpaare auf dem Acker, um bei der Erde ein entsprechendes Ergebnis zu erzielen. Das schimmert in einzelnen Zügen überall noch durch, wenn es durch manches andere auch verunklärt ward. Ich sagte, es werde damit ein Vormachezauber ausgeübt; ist das der Fall, dann muß als Vorstellung dahinter stehen, daß irgendwie die Erde begattet und befruchtet werde, daß sie — als Weib, als Mutter Erde — von dem Gotte befruchtet werde. Es ist von hier nur noch ein kleiner Schritt zu dem, was Hesiod in seiner Theogonie gedichtet hat:

> daß Demeter gebar, die heilige Göttin, den Plutos,
>
> als mit Jasios sie auf dreimal gelockertem Brachfeld
>
> zärtlicher Liebe gepflogen in Kretas fetten Gefilden.

Demeter, die griechische Mutter Erde, ward umarmt, und sie gebar den Plutos, — Plutos, das ist Reichtum: „Reichtum" kann aber im alten hesiodischen Griechenland nur einen Reichtum meinen, nämlich den an Korn.

Was zwischen den Menschen auf dem Mooner Ackerfeld geschieht, was junge Paare in England am Maitage angedeutet haben, was die ukrainischen Felder sahen, es ist immer nur das eine: der Wachstum und Gedeihen anregende Vormachezauber. Was zwischen den jungen Menschen

stattfindet, ist nichts anderes, als was man von der Erde möchte: eines
zeugenden Gottes Umarmung, und daß sie aus dieser Umarmung fruchtbar werden möge. Die menschliche Handlung also ist ein Vormachezauber, der Fruchtbarkeit der Erde und Gedeihen erzwingt.

Ich glaube, daß sich hier aber noch ein zweites und zwar ein für die
hier versuchten Überlegungen Wichtiges feststellen läßt. Es scheint mir
nämlich, daß noch eine ganz bestimmte Frage auf eine Antwort drängte:
wie steht das Beilager auf dem Ackerfelde im ganzen Bezirk des bündischen Lebens, so des Wollens wie Geschehens? Wir rührten bei der
Erörterung des Mooner Falles ja schon an das Problem und stellten uns
die Frage, ob es in Moon ein Jugendbund, die Knabenschaft gewesen sei,
die ein der schwedischen Nachtfreierei Entsprechendes begangen habe?
Doch schien uns manches auf das „Brautlager" hinzudeuten. Ein wichtiges
Argument ist aber bisher noch nicht vorgetragen worden und es ist nötig,
es nun wenigstens noch anzuführen: die Nachtfreierei gehört den skandinavischen und deutschen Stämmen, das Mooner Beilager aber hatte
bei den Insel-Esten statt, und das ukrainische St. Georgs-Fest ist ein sla-
visches Tun; da Esten und Slaven aber die Nachtfreierei nicht kennen,
wird man die eben beschriebenen Übungen nicht als solche deuten können.
Darüber hinaus ist aber auch noch ein zweites zu bedenken. Die meisten
der hier besprochenen Beispiele lassen deutlich sehen, daß jene Beilager
nicht ein Tun dieses oder jenen Bundes, daß sie ein Tun des ganzen Dorfes, der ganzen Siedlung waren. Allein die Marind-anim in Holländisch
Neu-Guinea, (von den noch ganz der Sammlerstufe zugehörigen Watschandies abgesehen), vollzogen das Beilager als einen geheimen Kult im
Männerhause, — wenn man, was dort geschah, mit einigem Rechte hierher
ziehen darf. Daraus ergeben sich meines Erachtens aber ganz entscheidende
Schlußfolgerungen.
Um diese Schlußfolgerungen ernsthaft zu begründen, scheint freilich
noch eine weitere Überlegung notwendig zu sein:
Das Beilager draußen oder das „Brautlager auf dem Ackerfelde" ist
von ganz merkwürdig doppeltoniger, widersprüchlicher Art. Als eine
kultische Handlung, die vom ganzen Dorf, von einem Siedlungsver-
bande ausgeübt wird, ist es ein gewolltes Tun. Als ein gewolltes aber, als
ein nützliches und kultisches Tun kann man es nicht unsittlich nennen,
unzüchtig oder geil, denn es geschieht mit Zustimmung aller und im Beisein
aller. Hinwiederum ist die geschlechtliche Vereinigung zweier Menschen fast

stets ein im Zurückgezogenen sich abspielender Akt. Auch die Naturvölker üben ihn nicht vor aller Augen und nicht am hellen Tage, vor Zuschauern aus; auch sie bedienen sich des Schutzes der Einsamkeit, der Dunkelheit, und ziehen sich ins Haus, in einen verborgenen Waldwinkel, ins Versteck zurück. Bei den gemeinschaftlichen nächtlichen Orgien der Marind, bei denen die Teilnehmer sich meist hemmungslos vermischen, verlieren die einzelnen Paare sich doch in den Wald, sie sondern sich ab vom allgemeinen Festplatz und sie halten sich allein. Da spricht wohl nicht nur ein geheimes Schutzbedürfnis mit, weil diese Stunde ja den Menschen wehrlos macht, es ist im letzten auch eine Art von menschlichem Urgesetz, die Scheu, sich vor den Augen Fremder zu entblößer, — ich meine, in seinem Innersten, im Fühlen und Sinken, zu entblößen. Doch eine solche, einem menschlichen Urgesetze folgende Haltung, braucht jener Übung des Brautlagers auf dem Felde nicht zu widersprechen, es modifiziert sie nur. Das Mooner Beispiel läßt das sehen.

Doch wichtiger noch als das soeben Angedeutete ist ein anderes: Das von der ganzen Gemeinschaft bejahte Brautlager auf dem Felde ist zwar den menschlichen Scham- und Sittengesetzen unterworfen, ist aber im letzten ein Gutgeheißenes und Bejahtes. Er kann infolgedessen nicht zerbrechen und entgleiten und kann kein Zucht- und Zügelloses oder Sittenloses werden, — wenn das geschieht, ist vorher die tragende Gemeinschaft schon zerbrochen. Und mengen sich andere Haltungen und Verhaltensweisen ein. Das könnte man an den Majo-Zeremonien bei den Marind-anim erkennen.

Die Majo-Zeremonien bestehen durchgängig aus zwei Teilen: aus sexuellen Orgien, verbunden mit Kannibalismus einerseits, an denen jedoch nur ältere eingeweihte Männer teilnehmen dürfen, und aus der Einführung der Novizen ins Kulturgut der Marind. Die Zeremonien, die an den Novizen vorgenommen werden, bestehen in Darstellungen und Inszenierungen mythologischer Begebenheiten, wie Pflanzen, Tiere, kulturelle Einrichtungen entstanden seien, die Orgien aber finden nur unter Eingeweihten statt. Zu diesem Zwecke werden ein, auch mehrere Mädchen mitgebracht, von den teilnehmenden Alten mißbraucht und sodann erschlagen; am Ende aber verzehrt man sie als einen guten Braten. „Dies ist", behaupten die Forscher, „jedenfalls das Hauptgeheimnis und bildet die Grundlage aller Geheimkulte" der Marind.

Ich glaube, daß hier ein ganz Entscheidendes sichtbar wird. Was in das Dunkel und das Geheimnis ausgewichen ist, was sich verbergen muß und will, das sind die Übungen der Männer, an denen die allgemeine Teilnahme ausgeschaltet werden muß, weil diese allgemeine Teilnahme störend und verstörend wirkt, — denn man kann keine Iwåg und keinen Novizen mehr gebrauchen, man kann sie zu keiner Teilnahme locken, wenn sie sicher wissen, daß eine von ihnen in den Kochtopf wandern wird. Deswegen verzieht sich das ganze Geschehen ins Geheime. Man wird demnach „Geheimbund" als Zusammenschluß von einigen definieren, die der Gesamtheit fremde, zuwidere oder störende Bräuche pflegen, „Geheimkult" als einen vom kultischen Leben des gesamten Stammes, des ganzen Volkes abgespaltenen, ihm zuwideren Kult. Als eine aus aller Allgemeinheit sich heraushebende Sonderbildung.

Das Brautlager aber draußen auf dem Ackerfelde ist kein der Allgemeinheit zuwideres, sie verstörendes Tun. Im Gegenteil, es findet im Interesse aller Pflanzenbauer, im Auftrage der Allgemeinheit einer ganzen Siedlung statt. Es ist das religiöse Tun des pflanzerischen Menschen, des auf das Wachstum und die Frucht des Feldes angewiesenen Menschen.

Bronzezeitliches Brautpaar dem Tode geweiht

Weil alle es wollen und alle auf das Ergebnis dieser Handlung angewiesen sind, weil sie die Fruchtbarkeit des Feldes haben m ü s s e n , deswegen geschieht das kultische Geschehen auf dem Felde nicht nur allen, geschieht es vielmehr im Grunde durch alle — und die Übung ist, obwohl sie an das intimste Sein des Menschen rührt, kein im Geheimnis eines geschlossenen Bundes lebendes Tun.

433

Es ist ein allgemeines und durch alle geschehenes Tun, — ich schränke jedoch dies „allgemeine" sogleich ein, indem ich von neuem an die Kiwai-Papua erinnere. Dort legte man zwar auf eine möglichst große' Menge Mana-Stoffes Wert, es wurde jedoch dafür kein unverheirateter Mann herangezogen, das heißt kein Mann, der keinen Kokosbaum besaß, und bei den Marind üben nur die Älteren den Kult. Die wirklich Verantwortlichen also tragen da und da den Kult. Die wirklich Verantwortlichen, — bei den Marind sind es die Männer, die den für das Gedeihen des Kokos nötigen Zauberkult besorgen, weil Bäume und deren Anbau eine Männersache ist, — und bei den Kiwai-Papua gilt ganz genau dasselbe. Bei indischen Pflanzervölkern aber sind es die Frauen, weil das Besorgen und Pflanzen der Knollen Weibersache ist. In pflanzerischen Kulturen also fängt die Übung an, die wir als Brautlager auf dem Ackerfeld bezeichnet haben, — und sie gilt hie und da noch in der bäuerlichen Welt.

DIE MYSTERIEN

Ich habe im vorigen Buche von Dingen gesprochen, die bei sehr vielen Menschen als „unanständig" gelten; man pflegt in guter Gesellschaft nie das zu erwähnen, „was unter dem Tische ist", und das ist, wie ich ohne weiteres zugeben will, geschehen. Es mußte geschehen, denn wenn ich diese Untersuchungen unterlassen hätte, dann würde ich wahrscheinlich nicht erklären können, was sich in den Mysterien begeben hat, in jenen zu letzten Höhen aufgestiegenen geheimen Kulten. Sie haben nicht selten ihren Anfang in dem eben Dargelegten. Man hat bereits einmal behauptet, daß die Mysterienkulte schon früh das sexuelle Leben des Menschen zu dem Geheimnis ihrer ernsten, tiefen Lehre machten; sie hätten das Rätsel, das die Götter den Menschen aufgegeben, in der Zeugung finden wollen; in den intimsten Vorgängen alles Menschenlebens haben sie das Göttliche gesucht und auch gefunden. Ist aber dem so, dann werden wir die Mysterien nur verstehen, wenn wir sie dort beschauen, wo ihr Anfang ist, und in dem Augenblicke, in dem sie aus ihren untersten Wurzeln aufgegangen sind. Sie haben die Dinge des sexuellen Lebens in das Göttliche erhoben und haben damit das anscheinend Unerforschliche nahe gebracht.

Und sie begriffen das sexuelle Rätsel als ein Bild der eigentlichen Welt. Ich sprach von jener kyllenischen Darstellung des Hermes, in welcher man ihn als aufgereckten Phallos zeigte. In den Mysterien ward das, dank iranischen geheimen Lehren, zu einem Symbol, weil die iranische Gleichsetzung von Gehirn und Same, die beide das innerste Sein, die Seele, darstellen, wirksam wurde; so ist der ἀχαραϰτήριστος ἐγϰέφαλος die Gottheit als Weltseele, der Same die Individual- oder in die Welt verbannte Seele, welche von jener ausgegangen ist und wieder zu ihr strebt, — und jene anscheinend so rohe und primitive Darstellung des Phallos, der Gott war, wird zu einem tiefen Gleichnis, in das die Ordnung Gottes und des Kosmos eingefangen ist. Das Letzte und das Anfängliche fallen da in eins zusammen.

Von diesen Mysterien und ihren Inhalten möchte ich jetzt sprechen.

Tamuz

Wenn das, wovon bisher gesprochen wurde, richtig ist, dann trifft die oben gesetzte Überschrift nicht das Eigentliche. Ich suchte zu zeigen, daß in den vorderasiatischen Landschaften nicht ein Gott, daß eine allein aus sich gebärende Muttergöttin die Geberin alles Wachstums und die Herrin alles Lebens sei. Ein Schwarm von Phallen umgab die Mutter, senkte sich immer wieder, unaufhörlich in sie ein, und reizte sie zu einem immer wieder neueinsetzenden Gebären, bis aus der Vielzahl der Phallen nach und nach „der" Phallos wurde. Und endlich der Phallosträger, den sie sich erwählte. Bis sich das Schwergewicht und die Bedeutung von der Mutter, die aus sich selbst gebar, und die zum Fruchtbarwerden und Gebären von den auf sie eindringenden Phallen nur gereizt und angetrieben wurde, bis sich das Schwergewicht von ihr verlagerte auf den Zeuger, der in sie zeugte und von dem sie nur empfing. Um diese Verlagerung der Bedeutung und des Schwergewichtes zu erklären, wies ich auf zwei entscheidende Bedingungen hin: zuerst auf die, zusammen mit dem Übergange aus der pflanzerischen in eine bäuerliche Welt geschehene Umordnung in den menschlichen Verhältnissen; die matriarchal bestimmte wird zur patriarchalen Daseinswelt. Dann zeigte ich weiter, daß in den mittelmeerischen Kulturen die Völker dem Weibe eine wichtigere Stellung einzuräumen pflegten als in den indogermanisch durchsetzten Landschaften des Nordens. Wir werden zu fragen haben, welchen von den beiden Gründen oder ob beide die zu untersuchende Umordnung bestimmten.

Die Kanaanäer kennen als Hauptgöttin überall die Große Mutter, die meistens den Namen Aschtart trägt; in Byblos heißt sie Baalat, an anderen Orten wieder Anat, in der Tell-Amarna-Epoche Aschirat, im Alten Testament wird meist der Plural Aschtarot gebraucht. Sie ist identisch mit der Istar Babels und Assyriens, und überall gilt sie als die Gebärende, als die Mutter alles Lebens. Wir haben ein altes sumerisch-babylonisches Epos „Die Niederfahrt der Istar", in dem sie die Absicht äußert, in die Unterwelt zu gehen:

nach der Behausung, die niemand verläßt, der sie betrat,
nach dem Wege, dessen Bahn sich nicht wieder wendet,

nach der Behausung, deren Bewohner des Lichtes entbehren;
wo Erde ihre kümmerliche Nahrung, Lehm ihre Speise,
wo sie das Licht nicht schauen, in Finsternis wohnend.

Und nun setzt der Bericht von ihrer Reise hinunter ein:
Als Istar zum Tore von Kurnugea gelangte,
sprach sie zum Pförtner des Tores die Worte:
Pförtner, he, öffne dein Tor!
Öffne dein Tor, daß ich eintreten kann!
Öffnest du das Tor nicht, so daß ich nicht eintreten kann,
zerschlage ich die Tür, zerbreche ich den Riegel,
zerschlage ich die Pfosten, hebe aus die Türen,
führe ich die Toten hinauf, daß sie die Lebenden essen,
daß mehr als Lebendige der Toten es gebe!

Der Pförtner erbittet von der Einherstürmenden eine Frist, um Istar der
Unterweltsherrin Ereschkigal zu melden. Ereschkigal kann sich die Niederfahrt Istars aber nicht erklären; sie lebe im Licht, während man
hier in Dunkelheit sei, Lehm esse und Schmutzwasser trinke, und während
einem die Ohren vom Klagen und Weinen der trauernden Hinterbliebenen
schmerzen und gillen:

Als Ereschkigal dieses vernahm
ward ihr Antlitz gleich einer abgehauenen Tamariske;
gleich einem niedergeschlagenen Rohrbusch ward sie völlig niedergeschlagen:
„Wozu hat ihr Herz sie veranlaßt, wozu hat ihr Sinn sie getrieben?
Siehe, ich trinke Wasser mit den Unterweltgeistern,
statt Speisen esse ich Lehm, statt Bier trinke ich schales Wasser.
Laß mich weinen über die Männer, die ihre Gattinnen verlassen
mußten,
laß mich weinen über die Frauen, die aus ihres Gatten Arm gerissen
wurden,
laß mich weinen über das schwache Kindlein, das vor seiner Zeit
dahingerafft ward.
Geh, Pförtner, öffne ihr dein Tor!
Behandle sie nach den alten Gesetzen!
Da ging der Pförtner und öffnete ihr das Tor.

Er führt sie herein, aber nicht durch ein, sondern sieben Tore, und an
jedem nimmt er ihr ein Stück ihrer Kleidung ab, vom Kopftuch und vom

Schmuck bis zum Schamtuch hinab. Sie fragt ihn bei jedem Male, warum er das tue, und jedesmal bekommt sie die selbe nämliche Antwort:

Tritt ein, Herrin, also sind der Unterwelt Gebote!

Aber dies Ablegen ihrer Kleidung und ihrer Würdenabzeichen nimmt ihr die Kräfte und die Unterwelt wird nun über sie Herr. Sie wird ergriffen und im Palaste der Unterweltherrin gefangen gesetzt. Nun aber bricht eine böse Zeit an auf Erden:

Nachdem nun Istar nach Karnugea hinabgestiegen,

bespringt der Stier nicht mehr die Kuh, beugt sich der Esel nicht mehr

über die Eselin,

beugt sich der Mann nicht mehr über das Weib in der Gasse:

es schlief der Mann an seiner Stätte,

es schlief das Weib für sich allein.

Alles Gebären und alles Wachstum also ist nunmehr zu Ende.

Zuletzt greifen die Götter ein und bringen Ereschkigal dazu, daß sie die Herrin des Wachstums wieder nach oben entläßt.

Man hat an dem Inhalt dieses Epos sehr lange gerätselt und hat es in Beziehungen zum Tode des Tamuz gesetzt. Ich glaube, daß es sehr einfach und eindeutig ist: die fruchtbarkeitschaffende Göttin darf die Welt nicht verlassen; wenn sie davon geht — und es gibt ja nur einen einzigen gefährlichen Weg, auf dem sie davongehen könnte, den hinab in die Unterwelt und den Tod, — wenn sie davongeht, dann stockt alles Gedeihen auf der Erde. Der oberste Gott Ea hat aber Ereschkigal gezwungen, sie zurückkehren zu lassen, wie Zeus drüben Plutos zwang, die von ihm geraubte Göttin auf die Oberwelt zu entlassen, weil alles Wachstum und alles Gedeihen stillstand auf Erden. Und wie ein Schwarm Phallen die mütterliche Gottheit umschwärmte, bis aus den unpersönlichen Befruchtern der eine ward, erst noch ein Phallos und dann der Phallosträger und endlich ein Name, so ist es ein Schwarm von Liebhabern, die Istar gehörten. Im Gilgamesch-Epos wirft Gilgamesch einmal der Istar vor, sie habe so und so viele Liebhaber gehabt, — ich möchte ergänzen, sie habe in jedem Jahre einen neuen Liebhaber gehabt, — und habe noch einem jeden von diesen Unglück gebracht.

Und er weist ihre Werbung rücksichtslos zurück:

O Herrin, behalte für dich deine Reichtümer! ...

Einer Hintertür gleichst du, die nicht zurückhält Wind und Sturm,

einem Palaste, der die Helden zerschmettert ...

Welchen deiner Gatten liebtest du ewig,

welcher deiner Schäfer vermochte dich zu fesseln?
Wohlan, ich will aufzählen all deine Buhlen,
will der Rechnung Summe ziehen!
Dem Tamuz, deinem Jugendgeliebten,
hast Jahr für Jahr du Klagen bestimmt.
Den bunten Schäfer gewannst du lieb:
du schlugst ihn, zerbrachst ihm die Flügel,
nun steht er im Walde (als ein Vogel), ruft: kappi!
Du liebtest den Löwen, den kraftgewaltigen:
sieben und abermals sieben grubst du ihm Fanggruben.
Du liebtest das Roß, das kampfesfrohe,
Peitsche, Sporn und Geißel bestimmtest du ihm,

sieben Meilen zu jagen bestimmtest du ihm,
aufgewühltes Wasser zu trinken bestimmtest du ihm,
seiner Mutter Silili bestimmtest du Klagen.

Du liebtest den Hirten, den Hüter,
der ständig dir Asche streute,
täglich dir Zicklein schlachtete:
du schlugst ihn, in einen Wolf verwandeltest du ihn;
es verjagen ihn seine eignen Hirtenknaben,
und seine Hunde zerbeißen ihm die Schenkel.

Du liebtest Ischullanu, den Gärtner deines Vaters,
der ständig dir Sträuße brachte,
täglich deinen Tisch schmückte;
die Augen erhobst du zu ihm, ihn verlockend:
,O Ischullanu, deine Kraft wollen wir genießen!'
. . .
Ischullanu spricht zu dir:
,Was verlangst du von mir?
Hat meine Mutter nicht gebacken, habe ich nicht gegessen,
daß ich Speisen essen sollte, die Böses und Fluch bringen!' . . .
Du hörtest diese seine Rede:
du schlugst ihn, verwandeltest ihn in eine Fledermaus . . .
Jetzt liebst du mich und wirst mich wie jene verwandeln!"

Als Istar dieses vernahm
ergrimmte Istar . . .

Ich wende den Blick nun noch einmal auf den Vordersten zurück, der als der erste wohl der wichtigste von allen ist, und der der einzige nicht von ihr Verwandeltwordene ist.

Aus ihrer Schar von Liebhabern hebt also Tamuz sich hervor.

Und dieser eine tritt immer stärker in den Vordergrund.

Tamuz ist ein sumerischer, also ein semitischer Gott. Sein Name kommt vom sumerischen Damu-zi oder Dumu-zi, einer Verkürzung von Dumu-zi-abzu: echter Sohn der Wassertiefe; Tamuz ist also einer der sechs Ea-Söhne. Zu seinen wichtigsten Beinamen gehören außer „Herr", „Anführer", „Held", „Mannhafter", „Herr der Kraft des Landes", also ausgesprochen männlich betonten und bestimmten Namen: „der Hirte", „Herr der Hirtenwohnung", „Herr des Viehhofes", „Herr der Hürde"; er gilt mithin als Gott des Hirtenlebens und der Herde. Und so beginnt auch eine Beschwörung mit den Worten: „Milch der gelben Ziege, die im reinen Hofe des Hirten, des Gottes Tamuz, erzeugt ist, Milch der Ziege möge der Hirte (Tamuz) mit seinen reinen Händen dir geben." — In einem an Istar gerichteten kultischen Liede wird gesagt: „Ich brachte dar Mus für den Hirtenknaben des Gottes Tamuz." — Von seinen Zicklein und Schafen ist verschiedentlich die Rede und es heißt auch, daß Tamuz (morgens?) das Vieh aufstehen läßt.

Der Gott der Herde ist aber sicher auch ein Gott der Weiden, denn ohne Weiden ist die Herde ja durchaus verloren; auch bei den Juden gehörten Hirte und Weide nahe zusammen. Der 23. Psalm beginnt mit diesen Worten: Der Herr ist mein Hirte; mir wird nichts mangeln. Er weidet mich auf einer grünen Aue . . . , und hinter dem Gleichnis steht die tägliche Erfahrung. So konnte der Hirte Tamuz auch ein Gott des Wachstums werden, — ein männlicher Gott des Wachstums, denn das Hirtentum ist männlich, und seine Sorgen trägt es männlichen Göttern vor.

Wie Istar, so finden wir auch Tamuz auf dem Wege in die Unterwelt; daß er gestorben wäre oder getötet worden sei, darüber enthalten die bisher aufgefundenen Keilschrifttexte nichts; vielleicht wird man an einen Niederstieg wie den der Istar denken. So ist er dahingegangen:

Eine Tamariske (ist er), die im Garten Wasser nicht getrunken, deren Krone auf dem Feld keine Blüte hervorgebracht hat;

eine Weide, die an ihrer Wasserrinne nicht ‚jauchzte',

eine Weide, deren Wurzeln ausgerissen sind;

ein Kraut, das im Garten Wasser nicht getrunken . . .

Nun hebt das Klagen und Weinen um den Dahingegangenen an:
Ein rasender Sturm hat ihn zerbrochen,
zum (Toten-) Berge hat er seinen Weg genommen;
wie ein Rohr ist er zerbrochen, nach oben . . .
Der Mannhafte, sein Feld hat er verlassen,
der Hirte Tamuz ist in Bedrängnis.
Seine Mutter, Wehklage um ihn möge sie anstellen,
Wehklage, Seufzen um ihn möge sie anstellen.
Indem sie steht, schmerzliche Wehklage erhebt sie,
indem sie sitzt, streckt sie die Hand nach dem Herzen.
Wehklage läßt sie erschallen, Wehklage, die schmerzlich ist;
Geschrei läßt sie erschallen, Geschrei, das schmerzlich ist . . .

Aber es ist nicht nur die Klage um den Fortgegangenen; das in-die-Unter-
welt-Verschwinden des Tamuz hat die Folge, die schon bei dem Verschwinden der Istar sichtbar wurde. Ein kultisches Klagelied um seinen
Tod hebt mit der gleichen Klage wie das soeben Angezogene an; dann
aber fährt es fort und zählt die bösen Folgen dieses seines Fortganges auf:

Bei seinem Verschwinden erhebt sie Klage,
‚oh, mein Kind!‘ bei seinem Verschwinden erhebt sie Klage;
‚mein Damu!‘ bei seinem Verschwinden (erhebt sie Klage),
‚mein Beschwörungs-Priester!‘ bei seinem Verschwinden (erhebt sie
Klage).
Bei der glänzenden Zeder, an weiter Stätte entsprossen,
in E-anna, oben und unten, erhebt sie Klage.
(Wie) die Klage, die ein Haus um den Herrn erhebt, erhebt sie Klage,
(wie) die Klage, die eine Stadt um den Herrn erhebt, (erhebt sie
Klage).
Ihre Klage ist die Klage um Kraut, das im Beet . . . nicht wächst,
ihre Klage ist die Klage um Korn, das in der Ähre nicht wächst.
Ihre Kammer ist ein Besitz, der einen Besitz nicht hervorbringt,
ein erschöpftes Weib, ein erschöpftes Kind, das Kraft nicht hervorbringt.
Ihre Klage ist (wie) um einen großen Fluß, woran Weiden nicht
wachsen,
ihre Klage ist (wie) um ein Feld, worauf Korn und Kraut nicht
wächst.

Ihre Klage ist (wie) um einen Teich, worin . . . — Fische, suhuru-Fi-
sche nicht wachsen,
ihre Klage ist (wie) um ein Röhricht, worin Rohr . . . nicht wächst.
Ihre Klage ist (wie) um Wälder, worin Tamarisken . . . nicht wachsen,
ihre Klage ist (wie) um die Steppe, worin Zypressen nicht wachsen.
Ihre Klage ist (wie) um die Tiefe eines Baumgartens, worin Honig
und Wein nicht wächst,
ihre Klage ist (wie) um Wiesen, worauf . . . — Pflanzen, sihlu-Pflan-
zen nicht wachsen.
Ihre Klage ist (wie) um einen Palast, worin Langlebigkeit nicht
wächst.

Wir werden mit einem einzigen Wort zusammenfassend sagen können,
daß mit dem Fortgange des Tamuz alles Leben stockt, daß alle Kräuter
dorren, alles Wachstum stille steht.

Es ist ein jener mütterlichen Göttin Istar gleicher Gott, an den sich
die Hirten um Gedeihen der Weiden wenden. Das lehrt auch einer seiner
Beinamen: Ama-uschumgal-an-na: Mutter Alleinherrscherin des Himmels,
wie Istar Uschumgal-an-na-ge: Himmelskönigin, geheißen wurde. (Der
Name wird auch bei anderen Vegetationsdämonen bemerkt.)

Ist Tamuz ein jener mütterlichen Göttin Istar gleicher Gott, so kann
man doch nicht von einer einfachen Doublette sprechen. Sie ist die
„Mutter Erde", die „gebärende Kraft in der Natur"; er ist der Hirt, der
mit der Hirtenflöte ausgestattet war, und dessen Schwester Geschtin-
anna oder assyrisch Belit-seri, die Herrin der Steppe heißt und aus dem
Weidelande kommt, — doch seine Aufgaben und sein Weg ins Dunkel
ist der gleiche.

Hier aber erhebt sich nun ein bisher unerörtertes Problem. Daß Tamuz
ein Gott der Hirten und der Weide ist, lehren seine Namen und die
Mythen, und es wurde auch schon gesagt, man könnte versucht sein, in
ihm speziell, wenn nicht ausschließlich, den (wie die Weide so) die junge
Herde schützenden Gott zu sehen. War er ein Gott der Hirten, dann
waren es Männer, die ihn verehrten, denn das Hirtenleben ist keine
weibliche, es ist eine ausgesprochen männliche Angelegenheit.

Der Istarkult hingegen ist ein weiblicher Kult gewesen, wie das ja
auch die Dienste der Großen Mutter meistens waren.

Dann traten die beiden Gottheiten in Beziehung zueinander. Daß Istar
und Tamuz sich zu Anfang fremd gewesen sind, kann man aus einer
Reihe Einzelheiten noch erkennen. Ursprünglich war er ein Kind der

Sirdu, Sirdu also seine Mutter; in späteren Liedern aber soll es Istar sein, die allgemein als seine Geliebte oder Buhle gilt; da widerspricht die eine Überlieferung der anderen; ein solches Widersprechen aber wird nichts anderes sein, als daß die eine Nachricht in die andere eingeordnet wurde.

Wie eingeordnet? Wir wissen aus dem vorderasiatischen Mutterglauben, daß eine Schar von Phallen um die Göttin schwärmte. Auch daß ihr Phallen „geopfert" worden sind. Zu diesen phallischen Opfern gehörte auch die kultische Entmannung. Im Gilgamesch Epos, das ich schon einmal zitierte, wirft Gilgamesch der Istar unter anderem vor, daß sie mit allen ihren Geliebten hart verfahren sei; so habe sie etwa einen Hirten zum Schakal verwandelt, den ihre Hunde dann gebissen und zerrissen hätten; den letzten aus dieser sie umschwärmenden Schar von Männern, den Gärtner Ischullam, habe sie am Glied verstümmelt. Zum Hohn wird ihr der Phallos des Himmelsstieres ins Gesicht geschleudert. Sie also ist eine männerhungrige, männerfressende Frau; es wittert um sie von Liebe, von unendlicher, nie aufhörender Brunst, und sie verbraucht die Männer, immer einen nach dem andern. Als man die Göttin und den ganzen phallischen Schwarm um sie beschrieb, als man die einzelnen Männer nannte, hieß der eine Ischullam, ein zweiter war Tamuz, und noch andere hatten andere Namen. Wahrscheinlich zog seine der Göttin Istar ziemlich gleiche Rolle, und die den ihren entsprechende Abenteuer seinen Namen an.

Ja, man wird noch ein kleines Ende weiterschreiten dürfen. Nicht nur zog ihre Mythe die des Tamuz an, sie scheint die eigentlich bestimmende gewesen zu sein, die Tamuz- und Attismythen sind nur Nebenformen ihrer Mythe. Man hat vor nun fast vierzig Jahren schon einmal behauptet, der Tamuzdienst sei nichts als eine Art Anhängsel ihres Kultes, wie der Adonis- nur ein Anhängsel des Astartekultes. Das ist bisher fast immer übersehen worden. Wenn aber nun Tamuz oder Adonis nicht die Hauptgestalt, wenn Istar die eigentliche Zentralgestalt der Dienste war, dann sind alle diese Überlieferungen nur von ihr aus zu verstehen. Die große gebärende Mutter steht im Mittelpunkt des Denkens, und Tamuz, Ischullam, jener Hirt, Adonis oder Attis sind nur die wechselnden, benannten Gestalten eines phallischen Schwarmes. Sind nur gelegentlich aus diesem Schwarm herausgewachsen; sie aber verbrauchte phallische, zeugende Männer ohne Ende, und immer von neuem andere, Jahr um Jahr.

Wenn dem so war, dann läßt es sich unschwer begreifen, daß Tamuz in ihren Kult und ihre Legende eingeordnet wurde, — wozu vielleicht noch jenes andere kam, daß die sumerischen Hirten langsam ihre Steppen ließen und daß sie seßhaft wurden und zu Pflanzerbauern geworden sind.

Daß sich die Dinge ungefähr so entwickelt haben müssen, ist aus einer Anzahl kultischer Zeugnisse zu ersehen.

Auf einem Siegel im Britischen Museum bekommen zwei ganz gleich gezeichnete Schafe je einen rosettenbesetzten Zweig von einem Manne, welcher mit einem merkwürdigen, durchsichtigen, aus einem weitmaschigen, netzartigen Stoff gefertigten Rock gekleidet ist, gereicht. Er trägt die Haartracht und die Kopfbinde, die beide in dieser Zeit für einen König bezeichnend sind. Zwischen den beiden gefütterten und zwei herbeikommenden weiteren Schafen stehen zwei Standarten, zwei schlanke Bündel aus dem Schilf, das heute noch in den Euphrat- und Tigrissümpfen wächst, an ihrer Spitze volutenartig eingerollt und je mit einem herabhängenden Wimpel ausgezeichnet. Wir können durch einen glücklichen Zufall diese Standarte als Zeichen der großen Muttergöttin Inanna oder Istar von Uruk deuten, weil es in der Keilschrift als das Zeichen für Istar übernommen worden ist. Das Bild zeigt also, wie ein königlicher Hirte am Ort der Göttin Inanna Schafe füttert.

Dem eben beschriebenen stellt sich ein in Berlin vorhandenes Siegel an die Seite. Da steht der gleiche königliche Mann, in beiden Händen große, mit achtblättrigen Rosetten besetzte Zweige haltend; zwei Mähnenschafe fressen rechts und links an diesen Zweigen. Die engste Verbindung zur Muttergöttin ist auch auf dem Berliner Siegel deutlich ausgedrückt; auf einer links angebrachten Nebenszene rahmen zwei Schilfbündel der Innin ein Lamm mitsamt zwei großen Bechern ein. Wer jener mythische Hirte ist, der so im Mittelpunkte des Bildgedankenkreises steht, kann keinem Zweifel unterliegen, wenn wir in spätsumerischen Liedern von einem Hirten, Herrn der Hirtenwohnung, Herrn der Hürde hören, dem Gottmenschen und König von Uruk „Dumuzi", der später Tamuz heißt. Ein Siegel in Dresden und ein Alabastergefäß aus Uruk zeigen denselben netzrockbekleideten Mann, der auf dem Siegel dem Heiligtum der Göttin ein tierförmiges Gefäß zuträgt, der auf dem alabasternen Gefäß der vor dem Heiligtum sich aufhaltenden Göttin, von Dienern umgeben, Opfergaben bringt.

Ich will es mit diesen Bildbeweisen genug sein lassen. Sie zeigen, daß in der vorsemitischen, sumerischen Zeit der mesopotamischen Geschichte Tamuz als Halbgott, opfernder und königlicher Hirte in den Kreis der

Muttergöttin eingetreten ist. Man hat die Djemdet Nasr-Zeit mit ihrer Betonung der Haustierwelt sowie des Muttergöttin-Glaubens eine Bauernwelt genannt; wir werden vorsichtiger nur von einer pflanzenbäuerischen sprechen, wie sie gemeinhin auf die jägerliche folgte. Die Erstere nahm Tamuz in den Muttergöttinglauben auf, und unsere vorhin auf Grund der literarischen Überlieferung gezogenen Schlüsse werden somit durch die archäologischen bestätigt.

Ob, was die Archäologen sonst aus ihren Materialien herausgelesen haben, Stich zu halten vermag, will mir ein wenig zweifelhaft erscheinen. Auch aus den literarischen Überlieferungen war nichts anderes, als daß der Hirt zu den Geliebten der Muttergöttin zählte, festzustellen. Wir wissen noch immmer nicht, an welchem Tode er gestorben ist, wenn man auch einen dem des Adonis entsprechenden durch den Eber angenommen hat. Wir wissen aus kultischen, seinen Tod beklagenden und seine Wiederkehr bejubelnden Liedern nur, daß Istar gegangen ist, ihn aus der Unterwelt zurückzuholen; da eines der Klagelieder seine Mutter und seine Schwester ihn beklagend nennt, ist es leicht möglich, daß sie die Stelle der einen eingenommen hat. In diesen „Flöten-Klageliedern um Tamuz" ist immer wieder davon die Rede, daß mit dem Tode des Tamuz alle Fruchtbarkeit hingehe; eins aber spricht dann von seinem Wiederkommen, Istar ist in das Totenland hinabgestiegen und will die Ereschkigal zwingen, ihn herauszugeben. Von einem Kampf gegen die Unterweltdämonen hören wir nichts, er scheint ein durchaus Passiver zu sein, was wieder dafür spricht, daß er in diesen Zusammenhängen eigentlich nicht zu Hause ist.

All diese Texte enthalten keine eigentliche Tamuz-Mythe. Sie konnte sich nicht ausbilden, denn alles was erzählt wurde, war im Grunde schon da: sein Sterben, die Klage der Mutter oder Schwester, und sein Wiederkommen, wie Istar nach ihrer Unterweltfahrt zurückgekommen ist. Als diese Gestalt sich in den Istarkreis einfügte, wurde nur hinzugetan, was eigentlich selbstverständlich war: daß Tamuz der eine der vielen Geliebten Istars ist.

Der Tamuzkult hat aber durch ganz Vorderasien sich verbreitet. Ich fange mit einer ziemlich alten Nachricht an. Im Tempel Jerusalems sah der Prophet Ezechiel die Weiber um Tamuz klagen und er hörte ihn beweinen; da ist nicht nur der alte sumerische und assyrische Kult ins Heiligtum des jüdischen Gottes Jahve eingedrungen, er ist zu alledem als kultisches Tun der Frauen eingedrungen. Er kam natürlich so, wie seine

Heimat ihn gefeiert hat; das heißt: der Tamuz-Istar ist ein weiblicher Kult gewesen. Noch beinahe fünfzehnhundert Jahre später erfahren wir über die Harranier (Ssabier) in Syrien, welche den babylonischen Mythus übernommen hatten, daß ihre Weiber bei einem Fest um Tamuz klagten. En-Nedim berichtet im Fihrist nach den Mitteilungen eines Christen Abu-Sa' id Wahb ben Ibrahim 987: „Tamuz. Mitten in diesem Monat ist das Fest el-Baqat, das heißt der weinenden Frauen, und dieses ist das Ta-uz-Fest, welches zu Ehren des Gottes Ta-uz gefeiert wird. Die Frauen beweinen denselben, daß sein Herr ihn so grausam getötet, seine Knochen in einer Mühle zermahlen und dieselben dann in den Wind gestreut hat. Die Frauen essen während dieses Festes nichts in einer Mühle Gemahlenes, sondern genießen bloß eingeweichten Weizen . . .“ — Zur selben Zeit auch hat in seiner „Nabatäischen Landwirtschaft“ Abu-Bekr A'hmed ben Wa'hschijjah geschrieben: „Alle Ssabier unserer Zeit, sowohl die babylonischen als auch die harranischen, wehklagen und weinen bis auf unsere Tage über Tamuz an einem Fest desselben in dem gleichnamigen Monat und stellen, vorzugsweise die Frauen, eine feierliche Totenklage an.“ Das gleiche berichten auf Grund dieser Angaben noch in der zweiten Hälfte des zwölften Jahrhunderts Maimonides und Ende des vierzehnten Jahrhunderts El-Makrizi.

An diesen späten Festen, vor allem in En-Nedims Bericht, ist zweierlei vor allem andern interessant: zuerst wird der harranische oder ssabische Ta-uz, das ist Tamuz, in den zitierten Angaben mit dem Korn identifiziert: er wurde getötet, zermahlen und am Ende in den Wind gestreut. Man hat darauf weitreichende Schlüsse über die Identität des Vegetationsgottes Tamuz mit dem Korn gebaut und Tamuz für eine Personifikation des Kornes genommen. Tamuz ist aber von Hause aus ein Hirtengott gewesen; wenn er zum Gott des Ackers und des Korns geworden ist, und der Bericht En-Nedims läßt das wohl erkennen, dann muß der Hirt zu einem pflanzerischen Gotte geworden sein. Und das ist sicher dann geschehen, als er einst aus der Steppe und dem Kreise der Herden in den Kult des Wachstums trat, mit anderen Worten: als er in die Istar-Mythe eingeordnet wurde. Bei diesem Übergange und dem Eintritt in den Istarkult ist wohl der anfangs männliche auch zu einem weiblichen Kult geworden.

Der Geltungskreis des Gottes ist ein anderer geworden; der Kult des Gottes wurde anders, — man wird sagen dürfen, daß eine sehr große und entscheidende Wende stattgefunden hat.

Die Aufnahme des Tamuz in den der „Großen Mutter" hörigen phallischen Schwarm, vielmehr die Auszeichnung des einen in diesem Schwarm und seine Hervorhebung, die Nennung seines Namens, und die Einfügung in den Kult hat anscheinend schon in der sumerischen Epoche der mesopotamischen Geschichte stattgefunden. Die vorderasiatische Vorgeschichte, wie sie iranische Funde oder der Samarrakreis erkennen lassen, zeigt weder die Muttergöttin noch den halbgöttlichen Hirten Tamuz, wie das bei Jägerkulturen ja auch zu erwarten ist. Die frühe, noch vorgeschichtliche pflanzerische Tel Halaf-Welt hingegen hat schon nackte Mutter-Göttin-Bilder, und läßt damit bereits erkennen, daß sie den ältesten vorderasiatischen Gottheiten angehört. Erst Anfang des dritten Jahrtausends, in der sogenannten Djemdet Nasr-Zeit der hochsumerischen Geschichte erscheinen Bilder, welche man auf Tamuz deuten kann. Die Deutung verdanken wir eigentlich einem glücklichen Zufall, dem nämlich, daß in der Nähe der Muttergöttin Inanna oder Istar ein „königlicher Hirt" erscheint, in dem man wahrscheinlich niemand anders als den Hirten Tamuz suchen kann.

Nachdem ich zeigte, warum wir über Tamuz wenig mythisch-epische Nachrichten zu erwarten haben, bleibt ein Bedenken zu erörtern, — wie wenn alle Angaben über ihn aus irgend einem uns noch undurchsichtigen Grund geheim gehalten worden wären? Wir haben in einem assyrischen Ritual den Satz pirilta scha Ischtar usur, das Geheimnis der Istar wahre! Und wir erfahren, daß man in Babel viel geheim gehalten habe, so etwa die Tafel mit der Weltschöpfungslegende, die einer Vogelliste vorangehende Beschreibung schlangengestaltiger Dämonen, vor allem Beschwörungen, Götterzahlen, Sternlisten, Rituale. Deswegen steht oft am Schluß der Aufzeichnungen: „Der Wissende möge das dem Wissenden zeigen, der Nichtwissende soll es nicht sehen!" und am Kopfe: „Geheimnis des Weisen" oder „Geheimnis des Wahrsagepriestertums". So wahren die Priester „das Geheimnis der großen Götter".

Ich darf in diesem Zusammenhange am Rande eines bemerken. Geheimnis heißt bei den Babyloniern nisirtu; wieder nasaru, nasiru ist technischer Ausdruck für das Hüten alles göttlichen Geheimen; im Aramäischen mußte aus nisaru: nasir werden. Nun haben wir nicht nur eine jüdische Sekte der Nasiräer; den Philologen steht auch fest, daß $N\alpha\zeta\omega\rho\alpha\tilde{\iota}o\varsigma$ Nazarenus nicht, wie man meist ableitet, mit Nazareth zusammenhängen kann. Man wird es viel eher zu dem aramäischen nasir stellen. Wenn diese grammatisch-sachliche Herleitung stimmt, würde sie besagen, daß Jesus der Nazarener einer Sekte entstammte, die Hüter des göttlichen Geheimnisses gewesen ist.

Doch wieder zu Tamuz! Daß wir keine wirklichen Tamuz-Mythen haben, kann trotzdem mit diesem Hüten der Geheimnisse nicht zusammenhängen, — weil das ja nur ein Hüten gegenüber allen Laien war, sonst aber die göttlichen Geheimnisse aufgeschrieben worden sind. Wir kennen die Weltentstehungssage wie die Namen der schlangengestalteten Dämonen, die Sternenliste wie die Beschwörungen, — und wir würden auch die Tamuzmythe kennen, wenn eine solche einmal niedergeschrieben worden wäre. Sie wurde nicht niedergeschrieben, — weil es keine Tamuz-Mythe gab; vorsichtiger gesagt: weil es nach dem bisherigen Befund der Keilschriftniederschriften zur Zeit der Aufzeichnungen keine Tamuz-Mythe gegeben haben wird.

Das zweite, worauf in diesem Zusammenhange hinzuweisen ist —: wenn es bestimmte geheimzuhaltende Überlieferungen und Riten gab, (man könnte sie als priesterliche und gelehrte Berufsgeheimnisse bezeichnen, ein Wissen, das zwischen den Priesterklassen und Jahrhunderten gewechselt hat), so hat das mit einem Geheimkult oder Mysterium noch nichts zu tun. Vom Wesen und vom Charakteristischen der Geheimkulte sprach ich schon und füge dem zu, daß es hier gewisse kultdramatische Äußerungen sind, in deren Mitte die Fragen Tod und Auferstehung stehen; Mysterien aber verlangen die Teilnahme an dem sakramentalen Akt, in dem der Myste mit der Gottheit sich vereinigen will. Von beiden ist aber im Istar-Tamuz-Kulte nichts zu spüren. Wenn von ihm Pfade zu den Mysterien gehen, wird nur gelten können, daß er die Vorstufe eines Mysteriums gewesen ist.

Adonis

Byblos im nördlichen kanaanäischen Lande und nahe Ras Schamra war der Hauptort des Adoniskultes, und diese große Stadt, die es sich zum Ruhme rechnete, die älteste phönikische Stadt zu sein, ward so das Rom des immer mehr sich ausbreitenden und zunehmenden Dienstes. Die große phönikische Mutter alles Lebenden, Astarte, die bei den Juden des Alten Testaments den „Himmelsheeren" den Namen gab, die Atargatis phrygischer Kulte und mehr oder weniger auch die Istar Babylons, beherrschte die Stadt als Saalat Gebal, die Herrin von Gebal (oder Byblos). Hier auch erhob sich das große Heiligtum der Göttin, und südlich der Stadt floß der Fluß Byblos in das Meer, der Fluß, der im Adoniskulte eine Rolle spielte, denn an der Quelle des Byblos, eine Tagereise östlich von der Stadt und auf dem Libanon, stand ein uralter Tempel der Astarte; dort war es, wo ihr Adonis begegnete und wo sein verstümmelter Körper begraben worden ist, — wie wiederum die Adonisfeiern im Tempel der Astarte zu Byblos stattgefunden haben. Der Byblos durchbricht den Libanon in einer tiefen, von edlen Walnußbäumen und Zedern bestandenen Schlucht, und wieder am Ort des Tempels, in Aphaka, dem halben Wege zwischen Byblos und Baalbek, schoß zu der Zeit des Festes ein Feuerbrand gleich einem lodernden Stern hinunter in die Schlucht und in den Fluß. Zu Ghineh, in der Umgebung von Byblos, zeigte man Felsskulpturen, die Bilder aus der Geschichte des Adonis boten: diesen im Kampfe mit einem Bären, daneben eine trauernde weibliche Figur, vielleicht die Göttin, und beide Skulpturen waren über einer Höhle eingehauen. Entsprechende Bildwerke fand man in Maschnaka.

Wenn ich es recht ausdeute, geht aus dem hier bisher Berichteten zweierlei hervor: zuerst, daß der Adonis gewidmete Kult anscheinend auf Byblos und dessen nächste phönikische Umgebung sich beschränkte, und zweitens, daß eine Beziehung zu Tamuz bestehen dürfte, denn sicher erinnert Astarte sehr an Istar, — wie hier und dort von dem Verhältnis eines jugendlichen männlichen Gottes zu einer reiferen göttlichen Frau die Rede ist. Und diese Kongruenz wird auch seit langer Zeit behauptet; der Hl. Hieronymus (Epistola LVIII ad Paulinum) gebraucht die Wendung „Thamuz id est Adonis", und noch der syrische Lexikograph Bar Bahlul setzte um die Mitte des zehnten Jahrhunderts beide gleich. Auch die moderne Forschung ist von der nahen Verwandtschaft beider Gestalten überzeugt und meint zu wissen, daß der phönikische Adonis und der sumerische Tamuz sich entsprechen.

Adonis, — wahrscheinlich ist uns der eigentliche Name dieser Erscheinung überhaupt unbekannt; Adonis ist nur das graekisierte phönikische Wort adon, das „Herr" bedeutet, — und manche meinen, daß dieses Wesen, weil es kein eigentlicher Gott war, nur ein Dämon war, ein namenloser gewesen ist, nur eben „Herr" geheißen habe. Denn auch im Kulte scheint er eine Stellung eingenommen zu haben, die ihn der großen weiblichen Gottheit unterordnete. Der Mythus machte ihn zum Liebling

der Astarte, und wie ich vorübergehend schon bemerkte: wie im Tamuzkulte, so treffen auch hier die fraulich reife Göttin und der jünglingliche
Mann zusammen. Dann heißt es, daß er verschwunden sei. Nach jüngeren
Mythen wurde er auf der Jagd von einem Eber angegriffen und getötet;
das in so weiten Bezirken in den Kulten von Göttinnen geltende Opfer-

Felsskulptur über der Höhle zu Ghineh

tier, das Opfertier auch der Demeter, entmannte und tötete ihren Geliebten. Denn in dem Kampfe der beiden wurde er — nach freilich späten
Zeugnissen — auch entmannt, ein Schicksal, das den Geliebten der Großen
Mutter oft geschah. Ich komme beim Attiskulte noch einmal darauf
zurück. Dann suchte Astarte den toten Geliebten, zuletzt auch in der
Unterwelt, und brachte ihn herauf. Nun, über die Auferstehung, vor
allem über die kultische Auferstehungsfeier, sind eine Anzahl einander

451

widersprechender Bemerkungen vorhanden; sie hat nach Meinung mancher im Tamuzdienste überhaupt gefehlt, und auch im syro-phönikischen Adonisdienste hält man sie für jünger. Denn weder Plutarch beschreibt sie aus Athen noch Ammianus Marcellinus in den Tagen Kaiser Julians aus Antiochien. Erst später weiß Lukians De dea Syria von ihr und dann berichten Hieronymus und Origines über sie; den späteren Jahrhunderten ist sie also ganz und gar vertraut. Man wird nach allem diesen wohl annehmen müssen, daß — zwar nicht in den ersten, aber doch in folgenden Jahrhunderten — die Auferstehung geglaubt und kultisch begangen worden sei. Wahrscheinlich ist sie doch die vorhin bereits erwähnte und hier sich wiederholende Fehldeutung eines mythischen Verschmelzungsaktes: der aus dem phallischen, um die Große Mutter kreisenden Schwarm von ihr Erwählte war an jedem Tag ein anderer, und war in einem gewissen Maße immer doch derselbe; er kehrte, noch ohne Namen und unpersönlich, alle Tage wieder.

Verschiedene Forscher nahmen in den letzten Jahren an, daß Tamuz der Dämon irgend eines Baumes gewesen sei, zum Beispiel der Tamariske, und sie glaubten von Adonis, er wäre das entsprechende Wesen eines anderen Gewächses oder Baumes, an welchem man „das Ergrünen im Frühjahr und das Verdorren im Hochsommer beobachtete." — Wie ich vorhin jedoch in einem ähnlichen Falle bemerkte, stehen älteren Denkwelten, naturnahen Völkern, frühen Mythen symbolisierende Gedanken oder Bilder fern; sie sahen nicht ein „vergleichbar", sondern ein „das ist". Dann aber wäre Adonis die rote Anemone oder die Adonis. Das rote Wasser im Frühjahr aber wäre sein Blut. Und so ist es wahrscheinlich in älteren Zeiten auch gewesen. Aus späteren Jahren liegt eine rationalistische Deutung vor; wir lesen bei Lukian: „Ein Fluß, der auf dem Libanus entspringt und sich bei dieser Stadt Byblos ins Meer ergießt, führt den Namen Adonis. Dieser Fluß wird alle Jahre zu einer gewissen Zeit blutrot, so daß er, so oft ihm dies begegnet, die Farbe des Meeres an seinem Ausfluß weit hinein verändert, und dies ist gerade der Zeitpunkt, wo die religiöse Trauer der Byblier ihren Anfang nimmt. Sie fabeln nämlich, in diesen Tagen werde Adonis im Libanon verwundet, und sein in diesen Fluß rinnendes Blut sei es, was ihm die rote Farbe und seinen Zunamen Adonis gebe. So glaubt und spricht der gemeine Mann. Mir aber gab ein gewisser Byblier einen anderen Grund an, woran mir mehr Wahrheit zu sein scheint. Er sagte mir nämlich, der Adonis fließe durch einen großen Teil des Libanus. Nun habe dieses Gebirge ein sehr rötliches Erdreich;

die heftigen Winde aber, die allemal um diese Zeit wehen, führten einen
der Mennige ähnlichen Staub in den Fluß, der seinem Wasser diese Farbe
gebe, so daß also das Schwein, das den Adonis verwundete, ganz unschul-
dig an dieser Blutfarbe des Flusses wäre und alle Schuld auf dem Boden
sitzen bliebe." — Hier also sind es die rauhen stürmischen Frühlings-
winde, durch welche der Fluß bestaubt wurde; andere wieder nahmen
an, daß durch die Schneeschmelze und die Frühlingsregen Erde in den
Strom geriet, und auch die Deutung rückte von der alten mythischen ab.

So wie das Wasser des Byblos erinnert die rote Anemone an sein Blut;
ihr Blühen fiel zeitlich mit dem Sichverfärben des Nahr Ibrahim, wie
man den Byblos heut zu nennen pflegt, zusammen. Da beides, das Sichverfärben des Flusses und das Blühen der Anemone dem Frühjahr, den
osterfestlichen Tagen angehört, und da nach Lukian die beiden Erscheinungen auch die Zeit angeben, in welcher das byblische Fest geschah,
hat dies im Frühjahr stattgefunden. Dem hat man widersprochen: eine
Notiz bei Plato gebe an, daß in Athen das Fest ein sommerliches war.
Und man hat weiter auf den Termin der Tamuzfeier hingewiesen; die
ist wohl immer in die sommerliche Zeit gefallen, und auch die späteren
Mitteilungen nennen noch den Juli. Ich sehe, daß unter allen Zeugnissen
das des Lukian das in den Einzelheiten deutlichste und ausführlichste
gewesen ist, und möchte ihm drum vor allen andern Glauben schenken.
Ich möchte ihm vor allem aber auch darum Glauben schenken, weil
seine Angaben heute noch erkennen lassen, was aus dem Wachsen der
Erde in den Kult gewachsen ist, und was vom großen Atmen der Erde
in ihm war. Das Fest in Byblos ist ein fast überzüchtetes gewesen,
der Tempel der Göttin strahlte weithin übers Meer, — das Bild der Göttin aber war ein alter Obelisk, ein ohne Gesicht und Schönheit Seiendes.
Und so ähnlich wirkt sein Buch: das Ältere klingt unter einer jungen
Decke nach.

Wie aber in diesem Buche, so fließt im Kulte des Adonis ein Ältestes
und ein Jüngstes in ein Gegenwärtiges zusammen.

Adoniskulte gab es an mehreren Orten im östlichen Mittelmeer. Neben
Cypern wird aber immer wieder Byblos genannt, und Byblos hat wohl
dem Dienste auch seine klassische Form gegeben. Lukian berichtet De dea
Syria c. 6 über ihn: „Nicht weniger habe ich zu Byblos einen Tempel der
Venus Byblia gesehen, wo sie dem Adonis zu Ehren Mysterien begehen,
mit welchen ich mich auch bekannt gemacht habe. Sie behaupten nämlich,

die Geschichte mit dem Adonis und dem wilden Schwein sei in ihrer Gegend vorgegangen, und dieserhalben haben sie diese Orgien eingesetzt, wobei sie den Tod des Adonis durch eine allgemeine Landtrauer mit großem Wehklagen beweinen. Wenn dann die Busen genug zerschlagen sind und genug geweint ist, bringen sie dem Adonis zuerst als einem Verstorbenen ein Totenopfer; am folgenden Tage aber machen sie sich die angenehme Illusion, ihn wieder lebendig zu glauben und lassen ihn gen Himmel fahren. Sie scheren sich auch die Haare ab wie die Ägypter, wenn ihr Apis gestorben ist. Die Damen aber, denen ihre schönen Haare zu lieb sind, sind zur Strafe gebunden, ihre Schönheit einen ganzen Tag öffentlich feilzubieten; doch ist der Markt nur den Fremden offen, und von dem Gewinn wird der Venus ein Opfer gebracht." — Das ist die fälschlich so genannte sakrale oder Tempelprostitution, die Tempelliebe der Anhängerinnen dieses Kultes, die aus dem Kult der Großen Mutter herzukommen scheint.

Ehe ich jedoch die innerste Zeremonie des Kultes bespreche, will ich von seiner alexandrinischen Form berichten. Dort hatte die Adonisfeier einen ziemlich ähnlichen Verlauf, nur daß anscheinend die in Byblos üblichen und an den babylonisch-assyrischen Tamuzkult erinnernden Flöten fehlten, statt deren an einem dritten Kultort, Cypern, eine Harfe galt. In Alexandria wurden die Bilder des Adonis und der Aphrodite, mit anderen Worten die des Jünglings und der Muttergöttin, auf Ruhelagern gezeigt; daneben setzte man reife Früchte, Kuchen und Gerank. Am ersten Tage des insgesamt dreitägigen Adonisfestes ist die Vermählung der beiden Liebenden gefeiert worden. Am nächsten Tage trugen die Frauen in Trauerkleidung und mit entblößter Brust und fliegenden Haaren das Bild des jünglinghaften toten Gottes ans Meeresufer und übergaben es dort den Wellen. Doch sangen sie dabei, daß der Verlorene wiederkehren werde, wenn auch die Wiederkehr nicht wie in Byblos bildlich sichtbar wurde. Wahrscheinlich bestanden aber von Alexandrien nach Byblos und wieder zurück Beziehungen und Einflüsse, denn Lukian berichtet: „Einige Byblier behaupten, der ägyptische Osiris sei bei ihnen begraben, und dieses jährliche Trauerfest und die Orgien, die dabei begangen werden, wurden nicht dem Adonis, sondern dem Osiris zu Ehren gefeiert. Der Umstand, der dies wahrscheinlich macht, ist dieser: alle Jahre kommt (um die Zeit des Festes) ein (künstlicher) Kopf aus Ägypten zu Byblos angeschwommen, wohin er einen Weg zu schwimmen hat, zu dem ein Schiff sieben Tage braucht. Aber die Winde bringen ihn vermittels einer göttlichen Steuerkunst dahin, und er wird niemals anderswohin verschlagen, sondern kommt immer richtig zu Byblos an; kurz, es ist ein wahres Mirakel. Es begegnet alle Jahre und geschah auch, da ich zu Byblos war; ich habe das Haupt mit meinen Augen gesehen und sah recht gut, daß es aus ägyptischem Papier gemacht war." — Wieland in seiner Lukianübersetzung bemerkt dazu: „Der heilige Vater Cyrillus, Bischof von Alexandrien, bestätigt in seinem Kommentar über das achtzehnte Buch des Propheten Jesaias v. 2 diese Merkwürdigkeit, nur mit dem Unterschiede, daß es kein Kopf, sondern ein Topf von Papier (oder Nilschilf) gewesen sei, den die Alexandriner alle Jahre mit großen Zeremonien ins Meer gelassen, und auf welchem er, ihrem Vorgeben nach, von selbst richtig zu Byblos angelangt sei, um den dortigen Frauen auf einem Zettel, (der in den Topf verschlossen und eingesiegelt war), die frohe Nachricht zu bringen, daß Adonis lebe." Der alexandrinische Adoniskult steht also in engster Beziehung zum phönikischen.

Wenn man alexandrinischen und phönikischen Nachrichten folgt, so lehren sie beide, daß das Fest zwei Tage währte; doch scheint bei jedem ein notwendiges Stück zu fehlen. Am ersten Tage zeigte man Aphrodite und Adonis auf ihren Ruhelagern, auf dem Brautlager, könnte man auch sagen, (und man hat einen vielleicht möglichen Hinweis in dem Tamuzlied vom Strom und von der Zeder an ihm finden wollen:

zu meiner Rechten eine Zeder, zu meiner Linken eine Zypresse,
zu meiner, der Schwangeren, Rechten eine glänzende Zeder;
eine glänzende Zeder, eine hasur-Zeder . . .
Mein Gesicht hinter ihr gehörig zurecht gemacht;
mein Ellbogen hinter der Zeder zurecht gemacht,
auf meiner Schulter Brust . . . zurecht gemacht.

Aber ich sehe die vermutete Gleichung doch ein wenig skeptisch an.) An dem der heiligen Hochzeit oder dem ἱερὸς γάμος folgenden Tage beklagt man den Tod des jünglingshaften Gottes und die Frauen weinen, dann tragen sie ihn zum Meer, vielleicht zu einem Begräbnis in den Wogen, vielleicht um ihn dem ewiggebärenden Elemente zu übergeben. Es ist ein schroffer Übergang von einem Freudentag zur Klage; wenn man am ersten tanzte und sang und jubilierte, so schlagen die Weiber am andern sich die Brust und raufen sich die Haare, um an dem dritten mit Jauchzen des Adonis Wiederkunft zu feiern. Und so wie die Expressionen bei den Weibern wechseln, so wechseln die Szenerien zwischen dem öffentlichen Beilager beider Götter und trauerverhängtem Katafalk, zwischen Wollusttag und Weinen. Es ist ein frühes und unausgeglichenes naturhaftes Menschentum, das uns in diesen harten Wechseln sichtbar wird.

Ein sehr viel früheres, als die Adonisgärten uns erkennen lassen.

Die Adonisgärten bildeten in jüngerer Zeit ein wichtiges Stück des Kultes. Diese κῆποι Ἀδώνιδος waren einfache Topfscherben oder Körbe, in die man schnellwachsende Kräuter, Weizen, Gerste, Fenchel und dergleichen säte und sie acht Tage lang sprossen ließ. Waren sie dann aufgegangen, so wurden sie — das wenigstens in späteren Jahren — aufgestellt bis sie verwelkten, und dann, in einigen späteren Übungen in eine Quelle oder in das Meer geworfen, — was möglicherweise dem alexandrinischen Brauch entspricht, ein hohles Gefäß ins Meer zu setzen und nach Byblos schwimmen zu lassen. Der Brauch bestand im vorderen Asien wie in Griechenland, wo Plato ihn schon erwähnt, und bei den Juden, wenn man Jesaias 17, 10 f. aus dem Jahre 734 hierher ziehen darf, auch in Sizilien, und hat sich dann bis Kalabrien und Sardinien vorgeschoben, wo er in ausgeblaßten Formen bis heute existiert, und wieder wie schon in Byblos zu den ostertäglichen gehört. Man sagt, daß er die Jugendfrische und -schönheit wie das rasche Sterben des Gottes Adonis — und der frühlingsfrischen Vegetation darstelle; das Grün in den Scherben, möchte ich lieber sagen, i s t Adonis; ich glaube an ein „Versinnbildlichen" und „Symbolisieren", das man den frühen Kulturen immer wieder zuschreibt, nicht. Und wenn man dagegen auf Jesaias verweisen will, in dessen Orakeln gegen Damaskus derlei aufzuklingen scheint: „Du pflanzest Pflanzungen der ‚Lieblichkeit' (ein fremdes Kraut!) und besäst es mit fremden Ranken. Am Tage deines Pflanzens hegst du sie und am Morgen bringst du deine Saat zur Blüte; aber dahin ist die Ernte am Tage des Siechtums und des herben Schmerzes", — ich sage, wenn bei Jesaias ein Versinnbildlichen aufzuklingen scheine, dann klinge es bei einem nicht-mehr-naiven Gramprophezen auf, bei einem der Predigt und der gehobenen literarischen Sprache nahen Manne.

Ich glaube, daß man die Bräuche sehr viel einfacher deuten muß und daß man, um sie zu sehen, wie sie wirklich sind, nicht nach den Texten eines der größten Prediger greifen muß. Sie werden zum Beispiel aus dem heutigen Sardinien so beschrieben: „Am Aschermittwoch nimmt man einen großen Teller aus Porzellan oder Email. Darauf breitet man eine Schicht Wolle aus, und zwar ungesponnene sardinische Schafwolle, die sich leicht in lockeren Flocken ausbreiten läßt. Die Wolle wird angefeuchtet und dann reichlich mit Pflanzensamen bestreut; man nimmt gewöhnlich Samen von Weizen, von Kichererbsen oder von Linsen. Vor allem muß das Gefäß an einen dunklen Platz gestellt werden, damit auf die keimenden Pflanzen kein Licht fällt. Denn die Pflanzen des Nenneri, (so heißen dort die Adonisgärten), müssen ganz bleich sein. Man begießt die Saat etwa einen über den anderen Tag. Die Wurzeln wachsen in die feuchte Wolle hinein und bilden mit ihr zusammen einen richtigen Kuchen. Bevor wir das Nenneri am Gründonnerstag zur Kirche tragen, schmücken wir es hübsch aus. Wir stecken Blumen hinein und legen ein buntes Seidenband herum. Zuweilen stellt man auch wohl ein brennendes Lichtlein hinein, aber das ist nicht nötig. In der Kirche stellen wir das Nenneri in der Nähe des Kruzifixes auf den Erdboden. Es wird vom Priester gesegnet. Drei Tage läßt man das Nenneri in der Kirche, bis zum Ostersonntage. Dann tragen wir es wieder nach Hause. Diejenigen aber, die Land haben, tragen es noch hinaus auf das Feld, in den Wein- oder Obstgarten, und lassen es dort liegen." — Hier ist das Nenneri oder das Adonisgärtchen ein an den weihnachtlichen Tannenbaum, die Barbarazweige am 4. Dezember oder einen ähnlichen Brauch erinnerndes Tun; es fällt kein Wort von einem zu symbolisierenden Dämon oder Gotte. Dagegen scheint an den Nenneri eine zauberische Qualität zu haften, so etwa wie an den geweihten Palmen zu Palmarum; man bringt den Scherben mit dem grünen Trieb hinaus, doch sicher, weil man damit ein Günstiges zu erzielen hofft. Man kann hier nicht von einem „Sinnbild" sprechen, sondern nur von Zauber.

Nun ist natürlich von den Adonisgärten der Antike zu den in unsern Tagen auf Sardinien üblichen ein weiter Weg. Deswegen wird man sich vorsichtshalber lieber dort befragen, wo man die vorderasiatischen religiösen Bräuche kennt. Dort sagt man freilich, daß es eine irrige Deutung sei, Adonis als das vom Schwung der Sichel fallende Getreide anzusehen. Und man meint weiter, daß wenn diese Deutung doch alt wäre, so könne sie noch nicht den Anfängen des Adoniskultes, die einem nomadischen und Hirtenvolke angehörten, zugeschrieben werden. Es sei der Forschung zwar heute noch nicht möglich, zu behaupten, daß die Adonisvorstellung dem semitischen Altertume angehöre, doch könne man sie in ziemlich frühe Zeiten rücken. Und es wird weiter darauf hingewiesen, daß als ein alter Zug allein die Klage um das Sterben des Gottes, nicht aber die Nachricht von seiner Wiederkehr vorhanden sei. Als Sterben aber habe sich die Zeit der Ernte, die überhaupt die Baale, nicht aber Adonis spendete, nicht ansehen lassen. Hingegen wieder wäre es bemerkenswert, daß unsere ältesten Nachrichten den phönikischen Gott Adonis als einen Jäger oder einen Hirten anzugeben pflegten, wie ja der ihm verwandte Tamuz auch als Hirt erscheine. Durch diese Vorstellung aber wird der Gott Adonis in eine Verbindung mit den Steppen oder Auen gebracht, — wie man sich auch den Jäger Adonis in den Wäldern denken kann, — nur mit dem Acker hat er nirgendwo Zusammenhang. Ursprünglich ist also der phönikische oder kanaanäische Adonis so wenig ein Erntegott, wie Tamuz es gewesen ist; sie wachsen anscheinend beide erst dazu heran. Wir werden auch hier mit einiger Wahrscheinlichkeit behaupten können, daß er noch einer vorbäuerlichen Denkwelt angehörte.

Gehörte Adonis — wie vorher Tamuz — einer vorbäuerlichen Kultur, dann bleibt zu fragen welcher? Das heißt: sind beides, wohin die Forschung offensichtlich denkt, Gestalten einer Jäger- oder Hirtenwelt? Und wurden sie erst, wovon bei Tamuz schon die Rede war, in eine weiblich betonte pflanzerische eingefügt? Daß sie in einer weiblich betonten Welt erscheinen, darüber ward ja bei Tamuz schon einmal gesprochen. Daß der Adoniskult von Frauen getragen wurde, bezeugen Cyrill von Alexandrien, der es wohl wissen konnte, in seinen Ausführungen zu Jesaias 18, 1 f., ihm folgend Procopius von Gaza wie Theokrit in seiner fünfzehnten Idylle, und es wird ebenso aus Lukians Bericht, wenn auch nur im Vorübergehen und nicht recht deutlich ausgesprochen. Wir wissen dazu, daß die Adonisgärten meist von jungen Mädchen oder Frauen gesät, gepflegt und schließlich vor das Haus getragen worden sind. All diese Nachrichten weisen also seinen Kult den Frauen zu.

Den Kult den Frauen zu —, doch über seine erste Herkunft sagt das nichts, denn Tamuz ist auch in einem weiberkultischen Dienst und Aufzuge festzustellen, obwohl er von Hause aus den männlichen Hirten angehörte. Wahrscheinlich ging der phönikische Adonis einen gleichen Weg. Wir wissen, daß bei den Griechen der Phallos im Adonisdienste eine Rolle spielte. Zwar lassen sich im Phönikischen dafür keine Parallelen finden, wohl aber hat man nach Clemens Alexandrinus und aus ihm schöpfend Arnobius, in einem geheimen Kult der kyprischen Aphrodite den Eingeweihten Phallen übergeben, — und die kyprische Aphrodite ist ja die byblische Astarte, die kleinasiatische Große Mutter. Wir stoßen hier also wieder auf den Umstand, daß diese von einem ganzen

Schwarm von Phallen umgeben gewesen ist, daß dann die Phallen in ihrem Dienste zu sakramentalen Gegenständen wurden, und werden den schon in Hinsicht auf Tamuz geäußerten Schluß aufnehmen dürfen, daß aus den vielen Phallen der Phallos, aus diesem der Phallophor und endlich ein namentlich Bezeichneter geworden ist. Für diese Behauptung spräche schließlich noch, daß auch Adonis kein eigentlicher oder Hauptgott war, daß ihm kein Tempel und Altar geweiht gewesen ist, daß er vielmehr der großen weiblichen Gottheit untergeordnet war, und als „der Liebling der Göttin von Byblos" sichtbar wurde. Als „Prinzgemahl", als eine herangewachsene Gestalt gehörte er ihr zu.

Wuchs er von außen herein, dann aber erhebt sich eine weitere Rätselfrage. Man kann den ältesten Nachrichten — wie bei Tamuz — nichts darüber entnehmen, an welchem Tode der halbgöttliche Adonis starb, vor allem auch nichts darüber, daß ein Eber ihn geschlagen habe; er ist verschwunden, wie die Saat im Gluthauch schwindet. Wann aber und woher taucht die Ebersage auf? Wir kennen aus dem mitannischen, also indogermanischen Vorderasien um 1400 mythologische Überlieferungen: in ihnen tötet Mot, der Todesgott, den Wetter- und Gewittergott Baal, (der wieder mit einem Baal-Alein identisch ist). Der Kampf wie ihre Auseinandersetzung sei auf einer Jagd geschehen; da. habe sich Mot mit seinen siebenköpfigen Drachen, die man den Leviathanen in der Bibel gleichzusetzen sucht, auf Baal gestürzt, und dieser ist gestorben ‚wie ein Stier‘, ist also wohl niedergeschlagen und zerrissen worden. Als Baal nach diesem in das Totenreich hinuntergeht, beklagen und beweinen ihn zwei Göttinnen (wie Tamuz), die Sonnengöttin und seine Schwester und Gemahlin Anat. Anat bereitete einen ‚Garten‘ und klagte „Baal ist tot!" Das ist ganz offensichtlich die Adonis- oder Tamuz-Mythe und es liegt nahe zu fragen, ob diese in ihrer endgültigen Ausgestaltung, vor allem auch mit dem Eberkampfe, von den Mitanni kam. Die ersten Ausgräber der Mitanni-Städte, vor allem von Tell Halaf, versetzten die Funde in eine außergewöhnlich frühe Zeit; heute gibt man aber nur noch 1400 bis 1000 an. Stimmt das, dann konnte man die Ras Schamra-Mythe über Mot kaum noch als Ursprung und als Vorlage der Adonismythe sehen. Dazu kommt noch, daß eine Variante folgendes erzählt: „Anat ‚mit ihren Hunden‘ habe den Mot angegriffen; sie schnitt ihn mit einer Sichel, schlug ihn mit einem Flegel, röstete ihn im Feuer, zermalmte ihn in einer Mühle, verstreute ihn auf die Gefilde, um seinen Teig (Fleisch) zu essen"; wenn diese Formulierung oder Übersetzung stimmen sollte, dann wird Mot hier dem Korn und dessen Leiden gleichgesetzt. Das aber kann erst in einer ackerbauenden Zeit geschehen; die Mythe muß also bäuerlich und mithin eine junge sein. Aus ihr kann eine werdende Adonissage kaum genommen haben.

In andere Schwierigkeiten führt eine zweite Überlegung. Man hat, als man der Frage wegen des tötenden Ebers nachgegangen ist, die Haltung des ägyptischen und semitischen Orients dem Schweine gegenüber erwogen und einen Schlüssel finden wollen. Es war da aber wenig Eindeutiges zu ermitteln. Dagegen stieß man auf eine Nachricht, welche Strabo (XII 8, 9) über den Kult von Komana am Pontus gab, und eine weitere des Pausanias (VII 17, 10) über Pessinus. Nach Strabo wurde in dem heiligen Bezirke von Komana und in der ganzen Stadt Enthaltung vom Genuß des Schweinefleisches geübt, so daß in Komana auch keine Schweine zu sehen waren. Genau so bezeichnet Pausanias die Galater von Pessinus als ὑῶν οὐχ ἁπτόμενοι. Er bringt das mit dem Tode des Attis durch den Eber in eine lose, anscheinend von ihm selbst gefundene Verbindung. Von den Verehrern der Göttermutter berichtet ferner Kaiser Julian (Oratio V) Enthaltung vom Genuß des Schweinefleisches. Da Diodorus Siculus Entsprechendes aus Kastabos im Chersonesos weiß, schließt man mit Recht, daß es sich hier nicht um ägyptische und ebensowenig etwa um semitische Kultbräuche handeln könne, daß eine Scheu vor dem Schweine auf kleinasiatischem Boden wahrscheinlich mit der Verehrung jener Muttergöttin in Verbindung stehe, die in Komana dieselbe sein wird wie in Pessinus. Vielleicht hat also, als die konkurrierende Gestalt des sterbenden und auferstehenden Gottes, die in Babylonien Tamuz, in Byblos Adonis und in Pessinus im Phrygischen Attis hieß, zur Großen Mutter trat, die Frage nach seinem Sterben sehr bald eingesetzt. Dabei lag, schon weil Tamuz ebenso wie Attis und Adonis Jäger waren, der Hinweis auf irgend ein Jagdtier nahe; ein solches war im Gefolge der Großen Mutter auch vorhanden. — Ich will die Einzelheiten hier nicht weiter auszuführen versuchen und weise nur noch auf einen, vielleicht wichtigen Umstand hin —: daß neben anderem auch ein primitives „Eifersüchtiges" mitgesprochen habe.

Attis

Zu den kleinasiatischen Kulten der Großen Mutter, jener zugleich mütterlich und liebeshungrig gedachten Göttin, die auf den Bergen und Höhenrücken hauste, und die im Frühling, wenn die Stürme das Land durchtobten, in ihrem Löwenwagen, umgeben von ihrem lärmenden und musizierenden Schwarm, — eine urtümliche, phallische „wilde Jagd", — die Hänge h) herniederbrach, zum Kulte dieser geheimnisvollen, dem Wachstum ganz und gar verhafteten Gestalt gehörte auch der Attisdienst. Er war ein Ernsthafteres, als wozu ihn Lukian in seinen „Göttergesprächen" machte, in deren zwölften Gespräche Venus den Amor wegen Rhea schilt, „die sich mit solcher Wut in den phrygischen Knaben verliebt hat. Sie ist ordentlich rasend, spannt Löwen vor ihren Wagen, schwärmt mit ihren Korybanten, die sie ebenso rasend gemacht hat als sie selbst ist, auf dem ganzen Ida herum und klagt um ihren Attis, und von ihren Korybanten schneidet sich der eine Löcher in die Arme, ein anderer läuft mit fliegenden Haaren im Gebirge herum, ein dritter bläst in ein Horn, noch ein anderer schlägt auf eine Trommel oder macht ein Getöse mit zusammengeschlagenen Blechen, kurz der ganze Ida ist in Aufruhr". Hier ist vom Dichter einer späten, zivilisierten und sterbenden Zeit ins Spöttliche gezogen worden, was einmal wild, urtümlich und voll Schauer war.

Der so durch Lukian verspottete Attiskult war aber in Phrygien durch kleinasiatische Thraker aufgegangen. Da hieß die Göttin nach einem die Stadt Pessinus am Gallos, (der weiter in den Sangarion mündete), überragenden Berge Agdos die Agdistis. Agdistis war nach Pausanias und Arnobius ein fruchtbares wildes Zwitterwesen, aus dem verschütteten Samen — als Zeus vergeblich versuchte, die auf dem Berge Agdos schlafende Magna Mater zu überwältigen, entstanden; dann war es der Name der Großen Mutter-Gottheit selbst. In Pessinus befand sich der meteorische, nicht sehr große Stein, das Bild der Göttin; er wurde 204 nach Rom gebracht, und ebenso besaß man in Pessinus das Attisgrab. Denn Attis, so sagen die Forscher, wurde nie allein verehrt, sondern war jederzeit und jedenorts verbunden mit der Göttin. Während für diese wieder Kulte bestanden, in denen Attis keine Rolle spielte. Die früheste Nachricht über ein der Göttin gefeiertes Fest verdanken wir dem Griechen Herodot (IV, 76); er spricht von einem wilden nächtlichen Fest, das mit orgiastischer Musik im Walde begangen wurde. Von den sich selbst entmannenden Verehrern der Göttin weiß er nichts; man schloß daraus, daß seiner Zeit noch keine Verschnittenen im Kult tätig waren, ich fürchte jedoch, das war zu voreilig und schnell geschlossen. Man wird doch wohl mit einigem Rechte sagen können, daß dieses Opfer an die Stelle irgendeines älteren phallischen Opfers oder besser magischer Handlungen getreten sei, die eine Fruchtbarmachung der Göttin, jener aus phallischen Begegnungen immer wieder neu Gebärenden, trat. Sonst ist sehr viel in diesem vorderasiatischen Kult, das immer wieder an Tamuz und Adonis denken macht, so daß es nicht falsch sein wird, die Attismythe jenen andern anzuschließen.

Anscheinend gehört in diesen Zusammenhang auch eine adonisähnliche Gestalt, von welcher eine, freilich sehr späte, Aussage des Damascius spricht. Damascius bezeichnet den Asklepios von Berytos als eine phönikische Gestalt, die Esmun heiße. Der schöne Jüngling wurde von der Muttergöttin Astronoe, als er sich auf der Jagd befand, erblickt, und seine jugendliche Schönheit ließ sie in Liebe für ihn entbrennen und ihm folgen. Weil er sich aber anders nicht zu retten wußte, hieb er sich selbst das männliche Glied mit einem Beile ab; sie aber rief ihn ins Leben zurück und machte ihn zu einem Gott. Da haben wir also wieder einen jugendlichen Gott der Jagd, der stirbt und aus dem Tode wiederkehrt, und den man nach Strabo in einem Haine zwischen Berytos und Sidon in Phönikien verehrte, vor allem auch wieder die reife, liebesbrünstige Frau und endlich die vorzugsweise an Attis erinnernde Selbstentmannung, — das alles stellt Esmun an die Seite des Attis und macht sie beide zu namentlich bezeichneten, aus dem phallischen Schwarm der Großen Mutter tretenden Gestalten.

Die Attismythe mit ihrem ganzen wilden Kulte stammt aus Pessinus. Dort wurzelte auch eine andere sehr frühe Form der Attismythe, wie sie Pausanias und Arnobius überliefert haben; sie geht, nachdem sie die Geburt des Zwitterwesens Agdistis sowie die Zeugung und Geburt des Attis angegeben hat, so aus: der wilde Agdistis liebte den heranwachsenden, jünglinglichen, mit übermenschlicher Schönheit ausgezeichneten Attis; der unbegreiflich Urtümliche wurde so sein ständiger Begleiter; er streifte mit ihm durch alle Wälder und beschenkte ihn mit seiner Beute.

Mit dieser pflegte sich Attis dann zu brüsten, als habe er sie erlegt; aber im Rausch gestand er doch einmal, daß ihn Agdistis liebe und daß alle Beute von ihm käme. (Deshalb ist allen, welche Wein getrunken haben, der Eintritt in das Attisheiligtum versagt gewesen.) Als Attis herangewachsen war, bestimmte der König Gallos von Pessinus ihm eine der Töchter, welche er von einer Kebse hatte, zur Ehe. Wie bei der Hochzeit aber der Hymenaios abgesungen wurde, erschien Agdistis und versetzte in Eifersucht und wildem Zone die an dem Feste Teilnehmenden in Wahnsinn und Verwirrung: der Vater der Braut entmannte sich mit eigener Hand und nach Arnobius schnitt er auch seiner Tochter beide Brüste ab. Attis riß aber die Syrinx des Agdistis an sich; von bakchischer Raserei ergriffen stürmte er umher, bis er sich endlich unter einer Kiefer niederwarf und das, was Gallos getan hatte, an sich wiederholte. Als dann Agdistis aus seinem Rasen wieder zu sich kam, wollte er von Zeus die Wiederbelebung des Verbluteten erbitten; doch dieser gewährte nur, daß Attis nicht verwese, daß seine Haare nicht vergingen, sondern weiter wüchsen und daß sein Finger lebendig bleibe und sich stets bewege. Damit zufrieden, bestattete Agdistis des Geliebten Leichnam nun in Pessinus und ließ ihn durch eine alljährlich wiederholte Trauerfeier und nach der Einsetzung einer Priesterschaft als Gott verehren. — Die hier zitierte Nachricht über die pessinuntische Kultlegende, die aus Pausanias und Arnobius gewonnen wurde, geht wohl auf keine direkten lokalen Erkundungen zurück; die beiden folgen vielmehr einem eleusinischen Priester Timotheos. Das mag erklären, daß manches in ihr unklar und verzerrt erscheint. Wenn man sie aber nun mit anderen Nachrichten zusammenhält, dann wird es deutlich, daß Kybele oder die phrygische Große Mutter zugleich die Mutter und die Geliebte des jugendlichen Attis ist, so wie Astarte die des Adonis, Istar die des Tamuz war. Und weiter wird sichtbar, daß der Gestorbene zu einem neuen Leben, nicht nur zu einem halben oder Scheinleben wiederkehrt. Der Kaiser Julian hat später seine Wiederkehr beschrieben, und wieder Julius Firmicus Maternus schilderte es genau, wie Phryger im Kulte seinen Tod und seine Auferstehung feiern, die man nicht anders als diejenige des Adonis feierte.

Doch es ist nicht nur wichtig, einige wesentliche Gegensätzlichkeiten der aus verschiedenen Jahrhunderten stammenden Berichte zu erklären; viel wichtiger ist, daß es sich hier um eine Kultlegende handelt. Denn Gallos, der sich entmannte, ist der Vorgänger und das Vorbild aller jener Gallen, die sich im Kult der Magna Mater und des Attis in den nächsten

Jahrhunderten immer wieder zu entmannen pflegten, und die ihr männliches Glied der Großen Mutter gaben. Attis —? Der Oberpriester in dem pessinuntischen Kult, in welchem die Magna Mater als Agdistis lebte, hieß — wie sein Vorbild in der Mythe — immer Attis. Der aber von Zeus ins Leben zurückgeführte kleine Finger, der sich bewegte, war wohl nur ein Daktylos, (mit der Bedeutung, welche die vorhin erwähnten Daktylen besaßen.) Der Kult ist eben eine Verbildlichung des mythischen Geschehens, wie Kulte das ja wohl immer und in allen Zeiten waren.

Wenn man das alles aber besinnend überblickt, dann will es scheinen, als stehe man in einer noch sehr frühen und allem menschlichen Sinnen nicht sehr nahen Welt. Die Stürme der wilden phrygischen Gebirge brausen durch die Mythe und Waldunheimlichkeiten gehen in ihr gespenstisch um. Die Große Mutter in ihr ist keine überwältigende, die Hoheit der Berge andeutende, den Olympiern nahe Frau, sie ist ein beinahe vorzeitliches Zwitterwesen, und ihre Forderungen an den Menschen machen Grauen. Es ist, als stehe man in der frühen Frühe alles Menschenwerdens.

Der römische Attiskult entsprach weitgehend dem phrygischen, der ja —204 direkt von Pessinus nach Rom gekommen war. Er fing mit einer einleitenden Feier „Cana intrat", das ist dem Einführen des Schilfes für die Attiszeremonien an; da wanderte eine Prozession von Attispriestern, die cannophori oder Schilfträger geheißen wurden, durch die Stadt, und trugen in feierlichem Zuge Garben Schilf herein, auf denen ein sechsjähriger Stier geopfert wurde. Auf Canna intrat folgten nun sechs Tage Fasten und dann die Hauptfeier „Arbor intrat", das Hereinbringen des Baumes: es wurde (am 22. III.) eine Kiefer in die Stadt geführt. Der Stamm des Baumes war mit schmalen wollenen Binden und mit der Attisblume, also Veilchen, ganz und gar umwunden; so brachte man ihn zum Heiligtum der Göttin, stellte ihn auf, und unter dem Baume betrauerte man des jungen Gottes Tod. Der 24. März, der dritte nach Arbor intrat, war wohl der Begräbnistag; er heißt im römischen Kalender „Sanguem". An diesem Tage, dem dritten nach des Attis Tode, erreichte die Trauer um ihn ihre höchste Stufe. Die Gallen versetzten sich wie durch das Getöse der Tympana, der Cymbeln und Klappern, durch den Ton der phrygischen Hörner und die enthusiastischen Weisen ihrer Flöten so durch ihr Klagegeheul und den mit einem besinnungraubenden Umherschwingen und Schütteln ihrer aufgelösten langen Haare verbundenen Tanz in heilige Raserei. Mit scharfen Peitschen zerfleischten sie sich selbst den Körper, mit ihren Messern ritzten sie sich Arm und Schultern, damit sie dem Gotte ihr eigenes Blut als Opfer darzubringen, mit ihm den Altar zu besprengen vermochten.

Die Alten pflegten die Toten am dritten Tage zu bestatten. Wir werden daher wohl auch für diesen dritten Tag noch eine besondere feierliche Handlung anzunehmen haben, in welcher die Beerdigung des toten Gottes begangen wurde. In Pessinus, wo nach Pausanias ja das Grab des Attis war, hat dieser Teil des Festes sich wohl an seinem Grabe abgespielt. Man ist der Meinung, daß an diesem „dies sanguinis" auch eine Aufnahme neuer Gallen in den Dienst der Großen Mutter, der sie sich durch die Selbstentmannung weihten, stattgefunden haben müsse. In orgiastischem Taumel, hingerissen von dem Klange der Flöten, verstümmelten sie sich, ohne dabei die Schmerzen zu empfinden, mit einem scharfen Steine oder der Scherbe eines Tongefäßes, wie sich auch Attis in der Fassung der Mythe bei Ovid (Fastes IV, 237) „saxo acuto" selber auf den Tod verwundet hat. Daß dieser entsetzliche Ritus mit so primitiven Instrumenten, man könnte auch sagen vorzeitlichen Instrumenten vor sich ging,

Attis im Sternenkleid
Münze von Kyzikos

hat in sehr vielen anderen Kulten seine Parallelen, im Kulte behält man häufig überlieferte Übungen und Geräte, auch wenn das tägliche Leben längst schon andere hatte, bei; (vor allem die eisernen Geräte schob man so beiseite). Was mit dem abgelösten männlichen Gliede dann geschah, darüber läßt sich nach unsern Quellen nichts Bestimmtes sagen; es wurde wahrscheinlich im Heiligtume der Göttin dargebracht. Trifft diese Vermutung zu, dann werden wir annehmen müssen, daß die beschriebene Selbstentmannung keine Trauerhandlung war, als welche sie viele Religionsgeschichtler angesprochen haben, sondern daß hier ein sakramentaler

Akt geschah. Man brachte der pessinuntischen Großen Mutter diese Phallen dar, wie sie auch sonst von Phallen umschwärmt war, Phallen in sie sanken; wir sind in einem sehr frühen Stadium des Großen Mutter-Dienstes.

Auf das Begräbnis des Gottes folgte seine Auferstehung. Man meint, die wilden fast vorzeitlichen Kundgebungen der Trauer, das Fasten, der wirbelnde Tanz und die aufreizende phrygische Musik, das alles wirkte zusammen, um die Attisjünger und Verehrer auf das zentrale religiöse Erlebnis seines Festes vorzubereiten, die Auferstehung des gestorbenen Gottes und seine Wiederkehr, durch welche aus tiefster Trauer ausgelassene Freude wurde. Der Teil des Festes geschah wohl mitten in der Nacht, beim Schein der Fackeln, die ein irres Leuchten schufen. Die Dunkelheit war ebensosehr geeignet wie das Bangen, mit dem die Mysten diesem Teil der Zeremonien entgegensahen, die Phantasie der Gläubigen auf das allerhöchste aufzuregen, so daß, wenn endlich der Oberpriester melden konnte: Attis ist von den Toten auferstanden! Freut euch seiner Wiederkehr! wohl alle die Nähe Gottes fühlten und begriffen und ihn, den sie soeben noch als tot beweint, mit wildem Jubel und im überschwänglichen Rausch begrüßten.

Das alles erinnert an die griechisch-katholische Osterfeier, wenn nach maßlosen Klagen und der Aufbahrung des toten Christus der Bischof in der Ostersonnabend-Sonntagmitternacht verkündet: Christ ist erstanden! Und es hebt endloser Jubel an. Stimmt dieser Vergleich, und man wird ohne Zweifel sagen dürfen, daß hüben und drüben gleiche Situationen vorhanden sind, dann wird man der alten Behauptung doch zustimmen dürfen, daß in den Völkern bestimmte Grundgedanken angelegt erscheinen, und Äußerungen, welche immer wieder durchschlagen, sichtbar werden, daß schon Gefundenes immer wieder gültig werden wolle. Noch wichtiger als diese Feststellung aber scheint mir die, daß die nun oft erwähnten Grundzüge eines Kultes der Großen Mutter nicht nur im vorderen Asien lebten, sondern daß sie auch Europa, die griechische oder in diesem Falle die lateinische Welt ergriffen. Sie sind wahrscheinlich weder an die vorderasiatischen noch an die indogermanischen Völker gebunden, und sind darum älter, als wir mit unsern heutigen Hilfsmitteln festzustellen vermögen.

Die römischen Attisfeste mündeten am 25. März in einen Freudentag (Hilaria), am 26. März in einen Ruhetag (Requieto) und liefen am 27. März mit einem Reinigungstag (Lavatio) aus. Da zogen Prozessionen mit dem Bilde der Großen Mutter hinab zum Tiber, und der Oberpriester wusch sie dort; doch nimmt man an, daß diese Wäsche der lateinischen Welt gehörte, daß sie der pessinuntische Ritus also noch nicht kannte.

Für alle Vergesellschaftungen unter den Menschen wird wohl gelten, daß die — in welcher Art auch immer — zusammentretenden Zugehörigen nicht ohne weiteres und „von selbst" zusammenwuchsen; es fanden vielmehr Aufnahmen, Initiationen statt. Dergleichen Initiationen sind meist Aufnahmezeremonien in die Gemeinschaft der Männer oder Jünglinge eines Stammes. In früheren Zeiten machten wohl alle männlichen Glieder eines Stammes, teilweise auch die dem Stamme Zugewandten diese Riten durch und wurden dadurch volksmäßig, politisch, kulturell und religiös zu in den Stammesverband, den religiösen oder sonstigen Verband Gehörenden. Es galt nicht nur als schimpflich bei der Initiation versagt zu haben, — weswegen man diese gern als eine Mutprobe angesehen hat, sondern war auch gefährlich, wie wir zum Beispiel von den Marind wissen, (der Majo-Gemeinschaft fern zu bleiben, weil diese allein durch eine kultische Wiederholung der kulturellen Entwicklung des Stammes einen ungestraften und ungefährdeten Gebrauch der materiellen und der geistigen Besitztümer garantieren konnte). Haben aber die Glieder einer Gemeinschaft jene Aufnahmeriten durchgemacht, stehen sie zur Gottheit dieses Bundes in einer näheren Beziehung, denn jede Bundesgottheit ist ja selbst ein Teil des Bundes, wie jede Stammesgottheit ein „Mitglied" des Stammes ist; man kann ihr ungestraft und eigentlich mit allen Wünschen nahen, man darf von ihr Wohlwollen erwarten und ein Ja zu seinen Wünschen.

Nun ist es bekannt, daß der anwachsende und zunehmende Handel die Phryger in stärkerem Maße über ihre Grenzen führte und sie in fremden Herrschaftsbezirken seßhaft werden ließ. Dabei vergaßen sie aber draußen, wie wir häufiger erfahren, die heimatlichen Gottheiten und die heimatlichen Kultformen nicht; sie nahmen vielmehr den Glauben und die Kulte mit hinaus. Kam es nun draußen vor, daß man den Stammesfremden in seine Gemeinschaft aufnahm oder am Kult teilnehmen ließ, so konnte das ohne eine Einweihung nicht geschehen; sie mußten die Zeremonien überstehen, durch welche sie als die Kinder der Stammesgöttin, der phrygischen Großen Mutter, angenommen wurden. Nun waren sie „eingeweiht", nun waren sie stammverwandte Glieder der Kultfamilie, Brüder und Schwestern jenes Kultes geworden. In solchen Aufnahmebräuchen, denke ich, wird man den Beginn all dessen, was man die „phrygischen Mysterien" nannte, suchen müssen.

In Rom hingegen bildete sich eine besondere Situation heraus. Der Kult der Magna Mater bestand dort seit 204 v. Chr., und in des Claudius Tagen wurde auch das Attisfest zu einem römischen Fest. An diesem konnte aber eigentlich von da an jedermann teilnehmen und ohne erst eine besondere Weihe durchgemacht zu haben. Nur die von den Verehrern des Attis und der Kybele, die aus dem phrygischen Kulte eine besondere Förderung der religiösen Erkenntnis sowie die Stillung ihrer Sehnsucht nach Entsühnung, die σωτηρία erwarteten, oder die sich durch die geheimnisvollen Riten angezogen fühlten, vollzogen und unterwarfen sich den Einweihungszeremonien der neben den staatlichen Feiern herlaufenden Mysterien. Rom bildete damals also zwei Kultkreise aus, erst einen äußeren, zu dem alle Interessierten Zutritt hatten, und danach einen inneren für die Eingeweihten.

Am Eingang der Weihen steht eine kultische Reinigung durch Fasten wie durch den Genuß der sakramentalen Mahlzeit, die man aus den heiligen Gefäßen des phrygischen Dienstes, Tympanon und Kymbalon, genoß. In einer polemisierenden Schrift des Christen Firmicus Maternus wird als Symbolum genannt: vom Tympanon habe ich gegessen, aus dem Kymbalon getrunken, und die Geheimnisse des Dienstes sind mir klar geworden. Wenn Julius Firmicus Maternus aber dann erklärt, daß ihren beiden Speisen nicht das Leben folge, und als die wahre Speise des Lebens Brot und Becher Christi nennt, so läßt sich aus dieser Bemerkung ohne Mühe folgern, daß diese Speisung eine sakramentale gewesen sei. Der Einzuweihende wurde durch sie ein Mitglied der Mysteriengemeinde. Was aber gegessen und getrunken wurde, wissen wir nicht mehr. Nach dem Vollzug des eben beschriebenen heiligen Attismahles trug der Novize dann das Opfergefäß in feierlichem Zuge ins „Brautgemach der Göttin", in das Heiligtum der Mutter. Man glaubt, daß es das abgelöste Glied des neuen Gallen, das man der Göttin als kostbarste Gabe bringt, enthielt.

Dann wurde der Myste in das heilige Gemach der Gottheit eingelassen. Hier nun, im „Allerheiligsten", das in manchen Tempeln unterirdisch angelegt oder noch immer das alte Höhlenheiligtum der Mutter war, in dem man die für profane Augen unschaubaren und dem profanen Leben unzugänglichen Kultsymbole und Heiligtümer aufbewahrte, sollte er die höchste Weihe des Mysteriums empfangen. Er trat ins Allerheiligste als ein moriturus ein. — Es hat hier also eine völlige Umordnung und

Wende stattgefunden. Wobei ich jedoch mit „Wende" eine Umwandlung des Sinnes meine. Was wir bisher erfuhren, war doch, daß die einzelnen Heroen, ob sie nun Tamuz oder Adonis oder Baal-Alein hießen, gestorben und auferstanden sind, so wie die Pflanze starb und auferstand, — daß also ihr Sterben identisch mit dem Sinken des Samens in den Acker und ihre Wiederkehr mit der der jungen Saat im Frühjahr war. Adonis und Tamuz starben, aber sie kamen wieder aus dem Tode; das Samenkorn muß sterben und kommt wieder aus dem Tode; wenn man das Sterben des jungen Gottes nun im Kult darstellt, — wobei man bedenken muß, daß sein Einsinken in den Schoß der Erde auch ein Umarmen der Erde und ein sie-Befruchten ist, denn er ist einer der vielen Phallen, welche sie umschwärmen, — und wenn er vom Brautlager mit ihr und vom Tode aufersteht, dann werden uns zwei identische Vorgänge dargeboten. Identisch bedeutet aber, daß, wenn Tamuz aufersteht, auch das doch Tamuz-seiende junge Wachstum auferstehen muß. Nun aber ist aus dem Sterben und dem Auferstehen des jungen Grüns, aus dem dem Hirten und dem Pflanzer wichtigen Geschehen, das zu den pflanzerischen Zauberakten führte, ein ganz anderes geworden, — der Mensch stirbt, wie Adonis oder Tamuz sterben mußten und — er wird wiederkehren, wie jene aus dem Tode auferstanden sind. Ein neuer Gedanke hat in allen diesen Vorstellungen Raum gewonnen.

Ich wende nun aber wieder zu dem kultischen Geschehen zurück. Durch alles bisher erfolgte, erstens einmal durch das strenge Fasten, dann die erregende Musik, dann die bisher empfangenen Weihen hat man den Mysten seelisch auf das äußerste angespannt. Nun trat er zu nächtlicher Stunde in die unterirdische Grotte ein. Ein Schauer überlief ihn, Angstschweiß, Zittern, Beben, als wäre das Ende da und seine letzte Stunde sei gekommen, als stünde er an den Pforten des Hades oder im Gericht. Inmitten des Allerheiligsten aber befand sich eine Grube, in diese stieg der von allen Begleitern nun allein Gelassene hinab und Klagelieder ertönten, die zunächst dem toten Attis galten, die aber der Myste in dieser nächtlichen und verwirrenden Alleinsamkeit, in dieser Stunde des Schauerns, auch auf sich beziehen konnte. Das Totenopfer für den Gott ward dargebracht: man tötete auf dem Rost, der die Vertiefung überdachte, den Opferstier, und dessen heißes Blut rann niederwärts, und rann und strömte über den Mysten unten in der Grube. Das ist das Taurobolium, bei dem die Priester oder Tempeldiener den über der Grube stehenden Stier mit einem Jagdspieß töteten, (man denkt ganz unwillkürlich an den Stier im Mithra-Kult, vielleicht auch noch an die Begegnung des Adonis mit dem Eber). Wenn aber der Myste im herunterströmenden Blute steht, — es flammt dann jäh ein wunderbarer Lichtschein auf, die Totenklage verstummt, der Priester tritt mit freudigem Gesicht hervor und er verkündet dem Jünger die σωτηρία, die Errettung. Der Jubel, mit dem die Auferstehung des Attis aufgenommen wird, erweckt den sich dem Gotte Weihenden aus dem mystischen Tod. Er steigt empor, „der alte Adam in ihm ist gestorben und es steht auf und kommt hervor ein neuer Mensch". Dem Höhepunkte des Ganzen folgt ein schöner Schluß: der aus dem Blute Wiedergeborene wird mit Milch gespeist. Milch ist zusammen mit Honig eine alte Götterspeise; die nicht nur symbolisch, sondern sakramental gereichte Speise bekräftigt das göttliche Wesen des wie Attis Neugeborenen.

Das mit dem Gotte oder aus dem Gotte Neugeborenwerden ist aber das große Ziel, nach dem die Attismysten langen.

Das babylonische Neujahrsfest

Wo aber, so erhebt sich nun die Frage, ist aus dem Wachstumszauber ein Mysterium geworden? Geschah es zum ersten Male im Umkreise der Kybele und des Attis oder sind ältere Anzeichen eines solchen Überganges vorhanden?

Man glaubt, daß sie im babylonischen Neujahrskult-Brauche anzutreffen sind. Ich will zunächst den Ablauf des Festes kurz skizzieren. Das babylonische Neujahrs- ist ein Frühjahrsfest, das in den Tagen des 1. bis 12. Nisan stattgefunden hat. Die ersten Tage des Nisan zeichnen sich dadurch aus, daß sich der Oberpriester von Esagil, dem Tempel des Gottes Marduk, mehrere Stunden vor Tagesanbruch erhebt, im Allerheiligsten den Vorhang vom Götterbilde des Marduk zieht, und hymnische Gebete an ihn richtet. Dann tritt er am Morgen des vierten Nisan vor den Tempel und richtet zum Esagil darstellenden Bild des Widders, — denn es ist noch vor Sonnenaufgang und die Sterne leuchten noch, — die dreimal ausgesprochene Segnung: „Widdergestirn, Esagil, Ebenbild von Himmel und Erde!" Das Sternbild des Widders ging in diesen Tagen heliakisch auf, das heißt, es wurde – nachdem es lange unsichtbar gewesen war — am Morgenhimmel einige Minuten und dann fortschreitend immer länger sichtbar. Wichtiger ist aber, daß hier schon eine entscheidende Parallelisierung zu bemerken ist: der Esagiltempel, der am östlichen Morgenhimmel sichtbar ist, steht ebenso innerhalb der Stadtmauern Babylons. Am Abend des 4. Nisan tritt der Oberpriester und rezitiert vor dem Bilde Marduks das Schöpfungslied, das ist ein Epos auf sieben Tafeln und heißt Enuma elisch (nach seinen Anfangsworten Enuma elisch: Einst als droben . . .), und es erzählt von den Chaosmächten Apsû und Mummu und Tiâmat:

> Als droben der Himmel noch nicht bekannt war,
> die Feste unten einen Namen nicht hatte,
> als Apsû, der Uranfängliche, aller Erzeuger,
> Mummu, Tiâmat, die Mutter von allen,
> mit ihren Wassern in eins sich mischten,
> als Festland nicht war, noch Marsch sich fand,
> als von allen Göttern kein einziger lebte,
> noch keiner benannt, kein Schicksal bestimmt war,

da erwuchsen aus der Mitte der Ur- oder Chaosmächte die Götter. Doch es erhob sich ein Zwist zwischen den Urmächten und ihnen, und Ea erschlug den Apsu und vergewaltigte Mummu; Tiâmat aber erhebt sich zur Rache an ihm und den Göttern; die unteren Mächte

> sammelten sich, zur Seite Tiâmats schreitend,
> tobend, planend, ruhelos Tag und Nacht,
> zum Kampfe gerüstet, wütend, rasend,
> zusammengerottet den Streit zu wagen.

> Die Chaosmutter, die alles gebildet,
> gab feste Waffen, gebar Riesenschlangen
> mit spitzen Zähnen, ohne alle Schonung,
> füllte mit Gift statt mit Blut ihren Leib.

> Wütende Drachen von schrecklichem Anblick,
> von Furchtbarkeit strotzend, ließ sie erstehen:
> wer sie erblickte, der sollte erstarren;
> den bäumenden Leibern gibts kein Widerstehen.

> Ins Feld führt sie Ottern, Basilisken und Molche,
> tolle Hunde, Orkane und Skorpionmenschen,
> gewaltige Stürme, Fischmenschen, Meerwidder:
> mit wütenden Waffen, den Kampf nicht fürchtend.

Die Götter verzagen, bis Ea auf den Gedanken verfällt, seinen Sohn Marduk — den Bruder des Tamuz — mit dem Kampfe zu betrauen. Er übernimmt ihn, wenn er der Götterkönig sein darf. Man nimmt die Bedingung an, im Throngemach kommt man zusammen und übergibt ihm bei einem Gelage alle Rechte. Dann macht er die Waffen für den Chaoskampf sich zurecht. Er wirft den Zyklon nach ihr als eine gewaltige Waffe, dann

tat er sein Netz auf und fing sie darinnen.
Böswind, seinen Diener, ließ er gegen sie los.
Als den Mund sie nun auftat, um ihn zu verschlingen,
fuhr Böswind hinein, daß die Lippen nicht schlossen,
mit den wütenden Winden füllt Marduk den Leib ihr,
ihr schwand die Besinnung: weit riß sie den Mund auf.
Er schoß den Pfeil ab, den Leib ihr zerschlagend,
ihr Inneres zerfetzend, ihr Herz zerschneidend;
er bändigte sie, ihr Leben beendend,
warf hin ihren Leichnam, auf ihn tretend.

Und dann zerstückt er sie; aus einer Hälfte macht er den Himmel, er bändigt die Urwässer, die hinter dem Tierkreise brausen, errichtet die Erde und begründet die Ordnung des Seins. Mit einer gewaltigen Lobpreisung Marduks schließt die Legende.

Die Frage, was sie mit dem Neujahrstage zu tun habe, beantwortet sich leicht. Die Weltschöpfung begann das Weltenjahr, war sein Neujahrstag, das babylonische Neujahrsfest gilt als die alljährliche Wiederholung des ersten und größten Neujahrsfestes, des Weltschöpfungs-Tages. Was wir an Esagil feststellten, gilt also hier: die irdischen Einrichtungen und Feste sind Spiegelbilder der Feste und Spiegelbilder der Einrichtungen im göttlichen, mythischen Raume. Und man wird schließlich auch noch einen Schritt weitergehen können: so wie der erste Neujahrstag die Weltordnung gründete, so wird sie an jedem Neujahrstag wieder von neuem geschaffen. Durch dieses Neuschaffen aber besteht erst das Jahr.

Die Weltschöpfungslegende ist der Zentralpunkt des Neujahrsfestes, durch ihre Rezitation wird das Geschehen jedes Jahr wiederholt. Und auch ein kultisches Spiel läßt sie von neuem vor sich gehen. Zu diesem Spiel wird wohl auch das Kommen der Götter gehören, die sich am 6. Nisan in Babel einfanden und Marduk besuchten. Dagegen steht wohl die Reinigung des Esagiltempels durch kuppuru sowie die Entsühnung des Königs für sich allein. Die kultische Reinigung des Tempels besteht aus zwei Akten: er wird mit Euphrat- und Tigriswasser gewaschen und es geschehen Räuchereien. Dann wird einem Schafbock der Kopf abgeschlagen, dem folgt kippuru, das heißt, mit dem Rumpf des Bockes bestreicht man die Nebo-Kapelle. (Die Juden haben verhältnismäßig spät ihren Versöhnungstag, jôm hak-kippûrîm, aus dem babylonischen Kultleben entlehnt.)

Am nämlichen 5. Nisan findet die Entsühnung des Königs auch statt. Der König wird von den Priestern nach Esagil hineingeführt. Danach verlassen ihn seine Begleiter und gehen fort, so daß er nunmehr allein vor der Marduk-Kapelle steht. Aus dieser tritt jetzt der Oberpriester heraus und nimmt dem Könige Szepter, Ringe und gezähnte Sichel aus den Händen, nimmt seine Königskrone und bringt sie zu Marduk hinein und legt sie vor diesem auf einen bereiteten Sitz nieder. Dann kommt er wieder aus der Marduk-Kapelle heraus, tritt vor den König, schlägt ihm auf die Backe und zieht ihm die Ohren, läßt ihn am Boden niederknieen und ein Bußgebet sprechen:

Nicht habe ich gesündigt, o Herr der Länder,

nicht war ich lässig gegen deine Gottheit,

nicht habe ich Babel zerstört, seine Verwüstung nicht befohlen,

nicht habe ich Esagil erschüttert, seine Riten nicht versäumt,

ich war besorgt für Babel ...

Darauf erhält er die Antwort im Namen Marduk-Bels:

Fürchte dich nicht ... da Bel zu dir spricht,

Bel erhört dein Gebet ...

Er wird deine Herrschaft mehren ... dein Königtum erhöhen ...

Wenn Tag und Nacht, für Babel seine Stadt ...

für Esagil, seinen Tempel (du Sorge trägst),

die Bewohner Babels, seine Schützlinge (in Obhut nimmst),

wird Bel dich segnen auf immer und ewig,

wird vernichten deine Feinde, zu Boden schlagen deine Widersacher.

Nachdem der Oberpriester im Namen Marduks so gesprochen, erhält der König seine Insignien wieder zurück; Szepter und Ring, gezähnte Sichel und Krone werden vom Oberpriester aus der Bel- oder Mardukkapelle herausgebracht und dem draußen harrenden Könige wiedergegeben.

Man wird von dieser wie der vorigen Zeremonie annehmen dürfen, daß sie zu dem beginnenden Jahre in Beziehung steht; der Tempel des Gottes wird vor seiner Herabkunft gereinigt; das Land wird von dem Könige als dem Vertreter seines Volkes, als dem für sein Volk Stehenden entsühnt und gereinigt. Man fängt das neue kommende Jahr als ein reines Jahr an.

In diesen an sich geschlossenen Festablauf wird nun ein anderer hineintan. Am 8. Nisan findet ein Kultspiel vom erniedrigten und leidenden Marduk statt; wir haben zwar keinen Text davon, doch können wir es aus einzelnen Notizen, die hier oder da versprengt erscheinen, ungefähr erschließen. Vor allem kommt hier, ein — leider stark verstümmelter — Text in Frage.

Die ersten Zeilen sprechen von einem, der „im Berge gefangen" ist. Ein Bote läuft mit dem Rufe „Wer führt ihn heraus?" umher. Als diesen Gefangenen im Berge nimmt man Marduk an. Dann wird beschrieben, wie Nebo von Borsippa kommt, um seinem Vater zu helfen und ihn aus dem Berge zu befreien. „Macht Marduk wieder lebendig!" beten Priesterinnen mit ausgebreiteten Armen zum Sonnengotte Schamasch oder dem Mondgott Sin. Noch andere zeigen sein mit Blut geflecktes Kleid.

Es folgen noch eine Reihe anscheinend nicht sehr wichtiger Nebenzüge, — so die Bestrafung eines, „der nicht der Verbrecher ist", das Anbringen eines Kopfes über einer Tempeltür, Prozessionen nach Borsippa, und verschiedentlich wird erwähnt, daß man Enuma elisch, das Weltschöpfungsepos, rezitierte, — vielleicht um dem geschwächten und gefangenen Gotte Kraft zu geben, indem man von seiner Kraft und deren größtem Sichtbarwerden spricht.

Ausdrücklich vom Tode Marduks handeln die keilschriftlichen Texte nicht. Wir wissen jedoch durch griechische Autoren, Aelian und Ktesias, wie Strabo und Diodorus Siculus von Bels oder Marduks Grab in Babel, — und man hat im Verfolg der Angaben ganz mit Recht bemerken dürfen, daß auf den Tod des Gottes seine Auferstehung folgen mußte.

Wie andere Quellen auch von einer heiligen Hochzeit sprachen, die Marduk am 11. Nisan mit der Göttin Sarpanitu in einer Kapelle, welche „Haus des Pfühles" hieß, beging.

Nun hat der Tod des babylonischen Gottes Marduk und sein Auferstehen in den von ihm bekannten alten Legenden keinen Grund. Es ist deshalb von vielen Religionswissenschaftlern angenommen worden, daß hinter der Marduklegende eine Tamuz-Legende stehe. Man meinte, daß die semitischen Jahrhunderte Babylons den alten sumerischen Tamuzglauben abgewandelt hätten; es sei als erstes gegen die „heilige Hochzeit" mit der Istar und deren kultische Nachahmung und Nachbildung in den

Neujahrsspielen, die in der „Praxis" oft zu sittlichen Lockerungen führten, von Seiten der Priester Widerspruch erhoben worden. Nun glaube ich aber gerade diesem Einwand nicht; er mißt mit heute üblichen sittlichen Maßen und vergißt dabei, daß jener ἱερὸς γάμος eine religiöse Handlung war, die durch ihr religiöses Wesen und den Zweck, den sie verfolgte, zu einem von der Gemeinschaft Gutgeheißenen werden mußte. Hier also hat eine Umlagerung der Dinge schwerlich eingesetzt. Entscheidender würde ich eine andere Absage an den Tamuz-Glauben, die schon einmal in einem Punkte gestreift wurde, halten; ich deutete auf Gilgamesch's Kritik an Istar hin; er sagte ihr ab und sagte damit auch ihrer Lösung des Problems, wie man das Leben gewinne und den Tod besiegen könne, ab. Er glaubt, daß man dem leiblichen Tode nicht entrinnen kann; er glaubt an das Vergebliche alles Ringens um das Leben. Was Engidu ihm über die Ordnungen der Unterwelt zu sagen weiß,

wenn ich die Ordnung der Unterwelt, die ich schaute, dir sagte,
müßtest du dich den ganzen Tag hinsetzen und weinen.
Siehe, den Leib, den du anfaßtest, daß dein Herz sich freute,
den frißt das Gewürm, wie ein altes Kleid!
Mein Leib, den du anfaßtest, daß dein Herz sich freute,
ist dahingeschwunden, ist voll von Staub!
In Staub ist er niedergekauert.
In Staub ist er niedergekauert.

Und es gibt in dem allen nur ein einziges Zuversichtliches, was aus dem Antworten seines Freundes Engidu aufleuchtet.

Wer den Tod des Eisens starb, sahst du einen solchen?
„Ja, ich sah;
auf einem Ruhebette ruht er, reines Wasser trinkt er."
Wer in der Schlacht getötet ist, sahst du einen solchen?
„Ja, ich sah;
sein Vater und seine Mutter halten sein Haupt, und sein Weib ist
über ihn gebeugt."
Dessen Leichnam aufs Feld geworfen ist, sahst du einen solchen?
„Ja, ich sah;
sein Totengeist ruht nicht in der Erde."
Dessen Totengeist einen Pfleger nicht hat, sahst du einen solchen?
„Ja, ich sah;
im Topf Gebliebenes, auf die Straße geworfene Bissen muß er essen."

Es gibt mithin nur eine Haltung, das heroische Leben, das zwar den Menschen aus dem Tode nicht wiederbringen kann, das aber den Tod zu dem bestmöglichen Tode macht. Hier also erhebt sich eine andere, neue Weltauffassung. Der Dichter des Epos ist ein Gegner der bisherigen im Istar- und Tamuz-Kult gegebenen Lehre von der Auferstehung. Er ist ein Anhänger Schamasch oder des Sonnengottes, der von den Menschen Recht und Wahrheit und ein männliches Leben will.

Schamasch ist aber ein akkadischer, semitischer Gott und es ist möglich, daß hier neben einem religiösen, oder verbunden mit dem religiösen, völkische Gegensätze sprechen. Das herrschende Staatsvolk setzte seine Götter durch, und wo es sie nicht durchsetzen konnte, wo die alten blieben, da formte es doch den Glauben auf sein Denken zu. Weil Tamuz nicht völlig auszulöschen oder zu beseitigen war, gab man dem eigenen Gotte Schamasch schließlich alle Qualitäten, um derentwillen Tamuz sich so lange hielt. Und so blieb Tamuz unter dessen Namen fortbestehen.

Die um 2900 v. Chr. einsetzende Herrschaft der Akkader sank, bis gegen 2000 v. Chr. Babel aufgerichtet wurde, vielmehr die Herrschaft westsemitischer Stämme über Babel. Sie hoben den Stadtgott Babels, Marduk, auf den Thron, und Marduk wies nun die Züge des akkadischen Sonnengottes wie diejenigen des auferstehenden Gottes Tamuz auf. Deswegen begegnet uns nun im babylonischen Neujahrsfest die heilige Hochzeit und der auferstehende mächtige Gott.

All diese Wandlungen des Tamuz-Glaubens und des Tamuz-Kultes sind für den Religionshistoriker wichtig zu beobachten; sie helfen uns aber auf unserem Wege nicht recht weiter. Wir sprechen andauernd nur von Kulten, aber unsere jetzige Frage ist: führt von den Kulten ein Weg hinüber zum Mysterium? War diese Feier ein Mysterienfest im eigentlichen Sinne des Wortes, das heißt: erlebten die Festteilnehmer etwa gleichnisweise, durch ihre Teilnahme an den „Spielen" oder das Eingehen zu dem Gotte, was diesem in mythischer Vorzeit schon einmal geschehen war? Und konnten sie aus dem allen für sich einen Wert gewinnen, ein Ja zum Beispiel und eine Versicherung der eigenen Auferstehung? Der beste Kenner der babylonischen Überlieferung schrieb dazu: „In Babylonien, wie ja übrigens auch in der älteren israelitischen Religion, besteht eine starke Kluft zwischen dem Menschen und der Gottheit, eine gewisse Nüchternheit und vernunftgemäße Auffassungsweise in der ganzen Religiosität, keine Spur von dem Gedanken etwa an eine mystische Vereinigung des Menschen mit der Gottheit, weder nach dem Tode noch gar schon bei Lebzeiten, eine Stimmung, die für die hellenistischen vorder-asiatischen Mysterienreligionen ja doch sehr charakteristisch ist." — Und alle erwartet nur ein Weg zum Staube, in das Schattenland. Nur eins vermag die Teilnahme am Kult zu geben, — das, was der israelitische Fromme älterer Zeit erlangt: Glück und Erfolg im Leben und den Bei-stand seines Gottes.

Wir wissen von einem Text aus Assur, der erzählt, wie ein assyrischer königlicher Neujahrsfest-Teilnehmer im Traume hinunter in die Unter-welt hat steigen sollen. Dort führt man ihn vor Nergal, vor den großen Totengott, der von fünfhundert Göttern und Dämonen umgeben unten thront. Der Pestgott Ischum gibt ihn aber dann mit diesen Worten frei: „Da du mich nicht verlassen hast, will ich dich nicht verderben. Not, Mangel und Verdruß mag dir stets ferne sein, und königlichen Schmuck mag man dir geben. Die Länder vom Aufgange der Sonne bis zum Unter-gange der Sonne seien deine Länder und sie huldigen dir. Denn wer das heilige Neujahrsfest des Gottes Assur feiert und ihn verehrt, der wird ein Herr sein über einen Garten Fülle. Sein Same bleibe ewig bestehen; er möge in der Feldschlacht siegen. Er spricht die Worte des Lebens, er kennt weise und verständige Worte. Wer ihm sein Ohr verschließt, ist aber ein Sünder und soll ewig niedergeschlagen werden. Dies Wort sei eingeprägt in deine Seele wie ein Dorn. Geh wieder nach der Ober-welt!" — Der König erwacht danach aus diesem seinem schweren Traum, sein Herz klopft in der Brust wie eines einsamen Mannes Herz, der durch den Wald, in welchem Räuber lauern, geht.

Hier wird uns aus einem assyrischen Texte noch einmal bestätigt, was die sumerischen und akkadischen Kulte geben können: Wohlsein auf Erden, Glück und Schmuck und Sieg. Was sie nicht geben können, ist das Leben nach dem Tode.

Wo setzt dies Arbeiten nach der Wiederkehr vom Tode ein? Von mehreren Religionshistorikern ist behauptet worden, das neue religiöse Denken fange in der Stunde an, in der die indogermanischen Stämme Vor-derasien betreten. Man hat dabei auf die iranische Auferstehungslehre hingewiesen wie auf die griechischen Mysterienkulte, und es wird schon stimmen, daß diese Jahrhunderte neue Lebensdeutungen wachsen lassen. Vielleicht hat aber ein anderes Ereignis fast so viel bedeutet wie dieser Wechsel in der Herrschaft und im Blut der Untertanen, ich denke an den bereits einmal erwähnten kulturellen Wandel, den Übergang vom pflanzerischen in das bäuerliche Leben und wieder der Übergang aus diesem in die Stadtkultur.

Die Übergänge oder Wechsel, erstens der zum Bauerntume und zweitens derjenige zum städtischen Denken, werden beide gelten müssen; wenn es allein der Übergang zur Stadt gewesen wäre, dann müßten wir diese große Wandlung schon in Byblos finden; hingegen zeigt uns Eleusis, wie ein Kult ein bäuerlicher, und wieder der bäuerliche Kult im Blütealter griechischen Städtewesens zu einem den Menschen erfassenden Mysterienkult geworden ist.

Eleusis

Ich nannte soeben den eleusinischen Mysterienkult; von diesem wichtigsten aller verinnerlichten griechischen Dienste möchte ich jetzt sprechen. Der gerade zur Sprache stehende Zusammenhang macht schon daran denken, daß in Eleusis auch ein alter, in vorgeschichtliche Zeiten reichender Dienst vorliegen muß. In vorgeschichtliche Zeiten hat man ihn auch hinaufgeführt. Man wies zunächst einmal auf die Zusammenklänge mit allen vorderasiatischen Mutter-Religionen hin, wobei sich freilich nicht entscheiden läßt, ob hier ein „Elementargedanke" oder ob Migrationen sichtbar werden. Für eine der Theorie des Elementargedankens folgende Deutung würde sprechen, daß man die griechische Muttergöttin nur mit großen Mühen der vorderasiatischen Magna Mater gleichzuordnen weiß, und daß sehr viel an ihr die eingeborene erkennen läßt; als eine von draußen hereingekommene wird man sie annehmen dürfen, wenn man den Namen Demeter mit sprachlichen Mitteln nicht erklären kann, wenn er sich also als ein nichtgriechischer oder vorgriechischer erweist. Eins aber wird man in einem wie im anderen Falle gelten lassen müssen, daß die den Mutter-Gottheiten geltenden Kulte ziemlich alte sind.

Alt, das behaupten auch die Philologen, und sie fügen dem noch zu, daß eine sehr auffallende Übereinstimmung zwischen den eleusinischen Mysterien, den samothrakischen und den späteren orphischen dafür spreche, daß zwischen ihnen unbedingt Zusammenhänge bestünden, die sich jedoch nur so erklären lassen, daß alle genannten eines vor- und ungriechischen Ursprungs seien. Damit erscheinen in ihnen aber älteste Spuren eines religiösen Lebens, das auf der Halbinsel und im jonischen Inselmeere einmal herrschte. Wer aber die Anfänge dieser Kulte geschaffen hat, weiß man nicht. Als indogermanische Stämme Griechenland besiedelt haben und als die sogenannte homerische Religion geschaffen und verbreitet wurde, war jene der Erde verbundene und die Mütter nennende längst schon da. Und von religionsgeschichtlicher Seite ist sogar behauptet worden, daß die Mysterien die Dienste eines unterdrückten Volkes seien, das seinen Glauben und seine Bindungen nicht mehr habe äußern dürfen und das sich vor den Eroberern in die Dunkelheit verkroch. Man kann zu einem solchen Argumente eigentlich nicht viel sagen; es ist wohl möglich, aber beweisen wird es sich kaum lassen. Das einzige wirklich Greifbare ist die große weibliche Gestalt; ein zweites Greifbares sind die phallischen Momente ihres Kultes, — was sonst an Einzelheiten da ist, läßt sich schwer als alt erweisen.

Die weibliche Göttin, — sie den vorderasiatischen Mütter-Göttinnen anzuschließen, würde mir nach dem zuerst Gesagten doch recht kühn erscheinen. Ich frage lieber ihren ältesten griechenländischen Spuren nach. Da hat man als Hauptgottheit der sogenannten minoischen Kulturen, die in der ersten Hälfte des zweiten vorchristlichen Jahrtausends herrschten und die auf Kreta blühten, eine Göttin der Fruchtbarkeit genannt. Wahrscheinlich galt damals auf Kreta noch ein pflanzerisches Denken und prägte das Weib dem ganzen Leben auf der Insel seinen Stempel auf; ich wies schon früher auf die überkultivierten weiblichen Gestalten in den minoischen Palästen, auf ihr „Märchen"leben hin, und in den minoischen Kulten spielten die Frauen eine wichtigere Rolle als wir aus einem der griechischen Tempeldienste sonst erfahren können. Man hat in diesem Zusammenhange schon einmal bemerkt, daß in Eleusis durch die Jahrhunderte bis zur Kaiserzeit das Jahr nach der amtierenden Priesterin bezeichnet worden sei, daß also auch hier noch immer eine weibliche Note sichtbar wurde. Ich möchte hier auch an das, was ich vorhin berichtete, erinnern, an die aus Siegelzeichnungen bestehenden Zeugnisse der Zeit, an jene von einem Berge niederschreitende Göttin, an die Sitzende unter Bäumen, in der man immer wieder einen Hinweis auf die Mutter fand. Was man aus den minoischen Bildern heute noch ablesen kann, das ist der Glaube und die Verehrung eines mächtigen thronenden weiblichen Wesens, der Glaube an eine den Bergen nahe, auf dem Berge wohnende Frau. An eine, zu deren Füßen oft zwei große Löwen kauern, — wie jene von Pessinus mit einem Löwengespanne durch die Berge fährt. An eine, die Bäumen und Früchten und den blühenden Kräutern nahe steht. Gewiß war sie vorgriechisch, denn die kretisch-minoische Kultur hat vor dem Kommen der griechischen Stämme, der mykenischen Kultur geherrscht. Vielleicht glich sie in vielem der kleinasiatischen Herrin aus den Bergen. Ein nächstes, Frühzeitliches Bezeugendes, sind die sexuellen Riten. „Ein Fruchtbarkeitsritus ist in den Mysterien zum Sakrament geworden. In Samothrake ist es der Phallos, in Eleusis die $\mu\acute{\eta}\tau\varrho\alpha$, die in der mystischen Kiste verborgen war, deren Hut der Großen Göttin selber zufällt... Phallos sowohl wie Mutterschoß sind die Symbole menschlicher Fruchtbarkeit, der zeugenden und der gebärenden Kraft. Dieser Phallos- und Cunnuskult ist über die ganze Erde verbreitet; er stammt auch in Griechenland sicher aus sehr alter Zeit." — Und die Mysterienkulte haben „schon früh das Geschlechtsleben des Menschen zum Geheimnis ihrer ernsten, tiefen Lehre gemacht und in der Zeugung das größte Rätsel gefunden, das die Götter den Menschen aufgegeben haben. In den intimsten Vorgängen des Menschenlebens haben die Mysterien das Göttliche gesucht und gefunden. Sie haben den Akt der Zeugung geheiligt." — Wir sind all diesen heut so fremd anmutenden „sexuellen Dingen", der Heiligung der zeugenden Glieder wie dem phallischen Schwarm der Muttergöttin, so oft begegnet, daß ich an sein frühzeitliches Vorkommen nur noch zu erinnern brauche.

Die griechischen Mysterien werden durch die bisher angeführten Züge den in den vorderasiatischen Landschaften schon beobachteten nahe gebracht, und da ich die vorderasiatischen als alt zeigen konnte, — der Tamuz-Kult begegnet schon im vierten vorchristlichen Jahrtausend, — wird man auch den griechischen, vielmehr vorgriechischen, ihr Alter zugestehen.

Ein nächster Zug, der aber nicht so sicher festzulegen ist, den man nur seines Aussehens wegen für alt halten muß, scheint in den griechischen Mythen von dem göttlichen Paare auf, die aber nur immer von „dem Gotte" und „der Göttin" sprechen. Aus einigen bildlichen Darstellungen haben wir feststellen können, daß man den männlichen Partner dieses Paares als bärtig dachte. Doch jede Bezeichnung dieses Paares mit irgendwelchen Namen, man dachte zum Beispiel an Pluto und Persephone, ist falsch. Daß sie — wie heute — auch zu den griechischen Zeiten ohne Namen waren, erhöhte sowohl das Geheimnis wie den Schauer um die beiden. Es waren wirksame Mächte der Erde, aus uralter Zeit, von einem heiligen Schleier umwoben, den kein Mensch zu heben wagte. Vielleicht, daß frühe Zeiten einen eigenen Namen für sie hatten; die alten vorgriechischen Namen aber sind für alle Zeiten verschwunden, wenn nicht doch eines Tages die kretische Schrift entziffert werden kann. Man wird heute ebensowenig ihre Namen nennen können, wie den der großen kretischen Göttin, deren Bild wir haben, mit der sie wahrscheinlich irgendwie zusammenhingen.

So wittern Vermutungen und Ahnungen um die eleusinischen Gestalten, die man zu kennen glaubte, weil man ihre griechischen Namen wußte, und deren Rätsel kleine, flache, offenliegende Rätsel schienen. Heute aber hebt die kaum gelichtete dämmernde Frühe sich herein. Heute wird, was greifbar schien, zu einem Entgleitenden und sinkt zurück.

Das eigentliche Geschehen in Eleusis ist oft erörtert worden; zuweilen versuchte man aus ihm nur ein primitives Stadium herauszuholen, zuweilen gelangte man zu bestimmteren Festlegungen und Datierungen. (Der letzte Versuch, die späteren Zustände von den ursprünglichen abzuschneiden, erfolgte auf Grund der Analyse des sogenannten Homerischen Hymnus, der mit Methoden der literarkritischen Forschung angegangen wurde. Dabei ergab sich, daß zwei verschiedene Legenden zusammengeschlossen worden waren, die eine, die vom Verschwinden der Kore, dem Suchen nach der Tochter, bei welchem ein Führer Wege weist, dem Abstieg in die Unterwelt, dem Finden und dem Heraufholen der Tochter spricht, auf welches die Verleihung des Kornes und die Gründung der Mysterien folgte. Die zweite, in jene Legende eingefügte, ist die selbständige von der Geburt des Kindes und dem Ammendienste der Göttin. Ursprünglich vorhanden waren in Eleusis zwei Göttinnen; deren Differenzierung in Mutter und Tochter erlaubte, eine argivische Legende vom Raube der Jungfrau durch den Totengott auf sie zu übertragen und so die Sage vom Raub der Kore zu schaffen. Man sieht, es handelt sich bei diesen Erwägungen um literarkritische Bedenken und Überlegungen; zu einer genaueren Festlegung führen sie nicht.

Die aber versuchte eine an die religionsgeschichtlichen Inhalte anknüpfende Darstellung. Sie scheidet drei Mythen; zwei von ihnen erkennt sie als vorgriechische: den Mythos von der Entführung und Rückkehr der Persephone und den von der Geburt des Kindes; der dritte Mythos gehört den griechischen Einwanderern; sie hatten zwei Vegetationsgöttinnen, wie auch die Thesmophorien erkennen lassen; die jüngere der beiden wurde mit der geraubten Göttin identifiziert. — Es zeigt sich, daß diese Scheidung mit der literarkritischen in weitem Maße zusammenfällt, so daß wir in ihnen eine heute anerkannte Stellungnahme zu unseren eleusischen Mythen und zu deren Entstehungszeiten finden.)

Noch ein Punkt bleibt in diesem Zusammenhange zu erörtern. Demeter ist trotz des aus dem Griechischen nicht erklärbaren Namens nach Meinung der Altphilologen eine alte griechische Göttin, ist also nicht kleinasiatischer Herkunft, wie sehr viele meinen. Wenn in Eleusis von ihren Beziehungen zu Kreta gesprochen wird, so spiegele das nur minoische Elemente wider, die in den Kult einsickerten und die aufgenommen wurden. Ich glaube, daß diese Behauptung von der Herkunft der Demeter das Tatsächliche getroffen hat; sie aus dem vorderasiatischen Mutterglauben herzuleiten, vermag ich nicht, weil das die vorderasiatische Magna Mater Auszeichnende, ihr Elementares, Liebe und Tod in einer Hand Zusammenfassendes, ihr ewig dem phallischen Zugang Hingegebenes, dem Eigentlichen der Demeter nicht entspricht. Käme sie aus Vorderasien und wäre die minoische Göttin ein Bindeglied und eine Bindegestalt zwischen der Herrin der Berge in den asiatischen Kleinlandschaften und der so mütterlich Erscheinenden der Griechen, dann wurde sie auf ihrem Wege zu den indogermanischen Griechen sehr stark umgeformt. Dann ist sie zur Griechin geworden und hat alles Elementare, Frühe hinter sich gelassen.

Wenn hier von einer Umformung gesprochen wird, so scheint mir richtig, gleich noch auf eine zweite hinzuweisen. Es wurde bereits von den athenischen Thesmophorien als einem in seinem Charakter dem eleusischen entsprechenden kultischen Geschehen gesprochen, und weiter bemerkt, daß hüben das Fest sich um „die Göttinnen" gruppiere. Nun sind die Thesmophorien ein athenischer Weiberkult und sind bis in die späte Zeit ein von den Frauen getragener Kult geblieben. Auch die eleusischen Mysterien gehörten ursprünglich nur den Weibern. Man sagt, die Männer seien sehr viel später erst hinzugetreten. Ich will die Gründe für ihren Beitritt hier noch nicht erörtern; ich will nur zeigen, daß auch in diesem Punkte eine Umwandlung geschah, so daß wir mit einigem Recht von der Voraussetzung ausgehen dürfen, daß in Eleusis sich Altes mit Neuem mischte, Altes umgeformt erscheint, und das uns Sichtbare nicht das Eigentliche und Ursprüngliche darstellen muß.

Was die hier vorgetragenen Überlegungen feststellen, das bestätigen uns die Funde. Die Ausgrabungen in Eleusis ergaben nämlich den Beweis, daß dort vorgriechische, mykenische Anlagen bestanden haben.

Und schließlich ein Letztes, was die Riten des eleusischen Kultes lehren. Man kann in ihnen zwei Gruppen unterscheiden: griechische — welche

den Riten bei den Thesmophorien, die man als eine auf primitiver Stufe
stehengebliebene Form der eleusischen Mysterien bezeichnete, also die den
thesmophorischen Riten gleichen: das Sitzen auf dem Boden, Aischrologie
und Fasten, und einige daneben ausgeübte, die vorgriechisch sind. —
Faßt man das alles noch einmal zusammen, dann ergibt sich doch, daß in
Eleusis ein vorgriechisches Element gewesen ist, das von den Griechen aufgenommen und umgewandelt wurde und ein Griechisches geworden ist.

Der Homerische Demeter-Hymnos erzählt als erstes die vorgriechischen Mythen von dem Raub der jüngeren Göttin, die mit ihrem vorgriechischen Namen Persephone, und bei den Griechen Kore, das ist einfach „Mädchen", heißt; eine Mythe, die einer älteren von dem Raube
eines Mädchens durch den Todesgott in Argolis nachgebildet worden ist.

> Von Demeter sing ich, der heiligen, lockigen Göttin,
> und ihrer Tochter mit schlanken Füßen, die Aïdoneus
> mit dem Willen des Zeus, des schauenden Donnerers, raubte,
> als sie fern von Demeter, der Göttin der schimmernden Früchte
> und der goldenen Wehr, mit Okeanos üppigen Töchtern
> spielte und Blumen gepflückt.

Als Hades sie fortführt, ruft sie um Hilfe, aber keiner der Götter und
keiner der sterblichen Menschen hörte ihr Schreien, — nur Hekate tief in
der Grotte, Hekate, die manche als eine Widerspieglung der Demeter
angesehen haben, sie und die Mutter hören den Ruf:

> Hallend tönten die Höhen der Berge, die Tiefen des Meeres
> von der unsterblichen Stimme, die hehre Mutter vernahm sie.
> Schneidender Jammer durchfuhr ihr Herz, schon riß sie mit ihren
> beiden Händen die Binden von ihren unsterblichen Locken,
> ihre Schultern umwarf sie mit dunkelfarbigem Schleier,
> und wie ein Vogel eilte sie über Wasser und Festland
> spähend dahin. Doch mochte ihr keiner die Wahrheit verkünden,
> kein unsterblicher Gott und keiner der sterblichen Menschen,
> auch kein Vogel nahte als wahrheitkündender Bote.
> So neun Tage lang durchirrte die heilige Deo
> rings die Erde und hielt in den Händen brennende Fackeln . . .

Hekate, die sie trifft, kann ihr den Räuber nicht nennen. Sie fragt dann
Helios, der ihr das ganze Unheil berichtet; Zeus Kronion trage die
Schuld, er habe Aïdes die Kore zu holen angereizt.

> Ihr aber drang der Schmerz durchs Herz noch tiefer und ärger.

Es folgt die Ammenepisode, und auf diese das Zürnen der Göttin.

> Und das schrecklichste Jahr von allen auf nährender Erde
> schuf sie den Menschen, das ganz entsetzlichste: jeglicher Same
> stockte im Lande, denn ihn verbarg die bekränzte Demeter.
> Vielfach zogen die Stiere den Pflug umsonst durch die Felder,
> viele weiße Gerste sank in die Schollen vergebens.
> Und der redenden Menschen Geschlecht verdarb sie nun völlig
> durch des Hungers Not, und sie hätte die himmlischen Götter
> bald gebracht um die rühmliche Ehre der Spenden und Opfer,
> hätt' es nicht Zeus bemerkt und tief im Herzen erwogen.

Er sendet zu ihr, um sie zur Nachgiebigkeit zu bewegen, und als das nicht gelingt, zu Hades, damit dieser Persephone zurückgeben möge. Der Gott der Unterwelt gehorcht, gibt aber dem Mädchen einen Granatkern zu essen, und es ist schon ein altes Gesetz der jenseitigen Welt, daß wer dort etwas genoß, von da an zu ihr gehöre; das ist hier ein aus Märchen oder Sagen hereinklingender Zug. Hermes bringt die Zurückgeforderte dann wieder nach oben, und

> Hermes hielt, wo Demeter, die schönbekränzte, verweilte,
> vor dem duftenden Tempel. Die Göttin sah es, und stürmisch
> fuhr sie empor wie ein rasendes Weib im schattigen Bergwald,
> mit einem maenadenartigen Ungestüm also kommt sie heran.
> Wie nun Persephoneia die herrlichen Augen der Mutter
> wiedersah, da sprang sie vom Wagen in fliegender Eile,
> stürzte der Mutter entgegen und schlang um den Nacken die Arme.
> Diese umfaßte ihr Kind mit beiden Händen. Doch ahnte
> schon ihr Herz eine schreckliche List, sie zitterte ängstlich,
> ihre Zärtlichkeit stockte, und bang entfuhr ihr die Frage:
> Kind, du hast doch nicht etwa da unten Speise genossen?
> Hör und birg mir nichts, damit wir beide es wissen.
> Nur wenn du ungespeist vom traurigen Hades emporsteigst,
> kannst du bei mir und dem Vater, dem dunkelumwölkten Kronion,
> wohnen bleiben, gar sehr geehrt von den Himmlischen allen.
> Hast du aber schon etwas genossen, so mußt du aufs neue
> abwärts gehen und drunten ein Drittel des Jahres verweilen,
> aber zwei Drittel bei mir und den andern unsterblichen Göttern.

Persephone oder Kore muß aber die Unvorsichtigkeit oder vielmehr die List, die Hades gegen sie angewandt hat, gestehen; damit ist ihr Hinab und Herauf für alle Zeiten bestimmt; doch kehrt sie zu uns

zu der Zeit, wenn der Lenz mit duftenden Blüten die Erde
überall kleidet.
Zeus aber sendet Rhea hinab, um Demeter auf den Olymp und die Zür-
nende wieder in den Kreis der Götter zu holen;
und nach Rharion kam sie, den einst so üppigen Fluren,
die nun nicht mehr üppig in Blüte, sondern entblättert
lagen sie brach. Denn es barg sich im Boden die schimmernde Gerste
auf Geheiß Demeters, der schlankgefesselten Göttin.
Rhea erbittet ihre Zurückkehr und ein Ende ihres Zürnens,
sprachs, und so gehorchte die schönbekränzte Demeter.
Schnell ließ sprießen sie die Frucht aus dem scholligen Acker,
prangend lag da weit die Erde voll Blätter und Blüten.
Demeter geht zu den Herrn von Eleusis und stiftet dort die Mysterien.

Der hier erzählte Mythos ist von den meisten ihn behandelnden Gelehrten als eine allegorische Dichtung angesehen worden: Demeter sei die
„Kornmutter" oder wachsenlassende Mutter Erde, Persephone oder Kore
das Kornmädchen, die junge Saat. Sie wird vom Felde durch die Ernte
weggenommen und stirbt hin; zwei Drittel des Jahres gehört sie wach-
send und reifend in die Oberwelt, ein Drittel ruht dann die Saat als
Samen in der Erde. Nach einer letzten Deutung ist Persephone das Korn,
das in der Ernte eingebracht und in den Vorratsgefäßen eingelagert wird,
die man als manchmal mannshohe Töpfe unterm Hause birgt; das Nieder-
schütten in diese πίϑοι sei der Gang hinunter in den Hades. Man pflegt
im Reiche der vegetationsmythischen und -kultischen Folklore dergleichen
Auslegungen mit besonderer Vorliebe vorzutragen; ich kann mich jedoch
trotz mancher Verlockungen nicht entschließen, die Deutung als eine die
Dinge wirklich erhellende anzunehmen. Ich glaube an keine allegorischen
Verkleidungen der Natur, die in den frühen Zeiten hätten Mythen aufgehen lassen, und kann auch keine wirklich bezeugten Überlieferungen
dafür finden, daß in den Zeiten allegorische Erdichtungen eine Rolle
spielten, und nun gar eine solche, die ihr immer wieder in den religionsgeschichtlichen Untersuchungen zugeschrieben worden ist. Damals war
vielmehr das, was unsere Mythe zu erzählen wußte, ein wahres Geschehen,
ein wahrhaftiges Stück Geschichte: die Göttin zürnt; ihr Zorn ist gleich
dem einer rasenden Maenade, und seine greifbare Folge Dürre, Not und
Hunger. Weshalb sie zürnt? Weshalb zürnt Rübezahl, der plötzlich böse
Wetter sendet? Weshalb das Meer, das plötzlich seine Wogen haushoch
hebt? Erst langsam sind auf die Frage Antworten gewachsen und eine von

diesen Antworten war wohl die vom Raub der Kore. Viel älter ist aber, daß, wenn der Demeter Zorn erlischt, die Felder wieder tragen und die Weiden wieder wachsen. Nicht, weil Demeter die Mutter Erde oder die Kornmutter war, wie man aus ihrem Ährenschmuck hat schließen wollen und in der sakralen eleusinischen Erde ausgesprochen fand, — vielmehr weil ihrem Lächeln Frucht und Ernte zu verdanken war, weil sie im Zorn das Wachstum hemmte, deshalb wußten sie die Griechen.

Der zweite, aus vorgriechischen Zeiten in Eleusis fortlebende Mythos ist der von der Geburt des Kindes. Zwei mythische und kultische Situationen werden angeführt. Die eine ist die im Kult erscheinende heilige Hochzeit zwischen dem Hierophanten und der Demeterpriesterin, oder nach einer Bemerkung des Asterius in seiner Homilia in S. S. Martyras: die beiden begegneten, nachdem die Fackeln ausgelöscht worden waren, einander allein, und die unzählige Menge glaubte, daß all ihr Wohl von dem abhinge, was jene beiden in der Finsternis vornahmen. Und Clemens wie Psellus sprechen von der Liebesvereinigung eines Götterpaares in engerem Zusammenhange mit dem eleusinischen Mysterium. Ob diese Vereinigung aber nun im Kult die Vorbedingung für die ihr folgende Geburt des Kindes war, oder ob Beilager und Geburt selbständige ackerbauliche Riten waren, die zeitlich und sachlich auseinanderfielen, ist nicht sicher festzustellen.

In seiner Theogonie hat der böotische Dichter Hesiod das göttliche Beilager der Demeter auf dem Ackerfelde und das dabei erzielte Kind ausführlicher beschrieben:

> Und Demeter gebar, die heilige Göttin, den Plutos,
> als mit Iasios sie auf dreimal gelockertem Brachfeld
> zärtlicher Liebe gepflogen in Kretas fetten Gefilden, —
> Plutos, den herrlichen, der durchwandert Länder und Meere
> rings, und wer ihm begegnet und wem er läuft in die Hände,
> den bereichert der Gott und leiht ihm Segen die Fülle;

hier wird das Kind aus diesem göttlichen Brautlager genannt; es ist dasselbe, das verschiedene griechische Keramiken kennen und das als Plutos, der „Reichtum“, einen rechten Namen trägt, denn Reichtum an Korn und Früchten — das ist wohl der erste und ist der wichtigste Reichtum alter Völker — sollte Demeter gewähren. In andern Zusammenhängen wird von dem ehemaligen Brautlager der Demeter mit dem Triptolemos und ebenso mit dem Dysaules gesprochen; der Mythos ist also in dieser Hin-

sicht nie ganz fest geworden, und es sind ebenso mehrere Kinder, die
ihr zugeschrieben wurden.

Vielleicht gehörte zu diesen ursprünglich auch der Knabe Demophon,
dem der Demeterhymnus sie als Amme gegeben hat, — wie ja die Mythe
von der Geburt des Kindes stark verdunkelt ist. Demeter, bei ihrem
Suchen nach Kore, streifte durch das Land, unkennbar, bis sie den Grenzen
von Eleusis nahe kam.

Dicht am Wege saß sie mit grambeladenem Herzen
neben dem Jungsfrauborn, wo Wasser die Weiber sich schöpfen,
tief im Schatten, es wachsen ja drüber Olivengebüsche.
Einer ergrauten Greisin, der glich sie, die des Gebärens
lange entwöhnt...
So wie Ammen bei Kindern von rechtverwaltenden Herrschern
oder wie Schaffnerinnen in hallenden Häusern erscheinen.

Die Töchter des Königs Keleos von Eleusis kommen Wasserschöpfen. Sie
fragen die Alte nach ihrem Woher? Wohin? und Demeter erklärt, sie
heiße Doso, stamme aus Kreta, Räuber hätten sie entführt; nun suche sie
Zuflucht, Obdach

... wo alle Arbeit dann sorglich
ich verrichte, was alles so Werke für ältere Frauen.
Könnte auch dort ein Kind, ein neugeborenes, im Arme
sicher betreuen und könnte auch wohl die Häuser bewahren,
auch das Lager bereiten im Innern der festen Gemächer
für den Gebieter, und lehrte auch Frauen Arbeit verrichten.

Das Schicksal ist günstig, Metaneira hat dem König Keleos ein Kind
geboren, und man nimmt darum die Göttin an als seine Amme. Sie wird
in den Palast geführt

und sie durchschritten die Halle und fanden die würdige Mutter
sitzen neben dem Pfeiler des Daches des stattlichen Saales
mit ihrem blühenden Kind, dem jungen, am Busen. Die Mädchen
liefen zur Mutter; die Göttin trat auf die Schwelle: zur Decke
ragte ihr Haupt und göttlicher Glanz erfüllte die Pforte.
Bleiche Furcht und Scheu und Ehrfurcht erfaßte die Mutter,
und sie erhob sich vom Sessel und bot ihn der Göttin zum Sitzen.

Es gehört mit zu den kunstvollsten Stellen der Dichtung, um diese Seite
des Homerischen Hymnus wenigstens einmal zu erwähnen, daß hier die
schauererregende ehrfurchtgebietende in den Reisekleidern als das erahnt

wird, was sie ist, — und es folgt als nächste Szene ein in den Einzelheiten
viele Rätsel bietendes Motiv:

Aber Demeter, die Herrin der Ernten, die spendende Göttin,
wollte sich nicht setzen auf einen schimmernden Sessel.
Schweigend blieb sie stehen und senkte die herrlichen Augen,
bis die sorgliche Jambe dann einen gezimmerten Stuhl ihr
brachte, und darüber gelegt ein schimmerndes Schaffell.
Darauf setzte sie sich und hielt den Schleier vors Antlitz.
Lang auf dem Sitze saß sie tonlos, kummerversunken,
und begrüßte niemand mit Worten oder Gebärden,
sondern traurig, und ohne von Trank und Speise zu kosten,
saß sie, von Sehnsucht verzehrt, nach der tiefgegürteten Tochter,
bis die sorgliche Jambe am Ende mit allerlei muntern
Scherzen und Streichen die heilige Frau zu bewegen versuchte
heiter zu sein und zu lachen und milderen Sinnes zu werden.
Und in ihr Herz schloß später dafür die Göttin das Mädchen.
Nun voll süßem Wein bot Metaneira den Becher
ihr, doch lehnte die Göttin ihn ab und sagte, sie dürfe
roten Wein nicht trinken, doch Mehl und Wasser erbat sie,
ihr zum Trunke zu reichen, gemischt mit duftigen Kräutern.
Und die Mutter mischte den Trank, wie die Göttin befohlen,
reichte ihn ihr, und die heilige Deo empfing es zur Weihe.

Die Göttin erzieht den Knaben Demophon der Königin; sie nährt ihn mit
Ambrosia und legt ihn nächtens in die Flamme, um alles Irdische und
Sterbliche aus ihm herauszuglühen. Die Mutter belauscht sie aber und
ihr Wehklagen stört die Göttin;

bei der Götter Schwur, bei der Styx unerbittlichem Wasser,
wisse: ich hätte jung für ewig, unsterblich für immer
deinen Sohn gemacht, ihm Ruhm auf ewig verliehen;
nun aber kann er nicht mehr dem Schicksal des Todes entgehen.

Dann gibt sie sich zu erkennen:

Ich bin die hochgeehrte Demeter, die immer die größte
Hilfe und Wonne war für Götter und sterbliche Menschen.
Doch einen mächtigen Tempel mit einem Altare darunter
soll mir das ganze Volk bei Stadt und Mauer errichten . . .
Selber lehr ich euch dann die Weihen feiern, damit ihr
heilig sie vollzieht und meine Seele besänftigt.

Die letzten Zeilen lassen eins sehr gut erkennen: die feierliche Einsetzung der eleusischen Mysterien. Sie bilden den richtigen und natürlichen Abschluß des Berichtes, denn solche Kultlegenden sind ja nur geschrieben worden, um die Entstehung eines Kultes zu begründen und zu deuten. Wer aber nun den Homerischen Demeterhymnus überschaut, wird finden, daß er zwei Kultlegenden und -einsetzungen erzählt: die eine vom Zorn der Göttin und dem Wiederfinden ihrer Tochter, die andere von der Geburt des Kindes, die in späteren Jahren in die Legende von der Amme Demeter eingewickelt wurde.

Der spätere eleusische Dienst war ein sehr umfangreiches, durch viele Szenen ausgebautes Gebilde. Es wurde durch ihn Eleusis mit Athen verbunden, ja er war fast so etwas wie ein athenisches, in Eleusis ausgerichtetes Fest. Das aber erstreckte sich in seinen einzelnen Abschnitten über mehrere Monate hin, denn es begann mit einer Einweihung in die sogenannten „kleinen Mysterien" im Anthesterion oder Februar, die in der Vorstadt Agra vor sich ging. Über den Inhalt dieser Mysterien wissen wir noch viel weniger als über den der „großen" in Eleusis; doch ist so viel gewiß, daß neben kultdramatischen Spielen ein Reinigungsbad der Mysten im Ilissos stattgefunden hat. Der Kult in Agra war übrigens auch ein ehemaliger Demeterkult; zwar hatte man ihn zurückgedrängt, doch hatte er seine, wenn auch mindere, Existenz behaupten können.

Der wichtigste Teil der eleusinischen Mysterien folgt aber dann erst nach der Ernte, im Monat Boëdromion, das ist der September. Er wurde durch die Verkündigung einer dreiundfünfzigtägigen Friedensperiode eingeleitet, beginnend mit dem August-Vollmonde. Am 14. Boëdromion wurden die Heiligtümer des eleusinischen Tempels von Jungfrauen aus Eleusis nach Athen geholt, wo sie im Tempel der Demeter unterkamen. Am 15. versammelten sich dann alle Mysten; dabei ward angesagt, daß alle Barbaren und Mörder von den Mysterien ausgeschlossen seien. Natürlich ist nie und nimmer eine Prüfung erfolgt; die Antwort der Menge auf die Frage genügte; wer unrein war, der setzte sich dem Zorne der Götter aus. Nach dieser Zeremonie geschah ein Reinigungsbad im Meer, ein gründliches und tiefergreifendes, denn das Meer wäscht alle Sünden ab. Ob jetzt das kultische Fasten erst einsetzte oder vorher, ist unsern Quellen nicht zu entnehmen; sein Vorbild hat es im Mythos, der von Demeter erzählt, daß sie in ihrem Schmerz neun Tage lang gefastet habe. Was an den folgenden Tagen stattfand, ist uns unbekannt. Am 19. Boëdromion aber brach vom Heiligen Tore aus die große Prozession hinüber nach Eleusis auf; sie galt dem Jakchos, einer dem Dionysos vergleichbaren Gestalt. Von einer Beeinflussung des alten eleusinischen Kultes jedoch durch thrakische Dionysosverehrer oder diesen gleichzusetzenden Diensten sind vor den römischen Jahrhunderten keine Spuren wahrzunehmen. Denn nicht die Hölle hat Eleusis seinen Gläubigen ausgemalt, sondern im hellen Scheine ein seliges Leben nach dem Tode, ein ewiges Tanzen, Jubilieren und Musizieren auf goldener Aue. Die dionysische ekstatische Religion mit ihrem ausgelassenen Schwärmen lag jenem stillen Glauben an die Mutter von Eleusis fern; vielleicht, daß diese einzelne Jenseitsvorstellungen übernahm. Ein neues religiöses Element hat aber Jakchos nicht gebracht. Der dionysische Phallos spielte im Kulte von Eleusis keine Rolle; das neue Leben kommt dort aus dem Mutterschoß der Kore.

Die eleusinischen Heiligtümer wurden zusammen mit dem Jakchosbilde von der erwähnten Prozession nach Eleusis heimgebracht. Von dessen einzelnen Stationen möchte ich jetzt nichts weiter sagen, nur eine erwähnen, die Brücke über den Kephisos. Was wir aus vielen Vegetationskulten wissen, das geschieht auch hier: ein Übermaß von neckenden Reden oder Spötteleien, und alles hat einen ausgesprochen sexuellen Unterton. Die Überlieferung begründet diese alte kultische Übung, (von deren tiefen Sinne die späteren Zeiten nichts mehr mußten), weil sie die Herkunft und den an ihr haftenden magischen Zwang nicht kannten, mit der bekannten Jambe-Szene aus dem Hymnus. Dort wurde die Göttin (s. o.) ja mit scherzenden freien Reden aufgeheitert; es sind die Reden, die von sexuellen Dingen, Fruchtbarkeit, von sexuellen Handlungen sprechen, und in Worten wiederholen, was sonst als Tat geschieht: auf die Art Fruchtbarkeit zu wecken. Das, wie gesagt, geschah auf der kephisischen Brücke vor Eleusis. Daneben hat aber anscheinend noch ein zweites stattgefunden: ein orphischer Hymnus hat von Demeter erzählt, der Trauernden habe Baubo einen Becher angeboten, sie aber wies das Getränk zurück, bis Baubo sich entblößte und durch das Zeigen ihrer Scham die Göttin aufgeheitert habe. Aus diesen Berichten hat man einen entsprechenden kultischen Brauch erschlossen: man habe dem Mysten eine entblößte Frauenscham gezeigt, ehe er den (sakramentalen) Becher trinken durfte. Damit gehörte die Baubo-Szene aber zu den Riten, die an dem Einzuweihenden in Eleusis vorgenommen wurden, und konnte natürlich an der Brücke nicht geschehen. Das oben erwähnte Fasten der Mysten ist ja eine erste Vorbereitung, durch welche er sich für alle Dinge präpariert; an sie schließt sich die Baubo-Szene, und an diese wiederum der Becher. Im Becher genießt der Myste einen Gerstenaufguß oder -brei, das sogenannte Kykeon; das ist eine Art Kommunion, und wieder auf diese das Sakrament mit Cista oder Korb.

Ich habe, wie schon gesagt, mit alledem dem Gange der Dinge vorgegriffen und knüpfe nun wieder an die Szene auf der Brücke, auf welche der Einzug in den Tempel von Eleusis folgte, an. Was in Eleusis sich im Einzelnen begeben hat, darüber wissen wir leider viel zu wenig, ja fast nichts. Zuerst fand wohl ein öffentliches feierliches Rinderopfer statt, an dem hat jeder Besucher Anteil, — und ich möchte dabei gleich erwähnen, daß wir bei den Besuchern drei verschiedene Grade unterscheiden: den Laien, das ist die überwiegende Mehrzahl der Besucher, danach den unteren Grad, das sind die Eingeweihten oder Mysten, und dann den höheren Grad der Weihe, die Epopten oder Schauenden. Der Abstand zwischen den beiden Weihen hat ein Jahr betragen; wer also des Allerheiligsten teilhaftig werden wollte, der mußte Eleusis mindestens zweimal gesehen haben.

Die Spiele, das eigentliche kultdramatische Geschehen im Mysterium, sind keine „Aufführungen" für die Besucher von Eleusis, wie man heute glauben könnte, wenn man Oberammergau und andere Passionsspiele als Mysterien zu bezeichnen pflegt; es sind liturgisch-dramatische Erlebnisse der Mysten. Denn, wenn ihr Vorwurf die Demeter-Legende war, und wenn das Suchen und Umherirren der Demeter wie ihr langes Fasten, ihr Sitzen verhüllten Hauptes und die Baubo-Szene wieder Handlung wurde, so waren die Handelnden keine Tempeldiener oder eleusinische Priester und diese Handlungen wurden nicht für die Besuchermengen aufgeführt, die Mysten sind zugleich die Agierenden und die Zuschauer ihrer selber. Ein Teil der eleusischen Szenen wurde im Tempel selber aufgeführt, in einem von Säulen umgebenen, oben offenen inneren Saal, durch dessen Öffnungen oben Rauch und Fackelqualm abziehen konnten. Denn Fackeln spielten in diesen Begehungen eine große Rolle; sie müssen den Tempelraum erleuchten, scheinen durch die Nacht, das Fackellicht entsühnt und reinigt, tilgt — wie Feuer — alle Flecken, Demeter und Kore sind mit Fackeln in den Händen abgebildet, — und ein bestimmter Brauch mit Fackeln ward von einem hohen Priester, der davon seinen Namen trug, als Teil der Feier ausgeübt.

Wir können von diesen Fackeln aber noch ein weiteres behaupten: der Weg der Demeter mündete ja ein in die Hadesfahrt, — ich sprach gelegent-

lich der eleusinischen Kultlegende schon davon, — und nun vollzieht der
Myste diese Hadesfahrt. Er geht durch dunkle Räume, Schrecknisse· begegnen ihm, im Kataplus des Lukian spricht auf dem Wege durch die
Unterwelt Mikyllos zu dem Kyniskos: „Sag mir doch — du bist natürlich
in die Eleusinien eingeweiht —, gleicht nicht den Abenteuern dort das,
was wir jetzt hier sehn?"

Ob schon vor die soeben erwähnte Wanderung durch die Unterwelt
oder ob an ihr Ende, aber wahrscheinlich doch vor sie, gehört das eleusinische Geheimnis. Seine letzte, allertiefste Form. Im Allerheiligsten des
Tempels gab es einen Schrein, die ἱϰστη , und die Göttin Demeter saß auf
ihr, — in dieser ϰίστη wurde das Mysteriengeheimnis aufbewahrt. Was
es nach Aussehen und Gestalt gewesen ist, ist unbekannt. Wir kennen
zwar noch die Formel, die der Myste sprechen mußte, wenn er mit diesem
Sakramentalen in Berührung kam: „Ich fastete. Ich trank den Kykeon.
Ich nahm aus der ϰίστη. Ich vollzog die Handlung. Ich legte wieder in
den Korb und aus dem Korb in die ϰίστη; das heißt: ἐνήστευσα, ἔπιον τὸν
ϰυϰεῶνα, ἔλαβον ἐϰ ϰίστης, ἐργασάμενος ἀπεθέμην εἰς ϰάλαθον ϰαὶ ἐϰ
ϰαλάθου εἰς ϰίστην —."
Wir wissen aber nicht, was aus der ϰίστη genommen worden ist. Da,
noch im Mittelalter wie im ganzen Altertum, die Gottheit als Mann dem
Menschen gegenübertritt, hat man als Inhalt der ϰίστη einen Phallos
angenommen. Doch von dem Gedanken ausgehend, daß das eleusinische
Erlebnis den Menschen zum Kinde der Göttin mache, hat man dann
gemeint, daß in der ϰίστη ein Bild des Mutterschoßes gelegen habe.
Wenn man bedenkt, daß Demeter auf der ϰίστη saß, scheint gegenüber dem ersten dieser Gedanke Vorzug zu verdienen. Und klang in dem
eleusinischen Kulte der der Mutter auf, die ja als μήτρα der alles-
gebärende weibliche Schoß gewesen ist, umschwärmt von Phallen, —
auch dann wird man glauben müssen, daß in der Kiste das mütterliche
Organ gelegen habe. Auf andere, die eben vorgetragenen variierenden
Deutungen, die aber im letzten doch ein Ähnliches sehen, möchte ich jetzt
verzichten. Ich glaube, daß in der ϰίστη eine Abbildung gelegen hat, die
den Gedanken der Wiedergeburt des Mysten tragen konnte, denn das
war doch die letzte Absicht jener Handlung an der Kiste. Und daß dafür
zu allererst der Mutterschoß in Frage kam, dürfte sich aus diesen Gedanken als notwendige Konsequenz ergeben. Auch Baubo, die eine
Parallelerscheinung zu Demeter ist, — Gregor von Nazianz berichtet

beispielsweise von Demeter, was andere von Baubo sagen: die Enthüllung ihrer Scham, — auch das läßt eine entsprechende Deutung des Geheimnisses zu.

Wenn das Geheimnis der κίστη und die nächtliche schwere Hadesfahrt Erlebnisse des Mysten in den eleusinischen Tagen waren, und wenn der Myste nach dem Vollzug der einzelnen Forderungen sagen darf: „Ich fastete. Ich trank den Kykeon. Ich nahm aus der κίστη . . ." und sich damit als Eingeweihter ausgewiesen hat, — für den Epopten brachte Eleusis einen anderen Höhepunkt: der Hierophant zeigt, überstrahlt vom Scheine vielen Lichtes, eine soeben auf dem rharischen Felde gemähte Ähre. Und er spricht dazu: „Einen heiligen Knaben hat nun die Hehre geboren, einen Gewaltigen Brimo die Gewaltige!" — Es ist nach allem bisher Geschehenen ein sehr Kleines, Unscheinbares. Die großen Gedanken aber sind wohl stets die unscheinbaren, weil alles Entscheidende und Wahre einfach ist. Und still. Weil nur die Toren das Entscheidende hinter schönen Worten und hinter dem Makartschmuck der großen Philosopheme suchen. Die Erde aber ist einfach. Und die liebe Sonne auch. Und wenn das Leben des Menschen Wahrheit ist und recht, dann ist es ein einfaches gewesen. Und ein stilles. Und es galt.

Wenn man aus diesem Erlebnis der Epopten etwas schließen darf, dann liegt als erstes nahe, an den Umstand zu erinnern, daß der eleusische Kult zu Anfang ein agrarischer gewesen ist. Und das Versprechen, das der Kult dem Bauern gab, das konnte wohl nichts anderes als die Ähre sein, denn um sie zu erbitten, Wachstum zu erbitten, kam er ja. Es ist hier aber zu diesem ersten noch ein zweites festzustellen. Das große eleusische Fest geschah im Boëdromion, im September. Das Korn wird aber auf der rharischen Ebene bei Eleusis bereits im Mai geschnitten, und im griechischen Boëdromion sind alle Getreidefelder abgeerntet, nackt und leer. Wenn jetzt noch eine reifende, früchtetragende Ähre sichtbar wird, dann ist sie ein Unerwartetes, fast als wenn im deutschen Winter, im Dezember, die Kirschen und Äpfel auszuschlagen beginnen und zu blühen. Da hat wahrscheinlich eine Gottheit selbst die Hand im Spiele. Und wenn die Göttin Demeter Verheißungen gegeben hat, mit dieser Ähre werden ihre Verheißungen unterschrieben.

Man hat die Sinnbildlichkeit von Eleusis zuweilen sehr konkret gefaßt und hat in diesem Zusammenhange das eigentlich Agrarische unterstrichen. So etwa, wenn man in den Riten immer wieder nur agrarische Absichten erkannte. Man wies dabei auch häufig auf die Ähre und den Samen hin und sagte, das Wort für zeugen und säen, für Same und Saat sei bei den alten Griechen eigentlich dasselbe, und in den Thesmophorien handle es sich um weibliche kultische Dienste, die auf die menschliche Fruchtbarkeit wie auf die Saat gerichtet gewesen seien, die Thesmophorien aber seien nur ein primitiveres Eleusis. Das nächste, woran man denken müsse, wäre dann, daß man das Niederlegen des Toten in der Erde mit der Saat verglich, so zeigten apulische Aschenvasen auch das Bild von Ähren, und schließlich fand man in einem Grabe eine goldene Ähre. Ich glaube, daß alle diese Hinweise richtig sind, wie ich ja schon auf die agrarischen Hintergründe, die vegetationsreligiösen Beziehungen von Eleusis hingedeutet habe.

Es waren agrarische Dienste und es war ursprünglich ein eleusischer Weiberkult, denn dieses „agrarisch" reicht in eine pflanzerische Zeit hinauf. So wie in allen weiblichen Vegetationskulten hat auch hier ein aus dem sexuellen Denken lebendes Tun und Dienen Raum gehabt; auch davon ist schon gesprochen worden. Aber noch etwas möchte ich betonen: zumindest die vorderasiatischen Kulte waren phallische gewesen; sie wurden von Frauen gefeiert, aber phallische Zeichen wurden sichtbar, Phallen umschwärmten die Große Mutter, Phallen waren Opfergaben. Wenn man gesagt hat, daß man in Eleusis den Mutterschoß als das Geheimnis in der κίστη zeigte, denn dieser ging die Frauen an, weil ja Eleusis ehedem ein weiblicher Gottesdienst gewesen sei, so möchte ich glauben, daß darin ein Fehlschluß liegt. Noch die athenischen Thesmophorien waren ein weiblicher Dienst und kannten allein die phallischen, keine cunnus-Opfer. Es liegt auch nahe, daß man einer Göttin, welche fruchtbar sein und Frucht gebären sollte, dieses Opfer in die Erde senkte. Daß Frauen das zeugende Glied geheiligt haben und es als das Notwendigste erkannten. (Wie Männern das männliche Glied gemeinhin wenig wichtig ist, wie stets das weibliche in ihren Gesprächen eine Rolle spielt.) Erst als das weibliche in Eleusis wichtig geworden ist, wird dessen Kult — zwar nicht ein ausgesprochen männlicher — doch aber ein nicht nurweiblicher gewesen sein. Das rückte die beiden Szenen freilich auseinander; die Baubo-Szene könnte wohl einem weiblichen Kulte angehören, (ich glaube, daß ihre Drastik eigentlich nur auf Weiber, nicht aber auf Männer wirken konnte, Männer mußten anderes empfinden); den Mutterschoß hingegen empfanden Männer als ein Heiligtum.

In dieser Gedoppeltheit des weiblichen Gliedes also wird der Wandel, der in Eleusis vor sich gehen wollte, deutlich ausgesprochen.

Vielleicht ist aber hier noch eine nächste Überlegung möglich. Wenn die agrarischen Kulte in ihrer Mehrzahl weibliche gewesen sind, und wenn Eleusis aus einem weiblichen zum „gemischten" wurde, zu einem Kult, der Frauen ebenso wie Männern offen war, weist das vielleicht auf eine kultische „männliche" Bewegung, die in westasiatischen und in afrikanischen Bereichen die Wiedergeburt gedacht hat und gesucht hat, hin. Es liegt mir fern, den eben erwähnten Wiedergeburtsgedanken als einen männlich gearteten und den Männern zugehörenden zu bezeichnen, — doch eine Verlagerung der Schwerpunkte ist gewiß, die Welt wird männlicher und die Mutter-Erde-Gedanken lassen nach. Die Welt wird männlicher, — ist schon deshalb männlicher geworden, weil sie aus einer pflanzerischen eine bäuerliche wurde.

Und es ist anscheinend dazu noch ein weiteres gekommen. Man hat es bisher noch nicht bemerkt, daß zwischen älteren pflanzerischen und ihnen folgenden bäuerlichen Riten wenig Unterschiede sind, will sagen, in ihrer äußeren Gestaltung wenig Unterschiede sind; es bleibt sehr vieles, nur die Träger der Kulte werden andere, aus einem ursprünglich weiblichen Wollen ist ein männliches geworden, die äußeren Formen aber sind noch fast dieselben. So wurde das anfangs weibliche Eleusis auch ein bäuerlicher Dienst.

In dieses „Bäuerliche" aber klingt ein weiteres hinein. Wenn die Homerischen Dichtungen noch des siebenten Jahrhunderts, vor allem die große Nekyia der Odyssee Achill bekennen läßt:

Wollt ich doch lieber als Knecht bei Lebenden fronen,
selbst bei einem Armen, der ohne Äcker und Güter,
als hier das Gewimmel verblichener Toten beherrschen,

so ist dies in den Königsschlössern und Adelshöfen gewachsene Bekenntnis ein Zeichen für eine ungeheure Wandlung in der Welt. Und diese Wandlung wirkt auch in die alten Kulte. Die meisten der alten agrarischen Riten blieben zwar bestehen, ihr Sinn und ihre letzte Absicht aber wandelte sich; sie suchten jetzt nicht mehr nur das Wachstum auf den Feldern, sie suchten, was für Achill das Kostbarste ist und mehr als Ruhm und Ehre oder eine Schattenherrschaft über Schatten.

Es ist, als gebe der Homerische Demeterhymnos auf diesen Homerischen Aufschrei einen Rat und Hilfe; er schließt mit der Erzählung von der Einsetzung der Weihen:

Und zu den waltenden Göttern begab sich die Göttin Demeter,
um dem Keleos und dem mächt'gen Eumolpos zu künden,
dem Triptolemos und des Diokles reisiger Stärker
ihren heiligen Dienst, und lehrte alle die Weihen . . .
heilige Bräuche, die keiner verraten, verletzen, erforschen
darf, denn heilige Scheu vor den Göttern bindet die Stimme.
Und hebt sich dann zu einem Preise des neuen Trostes auf:
Selig, wer von den irdischen Menschen je sie gesehen!
Wer aber unteilhaftig der Weihen, der findet ein andres
Schicksal, wenn verblichen er weilt im dumpfigen Dunkel.
Und Sophokles kann eine fast noch deutlichere Hoffnung geben: „Dreimal
selig sind die, die nach der Schau dieser Weihen hinab in den Hades
steigen; ihnen allein ist da unten Leben gegeben. Alle anderen erfahren
dort nur Übles."

Osiris

Der aus dem östlichen Delta in Unterägypten stammende Osiriskult
scheint in vielen Einzelheiten dem Adoniskult nahe gestanden zu haben.
Das lehrt schon die vorhin zitierte Bemerkung Lukians, daß alle Jahre
am Festtage des Adonis ein Kopf aus Papyrus von Ägypten nach Byblos
in Phönikien geschwommen käme, den Lukian osirisch nennt, während
der Kirchenvater Cyrill in ihm nur eine an Adonis gerichtete Botschaft
erkennen will. Dazu kommt dann die weitere Bemerkung des Novellisten:
„Einige Byblier behaupten, der ägyptische Osiris sei bei ihnen begraben,
und das jährliche Trauerfest und die Orgien, die dabei begangen werden,
wurden nicht dem Adonis, sondern dem Osiris zu Ehren gefeiert." Beide
wurden also im Altertum als identisch angesehen. Zu dieser an Lukian
und Cyrill anknüpfenden Feststellung kommen weitere. So wie Adonis
aus einer Myrthe, wurde der alte ägyptische Totengott Osiris aus einem
Feigenbaume geboren, und wie Adonis von einem Eber getötet wurde,
so nimmt Seth oder Typhon, der Mörder des Osiris, das Aussehen eines
schwarzen Schweines an. Im syrischen wie im ägyptischen Kult gebraucht
man die Flöte als kultisches Musikinstrument. Im „Neuen Reich" erlebte
man am Festtage des Osiris kleine „Gärten", die auf dem Nil geschwommen
kamen; es lag in ihnen eine aus Lehm gefertigte Osirisgestalt; wie bei

den Griechen im Lichnites, im wiegenähnlichen Korbe, ein Phallos zwischen Obst und Blumen lag, so wurde der lehmgeformte Osiris auch mit Samen bestreut, der unter dem Einfluß des Wassers aufgegangen ist. Aber da wir von diesen Gärten erst aus dem „Neuen Reiche" wissen, ist es leicht möglich, daß sie aus einem jüngeren griechischen oder vorderasiatischen Kulte stammen. Mehr scheint es zu bedeuten, daß man auch phallische Bilder umführte oder Puppen mit beweglichen Phallen schuf, welche im kultischen Aufzuge mitgetragen wurden. Plutarch erzählt De Iside et Osiride c. 51: „Überall zeigten die Ägypter den Osiris in menschlicher Gestalt mit aufgerichtetem Schamgliede wegen der zeugenden und nährenden Kraft des Gottes", und ebenda schreibt er c. 36, daß „Typhon des Osiris Schamglied in den Fluß warf, Isis dasselbe nicht auffand, son-

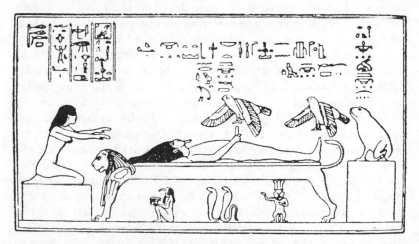

Isis als Habicht wird von Osiris begattet

dern ein diesem ähnliches Bild anfertigte und aufstellte, dessen Verehrung bei den Phallophorien sie einrichtete",„ und: „durch die Binse bezeichnen sie den König; die Binse scheint einem Zeugungsgliede an Bildung zu gleichen." Der Osiriskult erinnert in seiner Betonung des Phallischen also an griechische und kleinasiatische Dienste, wo auch durch die im Kulte der Muttergöttin üblichen Veranstaltungen das Phallische hereingetragen wurde, nachdem es im Glauben und in der Mythe längst vorhanden war. Wenn weiter gesagt wird, daß das Ithyphallische an der Osirisgestalt ein Sekundäres sei, dann würde auch das den Schluß zulassen, daß es

wahrscheinlich aus der Fremde, und das besagte, aus Vorderasien, herein-
gekommen sei, — wozu als letztes Beweisstück schließlich tritt, daß der
Osiris- und dieser Phalloskult am Nil kein ausgesprochen weiblicher gewesen ist, die phallischen Dienste aber gemeinhin weiblichen Ursprunges
sind.

Was aber steht nun hinter dieser anscheinend nicht recht deutlichen
Gestalt?

Plutarch erzählt in De Iside et Osiride, freilich auf Grundlage der Überlieferungen des „Neuen Reiches", die Mythe von Isis und Osiris; ich gebe
hier einen Auszug aus seinem zwölften und neunzehnten Kapitel: Rhea ist
heimlich von Kronos begattet worden und sie gebar fünf Kinder, von
diesen als erstes Osiris, dann Typhon oder Seth und Isis. Osiris war aber
der große Kulturbringer und der erste Ackerbauer auf der Welt. „Als
Osiris zur Regierung kam, änderte er, so erzählt man, alsbald die ärm-
liche und rohe Lebensweise der Ägypter, führte den Bau der Feldfrüchte
ein, gab ihnen Gesetze und lehrte sie die Götter ehren. Später durchzog
er alles Land, um es aus der Wildheit zu erheben, kaum der Waffen be-
dürfend, sondern durch Überredung und Lehre, durch alle Arten Gesang
und Musik zaubrisch die meisten gewinnend, weshalb man ihn bei den
Hellenen mit dem Dionysos gleichsetzte." Vielleicht, so möchte ich hier
einschalten, ist es recht, wie an Dionysos so an Triptolemus zu erinnern, den
von der Göttin Demeter ausgesandten König, der das Getreide bringt und
allen Völkern den Gtereidebau und dessen Segnungen wies, und der sie
von den Waffen weg zum Pfluge führte. — Die durch Plutarch berichtete
Mythe fährt dann fort: „Während seiner Abwesenheit unternahm Typhon (der ihn vertrat) keine Neuerung, weil Isis gar sehr auf ihrer Hut
war und ihm kräftig entgegentrat; bei seiner Rückkehr aber stellte er ihm
mit List nach, wobei er zweiundsiebzig Männer zu Mitverschworenen
machte . . . Er nahm heimlich das Maß von Osiris Körper, verfertigte
nach diesem eine schöne, reichgeschmückte Lade und brachte sie zum
Gastmahl. Als alle sich über den bewundernswerten Anblick freuten, ver-
sprach Typhon, wie im Scherz, die Lade dem zum Geschenk, der darin
liegend sie genau ausfüllen würde. Alle nach der Reihe versuchten es,
aber keiner wollte passen, bis zuletzt Osiris selbst hineinstieg und sich
niederlegte. Da liefen die Verschworenen hinzu, warfen den Deckel darauf, verschlossen die Lade von außen mit Nägeln, gossen heißes Pech
darüber, trugen sie an den Fluß hinaus und entsandten sie durch die
Tanitische Mündung des Niles ins Meer." Wir haben hier also eine aitio-

logische Mythe, den Versuch, das Niedersenken des kultischen Osirisbildes ins Meer zu erklären.

Als Isis, die Schwester des Osiris, diesen Mord erfuhr, begann sie zu trauern und machte sich auf, den toten Bruder und Geliebten zu suchen. „Über die Lade erfuhr sie, daß diese in der Gegend von Byblos durch die Meereswellen ans Land gespült und an einem ἐϱείκη-Gewächs sanft abgesetzt worden sei. Die Zeder, als herrlicher Sproß in kurzer Zeit groß auf-

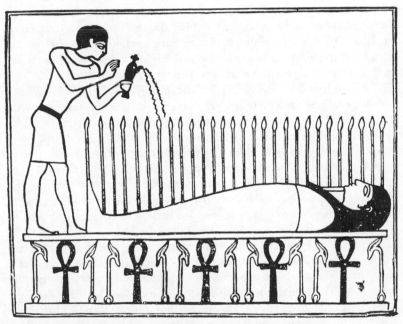

Aus dem Körper des Osiris sprießt die junge Saat

gewachsen, umschloß einhüllend die Lade und verbarg sie ganz in sich. Der König des Landes bewunderte die Größe des Gewächses, schnitt den Teil mit dem darin enthaltenen Sarge, von dem er aber nichts wußte, ab, und stellte ihn unter sein Dach." — Isis kam zu ihm, verweilte — wie Demeter bei Keleos im Hause des Königs, begegnete den Mägden freundlich und flocht ihre Haare. „Als die Königin ihre Mägde sah, so fühlte sie ein Verlangen nach der Fremden, deren Locken und Haut einen ambrosischen Duft verbreiteten, und ließ sie holen. Bald wurde sie mit ihr vertraut und machte sie zur Amme ihres Kindleins. Isis nährte das Kindlein, indem sie ihm statt der Brust den Finger in den Mund steckte, und verbrannte bei Nacht die sterblichen Teile des Körpers; sie selbst verwandelte sich in eine Schwalbe und umflog klagend jene Säule, bis einst die Königin, die sie beobachtete, laut aufschrie, als sie ihren Säugling in den Flammen sah, und ihm dadurch die Unsterblichkeit entzog. Nun offenbarte sich die Göttin und verlangte jene Säule, zog sie leicht unter dem Dache weg und schnitt die ἐρείκη ringsumher ab. Darauf hüllte sie diese in ein Leinentuch, goß Salben darüber und händigte sie den Herrschern ein, (noch jetzt verehren die Byblier das im Tempel liegende Holz der Isis). Dann warf sie sich über den Sarg und schluchzte heftig. . . Sobald sie in die Einsamkeit gelangte und mit sich allein war, öffnete sie die Lade, legte ihr Gesicht an das des Toten und küßte ihn weinend." — Ich übergehe nun die Vereinigung der beiden sowie ein längeres Zwischenstück über den Sohn des Königs, der Maneros hieß, und fahre fort: „Als aber Isis zu ihrem Sohne Horos, der in Buto erzogen ward, reiste, setzte sie das Gefäß mit dem Osirisleibe beiseite. Typhon, in der Nacht beim Mondscheine jagend, traf darauf, erkannte den Körper, zerriß ihn in vierzehn Teile und streute sie umher. Sobald Isis dies erfahren, suchte sie die einzelnen Teile wieder zusammen, indem sie auf einem Nachen von Papyrus die Sümpfe durchschiffte. . . Aus diesem Grunde nennt man so viele Osirisgräber in Ägypten, weil Isis da, wo sie jeden einzelnen Teil fand, ein Grab errichtete. . . Von den Teilen des Osiris konnte Isis allein das Schamglied nicht auffinden, denn dies ward gleich in den Fluß geworfen und von den Fischen verzehrt. . . An seiner Statt machte Isis eine Nachbildung und weihte den Phallos, den auch jetzt noch die Ägypter feiern." — Im neunzehnten Kapitel wird dann noch berichtet, wie der Ermordete von den Toten wiederkam und Horos zum Rachekampfe gegen Typhon rüstetè, und Typhon überwunden wurde.

Ich brauche wohl kaum auf Einzelheiten dieses Mythos einzugehen. Man sieht, wie nahe Einzelnes dem Adonismythos steht, wenn man die Namen vertauschte, könnte das ganze Mittelstück als eine Erzählung von Adonis gelten. Hier wird man also über die Ursprünge des Osirismythos und des Kultes wenig Sicheres erfahren.

Die Frage nach den Ursprüngen der Osirismythe wurde oft gestellt. Ich übergehe die von den Schriftstellern der Antike aufgestellten Vermutungen und nenne nur die allerjüngsten. Die vegetationskultische

Schule des ausgehenden neunzehnten und beginnenden zwanzigsten Jahrhunderts sah in Osiris vorzugsweise den „Korngott"; er war eine Verkörperung des Kornes, das jährlich stirbt und jährlich wiederkehrt, nicht anders wie die nachchristlichen Jahrhunderte Tamuz sahen. Als Korn- und Baumgott wurde er der Gott der Vegetation überhaupt, der Gott des Zeugens und der Fruchtbarkeit. In diesen Zusammenhang gehört auch eine der jüngsten Überlegungen, die an den Anfang ein (vormythisches) Ernteopfer setzt, das durch das in ihm wirksame Mana alles Wachstum stärken soll. Dieses Ernteopfer der vorgeschichtlichen Jahre wäre so erfolgt, daß ein in eine Dedsäule, (das ist die Umsetzung eines Papyrusbündels in Holz oder Stein) gebundener Mann beim Schluß der Ernte enthauptet oder ins Wasser geworfen worden sei, oder beim Dreschen totgeschlagen und zerrissen wurde. Sein Glied hat man den Fischen im Strome oder Sumpfe zugeworfen. Die übrigen Teile wurden, jeder für sich, vom Volke begraben. Das würde besagen, daß die spätere Osirislegende die Mythisierung eines Opferbrauches gewesen sei. Die eben skizzierte Entwicklung wird auf die Feststellung gestützt, daß vor der Zeit der Landhebungen große Teile Ägyptens Sumpf und Schlamm gewesen seien, ein Sumpf, in welchem die Papyrusstaude das wichtigste Bau- und Nahrungsmittel war. Aus der Verehrung der Papyrusstaude und ihrer Umsetzung, der Dedsäule, entwickelte sich später also eine Vegetationslegende und ein Kult, der schließlich auf die Getreidearten überging.

Opferung eines Bockes und einer Gans
vor einer Dedsäule

Einen ganz ähnlichen Hintergrund vermuten jene Forscher, die sich auf Plutarchs Schrift c. 39 stützen: „In der Nacht des 19. steigen die Feiernden zum Meere hinab; die Stolisten und Priester tragen den heiligen

Schrein mit dem goldenen Kästchen hinaus, in welches sie trinkbares Wasser gießen, wobei die Anwesenden ein Geschrei erheben, als sei Osiris gefunden worden; mit diesem Wasser mischen sie fruchtbare Erde, tun Spezereien und kostbares Räucherwerk dazu und machen daraus ein mondsichelförmiges Bildchen, das sie ankleiden und schmücken." Man sieht in allem diesen Vegetationsmagie; die Asche im Kästchen wird durch das Wasser belebt; wenn sie Osiris heißt, so steht Osiris jetzt auf aus seinem Todesschlafe, und so — steht als ein Hoffen dahinter — erhebt sich draußen die Natur.

Die eben erwähnten Deutungen sind dann möglich, wenn man Osiris als einen Vegetationsgott ansehen darf. Ist er jedoch, wie manche Forscher meinen, ursprünglich eine historische Gestalt, der König von Busiris oder Abydos, gewesen, dann hängen die Überlegungen freilich in der Luft. Sieht man in ihm hingegen einen Totengott, so läßt sich ein auf die Wiederkehr aus dem Tode gerichteter Gedankengang begreifen. Ich glaube, daß gerade von hier aus sich manches überhaupt am leichtesten erklären läßt.

Die nächste Entwicklungsstufe nun wird von den Forschern, für die die Dedsäule am Anfange stand, in deren Mythisierung und der Fortführung des Kultes gesehen. Man nahm am Schluß der Ernte, das heißt Mitte Mai, wie oben schon beschrieben wurde, einen Mann, band ihn in eine Garbe oder Garbensäule ein, schlug ihn (zu Tode) oder ‚enthauptete‘ ihn, besprengte ihn, warf ihn ins Wasser oder begrub ihn draußen auf dem Felde. Die Spitze der Dedsäule schmückte man mit einem grünen Zweig, durch welchen man Osiris zu symbolisieren pflegte; so konnte man leicht Osiris mit der Dedsäule identifizieren. Vielleicht auch trug man damals ein Osirisbild in einer Garbe oder Dedsäule auf dem Felde umher und warf es am Ende der Arbeit in den Strom. Der, welcher den in die Garbe eingewickelten Mann oder das Bild, das man Osiris nennen lernte, erschlug und ihn ins Wasser warf, ward Typhon oder Seth genannt; man rächte sich an ihm im Namen des Osiris durch das Enthaupten oder Opfern eines Seth darstellenden Tieres, meist eines Bockes oder einer Gans, vielleicht auch eines Schweines. Am 17. Juni, wenn der Nil stieg, wußte man, daß Isis nun unterwegs war und Osiris suchte. Man kam am Ufer zusammen und beweinte den toten Gott. — Ich will die einzelnen Stationen dieses mythologisierten Kultes, die sich bis zum November hinziehen, hier nicht mehr zitieren. Aus dem bisher Beschriebenen ist schon klar geworden, daß alles die Dramatisierung einer Mythe war; man hatte „einen großen Drang zu dramatischen Vorstellungen" des Geschehenen und „man verlangte, daß die Auferstehung des Gottes veranschaulicht wurde"; hinwiederum entwickelte man die Mythe aus dem Spiel; es heißt, der Mörder des Garbenmannes „stellte Seth dar", oder die Garbe „wurde allmählich mit Osiris identifiziert". Das aber geht wohl nicht gut, aus A ein B herkommen zu lassen und dann das B zum Ursprunge des A zu machen. Darüber hinaus will mir an dieser Erklärung nicht gefallen, daß sie Naturvorgänge in Mythologien wandeln will, so daß der Mythus die Umbildung eines Naturvorganges wird. Das führt zu jenen naturmythologischen Deutungen zurück, für welche die Sagen personifizierte Wolkenspiele sind, die Heldenleben Wechsel zwischen Licht- und Dunkelmond.

So wenig glücklich diese Deutungsversuche auch erscheinen, eins möchte ich doch festhalten, die Dramatisierung des Geschehens, auf die in ihnen immer wieder hingewiesen wird. Es wird so sein, und andere Quellen führen auch darauf, daß man die Mythe von Osiris „aufzuführen" pflegte. Wir hören von einem Lampenfest durch Herodot (II, 48); man ließ in kleinen papierenen Booten die Osiris-Gärten schwimmen; man opferte dem Osiris jedes Jahr ein Schwein, die Armen aber buken statt dessen einen Kuchen, das heißt, daß das Osirisfest ein allgemeines war und daß wahrscheinlich auch die Spiele öffentliche Spiele waren; sie wurden in wesentlichen Teilen durch das Volk begangen, das heißt, daß kultische Übungen und Darstellungen sich berührten. Der Kult gehörte allen, wie der Zweck des Kultes: die Wiederkehr des Osiris und die Fruchtbarkeit der Äcker.

Wenn der Kult einst allen gehörte und für alle geschah, — die nächste Station in der Entwicklung des Osirisdienstes wird uns aus einer Schilderung des Hohenpriesters I-cher-nofret (um 1868 v. Chr.) im Mittleren Reiche, sichtbar, die den Beschreibungen bei Plutarch und Herodot schon nahe kommt. Da werden auch wieder zwei Osirisbilder hergestellt, das eine aus Erde vom heiligen Acker, das zweite als „Gärtchen" mit sprießenden Gerstenhalmen und mit der Gestalt des Gottes. Drauf fand die schon erwähnte Ausfahrt mit den Lampen statt. Der wiederkehrende Osiris wird gefunden und zum Tempelplatz gebracht, wo man das Bild vom vorigen Jahre wegnahm und begrub. Dieses „priesterliche Osirisfest" geschah zumeist im Tempelbezirk; nach Herodot (II 172) hatte man im Tempelgebiet von Sais einen See, auf dem man die Leidensgeschichte des Gottes vorzuführen pflegte; das Totenreich hat man durch eine Grab-

kammer dargestellt. Abydos wieder hatte einen besonderen Begräbnis-
platz rund zweiundeinenhalben Kilometer außerhalb der Stadt; da hatte
man im Grabe des Königs Chent (ca. 3400 v. Chr.) das Grab des Gottes
und den unterweltlichen Umkreis angelegt. Wie Ort und Darsteller der
Handlung dem Tempel angehörten, so auch das eigentliche Mysterium.

Man kann hier leicht bemerken, daß dies Spiel auf einen Kampf, der
zwischen Anubis und den Feinden des Osiris ausgefochten wird, die „Ausfahrt" folgen läßt, — die Ausfahrt meint den Trauerzug, der das Begräbnis des getöteten Gottes darzustellen pflegt. Der Kampf des Gottes
Osiris aber mit dem Gotte Seth wird sicherlich in der Beschreibung darum
nicht erwähnt, weil diese δρώμενα zu den μυστήρια gehörten, an
denen die Menge des Volkes kein Recht hatte teilzunehmen, und die
daher wohl nur im inneren Tempel vor sich gingen. Damit hat also das
kultdramatische Geschehen eine Zweiteilung erfahren, denn manches von
ihm spielt sich vor aller Augen ab, und anderes zieht sich ganz in die
Stille des Tempels und der Totenstadt, ins priesterliche Geheimnis, in das
Mysterium zurück. Und wie damit das wichtigste, das entscheidende Stück
des Dramas, das Sakramentale, zum geheimen Geschehen wird, so auch
wird aus dem Laien, der das Ganze ehemals spielte, jetzt ein Berufener.
Priester oder „Eingeweihte" sind die Spieler.

Damit war aber schon der Schritt zu einem geheimen Dienste getan.
Was einst vor aller Augen und unter der Anteilnahme aller sich begab,
hat sich in eine kultische Verborgenheit zurückgezogen und wurde ein Tun
der Priester und der Eingeweihten. Es wurde zu einem kultischen Tun
durch Eingeweihte, wohl aber — und das ist zu betonen — noch im
Interesse aller. Die Eingeweihten vollziehen die kultische Handlung
sozusagen für das Volk. Das ist ein großer und in der Untersuchung zu
beachtender Unterschied zu den von anderen geheimen Bünden sonst
vollzogenen Diensten. Wir haben sehr viele geheime Kulte; ihre Absichten
richten sich wohl meist auf ganz bestimmte, dem betreffenden Bunde erwünschte Zwecke, seien es nun solche religiöser, sittlicher oder auch politischer Art. Hier aber fällt Kult und Ziel, auf das die Eingeweihten
schauen, mit dem des ganzen Landes und des ganzen Volkes zusammen,
— wie das bei einem ackerbauenden Volke wohl immer ist —, und so
stehen sie mit ihrem Tun für das ganze Volk.

Das aber gibt jetzt dem Ganzen ein zwiespältiges Gesicht: die Eingeweihten begehen die Dienste im Geheimen, für die vielen; der Nutzen
der vielen wird in der Abseitigkeit gefördert.

Man muß das einmal ganz durchdenken, weil aus einem solchen Überlegen das Widersprüchliche des hier Erschlossenen deutlich sichtbar wird. Die in geheimen Kulten geschehenden Dienste oder Riten vollzieht man doch in, mit und für den Bund, der als der Träger eines solchen geheimen Dienstes greifbar wird. Die hier geschehenden Übungen aber wollen nichts als ein dem Lande und dem Volke Nützliches bewirken; man wird sie besser als ein priesterliches Tun bezeichnen, das — um des Sakramentalen in ihm willen — aus der lauten Menge und aus dem allen Zugänglichen in den inneren Tempel weicht. Von einem Geheimkult des Osiris aber kann man wohl kaum sprechen. Statt eines Geheimkultes gilt hier ein geheimer Kult.

Die Isismysterien

Wenn die eleusinischen Mysterien dem Mysten die Überwindung des Todes verhießen, so führten die Isismysterien noch ein Stück weiter. Sie setzten, wie man dem Namen schon entnehmen kann, beim alten Osirismythos ein. Man hat bei der Erklärung der letzteren an die alten ägyptischen Begräbnisriten angeknüpft, in denen es sich um ein Stück sympathetischer Magie gehandelt hätte, denn beim Begräbnis fand eine dramatische Aufführung der Osirismythe statt, indem man im Toten den von Seth ermordeten und verstümmelten, von Isis und Horus aber wieder erweckten Osiris sah. Indem man den Toten aber als Osiris behandelte, erhielt man die Garantie dafür, daß er kein düsteres schattenhaftes Gespensterdasein in der Unterwelt erfahren, sondern daß er zu wirklichem neuen Leben im Vollbesitze seines Körpers und Geistes erwachen werde. Soweit wir bis jetzt urteilen können, ging man in den ägyptischen Städten freilich nicht so weit, daß man sich eine Vereinigung mit Osiris bereits in diesem Leben als Garantie für die Unsterblichkeit vorstellte, indem man vielleicht lebendige Menschen die Rolle des Gottes im Kultdrama spielen ließ, um schon in diesem Leben mit ihm vereinigt zu werden und einen sicheren Grund für die Unsterblichkeitserwartung zu gewinnen. Das aber heißt, daß eine eigentliche Mysterienhandlung noch nicht stattgefunden habe.

Den Schritt hat man erst in der hellenistischen Welt getan. Hier erst vollzieht sich das, was man gemeinhin als Mysterium bezeichnet. Wir pflegen ein solches als Mysterium zu bezeichnen, das eine Einweihung, kultdramatische Übungen, verschiedene, bis zum „Schauenden" aufsteigende Grade hat und das ein besseres Los im Jenseits sucht. Die Forderung „Einweihung" sagt, daß die Mysterien sich in geschlossenen Vereinigungen abzuspielen pflegen, daß sie auf einer geheimbundähnlichen Basis stehen. Auf ähnliches deuten die verschiedenen Grade hin, die ebenso in den Bünden wie in den meisten Mysterien — ich denke an die des Attis, die des Mithra, an Eleusis — festzustellen sind. Die höchste und letzte Stufe ist die des Schauenden oder Epopten, dem man das Kultgeheimnis weist. Das wird auch in den frühen christlichen Bezirken sichtbar werden; wenn Paulus spricht: Siehe, ich verkünde euch ein Mysterion! liegt dem zugrunde, daß er der Schau gewürdigt und begnadigt gewesen sei. Die kultdramatischen Übungen bezwecken, den Mysten das göttliche Erlebnis nachvollziehen zu lassen: er irrt umher, wie Demeter auf der Suche nach der Tochter irrend lief, er sitzt auf einem verhüllten Sessel, wie sie saß; er trinkt den Gerstentrank, den sie getrunken hat; er steigt hinunter in die Unterwelt, wie sie auf ihren Weg hinunterstieg, und das Erlebnis dieses Weges sichert zuletzt dem Mysten Aufstieg und Gewinn zu, so wie die Göttin, auf deren Wege er gewandert ist, gewonnen hat und wieder aufgestiegen ist zum Lichte. Das führt zum letzten und eigentlichen Kerne der Mysterien, die um Unsterblichkeit, im weitesten Maße um „Erlösung" ringen.

Der Weg der einzelnen Mysterien ist ein sehr verschiedener, — ich möchte die Kultlegenden und ihre Absichten hier nicht wiederholen. Sie rühren an sexuelle Bezirke wie die Attis- und Adoniskulte, an überschwängliche und ekstatische wie das dionysische Mysterium, sie sprechen vom Suchen der Mutter nach der Tochter wie Eleusis — und ein an diese Grundtatsache erinnerndes steht auch hinter dem der Isis. Der erste und ursprüngliche Charakter einer Vegetationsgottheit, sagt man, sei in der Gestalt der Isis bald verdunkelt worden, als sie zu einer fraulichen, mütterlichen Göttin wurde. Das drückte sich anfangs wohl am schönsten in ihrem Verhältnis zu Horus, dem eigentlichen ägyptischen Nationalgott, aus." Auf unzähligen Bildern aus allen Epochen der ägyptischen Geschichte sehen wir die Göttin mit dem Horusknaben auf dem Arme. Als des Osiris Gemahlin wird sie die Idealgestalt einer Gattin und das Volk schafft eine Reihe rührender Familiengeschichten um diese Gruppe Vater, Mutter und Sohn. So wächst in ihrer Gestalt das Mütterliche mehr und mehr. Sie wird zur großen, allumfassenden, barmherzigen Göttin und zur Mutter,

die liebend den Himmel und die Erde umfaßt und hegt, — eine Personifizierung der gebärenden und zeugenden Macht im Dasein wie eine solche
der erhaltenden Macht und Güte. Als diese wird sie in den Osirismysterien
verehrt; wie sie hier als die liebende Frau und Gattin, durch deren Bemühen Osiris neues Leben hat, erscheint, so wird sie die Helferin für alle
an den Mysterien teilnehmenden Menschenkinder, zu denen sie sich in
jedem Elend tröstend neigt. Daher verdrängt sie den in der Volksanschauung wie in den Kulten erst mächtigeren Osiris ganz."

Zu dieser zweiten Station in der Entwicklung der Mysterien hat sich
im weiteren Verlauf noch eine dritte, letzte eingestellt; da weitet die
Schau sich aus dem Menschenwunsch und -leben zu einem Ergreifen des
unendlichen Kosmos und zu dessen Kräften, — und es ist wieder Isis,
durch die dieser Weg gegangen wurde.

Das ausführlichste Bild von den Isismysterien hat meines Wissens
Apulejus in seinem Roman vom „Goldenen Esel", der ja auch die Novelle
von Amor und Psyche enthält, gezeichnet. Sie steht dort im elften Buch
und erzählt die Entzauberung des Romanhelden Lucius während und im
Zusammenhang mit den Isismysterien zu Cenchraea vor Korinth. Das
Buch setzt mit der Beschreibung des aufgehenden Vollmonds am Meer ein:
„Die Majestät dieses hehren Wesens (des Mondes) erfüllte mich mit tiefster Ehrfurcht, und überzeugt, daß alle menschlichen Dinge durch seine
Allmacht regiert werden, überzeugt, daß nicht allein alle Gattungen
zahmer und wilder Tiere, sondern auch die leblosen Geschöpfe durch den
unbegreiflichen Einfluß seines Lichtes fortdauern, ja daß selbst alle Körper
auf Erden, im Himmel und im Meere in vollkommenster Übereinstimmung mit demselben ab- und zunehmen", erhob er sich zum Beten. „Flugs
schüttelte ich jeglichen Rest von Trägheit ab, stand munter auf, badete
mich, um mich zu reinigen, im Meere, und nachdem ich mein Haupt
siebenmal unter die Fluten getaucht, welches die Zahl ist, die der göttliche
Pythagoras als die schicklichste zu gottesdienstlichen Verrichtungen an-
gibt, betete ich frohen und muntern Herzens, doch betränten Angesichts,
zur heiligen Göttin also:" — Ich unterbreche, um zuerst einmal zu sagen,
daß Lucius sich mit diesem Gebet an Isis wendet, in der er oder die er
zugleich in vielen andern Gestalten sieht, in der eleusinischen Demeter
oder Ceres, der cyprischen Astarte oder Venus, der ephesischen Diana,
die ja auch nur eine andere Gestalt der Großen Mutter war. Recht auffällig ist die mehr oder minder deutliche Verbindung zwischen dieser

vielnamigen weiblichen Gottheit und dem Monde, den ja Diana als ihr
Zeichen trägt; der Mond ist stets ein altes weibliches Sinnzeichen — und
was läge wohl auch näher als seine Beziehung zur Frau?!

Lucius betete: „Königin des Himmels! Du seist nun die allernährende
Ceres, des Getreides erste Erfinderin, welche in der Freude ihres Herzens
über die wiedergefundene Tochter dem Menschen, der gleich den wilden
Tieren mit Eicheln sich nährte, eine mildere Speise gegeben hat und die
eleusinischen Gefilde bewohnt, — oder du seiest die himmlische Venus,
welche im Urbeginne aller Dinge durch ihr allmächtiges Kind, den Amor,
die verschiedensten Geschlechter begattet und also das Menschengeschlecht
fortgepflanzt hat, von dem sie zu Paphos (auf Cypern) in dem meer-
umflossenen Heiligtume verehrt wird, — oder des Phöbus Schwester,
welche durch den hilfreichen Beistand, den sie den Gebärerinnen leistet,
so große Völkerschaften erzogen hat, und in dem herrlichen Tempel zu
Ephesus angebetet wird, — oder du seist endlich die dreigestaltige Proserpina, die nachts mit grausigem Geheul angerufen wird, den tobenden
Gespenstern gebietet und unter der Erde sie einkerkert, während sie ent-
legene Haine durchirrt, wo ein mannigfacher Dienst ihr geweiht ist:
Göttin! Die du mit jungfräulichem Scheine alle Regionen erleuchtest, mit
deinem feuchten Strahle der fröhlichen Saat Nahrung und Gedeihen gibst
und nach der Sonne Umlauf dein wechselndes Licht einteilst, unter welchem Namen, unter welchen Gebräuchen, unter welcher Gestalt dir die
Anrufung immer am wohlgefälligsten sein mag, hilf mir in meinem
äußersten Elende!" — Nachdem er so gebetet hat, legt er sich neu zum
Schlafe nieder, und da sieht er im Schlafe eine göttliche Gestalt sich vom
Meere erheben, den Mondschmuck an der Stirn mit Ähren bekränzt.

Die göttliche Frau redet Lucius an: „Dein Gebet hat mich gerührt! Ich,
Allmutter Natur, Beherrscherin der Elemente, erstgeborenes Kind der
Zeit, Höchste der Gottheiten, Erste der Himmlischen; ich, die ich in mir
allein die Gestalt aller Götter und Göttinnen vereine, mit einem Winke
über des Himmels lichte Gewölbe, die heilsamen Lüfte des Meeres und
der Unterwelt klägliche Schatten gebiete; ich, die alleinige Gottheit, welche
unter so mancherlei Gestalt, so verschiedenen Bräuchen und vielerlei
Namen der ganze Erdkreis verehrt, — denn mich nennen die Erstgebo-
renen aller Menschen, die Phrygier, pessinuntische Allmutter, ich heiße
den Athenern kekropische Minerva, den eiländischen Kypriern paphische
Venus, den pfeilführenden Kretern dictynnische Diana, den dreizüngigen
Siziliern stygische Proserpina, den Eleusiniern Altgöttin Ceres. Andere

nennen mich Juno, andere Bellona, andere Hekate, andere Rhamnusia. Sie aber, welche die aufgehende Sonne mit ihren ersten Strahlen beleuchtet, die Aethiopier, auch die Arier und die Besitzer der ältesten Weisheit, die Ägypter, mit den angemessensten eigensten Gebräuchen mich verehrend, geben mir meinen wahren Namen: Königin Isis. — Ich erscheine dir aus Erbarmen über dein Unglück . . . Der Tag, welcher auf diese Nacht folgt, ist mir durch uralte Gewohnheit geheiligt. Die Schiffahrt beginnt: meine Priester weihen mir ein neugezimmertes Schiff und opfern mir die Erstlinge jeglicher Ladung." — Sie weist ihn an, wenn die Prozession vorüberziehen werde, den Rosenkranz, welchen der Hohepriester trage, zu ergreifen und einige Rosen zu nehmen, dann werde er aus dem Esel wieder zum Menschen werden. „Nur sei eingedenk und verliere nicht aus dem Gedächtnis, daß mir von nun an deine übrigen Tage bis auf deinen letzten Atemzug gehören. Denn billig bist du derjenigen, durch deren Wohltat du wieder unter die Menschen zurückkehrst, dein ganzes Leben schuldig. Inzwischen wirst du glücklich, wirst du rühmlich unter meinem Schutze leben, und wann du hier deinen Weg vollendet hast und zur Unterwelt hinabwandelst, so wirst du auch dort mich, die du vor dir siehst, die ich des Acherons Finsternisse erleuchte und in den stygischen Behausungen regiere, als ein Bewohner der elysischen Gefilde fleißig anbeten und meiner Huld dich zu erfreuen haben. Ja, wofern du dich durch unablässigen Gehorsam, durch gewissenhafte Beobachtung meines Dienstes, durch strenge Fasten und Keuschheit genugsam um meine Gottheit verdient machst, so wirst du auch erfahren, daß es in meiner Macht steht, dir selbst das Leben zu fristen bis über das vom Schicksale dir bestimmte Ziel hinaus."

Lucius, um die Erzählung abzukürzen, begegnet nun am andern Morgen der Prozession. Ihr voran geht ein lustiger Vortrab von Masken: Soldaten, Jäger, in Frauen verkleidete Männer, Fechter, Philosophen, zu Menschen verbrämte Tiere usw. Ihnen folgte die Prozession. „Weiber in blendend weißen Gewändern, bekränzt mit jungen Blüten des Frühlings, trugen voller Freude mancherlei Sachen. Den Schoß mit Blumen angefüllt, bestreuten die einen den Weg, welchen der heilige Zug nahm; andere führten auf dem Rücken schimmernde Spiegel, in denen der Göttin zahlreiches Gefolge als ihr entgegenkommend erschien. Einige hatten elfenbeinerne Kämme in den Händen und taten mit Gebärden und Bewegung ihrer Arme und Finger, als schmückten sie das königliche Haar der Isis. Noch andere besprengten die Gassen mit allerhand wohlriechenden Salben und mit köstlichem Balsam. Darauf folgte eine große Menge beiderlei Geschlechts mit Lampen, Fackeln, Wachskerzen und anderen Arten künstlicher Lichter, zu Ehren der Mutter der Gestirne. Allerlei liebliche Instrumente und Pfeifen ließen sich nun hören. Ein munterer Chor der auserlesensten Jugend, mit schneeweißen ärmellosen Kleidern angetan, vermählte seine Stimme mit ihren süßen Weisen und sang ein Lied, das ein großer Dichter, unter Eingebung der Musen, auf gegenwärtige Gelegenheit gedichtet hatte; bei diesen Sängern befanden sich die Pfeifer des großen Serapis. Auf Querpfeifen, die nach der rechten Seite gehalten wurden, bliesen sie die beim Dienste dieses Gottes üblichen Melodien. Jetzt kamen Herolde, die mit weitschallender Stimme ausriefen: Platz, Platz für die Heiligtümer!

Hierauf strömten die in den heiligen Gottesdienst Eingeweihten einher, sowohl männlichen als weiblichen Geschlechts, jeglichen Standes, jeglichen Alters. Alle trugen leinene Kleider von blendender Weiße, die Weiber das gesalbte Haar in durchsichtigen Flor eingehüllt, die Männer das Haupt so glatt geschoren, daß die Scheitel glänzten. Diese irdischen Gestirne der erhabenen Religion machten mit ehernen und silbernen, ja auch goldenen Sistren eine sehr hellklingende Musik. Allein die Oberpriester, in ein anliegendes Gewand von weißer Leinwand gekleidet, das ihnen bis auf die Füße hinabging, trugen die Symbole der allgewaltigen Götter. Der erste hielt eine helleuchtende Lampe, denen, welche wir uns bei unsern Schmäusen bedienen, nicht eben ähnlich, sondern von Gold und in Gestalt eines Nachens, in dessen Mitte eine breite Flamme aus einer Öffnung hervorloderte. Der zweite, eben wie jener gekleidet, führte in beiden Händen Altäre, die mit besonderem Namen Hilfsaltäre heißen, weil die Göttin sich vorzüglich zu denen hilfreich herabzuneigen pflegt. Der dritte hielt einen Palmzweig, dessen Blätter sauber aus Gold gearbeitet waren, nebst einem geflügelten Schlangenstab, dem des Mercurius gleich. Der vierte trug das Sinnbild der Billigkeit zur Schau: eine offene linke Hand mit ausgestreckten Fingern, denn da die linke von Natur unbehend und langsam ist, scheint sie der Billigkeit angemessener als die rechte. Eben derselbe Oberpriester trug ein goldenes Gefäß, in der Gestalt einer Brust gerundet, woraus er Milch opferte. Der fünfte erschien mit einer Schwinge, die von goldenen Zweigen geflochten war, und der sechste mit einem Wasserkruge.

Unmittelbar darauf sah man die Götter selbst, die sich gefallen ließen, auf den Füßen sterblicher Menschen einherzuwandeln. Da war, mit schrecklichem langhalsigen Hundekopfe, der Bote der oberen und unteren Götter (Anubis); er trug sein halb schwarzes, halb goldenes Antlitz erhoben und schwang in der Linken einen Heroldsstab und in der Rechten einen grünen Palmzweig. Dicht hinter ihm folgte eine Kuh in aufrechter Stellung; diese Kuh, das segensvolle Bild der allgebärenden Göttin, trug einer der Priesterschaft auf seinen Achseln, mit großem Prunke. Von einem andern wurde der mystische Korb getragen, welcher die Geheimnisse der wundertätigen Religion in seinem Innern enthält. In beiden Armen hielt ein anderer Glückseliger das ehrwürdige Bild des höchsten Wesens. Es hatte weder mit einem Vogel noch mit einem zahmen oder wilden Tiere noch auch mit einem Menschen einige Ähnlichkeit; doch war es der sinnreichen Erfindung und selbst der Neuheit wegen nicht nur anbetungswürdig, sondern auch der unaussprechlichste Beweis der höheren, aber in tiefstes Stillschweigen einzuhüllenden Religion. Es war eine kleine, aus schimmerndem Golde sehr künstlich gebildete Urne mit rundem Boden, auswärts mit den wundersamen hieroglyphischen Charakteren der Ägypter bezeichnet. Ihr kurzer Hals verlor sich hinten in einer wohlgeschwungenen Handhabe, an welcher sich eine Schlange hinanwand, deren Kopf mit buntschuppigem giftgeschwollenen Nacken hoch darüber emporragte." — Zuletzt folgte der Hohepriester mit dem Rosenkranz, und alles geschah so, wie es die Göttin verheißen hatte. Nach der Entwandlung aber redete der Hohepriester ihn an und forderte ihn am Schluß seiner Ansprache auf: „Um sicherer, um hinfort desto beschirmter zu wandeln, so verleibe dich, o Lucius, auf der Stelle unserem heiligen Orden ein; unterziehe freiwillig dich, mit unbedingtem Gehorsam, unsern gottesdienstlichen Satzungen, bis für dich der glückliche Augenblick kommt, da du das feierliche Gelübde wirst ablegen dürfen." — Lucius tritt in den Zug ein, der zum Meer hinunterzieht, wo ein Schiff geweiht und den Wellen übergeben wird, — ein uns aus den Osiris- und Adonisriten bekannter Brauch.

Nachdem die feierliche Handlung vollzogen und der Tag beschlossen war, kehrte Lucius zum Tempel zurück. „Ich mietete mir ein Haus innerhalb der Ringmauern des Tempels, worin ich eine Zeitlang meine Wohnung aufschlug, um desto bequemer mit den Priestern der Göttin Umgang zu pflegen und unzertrennlich mit denselben den öffentlichen und Privatgottesdienst abzuwarten." — Nach anfänglichem Zögern begehrt er die Weihe, muß aber hören, daß diese erst vollzogen werden könne, wenn die Göttin es fordere. Der Hohepriester belehrt ihn darüber. „Die Göttin bestimme durch unmittelbare Eingebung allemal zuvor sowohl den Tag der Weihe als auch den Priester, welcher dieselbe und den zur Feierlichkeit erforderlichen Aufwand zu verrichten habe." — Trotz aller Ungeduld müsse er bis dahin warten. „Niemand aus seinem Orden besitze auch eine so ruchlose Frechheit, das Geschäft der Einweihung zu übernehmen, ohne gleichfalls seinerseits ausdrücklichen Befehl der Göttin dazu erhalten zu haben; das hieße sich des Todes schuldig machen. In den Händen der Isis läge überhaupt das Leben eines jeglichen Menschen, lägen die Schlüssel zum Reiche der Schatten; in ihren Mysterien würde Hingebung in einen freiwillig gewählten Tod und Wiedererlangung des Lebens durch die Gnade der Göttin gefeiert und vorgestellt. Auch pflegte die Göttin nur solche zu erwählen, die nach vollbrachter Lebenszeit am Rande des Grabes sich befänden, weil denen die großen Geheimnisse der Religion am sichersten könnten anvertraut werden. Durch ihre Allmacht würden dieselben dann gleichsam wiedergeboren und zu einem neuen Leben zurückgeführt." — Endlich ist dann aber der Tag gekommen und der Hohepriester Mithras wird zum Mystagogen, zu dem der ihn einzuweihen habe, ernannt.

Die eigentliche Einweihung beginnt mit einem Vorgeschehen. Der freundliche Alte „reichte mir seine Rechte und führte mich stracks zur Pforte des geräumigen Tempels. Mit feierlichem Gebrauche verrichtete er das Amt der Eröffnung, und nach Vollendung des Morgenopfers holte er Bücher aus dem Allerheiligsten hervor, welche mit unbekannten Charakteren beschrieben waren. Sie enthielten gewisse Formeln, welche teils durch die sinnbildliche Bedeutung der Figuren von allerhand Tieren, teils durch verschränkte, nach Art eines Rades gewundene oder wie die Gäbelein der Weinreben sich ringelnde Züge vor dem Verständnis jedes vorwitzigen Unheiligen gesichert waren. Hieraus las er mir alles vor, was ich zur eigentlichen Einweihung vorzubereiten und anzuschaffen hätte. Sofort kaufte ich aufs geflissentlichste und im Überfluß alles Nötige teils selbst, teils durch meine Bekannten zusammen.

Wie es endlich nach des Hohenpriesters Angabe die Zeit war, führte er mich, vom ganzen Priesterschwarme begleitet, in das nächste Bad. Erstlich mußte ich mich nach gewöhnlicher Weise baden, darauf hielt er ein Gebet über mich, besprengte mich über und über mit Weihwasser, und reinigte mich. In den Tempel zurückgekehrt, ließ er mich, da schon zwei Teile des Tages vorüber waren, zu den Füßen der Göttin hintreten, und nachdem er mir insgeheim gewisse Aufträge erteilt hatte, die ich zu verschweigen habe, gebot er mir endlich ganz laut, daß es alle Anwesenden hören konnten, zehn Tage lang die Werke der Venus (im Text steht statt des hier übersetzten veneream . . .: cibariam voluptatem) mich zu enthalten und weder Fleischspeisen zu essen noch Wein zu trinken. Ich erfüllte diese geheiligten Vorschriften mit aller Gewissenhaftigkeit.

Nun war der Tag der Einweihung da. Sobald sich die Sonne gegen Abend neigte, flossen von allenthalben her die Leute zusammen und verehrten mir nach altem gottesdienstlichen Brauche allerhand Geschenke. Darauf mußten sich alle und jegliche Profanen entfernen. Ich wurde mit einem groben leinenen Gewande angetan und der Hohepriester führte mich an der Hand ins innerste Heiligtum des Tempels ein.

Vielleicht fragst du hier neugierig, geneigter Leser, was nun gesprochen und vorgenommen wurde? — Wie gern wollte ichs sagen, — wenn ich es sagen dürfte. Wie heilig solltest du es erfahren, wenn es dir zu hören erlaubt wäre. Allein Zunge und Ohr würden gleich hart für den Frevel zu büßen haben. Doch es möchte dir schaden, wenn ich deine fromme Neugier so auf die Folter spanne, so höre denn und glaube, traue! Denn es ist wahrhaftig. Ich ging bis zur Grenzscheide zwischen Leben und Tod. Ich betrat Proserpinens Schwelle, und nachdem ich durch alle Elemente gefahren, kehrte ich wiederum zurück. Zur Zeit der tiefsten Mitternacht sah ich die Sonne in ihrem hellsten Lichte leuchten. Ich schaute die unteren und oberen Götter von Angesicht zu Angesicht und betete sie in der Nähe an. Siehe, nun hast du alles gehört. Aber auch verstanden?

Erst gegen Morgen war die Einweihung vollendet. Ich hatte während derselben zwölfmal die Kleidung verändert und ging endlich aus dem Innersten des Tempels in einem Aufzuge hervor, der zwar auch mystisch war, von dem aber kein Gesetz verbietet frei zu reden, da mich ja in ihm sogar sehr viele gesehen haben. Mitten in dem Tempel mußte ich vor der Göttin Ebenbild auf eine hölzerne Bank treten. Mein Leibrock war von Kattun, mit bunten Blumen bemalt, und von den Schultern herab bis zu den Fersen fiel mir ein köstlicher Mantel, auf dessen beiden Seiten allerhand Tiere von verschiedenen Farben zu sehen waren, hier indische Drachen, dort hyperboräische Greife in Löwengestalt, aber mit Adlerköpfen und Flügeln, wie sie die andere Welt hervorbringt. Bei den Eingeweihten heißt dieser Mantel die olympische Stola. Ich führte eine brennende Fackel in der rechten Hand und war mit einem Kranze von Palmblättern geziert, die so geordnet waren, daß sie gleich Strahlen um mein Haupt herumstanden. So, als Bild der Sonne ausgeschmückt, stand ich gleich einer Bildsäule da. Ein Vorhang öffnete sich und zeigte mich den neugierigen Blicken des Volkes.

Hierauf beging ich den erfreulichen Entstehungstag der Mysterien mit leckeren und fröhlichen Gastmählern. Am dritten Tage aber wurde, den heiligen Satzungen gemäß, mit allerhand Feierlichkeiten der Beschluß der Schmausereien und der ganzen Einweihung gemacht."

Die Erzählung des Apulejus über die Einweihung des Lucius in die Isismysterien ist damit zu Ende. Es folgt ihm freilich noch ein weniger eingehender Bericht über eine zweite Einweihung in Rom, wo er im Tempel der Isis auf dem Marsfelde die Göttin verehrte. „Ich wäre zwar, sagte sie mir, in der Göttin Geheimnisse eingeweiht, aber in die des großen Gottes, des höchsten Vaters der Götter, des unüberwindlichen Osiris, wäre ich noch nicht aufgenommen. Ungeachtet beider Gottheit und Religion verbunden, ja ganz dieselbe sei, so wäre dennoch ein wesentlicher Unterschied in den Weihen; daher sollte ich daran denken, daß ich auch zum Diener des großen Gottes berufen wäre." — Es scheint sich dabei um einen Seitenzweig der Isismysterien oder vielleicht um eine römische Sonderform oder einen höheren Grad in den Mysterien gehandelt zu haben, wie ja am Ende des Buches noch von einer dritten Weihe die Rede ist, die Lucius in das Priesterkollegium der Göttin führt und zum Vorsteher des Kollegiums der Erzpriester machte.

Die jüngere um die Mysterien sich bemühende Forschung hat aus dem ganzen ausgebreiteten Material zwei Punkte vor allen anderen hervorgehoben, als ersten den Weiheakt, wahrscheinlich in einem unterirdischen Raume, (Proserpina oder Persephone war ja die Königin der Unterwelt); zu diesem Akte aber müssen Novize wie Priester jedesmal erst berufen werden, denn jeder, der ungerufen dazu kommen würde, stirbt, wie jeder, der Gott begegnen würde und ihn schaute, stürbe. Die Weihe besteht aus zwei Vorgängen, einer Taufe — und einer Wanderung aus der Unterwelt durch alle Elemente. Die Taufe, die hier im Meer vollzogen wird und die mit einer Segnung endet, hat in den Attismysterien in einem unterirdischen Raume stattgefunden und wurde dort mit Blut vollzogen; in beiden ist sie ein Bad der Wiedergeburt und Reinigung gewesen.

Der Gang zur Unterwelt gehörte dem zweiten Teil der Weihen zu. Nicht lebensgefährliche Proben machen die Initiation zu einer voluntaria mors, allein der in dem Kreise der Mysten gepflegte und dem Neuling mitgeteilte Glaube an das tabu, die Heiligkeit des Ortes und der Handlung, wie an die Nähe der Göttin und an ihre Macht als Herrscherin, denn sie ist ja, wie schon gesagt, die Königin der Unterwelt. Es ist ein — durch die Fasten, Askese und Belehrungen erzeugter Zustand einer höheren psychischen Spannung, in welcher der Initiand den auf ihn wirkenden Einflüssen ganz besonders leicht zugänglich ist und ihnen leichter unterliegt. Es müssen vor allem solche Einflüsse sein, die sein Erlebnis formten, denn eine Begründung der Riten im Mythus läßt sich nicht feststellen.

Den inneren und in den Riten sichtbar werdenden zweiten Teil der Weihen erklärt man als eine Wanderung aus der Unterwelt durch den Bezirk der Elemente zu den Gestirnen und zum Himmel, und man verweist für diese „kosmologische Deutung" unter anderem auf mehrere parallele Berichte der sogenannten Mithrasliturgien; doch schon die Königsweihe mit der Umwanderung des ganzen Tempels, der dem Ägypter ja den Himmel bedeutet, gab ein solches Bild. Wenn man nach einer Erklärung der Isisweihe suchen will, so wird man durch die einander folgenden Akte: Gang ins Totenreich — Fahrt durch die Elemente — Schau der Sonne und der dei superi, wahrscheinlich viel weniger an die mythischen Erlebnisse eines Gottes als an den kosmischen Bereich erinnert, welchen er beherrscht. Daß „Sonne", „Welt" und „tartarus" der Isis zugehören, daß numina und elementa ihr anhängen, superi und inferi, ist im Gebete des Lucius nach den Weihen ausgesprochen worden. Der Myste jedoch darf, was ein jeder anderer, nicht von der Göttin berufener, mit dem Leben würde bezahlen müssen: er darf die Grenzen ihres Reiches abschreiten und ungeschädigt inferi und superi und elementa schauen. So wird er, durch alle kosmischen Sphären dringend, der Herrin des Kosmos, Isis, ähnlich; so wird er vergottet.

Wenn aber diese Deutung richtig ist, so hat eine große Wandlung des heiligen schon einmal gewandelten Gutes stattgehabt. Die Wachstumsgottheit wurde zur Herrin über Tod und Leben, die Wiederbringende nun zur kosmischen Herrin und Gebieterin. Deswegen vollzieht sich die Vereinigung mit der Gottheit aber in diesem Kulte nicht mit jenen anderswo gebrauchten Sakramenten eines Mahles, des Taurobolium der Adoption, sondern in dem soeben genannten einer Wanderung durch das All. Das ist ein durchaus Neues, möglicherweise aus Ägypten Hereingekommenes, — ich wies vorhin schon auf jene Wanderung um den Tempel hin, — von den Ägyptern wurde sie der „Himmelsweg" genannt. Das hat von hier entweder sachlich oder literarisch auch in späten Riten eingewirkt.

Das andere ist meiner Ansicht nach entscheidender. Denn Isis ist ja die

Herrin des Kosmos und die seiner Mächte, der Weg des Mysten aber war ein Weg durchs All. Das ist ein anderer Weg, als die die Mysten bisher gingen; die wachstumszaubrischen und die erlösungsuchenden bleiben hinten, an ihre Stelle tritt die Frage nach dem Kosmos und den Mächten. Es ist begreiflich, daß ein Bauer einen wachstumskultischen Dienst vollzieht, daß der dem Tode ausweichenwollende, vor dem Tode bange Mensch das Leben, ein neues Leben oder die Wieder-Geburt gewinnen will. Wer aber setzt sich und seine Existenz ein, setzt sein Alles ein, um die im Dunkel des Kosmos lauernden Abgründe zu durchgehen? Man wird an eine späte, immer wieder sich verzehrende und in den Rätseln des Unerkennbaren bohrende Epoche denken müssen. An eine Zeit, die den „Gewalten" gegenübersteht, den Mächten „draußen" gegenübersteht — und friert und schauert. Die „Zauberflöte" mit ihren elementgebundenen Schrecknissen und Gefahren, mit Feuer und Dunkel läßt davon noch etwas ahnen, wenn sie die unnennbaren Dinge auch des Schauers schon entkleidet. Doch um nun wieder von der apulejischen Zeit zu sprechen, — es ist hier wohl das Grübeln neuplatonischer Sucher, das Fragen der Gnosis, das das neue Ziel setzt. Und verheißt.

Was uns am Aufbau des Isiskultes aber heute am meisten interessiert, ist sein gesellschaftliches Gefüge. Von Priestern und von Eingeweihten spricht der apulejische Bericht. Daneben stehen „Zugewandte", advenae, die in einem Hause im Tempelbezirke wohnen, die an den Gottesdiensten teilnehmen, aber doch keine Eingeweihte sind. Und schließlich berichtet uns Apulejus noch von der Gemeinde, die wohl aus mehr als nur aus advenae besteht; da wollen vielmehr Männer und Frauen und Kinder sichtbar werden.

Was uns der Apulejus-Bericht nicht sagt, das ist, ob in den Isismysterien Frauen Eingeweihte werden konnten, oder ob diese Stufe den Männern vorbehalten blieb. Im Text selbst werden Frauen im Tempel nicht erwähnt. Die apulejische Zeit läßt auch nicht ohne weiteres daran denken, sie kannte in den öffentlichen Diensten, in den Akademien, auf dem forum nur den Mann, wahrscheinlich wird man hier also auch nur Männer annehmen dürfen. Dagegen spricht aber wieder ein Skandalprozeß aus Rom, der 19 n. Chr. spielte und zu einer Unterdrückung des Kultes führte. Josephus berichtet davon in seinen Antiquitates XVIII 65: „Es lebte zu Rom eine gewisse Paulina, die von vornehmer Herkunft, tugendhaft, reich und sehr schön war, auch gerade in dem Alter stand, in welchem die Frauen besonders liebreizend und sittsam sind. Sie war mit einem Manne namens Saturninus vermählt, der ihr an vortrefflichen Eigenschaften nichts nachgab. Zu dieser Frau entbrannte in Liebe der hochangesehene Ritter Decius Mundus, und da sein Bemühen, sie durch reiche Geschenke sich geneigt zu machen, vergeblich blieb, ließ er sich von seiner Leidenschaft endlich so weit hinreißen, daß er ihr für eine einzige Nacht die Summe von zweihunderttausend Drachmen bot. Als sie aber auch dieses Anerbieten zurückwies, grämte er sich vor Liebe so sehr, daß er es für das beste hielt, wegen der Sprödigkeit der Paulina Hungers zu sterben, und sogleich zur Ausführung dieses Entschlusses schritt. Es befand sich aber in dem Hause eine Freigelassene seines Vaters mit Namen Ide, die in allen Ränken bewandert war. Diese hatte Mißfallen daran, daß der Jüngling so hartnäckig auf seinem Vorhaben, sich das Leben zu nehmen, bestand; war es doch offenbar, daß er mehr und mehr dahinwelkte. Sie begab sich deshalb zu ihm, tröstete ihn und machte ihm Hoffnung darauf, daß er doch noch Gelegenheit finden werde, den vertraulichen Umgang der Paulina zu genießen. Als nun Mundus mit Freuden auf ihre Worte horchte, erklärte sie ihm, sie bedürfe nur fünfzigtausend Drachmen, um die Schamhaftigkeit der Frau zu überwinden. Nachdem sie dergestalt den Jüngling ermuntert und die verlangte Geldsumme erhalten hatte, schlug sie einen anderen Weg ein als Mundus, da die Frau zu tugendhaft war, als daß sie sich durch Geld hätte gewinnen lassen. Es war ihr nämlich wohlbekannt, daß Paulina der Verehrung der Isis sehr ergeben war, und hierauf baute sie ihren Plan. Sie ging zu einigen Isispriestern und versicherte sich ihrer Bereitwilligkeit, was ihr auch nicht schwer fiel, da sie das Geld vorzeigte. Und nachdem sie ihnen vorläufig zwanzigtausend Drahmen gezahlt und ebensoviel für den Fall, daß der Plan gelingen würde, in Aussicht gestellt hatte, machte sie ihnen von der Liebe des jungen Mannes Mitteilung und bat sie, ihr möglichstes zu tun, um ihm zur Erfüllung seines Wunsches zu verhelfen. Die Priester, durch das Gold angelockt, sagten zu, und der älteste von ihnen begab sich zu Paulina und bat, nachdem er Einlaß erhalten, mit ihr ohne Zeugen sprechen zu dürfen. Paulina war hierzu bereit, und nun erklärte ihr der Priester, er sei vom Gott Anubis geschickt, der sie liebe und ihr befehle zu ihm zu kommen. Sie vernahm diese Worte mit Freude und rühmte sich bei ihren Hausgenossen der Ehre, die Anubis ihr zugedacht habe. Ihrem Gatten aber zeigte sie an, daß sie zum Gastmahl und der Umarmung des Gottes beschieden sei. Dieser gab seine Einwilligung, da er seines Weibes

Schamhaftigkeit hinreichend kannte. Paulina ging sodann zum Tempel, und als ein Priester nach dem Mahle zur Zeit der Nachtruhe die Tore geschlossen und im Inneren des Heiligtums die Lampen ausgelöscht hatte, kam Mundus, der sich vorher dort versteckt hatte, zu ihr und genoß die ganze Nacht ihren Umgang, da sie der Meinung war, es sei der Gott Anubis. Bevor jedoch diejenigen Priester, die um den Plan nicht wußten, erwacht waren, schlich sich Mundus fort, und Paulina begab sich in der Morgenfrühe zu ihrem Gatten zurück, erzählte ihm die Erscheinung des Gottes und prahlte auch bei ihren Hausgenossen mit der Ehre, die ihr widerfahren. Die aber nahmen es teils sehr ungläubig auf, teils verwunderten sie sich darüber, wie die edle und tugendsame Frau sich zu solchem hergeben konnte. Am dritten Tage nach dem Vorfall begegnete ihr Mundus und sprach: ‚Nun hast du mir, Paulina, zweihunderttausend Drachmen erspart, die du dein eigen hättest nennen können, und bist mir doch zu Willen gewesen. Es liegt mir nichts daran, daß du den Mundus mit Schmähungen überhäuft hast; wohl aber hat mich gefreut, was du ihm, als er Anubis hieß, gewährtest.' Darauf entfernte er sich. Paulina aber zerriß ihr Gewand und zeigte ihrem Gatten die Schmach an, die ihr widerfahren, beschwor ihn auch sie nicht ungerächt zu lassen. Saturninus meldete darauf den ganzen Vorfall dem Caesar, der eine genaue Untersuchung anstellen und sowohl die Priester als auch die Ide, welche den schmachvollen Plan ersonnen hatte, ans Kreuz schlagen ließ. Alsdann gab er den Befehl, den Tempel zu zerstören und die Bildsäule der Isis in den Tiber zu versenken. Den Mundus aber verbannte er und hielt diese Strafe für hinreichend, weil die Liebe ihn zu dem Frevel verleitet hatte. So verhielt es sich mit dem Greuel, durch den die Isispriester ihren Tempel schändeten." Da also gab es im Isiskulte auch „berufene" Frauen. Man wird nach allem diesen wohl auf weitere Zeugnisse warten müssen, ehe man entscheiden kann, ob Frauen unter den Eingeweihten waren.

Daß ferner der Isiskult zu den geheimen Kulten jener Zeit gehörte, das konnten wir schon von Apulejus hören. Er schweigt, wenn er zu nicht Erwähnensmöglichem kommt. Was aber war nun im Letzten erwähnensmöglich oder nicht? In dem von Apulejus gegebenen Berichte stehen die Worte: „Ich ging bis zur Grenzscheide zwischen Leben und Tod" und immer so weiter bis „und betete in der Nähe an"; man hat das als eine kultische Formel ansehen wollen. Kann man die Worte aber wirklich eine kultische Formel nennen? Der wichtigste Einwand, der gegen diese Definition erhoben werden kann, „besteht in dem Hinweis auf die fides silentii; ist es glaublich, daß der in die Mysterien eingeweihte Apulejus eine heilige Kultformel der Öffentlichkeit preisgegeben habe? Das Argument ist wohl nicht so gewichtig wie es aussieht. Wenn der Autor sich durch Gelübde oder Pietät zu einem unbedingten Stillschweigen über die Einweihung verpflichtet gefühlt hätte, so hätte er das ganze elfte Buch der Metamorphosen ungeschrieben gelassen, weil es schon damals ebenso wie heute der Wißbegier wie der Neugier der ‚Profanen' wichtigste Quelle werden konnte. Das Schweigegebot hat in Wirklichkeit begrenzte Geltung; eine kurze Erzählung der Kultsage ist auch vor Uneingeweihten erlaubt; nur die Einzelheiten, vor allem die in den Mysterien gezeigten heiligen Gegenstände und Handlungen gilt es vor profanen Blicken zu schützen. Von den Formeln des Kultus werden selbstverständlich die liturgischen Sprüche, welche die Handlung begleiten sollten und erläutern konnten, mit gleicher Sorgfalt gehütet worden sein; auch bei symbola, die als Erkennungszeichen dienen, ist Diskretionspflicht zunächst schon durch ihren Zweck geboten."

Die symbola und die Erkennungszeichen oder -worte, mit denen ein Eingeweihter sich dem andern gegenüber als solcher ausweist, konnten zuweilen in die Hände von Profanen kommen. Schon Apulejus spricht einmal davon. Er ist nach seiner Apologia c. 53 angeklagt gewesen, im Hause des Pontianus Gegenstände, die kein Mensch hat sehen sollen, aufbewahrt zu haben. Sein Gegner behauptete, daß es Zaubergeräte gewesen seien; er aber verteidigte sich, es handle sich um kultische Gegenstände und Geräte, das heißt um signa und monumenta der Mysterien. Die Schweigepflicht verbot ihm, sie zu nennen. Drum appellierte er an die Umstehenden, ob nicht unter ihnen Eingeweihte seien, die es bestätigen könnten, daß man derlei Gegenstände oder signa im Kulte gebrauche und daß man sie heimlich aufbewahre. Ein solcher Eingeweihter möchte sich zu erkennen geben, wie es im Text heißt: signum dato; „das heißt nach Lage der Dinge nicht: er soll ein Zeichen geben; es kann nur heißen: er soll das unter den Kultgenossen bekannte Zeichen abgeben, und mit Recht hat man dabei schon längst an eine heilige Formel gedacht. Dann hätte aber Apulejus den Fall gesetzt, daß ein solcher Spruch vor Nichteingeweihten gebraucht würde." — Und, kann man weiter sagen, konnte auch gebraucht werden, denn die Sprüche waren ja so formuliert, daß der Nichteingeweihte ihnen nichts entnehmen konnte. — So kann man sicher argumentieren, aber unter einer Vorbedingung, daß nämlich die Sprüche keine sakramentalen Formeln waren, daß sie nur Marken waren, Erkennungszeichen gegenüber einem Dritten. Ich möchte es mit einem Beispiel aus dem heutigen Leben illustrieren. Die Formel „Gelobt sei Jesus Christus" ist auch ein Erkennungszeichen, denn sie verrät den sie Aussprechenden als Katholiken; man kann sie aber überall im Leben hören. Der Wandlungssatz der Messe hat im Grunde die gleiche Qualität; auch er verrät den ihn Aussprechenden als Katholiken; man wird ihn aber als einen eigentlich sakralen nie aussprechen hören.

Man wird nach alledem zusammenfassend vielleicht sagen dürfen, daß die den Isisdienst Ausübenden also Eingeweihte waren, zu einem Erkenntniswege und Heilswege Eingeweihte. Sie reißen das Heil aus einer ungreifbaren leeren Tiefe; ihr Weg führt aus der Unterwelt, dem Dunkel, zu den Elementen, zu den gestirnten Mächten und zu inferi und superi, in das Gewirr der Mächte und Kräfte, die man nicht mit Händen fassen, die man nur ahnen und wissen, aber weder sehen noch greifen kann. Es ist ein Weg aus einer heimlichen Welt in eine machtdurchglühte Welt, zwar noch ein Weg vorbei an Bildern, aber es ist schon gewiß, daß hinter den Bildern Kräfte stehen, daß das Eigentliche steht. Was aber dies feindlich Eigentliche ist, — wer könnte es erklären?

Der Hirt

In einem spätrömischen Bau, der zwischen dem Stadtmarkt und dem Areopag Athens gelegen war, entdeckte man Ende des vorigen Jahrhunderts den Kultraum eines „privaten Kultvereins", den der Iobakchen, einer dionysischen Gemeinde. Der Saal war in drei Schiffe gegliedert wie ein Tempel; im Osten mündete er in eine Apsis mit mehreren Altären ein. Auf einer Säule fand sich folgende, einhundertundfünfundsechzig Zeilen umfassende Inschrift:

„Glück auf! — Unter dem Archontat des Ar . . . Epaphroditos, am achten Tage des Monats Elaphebolion, berief zum ersten Male eine Versammlung der von Aur . . . Nikomachos ernannte Priester, jenem Manne (gemeint ist Aur. Nikomachos), welcher siebzehn Jahre Gegenpriester und dreiundzwanzig Jahre Priester gewesen war und hiernach bei Lebzeiten zum Ruhm und zur Ehre des Bakcheions dem höchsttrefflichen

Kla . . . Herodes sein Amt abgetreten hatte. Von diesem wieder zum Gegenpriester ernannt, verlas er Statuten aus der Priesterzeit des Chrysippos und Dionysios, und nachdem der Priester, der Archibakchos und der Vorsitzende ihre Zustimmung erklärt hatten, ertönten die Zurufe: Dies sollen unsere Statuten sein auf alle Zeit! — Recht so! der Priester. — Führe die Statuten wieder ein, (Dir kommt das zu), zum Wohle und zur Zierde das Bakcheions! Es sollen die Statuten auf die Stele! Stelle gleich die Umfrage! — Der Priester sprach: Da ich, meine Mitpriester und ihr alle es gern wollt, so werden wir, wie ihr wünscht, gleich die Umfrage stellen. Und es fragte hiernach der Vorsitzende Rufus, des Aphrodisios Sohn: Wer einverstanden ist, daß die verlesenen Statuten Geltung haben und auf eine Tafel geschrieben werden sollen, möge die Hand erheben. Alle hoben sie auf unter dem Ruf: Möchte der höchst treffliche Priester Herodes viele Jahre (sein Amt fuhren)! Nun sind wir glucklich, nun sind wir die ersten aller (athenischen) Bakchosvereinigungen. — Recht so! der Gegenpriester. Die Tafel soll errichtet werden. Der Gegenpriester sagte: Es wird die Tafel auf die Säule kommen und die Statuten werden aufgeschrieben werden, und es werden die Vorsteher darauf halten, daß nichts von ihnen verletzt wird."

Das also ist ein „Versammlungsprotokoll" der dionysischen athenischen Kultgemeinde, und beim genauen Lesen spürt man heute noch übliche raffinierte Züge. Der angesehene und im Priesteramt ergraute Aurelius Nikomachos tritt seine Priesterwürde an den vornehmen und reichen Claudius Herodes ab, um nun sofort die alten Satzungen zu verlesen, an deren Restauration doch Claudius Herodes unzweifelhaft gelegen ist. Es wird hier also eine verfallende bakchische Kultvereinigung im zweiten nachchristlichen Jahrhundert restauriert.

Es folgen nun die alten, von neuem zur Gültigkeit erhobenen Gesetze: „Keiner soll Iobakchos sein dürfen, wenn er nicht bei dem Priester die übliche Eingabe schriftlich gemacht hat und vermittels geheimer Abstimmung von den Iobakchen daraufhin geprüft worden ist, ob er würdig und dem Bakcheion von Vorteil zu sein scheine. — Es soll das Eintrittsgeld bei dem, welcher nicht auf den Namen des Vaters eingetragen ist, fünfzig Denare ausmachen und eine Weinspende, und die auf den Namen des Vaters Eingetragenen sollen auf fünfundzwanzig Denare veranschlagt werden und die Hälfte des monatlichen Beitrags zahlen, solange sie in der Frauenabteilung sind. — Zusammenkommen sollen die Iobakchen an jedem Neunten, an den Jahresfesten (Stiftungstagen), an den Bakcheen

521

und wenn irgend ein (öffentliches) Fest (des Gottes) sonst dazu günstig ist, wobei ein jeder, je nachdem, redet oder handelt oder sich um die Sache bemüht, und den festgesetzten Monatsbeitrag für den Wein entrichtet. Zahlt er ihn nicht, dann soll er von dem Opferraum ferngehalten werden und die in dem Beschluß Aufgeführten sollen daran gebunden sein, außer wo es sich um Verreistsein oder Trauer oder Krankheit handelt, oder wenn der in den Opferraum Aufzunehmende ein ganz naher Verwandter war, aber erst auf die Entscheidung des Priesters hin ... Wenn ein Mitglied, Sohn eines Iobakchen, außerhalb sich aufhält, aber seine Verpflichtungen gegen die Götter und das Bakcheion erfüllt, so soll er Iobakchos sein mit seinem Vater auf eine einzige Spende seines Vaters hin. — Demjenigen, der den Antrag schriftlich gestellt hat und darauf mittels geheimer Abstimmung aufgenommen worden ist, soll der Priester einen Brief geben, daß er nun Iobakchos sei, so wie er dem Priester das Eintrittsgeld gegeben hat; der soll das in den Brief schreiben." — Das sind die Aufnahmeordnungen in die Kultvereinigung, bei denen nur auffällt, wie bürokratisch es schon damals zugegangen ist; schriftliche Anträge, schriftlicher Bescheid, geheime Abstimmungen und über dem allen nicht zu vergessen: das Eintrittsgeld. Es ist, wie später in den Zünften und Gilden so geregelt, daß Söhne von Zugehörigen weniger zu zahlen brauchen. Daß immer wieder vom Wein die Rede ist, ist leicht begreiflich, denn das Bakcheion war ja der Kultort und der Kult des Weingottes, des Dionysos.

Es folgen Ordnungsbestimmungen über den äußeren Verlauf des Kultes: „Keinem soll in dem Opferraum erlaubt sein zu singen, zu lärmen oder zu klatschen; in Ordnung und Ruhe soll jeder sagen und tun, was er zu sagen und zu tun hat, so wie der Priester oder der Archibakchos es anordnet. — Keinem von den Iobakchen, die zu den Festen am neunten und zu den Jahresfesten nicht beigesteuert haben, soll es erlaubt sein, an diesen Tagen den Opferraum zu betreten, ehe ihm nachträglich von den Priestern der Bescheid geworden ist, er solle entweder das Übliche zahlen oder (nicht) eintreten. — Fängt jemand Streit an ...", und es werden dann ausführliche Bestimmungen über das Schlichten von Streitigkeiten, das Ausschließen Zänkischer von den Feiern und Geldbußen aufgeführt. Ich übergehe sie hier, weil aus dem bisher Mitgeteilten schon ersichtlich ist, wie zwingend in diesen Kultvereinigungen auf Ordnung, Maß und Wohlverhalten geachtet wird, — so stark geachtet wird, daß man annehmen könnte, alles liege nur an diesem äußeren Tun.

Ich übergehe die sodann folgenden Bestimmungen über die eigentlichen gottesdienstlichen Handlungen und gebe einige weitere über Spenden und das Verhalten bei den kultischen Mahlen wieder: „Wer von den Iobakchen ein Erbteil oder ein Ehrenamt oder einen Posten erhalten hat, soll den Iobakchen einen seiner Stellung entsprechenden Trunk spenden bei Gelegenheit von Hochzeit, Geburt, Einsegnung, Ephebie, Bürgerwerdung, ferner aus Anlaß des Eintritts in die Aufsichtsbehörde, in den der Thesmotheten, überhaupt in jedes öffentliche Amt, in das Kollegium der Thesmotheten, überhaupt in jedem öffentliche Amt, in das Kollegium der Synthytai, in das der Friedensrichter, anläßlich des Sieges in den heiligen Spielen, und wenn aus einem, der Iobakchos ist, irgend was Besseres geworden ist." — Es folgen Bestimmungen über Kultbeamte: „Ein Ordnungsbeamter soll erlost oder von dem Priester eingesetzt werden, der neben die Nichtanständigen oder Lärmenden den Thyrsos des Gottes stellt; neben wen der Thyrsos gestellt worden ist, der soll, falls hinterher der Priester oder der Archibakchos so entscheiden sollte, den Speisesaal verlassen. Ist er unfolgsam, so sollen ihn die von den Priestern zu bestimmenden Personen aus dem Portal schaffen, und er soll in die für die Streitsucher festgestellte Buße verfallen. — Einen Kassierer sollen die Iobakchen mittels geheimer Abstimmung auf zwei Jahre wählen, und er soll zum Buchen alles dem Bakcheion Gehörige erhalten, und dies ebenso dem nach ihm folgenden Kassierer übergeben. Er soll Brennöl an den Festen des Neunten, am Jahres- und Opferfest und an allen Tagen des Gottes, welche regelmäßig sind, und bei denjenigen Festlichkeiten, welche infolge von Erbschaften oder der Erlangung von Ehrenämtern oder Anstellungen gefeiert werden, aus eigenen Mitteln liefern. Er soll den Schriftführer, wenn er will, auf seine eigene Gefahr ernennen. Es soll ihm der Kassierertrunk zugebilligt sein, und von der Steuer soll er die beiden Jahre befreit sein. — Wenn einer als Iobakchos stirbt, soll ihm ein Kranz bis zu fünf Denaren zukommen, und denen, welche beim Begräbnis gewesen sind, soll ein Becher Wein gestellt werden; wer beim Begräbnis aber nicht gewesen ist, soll vom Weine ausgeschlossen werden." — Man meint, Vereinsstatuten aus dem Jahre 1910 zu lesen, so gegenwärtig und bürgerlich nüchtern, so fern dem Gottesdienstlichen, eigentlich Religiösen, dem ehemals Dionysischen mutet all das an. Es ist der Alltag der antiken Mysteriendienste, der hier sichtbar wird, — in vielem ist aber der Alltag aufschlußreicher als der Feiertag.

„Wenn einer derer, die Zutritt haben, das Eintrittsgeld dem Priester oder dem Gegenpriester nicht zahlt, so soll er vom Mahl ausgeschlossen werden, bis er gezahlt hat; und es soll die Summe beigetrieben werden, wie der Priester es anordnen wird. — Keiner soll eine Ansprache halten, ohne daß der Priester oder der Gegenpriester es gestattet hat, oder er soll der Vereinigung zur Zahlung von dreißig Drachmen leichter Währung verpflichtet sein. — Der Priester soll die üblichen Leistungen für den Opferraum und die Jahresfeier würdig vollziehen und den Willkommenstrunk für den Opferraum, und zwar einen, geben und die Lobrede auf den Gott halten, welche in löblichem Eifer der abtretende Priester Nikomachos eingeführt hat. — Der Archibakchos soll dem Gott das Opfer darbringen und die Spende am Zehnten des Monats Elaphebolion vollziehen. — Wenn das Portionenfest begangen wird, sollen davon nehmen der Priester, der Gegenpriester, der Archibakchos, der Kassierer, der Bukolikos, Dionysos, Kore, Palaimon, Aphrodite, Proteurhytmos." Hier werden die eigentlichen kultischen Handlungen aufgeführt; sie wirken beinahe noch „bürgerlicher" als die Satzungen von vorhin. Wer nicht bezahlt, der hat am kultischen Mahle nicht teilzunehmen; die jährliche Festansprache findet durch den Priester statt; aus eigenem Antriebe sprechen, wird mit Geld bestraft — und das in einer dionysischen Kultvereinigung, dem Dienste des Gottes der Ekstase und des trunkenen Rausches gewidmet!

Ist dieser Dienst dem Gotte gewidmet? Nach den angeführten Namen ja; der Ort des Kultes heißt Bakcheion, die dem Kult sich-Weihenden: Iobakchen; der Wein scheint ein sakrales Kultgetränk zu sein. Ein wenig schwieriger wirkt allein der letzte Satz; er handelt von einem heiligen Mahle zu Ehren des Dionysos; an diesem Mahle nehmen fünf der kultischen Beamten: der Priester und Gegenpriester, der Archibakchos und der Kassierer und der Bukolikos — und außerdem fünf Götter teil, das sind fünf durch das Los bestimmte Mitglieder der Vereinigung. Man hat auf manche der angedeuteten entsprechende Mahlzeiten hingewiesen; die Acta Joannis schreiben beispielsweise: Zwölf priesterliche Personen betraten am Dionysosfeste auf Patmos den Tempel des Gottes, um mit ihm zu speisen, darauf sollte die zusammengekommene Menge eingelassen werden. — Die fünf Vertreter der Götter haben wohl in Götterkleidung teilgenommen. — Wer aber sind nun diese fünf? Dionysos und Aphrodite und Kore sind bekannt; Palaimon heißt hie und da ein Meeresgott, und dann ist Proteurhytmos, der „Erste der Dichter, Tänzer, Musiker und Sänger";

man hat in diesem den „Vater des Rhytmos" Orpheus feststellen wollen. Die naheliegende Vermutung wird durch eine weitere unterstützt: den dionysischen Kult besorgen Priester, Gegenpriester, Archibakchos; wer aber ist der Bukolikos? *(βουκόλος)* ist soviel wie Hirte und Bukolikos nach diesem doch ein priesterlicher Hirt, vielleicht ein einem Gott „Hirte" dienender Priester; Orpheus wird aber in jenen Jahrhunderten gern als Hirt gezeichnet. Die Priester und Archibakchoi dienen also dem Dionysos, dem Orpheus gehörenden Dienste werden vom Bukolikos verrichtet. Das aber besagt, daß hier ein orphischer Kult bestanden hat.

Ein orphischer Kult, — mit dieser Bezeichnung wird ein Doppeltes angedeutet. Zunächst, daß Orpheus diesen Kult gestiftet haben könnte.

Die orphischen Mysterien kamen im letzten aus der Fremde; wahrscheinlich hat sie das thrakische Land den Griechen übermacht. Sie wirken auch recht ungriechisch, halb barbarisch, halb zerquält; blutrünstige Mythen wie die ganze Lehre von der Hölle stammten von ihnen, und wieder das Ringen um die Erbsünde, und Entsühnungen im Kult. Zuweilen glaubt man in eine östliche, sehr ferne Welt zu hören, ich denke nur an die orphischen Mythen vom zerstückten Gotte: ihr zweiter Dionysos, der Jäger Zagreus, ward als Kind zerstückt, wie man von Orpheus glaubte, daß Maenaden ihn zerrissen und Weiber die Demeterpriesterin Melissa.

Von Orpheus, dem Sohn der Muse, — einen Vater hatte er anfänglich nicht; er ist wie viele der göttlichen Heroen ein Jungfrauenkind, — von Orpheus und seinem Singen brauche ich wohl nichts zu sagen. Nur daß er nach Lukian zugleich der erste Tänzer war; er und Musaios, die beiden größten Tänzer der vergangenen Zeit, sind die, durch welche der Tanz in die Mysterien gekommen ist, weil es nichts Schöneres als den rhythmischen Tanz zu geben scheint. Ja, Lukian schreibt, daß man die Schicksale des Orpheus bei den Feiern in einem mimischen Tanze besonders gern verherrlicht habe. Sein Weg hinunter in den Hades, drunten sein Gesang vor Kore, Eurydikes Erlösung, alles das sind Grundlagen gewesen, aus denen die orphischen Unterweltbeschreibungen erwachsen sind, die Schilderung der unendlich vielen und unendlich schweren Höllenqualen. Das wieder hat ihn zu einem Prediger der Buße werden lassen. In all dem eben Gesagten aber will schon deutlich werden, wie überaus ungriechisch diese ganze Lehre war.

Auch ihre Dionysosmythologie ist eine thrakische gewesen. Der thrakische Gott des aus-sich-selbst-entbundenen tiefgegründeten Rausches, des

Herren über Tod und Leben, war ein anderer geworden, als ihn die Griechen zum Weingott und zu dem der irdischen Freude machten. Nun führten die Orphiker ihn wieder zu sich selbst zurück und nahmen ihn trotzdem nicht mehr aus dem Griechischen heraus. Als Hesiod von Askra die „Theogonie" geschrieben hat — im siebenten Jahrhundert —, zeichnete er Dionysos noch so, wie ihn die Griechen umgeformt und in das Griechische gemodelt hatten. Die Orphiker knüpften an die große hesiodische Dichtung an, sie machen den Gott nun aber zum Weltherrn und Erlöser und geben dem Kosmos und dem zeitlichen Dasein einen Sinn.

Auch dieser ihr Mythos ist zwielichtig, wild barbarisch und doch tief. Die griechische Götterlehre hat von keiner Schöpfertat gewußt; die Erde war immer und das Meer, Poseidon wurde erst sein Herr; Dionysos fand zwar die Rebe, aber schuf doch nicht den Wein. Die Orphiker setzten Wasser und Erde an den Anfang alles Seins, danach erschien der niemals alternde Chronos, der Gott Zeit. Er war eins jener Misch- und Fabelwesen: ein geflügeltes Drachentier mit den drei Köpfen eines Menschen, eines Stiers und eines Löwen. Der große Chronos zeugte dann das silberglänzende Weltenei. Im unermeßlichen Raume wurde es immer hin und her getrieben, bis Phanes, der erstgeborene Gott, aus ihm entsprungen ist. Der war ein ähnliches Mischwesen, hatte goldene Flügel an den Schultern und an den Seiten waren ihm die Köpfe von Tieren angewachsen, auf seinem Kopfe ringelte sich ein gewaltiger Drache. Er war mannweiblich und trug alle Samen in sich, und er hatte viele Namen: Irikepaigos, Eros, Metis, Protogonos oder Dionysos. Die sechste orphische Hymne feierte ihn und seine großen Eigenschaften:

> Erstgeborener, dich ruf ich an,
> du doppeltgestaltiger, erhabener, im Aether schweifender,
> der du entstiegen dem Weltenei,
> stolz auf die güldenen Flügel,
> begabt mit der Stimme des Stiers,
> Ursprung der Götter und Menschen,
> Same voll Ruhm und voll Weihe, Erikepaios.
> Man darf dich nicht nennen. Verborgen bist du;
> du braust aber schwirrend dahin,
> allstrahlender Sproß,
> den dunklen Nebel der Augen entfernend,
> wirbelnd im Flügelschlage überall hin durch die Welt,
> das strahlende, reine Licht bringend,

weshalb ich den Lichten dich nenne und Priap, den
Herrscher, und den helläugigen Antauges.

Aber, Seliger, vielsinnender, vielzeugender, komm heiteren Auges
zu den Geweihten, zur heiligen, vielfarbigen Weihe.

Phanes, das Lichte, der lichte Schein, hält sich vor jedermann verborgen;
er schafft zwar aus den Hälften des Welteies Himmel und Erde und
schafft die Gestirne. Daß niemand ihn sehe, hält er sich in einer Höhle.
In dieser wird auch von ihm, dem Zwiegeschlechtigen, seine Tochter, die
heilige Nacht geboren (oder die ambrosische Nacht). Die Höhle wird wie
ein Heiligtum der magna mater ausgemalt; vor ihr schlägt Adrasteia die
Cymbeln, — und man wird schon denken dürfen, daß hier ein Vorder-
asiatisches hat laut werden wollen, ist doch der orphische Dienst ein
deutlich synkretistisches Tun gewesen. Mit seiner Tochter zusammen zeugt
dann Phanes Uranos und Gaia, und Gaia gebiert von selbst den Kronos;
eine ihrer Töchter, — sie hatte sieben und sieben Söhne, — bringt den
Zeus zur Welt. War Phanes der Herr der ersten, ist er Herr der zweiten
Welt; er ist es nach orphischer Anschauung aber dann erst ganz, als
er den Phanes und die ganze Vorwelt in sich aufgenommen hat; er
nimmt sie in sich auf und bringt sie wieder an das Licht: „Zeus ward der
Erste, Zeus der Letzte, Glanz des Donnerkeils; Zeus ist der Kopf, Zeus
ist die Mitte, aus Zeus vollendet sich alles. Zeus ist der Grund der Erde
und des sternenreichen Himmels. Zeus war männlichen Geschlechts geschaffen; Zeus ward auch eine unsterbliche Jungfrau. Zeus ist der Atem
von allem, Zeus ist die Kraft des ewigen Feuers, Zeus die Wurzel der
Erde. Zeus ist Sonne und Mond. Zeus ist König. Zeus, der Glanz des
Donnerkeils, ist der Herrscher über alle Wesen. Denn nachdem er alle
in sich verborgen, brachte er sie aus seinem heiligen Herzen wieder an
das freudenreiche Licht, Mühevolles vollbringend." — Aus diesem Hymnos stammt dann auch die große Formel, die in der christlichen Liturgie
wie in der Mystik wiederkehrt: „Gott war, Gott ist und Gott wird sein.
Gott ist der Anfang, Mitte und Ende."

Die Welt des Zeus ist eine Wiedergeburt der Welt des Phanes, Zeus
aber ist noch nicht Phanes; er verbindet sich vielmehr mit Persephone, und
beider Kind ist Zagreus oder der zweite Dionysos, — man hat ihn als
chthonischen Dionysos, als Herrn der Jenseitswelt bezeichnet. Er wird,
da er als Kind einmal in einen Spiegel blickt, von den Titanen zerrissen
und dann schlingen sie ihn hinab; Athene ist es zu danken, daß sein Herz
gerettet wird. Zeus schleuderte seine Blitze und schlug die Titanen tot; aus

ihrer Asche aber ist das neue Menschengeschlecht entstanden; dank dem verschlungenen Herzen des Zagreus zeugte er mit Semele den dritten Dionysos, das ist der Dionysos Lyseus, der göttliche Erlöser. „Das Dionysische, das in den Menschen ist, weil die Titanen die Gliedmaßen des Gottes verzehrt haben, gilt es zu retten. Das Titanische in den Menschen, ganz im orphischen Sinne, meint offenbar Pindar, wenn er nach einem Zitat bei Platon von der Sühne einer alten Schuld spricht. . . Dionysos der Erlöser verlangt im irdischen Leben echten Gottesdienst und strengste Befolgung des durch heilige Gesetze vorgeschriebenen orphischen Lebens. Solcher Frommen gibt es aber auf Erden nur wenige. Viele schwingen freilich den Thyrsos, sind aber nicht im Herzen Bakchen, wie es ihr Gott verlangt, um sie einmal zu erlösen."

Die orphische Theologie hat manche Vorstellungen aufgenommen, die bei den Griechen unbekannt gewesen sind, wie etwa den Unsterblichkeitsglauben von den Thrakern; sie setzen den Guten nach dem Tode ein sanftes Schicksal auf den seligen Wiesen, die Bösen aber werden in den eiskalten Tartaros gestoßen. Dann kennen sie auch eine den Griechen fremde Seelenwanderung; von ihnen entlehnte Empedokles von Akragas den Gedanken, wenn er dichtet: „Einmal war ich bereits ein Knabe und ein Mädchen und ein Strauch und ein Vogel und ein aus dem Meer auftauchender Fisch."

In unserm Zusammenhange will mir aber eine andere Frage wichtiger erscheinen, das ist der orphische Hang zu einer Mythologisierung der Begriffe; so schufen sie eine Göttin Dike, oder die Göttin der Gerechtigkeit, so einen Chronos, so eine Ananke, den gezwungenen Zwang, — und all das spricht für eine Entfernung von dem sinnenfälligen täglichen Sein; sie philosophieren. Und sie setzen Gedanken für das Wesen. Man meint ganz unwillkürlich, daß dergleichen Verbildlichen von Begriffen bei einem dem Acker und dem täglichen Hantieren fernen Leben aufgegangen sei, daß es bei wurzellosen städtischen Menschen existieren müsse.

Wir wissen dann noch, was sicher in einem gewissen Maße auch hierher gehört, daß in der Orphik das Moralische beachtet wurde. Das hängt einmal mit ihrem ganzen mythologischen System zusammen, vielmehr es offenbart und deutet sich in ihrem mythologischen Systeme an, denn das ist ja in einem gewissen Sinne ein Verbildlichen von Forderungen: das Dionysische im Menschen muß herausgeläutert werden, Entsühnungen haben gegenüber dem Titanischen statt. Die Mythologie der Orphik ist eine Umschreibung sittlicher Gesetze, weil diese Gesetze für die Orphiker das Primäre sind. Sie sind deswegen das Primäre, weil die orphischen Lehren und Gebote nicht mehr die Lehren von dem täglichen Hantieren nahen Menschen sind. Die Sittengesetze eines Bauern sehen anders aus; ich meine nicht etwa, daß er eine andere, uns fremdartige Sittlichkeit besitze, — er wird die Mutter lieben, wie ein jeder Mensch die Mutter liebt, und dankbar sein, wie jeder Mensch auf Erden Dankbarkeit bezeugt, — ich meine, die bäuerliche Sittlichkeit sei ackernahe und sie atme ackerfrisch; die städtische Sittlichkeit ist eine überlegte und geordnete Moral. Vielleicht spricht aber bei der orphischen Sittlichkeit noch etwas anderes mit: die Träger der orphischen Lehre und Mysterien sind die Orpheotelesten, die man mit gutem Rechte „heimatlose Wanderprediger" nennen kann. Als Heimatlose sind sie im damaligen Abendlande überall zu Hause, in Thrakien und Vorderasien wie in Attika und Sizilien. Als Heimatlose treiben sie eine dem Acker ferne Sittlichkeit, dem dörflichen Geschehen und dem Hause ferne, treiben sie eine abgezogene Sittlichkeit, wie sie der Weg von Stadt zu Stadt, von einem Markt zum anderen ergibt, wie sie die weißen bindungslosen Straßen durch das Land ergeben. Ihr sittliches Tun zielt nicht mehr auf das Haus, den Nachbarn hin, es zielt auf Außerdörfliches, zielt auf eine Summe im System, zielt letztlich auf ein Gericht und auf den Ausgleich in der fernen anderen Welt.

Das Heimatlose der orphischen Prediger zeigt sich noch in einem zweiten: sie haben, so viel wir wissen, keine Tempel. Haben kein Jerusalem, in dem ihr Glauben und ihr Dienen einen Mittelpunkt besessen hätte. Sie wandern von Stadt zu Stadt und finden bei irgend einem Gläubigen ein Quartier; in „heiligen Häusern" lehren sie und üben sie die Riten ihres Kultes. Wenn der hellenische Glaube sozusagen in den Mündern lebt, — wir haben kein einziges theologisches Werk der alten Griechen, keine kultische Schrift, — dem orphischen Dienste ist ein heiliges Buch zugrunde gelegt, auch das läßt sie als erdenfern und heimatlose Wanderer erkennen. Wir haben noch heute eine Art „Gesangbuch" orphischer Gemeinden in jener zur Zeit von Christi Geburt in Pergamon entstandenen Hymnensammlung, die siebenundachtzig unter dem Namen des Orpheus überlieferten Gesänge.

Ich möchte nur noch, weil das den Umkreis unserer Überlegungen wieder schließt, mit einem Worte die äußeren Übungen erwähnen: das Fasten, verbunden mit einem vegetarischen Leben, wozu fernerhin gehört, sich des Genusses der Eier und der Bohnen zu enthalten; wer Bohnen ißt, kann ebenso die Köpfe seiner Eltern essen, — dann haben die pythagoräischen Gemeinden diese Forderung ebenfalls aufgenommen. Die Orphiker durften weiter keine wollene Kleidung tragen, weil die zum Weben nötige Wolle von getöteten Tieren kam. Daneben stehen Reinigungen und Entsühnungen, — und das macht von neuem daran denken, daß hier ein sittenreines Leben als bedingend galt, wenn man die Schrecken des Todes überwinden und den Frieden finden wollte.

Die orphischen Mysterien wollten die Schrecken der Hölle überwinden, das klingt, wenn auch gewandelt, an die vorigen Mysterien an, denn ebenso die eleusinischen wie die Attismysterien waren auf dem Wege, wenn sie dem Menschen ein erträgliches Jenseits geben wollten; der Hades, das Totenreich, ist ja nichts anderes als „die Hölle", und es war nicht bloß Dürer, der die beiden, Tod und Teufel, in einer nahen und innigen Kameradschaft zueinanderstellte. Der Weg, der Hölle auszuweichen, aber ist ein anderer geworden. Der eleusinische Myste wollte ein Kind der großen Göttin werden; so wie Demeter nicht nur selber durch die Unterwelt geschritten und sie bezwungen hatte und die Tochter wieder holte aus der Unterwelt, so hoffte der Myste, daß sie ihn der Todeswelt entreißen werde. Das Muttererlebnis und die große, alles bezwingende Mutterliebe ist für den griechischen Menschen anscheinend von besonderem Wert gewesen; vielleicht, daß er es jenem anderen „Mütterlichen" gegenüberstellte, das in Kleinasien herrschte, und das Phallos hieß und wildes Leben.

Nun aber gingen die orphischen Mysterien einen völlig anderen Weg. Die spöttische Frage des Diogenes, ob etwa der Erz- und Meisterdieb Pataikion nach seinem Tode es besser als Epameinondas haben werde, nur weil er eingeweiht gewesen, berührt bereits den Kern der Frage. Eleusis gab eine mythische Hilfe; jeder hatte dort die Möglichkeit, sich eines freundlichen und angenehmen Jenseits zu versichern; er mußte in seinen Weihen nur ein Kind der Göttin werden; auf seine sittlichen Leistungen kam es eigentlich nicht an, — so wenig wie heute eine Lebensversicherung danach fragen wird, ob ihre Kunden einwandfreie Bürger oder Sittlichkeitsverbrecher oder Denunzianten sind, denn das Geschäftsverhältnis mit ihr liegt auf einer anderen Ebene. Nun aber schieben die Orphiker gerade diese andere Ebene fort. Sie schließen, bildlich gesprochen, nur mit solchen Leuten, die mit dem Strafgesetzbuch noch nicht in Konflikt gekommen sind, mit „einwandfreien Subjekten" also, eine

Lebensversicherung ab. Ernsthafter gesprochen, nur derjenige entgeht der „Hölle" und wird ein angenehmes Dasein auf den jenseitigen Asphodeloswiesen haben, der sich befleißigte und ein moralisch einwandfreies Leben führte.

Damit wird von den Menschen aber ein ganz anderes Bemühen gefordert. Wenn bis auf sie kaum etwas anderes nötig gewesen ist als, bildlich gesprochen, seine Versicherungsprämie auf den Tag zu zahlen, das heißt, den rituellen Vorschriften des Mysteriendienstes nachzukommen, jetzt greifen die Forderungen der Versicherung in das ganze tägliche Leben ein, als ob zum Beispiel eine Lebensversicherung von mir verlangen würde, an jedem Tage um acht Uhr schlafen zu gehen, keinen Tee und Wein zu trinken, nur seidene Wäsche zu tragen, oder was dergleichen immer wäre, und wenn die Leistungen der Versicherung von alledem abhängig wären. Das scheint, wenn man es nur von diesem Bilde aus betrachtet, lächerlich; wenn man sich abe. an Pataikion erinnert, hat es einen anderen Schein und man begreift, daß von Diogenes ein Richtiges ausgesprochen worden ist.

Es wären hier viele Feststellungen und Bemerkungen anzuschließen; ich habe hier aber keine Geschichte des Werdens menschlicher Moral zu schreiben, es liegt nur daran, sie in ihrem Verhältnis zu den Mysterien zu bemerken. Für die Adonis- und Tamuzkulte gab es keine moralischen Vorbedingungen; Eleusis schloß die mit Blutschuld Behafteten von der Kindschaft mit der Göttin aus; da hebt ein erstes Fordern an, und wenn Triptolemus der ist, der mit dem Pfluge und nicht mit dem Schwerte die Menschen „unterwirft", wächst dieses erste Fordern in ein weitgespannteres, größeres fort. Dann schreiten die Orphiker fort zu einem sittlich einwandfreien Leben, und wenn man das frühe Christentum zu den Mysterienkulten stellt, weil manches aus diesen in ihm anklingt, dann wird dieser Weg ganz ausgegangen, und man ist aus indifferenten Haltungen zu der heutigen Haltung fortgeschritten.

Zur heutigen Haltung fortgeschritten? — Eben da ich dieses schreibe, wird mir der Ausdruck „heutige Haltung" etwas zweifelhaft. Ist eigentlich die Forderung eines sittlich einwandfreien Lebens heutig? — Ich denke da nicht an die Exzesse, die in den letzten bösen Jahren geschahen; ich denke viel eher an die Maxime, daß das alles richtig sei, was dem Gedanken einer gewollten Gesellschaftsordnung diene und nütze. Das heißt, man hatte die bisher gültigen Forderungen ausgewechselt und neue an ihre Stelle gesetzt, die einer neuen Ordnung angemessen seien. Stimmt das, dann spiegelt sich aber in dem allen eine Wandlung ab, die größer und ausschlaggebender als diejenige der Mysterien ist, — dann hat die Welt zu unterschiedenen Zeiten unterschiedene Verhaltungsweisen; sie setzte in einer frühen Zeit die gottesdienstlichen Haltungen als verbindlich, dann wurden die sittlichen verbindlich. (Und heute werden es die sozialen.)

Jesus Christus

Eine auch nur oberflächliche Kenntnis der antiken Mysterienreligionen läßt die Frage nach dem Zusammenhange derselben mit den „Mysterien" des Christentums stellen. Und diese Frage ist auch oft und oft gestellt worden. Bei der Schilderung des christlichen Abendmahles etwa sagte Justin, daß die bösen Dämonen in den Mysterien des Mithra dieselbe Handlung sich vollziehen lassen. Und auch Tertullian sprach davon, daß der böse Geist in den Mysterien in einer der christlichen Weise ähnlichen Form verehrt würde. Aber die Frage spielte nicht nur in den Jugendjahren des Christentums eine Rolle, sie hat auch um die Wende vom neunzehnten zum zwanzigsten und in den ersten Jahrzehnten des zwanzigsten Jahrhunderts viele, besonders angelsächsische Forscher angezogen. So hat James Frazer, ohne freilich den historischen Inhalt der Evangelien bestreiten zu wollen, angedeutet, daß in die Einzelheiten der Geschichte Jesu, wenn nicht gar in die Kreuzigung selbst, ein analoger Ritus eingewirkt haben könnte, nämlich der der Sakäen; das war ein Jahresschlußritus, bei welchem die Babylonier einen Verbrecher hängten oder kreuzigten, nachdem sie ihn mit königlichen Kleidern angetan und drei Tage lang als König behandelt hatten. William Simpson sah im Leiden und in der Auferstehung Christi die Mythisierung eines Initiationsaktes, bei dem man — ähnlich wie in Afrika — einen Einzuweihenden sterben und nach einiger Zeit wiederkehren ließ. Jevons ging noch weiter; er nahm an, daß die ganze Geschichte von Jesus eine Umschreibung dessen sei, was einem Korn- oder Weindämon widerfahren, den man zum Tode brachte, um ihn wieder auferstehen zu lassen, — wie ja auch für Robert Eisler die Mythe von Dionysos oder Orpheus nur die — in „des Flachses Qual" bereits anhebende — Mythisierung dessen gewesen ist, was der Weintraube oder dem Korn oder dem Flachs geschah. Endlich ist M. John

Robertson zu nennen, der in Jesus den Helden eines jüdischen Mysteriums erblickte, in dem man den von seinem Vater geopferten Gottessohn darstellte, und in dem die Teilnehmer das Opfer verspeisten, um sich sein Wesen einzuverleiben, — was erlaubt, das Leiden Christi mit den Geschehnissen, die man von Osiris, Tamuz, Adonis, Attis, Dionysos, Herakles erzählte, gleichzusetzen.

Nach diesen hat Butler in „The greek mysteries and the gospel narrative" die Leidensgeschichte und die einjährige Dauer der öffentlichen Wirksamkeit Jesu (nach den Synoptikern) aus den eleusinischen Mysterien erklären wollen. Bei diesen betrug der Abstand zwischen einer ersten Einweihung und den großen Mysterien ein Jahr. Die Prozession nach Eleusis entsprach nach ihm dem Einzug Jesu in Jerusalem, und das Tragen eines $\varkappa \acute{\epsilon} \varrho \nu o \varsigma$, einer mit Früchten bedeckten Opferschüssel, durch den Mysten finde sich Markus 11, 16 wieder. Der dritte Tag der Mysterien war in besonderes Maße ein Fasttag, und der vierte scheinte als $\varkappa \alpha \lambda \acute{\alpha} \vartheta o v \varkappa \acute{\alpha} \vartheta o \delta o \varsigma$ bekannt gewesen zu sein, als Tag der Wiederbringung des Fruchtkorbes. Matth. 21, 18 f schreibt: „Als er des Morgens wieder in die Stadt ging, hungerte ihn, und als er einen Feigenbaum am Wege sah, ging er zu ihm ... und sagte zu ihm: nun wachse hinfort auf dir nimmermehr eine Frucht!" Wieder in Athen gab es einen heiligen Feigenbaum, an dem eine der Prozessionen stets hielt und Opfer darbrachte und gewisse mystische Riten vollzog. Eine andere wichtige Zeremonie derselben war die Reinigung, und entsprechend lesen wir Ev. Joh. 13, 4—11 von der Fußwaschung, bei welcher die Worte fielen: Wer gewaschen ist, braucht nicht mehr gewaschen zu werden, er ist ganz rein. Von den Jakchosspäßen und Aischrologien bei den Mysterien sagte Butler, der Myste sei dort mit einem mystle-Kranz gekrönt worden, ein Rehfell wurde über seine Schulter gelegt und er trug eine Gerte in seiner Hand, — das kehre alles in der Geschichte von der Verhöhnung Jesu vor der Kreuzigung wieder. Schließlich stellt er die Worte Jesu „Es ist vollbracht" mit der Formel, durch welche die eleusinischen Mysterien geschlossen wurden, zusammen. — Ich habe diesen Versuch ausführlicher geschildert, weil er mir in bezug auf die gebrauchte Methode sehr lehrreich zu sein scheint. Neben manchen anscheinend sehr deutlichen Übereinstimmungen stehen solche, die man „als an den Haaren herbeigezogen" kennzeichnen muß. Es liegt hier nämlich eine in religionsgeschichtlichen wie in volkskundlichen Untersuchungen leider oft geübte Methode der Beweisführung vor; man bringt zwei in einigen Nebensächlichkeiten sich ähnelnde Erscheinungen in Deckung und behauptet dann ihre Identität, während es doch darauf ankommt, daß zwei Erscheinungen in ihren Grundzügen sich decken müssen, wenn man eine Gleichheit oder Verwandtschaft feststellen will. Wenn in Athen bei den Eleusinien an einem Feigenbaum angehalten wurde, so geschah das, um dort Opfer darzubringen; es fand also eine verehrende positiv-kultische Handlung statt; wenn Christus beim Feigenbaum stehen blieb, geschah es, um von ihm Feigen zu pflücken, und weil der Baum gelt war, verfluchte ihn der Menschensohn und er verdorrte. Ich sehe zwischen den beiden Nachrichten weiter keine Entsprechung oder Ähnlichkeit, als daß in beiden von einem Feigenbaume die Rede ist; das will mir als ein Beweis für eine Entlehnung doch sehr mager scheinen. Und ähnlich ists um die Fußwaschung bestellt; der Handlung am Abend des Gründonnerstages wird das in einem Flusse statthabende Reinigungsbad in den Mysterien gleichgestellt, ohne daß eine weitere Identität besteht als daß das Wasser reinigend wirkt. Ich glaube, daß die Ergebnisse einer solchen Beweisführung nicht viel taugen.

Über das eben kritisch Abgelehnte hinaus will ich jedoch betonen, daß das von den verschiedenen angelsächsischen Forschern angerührte Problem wohl einer ernsthaften Überlegung würdig ist. Es ist doch immerhin auffällig, daß man so hüben wie drüben, im Christentume wie in den einzelnen hellenistischen Mysterien, von einer „Erlösung" sprach, — und hüben wie drüben handelte es sich darum, zu einem Wege und Ausgange aus dem Tode zu gelangen. Und hüben wie drüben war von einem im Bezirke der Menschen weilenden Gotte, von seinem Sterben und seiner Wiederkunft an einem dritten Tage die Rede. Und hüben wie drüben begegneten im Kult die gleichen Elemente: eine Taufe und ein heiliges Mahl.

Vielleicht läßt sich das hier zu Erörternde dadurch einsichtiger und deutlicher machen, daß wir zuerst einmal nach der die Vorgänge tragenden Gemeinschaft fragen. Wir kennen sie aus sehr vielen Zeugnissen, beginnen mit dem der Acta Apostolorum 2, 42 ff. über die sogenannte „Urgemeinde"; dann haben wir die Bemerkungen der Gegner, beginnend bei Minutius Felix, die bei Justin und ganz besonders bei Tertullian widerhallen, jene Erzählungen von geheimen nächtlichen Zusammenkünften, vom Kindermord durch die Neuaufzunehmenden, von scheußlichen thyestischen Mahlen, von der wahllosen geschlechtlichen Vermischung aller Anwesenden bei gelöschten Lichtern, und was man vom Treiben geheimer geschlossener Gesellschaften noch zu fabeln weiß. Und dann begegnen wir den Bemerkungen Lukians, der von den kultischen Übungen einer geschlossenen Gesellschaft in nächtlicher Zeit zu reden weiß, — was bei sehr vielen Mysterienverbänden damals üblich war. Mir scheint jedoch ein weiteres Zeugnis noch viel wichtiger zu sein.

In Lukians „Peregrinus", jener Geschichte von einem religiösen Gauner und Betrüger, der bald als Proteus, bald als Peregrinus auftritt, heißt es dann über eine seiner Rollen: „Um diese Zeit geschah es, daß er sich in der wundervollen Weisheit der Christen unterrichten ließ, da er in Palästina Gelegenheit fand, mit ihren Priestern und Schriftgelehrten bekannt zu werden. Es schlug so gut bei ihm an, daß seine Lehrer in kurzer Zeit nur Kinder gegen ihn waren, und er wurde gar bald selbst Prophet, Thiasarch, Synagogenmeister und mit einem Worte alles in allem unter ihnen. Er erklärte und kommentierte ihre Bücher und schrieb deren selbst eine große Menge, kurz er brachte es so weit, daß sie ihn für einen göttlichen Mann ansahen, sich Gesetze von ihm geben ließen und ihn zu ihrem Vorsteher machten. Übrigens verehren diese Leute den bekannten Magus (?), der in Palästina deswegen gekreuzigt wurde, weil er diese neuen Mysterien in die Welt eingeführt hatte. Es kam endlich dazu, daß Proteus bei Begehung derselben ergriffen und ins Gefängnis geworfen wurde ... Sobald er in Banden lag, versuchten die Christen, (die dies als eine ihnen allen zugestoßene große Widerwärtigkeit betrachteten), das Mögliche und Unmögliche, um ihn dem Gefängnis zu entreißen; und da es ihnen damals nicht gelingen wollte, ließen sie es wenigstens an der sorgfältigen Pflege und Wartung in keinem Stücke fehlen. Gleich mit Anbruch des Tages sah man schon eine Anzahl alter Weiblein, Witwen und junge Waisen sich um das Gefängnis lagern, ja die vornehmsten unter ihnen bestachen sogar die Gefangenenhüter und brachten ganze Nächte bei ihm zu. Auch wurden reichliche Mahlzeiten bei ihm zusammengetragen und ihre heiligen Bücher gelesen; kurz der teure Peregrinus hieß ihnen ein zweiter Sokrates. Sogar aus verschiedenen Städten in Asien kamen einige, die von den dortigen Christen abgesandt waren, ihm hilfreich Hand zu leisten, seine Fürsprecher vor Gericht zu sein und ihn zu trösten. Denn diese Leute sind in allen dergleichen Fällen, die ihre ganze Gemeinschaft betreffen, von einer unbegreiflichen Geschwindigkeit und Tätigkeit und sparen dabei weder Mühe noch Kosten ..."

Das Ganze ist ein von Lukian ins Spöttische und Spöttliche verzerrter Bericht. Trotz aller Verzerrungen aber wird man aus ihm lesen, daß in den ersten Jahrhunderten die Christen eine geschlossene Gemeinschaft gebildet haben müssen, — eine Gemeinschaft, die wie die meisten damals bekannten Mysteriengemeinden Männer und Frauen aufgenommen hat, also kein Männer- oder Weiberbund gewesen ist. In dieser Gemeinschaft, die, wie ihr Stifter es ihnen nach Lukianus beigebracht, eine brüderliche Haltung pflegte, schimmerten anscheinend mysterienhafte Züge auf. Ein einst gekreuzigter Magier, (die Lesung des Wortes ist unsicher), hat diese neuen Mysterien eingeführt, und man lebte anscheinend einem Mysterienbunde ähnlich, denn Peregrinus wurde als Thiasarch bezeichnet, als Leiter oder Anführer eines Thiasos, einer religiösen schwärmenden Gruppe.

Wir können von hier noch einen Schritt weitergehen. In der soeben angedeuteten Gemeinschaft lebt nämlich und herrscht das Geheimnis. Das hat ganz einfache und naheliegende Gründe. Die gottesdienstlichen Zusammenkünfte der ersten Zeit haben, weil man ja keine kultischen Räume oder Kirchen besaß, bei irgendeinem Gemeindemitgliede, also in privaten Häusern, stattgefunden, und eine Versammlung in einem privaten Hause steht ja nur dem Eingeladenen offen. Ganz ähnliches geschah beim Abendmahl. Der ganze Charakter der Feier läßt vermuten, daß sie nur in geschlossenen Versammlungen abgehalten wurde, wie heute — man verzeihe den profanen Vergleich — an einem Vereinsessen nur die Angehörigen des Vereins teilnehmen werden.

Es ist nun nicht nur so, daß die Gemeinde als eine geschlossene Gruppe sich nach außen abgesondert hat, sie ist der Inhaber und der Träger von Geheimnissen. Bereits die jüdische Theologie gebrauchte Rätselreden, Gleichnisse und Symbolisierungen, und auch die Übung Jesu, in Gleichnissen zu sprechen, ist bekannt. Er brauchte sie nach Matth. 13, 10 ff., um die das Himmelreich betreffenden Wahrheiten Unberufenen zu verdecken: „Die Jünger traten zu ihm und sprachen: Warum redest du zu ihnen durch Gleichnisse? Er antwortete und sprach: Euch ists gegeben, daß ihr das Mysterion des Himmelreichs versteht; diesen aber ists nicht gegeben ... Darum rede ich zu ihnen durch Gleichnisse. Denn mit sehenden Augen sehen sie nicht und mit hörenden Ohren hören sie nicht, denn sie verstehen es nicht." — Gott selber — oder an dieser Stelle Jesus — verschleiert also die Wahrheit für die Unberufenen; er redet „in verhüllter Weise". Und weil die Schrift ja eine inspirierte war, muß sie voll solcher verhüllter Geheimnisse sein, so wenigstens nimmt es Irenaeus an.

Nicht aber allein die Schrift, auch manche Heilstatsachen sind für den

Außenstehenden verdeckt, sind nur dem „Eingeweihten" deutlicher zu erfassen möglich. So etwa „das Ärgernis vom Kreuz", von dem Justin als vom Mysterion des Kreuzes spricht. Damit wird aber der Glaube selber zum Geheimnis, denn der gewöhnliche Christ kann ihn wohl lernen und bekennen, aber nicht verstehen. Apollinaris schreibt in De trinitate, die griechischen Weisen hätten recht, daß nichts von göttlichen Dingen dem Menschen deutlich wäre. „Ich gestehe ohne Scheu meine Unwissenheit ein, ja vielmehr ich rühme mich des nur um so mehr, daß ich an Unergründliches glaube und in Dinge eingeweiht bin, die Vernunft und Denken nicht zu fassen vermögen." — Sind diese Glaubenstatsachen oder die Worte der Hl. Schrift Geheimnisse, dann dürfen sie auch nicht ausgeplaudert werden. Lactanz erklärte in den Institutiones (VII 26), der Gedanke der Christen vom Tausendjährigen Reich werde von ihren Gegnern deswegen verlacht, weil man ihn nicht öffentlich disputiere; es sei aber Gottes Wille, „daß man sein Geheimnis ruhig und still im Herzen verborgen halte, denn ein Mysterium muß so treu als möglich verhüllt und verborgen sein." — Chrysostomus tadelt alle, welche „die Heilsbotschaft ausschwatzen und jedem ohne weiteres die Perlen und das Dogma kundtun und das Heilige vor die Säue werfen", — und Ambrosius erklärt (in Psalm 118): „Es versündigt sich wider Gott, wer die ihm anvertrauten Mysterien Unwürdigen mitteilen zu können meinte. Nimm dich also in acht, deine Schätze nicht Treulosen zu verraten. Wer Geheimnisse vor die Leute bringt, tut der Herrlichkeit Christi Abbruch."

Das ahnende Wissen, daß in den Worten und Heilstatsachen dem gemeinen Menschen Unfaßbares vorhanden sei, wozu wohl noch der Gedanke kommt, daß alles Göttliche im Dunkel und im Geheimnis wohne, ist in den beiden nächsten Jahrhunderten noch weitergewachsen. Wir begegnen ihm in der sogenannten Arkandisziplin, in der Lehre von den Verborgenheiten bestimmter Züge an den Sakramenten. Da wird von Basilius der gesamte kultische Vollzug der Taufe als geheim bezeichnet; geheim waren also die einzelnen Riten nach der Art und Weise ihres Vollzuges wie nach ihrer Aufeinanderfolge und ihrem Zusammenhange, sodann besonders die dabei gebrauchten Benediktionen, rituellen Formeln und Gebete, das Glaubensbekenntnis. Sogar im Unterricht der Taufkandidaten bewahrte man über den rituellen Vorgang Schweigen. Vor allem das Symbolum, sowohl seinem Wortlaute nach als die Belehrung über seine Einzelheiten, wurden streng geheim gehalten; Cyrill erklärte: „Diese Mysterien, welche die Kirche dir jetzt darlegt, pflegt man den

Heiden nicht darzulegen; einem Heiden legen wir die Mysterien über Vater, Sohn und Geist nicht dar, noch reden wir vor den Katechumenen offen über die Mysterien." — Dagegen ist von den Wirkungen der Taufe, von der Reinigung, der Gabe des Hl. Geistes in ihr, der Verbürgung der Unsterblichkeit offen geredet worden; das alles fiel nicht in den Bereich der fides silentii.

Ebenso wurden beim Abendmahl der rituelle Vorgang und die dabei gesprochenen Gebete geheimgehalten. Was aber dabei besonders seltsam ist: daß bei der Feier Christi Leib und Blut genossen wird, wird offen gesagt und immer wieder auf das nachdrücklichste ausgesprochen; in welcher Weise das aber geschieht und daß im Abendmahle Brot und Wein dargebracht und genossen werden, wird auf das allerstrengste geheimgehalten. Besonders deutlich lehrt das Theodorets „Eranista". Auf die Frage des Eranista: Wie erkennest du die dargebrachte Gabe vor der Segnung durch den Priester? antwortet der Orthodoxe: Man darf es nicht deutlich sagen, denn es könnten einige Uneingeweihte zugegen sein. — Eranista: Gib in verhüllter Weise Antwort. — Orthodoxer: Die aus dem betreffenden Samen gewonnene Nahrung. — Eranista: Und wie nennen wir das andere Symbol? — Orthodoxer: Auch dies mit einem gewöhnlichen Namen, der ein Getränk bezeichnet. — Eranista: Wie nennst du sie aber nach der Heiligung? — Orthodoxer: Leib Christi und Blut Christi. — Augustin sagt, die Katechumenen wüßten nicht, „was auf dem Altare aufgestellt und genossen werde, woher und auf welche Weise es gewonnen, woher es zum gottesdienstlichen Gebrauch verwendet werde. Sie glaubten zunächst nicht anders, als daß der Herr völlig in der Gestalt von Fleisch und Blut den Augen der Menschen erschiene und aus seiner durchbohrten Seite jene Flüssigkeit geflossen sei." — Und wieder Epiphanias wagt deshalb die Einsetzungsworte nicht wörtlich anzuführen; er sagt: „Wir sehen, daß der Heiland ‚es' in seine Hände nahm, ... daß er beim Mahle sich erhob und ‚das Betreffende' nahm, danksagte und sprach: Dies ist von mir das und das, ... denn ‚das Betreffende' ist rund und hart", aber von der Wirkung des Abendmahles und daß es Leib und Blut Christi sei, wird ohne jede Scheu gesprochen.

Was hier sichtbar wird, ist mehr als ein respektvolles Schweigen und reicht über das Schweigegebot eines Geheimbundes weit hinaus. Es sind Erscheinungen, die sich auch in den antiken Mysterien beobachten lassen. Auch dort wird ja der Sinn, das letzte Ziel des religiösen Geschehens ausgesprochen und die Nichteingeweihten kennen es zumeist sehr gut, der eigentliche rituelle Vollzug der Feier aber und die einzelnen Weihungen, das Kultdrama, die dem Mysten vorgewiesenen heiligen Symbole, die heiligen Formeln und die Sprüche, kurz alles kultische Tun ist, wie wir aus Eleusis oder von den Isismysterien wissen, dem Nichteingeweihten unbekannt und steht unter einem ernsten Schweigebann. Schon diese Beobachtung, schrieb ein Kirchenhistoriker, „führt zu dem Schlusse, daß die Arkandisziplin nicht eine nur ihrer äußeren Form nach mit dem Mysterienwesen zusammenhängende, in Wirklichkeit ganz anderen Zwecken dienende Einrichtung ist, sondern daß wir es hier mit einer nach antikem Gefühl zu den konstituierenden Merkmalen des Mysterienbegriffes gehörigen Erscheinung zu tun haben, deren Hervortreten in der christlichen Kirche eine natürliche Folge der Tatsache darstellt, daß die christlichen Sakramente als Mysterien empfunden wurden", — wobei mit Bedacht das Wort „empfunden" angewendet worden ist: die christlichen Sakramente sind den Mysteriendiensten nicht entlehnt; sind nicht aus ihnen genommen worden, sondern wurden als weiterer Mysteriendienst, als ein zu den vorhandenen hinzukommender aufgefaßt.

Die eben aufgezählten Erscheinungen der Arkandisziplin gehören ebenso wie eine Reihe sogleich anzugebender dem vierten und fünften Jahrhundert an. Was die Mysterien dem Menschen mitzuteilen vermochten, waren Entsühnungen und Reinheit einerseits und das Versprechen des seligen Jenseitslebens oder der Unsterblichkeit andrerseits; was die christlichen Mysterien gewährten, waren Entsühnung und die jenseitige Seligkeit. Die Taufe vermittelt diese Güter schon nach den Anschauungen des Irenaeus und des Tertullian, und das Abendmahl wird nach Chrysostomus zur Nahrung für das unsterbliche Leben wie zur „Wegzehrung": „Es legte mir einer dar, daß die, die am Verscheiden sind, falls sie die Mysterien mit reinem Gewissen empfangen haben, um dieses Genusses willen unter dem schützenden Geleit der Engel von hinnen fahren." — Und ich darf dazu noch einmal einen neuzeitlichen Kirchenhistoriker zitieren: „Der Gedanke, daß die Unsterblichkeit durch einen rituellen Akt mitgeteilt werden könne, hätte sich kaum in der Weise, wie es geschehen ist, durchgesetzt und entwickelt, wenn nicht dank den Mysterien und Weihen aller Art derartige Vorstellungen damals allgemein geläufig gewesen wären. Und wenn wir aus den Grabdarstellungen und den Auffassungen des Abendmahls als viaticum ersehen, wie lebendig diese Vorstellungen gerade im Bewußtsein der Menge waren, wenn wir sehen, wie seit dem vierten Jahrhundert, wo die heidnischen Massen in die Kirche einströmen, dieser Gesichtspunkt immer mehr hervortritt und darum die Sakramente immer ausschließlicher als Vermittler des Heils erscheinen, so werden wir in der Annahme nicht fehlgehen, daß diese Entwicklung zu einem bedeutenden Teile durch das Mysterienwesen veranlaßt ist."

Nicht nur die Grundstimmung und die tragenden Ideen in der christlichen Sakramentspraxis entsprechen den Absichten der Mysterienbünde, auch in einer Reihe von Einzelheiten decken sich die beiden. So hält man hinsichtlich der Anschauung, daß die Taufe eine Reinigung von Schuld und Sünde bewirke, einen Einfluß des Mysterienwesens für unverkennbar, und ebenso meint man, daß die zum Exorzismus führenden Gedanken aus antiken, mit dem Mysterienwesen zusammenhängenden Anschauungen zu erklären seien. Die äußere kultische Form des Taufexorzismus, das Verhüllen des Kopfes, Barfüßigkeit und Nacktheit, begegnen in orphischen Mysterien, zum Teil (Barfüßigkeit) in den athenischen Thesmophorien, das Tragen eines weißen Kleides, findet sich ebenfalls in vielen Mysterienkulten wieder, etwa bei den Isismysten. Wenn die Neugetauften eine brennende Kerze tragen und so in Prozession in die Kirche einziehen, so läßt das an den Gebrauch der Fackeln und Lichter etwa in Eleusis, im Isiskulte denken. Das Abendmahl ist im vierten Jahrhundert zu einer Mysterienfeier geworden; wie bei diesen gilt frevelhafter Teilnahme göttliche Strafe: „wenn ein Uneingeweihter verborgener Weise am Abendmahl teilnimmt, so bringt ihm der Genuß ewige Schuld, weil er teilnahm an dem, woran er nicht durfte." — Ich will weitere Beispiele für diese an die Mysterienkulte erinnernden Züge im Ritual des Abendmahls und der Taufe, wie sie im vierten Jahrhundert üblich geworden sind, nicht häufen; es wird schon so sein, daß, als das Heidentum in großen Scharen in die christliche Kirche strömte, mit ihm auch die Gestimmtheit und die Gewohnheiten der bis dahin besuchten kultischen Übungen hereinkamen. Dies Mitbringen hatte freilich auch einen tieferen Grund. Man hat mit Recht bemerkt, daß nach antiker Auffassung die Religion nicht Glaube und Glaubenslehre gewesen sei, sondern ein kultisches Tun, ein Handeln, ein Vollziehen. Die Gottesdienste der ersten Gemeinden waren also, wenn sie nur Schriftverlesung, Gebet und Lehre, Ansprache und Hymnos waren, nach antiker Anschauung kein Kult. Als kultische Handlung konnte man nur die Taufe und das Abendmahl bezeichnen; an diese aber hängten sich Gewohnheiten, Einzelheiten, Züge der Mysterienkulte, aus denen man kam und die man in das neue kultische Geschehen hineingesehen hat.

Wenn das im vierten und fünften Jahrhundert ganz besonders deutlich ist, so hat sich doch schon im zweiten Jahrhundert Ähnliches angebahnt, denn schon Justin erklärt gelegentlich der Schilderung des Abendmahls: „Dieselbe Handlung lassen die bösen Dämonen in den Mysterien des Mithra vollziehen, denn daß dort in den Weihen Brot, und ein Kelch mit Wasser bei der Einweihung unter gewissen Formeln aufgestellt werden, daß wißt ihr oder könnt es erkunden."

Wenn ich von den Versuchen, die christliche Kultlegende an die Seite der vegetationskultischen zu rücken oder in ihr eine vegetationskultische Feier zu erkennen, ausgegangen bin und mich dann der Feststellung zuwandte, daß die christlichen Gemeinden im zweiten Jahrhundert als geschlossene Vereinigungen sichtbar werden, und daß im dritten bis fünften Jahrhundert ihr Kult den Kulten der Mysterienbünde so sehr gleicht, daß man das junge Christentum diesen an die Seite stellen konnte, so kehre ich jetzt im weiten Bogen zu meinem zeitlichen Ausgangspunkte zurück. Das will besagen, daß ich von den Beziehungen zwischen dem Christentum und den Mysterien im ersten Jahrhundert sprechen will. Sie wurden sehr oft und immer von neuem wieder diskutiert.

Eine Beziehung bestand am Anfange des zweiten Jahrhunderts, wenn nicht schon gar an der Wende des ersten zum zweiten; sie wird in jenem Bruchstücke des Petrusevangeliums sichtbar, das man in Akhmin in Oberägypten in einem Grabe fand. Es beginnt mit einer Rede Christi über falsche Propheten; „und der Herr fügte hinzu und sprach: ‚Laßt uns auf den Berg gehen, laßt uns beten!' Da wir aber mit ihm fortgingen, baten wir, die zwölf Jünger, er möchte uns einen von unsern gerechten Brüdern, die aus der Welt gegangen, zeigen, damit wir schauen könnten, welcher Gestalt sie sind, daß wir getrost würden und Trost geben könnten auch denen, die es von uns hörten. Und indem wir noch bitten, erscheinen plötzlich zwei Männer und stehen vor dem Herrn. Auf sie vermochten wir nicht gerade zu sehen, denn es ging von ihrem Antlitz aus ein Strahl wie von der Sonne und leuchtend war ihr Gewand, wie es niemals eines Menschen Auge sah, und kein Mund kann erzählen oder ein Herz erdenken den Glanz, in den sie gehüllt waren, und die Schönheit, die von ihrem Angesicht ausging", und es folgt eine überschwengliche Beschreibung ihrer Schönheit. „Da wir also ihre Schönheit sahen, erschraken wir vor ihnen, da sie so plötzlich erschienen.

Und ich trat zu dem Herrn und sprach: ‚Wer sind diese?' Er antwortete mir: ‚Das sind unsere gerechten Brüder, deren Gestalt ihr ja schauen wolltet.‘ Und ich sagte zu ihm: ‚Und wo sind alle Gerechten oder wie sieht der Himmel aus, in dem die wohnen, die solchen Glanz tragen?‘ Und der Herr zeigte mir einen sehr weiten Ort außerhalb dieser Welt, über und über glänzend im Lichte und die Luft dort von Sonnenstrahlen durchleuchtet und das Land selbst blühend von unverwelklichen Blumen und erfüllt von Wohlgerüchen und von Gewächsen, die herrlich blühen und unvergänglich sind und gesegnete Frucht tragen. So stark war die Blüte, daß der Duft von dort auch zu uns getragen wurde. Die Bewohner jenes Ortes waren bekleidet mit einem Gewande strahlender Engel, und ihr Gewand war gleichen Aussehens wie ihr Land, und Engel weilten dort unter ihnen. Und gleich war die Herrlichkeit derer, die dort wohnen, und mit einer Stimme priesen sie Gott den Herrn frohlockend an jenem Orte. Und es spricht der Herr zu uns: ‚Dies ist der Ort eurer Hohenpriester, der gerechten Menschen.‘

Ich sah aber auch einen anderen Ort, jenem gerade gegenüber, der ganz finster war. Und es war ein Ort der Strafe. Und die, welche gestraft wurden, und die strafenden Engel hatten ein dunkles Gewand an, gemäß der Luft des Ortes. Und es waren welche dort, die waren an der Zunge aufgehängt; das waren die, welche den Weg der Gerechtigkeit lästerten, und unter ihnen brannte Feuer und peinigte sie. Und es war da ein großer See gefüllt mit brennendem Schlamm, in dem sich solche Menschen befanden, welche die Gerechtigkeit verdrehten, und Engel bedrängten sie als Folterer. Es waren aber auch sonst noch Weiber da, die an den Haaren aufgehängt waren, oben über jenem aufbrodelnden Schlamm. Das waren die, welche sich zum Ehebruch geschmückt hatten, und die, welche sich mit ihnen vermischt hatten in der Schande des Ehebruchs, waren an den Füßen aufgehängt und mit dem Kopf in jenen Schlamm gesteckt, und sie sprachen: ‚Wir glaubten nicht, daß wir an diesen Ort kommen würden.‘ Und die Mörder erblickte ich und ihre Mitschuldigen, die geworfen waren an einen engen Ort, der voll war von bösem Gewürm; und sie wurden gebissen von jenen Tieren und mußten sich dort so in Qual winden. Es bedrängten sie Würmer wie Wolken der Finsternis. Und die Seelen der Gemordeten standen da und sahen auf die Qual jener Mörder und sprachen: ‚O Gott, gerecht ist dein Gericht!‘

Nahe an jenem Orte sah ich einen andern engen Ort, in dem das Blut und der Unrat derer, die bestraft wurden, herabfloß und dort zu einem See wurde. Und dort saßen Weiber, die staken im Blut bis an den Hals, und ihnen gegenüber saßen viele Kinder, die unzeitig geboren worden waren und weinten. Und von ihnen gingen Feuerstrahlen aus und trafen die Weiber über das Gesicht. Das waren die, welche unehelich empfangen und abgetrieben hatten. Und andere Männer und Weiber waren in Flammen bis zu der Mitte und sie waren geworfen an einen finstern Ort und wurden gegeißelt von bösen Geistern und ihre Eingeweide wurden aufgezehrt von Würmern, die nicht ruhten. Das waren die, welche die Gerechten verfolgt und sie verraten hatten. Und nicht weit von jenen wiederum Weiber und Männer, die sich die Lippen zerbissen und gepeinigt wurden und feuriges Eisen über das Gesicht bekamen. Das waren die, welche gelästert hatten und geschmäht den Weg der Gerechtigkeit. Und diesen gerade gegenüber waren wieder andere Männer und Weiber, die sich die Zungen zerbissen und brennendes Feuer im Munde hatten. Das waren die falschen Zeugen.

Und an einem anderen Orte waren Kieselsteine, spitzer als Schwerter und jede Speerspitze, die waren glühend, und Weiber und Männer in schmutzigen Lumpen wälzten sich gepeinigt auf ihnen. Das waren die Reichen und die auf ihren Reichtum vertrauten und sich nicht erbarmt hatten über Waisen und Witwen, sondern das Gebot Gottes vernachlässigt hatten. Und in einem anderen großen See, der mit Eiter und Blut und aufbrodelndem Schlamm gefüllt war, standen Männer und Weiber bis an die Knie. Das waren die Wucherer und die, die Zinseszins forderten. Andere Männer und Weiber wurden von einem gewaltigen Abhange hinabgestürzt, kamen hinunter und wurden wiederum von den Drängern auf den Abhang hinaufzugehen angetrieben und von dort hinabgestürzt. Und hatten keine Ruhe vor dieser Pein. Das waren die, welche ihre Leiber befleckt und sich benommen hatten wie Weiber, und die Weiber bei ihnen, das waren die, welche beieinander gelegen hatten wie ein Mann beim Weibe. Und bei jenem Abhang war ein Ort voll gewaltigen Feuers, und dort standen Männer, welche sich mit eigener Hand Götzenbilder gemacht hatten statt Gottes." — Ich lasse die beiden letzten verstümmelten Sätze fort, weil sie nichts anderes als die vorhergehenden bieten.

Was wir hier haben, ist eine christliche Schrift, ein Evangelium, ein Stück aus einem damals gültigen, später verworfenen „Petrusevangelium". Es setzt mit uns bekannten Dingen ein, der Rede Christi über die falschen Propheten, und es erinnert dann an die Verklärung (Markus 9). Auf diese folgt aber nach einem Bruch, — der dadurch bemerklich wird, daß bis an ihn im „wir", von ihm an aber nur im „ich" erzählt wird, —

eine Schilderung der Jenseitswelt. Man hat die Herkunft dieser dantesken Beschreibungen untersucht und hat in ihnen volkstümliche griechische Anschauungen wie auch orphisches Gut gefunden, und damit festgestellt, „daß aus der antiken Literatur der orphischen Gemeinde im Anfang des zweiten nachchristlichen Jahrhunderts die Schilderung von Himmel und Hölle übernommen wird in ein Evangelium der Christengemeinde." — Das aber besagt, daß sich das Lehrgut und ein Teil der kultischen Mythe orphischer Mysterien mit Christlichem verbunden hat, daß es herüber ins Christliche gekommen ist. Ja man wird annehmen und behaupten dürfen, daß vieles der christlichen Vorstellungen von der Hölle hier die Wurzel hatte.

Wenn man aber für die Wende des ersten zum zweiten Jahrhundert hat feststellen dürfen, daß eine Vermischung, ein Synkretismus zwischen Christlichem und dem Lehrgut der Mysterienbünde statthatte, dann liegt es nahe, noch einen nächsten Schritt zu tun und in das erste Jahrhundert hinein zu horchen. Man hat sich da besonders um die apostolischen Sendbriefe bemüht. So schien, — von der Erwägung ausgehend, daß im I. Petrusbriefe die „Wiedergeburt" eine große Rolle spielte (1, 3)), — eine Untersuchung dieser Epistel erfolgversprechend. Da forderten nach Meinung ihres Interpreten das Bild sowohl von dem Milchtrank, nach dem die christlichen Neophyten begierig sein sollten, das von dem lebendigen Stein, zu dem sie herantreten, das von dem geistlichen Hause, zu dem sie sich erbauen sollten, wie das von dem wunderbaren Lichte, zu welchem sie aus der Finsternis heraus berufen worden seien, geradezu die Erinnerung an die in den Mysterienkulten geübten Bräuche heraus. Denn gerade in denen stieg ja der Myste aus dem Dunkel des Adyton zu einem wunderbaren hellen Lichte auf, trat er zu dem Steinbilde des Gottes oder der Göttin, erhielt er den Milchtrank zu kosten und bildete er nun mit den andern eine geistliche Bruderschaft, einen ϑίασος.

Von diesen Überlegungen ausgehend, erhielt ein Satz wie der vom unvergänglichen und unbefleckten, unverwelklichen Erbe, das behalten wird im Himmel, wenn man ihn in Beziehung zu der blutbefleckten Kleidung des bei den Taurobolien aus der Grube heraufsteigenden Mysten bringt, einen neuen Sinn; sein Kleid ward ja, da diese Weihe nach zwanzig Jahren wiederholt werden mußte, als ‚Himmelsgewand' für ihn im Tempel aufbewahrt. — Ich will die weiteren Vergleiche, die angezogen wurden, hier nicht wiederholen, es ist schon sichtbar geworden, daß man im

I. Petrusbriefe Bilder und termini der hellenistischen Mysterienkulte fand, und wie der Hinweis auf die Taurobolien lehrt, ist es besonders der Attiskult, an den man dachte. Ganz deutlich schien etwa eine Bemerkung wie die von dem Teufel, der wie ein brüllender Löwe umhergehe, auf ihn hinzudeuten, fuhr doch Kybele in einem Löwengespanne durch das Land. So überzeugend alle diese Hinweise vielleicht auch scheinen, so habe ich doch sehr starke Bedenken, denn meines Erachtens gilt, was ich schon weiter oben einmal sagte, daß nicht zufällige Gleichheiten, sondern die sich aus dem Sinne der Texte ergebenden Parallelen und Zusammenklänge erst beweisen. Was in dem I. Petrusbriefe an Bildern und Redewendungen aus dem Bezirke der Mysterien sichtbar werden will, ist nichts als die in jenen Jahrzehnten allen geläufige „Umgangssprache" und die „täglichen Redewendungen". Der I. Petrusbrief kann eigentlich nur beweisen, daß in der zweiten Hälfte des ersten nachchristlichen Jahrhunderts die ganze hellenistische Welt in Bildern und in Redewendungen, die aus den Mysterien stammten, dachte.

Und das gilt, glaube ich, auch für noch andere neutestamentliche Widerhalle. Wenn im Johannesevangelium die Rede davon ist, es müsse einer aus Wasser und Geist geboren sein, sonst könne er nicht in das Reich Gottes kommen, dann weist das sicherlich auf einen in den Mysterien gedachten Gedanken hin. Und wenn im I. Korintherbriefe im 15. Kapitel die Rede von Leuten ist, die sich für Tote taufen lassen, dann reicht hier wohl ein Orphisch-Dionysisches herein.

Viel wichtiger als diese doch mehr gelegentlichen und zuweilen vielleicht nur zufälligen Reminiszenzen will mir jedoch erscheinen, was am Kolosser-Briefe des Paulus beobachtet worden ist. Im zweiten Kapitel warnt Paulus dort die Christen, sie mögen sich nicht durch eine „Philosophie" gefangen nehmen lassen, nicht durch die Satzungen einer weltlichen Lehre, „denn ihr seid Christi. Ihr seid in ihm vollkommen; er aber ist das Haupt aller Fürstentümer und Obrigkeiten". — Da können keine weltlichen Fürstentümer und Herren gemeint sein, denn es heißt weiter, daß die Christen durch die Taufe in Christus begraben und aus ihm auferstanden seien. Er hat euch aus den Sünden wieder lebendig gemacht und euren Schuldbrief ausgetilgt „und hat ausgezogen die Fürstentümer und die Gewaltigen und sie schaugetragen öffentlich und einen Triumph aus ihnen gemacht." — Das müssen Fürsten und Gewaltige sein, die sich der Seligkeit des Menschen widersetzen, die ihm um seiner Verfehlungen willen bedrohen, — die kosmischen Fürstentümer und die elementa, von deren

Drohungen und von deren Bezwingung Apulejus in seiner Erzählung von den Isismysterien sprach. Christus hat diese kosmischen Zwingherren, die dämonischen Mächte unterworfen. Wenn Paulus von deren Unterwerfung spricht und diese sozusagen garantiert, dann gab es in der Gemeinde von Kolossa sicher Leute, die diese Zwingherren fürchteten und die Wege zu ihrer Begütigung einschlagen wollten. Das aber bedeutet, daß in Kolossa in der Gemeinde der Christen Gedanken und Vorstellungen umgegangen sind, die wir in den Mysterien der Isis schon einmal getroffen haben und die in manchen gnostischen Mysterien wie denen des Attis Geltung hatten. Und ich betone: es geht aus diesem Briefe hervor, daß sie in der Gemeinde, nicht außerhalb derselben, umgegangen sind. Daß also in der Gemeinde von Kolossa ein Mit- und Nebeneinander, eine Mischung aus christlichem Gut und solchem der Mysterien vorhanden war.

Wenn sich die Christen von Kolossa vor den Gewaltigen und Elementen fürchteten und wenn sie versuchten sie zu besänftigen, dann liegt die Frage nach den Besänftigungsmitteln nahe. Aus der Polemik des Paulus hören wir, daß Speisegebote bestanden und bestimmte Feiertage gehalten wurden. Der diese Gebote gab, ist aber nach Paulus ein falscher Prophet; er warnt vor ihm: „lasset euch nicht das Ziel verrücken von einem, der (bei der Initiation) die Räume betritt, die er in der Ekstase vorher gesehen hat." Die Räume, die er im visionären Schauen betritt, sind aber die kosmischen Bezirke, „denn kosmische Gottheiten sind es, die in der ‚Anbetung der Engel' verehrt werden", — es ist der Thiasarch der Mysterien, der ebenso die Lehre wie die kultischen Anweisungen gab. An diesen seinen Anweisungen ist eins wichtig: sie zielen nicht so auf Hilfe und Anteil durch einen übergeordneten Gott, sie regten den Kult der kosmischen Zwingherren, um sie zu stillen und zu besänftigen, an; Paulus hingegen weist auf den großen Gott und Sieger hin. Daß in Kolossa dieser Gedanke — Christus als Sieger und Erlöser vom Druck der Zwingherren — lebte, wird nicht behauptet werden können, denn Paulus hätte ja sonst eben nicht mit diesem Gedanken operiert.

Die hier aufscheinenden Mysterien hatten wohl einen den Isismysterien verwandten Zug, ohne daß sie der Isis galten. Das Wichtige aber war, daß Christen hier Kultgenossen anscheinend ‚heidnischer' Mysterien wurden; (Paulus jedoch versucht, die kosmischen Spekulationen der Gegner durch ebensolche christliche Gedanken zu ersetzen). Die Mysterien, in welche sich Mitglieder der Christengemeinde hatten einweihen lassen, waren anscheinend keine hellenistischen wie die der Isis und des Attis, sondern sie waren dem Kreise der ‚heidnischen‘ Religionen noch weiter entrückt als diese sich doch bereits entfernenden Kulte; sie waren sozusagen ‚entgöttert‘, indem ihre mythische Grundlage in kosmische Spekulationen umgewandelt worden war. Ja es ging möglicherweise noch ein wenig weiter und es ergibt sich hier ein zweites Mal, was wir vorhin schon aus den Isismysterien erschlossen: in ihnen hat sich der Schritt von einem Erlösungs- und Wiedergeburtserlebnis zum ‚Erkennen‘ vollzogen. Im Erkennen überwindet der Mensch letztlich den Zwang. Wichtiger aber ist mir ein zweites: Die Priester und Eingeweihten des Mysteriums zu Kolossae haben im Christentum einen dem ihren gleichgeordneten Kult gesehen; sie konnten seine Anhänger also ohne Bedenken in ihre Gemeinschaft aufnehmen, ja man war gleichzeitig hüben und drüben eingeweiht. Das aber besagt, daß jenen Jahren das Christentum als einer der vielen Mysterienkulte erschienen ist, und sie stellen seine Kultlegende dem andern vom sterbenden und wiederkehrenden Gotte an die Seite. D a s ist es, was diese seltsamen Verse des Kolosserbriefes lehren.

All dieses aber führt zu einem weiteren, letzten Schluß.

Man kann es vielleicht in diesen Gedankengang einfangen: „Den Mysterienpriestern in Kolossae schien das Christentum so erträglich, daß sie Christen einweihten, ohne sie aus der christlichen Gemeinde herauszureißen. Die selbe Empfindung mag andere Verkünder synkretistischer Religionen bewogen haben, sich ihrerseits dem Christentum zu nähern, ohne die ihnen eigene Frömmigkeit preis.‍zugeben. Aller Wahrscheinlichkeit nach ist Simon Magus in diesen Zusammenhang einzureihen. Allerdings ist die historische Gestalt dieses Namens durch legendäre Umbildungen schwer erkennbar. Aber das Bild, das Acta apostolorum 8 gezeichnet wird, darf wenigstens Anspruch auf typische Bedeutung erheben: einer der synkretistischen Propheten, die damals die Länder Vorderasiens durchziehen, lernt das Christentum kennen. Die Wirkungen, die von seinen Verkündern ausgehen und sich in Wort und Tat dokumentieren, ziehen ihn an, denn auf solche Wirkungen ist sein eigenes Ansehen als des neuen großen Gottesoffenbarers gestellt. So sucht er Anschluß an die konkurrierende Bewegung, um durch Teilnahme an ihrem Kultus in den Besitz ihrer Technik zu kommen, das heißt der Feiern, Sprüche und Riten, die nach seiner Meinung solche Kräfte verschaffen. Je stärker das Christentum seine Ausschließlichkeit geltend macht, desto rascher muß sich das allzuleicht geknüpfte Band wieder lösen.“ — Das Ganze ist ja so leicht begreiflich und nur für den in seiner historischen Lagerung schwerer zu verstehen, der dem Christentum im Wogen und Brodeln religiösen Sehnens und Suchens jener Zeit eine Ausnahmestellung einräumt. Sobald man es aber als eine Religion unter Religionen, als einen Kult unter Kulten sieht, so bald die andern in gleiche Front mit ihm rücken, wird sein Mysterium nur eines unter vielen. Und wird es zu einem Geschwister jener vielen andern, welche Wiedergeburt versprechen.

Vielleicht muß man nach diesen Überlegungen die anfangs gestreifte Frage noch einmal aufnehmen und erörtern. Es scheint mir nun nicht mehr wichtig, irgendwelche „Entlehnungen" zu verzeichnen oder die Eigenständigkeit des Christentums zu verteidigen, als seine Haltung, sein Klima, seine Gelagertheit zu erspähen. Man wird nun nicht mehr die Bekehrung des Paulus und des Cornelius parallelisieren und sie als in den Isismysterien und deren Kultlegende beheimatet nachzuweisen versuchen müssen, — nicht mehr erwägen müssen, ob nicht die Sage von der Anbetung des Kindes durch die Hirten aus der Mithraslegende oder die dort erzählte Legende aus dem Evangelium komme; — es ist nichts als ein topos, den diese Kultlegenden an sich gezogen haben, genau so wie die drei Tage, die zwischen dem Kreuzigungstode und der Auferstehung liegen, ein solcher topos sind, der im Adonis- und im Tamuzkult bereits verwertet worden ist. So wie an jede große und in einer Hinsicht bedeutsame Gestalt, hat sich an den historischen Jesus dieses Sagengut, das wie ein Vorrat zur Verfügung stand, gehängt. Weil Jesus in der Legende der ersten Gemeinden jenen Heilbringern geähnelt wurde, weil jene Jahre und Völker ihren großen Traum von neuem und immer wieder träumten, deswegen waren eben so viele Möglichkeiten gegeben, und Möglichkeiten, die zu den rätselhaften Entsprechungen führten, von denen wir gehandelt haben, und Möglichkeiten, die einen Synkretismus von Christentum und hellenistischen Mysterien ergaben.

Was bleibt? — Man wird mir vielleicht sagen, ich hätte die christliche Religion zerfetzt. Ich glaube, ich habe nur einige ihrer bunten und äußerlichen Kleider abgestreift, und wer das angreift und begreift, was hinter diesen bunten Kleidern ist, der wird ein Richtigeres und Gültigeres ergreifen.

Doch da ich dieses schreibe, halte ich wieder an. Ein Gültigeres? — Ich möchte vorsichtiger lieber sagen: ein anderes Gültiges. Ein Heutigen vielleicht eingehenderes Gültiges. Denn das, was ich die bunten Kleider hieß, — es ist das große Gültige zweier tausend Jahre: der immer und immer wieder geträumte Gedanke vom Tode, vom Leben und vom Sein.

GEHEIME KULTE IN DER BÜRGERLICHEN WELT

Die im vergangenen Kapitel beschriebenen Mysterienkulte waren geheime Kulte einer hochentwickelten bürgerlichen Welt. Sie sanken mit dieser in das Grab; das ihnen anfangs so nahe Christentum trat ihre Erbschaft an; das Christentum — und aus dem Norden sich vorschiebende junge Völker. Sie kommen als Bauern, — als Viehbauern, wenn man ihre Wirtschaft deutlicher bezeichnen will; erst langsam verlagert sich das Schwergewicht bei ihnen auf das Feld; in eben den Jahren, in denen die ersten Städte aufgegangen sind, wird ihnen das Kornfeld wichtiger als der Kuhstall und die Herde.

In eben den Jahren, in denen die ersten Städte wieder aufgegangen sind, — will auch das männlich betonte Wesen nördlicher Stämme, das ich schon beschrieb, im bäuerlichen wie im bürgerlichen Leben sichtbar werden. Die Stadt hat aber ein ganz anderes Klima als der Acker, das Männliche muß in ihr ein anders gestimmtes Männliches geworden sein; wenn an die Stelle des Pfluges und des Jochs der Schusterbock getreten ist, das Bügeleisen des Schneiders und der Speicher eines Kaufmannshauses, wenn Reichtum jetzt nicht mehr Frucht, wenn es Geldmünze oder Wechsel heißt, und wenn das Fragen nach den Mächten, welche wachsen machen, zum Fragen nach dem wird, was dem Menschen zu erkennen gestattet ist, dann haben die Bünde und ihre Heimlichkeiten auch ein anderes Gesicht. Sie sind ja stets das, was der Mensch ist und begehrt; sie geben dem Jäger Medizinen, daß er die der Tiere überwältigt, dem Pflanzer im Lager auf dem Ackerfelde Wachstum und Gedeihen, dem kriegerisch Gesinnten kriegerische Träume und dem vor dem Sterben Bangen, der diese arme schöne Erde nicht verlassen kann, das Leben; sie sagen die großen Gedanken und das große Verlangen aller Menschen aus, — ein Kluger vermag sie ohne weiteres an ihnen abzulesen, als ob sie auch eine Geschichte menschlichen Tuns und Wollens wären, ein tiefer grabendes Geschichtsbuch als die meisten, die man heute schreibt.

Ein solcher Versuch wird aber freilich dem nur ein Geschichtsbuch heißen können, für den Geschichte nicht nur ein politischer Kalender ist, der weniger nach Schlachten als nach dem Entfalten eines Wollens, nach dem sich-Auftun und dem Abblühen geistiger Prozesse fragt, und dem das Volk wie irgend ein Einzelner aufgeht, wächst und blüht und sinkt. Dann aber wird er begreifen, daß die ganze menschliche Geschichte sich in Ideen, nicht nur in Zufällen oder Irrungen und Verwirrungen vollzieht, und er wird lernen, daß es eigentlich keine kleinen Dinge gibt, weil auch das Kleine eine Funktion ist wie das Große. Und er wird spüren, daß es stets dasselbe Wollen oder mit einem richtigeren Worte stets das Herz des Menschen ist, das immer von neuem sich verunruhigt und von neuem seinen Weg versucht, ob dieser Weg nun Wirtschaft oder Erkennen oder Zeugen heißt.

Gilden

Die Frage nach den Mysterienkulten hat uns an denselben Ort geführt, an den uns die Frage nach den Perchten vorhin brachte: an den Ausgang der antiken und den Aufgang unserer heutigen Welt. Wir stehen, an der politischen Geschichte abgemessen, in der Völkerwanderungs- und Karolingerzeit. Es sind, volkskundlich gesehen, die Jahrhunderte des deutschen Bauerntums. In diesen Jahrhunderten schiebt sich das männliche Wesen stärker in den Vordergrund. Das männliche Wesen oder besser gesagt noch die Vermännlichung der europäischen Welt, von welcher vorhin die Rede war, ist aber nicht nur an den Perchten und den Streggelijagden, nicht nur am Männlichwerden der Percht, und nicht nur an jener Energie, mit welcher das Kriegerische in den germanischen Bünden sichtbar wird, nicht nur an einem anscheinend männerbündischen Wesen zu bemerken, es tritt im ganzen täglichen Sein und Leben in Erscheinung. So zeigt es zum Beispiel die bäuerliche Welt in ihren „Nachbarschaften".

Die Nachbarschaften sind gruppenweise Zusammenschlüsse von vier bis zehn meist bäuerlichen oder dem bäuerlichen Leben nahestehenden Familien; lokale Ordnungen sind nicht unbedingt bestimmend; es kann schon sein, daß ältere Siedlungs- oder Nachbarschaftsverhältnisse ein jüngeres beherrschend überschatten. Am deutlichsten erhielt die Institution sich im nordwestlichen deutschen Lande, in Niedersachsen. Die einzelnen Mitglieder einer Nachbarschaft, die Nachbarn also, sind die ersten Helfer in den bäuerlichen häuslichen Angelegenheiten; sie springen ein, wenn Krankheit den normalen Lauf der Wirtschaft stört, wenn eine außergewöhnliche Aufgabe, etwa Hausbau, Hilfe fordert, wenn Not am Mann ist, also Wasser- und Feuernot und Unglücksfälle drohen, sie greifen bei Krankheit oder bei einem Todesfalle helfend ein und stehen in allen eine männliche Hilfe fordernden Fällen bereit, (wie Nachbarinnen ja auch den bäuerlichen Nachbarinnen beizuspringen pflegen). Zu Anfang war es vielleicht ein sippenmäßiges Mit- und Beieinander; dann ist es ein siedlungsmäßiges geworden, — aber in einem wie in dem andern Falle sind es Familien, die ein solches nachbarschaftliches Verhältnis haben, Familien, in denen aber das männliche Element bestimmend wirkt.

Ein Mit- und Nebeneinander von Familien ist ein anderes Verhältnis, als wir es bisher besprachen, und läßt sicher keine bündischen Formen zu. Und es kann selten zu geheimen kultischen Begehungen führen.

Aus diesen Nachbarschaften ist aber einmal eine Erscheinung aufgegangen, die wieder ins Bündische hinüberlenkte und geheime Zeremonien zu pflegen scheint: die Gilden.

Von Gilden, das heißt bestimmten Vereinigungen und Zusammenschlüssen, erfahren wir zum ersten Male aus den Jahren Karls des Großen. Er schritt mit strengen Verboten gegen derartige Verbindungen ein, und zwar mißfiel ihm anscheinend ihre Existenz an sich, denn er verbot sie nicht nur, wenn sie Unrechtmäßiges versuchten, sondern auch dann, wenn sie sich gegen eine Gewalt zu wehren suchten. Allein zu gegenseitiger Hilfe sollten sie geduldet werden, aber auch dann nur, wenn sie sich nicht durch Eide banden. Will man nach diesen Angaben sich ein Bild von ihnen machen, dann wird man sagen dürfen, daß es Vergesellschaftungen gegeben hat, die ein mehr oder minder aktives Selbsthilfe-Leben führten, die also der Abwehr aller Fehden, die gegen Raub und Überfälle und die auch einer wirtschaftlichen Sicherung der ihnen angeschlossenen Mitglieder dienten. Das läßt den „Nachbarschaften" ähnliche Verbindungen vermuten. Dazu tritt aber etwas, was dort nicht zu sehen gewesen ist: die eidliche Verpflichtung — das wieder bringt diese Gilden bündischen Vereinigungen nahe.

Und dann ist endlich ein allen Gilden jener Jahrhunderte Gemeinsames zu bemerken, das Gildengelage, ein mit Schmaus und Trunk verbundenes Zusammensein. Ein Kapitulare aus den Karolingerjahren, anno 782, verlangt ein Einschreiten gegen das malum ebrietatis bei den Festen; das Trinken scheint also stark im Vordergrunde gestanden zu haben. Das Trinken gehörte natürlich den erwähnten Gildegelagen zu; wir können jedoch nicht feststellen, ob in diesem übermäßigen Trinken nur der den

Deutschen gemachte Vorwurf eines „immer noch eins" aufscheinen will, und diese Gildengelage im übrigen irgendwelchen nachbarschaftlichen Schmäusen ähneln, — obwohl man den starken Durst bei nachbarschaftlichen Eß- und Trinkgelagen in jenen Jahrzehnten kaum zu einem Anlaß genommen haben dürfte, ein Kapitulare zu schmieden und es gegen die Sünder loszulassen, — oder ob dieser Durst ein heidnischer Durst gewesen sei. Wir wissen, daß man im Norden „Weihnachten feiern": dricka jul zu nennen pflegte, und daß das Julbier ein sehr wichtiger Teil des Festes war; das ist es in heidnischen Zeiten sicherlich erst recht gewesen. Und wenn die fränkischen Synoden gegen die Gildengelage einzuschreiten suchten, dann kann sehr gut ein jenen Ähnliches hinter ihren Trinkereien lauern, ein aus vorchristlichen Zeiten bestehengebliebenes Trinkgelage.

Vielleicht hat aber dieses vorchristlich anmutende Trinkgelage noch eine besondere, nicht sogleich ins Auge fallende, eigene Note. Man wird es sich nicht gut denken können, daß ein solcher Schmaus und Trunk, der in der Familie oder mit dem Hausnachbaren geschah, vom König und von der bischöflichen Macht verboten wurde; wer von den beiden hätte eigentlich in diesen menschlich allerengsten Kreis, um eine Beachtung des Verbotes zu kontrollieren, langen können? (Ein richtiger Staatsmann, und als solchen wird man Karl wohl ansehen dürfen, verbietet doch nur, was er im Falle eines Nichtbefolgens durch seine Regierungsgewalt und seine Strafgewalt erzwingen kann.) Wahrscheinlich sind also diese eidgebundenen feiernden conjurationes nicht in der Enge der Familie und in deren nächstem Kreis zu suchen; das „eidgebunden" läßt an weitmaschigere Zirkel denken. Ich möchte in diesen Gilden bündisch geformte Vergesellschaftungen sehen. Zumindest erscheinen doch diese eidlich gebundenen Gilden ziemlich früh; wir kennen sie schon aus dem vorhin erwähnten Kapitulare von 782, und wissen, daß sie im ländlichen bäuerlichen Raum bestanden haben, die städtischen Gilden kennen die eidliche Verbrüderung nicht mehr.

Was wir als Kennzeichen jener ältesten Gilden also festzustellen vermögen, ist, daß sie anscheinend zunächst einem bäuerlichen Umkreis angehören, daß sie die Mitglieder eidlich banden, sicher also Heimlichkeiten hatten, weil ja nur diese irgend eine eidliche Verpflichtung sinnvoll machten, — daß Gildegelage abgehalten wurden, und daß sich die Gildebrüder zu einer gegenseitigen Unterstützung und zum Beistande verpflichtet hatten. Das alles erinnert sehr an Männer- oder Junggesellenbünde.

Es geht aus allem bisher Gesagten eigentlich auch schon hervor, daß die in einer Gilde vereinigten Mitglieder meistens Männer waren; und auch die späteren, der Gilde ähnelnden und sie fortsetzenden Vereinigungen sind solche von Männern, denn die Kaufmanns- und Handwerkergilden, die sicher noch mehr als nur den Namen von den alten Gilden übernahmen, sind ausgesprochene Männervereinigungen mit einem deutlich männlichen Zeremoniell. Am schönsten zeigt das die Hanse. Hanse aber ist „bewaffnete Schar"; den Namen hat man im späten Mittelalter jenen kaufmännischen Vereinigungen, die in der Ferne handelten und sich draußen gegenseitig halfen, die sich im Notfalle auch der Waffen bedienen mußten, angehängt. Der in der Fremde weilende Kaufmann war im Regelfalle unbeweibt; es handelt sich also um reine männerbündische Vergesellschaftungen. Man wohnte in einem abgesonderten Gebäudekomplex zusammen, den keine Frau betreten durfte, und der am Abend abgeschlossen wurde. Wer diesem Bunde, dem sogenannten Hansekontor, in Bergen zugehören wollte, der hatte sich einer sehr ausführlichen Initiation zu unterziehen; sie fand acht Jahre lang, in jedem Jahre zu Fronleichnam statt. In diesen Spielen, von denen wir aus einem Bericht um 1580 wissen, spielte unter anderem das Stäupen des Aufzunehmenden eine große Rolle. Im „Burgspiel" mußten die Initianten auf den Knien mit aufgeknöpften Hosen in eine „Burg" rutschen oder in das „Paradies"; mit seinem Kopfe steckte der Prüfling währenddessen in einem Sacke und auf sein nacktes Hinterteil schlug man mit frischen Maienruten, so daß das Blut in Perlen auf dem bloßen Fleische stand. Im Wasserspiel schlang man die Täuflinge an einen Strick und zog sie an diesem dreimal unter einem Schiffe durch. Im Rauchspiel hingen sie wiederum an einem festen Seile, nur diesmal in einem rauchenden qualmenden Schlote statt im Wasser, so lange bis sie auf eine Reihe von Fragen Antwort gegeben hatten. Man sieht aus diesen Aufnahmeriten, daß die bäuerlichen Knabenschaften im Sein und Leben des Kaufmanns ihre Gegenstücke hatten; man wird vielleicht nicht sagen können, daß die bäuerlichen Knabenschaften vermittels der Gilden in die kaufmännischen hinübergewachsen seien; viel eher wird man ein Neben-Einander setzen dürfen. Es ist die gleiche männliche Grundhaltung, welche hier wie dort, im ganzen nord- und mitteleuropäischen germanischen Bereich zu diesen auf einer ausgesprochen männlichen Grundlage stehenden Bünden führte.

Ich lasse die kurze Beschreibung dieser Spiele nach des Johann Peter Willebrandt „Hansischer Chronik" vom Jahre 1748 folgen: „Es sind vorhin unterschiedliche Spiele am Contoir gebräuchlich gewesen, als 1. das Wasser-Spiel, welches alle Neu-ankommende allhier bey dem Quar oder Hueck haben spielen müssen, indem sie nackend ausgezogen, aus den Böthen ins Wasser geworffen, und mit Spies und Ruthen gepeitschet worden sind. 2. Das Rauch-Spiel, da sie die Spielenden in Schutt-Staven in die Höhe gezogen, das Füer zugelassen und also geschmauchet, wodurch einsmahls, wie man saget, geschehen, das einer zu Tode geschmauchet worden. 3. Vier Haupt-Spiele, welche samt und sonders alle diejenigen haben ausstehen müssen, die des Contoirs Freyheit und Gerechtigkeit haben geniessen wollen, und ist die Spiel-Zeit zwischen Pfingsten und St. Johannis gewesen, da man die Spielenden (seu rectius, die Candidatos Martyrii), erst unter Trommel-Schlag und Spielen, mit May-Büschen in den Händen, ins Feld geführt, bey denen sich einer in einer Narren-Kappe, und einer in Bauer-Kleider gefunden, die allerhand platteutsche Reimen von dem Ursprunge und Nutzen dieses Spiels haben hersagen müssen. Wenn sie wieder aus dem Felde an das Contoir gekommen, haben sich die Spielenden müssen voll sauffen. damit sie sich für den Schmertz-bringenden Haupt-Spielen nicht erschrecken möchten, alsdann sind sie nach der Burg in die Schütt-Staven (also hieß der locus castigationis) geführt worden, daselbst haben sie vor dem Fürhange die Hosen loß knöpffen, und unter dem Fürhange in die Burg auf den Knien kriechen müssen, da ihnen alsobald von 2 in nordischen Bauer-Kleidern verkleideten Gesellen der Kopff in einen Sack gestecket, und sie von 4 in Bauer-Kleidern verkleideten so lange mit Ruthen gestrichen worden, bis das Blut darauf erfolget; und damit die anwesenden Gäste, (welche man zur selbigen Zeit in den Schütt-Staven mit Essen und Trincken wohl tractiret) durch das Schreyen und Heulen der Spielenden nicht zu sehr beunruhiget würden; so waren gewisse vermummte Personen mit in der Burg, welche auf Becken und Trommeln spielen musten. Diese Haupt- und Wasser-Spiele haben bis auf das Jahr 1671, inclusive gewähret, da sie von Der Königl. Majestät von Dännemarck, Norwegen etc. auf unter-thäniges Ansuchen der Hänsischen Städte, durch ein gedrucktes Poenal-Mandat sind abgeschaffet worden. Die Unkosten, die darauß gegangen, haben die Spielenden selbst bezahlen müssen."

Der Steinmetzen Recht und Gewohnheit

Charakteristisch für die geheimen Gesellschaftsformen der bürgerlichen Welt sind die von Handwerkern oder Kaufleuten geschlossenen Einungen, die Gilden, Zechen, Mittel oder Zünfte. Man meint im allgemeinen zu wissen, was sie waren und was in ihnen geschah; in Wahrheit hat man nur eine ungefähre Ahnung von ihren Zusammenkünften und Besprechungen unter bestimmten hergebrachten Formen, und weiß, daß jeder Schlosser in die Schlosserzunft, ein jeder Bäcker in das Bäckermittel gehörte. Man weiß vielleicht auch, daß über die Angelegenheiten der Zünfte nicht geplaudert werden durfte. Wie stark das Schweigegebot gewesen ist, wie stark es auch beachtet worden ist, ahnt man im allgemeinen nicht. Der frühere Gewerkschafter und spätere Minister Rudolf Wissell hat 1929 ein großes zweibändiges Werk „Des alten Handwerks Recht und Gewohnheit" vorgelegt; man müßte meinen, daß ihm auf Grund der handwerklichen Herkunft und seiner späteren autoritativen Stellung alle Quellen offen gestanden hätten; er klagt jedoch im zweiten Bande einmal: „Noch heute haben sich aus alter Zeit Gebräuche erhalten, die nur in engsten Kreisen gepflegt werden und daher der Öffentlichkeit ganz unbekannt sind. Ich erinnere nur an die Gebräuche der fremden Zimmerer und Maurer und an die der Kupferschmiede. Sie werden keinem Handwerksfremden offenbart. Wie sehr sie vor diesem geheimgehalten werden, habe ich selbst erfahren müssen. Mein Ersuchen, über den Umfang des in seiner Geschichte der Kupferschmiede über die alten Gebräuche Mitgeteilten hinaus mir doch Angaben zu machen, hat der so tüchtige Gewerkschafter, der Vorsitzende des Kupferschmiedeverbandes Saupe, beharrlich mit der Motivierung abgelehnt, daß er seinerzeit als junger Geselle die Geheimhaltung geschworen habe, und daran werde er sich halten. Nun hat sich auch über Saupe das Grab geschlossen und sein Wissen ist verloren gegangen." Es ehrt den Handwerker, daß er treu an seinem Eide hielt, und ehrt den damaligen Minister, daß er auf Saupe keinen Zwang ausübte. Es sollte mehr solcher Männer geben, selbst um des Preises willen, daß wir von manchem Interessanten nichts erfahren.

Weswegen nun aber in einer im vollen Licht des Tages lebenden Einung der Bäcker oder Schuster oder Steinhauer diese Heimlichkeiten? Im Jahre 1709 beschwerte sich in Berlin bei König Friedrich I. von Preußen der Steinhauergeselle Bruder, daß er in Haft genommen worden sei. Die Gründe für seine Verhaftung werden in folgendem Berichte dargelegt: „Das Steinsetzer-Gewerk hat den suppliärenden Steinhauergesellen Johann Philipp Bruder in Arrest nehmen lassen, weil er ihren Gruß, welcher vor einigen hundert Jahren zu Conservation ihres Gewerks und wegen guter Ordnung eingeführet worden, propaliert (ausgeplaudert), wodurch ihr Gewerk in Zerrüttung verfallen, haben dabei gebethen ihn anzuhalten, daß er vermittelst Eyds angebe, von wem er den Gruß gelernt, und daß er eydlich angelobe, den Gruß niemanden zu offenbaren; der Bekl. hat eingewandt, daß er den Gruß daher wisse, weil er einen Zettel, worauf er geschrieben gestanden, in der Neustadt gefunden, ist auch erbötig gewesen zu schwehren, daß ihm keiner von dem Steinmetzen-Gewerk den Gruß offenbart und daß er keinen den Gruß offenbahren wolle; des folgenden Tages, als er den Eydt ablegen sollte, hat er vorgegeben, er habe die Heimlichkeit von seinem Cameraden, einem Steinhauergesellen, nahmens Andres Zimmer aus Böhmen; er habe selbigen schriftlich in seinem Felleisen; als er nach dem Felleisen geschickt wurde, ist nichts darin gefunden, daher er endlich den Zettel aus seiner Jacke hervorzog, wobey ihm auferlegt wurde, zu schwehren, daß er von keinem andern alß diesem Zimmer die Heimlichkeit erfahren, und daß er solchen keinem Menschen offenbahrt, noch künftig offenbahren will. Diesen Eydt hat er insonderheit wegen der letzten membri nicht abschwehren wollen. Als endtlich kund worden, daß dieser Zimmer den Gruß von einem Steinmetzengesellen Johann Kindler, welcher echappiert, vor 2 Thlr. 12 Gr. gekauft, zu welchem Gelde der Supplikant die Hälfte gegeben, hiervor auch als Grund einen Supplical (Ansuchen) an Sr. Königl. Maj. schriftlich beygelegt, so hat das Steinmetz-Gewerk gebethen, daß Supplikant ohne Eydt zu entlassen, weil sie nunmehr an die Meister im gantzen Römischen Reich schreiben und sich, um zu verhüten, daß die Gewerke der Steinhauer und Steinsetzer nicht confondiert (geschädigt) werden möchten, eines neuen Grußes vereinigen müßten. Welchem nach der Supplikant zwar am 9. Februar dimittiert (entlassen), er aber dahin berichtet worden, daß er seiner opiniatret und Muthwillen zuzuschreiben hätte, daß er bisher in Haft gehalten worden ..."

Die Offenbarung der Heimlichkeiten schädigt also das Gewerk, und da wir ja das Gewerk als die Vereinigung und Summe aller Steinmetzen aufzufassen haben, so schädigt die Offenbarung jeden Meister und Gesellen des Berufs. Wie schädigt es sie? Den „Gruß" gebraucht der wandernde Gesell, wenn er in einer fremden Werkstatt vorspricht und um Arbeit oder Unterstützung bittet; wenn nun ein Steinhauer den Steinmetzgruß gebraucht, so gibt er sich als Steinmetz aus und er erhält die Unterstützung unrechtmäßig. Da man in älteren Zeiten öfters über die große Summe, die jeder Meister an Wanderunterstützungen zu zahlen hatte, klagte, so ist die finanzielle Schädigung anscheinend nicht gering. Es ist wahrscheinlich aber noch die kleinere, denn dieser Gruß ist ja ein Paßwort, eine Kennkarte, die die Werkstatt öffnet; es kann leicht sein, daß eine Steinmetzwerkstatt den Steinhauer Bruder oder Zimmer einstellt — und der Bruder oder Zimmer lernen dort, was es im Steinmetzhandwerk an besonderen Künsten gibt. Vor einem Offenbarwerden ihrer Künste aber fürchteten sich Handwerker sehr. Es gab für manche Handwerke, die „gesperrten", Wanderverbote, durch welche man verhindern wollte, daß ihre Eigentümlichkeiten und ihre besonderen Künste oder Kniffe ausgebreitet würden; so sperrte Nürnberg die Handwerke der Brillenmacher, Drahtzieher, Trompetenmacher, Gold- und Silberspinner, Beckenschläger, Goldschläger, Messingbrenner, Messingschläger, so Lübeck die Bernsteindreher. Das Heimlichhalten hat in den Zünften also vielfach wirtschaftliche Gründe.

Es ist verlockend, hier einmal auf den bisher gegangenen Weg zurückzuschauen. Die Männerbünde der pflanzerischen Zeiten gingen in das Dunkel, weil sie nach den Geheimnissen des Abenteuers greifen wollten. Weil sie Dämonen und zauberischen Mächten widerstanden. In den Mysterien wachte das Rätsel „Tod und Auferstehung" auf. Die deutschen und skandinavischen Bünde langten nach dem Männischen. Hier tritt die „Wirtschaft" fordernd an den Menschen heran, die „Wirtschaft" wird eine entscheidende Form des bürgerlichen Lebens. So stark, daß einer der ausgesprochenen bürgerlichen Politiker, Walter Rathenau, erklärte, die Wirtschaft sei unser Schicksal. So stark, daß die jetzt neu aufkommende proletarische Welt an die Entscheidung auf dem Schlachtfelde „Wirtschaft" glaubt. Die Wirtschaft ist die die bürgerliche Welt bewegende Macht.

Daneben steht aber in ihren wirtschaftlichen Einungen noch eines: ein mythischen Formulierungen zugeneigtes Denken, — wir werden es dann am Steinmetzenritual beobachten können. Da klingen zunächst Zusammenhänge mit den älteren Zeiten an, das Greifen nach einer Zunftlegende, christliche Wendungen und Bräuche, verlorene Reste aus der älteren germanischen Poesie, — die Bindung an Gilden-Heilige, bruderschaftliche Begräbnisformen. (Bis eine spätere Zeit, vor allem wohl das siebzehnte Jahrhundert, pansophisches Denken in die alten Überlieferungen getragen hat, und so den Weg zur Einung der Freimaurer fand.) Ich möchte all diese anscheinend nebensächlichen Züge nicht verkleinern, sie geben dem Zunftgeheimnis einen dunkleren vollen Klang und binden es in die Herzen und Gemüter seiner Zunftgesellen.

Aus allen handwerklichen Zunftritualen hebe ich eines heraus, weil man es als die Grundlage eines späteren Geheimbundes angesehen hat, das Ritual und Recht der Steinmetzen. Es wurde viel daran herumgerätselt, man hat die wunderlichsten Weisheiten in dieses Ritual hineingetragen, hat in den Steinmetzzeichen geometrische und mystische Symbole nachgewiesen und endlich in ihnen die Namenszeichen irgendwelcher Steinmetzen festgestellt. Ich möchte das alles hier nur kurz andeuten und greife erst einmal zu ihren Ordnungen, zu dem am meisten Handwerklichen an ihren alten Rechten und Gesetzen.

Beginnen wir mit dem wandernden Gesellen, der um Arbeit fragt. Zum handwerksmäßigen Umsprechen mußte man richtig eingekleidet sein; man trug in älteren Zeiten hohe Stiefel aus ungeschwärztem Leder, im neunzehnten Jahrhundert einen dunkelblauen, von rechts nach links geschlossenen Rock, (drei Knöpfe mußte er haben), weiße, meist englischlederne Hosen und sogenannte Suffro-Stiefel; ein schwarzes Halstuch hatte die Wäsche zu bedecken. Dazu war notwendig ein Zylinder. Einen Schnurrbart trug man nicht. Zu alledem gehörte ein Rohrstock, der Exküser, der einen schwarzen Hornknopf mit weißer Knocheneinlage hatte, und unter dem Knopf mit einem Lederriemen durchzogen war. Ohne Exküser durfte man keinen fremden Arbeitsplatz betreten.

Traf nun der wandernde Geselle auf einem offenen, das heißt, mit einem Schutzblech überdachten Arbeitsplatze ein, so hatte er sich vor dessen Dachtraufe bei dem vom Eingang aus zuerst erreichbaren Gesellen aufzustellen und ihn „Exkuse! Ein fremder Steinmetz!" anzurufen. Dabei hob er die linke Hand mit dem Exküser bis zur Höhe der linken Schläfe. Der Stock war aber in einer ganz bestimmten Weise anzufassen: der Daumen mußte die Einlage des Knopfes bedecken und der Lederriemen so um die Finger geschlungen sein, daß er um Mittel- und Ringfinger zwei Ringschleifen bildete. Der Arbeitsgeselle legte Klöpfel und Eisen aus der

Hand, steckte die untere rechte Seite des Schurzes in den Bund oben links und hob die linke Hand mit aufrecht gestelltem Daumen grüßend bis in Schläfenhöhe. Mit seiner Rechten schlug er in die Hand des Fremden ein und grüßte diesen: „Exkuse! Wo kommt die Reise her?" — Aus allen weiteren Begrüßungsformalitäten hebe ich nur noch hervor, daß jetzt der Arbeitsgeselle den Fremden niedersitzen heißt und dann die anderen Gesellen zur Begrüßung holt.

Es folgte der Ausweis durch die Abnahme der Stellungen. — Die arbeitenden Gesellen traten zusammen zu bestimmten „Stellungen"; da wurden bestimmte Figuren gebildet, die man vor allem an der Fußstellung der Gesellen abzulesen vermochte. Für eine Stellung waren zum mindesten zwei Steinmetzen erforderlich. Ein einzelner konnte nur eine rechts (oder links) gerichtete „Irrbank" zeigen. Dabei stand man mit rechtwinklig gestellten Füßen, den Blick in der Richtung des rechten Fußes; die Ferse des rechten Fußes mußte in die Höhlung des linken gezogen werden; das war die rechts gerichtete Irrbank. Die links gerichtete Irrbank oder Vexierbank war entgegengesetzt: die linke Ferse in die Höhlung des rechten Fußes gesetzt. Für alle Stellungen war die Haltung des Oberkörpers gleich: die Arme wurden über der Brust derart gekreuzt, daß stets der linke auf dem rechten Unterarme lag, die rechte Hand hingegen auf dem linken Oberarm, die linke hatte den rechten Oberarm zu umfassen. Doch wieder zu den Stellungen! Durch zwei Personen wurde ein stehendes Richtscheit gebildet, indem sie hintereinander traten und jeder die rechte Irrbank stellte, die beiden rechten Füße standen dabei in einer Linie. Beim liegenden Richtscheit standen sie beide, die linken Füße in einer Linie, nebeneinander. Mit drei Personen konnte man

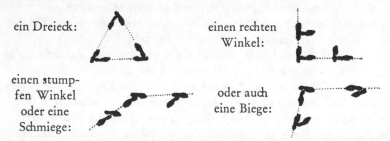

ein Dreieck:

einen rechten Winkel:

einen stumpfen Winkel oder eine Schmiege:

oder auch eine Biege:

bilden. Die komplizierteren Stellungen will ich nicht erörtern. Der Fremde hatte nun, nachdem ihm das Geschenk gegeben war und er sich wieder setzte, die Stellungen abzunehmen. Sobald er sah, daß man die Stel-

lungen bilden wollte, hatte er mit „Exkuse!" aufzustehen, den Hüttenstuhl mit „Exkuse!" auf seiner rechten Seite niederzulegen und mit
„Exkuse!" auf den dem Wandernden zukommenden Platz, drei Schritte
links von der Türe, zu gehen. Wenn dann die Stellung stand, erklärte
der Altgeselle: „Exkuse, ehrbarer Fremder, Sie können gehen!" Dann
hatte der Fremde mit „Exkuse, meine Herren!" die Stellung abzunehmen,
jede einzelne für sich. Es war da aber eine bestimmte Reihenfolge inne-
zuhalten. Erst waren stehende Richtscheite abzunehmen, dann liegende,
dann Winkel, Schmiegen, Biegen, Dreiecke, Quadrate und so weiter, zuletzt rechts stehende und links stehende Irrbänke. Das Abnehmen bestand
darin, daß so, wie die Figuren folgten, der Fremde den unter den Gesellen zuerst „antrat", von dessen Fuß sein Weg, wenn er die Stellung
links herum umschritt, geschnitten wurde. Er trat mit einem „Exkuse!"
an ihn heran und brachte ihm den Gruß. Dann schritt er zum nächsten
weiter, bis er die ganze Stellung abgenommen hatte. Kam er zur links
stehenden Irrbank, nahm er sie nicht ab, sondern verlangte von dem sie
darstellenden Steinmetzen erst: „Exkuse, ehrbarer Steinmetz, belieben
Sie sich mit Gott richtig zu stellen!" Die Antwort war dann: „Exkuse,
ehrbarer Fremder, ich steh gut." Erst nach der dritten Aufforderung
stellte er sich richtig, indem er die links stehende zur rechts stehenden
Irrbank formte.

In diesen Stellungen und dem Antreten mischt sich wohl, wie die gebrauchten Redewendungen zeigen, alt und neu; die Stellungen selbst gehen
zeitlich sicher weit zurück, die Reden mit dem französelnden „excusez"
und „Sie" gehören hingegen einer uns näher stehenden Periode an. Mir
scheint an diesem ganzen Tun das eine wichtig, daß in den Stellungen geometrische Figuren erscheinen, — und daß bei ihnen gewisse Zeichen eine
Rolle spielen. Heute braucht man, um etwas mitzuteilen, Worte; die älteren
Zeiten sprachen gerne mit Zeichen statt mit Worten; statt einer großen
Verbotstafel ward ein Strohwisch aufgestellt, die Stelle einer Notariats-
akte nahm ein Halm, die einer königlichen Freiung nahm ein Handschuh
ein, — die Stellungen bei den Steinmetzen kommen wohl aus alter Zeit.

In jüngerer Zeit trat für die Abnahme der Stellungen möglicherweise
ein mehr oder minder langes mündliches Examen ein. Ich will ein solches
Examen wiedergeben, wie es sich regelmäßig in Frage und Antwort
abzuspielen pflegte.

Mit Gunst und Erlaubnis! Ist er ein Steinhauer?

Mit Gunst und Erlaubnis! Es steht zu probieren.

Mit Gunst und Erlaubnis! Was steht zu probieren?

Mit Gunst und Erlaubnis! Das steht zu probieren, daß ich ein Steinhauer bin.

Mit Gunst und Erlaubnis! Wie probiert er mir solches?

Mit der Zeit meiner Lehrzeit, mit meiner Kunst und also mit Gunst.

Mit Gunst und Erlaubnis! Was ist er?

Mit Gunst und Erlaubnis! Ich bin ein Steinhauer.

Mit Gunst und Erlaubnis! Wer hat ihn zu einem Steinhauer gemacht?

Mit Gunst und Erlaubnis! Ehrbare Meister und Gesellen.

Mit Gunst und Erlaubnis! Warum ist er ein Steinhauer?

Mit Gunst und Erlaubnis! Weil ich von einem ehrbaren Steinhauermeister bin aufgenommen worden auf drei Jahr zu lernen und bin auch von dem ehrbaren Steinhauerhandwerk aufgedingt worden; ich hab auch meine drei Jahr getreu, redlich und ehrlich gelernt. Ich bin auch von dem Steinhauerhandwerk frei, ledig und losgesprochen, auch von zwei Steinhauergesellen bin ausgefördert worden nach Handwerks Brauch und Gewohnheit; darum bin ich ein Steinhauer.

Mit Gunst und Erlaubnis! Woran erkennt man, daß er ein Steinhauer ist?

Mit Gunst und Erlaubnis! Daran, weil ich meine Lehrjahr hab ausgestanden, daß ich kann reisen zu Wasser und zu Land, von grüner Heid zu grünem Land, daß ich kann zusprechen bei ehrbaren Steinhauermeistern und Gesellen nach Handwerksbrauch und Gewohnheit. Daran erkennt man, daß ich ein Steinhauer bin.

Mit Gunst und Erlaubnis! Was hat er zu beobachten, wenn er an eine Hütte kommt und anruft?

Mit Gunst und Erlaubnis! Daß ich nicht zu nah dazu und nicht zu weit davon, sondern drei Schritte muß davon stehen bleiben; alsdann ruf ich an.

Mit Gunst und Erlaubnis! Was hat er hinterlassen, wo er zuletzt gearbeitet hat?

Mit Gunst und Erlaubnis! Eine Beförderung für einen anderen ehrbaren Steinhauer.

Mit Gunst und Erlaubnis! Was ist das beste am Handwerk?

Mit Gunst und Erlaubnis! Der ehrbare Name.

Mit Gunst und Erlaubnis! Ist er ein Grüßer oder ein Briefer?

Mit Gunst und Erlaubnis! Ein Grüßer.

Mit Gunst und Erlaubnis! Was ist der Unterschied zwischen einem Grüßer und einem Briefer?

Mit Gunst und Erlaubnis! Die Verschwiegenheit.

Mit Gunst und Erlaubnis! Geb er mir das Zeichen!

Mit Gunst und Erlaubnis! Da muß ich meine Zunge rühren.

Mit Gunst und Erlaubnis! Welches ist der erste Steinhauer gewesen?

Mit Gunst und Erlaubnis! Der Elogius oder Moses.

Mit Gunst und Erlaubnis! Mit was hat er seinen ersten Stein gemacht?

Mit Gunst und Erlaubnis! Mit eisernem Schlägel und Blundeisen.

Mit Gunst und Erlaubnis! Was für einen Stein hat er gemacht?

Mit Gunst und Erlaubnis! Einen Dauchstein.

Mit Gunst und Erlaubnis! Wo hat er ihn gemacht?

Mit Gunst und Erlaubnis! Vor sich.

Mit Gunst und Erlaubnis! Wohin hat er ihn gemacht?

Mit Gunst und Erlaubnis! Zum babylonischen Turm.

Mit Gunst und Erlaubnis! Welches ist der erste Baumeister gewesen?

Mit Gunst und Erlaubnis! Johannes der Apostel.

Mit Gunst und Erlaubnis! Auf was hat e r gelernt?

Mit Gunst und Erlaubnis! Auf einen ehrlichen Lehrbrief.

Mit Gunst und Erlaubnis! Warum hat er das Handwerk gelernt?

Mit Gunst und Erlaubnis! Ich wills helfen stärken und nicht schwächen.

Mit Gunst und Erlaubnis! Was trägt er unter seiner Zunge?

Mit Gunst und Erlaubnis! Verschwiegenheit.

Mit Gunst und Erlaubnis! Was trägt er unter seinem Hut?

Mit Gunst und Erlaubnis! Zucht und Ehrbarkeit.

Mit Gunst und Erlaubnis! Warum trägt er einen Stock?

Mit Gunst und Erlaubnis! Gott und allen braven Steinhauern zur Ehr, mir zum Nutz und anderen Hundsföttern zum Trutz.

Mit Gunst und Erlaubnis! Warum trägt er einen Schurz?

Mit Gunst und Erlaubnis! Allen braven Steinhauern zur Ehr und mir zum Nutz, daß ich kann damit die Scham bedecken und einem Hundsfott zum Trutz.

Mit Gunst und Erlaubnis! Warum trägt er einen Maßstab oder wie versteht er seinen Maßstab?

Mit Gunst und Erlaubnis! Ich verstehe meinen Maßstab von einem Schuh auf einen halben Schuh, von einem halben Schuh auf einen Viertel Schuh, von einem Viertel Schuh auf einen Zoll, und wie ich als ein rechtschaffener Steinhauer meinen Maßstab verstehen soll.

Mit Gunst und Erlaubnis! Warum trägt er einen Circul?
Mit Gunst und Erlaubnis! Auf einen ehrbaren Gesellenstich. (Aus drei verschiedenen Punkten den Kreismittelpunkt zu finden.)
    Mit Gunst und Erlaubnis! Was ist das Beste am Circul?
Mit Gunst und Erlaubnis! Daß er nicht verstandt.
    Mit Gunst und Erlaubnis! Was ist das Beste am Stein?
Mit Gunst und Erlaubnis! Ein rechtschaffen Eck oder die Kanten.
Mit Gunst und Erlaubnis! Mit was beweist er, daß er ein Steinhauer ist?
Mit Gunst und Erlaubnis! Mit dem ehrbaren Handwerksbrauch und Gewohnheit.
    Mit Gunst und Erlaubnis! Wo haben die ehrbaren Steinhauer ihre Heimlichkeit begraben?
    Mit Gunst und Erlaubnis! Zwischen Luft und Erden.
Es folgen noch die Fragen über den Hüttenstuhl, die ich jetzt übergehe, und die nach den Hauptpunkten. Die Antwort lautet, die Steinhauer hätten sieben:
1. die Schuldigkeit, 2. wie ich mich zu verhalten hab bei dem Gesellen, 3. bei dem Meister, 4. bei dem ehrbaren Anschlag, 5. warum ich ein Steinhauer bin, 6. wer das ehrbare Handwerk aufgericht hat, 7. wo das ehrbare Handwerk aufgericht worden ist.

Wer diese ein wenig verworrenen und zerstörten Formeln liest, dem tritt aus allen Einzelheiten eines deutlicher vor die Augen: die Fragen: wer denn das ehrbare Handwerk aufgerichtet habe — und die in diesem Examen nicht gestreifte: wo? Das aber bedeutet: die Frage nach der Zunftlegende. Der erste Steinhauer war Moses und sein erster Stein hat für den Bau des Babylonischen Turmes dienen sollen, — die Zunftlegende ist also ebenso biblisch orientiert, wie es die der Freimaurerei zugrunde liegende einmal war; die nämlich führte auf Hieram und den Tempel Salomons und auf die Söhne der Witwe nach dem Hieram-Morde zurück. Und an die Freimaurer erinnert noch ein Stück: der erste Baumeister war Johannes der Apostel, — denn am Johannistage feiert die Loge ihr Johannisfest. Ich deute das hier nur an und halte mich nur an die Steinmetzen-Legende. Ihr gegenüber steht nämlich die englische freemasons-Legende, steht die Legende der Schuster über Hans von Sagan. Das aber heißt: zum inneren Wissen und dem Ritual der Handwerkszünfte gehören die (uns in vielen Fällen verloren gegangenen) Zunftlegenden. Mit diesen Legenden gibt die Zunft sich einen geistigen Mittelpunkt. Sie wird ein in sich Geschlossenes, nicht nur durch das Wirtschaftliche, um dessen Willen sie angeblich sich zusammentat, sondern um eines Sinnes, eines geistigen Inhaltes willen. Denn die Legende ist ja nur die Bildwerdung eines Sinnes.

Damit wird aber die Zunft aus einem Zusammengehen handwerklicher Männer zu einem Wesen, einem wirklichen lebenden Sein. Denn diese Legende ist ja mehr als eine Pseudo-Zunftgeschichte, ein falscher Versuch zu einem historischen status zu gelangen, — gewiß spielt auch die Frage nach den Anfängen handwerklichen Tuns, nach seiner Geschichte, eine Rolle, — aber wichtiger ist doch noch, daß hier ein Sinn gefragt wird, nicht nur Daten oder Namen.

Das aber bedeutet, daß wir im Bereich des bürgerlichen Lebens organische Gebilde wachsen sehen, nicht erzwungene Zusammenschlüsse, sondern aus einer inneren Form und dem Gedanken notwendige Zusammenschlüsse.

Und diese Gebilde bestehen aus einer Art von brüderlichem Recht. Das wird beim Zuwandern eines fremden Gesellen sichtbar werden, — der übrigens den Ort, aus dem er kommt, in Formeln nennt. Ist er von einer Stadt in Deutschland ausgewandert, so braucht er die Ortsangabe mit dem Wörtchen „von"; er würde also einen Gruß des Meisters Ernst v o n Breslau bringen; kommt er aus Österreich, dann lautet seine Eintrittsrede, er bringe einen Gruß von Meister Theobald i n Wien, der Schweizer bringt seinen von dem Meister Hans z u Bern. Dann aber war früher nötig, sich mit seinem Zeichen auszuweisen, er mußte sein Steinmetzzeichen vorführen, denn die Steinmetzzeichen sind ja nach den vier Haupthütten Deutschlands unterschieden. Die Straßburger und die ihr unterstehenden Hütten gebrauchten Zeichen, bei denen das Quadrat mit seinen Unterteilungen zugrunde lag, die Kölner das gleichseitige Dreieck oder die Triangulatur, die Wiener bauten ihre Zeichen auf den „Vierpaß" auf, der In- und Aneinanderfügung von Quadraten und von Kreisen; Bern aber (und Prag) benützten solche Zeichen, die aus dem Ineinander von Kreisen und gleichseitigen Dreiecken entstanden. Doch wieder zurück zu dem Sichausweisen! Der zuwandernde Geselle bat seinen Arbeitsgesellen um das Werkzeug, sein Handzeichen herzustellen: „Ein itzlicher Wandergeselle soll bithen um eine Bucke, darnach um ein Stuck Steins, darauf darnach um Gezeugk, das sol man im williglichen leihen", — und weiter: „ein itzlicher Gesell soll die anderen Gesellen alle bithen, und kein sol es verhören, sie sollen alle helfen: Helfet mir auch, um das euch Gott helffe.

Wenn sie geholfen haben, so soll er seinen Hut abethun und sol in danken und sprechen: Gott danke dem Meister und Pallirer und den erbarn Gesellen."

Wie hier beim Anwandern, so begegnen wir später Bitten, daß einer dem andern beistehen und zu Hilfe kommen möge. So geht man den Mitgesellen etwa um ein Werkzeug an: „Mit Gunst und Erlaubnis! Zwei-

Steinmetzzeichen

Stephans-Dom Wien   Dom zu Freiburg   Pfarrkirche Aussee

Dom zu Regensburg   Kloster zu Maulbronn   Münster zu Ulm

Münster zu Ulm   St. Barbara-Kirche   Dom zu Regensburg
Kuttenberg i. Böhmen

spitz ich komme zu dir und heb dich auf und nehme dich mit mir. Wenn ich meinen aus der Schmiede bekomme, soll er der ehrbaren Gesellschaft auch wieder zu Diensten stehen."

Und nicht nur bei ihrer Arbeit gilt die brüderliche Hilfe. Die Unterstützung des Wandernden, die Sorge für sein Nachtquartier, das Beieinanderstehen in jäher Not und Fährlichkeit, das Füreinandereinstehen, alles das sind Zeugnisse dafür, daß hinter den Innungen ein „brüderliches" Denken steht.

Das festzustellen scheint nicht besonders wichtig. Aber wichtig will mir scheinen, den Unterschied zu den bisherigen Zusammenschlüssen aufzuzeigen. Die frühen Männerbünde schloß nach Schurtz ein sozialer Trieb, der vorzugsweise dem Manne angeboren sei, zusammen. In den kriegerischen Bünden wieder hat ein Männisches regiert, — hier führt die Arbeitskameradschaft in ein brüderliches Denken. Das Bündische ist zu einem Brüderlichen umgewandelt worden.

R. C.

Im Jahre 1614 erschien das 1604 geschriebene Büchlein des Tübinger Studenten Johann Valentin Andreae, das überschrieben war: „Fama fraternitatis, Oder Entdeckung der Brüderschafft deß löblichen Ordens deß Rosencreutzes . . .", die Nachricht also von einer ordensmäßigen Brüderschaft. Die Fama enthielt zwei Nachrichten: eine kurze Lebensgeschichte eines Christianus Rosencreutz und einige Nachrichten über die von ihm geschaffene Bruderschaft. Ich will zuerst die sagenhafte Lebensgeschichte jenes Rosencreutz mitteilen, welcher ein Deutscher von Geburt gewesen ist:

„Dieser nach dem er auß Armuth (seiner gleichwol Adelichen Eltern) im fünfften Jahr seines Alters / in ein Kloster versteckt worden / vnd also beyder Sprachen / Griechisch / und Lateinische zimlich erlernet / wird er einem Bruder P. A. L. so eine Reyse zum heiligen Grab fürgenommen / (auff sein embsig flehen vnd bitten) noch in blüender Jugend / zugegeben: Ob wol aber dieser Bruder in Cypern gestorben / vnd also Jerusalem nit gesehen / kehret doch vnser Fr. C. R. nit vmb / sondern schiffet vollend hinüber / vnd zohe auff Damascum zu / willens / von dannen Jerusalem zu besuchen / als er aber wegen Leibes Beschwerligkeit alldar verharret / vnd wegen deß Artzeneyens (dessen er nicht ohnbericht war) der Türcken Gunst erhielte / wurde man ohngefehr der Weysen zu Damasco in Arabia zu rede / was wunders dieselben trieben / vnd wie jhnen die gantze Natur entdeckt were / hierdurch wurde das hohe vnd edle Ingenium Fr. C. R. C. erweckt / das jhme Jerusalem nicht mehr so hoch / als Damasco /

im Sinn lage / konte auch seine Begierde nicht mehr meistern / sondern verdinget sich den Arabern / jhn vmb sein gewisses Geldt nach Damascon zu lieffern. Nur 16. Jahr war er alt / als er dahin kame / gleichwol eines starcken teutschen Gewächs / da entpfingen jhn die Weisen / als er selber bezeuget / nit wie einen fremden / sondern gleichsam auff denen sie lange

Johann Valentin Andreae

gewartet hetten / nenten jhn mit Namen / zeigten jhme auch andere Heimligkeiten auß seinem Kloster an / dessen er sich nicht gnugsam verwundern können / allda lernet er die Arabische sprache besser / wie er dann gleich in folgendem Jahr das Buch vnnd librum M. in gut Latein gebracht / vnd hernach mit sich genommen. Diß ist der Orth / da er seine Physic vnnd Mathematic geholet / deren sich billich die Welt hette zuerfrewen / wann die Liebe grösser / vnd deß Mißgunstes weniger were. Nach drey Jaren kehret er wider vmb / mit guter Erlaubnuß / schiffet

auß dem sinu Arabico in Aegypten, da er nicht lange geblieben / allein
daz er nunmehr besser achtung auff die Gewächß vnd Creaturen geben /
vberschiffete das gantze Mare mediterraneum, auff das er kehme gen
Fez / dahin jhnen die Araber gewiesen", — wo Christianus Rosencreutz
die Magie und Kabbalah studierte und den Makro- im Mikrokosmos
fand.

„Nach zweyen Jahren verließ Fr. R. C. Fessam, vnd fuhr mit vielen
köstlichen Stücken in Hispaniam, verhoffend / weil er solche Reise jhme
selbsten so wol angelegt / da würden sich die Gelehrten in Europa höchlich
mit jhme erfrewen / vnnd nunmehr alle jhre Studia nach solchen gewissen
Fundamenten reguliren." — Aber er hatte bei den spanischen Gelehrten
nicht viel Glück, sie lehnten — wie die übrigen europäischen Gelehrten —
seine Weisheiten ab, so wie man einsten Paracelsi Lehren abgelehnt. Nach
langen Reisen kehrte er nach Deutschland zurück. „Nach fünff Jahren
kam jhme die erwünschte Reformation" der Wissenschaften und Weisheiten „abermal zu Sinn / vnd weil er an anderer Hülff vnd Beystandt
verzagte / darneben aber für seine Person arbeitsam / hurtig vnd vnver-
drossen war / nimbt er jhme für / mit wenigen Adjunckten vnd Colla-
boranten selbsten ein solches zu tentiren / begehrt derohalben auß seinem
ersten Kloster (als zu welchen er besondern Affect truge) drey seiner
Mitbrüder / Fr. G. V. Fr. I. A. vnd Fr. I. O. als welche ohne das in
Künsten etwas mehrers / dann damaln gemein / gesehen hatten: diese
drey verobligirte er jme auffs höchste / getrew / embsig / vnd Verschwiegen zu seyn / auch alles das jenige / dahin er jhnen würde Anleitung
geben / mit höchstem fleiß auffs Pappier zu bringen / damit die Posteritet /
so durch besondere Offenbarung künfftig solte zugelassen werden / nicht
mit einer Sylben oder Buchstaben betrogen würde.

Also fieng an die Brüderschafft deß R. C. erstlich allein vnter 4. Personen / vnd durch diese ward zugericht / die Magische Sprache vnd
Schrifft mit einem weitleufftigen Vocabulario, wie wir vns deren noch
heutiges Tages zu Gottes Ehr vnd Ruhm gebrauchen / vnnd grosse Weiß-
heit darinnen finden. Sie machten auch den ersten Theil deß Buchs M.
weil jhnen aber die Arbeit zu groß worden vnd der Krancken vnglaub-
licher Zulauff sie sehr hinderte / auch albereit sein newes gebäw Sancti
Spiritus genennet / vollendet war / beschlossen sie noch andere mehr in
jhr Gesell- vnd Brüderschafft zu ziehen. Hierzu wurden erwehlet Fr.
R. C. seines verstorbenen Vaters Bruders Sohn . . . / alle Teutschen biß
an I. A. das jhrer also Achte / alle lediges Standes vnd verlobter Jung-

frawschafft waren / durch welche gesamlet würde / ein Volumen, alles dessen so der Mensch jhme selbst wünschen / begehren oder hoffen kan."
— Nachdem sie die ersten gelehrten Arbeiten verrichtet, beschließen sie sich zu zerstreuen und die Länder zu durchforschen, um Neues zu erfahren. Sie kommen untereinander in sechs Punkten überein: „1. keiner solte sich keiner andern Profession außthun / dann Krancke zu curiren / vnnd diß alles vmb sonst. 2. keiner sol genötigt seyn / von der Brüderschafft wegen ein gewiß Kleid zu tragen / sondern sich der Landes Art gebrauchen. 3. ein jeder Bruder solt alle Jahr sich auff C. Tag bey S. Spiritus einstellen / oder seines Aussenbleibens Vrsach schicken. 4. ein jeder Bruder solt sich vmb ein tügliche Person vmbsehen / die jhm auff den fall möchte succediren. 5. das Wort R. C. solt jhr Siegel / Losung vnd Character seyn. 6. die Brüderschafft solt ein hundert Jahr verschwiegen bleiben. Auff die 6. Artickul verlobten sie sich gegen einander."

Ich spare die Einzelheiten über den Tod der ersten Brüder und Christian Rosencreutz' Tod und Begräbnis, und lasse nur noch die Angaben über die Auffindung des Begräbnisses folgen: „Nach deme A. in Gallia Narbonensi seliglich verschieden / kam an seine statt vnser geliebter Bruder N. N. dieser / als er sich bey vns eingestellt / vnd das solenne Fidei et silentij Iuramentum praestiren sollen / berichtet er vns in vertrawen / es hette jhn A. vertröstet / diese Fraternitet würde in kurtzem nicht so geheim / sondern dem gemeinen Vaterland Teutscher Nation behülfflich / nothwendig vnnd rümlich sein / dessen er sich in seinem Standt im wenigsten nicht zubeschemen. Folgens Jahr / als er schon sein Schulrecht gethan / vnd seiner Gelegenheit nach / mit einem so stattlichem Viatico oder Fortunatus Säckel zuverreisen willens / gedachte er (als der sonsten ein guter Bawmeister war) etwas an diesem Gebäw zuverendern / vnd füglicher anzurichten / in solcher Renovatur kam er auch an die Memorial Tafel so von Messing gegossen / vnnd eines jeden der Brüderschafft Namen / sampt wenigem andern jnnen hielte / diese wolt er in ein ander vnd füglicher Gewölb transferiren / dann wo Fr. R. C. oder wann er gestorben / auch in was Landen er möchte begraben seyn / würde von den Alten verhalten / vnnd war vns vnbewust. An dieser Taffel nun steckte ein grosser Nagel etwas stärker / also das / da er mit Gewalt außgezogen wurde/ er einen zimlichen Stein von den dünnen Gemäwr oder Incrustation, vber die verborgene Thür / mit sich name / vnd die Thür ohnverhofft entdeckte / dahero wir mit frewden vnnd verlangen /

das vberige Gemäwr hinweg geworffen / vnd die Thüre geseubert / daran stund gleich oben mit großen Buchstaben:

Post CXX. Annos Patebo. (Sampt der alten Jahrzahl darunter . . .)

Deß morgend öffneten wir die Thür / vnnd befand sich ein Gewölb von sieben Seyten vnd Ecken / vnd jede Seyten von fünff Schuhen / die Höhe acht Schuhe / dieses Gewölb / ob es wol von der Sonnen niemals bescheinet wurde / leuchtet es doch helle / von einer andern / so dieses der Sonnen abgelernet / vnd stund zu öberst in dem Centro der Bühnen. In der mitten war an stat eines Grabsteins / ein runder Altar / vberlegt mit einem messmen Blätlein / darauff diese Schrifft:

A. C. R. C. Hoc universi compendium vivus mihi sepulchrum feci.

Vmb den ersten Reiff oder Rand herumb stund: JESUS mihi omnia.

In der mitten waren Vier Figuren im Circkel eingeschlossen / deren Vmbschrifft seyn: 1. Nequaquam Vacuum, 2. Legis Iugum, 3. Libertas Evangelij, 4. Dei gloria intacta.

Diß ist alles klar vnd lauter / wie auch die siebende Seiten / vnd die zween siebende Triangel." — Ich übergehe die weitere Beschreibung und merke nur noch an, daß viele Schriften und Bücher, seltsame Geräte, brennende Lampen und dergleichen im Gewölbe standen. Noch hatten wir aber „den Leichnam vnsers so sorgfeltigen vnd klugen Vaters / nit gesehen / rückten derowegen den Altar beiseits / da ließ sich eine starcke Messinge Blatten auffheben / vnnd befand sich ein schöner vnd ruhmwürdiger Leib / vnversehret / vnnd ohne alle Verwesung / wie derselbe hierbey auffs ehnlichste mit allem Ornat vnd angelegten Stücken / Conterfeyet zusehen / in der Hand hielt er ein Büchlein auff Bergament mit Goldt geschrieben / so T. genandt / welches nunmehr nach der Bibel vnser höchster schatz", — das mit den Worten schließt: „Ex Deo nascimur, in Jesu morimur, per spiritum Sanctum revivissimus."

Das ist die 1604 zum ersten Male erzählte Legende von Christianus Rosencreutz, den eine zweite Schrift, die „Chymische Hochzeit Christiani Rosenkreutz" zu einem Adepten und aus Gnade mit dem Geheimnis beschenkten Sucher macht. Es ist ein seltsam aus christlichen Worten und der Verheißung magischer, kabbalischer und alchymischer Geheimnisse zusammengeschriebenes Leben, das Leben eines Mannes, dem das des Hohenheimers, Theophrastus Paracelsus, anscheinend am meisten ähnlich gewesen ist, — im Glauben und Meinen des Schreibers am ähnlichsten gewesen ist.

Die von der „Fama mitgeteilte „Vergleichung" läßt über das Wesen der Rosenkreutzer-Brüderschaft nicht mehr erkennen, als daß sie mediziniert und ein durch Kleidung nicht gebundener Orden sei. Man könnte höchstens noch zufügen, daß, wenn ihr Siegel, Losung und Charakter das Wort R. C. — der Name des Begründers — war, sie wohl dessen Weg und geistiger Haltung nachgegangen sei. Ein wenig mehr läßt uns das Datum der Veröffentlichung erkennen. Wenn eine Schrift, die 1604 gefertigt wurde, 1614 erst erscheint, dann muß für dieses Erscheinen ein besonderer Grund vorliegen, der das Heraufholen eines doch schon Überlebten oder Vergangenen rechtzufertigen vermag. Das sagt der Eingang der „Fama" auch ganz klar: „Zu solchem Intent einer general Reformation / hat sich auch hoch vnd lange zeit bemühet / der Weyland Andächtige / Geistliche vnd hocherleuchte Vater Fr. C. R . . ." — Zu solchem Intent einer Generalreformation, das heißt, daß vorher von einer Generalreformation die Rede war. Die „Fama" ward 1614 zusammen mit einer Übersetzung aus dem Italienischen, dem „Discurs Von allgemeiner Reformation der gantzen Welt" aus den Relationen vom Parnaß des Boccalini, die 1613 erschienen waren, herausgegeben. Uns soll hier Boccalini nicht weiter interessieren; ich stelle nur fest, daß für den Mann, der 1614 die „Fama" drucken ließ, es sich um eine reformatorische Schrift gehandelt haben muß.

Zu welchem Ziele will sie reformieren? Ich lasse das Exordium der „Fama" folgen: „An die Häupter / Stände / vnnd Gelehrten in Europa. Wir die Brüder der Fraternitet deß R. C. Entbieten allen vnd jeden / so diese vnsere Famam Christlicher Meynung lesen / vnsern Gruß / Liebe vnd Gebet. Nachdem der allein weise vnnd gnedige Gott / in den letzten tagen sein Gnad vnnd Güte so reichlich vber das Menschliche Geschlecht außgossen / das sich die Erkantnuß / beydes seines Sohnes vnnd der Natur / je mehr vnnd mehr erweitert / vnnd wir vns billich einer glücklichen Zeit rühmen mögen / daher er dann nicht allein das halbe theil der vnbekandten vnd verborgenen Welt erfinden / viel wunderliche vnd zuvor nie gesehene Werck vnd Geschöpff der Natur / vns zuführen / vnnd dann hocherleuchte Ingenia auffstehen lassen / die zum theil die verunreinigte vnvollkommene Künste wieder zu recht brächten / damit doch endlich der Mensch seinen Adel vnnd Herrligkeit verstünde / welcher gestalt er Microcosmus, vnd wie weit sich sein Kunst in der Natur erstrecket. Ob wol nun auch hiermit der vnbesonnenen Welt wenig gedienet / vnd deß Lesterns / Lachens vnd Gespöts jmmer mehr ist / auch bey den Gelehrten der Stoltz vnd Ehrgeitz so hoch / daß sie nicht mögen zusammen treten / vnd auß allem / so Gott in vnserm seculo reichlich mitgetheilet / ein librum Naturae, oder regulam aller Künsten samlen möchten / sondern je ein theil dem andern viel zu wider thut / bleibt man bey der alten Leyren / vnd muß Bapst / Aristoteles, Galenus, ja was nur einem Codici gleich sihet / wider das helle offenbarte Liecht gelten / die ohn zweiffel selbsten / so sie lebten / mit grossen Frewden sich corrigiren würden / hie aber ist man so grossem werck zu schwach / vnd obwol in Theologia, Physica vnd Mathematica, die Warheit entgegen gesetzt / lesset doch der alte Feind seine List vnnd Grollen mit Hauffen sehen / da er durch Schwärmer / Vnfried vnd Landleuffer / solchen schönen Lauff hindert / vnd verhast macht." — Der böse Feind sperrt sich nach diesem gegen den Fortschritt in den Wissenschaften, gegen die Reformation. Die Reformation bedeutet aber ein Überwinden der alten Codici, der alten scholastischen Buchgelehrsamkeit, zugunsten des Neuen und mit neuen Methoden Ausgefundenen. Dies Neue, und damit kommen wir endlich zu dem Ziel und Wesentlichen der gesuchten Reformation, ist „die Erkantnuß / beydes seines Sohnes vnnd der Natur", ein theologisch gerichtetes Wissen also und ein aus dem „Philosophieren der Werkstätten" erhobenes Wissen. Die „Fama" sucht also eine theologisch-philosophische Erkenntnis, sie sucht das, was man „Pansophie" zu nennen pflegte.

Das führt die „Fama" dann noch einmal im einzelnen aus: „Damit ein jeder Christ wisse was Glaubens vnnd Vertrawens wir Leut seyen / so bekennen wir vns zur Erkendtniß Jesu Christi / wie dieselbige zu dieser letzten Zeit / besonders in Teutschland hell vnnd klar außgangen / vnnd noch heut zu Tag (außgeschlossen aller Schwermer / Ketzern vnd falschen Propheten) von gewissen vnd auffgezeichneten Ländern erhalten / bestritten vnd propagirt wird / geniessen auch zweyer Sacramenten / wie die angesetzt mit allen Phrasibus vnnd Ceremonijs der ersten renovirten Kirchen: In der Policey erkennen wir das Römische Reich vnnd Quartam Monarchiam, für vnser vnd der Christen Haupt: Wiewol wir nun wissen / was für Enderung bevorstehen / vnnd dieselbe andern Gottes Gelehrten hertzlich gerne mittheilen wollen / ist doch vnser Handschrifft / welche wir in Händen haben / es wird vns auch kein Mensch / ohne der einige Gott / Vogelfrey machen vnnd den Vnwürdigen zu berauben geben: wir werden aber der bonae Causae verborgene Hülffe thun / nach deme vns Gott erlaubet oder wehret / dann vnser Gott nicht blind / wie der Heyden Fortuna; sondern der Kirchen Schmuck / vnd deß Tempels

Ehre / auch ist vnser Philosophia nichts newes / sondern wie sie Adam nach seinem Fall erhalten / vnd Moses vnd Salomon geübet / also solle sie nicht viel dubitiren / oder andere Meinungen wiederlegen / sondern weil die Warheit einig / kurtz / vnnd jhr selbst jmmerdar gleich / besonders aber mit Iesu ex omni parte, vnd allen membris vberein kömpt / wie er deß Vaters Ebenbild / also sie sein Conterfeyt ist / so sol es nicht heißen: Hoc per Philosophiam verum est, sed per Theologiam falsum, sondern worinnen es Plato, Aristoteles, Pythagoras vnd andere getroffen / wo Enoch / Abraham / Moses / Salomon den außschlag geben / besonders wol dz große Wunderbuch die Biblia concordiret / das kömmet zusammen / vnnd wird eine sphaera oder globus, dessen omnes partes gleich weit vom Centro, wie hiervon in Christlicher Collation weiter vnd außführlich." — Die Konkordanz der theologischen und der Erfahrungswissenschaften, vor allem der die Naturgeschichte angehenden, die der Verfasser der Fama nach mittelalterlichem Sprachgebrauche als Philosophie bezeichnet, das ist das Ziel der Rosenkreutzerei; sie wollen Gott aus der Schöpfung und die Schöpfung wiederum aus Gott verstehen. Das kommt von Paracelsus her, auf den die Fama als einen Vorgänger auch verwiesen hat, und es reicht durch die folgenden Jahrhunderte fast bis in unsere Zeit herab. Es ist die Summe dessen, was Luther erreichte, wie hier ja auch „die renovierte Kirche" und ihre beiden Sakramente gepriesen werden, mit dem, was das Ergebnis der paracelsischen Reformation gewesen ist, der Gott ja auch aus seinen Werken erkennen wollte. Und beider Ergebnis wird die Grundlage einer neuen, der Generalreformation, in welcher die Teilreformationen zusammenfließen und weiter vorangetrieben werden sollen.

Wer aber treibt nun die neue Reformation? „Zu solchem Intent einer General-Reformation / hat sich auch hoch vnd lange zeit bemühet . . . Fr. C. R." und nach ihm natürlich seine Erben, die Erben seiner Gedanken und seines Auftrages, die Fraternität. Zu ihr und zu den Bemühungen der Brüderschaft einzuladen, ist nun der angebliche Zweck der „Fama": „Wiewol wir nun wol wissen / das es vmb ein zimliches noch nicht an dem / da vnserm verlangen / oder auch anderer Hoffnung / mit allgemeiner Reformation divini et humani, solle genug geschehen / so ist es doch nicht vnbillich / daß / ehe die Sonne auffgehet / sie zuvor ein hell oder dunckel Liecht in den Himmel bringe / vnd vnter dessen etliche wenige / die sich werden angeben / zusammen treten / vnsere Fraternitet mit der

Zal vnd ansehen vermehren / vnd deß gewünschten vnd von Fr. R. C. für geschriebenen Philosophischen Canons, einen glücklichen Anfang machen / oder ja vnserer Schätze (die vns nimmermehr außgehen können) mit vns in Demuth vnd Liebe geniessen / die Mühsamkeit dieser Welt vberzuckern / vnd in den Wunderwercken Gottes nicht also blind vmbgehen." — Das ist eine Einladung zum Eintritt in die Fraternität, freilich eine sehr ungeschickte, denn wenn man Gehilfen zu einer Generalreformation zusammenzubringen versucht, dann scheint es nicht eben glücklich, von unerschöpflichen und nie zu-Ende-gehenden Schätzen zu schwatzen, weil die Verheißung dieser Schätze sich manchen melden machen wird, der ihretwillen zwar von den höheren Zielen, der Reformation und der Erforschung der Wunderwerke Gottes redet, den beides aber wenig oder nicht berührt.

„Also ersuchen wir nach Fr. C. R. C. Meinung (wir seine Brüder) zum andernmal alle Gelehrten in Europa, so diese vnsere Famam (in fünff Sprachen außgesandt) sampt der Confession werden lesen / daß sie mit wolbedachtem Gemüth / diß vnser erbitten erwegen / ihre Künste auffs genewest vnd schärffst examiniren / gegenwertige Zeit mit allem Fleiß besehen / vnnd dann jhre bedencken / entweder communicato consilio, oder singulatim, vns schrifftlich im Druck eröffnen / dann ob wol weder wir noch vnsere Versamlung diser Zeit benennet / solle vns doch gewißlichen eines jeden (was Sprach das auch ist) Judicion zu kommen. Es soll auch keinem / der seinen Namen wird angeben / fehlen / dz er nicht mit vnser einem entweder mündtlich / oder da er es je bedenckens hette / schrifftlich solte zu Sprach kommen. Diß sagen wir aber für gewiß / daß / wer es ernstlich vnnd hertzlich mit vns wird meinen / der soll dessen an Gut / Leib vnd Seel geniessen / da aber ein Hertz falsch / oder nur nach Geldt gerichtet / der wird vns zu forderst nicht schaden bringen / sich aber in das höchst vnd eußerste verderben stürtzen. Es soll auch wol vnser Gebäw / da es auch hundert tausent Menschen hetten von nahem gesehen / der gottlosen Welt in Ewigkeit ohnberüret / ohn zerstöret / vnbesichtiget / vnd wol gar verborgen bleiben. Sub umbra alarum tuarum Iehova."

Das ist ein seltsamer Schluß für eine Schrift, die zwar Zustimmende und Sichmeldende haben will, die aber zugleich den Neugierigen verborgen bleibt, die zwar Judicien fordert, aber auf diese Judicien nicht mit Namen und sich-dem-Gegner-stellend, sondern als eine ungreifbare Körperschaft antworten will.

R. C.

Es liegt jedoch hier nicht so an der Taktik der Brüderschaft als an ihr selbst und ihren Absichten, ihrem Treiben. Die Absichten besprach ich schon. Ihr Treiben geht aus den Angaben der Fama und einer auf diese folgende Schrift „Confessio Fraternitatis" hervor. Ich stelle die einzelnen Punkte kurz zusammen. Die Aufnahme in die Brüderschaft erfolgt auf eine Meldung bei ihr, wie ja von ihrem Ausschreiben und der Aufforderung ihr zuzutreten schon die Rede war. Daneben wird aber in den ersten sechs Artikeln auch erklärt, daß jeder der Brüder sich einen Nachfolger ersehen solle, der also wie ein erwählter und eingesetzter Erbe herangezogen wird. Doch es kann freilich nicht ein jeder, der sich meldet oder den einer haben möchte, aufgenommen werden. Zwar kennt die Brüderschaft selbst keine Aufnahmeprüfung oder Wahl, an Stelle des realen Weges tritt ein mystischer: Gott selbst erwählt: „ob wir wol die gantze Welt reich vnd gelehrt machen / vnd von vnzehlichem Jammer erledigen können / wir doch keinem Menschen / ohne Gottes sonderbahre schickung nimmermehr offenbahr vnd bekandt werden mögen / ja es felet so weit / daß jemand vnser / ohne vnd wider den willen Gottes geniessen / vnd vnser gutthaten theilhafftig werden kan / das er auch eher das Leben / im suchen vnd nachforschen verlieren wird / als das er vnd finde vnd also gelange vnnd komme zur gewünschten Glückseligkeit der Fraternitet deß Rosen-Creutzes." — Damit wird aber diese Brüderschaft aus dem realen in den ungreifbaren mystischen Raum erhoben; sie ist so etwas wie in der christlichen Kirche die „Gemeinde der Heiligen", die catholica.

Was nun die Aufnahmebedingungen betrifft, so gibt es für den Aufnahmeheischenden im Grunde zwei Leistungen, welche er erfüllen muß. Die erste ist die pansophische Philosophie, das Finden des Schöpfers in der Schöpfung, das Lesen der durch den Schöpfer in die Natur geschriebenen Worte: „Welchem es zugelassen / das er die grosse Buchstaben vnd Characteres, so Gott der HERR dem Gebäw Himmels vnd der Erden eingeschrieben / vnd durch die Verenderung der Regiment / für vnd für ernewert hat / anschawen lassen / vnd zu seinem Vnterricht gebrauchen kan / derselbe ist schon allbereit / wiewol jme selbst noch vnwissend / vnser / vnd wie wir wissen / das er vnsere Beruffung nicht verachten werde / also soll er sich keines Betrugs befahren / denn wir verheissen vnd sagen offentlich / das keinen seine Auffrichtigkeit vnnd Hoffnung betriegen sol / der vnter dem Sigill der Verschwiegenheit / sich bey vns angeben / vnd vnser Gemeinschafft begeren wird."

Die zweite Leistung ist die Arbeit in der Bibel, indem „wir menniglich zu fleissiger vnd jmmerwehrender Lesung der heiligen Bibel vermahnen / denn wer an derselbigen all sein gefallen hat der sol wissen / das er jhm ein stattlichen Weg gemacht habe / zu vnser Fraternitet zukommen. Denn gleich wie diß die gantze Summa vnd Inhalt vnser Regel ist / daß kein Buchstabe in der Welt seyn soll / welcher nicht wol gefasset vnd in acht genommen werde: Also sein die jenigen vns fast gleich vnd nahe verwandt / die das eintzige Buch die heilige Bibel ein Regel jhres Lebens / alles Studierens Ziel vnd Zweck / ja der gantzen Welt Compendium, vnd Innhalt seyn lassen."

Sehr seltsam steht gegen diese Forderungen der Confessio die Fama mit ihren ersten sechs Artikeln, die ganz auf äußerliche Umstände gerichtet sind, vom Ordenscharakter und -zeichen, von der (nicht verbindlichen) gemeinsamen Kleidung, von der Erwählung eines Nachfolgers und der jährlichen Versammlung sprechen. Da wird das äußere Ritual der Brüderschaft gestreift, — ich füge sogleich hinzu, es ist die einzige Stelle, wo es zur Sprache gekommen ist. Nur einen, halb äußeren Umstand muß ich noch erwähnen: die Stufung der Brüderschaft in Grade: sie soll in gewisse Gradus „vnterschieden vnnd abgetheilet werden / wie die jenigen so in der Stadt DAMEAR in Arabia wohnen / ein weit andere Policey Ordnung haben / als die andern Araber / weil eitel weise und verstendige Leute darinn herrschen." — Vielleicht gehört es zu dieser Einteilung, daß man den untersten Stufen erst die Beschäftigung mit der Philosophie empfiehlt, ehe sie zu alchemistischem Handeln weiterschreiten, es ist, sagte die Confessio, billig, „daß man sich am allermeisten den Verstandt und Wissenschafft der Philosophy zu erlangen befleisse / vnd sollen demnach vortreffliche Ingenia nit eher zur Tinctur der Metallen angeführet werden / biß sie zuvor in Erkandtnuß der Natur sich wol geübet haben."

Die Güter der Brüderschaft und ihre Gaben sind in den vorstehenden Erörterungen bereits ans Licht gekommen. Ich will zu ihren Gaben Kranke zu heilen, die Rätsel der Alchemie zu kennen, die wahr Erkenntnis der Natur zu haben, nur noch ein äußeres anführen: die magische Schrift und Sprache. Aus den von Gott der Schöpfung eingedruckten Buchstaben und Characteren, schreibt wieder die Confessio, „von welchen Buchstaben wir denn vnsere Magische Schrifften entlehnt / vnd vns eine newe Sprache erfunden vnnd zuwege gebracht haben / in welcher zugleich die Natur aller dinge außgedruckt vnd erkläret wird." — Das aber hebt die Gesellschaft wieder aus dem realen Raum in eine übergeordnete höhere Sphäre.

Vielleicht gehört die Sprache und Schrift der Brüderschaft in einer gewissen Art auch schon den kultischen Bezirken an. Denen wird man jedenfalls das Siegel oder Character wie den alljährlich zu begehenden Tag des Vaters Rosencreutz zumessen können. Und dieses kultische Tun weicht wie das ganze Tun der Brüderschaft in einen Schatten, in eine Wolke und in ein geheimes Sein zurück. Die Brüderschaft soll hundert Jahre verschwiegen bleiben, verlangten die ersten Artikel; verschiedene Gräber der ersten Brüder weiß man nicht, und Gott hält sie vor allen Verfolgern im Geheimen, so daß sie niemand finden, niemand ihr zukommen kann. Man darf sich zwar zu ihr melden, wie aber und wo man diese Brüder findet, weiß kein Mensch, und wie man eine Antwort erhalten könne, verschweigen sie. Es ist ein wirklicher geheimer Bund mit einem anscheinend nicht stark ausgeprägten, doch aber vorhandenem geheimen Kulte, der an den christlichen erinnern dürfte. Denn auf ihn weisen Aussprüche und Inschriften wie die die Fama beschließende oder die vom Grabe Christiani Rosenkreutz und die des Grabmals hin; der Sarg des toten Begründers ist — wie ein christlicher Reliquienbehälter — in einem Altar vermauert und verwahrt.

Wir haben hier eine geheime Brüderschaft, die zwar als solche nie existierte, die nur in ihren Auschreiben, den Träumen eines Tübinger Studenten, bestanden hat, die aber das ganze Wollen des sechzehnten Jahrhunderts in sich faßt: die kirchliche Reformation und jene Philosophie der Werkstätten, die durch die Namen eines Paracelsus, Kopernikus und Cardanus, Porta und Galilei und Kepler angedeutet wird, — die beiden so mächtigen Antriebe aber nicht deren eigenen Art und ihrer Intention verfolgt, sondern in einen mystisch gerichteten Sinn gebogen, — das Suchen nach den Geheimnissen Gottes, nach seinem magischen Sinn und seinen Absichten, in der großen Welt.

Ich sagte: das sechzehnte Jahrhundert und deutete es als das Jahrhundert Luthers und des Hohenheimers, indessen die Rosenkreutzer es als ein christlich-faustisches genommen haben. Aber indem ich „christlich-faustisch" sage, wird mir bewußt, daß diese christlich-faustische Richtung und Tendenz eine für jedes Jahrhundert des zu sich selbst erwachenden Bürgertumes charakteristische gewesen ist. Daß sich ein erst im bürgerlichen Raume Verständliches und Mögliches hier bemerkbar macht. Ein freilich vom bürgerlichen Menschen dann Weiter- und in ein neues Fortgetragenes, — doch davon wird im Zusammenhange mit den Erscheinungen des achtzehnten Jahrhunderts noch die Rede sein.

Die Freimaurerei

Die Freimaurerei stellt den vollkommensten Typus jener neuen Art geheimer Bünde dar, die sich im nördlichen Europa in der bürgerlichen Welt entwickelt haben. Man meint, daß ihre Herkunft aus dem Namen der Bruderschaft wie den Bezeichnungen und Geräten, die sie symbolisch brauchten, abzulesen sei: der terminus Loge ist aus dem Französischen ins Englische gelangt und er bezeichnet dort im Zusammenhange mit der Maurerei den Arbeitsort, die Bauhütte, später auch die sich dort versammelnde Gemeinschaft und endlich die Versammlung Als Abzeichen erscheinen Schurzfell, Kelle, Winkelmaß und Zirkel. Der englische Name mason hat seinen Ursprung auch im Französischen gehabt; mason ist Maurer, masonry Maurerei. Das Wort Freemason steht nach den englischen Gelehrten in nahem Zusammenhang mit dem „freestone" und dieser im Gegensatz zum „rough stone". Unter freestone verstand man in England aber jene weicheren Gesteine, die sich mit Hammer und Meißel freely bearbeiten lassen, im Gegensatz zu den harten (Granit, Basalt und Lava usw.), bei denen das nicht möglich ist. Die an den free stones Arbeitenden, die freemasons, vertraten deswegen auch eine höhere Stufe der Kunstfertigkeit, und sie erscheinen nicht selten als Bildhauer, Bauleiter, Architekten.

Wie alle andern Handwerker, so taten im Mittelalter sich auch die Maurer (und ihnen eingeschlossen die freemasons) zu einer Zunft zusammen; schon 1376 wird eine solche im Verzeichnis der Londoner Gilden aufgeführt. Verschiedene Forscher haben aber angenommen, daß innerhalb der Maurer sich eine besondere fraternity gebildet habe, und glauben deshalb, daß die Society of freemasons, was auch der Name mit genügender Sicherheit schon erkennen lasse, als eine fraternity aus der Verbrüderung der Werkleute unmittelbar hervorgegangen sei und drum auch deren Verfassung übernommen habe; sie fanden in einer Handschrift der Pflichten nämlich, daß diese eine Unterscheidung zwischen denen, welche für alle Mitglieder, Genossen und Brüder gelten, und jenen, die für die Werkleute, die eigentlichen Masons im ursprünglichen Sinne, als practisers, ihre Bedeutung hatten, machten. Das ist natürlich ein recht

579

unsicherer und waghalsiger Schluß. Und der daran gehängte nächste erscheint mir noch viel kühner, — der nämlich sagt, daß in der eben genannten Fassung der Pflichten das Wörtchen Craft vermieden würde und man immer nur das andere „science" gebrauche, wahrscheinlich weil bei der Ausdehnung dieser Brüderschaft auf weitere Kreise, auch Vornehme und Gelehrte, Science eine allgemeinere Beziehung andeutete als der engere Begriff der craft of Masonry, denn craft of Masonry beziehe sich vorzugsweise auf das Handwerksmäßige des Bauens, weshalb der zweite Teil der Pflichten auch für practisers gelten solle. Das deutet meines Erachtens mit der Betonung einer Science of Masonry auf ein nicht-Handwerksmäßiges, nicht an Zünfte Gebundenes in diesen Bünden hin; ich würde es für eine Bestätigung der Annahme, daß die Freimaurerei aus rosenkreutzerischen und pansophischen, wissenschaftlich gerichteten Bünden komme, nehmen, indessen die älteren Geschichtsschreiber der Freimaurerei betonen, daß es den rein zunftmäßigen Ursprung ihrer Brüderschaft beweise. Sie führen gegen eine Herleitung aus pansophischen Quellgebieten auch das an, was aus der sogenannten Harris-Niederschrift der Pflichten sichtbar werde; dort heißt es nämlich, daß der Tutor oder Unterweiser den Neuen beiseite nehmen und ihm all the whole mistery zeigen möge, damit er es bei seiner Rückkehr zu den Brüdern üben kann; hier werde es sich wegen der schnellen Erledigung der Pflicht nur um die üblichen Erkennungsmittel handeln: Losung — Zeichen — Griff und Wort, wie jedem ohne weiteres klar sein müsse. Darin bestand in jenen Zeiten das Geheimnis, das hier — wie in den übrigen Handwerkerzünften oder -bünden — mündlich überliefert und nicht aufgeschrieben worden ist. Die Zeichen sind, wie soeben angedeutet, die bei allen Handwerkern üblichen Erkennungszeichen, durch welche zum Beispiel sich der wandernde Geselle auszuweisen hat.

Das Handwerkliche, Zunftmäßige wolle, meint man, auch an einem andern Orte sichtbar werden. Die Cook-Handschrift der Pflichten, die man ins vierzehnte Jahrhundert setzen will, enthält als bindende Forderungen an die freemasons: „Der erste Artikel ist dieser, daß jeder Meister dieser Kunst zuverlässig sei und treu dem Herrn, dem er dient, indem er seine Güter redlich verbraucht, wie er möchte, daß seine eigenen verbraucht würden, und keinem mason mehr Bezahlung gebe, als er seines Wissens verdienen kann, je nach dem Preise von Korn und Lebensmitteln im Lande, ohne durch Begünstigung zu verhindern, daß jedermann nach seiner Arbeit entlohnt werde. Der zweite Artikel ist dieser, daß jeder

Meister dieser Kunst zuvor erinnert werden soll zu seiner Zusammenkunft zu kommen, damit sie pünktlich kommen, außer wenn sie durch irgendwelchen Grund entschuldigt sind. Aber nichtsdestoweniger, wenn sie aufrührerisch in solchen Zusammenkünften befunden werden oder strafbar für irgendwelchen Schaden ihrer Herren und Nachteil dieser Kunst, sollen sie in keiner Weise entschuldigt werden, ausgenommen Todesgefahr; und wenn sie in Todesgefahr sind, sollen sie den Meister, welcher der Vorsteher der Versammlung ist, von ihrer Krankheit benachrichtigen. Der dritte Artikel ist dieser, daß kein Meister einen Lehrling für kürzere Zeit als wenigstens sieben Jahre nehme, aus dem Grunde, weil ein solcher, der kürzere Zeit einsteht, nicht vollkommen zu seiner Kunst gelangen kann . . . Der vierte Artikel ist dieser, daß kein Meister um des Nutzens willen einen Lehrling nehme, der von leibeigenem Blute geboren ist, weil sein Herr, dem er leibeigen ist, ihn, wie er wohl mag, von seiner Kunst fortnehmen und ihn mit sich führen wird aus seiner Bauhütte (logge) oder von seinem Platze, wo er arbeitet, und seine Genossen möchten ihm dann vielleicht helfen und für ihn streiten, und daraus möchte Todschlag entstehen; darum ist es verboten . . . Der fünfte Artikel ist dieser, daß kein Meister seinem Lehrling in der Zeit seiner Lehrlingschaft um keines erreichbaren Nutzens willen mehr gebe, als er seines Wissens verdienen mag von dem Herrn, dem er dient, und nicht einmal so viel, damit der Herr des Platzes, an dem er belehrt wird, einigen Nutzen von seiner Lehrzeit haben kann. Der sechste Artikel ist dieser, daß kein Meister aus Habsucht oder des Gewinns wegen einen Lehrling in die Lehre nehme, welcher unvollkommen ist, das heißt, der irgend eine Verstümmelung hat, derentwegen er nicht ordentlich arbeiten kann, wie er sollte. Der siebende Artikel ist dieser, daß kein Meister erfunden werde, wissentlich zu helfen oder dazu beizutragen, irgend einem gewohnheitsmäßigen Nachtwandler beim Stehlen Förderer und Unterstützer zu sein, durch welche Art des Nachtwandelns sie ihr Tagewerk und ihre Arbeit nicht vollenden können, so daß ihre Genossen dadurch zornig gemacht werden könnten . . ." — Das sind Artikel, wie wir sie in fast allen Handwerkszünften finden und wie die Zunfthistoriker sie dutzendfach gesammelt haben. Wenn sie im „Buch der Pflichten" bei den alten Freimaurern erscheinen, dann deutet es darauf hin, daß Maurerei und Zünfte diese Forderungen gemeinsam haben. Und eine Gruppe von Forschern fügte einen nächsten Schluß dazu: weil die freimaurerischen Bünde aus der Zunft entstanden sind.

Um zu erklären, wieso die Freimaurer sich dann abgesondert hätten, hat man auf eine im siebzehnten Jahrhundert geschehene Umbildung schließen wollen, die sich vollzog, weil Männer anderer Berufe beigetreten seien. Aus welchen Gründen, so gaben die Verfechter dieser Annahme freilich zu, entziehe sich unserer Kenntnis, werden wir vielleicht nie wissen können. Das kann man nun keine eben sehr vertrauenerweckende Erklärung nennen, denn eine verhältnismäßig umständliche, komplizierte Theorie, die in sich selber nicht zum Ende kommt, verlockt nicht, ein historisches Gebäude auf ihr aufzurichten.

Was trieb die nicht-Werkmaurer, die Angehörigen höherer Berufsstände, in die Maurerei? Ein Dr. Stuckeley sagt 1720 von sich selbst, daß seine Neugier ihn bewogen habe, sich in die mistery, in die Geheimnisse einweihen zu lassen, da er vermutet habe, es seien Überbleibsel der Geheimnisse der Alten. — Als Überbleibsel der Geheimnisse der Alten ist die Maurerei oft angesehen worden. Man leitete sie aus den platonischen Akademien der Griechen her wie aus der römischen des Pomponius Laetus in den Jahren um 1470, und man vermutete bei diesem fürstlichen Philosophen einen logenhaften Bund, der an antike Vorbilder anschloß und antiken Überlieferungen folgte. In jenen sich um Pomponius Laetus sammelnden Kreisen waren nicht nur verdächtige Redewendungen, wie die von dem großen Baumeister der Welt im Schwange; man forschte dort auch den Resten des vorchristlichen Roms nach, stieg in die Katakomben hinunter, die zuvor noch nie betreten worden waren, und streifte durch ihre Gänge oder hatte dort unten vielleicht auch Zusammenkünfte, — wenn auch nicht durchaus philosophische und nicht immer nur dem Altertum ergebene, wie ein von ihnen einer ihrer Inschriften beigefügter Satz beweist: Romarum puparum deliciae, (den die spätere Forschung unterschlug).

Und doch war Dr. Stuckeleys Annahme, bei den Maurern seien Überreste von den Geheimnissen der alten Zeit zu finden, nicht in jedem Punkte falsch, es fragt sich nur, was das für Überreste waren oder sind. Ein nicht ganz unwichtiges Relikt hielt dieser Dr. Stuckeley selbst in Händen; er wenigstens war es, der am 24. Juni 1721, bei einem Johannismahl der Logen, eine alte Handschrift sah, und sie sehr bald nach diesem Tage abschrieb, das Cooke-Manuskript. Das Manuskript begann mit einer „Geschichte der Gemetry und Masonry", die ich folgen lasse:

„Gott sei gedankt, unserm glorreichen Vater und Gründer und Bildner von Himmel und Erde und aller Dinge darin ... Wenn ich diese Dinge alle herzählen wollte, das wäre zu lang zu sagen und zu schreiben; deshalb will ich es unterlassen, aber ich werde euch etwas zeigen, nämlich wie und in welcher Weise die Wissenschaft der Geometrie zuerst begann, und wer die Gründer von ihr und von andern Fertigkeiten waren, wie es aufgezeichnet ist in der Bibel und in andern Erzählungen. — Ihr müßt wissen, daß es sieben freie Wissenschaften gibt, durch welche sieben alle Wissenschaften und Fertigkeiten in der Welt zuerst gefunden wurden, insbesondere die Geometrie, denn sie ist die Urheberin von allen, das heißt, die Wissenschaft der Geometrie von allen andern, die es gibt, welche sieben Wissenschaften so genannt werden: was die erste betrifft, welche die Grundlage der Wissenschaften genannt wird, so ist ihr Name Grammatik, die lehrt den Menschen ordentlich sprechen und schreiben, wie es sich gehört. Die zweite ist Rhetorik, und die lehrt den Menschen, regelrecht und schön sprechen. Die dritte ist Dialektik, und diese Wissenschaft lehrt den Menschen, das Wahre vom Falschen zu unterscheiden, und gewöhnlich wird sie Kunst oder Sophistik genannt. Die vierte heißt Arithmetik, welche den Menschen die Fertigkeit der Zahlen lehrt, um zu zählen und die Dinge zu berechnen. Die fünfte ist Geometrie, die lehrt den Menschen Maße und Messungen und das Wägen von Gewichten in allerlei Handwerken. Die sechste ist Musik, die lehrt den Menschen die Kunst des Gesanges nach Tonzeichen und Orgel und Trompete und Harfe und alles andere, was dazu gehört. Die siebende ist Astronomie, die lehrt den Menschen den Lauf der Sonne und des Mondes und anderer Sterne und Planeten des Himmels.

Unsere Absicht ist hauptsächlich, von der ersten Begründung der würdigen Wissenschaft der Geometrie zu handeln und wer die Begründer davon waren. Es gibt sieben freie Wissenschaften, das heißt sieben Wissenschaften oder Fertigkeiten, welche frei in sich selbst sind, welche sieben nur durch die Geometrie leben, und Geometrie heißt so viel wie Messung der Erde. Wundert euch nicht, daß ich sagte, daß alle Wissenschaften nur durch die Wissenschaft der Geometrie leben, denn es gibt kein Kunstwerk und keine Handarbeit, die von Menschenhand hervorgebracht werden, welche nicht durch die Geometrie als die vornehmste Ursache hervorgebracht werden. Wer mit seinen Händen arbeitet, arbeitet mit irgend einem Werkzeug, und es gibt kein Instrument aus Stoffen dieser Welt, welches nicht von einer Art Erde kommt, und es wird wieder zu Erde werden; und jedes Werkzeug hat irgend ein Verhältnis. Verhältnis ist Messung, das Werkzeug ist Erde, und Geometrie heißt Messung der Erde.

Darum kann ich sagen, daß die Menschen alle durch die Geometrie leben, denn alle Menschen hier in dieser Welt leben durch die Arbeit ihrer Hände.

Viel mehr Beweise könnte ich euch sagen, warum die Geometrie die Wissenschaft ist, durch welche alle vernünftigen Menschen leben, aber ich unterlasse es für diesmal wegen der langen Arbeit des Schreibens. Und jetzt will ich in meinem Gegenstande fortfahren: ihr müßt wissen, daß unter allen Künsten der Welt masonry das höchste Ansehen hat und den größten Anteil an dieser Wissenschaft der Geometrie, wie in der Geschichte gesagt wird, zum Beispiel in der Bibel, beim Meister der Geschichten (Petrus Comestor) und im Polychronicon (Ranulph Higden), einer bewährten Chronik, auch bei den Lehrern der Geschichte: Beda, De imagine mundi (Honorius von Autun), Isidor und Methodius. Und viele andre sagen, daß masonry hauptsächlich von der Geometrie sei, wie man meines Bedünkens wohl sagen kann, denn sie ist die erste Fertigkeit, die erfunden wurde, wie aufgezeichnet ist in der Bibel im vierten Kapitel der Genesis. Und auch alle vorher genannten Lehrer stimmen dem bei; einige von ihnen sagen es offener und deutlicher, ganz wie es in der Bibel die Genesis sagt.

In gerader Linie von Adam abstammend, im siebenten Alter nach Adam, vor Noahs Flut, lebte ein Mann namens Lamech, der hatte zwei Frauen, Ada und Sella. Von Ada bekam er zwei Söhne, Jabal und Jubal. Der ältere Sohn Jabal erfand zuerst Geometrie und masonry, er baute Häuser und heißt in der Bibel Pater habitantium in tentoriis et pastorum, das ist Vater der Menschen, die in Zelten oder Wohnhäusern wohnen. Er war Kains master mason und Leiter aller seiner Arbeiten, als er die Stadt Enoch baute; das war die erste Stadt, die je gebaut wurde, und die baute Kain, Adams Sohn, und gab sie seinem Sohne Enoch und gab der Stadt den Namen seines Sohnes und nannte sie Enoch, und jetzt heißt sie Ephraim. Dort wurde die Wissenschaft der Geometrie und masonry zuerst angewandt und als Wissenschaft und Fertigkeit ausgedacht, und so können wir sagen, daß sie Ursache und Begründung aller Fertigkeiten und Wissenschaften war. Und dieser Mann Jabal wurde auch Pater pastorum genannt. Der Meister der Geschichten sagt und Beda, De imagine mundi, Polychronicon und andere mehr sagen, daß er zuerst eine Verteilung des Landes vornahm, damit jeder seinen eigenen Boden kennen und für sich selbst bearbeiten könnte. Er schied auch die Schafherden, damit jeder seine eigenen Schafe kennen könnte, und so dürfen wir sagen, daß er der erste Begründer jener Wissenschaft war. Und sein Bruder Jubal oder Tubal war der Begründer der Musik und des Gesanges, wie Pythagoras im Polychronicon sagt, und dasselbe sagt Isidor in seinen Etymologien im sechsten Buche; dort sagt er, jener wäre der erste Begründer der Musik und des Gesanges und der Orgel und Trompete, und er fand jene Wissenschaft durch den Klang von dem Gewicht der Hämmer seines Bruders Tubalkain.

Wirklich, wie die Bibel im vierten Kapitel der Genesis sagt, bekam Lamech von der andern Frau Sella einen Sohn und eine Tochter, der Sohn hieß Tubalkain, und die Tochter hieß Naema. Nach dem Polychronicon sagen einige, sie sei Noahs Weib gewesen. Ob das so ist oder nicht, sagen wir nicht bestimmt. Ihr müßt wissen, daß dieser Sohn Tubalkain der Begründer der Schmiedekunst war und anderer Künste in Metall, wie Eisen, Erz, Gold und Silber, wie einige Gelehrte sagen, und seine Schwester Naema war die Erfinderin der Webekunst, denn vor jener Zeit wurde kein Zeug gewebt, sondern man spann Garn und knüttete es und machte sich Kleidung, so gut man konnte, bis jene Frau Naema die Webekunst erfand. Und diese drei vorher genannten Brüder hatten Kenntnis, daß Gott Rache nehmen wollte für die Sünde durch Feuer oder Wasser, und sie sorgten sich sehr, wie sie die Wissenschaften, die sie erfanden, retten könnten. Und sie hielten Rat zusammen, und mit all ihrer Klugheit sagten sie, es gäbe zwei Arten Stein von solcher Güte, daß der eine niemals brennen würde, Marmor genannt, und der andere nicht untergehen würde im Wasser, Ziegelstein genannt. Und so beschlossen sie, alle Wissenschaften, die sie erfunden hatten, auf diese zwei Steine zu schreiben; wenn Gott durch Feuer Rache nehmen wollte, dann sollte der Marmor nicht brennen, und wenn Gott durch Wasser Rache sandte, dann sollte der andere nicht untergehen. Und so baten sie ihren älteren Bruder Jabal, er möchte zwei Säulen aus diesen beiden Steinen machen, das heißt von Marmor und von Ziegelstein, und er möchte alle Wissenschaften und Künste, welche sie erfunden hatten, auf die beiden Säulen schreiben. Er tat es, und darum können wir sagen, daß er der Kundigste in den Wissenschaften war, denn er begann sie zuerst und vollendete sie vor Noahs Flut."

Es folgte dann den biblischen Angaben entsprechend die Nachricht von der Flut. „Die Flut hieß Noahs Flut, denn er und seine Kinder wurden dabei gerettet, und viele Jahre nach dieser Flut, wie die Chronik erzählt, wurden diese zwei Säulen gefunden, und wie das Polychronicon sagt, fand ein großer Gelehrter namens Pythagoras die eine, und der Philosoph Hermes fand die andere. Und sie lehrten die Wissenschaften, welche sie dort geschrieben fanden, weiter.

Jede Chronik und Geschichte und viele andere Schriftsteller und die Bibel besonders zeugen von dem Bau des Turmes zu Babylon, und es steht geschrieben im zehnten Kapitel der Genesis, wie Ham, Noahs Sohn, Nimrod zeugte, und der war ein mächtiger Mann auf Erden und ein starker Mann wie ein Riese und war ein großer König. Der Anfang seines Königreichs war das eigentliche Königreich Babylon und Erech und Akkad und Chalne und das Land Sinear. Dieser selbe Nimrod begann den Turm von Babylon und lehrte seine Werkleute die Kunst der masonry und hatte viele masons bei sich, mehr als vierzigtausend. Und er liebte und pflegte sie gut, und es steht geschrieben im Polychronicon und beim Meister der Geschichte und in andern Erzählungen, und die Bibel bezeugt es im selben zehnten Kapitel, daß Assur, ein naher Verwandter Nimrods, aus dem Lande Sinear zog und die Städte Niniveh und Plateae baute und andere mehr.

Billigerweise sollten wir offen sagen, wie und in welcher Weise die Pflichten der mason craft zuerst begründet wurden und wer ihr zuerst den Namen masonry gab; und ihr sollt auch erfahren, daß im Polychronicon und bei dem Bischof und Märtyrer Methodius erzählt und geschrieben ist, wie Assur, der würdige Herr von Sinear, zum König Nimrod sandte, er möge ihm masons und Werkleute schicken, die ihm seine Stadt bauen helfen könnten. Nimrod sandte ihm dreitausend masons. Und als sie gehen sollten, rief er sie vor sich und sagte zu ihnen: Ihr sollte zu meinem Vetter Assur gehen, ihm eine Stadt bauen zu helfen; seht aber zu, daß ihr gut regiert werdet, und ich werde euch eine charge geben, für euch und für mich nützlich. Wenn ihr zu jenem Herrn kommt, seht zu, daß ihr ihm treu seid wie ihr mir sein würdet, und getreulich eure Arbeit und eure Fertigkeit verrichtet und angemessenen Lohn dafür nehmt, wie ihr verdient, und ferner, daß ihr einander liebt als wäret ihr Brüder, und getreulich zusammenhaltet, und derjenige, welcher die meiste Geschicklichkeit hat, lehre sie seinem Genossen; und seht, wie ihr euch regiert gegen euern Herrn und unter euch selbst, damit ich Ehre habe und Dank dafür, daß ich euch gesandt und euch die Fertigkeit gelehrt habe. Und sie erhielten die charge von demjenigen, welcher ihr Meister und ihr Herr war, und zogen fort zu Assur, und bauten die Stadt Niniveh im Lande Plateas, und andere Städte mehr, welche die Leute Calah und

Euklid

Resen nennen, welches eine große Stadt zwischen Calah und Niniveh ist.
Und in dieser Weise wurde die Kunst der masonry zuerst gestaltet, und
er gab ihr Pflichten als einer Wissenschaft.

Ältere masons, die vor uns waren, hatten diese Pflichten, — wie wir
sie jetzt in unsern Pflichten der Geschichte Euklids haben und die wir
sowohl lateinisch als französisch geschrieben gesehen haben, — für sich
aufgeschrieben. Aber wie Euklid zur Geometrie kam, sollten wir euch
billigerweise erzählen, wie es in der Bibel und in andern Geschichten
aufgezeichnet ist. Im zwölften Kapitel der Genesis erzählt sie, wie
Abrahâm zum Lande Kanaan kam und unser Herr ihm erschien und
sagte: Ich werde deinem Samen dies Land geben. Aber eine Hungersnot
überfiel das Land, und Abraham nahm Sarah, sein Weib, mit sich und ging
nach Ägypten auf die Pilgerschaft; so lange der Hunger dauerte, wollte
er dort verweilen. Und Abraham, wie die Chronik sagt, war ein Weiser
und ein großer Gelehrter und verstand alle sieben Wissenschaften und
lehrte die Ägypter die Wissenschaft der Geometrie. Und dieser würdige
Gelehrte Euklid war sein Schüler und lernte von ihm; und er gab ihr
zuerst den Namen Geometrie, denn obwohl sie vorher schon angewandt
wurde, hatte sie noch nicht den Namen Geometrie. Aber Isidor sagt im
fünften Buche der Etymologien im ersten Kapitel, daß Euklid einer der
ersten Begründer der Geometrie war und ihr den Namen gab; denn in
seiner Zeit war ein Gewässer im Lande Ägypten, das hieß Nil, und es
überflutete das Land so weit, daß die Menschen nicht darin wohnen
konnten. Da lehrte sie dieser würdige Gelehrte Euklid große Wälle und
Gräben machen, um das Wasser abzuhalten, und er maß durch die
Geometrie das Land und teilte es in verschiedene Teile und ließ jedermann seinen Teil mit Wällen und Gräben einschließen; und da wurde es
ein üppiges Land mit allerhand Früchten und jungem Volk, Männern und
Frauen; und es war da so viel Volk jungen Nachwuchses, daß sie nicht
gut leben konnten. Und die Herren des Landes traten zusammen und
hielten Rat, wie sie ihren Kindern helfen könnten, die keinen zuständigen
und ausreichenden Unterhalt zu finden vermochten für sich und ihre
Kinder, denn sie hatten so viele. Und unter ihnen allen im Rat war dieser
würdige Gelehrte Euklid, und als er sah, daß sie alle diese Sache nicht
fertig bringen konnten, sagte er zu ihnen: Wollt ihr eure Söhne in Unterricht geben, so will ich ihnen eine solche Wissenschaft lehren, daß sie stan-
desgemäß davon leben sollen, unter der Bedingung, daß ihr euch mir eidlich
verpflichtet, den Unterricht durchzuführen, den ich für euch wie für sie

587

festsetzen werde. Und der König des Landes und alle Herren genehmigten es einstimmig. Billigerweise wollte jedermann das genehmigen, was ihm selbst nützlich war, und sie gaben ihre Söhne Euklid, sie nach seinem eigenen Willen zu unterrichten, und er lehrte sie die Kunst der masonry und gab ihr den Namen Geometrie wegen der Teilung des Bodens, die er das Volk gelehrt hatte zu der Zeit, wo sie die vorher erwähnten Wälle und Gräben machten, um das Wasser abzuschließen. . . Und er lehrte sie den Söhnen der Herren des Landes, welche er in seinem Unterricht hatte. Und er gab ihnen eine charge, daß sie einander Genosse nennen sollten und nicht anders, weil sie alle dieselbe Kunst trieben und aus demselben edeln Geschlechte geboren und Söhne von Herren wären. Und ferner sollte derjenige, welcher die meiste Fertigkeit besäße, der Leiter der Arbeit sein und sollte Meister genannt werden, und andere Pflichten mehr, welche im Buche der Pflichten geschrieben stehen. Und so arbeiteten sie bei Herren des Landes und bauten Großstädte und Kleinstädte, Burgen und Tempel und Herrensitze.

Zur Zeit, als die Kinder Israels in Ägypten wohnten, lernten sie die Kunst der masonry, und nachdem sie aus Ägypten vertrieben waren, kamen sie in das Land der Verheißung, das wird nun Jerusalem genannt, und es wurde besetzt und die Pflichten wurden gehalten. Und beim Bau von Salomos Tempel, den König David begann, liebte König David die masons sehr und gab ihnen Pflichten, beinahe wie sie jetzt sind. Und beim Bau des Tempels zu Salomos Zeit, wie in der Bibel im dritten Buch der Könige im fünften Kapitel gesagt ist, hatte Salomo achtzigtausend masons bei seinem Werke. Und des Königs Sohn von Tyrus war sein master mason. In andern Chroniken wird gesagt und in alten Büchern der masonry, daß Salomo die Pflichten bestätigte, die sein Vater David den masons gegeben hatte. Und Salomo selbst lehrte sie ihre Gebräuche mit nur wenig Unterschied von den Gebräuchen, welche jetzt üblich sind. Und von dort wurde diese würdige Wissenschaft nach Frankreich gebracht und in viele andere Gegenden. . .“

Das ist eine alte Zunftlegende, vergleichbar etwa der, die bei den Schustern von „Hans von Sagan“ umgegangen ist. Sie soll den Anfang und den alten Glanz des Handwerks erklären und befestigen; deswegen auch tauchen alte Namen, die frühesten der Bibel, auf; die Maurerei ist unter allen Handwerkern das erste, und als das erste, älteste auch das führende, und Könige wie Heroen bedienten sich ihrer und gaben ihr ihre Zunftgesetze, die alten „Pflichten“. Das alles ist handwerksmäßig, denn auch die anderen Zünfte haben solche Sagen und Ansprüche. Was aber an dieser Legende das Neue und Auffällige ist, ist die Verquickung des Handwerks mit der Wissenschaft. Das alte trivium und quadrivium, das heißt die mittelalterlichen Schulwissenschaften spuken im Eingange der Legende. Und aus den sieben Wissenschaften wird eine, — das eigentlich ganz unlogisch, — als die grundlegende und Hauptwissenschaft erklärt: die Geometrie, — und unsere Zunftlegende erhält mit diesem zwei Gesichter, das eine heißt masonry, das andere Geometrie. Die beiden aber werden in einen Konnex gebracht, — die Geometrie jedoch nimmt die beherrschende Stelle ein.

Die Geometrie nimmt überhaupt im Ritual und Schrifttum der Freimaurer, wovon ich unten noch einmal zu sprechen habe, eine entscheidende Stellung ein. Eine der alten Pflichten ist überschrieben: „Hic incipiunt constituciones artis gemetrie secundum Euclydem", und eine andere der Pflichten setzt so ein: „Brüder und Genossen, hier beginnt die edle und würdige Wissenschaft der Free Masons oder Geometrie. . ." Von der legendenhaften Entwicklung der Anschauung wird gesagt, daß Jabal oder Jabel im Buch der Genesis bezeichnet werde als Pater habitantium in tentoriis atque pastorum (4,20). Schon dieses genügte dem Exegeten des Mittelalters, ihn als Verfertiger von Zelten anzusehen; bei Beda im Kommentar zur Genesis heißt er sogar der erste Häuserbauer, primus aedificans domus. Das aber ermutigte unsern Autor zu dem Satze: „Jobelle war aber der erste Mann, der jemals gemetry und masonry erfand und baute Häuser". Wenn er gleich hinterher Zelte „Häuser" nennt, so folgt er damit dem Beispiele Bedas, und daß bei diesem Geschäft die Geometrie in Anwendung kam, entspricht den Anschauungen der kirchlichen Autoren, — wie etwa Hraban in seiner Schrift De Clericorum Institutione sagt, beim Bau der Stiftshütte ebenso wie beim Bau des Tempels sei Geometrie beachtet worden, habe man sie angewendet. — Man wird den letzten Satz nicht eben schlüssig nennen können, der Bau der Stiftshütte und des Tempels hat mit Jubal nichts zu tun und zwischen dem Tempel und den ersten Wohnhäusern war auch für die frühe Zeit ein Unterschied.

Die Geometrie war schon dem Mittelalter eine wichtige Wissenschaft; durch den Kusaner ist sie dann zur allerwichtigsten überhaupt geworden. Er gründete im Idiota alles Philosophieren nur auf Maß und Zahl; nihil certa habemus in nostra scientia nisi nostram mathematicam, und vom

Kusaner geht ebenso eine Linie zu Kopernikus und Galilei, wie sie zu den Ergründern der magia naturalis geht. Bei ihnen ist Geometrie zu einer tiefgewurzelten „philosophischen" Wissenschaft geworden; sie steht in einer Möglichkeit und Reihe mit der Alchemie, mit Paracelsi philosophia adepta, und mit Astrologie, Magie. Sie ist d a s Wissen aller großen Erkenner überhaupt, das Wissen der alten Weisen aus dem weisheitsvollen Morgenlande: Giorgiones so rätselvolles Bild „Drei Magier", (welches nach der Röntgenuntersuchung ursprünglich „die Weisen aus dem Morgenlande" zeigte), läßt einen von den drei Männern Winkelmaß und Zirkel halten, die geometrischen Werkzeuge, — denn er hat alle Tiefen ausgespürt. So stellt die magische Legende sie immer wieder in das Licht, hat Plato die Geometrie doch eine Erfindung des ägyptischen Gottes Thot, des späteren Hermes Trismegistos, des Magiers, genannt. All die soeben genannten Tatsachen legen den Schluß nahe, daß hinter „Geometrie" nicht eine reine mathematische Wissenschaft, sondern daß hinter ihr ein philosophisches Begreifen stehe.

Wenn aber ein solcher Schluß in unser Gesichtsfeld rücken will, erhält die Zunftlegende einen seltsamen und zwiespältigen Ton. Dasselbe Jahrhundert, das in der oft und viel erörterten Geometrie den Schlüssel in die Geheimnisse der Schöpfung finden wollte, begriff Ägypten, das Land der Pyramiden, als das Land, in welchem auch die geheimen Wissenschaften aufgegangen waren. Zwar, Herodot und die Pythagoraslegende hatten stets gegolten, dem fünfzehnten und dem sechzehnten Jahrhundert war jedoch Ägypten mehr als das Land, in dem die Priester fragende Neophyten weihten; ihm war es die Schatzkammer dessen, was man finden wollte. Die Hieroglyphen wurden zu einem umworbenen Bilderalphabet, zu einer Rätselschrift, in welche man sowohl sein eigenes Wissen wie jenes, nach dem man auf dem Wege war, gelesen hat. Und Thot, den man den dreimalgrößten Hermes nannte, — die Tafel des Trismegisten galt dem abendländischen Mittelalter als eine Niederschrift und als der Schlüssel in das heimlichste Geheimnis, als Schlüsselwort der philosophischen Alchemie und der Magie. Pythagoras war ihm der andere große Magier und Philosoph. So mußte wohl dem Jahrhundert des Trithemius, des Paracelsus und des Agrippa von Nettesheim wie des Robert Fludd die maurerische Zunftlegende mehr als ein historisches Dokument, sie mußte ein philosophischer Bericht voll lockend bunter Bilder sein. Die Geometrie und das verschlossene Land der alten Weisen, in dem die Großen nur als Schüler hatten einkehren dürfen, das langte herüber in die graue nüchterne Gegenwart.

Vielleicht gibt eine weitere Klitterung noch ein Licht auf diesen Schluß.

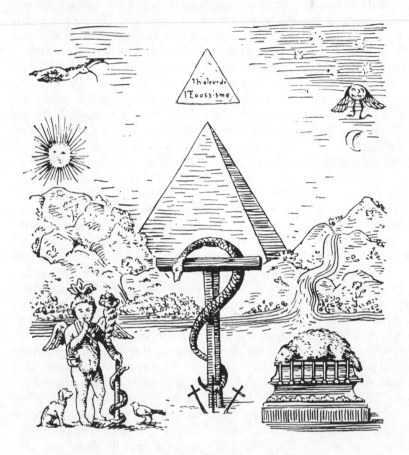

Hochgradsymbole

Man hat die Sage von den zwei Säulen in der maurerischen Legende, die später als Säulen im freimaurerischen Tempeleingang stehen, nach ihrer Herkunft untersucht und dabei quellenmäßig festgestellt, daß die sehr umständliche Erzählung von der angekündigten Strafe Gottes durch Feuer und Wasser von Josephus hergekommen sei. Der spricht von den

Nachkommen Seths und ihren Säulen (I, 4), wie schon die Überschrift zu dem in Frage kommenden Kapitel zeigt: De interfectione Abel per Cain et poena qua mulctatus est Cain, deque duabus columnis, lateritia et lapidea, in quibus conscripserunt filii Adam omnem disciplinam rerum coelestium, quam per se adinvenerunt. Die zweite Hälfte dieses Kapitels gibt dann an, daß Adam nach Abels Ermordung noch sehr viele Söhne zeugte und unter diesen den Seth; der habe streng der Tugend nachgelebt, und seine Söhne seien ihm auch darin gefolgt und hätten deshalb die himmlischen Wissenschaften finden können. Da Adam es aber seinen Kindern und Nachkommen weisgesagt, daß noch ein allgemeiner Untergang — das eine Mal durch Feuer, das andere Mal durch Wasser — kommen und statthaben werde, beschlossen sie, daß ihre Entdeckungen nicht verloren gehen sollten, zwei Säulen, die eine aus Ziegeln und die andere steinern aufzustellen, und schrieben auf beide auf, was sie gefunden hatten, daß, wenn das Wasser die ziegelsteinerne zerstören würde, die andere bliebe und den Menschen das Gefundene überliefere. Die steinerne Säule befindet sich im Lande Syrien. Petrus Comestor oder irgend ein Vorgänger von ihm, der den Josephus liederlich gelesen hatte, verwirrte die Geschichten von Tubal und die von den Säulen, und hatte die beiden von Tubal aufstellen und beschreiben lassen. Hrabanus Maurus, der große karolingische Gelehrte, beging in seinem Kommentar zur Genesis den gleichen Lesefehler. Dann wanderte die Geschichte weiter durch die Chroniken und Annalen. Doch das ist nur der eine, sozusagen nüchterne Zweig der Sage, daneben besteht ein zweiter „philosophischer" Strang der Überlieferung. Die beiden Säulen spielen in der Magie des fünfzehnten wie noch in der des sechzehnten eine ziemlich große Rolle und sind von dort in das pansophische Lehrgut eingedrungen. Und wiederum ergibt sich hier ein zwiegesichtiges Bild. Die Cooke-Handschrift der Pflichten aus dem fünfzehnten Jahrhundert enthält Motive, Züge, termini, die ebenso den philosophierenden Adepten wie den der Pansophie Ergebenen und den magischen Suchern wichtig waren, von neuplatonischen Mystikern und den Kabbalisten ganz zu schweigen. In diesen Legenden aber konnten Sucher wie der Dr. Stukeley, wie Branton und Ashmole, wie jener Eugenius Philalethes junior mit seiner Schrift Long Livers aus dem Jahre 1722 wichtige Dinge finden.

Daß die hier angenommene Entwicklung mit dem wirklichen Verlauf der Dinge übereinstimmt, dafür ist nicht allein der Dr. Stukeley ein

Zeuge. Zwar machen sich in den ersten Jahren mehrere Tendenzen geltend; die Protokolle der Londoner Großloge, die sich 1717 durch den Zusammenschluß von vier bestehenden Londoner Logen bildete, berichten von steten Versuchen, adlige Persönlichkeiten zu gewinnen, und ihre ersten Großmeister lassen auch nicht eben die Annahme zu, daß sie pansophischen Ideengängen lebten. Aber daneben stehen doch auch andere Zeugnisse in Menge. Man braucht da nicht einmal an die Illuminatenzeit, die Jahre der Wöllnerschen Gold- und Rosenkreutzerei zu denken; schon L'Etoile flamboyante schreibt von den Freimaurern diese Verse:

A l'art royal, plein d'un noble ardeur,
ainsi qu'a ses secrets rendons hommage:
tout bon Macon les garde dans le coeur,
et de l'ancienne loge ils sont l'image,

und fügt erläuternd zu: „A l'art royal. Il n'appartient guere qu'aux rois de técompenser les philosophes, d'apprécier leur travail, d'estimer leur science, et de protéger leurs recherches: il ne convient peut-être qu'aux souverains ou aux très-grands seigneurs de se livrer aux essais que l'art d'Hermes exccite à tenter, non que la découverte essentielle soit par elle-même dispendieuse; si l'on en croit Aegidius de Vadés, Avicenne, Paracelse, Bernard Trevisan, Geber l'Arabe, Georges Riplée, Sindivogius Polonois: Morien l'Hermite, Jean Pontanus, Phoenix, Raimond Lulle, Nicolas Flamel et tant d'autres écrivains célebres sur cette difficile matiere; celle qui bien combinée, produiroit l'or philosophique. . ." L'Etoile flamboyante gehört den Zeiten der Aufklärung an, doch der Autor versichert von dem alchymischen Geheimnis auch der Maurer: „Je le crois bien vraiment et de toutes facons."

Man könnte einwenden, daß es sich bei allen diesen Zeugnissen um späte Verlautbarungen handle und daß, was im achtzehnten Jahrhundert geschah, nicht für das wichtigere siebzehnte und sechzehnte beweisend sei. Einem solchen Einwande ist natürlich Rechnung zu tragen; aber bei aller Berücksichtigung desselben wird doch eines bleiben: die Gestimmtheit der Maurerei des achtzehnten Jahrhunderts. Eine Hinneigung zu den geheimen Wissenschaften macht sich dort am ehesten und am deutlichsten bemerkbar, wo von Anfang an eine Gestimmtheit, eine Hinneigung, eine Anlage vorhanden ist. Daß diese Gestimmtheit vorhanden war, dessen sind aber die vorhin schon genannten Namen ein Zeugnis, und dessen ist die Schrift des Eugenius Philalethes junior „Long Livers" von 1722, das heißt fünf Jahre nach dem Zusammentritt der Großloge, ein Zeugnis. „Long Livers: A Curious History of Such Persons of both Sexes who have liv'd several Ages, and grown Young again. With the rare Secret of Rejuvenescency of Arnoldus de Villa Nova, And a great many approv'd and invaluable Rules to prolong Life: As also How to prepare the Universal Medicine. — Most humbly dedicated to the Grand Master, Masters, Wardens and Brethren of the most Ancient and most Honourable Fraternity of the Free-Masons of Great-Britain and Ireland. — By Eugenius Philalethes, F. R. S. Author of the Treatise of the Plague." — Eugenius Philalethes ist ein Pseudonym und die Historiker der Freimaurerei streiten, wer sich dahinter verberge; es muß wohl ein naturwissenschaftlich interessierter Mann gewesen sein, denn er bezeichnet sich als F. R. S. = Fellow of the Royal Society; mehr aber ist heute noch nicht auszumachen. Wir wissen jedoch, und das scheint mir als erstes wichtig, daß dieses Pseudonym in Rosenkreutzer- und pansophischen Kreisen beliebt gewesen ist, wir kennen mehrere pansophische Autoren dieses Namens, — und wichtig ist zweitens, daß diese dem Großmeister, den Meistern und den Brüdern der Freimaurerei gewidmete Schrift alchemischen Inhalts ist und die magia naturalis treibt. Sie lehrt die Herstellung des Steines der Weisen, jenes „unsterblichen, ewigen, nie vergehenden Pyropus, des Königs der Edelsteine, von dem alles ausgeht, was groß und weise und glücklich ist". Und sie beruft sich nicht nur auf Arnald von Villa Nova, den Arzt und Alchemisten und Magier des Papstes Bonifaz VIII., sondern sie spricht — wie weiland Paracelsus — vom langen Leben und dem Gewinn der ewigen Jugend, der Verjüngung, so wie sie auch den rosenkreutzerischen „Liber M" zitiert. Es ist ein rosenkreutzerisches, pansophisches Klima, das uns Philalethes für die ersten Jahre der englischen Großloge bezeugt.

Und es ist auch ein antiquarisches Interesse, — aber „antiquarisch" bedeutet in jenen Jahren mehr als heute, — was den Naturwissenschaftler Ashmole Freimaurer werden ließ: „1646. Oct. 16. 4 H 30' p. m. I was made a Free Mason at Warrington in Lancashire. . ." Unter dem Einfluß des ihm befreundeten Freimaurers William Lilly hat Ashmole sich in den folgenden Jahren mit alchymistischen und verwandten Sachen viel befaßt. Und er berichtet wiederholt von seinen Besuchen bei Lilly und vermerkt unterm 20. Oktober 1651, Lilly habe ihm mehrere alte astrologische Handschriften gegeben. Von ihm erschien um 1650 ein Fasciculus Chymicus, 1652 ein Theatrum Chymicum Britannicum. Ein antiquarisches

Interesse, das heißt, diesmal ein Interesse an Altertümern, trieb Randle Holme in der zweiten Hälfte des siebzehnten Jahrhunderts auch in die Loge: „I cannot but Honor the Felloship of the Masons because of its Antiquity; and the more, as being a Member of that Society, called Free-Masons." — Ich will es mit diesen Zeugnissen genug sein lassen; sie zeigen deutlich, daß die Freimaurerei des siebzehnten Jahrhunderts pansophisch interessierte Menschen an sich zog. Und ihr Erstarken, ihr Aufwachsen und ihr Hervortreten hängt zweifellos mit diesen Bestrebungen der Zeit zusammen. Sie fanden in der Brüderschaft, die Geometrie als ihre Hauptwissenschaft pries und sich auf die Heroen der pansophischen Legende berief, für das, was sie selbst suchten und wollten, einen günstigen Acker. In mancher Hinsicht sogar einen bereiteten Acker.

Ich komme mit dieser Erklärung zu demselben und doch nicht zu demselben Schluß, den manche Historiker der Freimaurerei gezogen haben: „Nicht weniger als alles weist überzeugend darauf hin, daß die Society of the Freemasons sich von der alten Zunftgenossenschaft abgezweigt und schließlich ganz getrennt hat, um endlich in London im Jahre 1717 als erneute Körperschaft an die breite Öffentlichkeit zu treten." Sie hat sich von jener älteren Zunftgenossenschaft getrennt, weil die Bedeutung der Werkmaurerei gesunken war, und weil die Werkmaurer in ihr beinah nichts mehr galten, denn die accepted masons überwogen alle anderen. In diesen accepted masons aber lebte nicht nur, wie die Historiker behaupteten, adeliger und höfischer Geist, sondern vor allem ein antiquarisches und pansophisches Interesse, und lebte, was man im Hinblick auf das sechzehnte Jahrhundert und die Bemühungen der Paracelsi und Kopernici und Gassendi die „Philosophie der Werkstätten" zu bezeichnen pflegte, — wenn, was man wenigstens auch einmal erwägen sollte, die antiquarisch und pansophisch gerichteten Männer jener Jahre, die eine „Philosophie der Werkstätten" trieben, nicht aus antiquarischem Romantisieren nach der für sie so interessanten geometrischen Legende griffen.

Die Steinmetzzunft mit ihren genossenschaftlichen Sitten und Gebräuchen, sowie das Suchen und das Grübeln der pansophischen Philosophen, — das sind die Wurzeln, die den neuen Baum getrieben haben; in welchem Klima er dann aber aufgewachsen ist, davon mag in den folgenden Abschnitten noch die Rede sein.

Es sind über die freimaurerische Arbeit und über die Geheimnisse der Freimaurerei so viele Bücher geschrieben worden, daß es beinahe müßig erscheint, den vielen Aussagen noch eine weitere beizufügen. Es gibt kaum etwas, was in bezug auf das freimaurerische Tun nicht längst bekannt geworden ist, da eine Unzahl von Verräterschriften, seit 1717, in England beginnend, uns vorliegen. Ich nenne von ihnen nur A. Masons Examination 1723; The Secret History of the Free Masons 1724; The Grand Mystery of Free Masons Discover'd 1724; des Abbé Gabriel Louis Calabre Perau: „Le Secret des franc-maçons" 1742, die berühmte Verräterschrift Les Franc-maçons écrasés, die ich aus einem Amsterdamer Druck von 1762 kenne, die über den Mopsorden: L'ordre des Franc-maçons trahi, et le secret des Mopses, Amsterdam 1763; die am meisten bekannte von Karl Friedrich Ebers: Sarsena oder der vollkommene Baumeister, 1816; bis zu den tollen Schwindelschriften des Leo Taxil, (der in Wahrheit Gabriel Jogand Pagés hieß) und dessen erste Les Frères Trois-Points 1885; die tollste: Les Soeurs maçonnes 1891 erschienen, dem sich ein Dr. Bataille (in Wahrheit Hacks) mit: Le Diable au XIXe siècle, zur Seite stellt. Ihm folgte der ärgste Schwindel, Taxils Memoires d'une Expalladiste, bis mit Ludendorff und den wirren Elaboraten seiner zweiten Frau eine neue Welle einsetzte, die freilich nicht mehr Einzelheiten des Rituals oder der Ziele bekanntmachte, sondern den Beweis antreten wollten, den das deutsche Kleinbürgertum am Stammtisch bereits vorgebildet hatte: der Freimaurer ist ein Landesverräter, ein Mörder. Das mündete dann, wie jeder weiß, in die Verfolgungen durch das sogenannte Dritte Reich ein und aus.

Aber es lag mir nicht daran, hier eine Übersicht über freimaurerische Verräterliteratur zu geben, sondern nur zu zeigen, wie oft und wie umfangreich über freimaurerische Dinge geschwatzt worden ist. Mir scheint es wichtiger, weil es am ehesten begreifen läßt, was 1717 zum Zusammenschluß der Logen führte, auf das Ritual, wie es Anfang des achtzehnten Jahrhunderts gehandhabt worden ist, einzugehen. Da wurde also zur

Logenarbeit eingeladen, — damals mit persönlichen Anschreiben, nicht wie es zu Beginn des zwanzigsten Jahrhunderts üblich war, durch eine kleine Anzeige in der Zeitung. Als Ort der Arbeit gilt ein abgeschlossener Raum. Das mußte nicht immer in einem Hause sein; es deutet vielmehr ein heute noch üblicher freimaurerischer Fachausdruck, der von der Arbeit unter freiem Himmel spricht, darauf, daß man sich außerhalb der Häuser versammelt haben mag. In den Statuten der Loge von Aberdeen

Einladung der Loge Key and Garter um 1730

wird 1670 festgelegt: „Wir ordnen an, daß keine Loge in einem gebauten Hause abgehalten werden soll, wo andere Leute wohnen, sondern im freien Felde, ausgenommen bei schlechtem Wetter, und dann soll ein Haus ausgesucht werden, daß niemand uns sehen oder hören kann." Und ganz entsprechend wird über die Aufnahme von Lehrlingen bestimmt, sie habe in der Loge im freien Felde bei den Steinen stattzufinden: at the poynt of the Ness. Über die Tageszeit ist nichts bekannt. Doch hat man aus dem

Umstande, daß auf die Logenarbeit das Dinner folgte, geschlossen, daß wohl der spätere Nachmittag in Frage kam.

Sollte eine Aufnahme stattfinden, eröffnete der Meister die Loge mit einem Gebet. Das lautete etwa so: „Die Macht unseres Vaters im Himmel und die Weisheit seines glorreichen Sohnes, vereint mit der Gunst und der Güte des Hl. Geistes, das sind drei Personen und ein Gott, seien mit uns bei Beginn (unserer Arbeit). Und gebe uns Gnade, daß wir hier unser Leben so einrichten, daß wir in seine Herrlichkeit kommen, die niemals enden soll. Amen." — Nach diesem bringt der Meister vom Stuhl die Zunftlegende zur Verlesung. „Darauf soll einer von den Ältesten das Buch (Bibel) hinhalten und der Aufzunehmende legt die Hand darauf, worauf die Pflichten vorgelesen werden sollen." Der Meister vom Stuhl hält eine kleine Ansprache: „Meine geliebten und geehrten Freunde und Brüder! Ich bitte euch eindringlichst, bei eurer Liebe für eure unsterbliche Seele, bei euerm Glauben und der Wohlfahrt eures Landes, daß ihr sorgsam auf die Befolgung der Artikel achtet, die ich vor diesem Neuling nunmehr vorlesen will. Denn wir sind verpflichtet, sie ebenso zu halten wie er . . ." Nach der Verlesung wird die Eidesformel verlesen: „Diese Pflichten, die wir jetzt alle gehört haben, welche zu den Maurern gehören, wollen wir halten, dazu helfe uns Gott und seine Heiligkeit, bei diesem Buch, das in eurer Hand ist, Amen." — Der Aufzunehmende antwortete nach den 1722er Konstitutionen: „Ich, N. N., verspreche und erkläre in Gegenwart des allmächtigen Gottes und meiner hier anwesenden Gesellen und Brüder, daß ich von jetzt an zu keiner Zeit und auf keine Art und Weise, was immer, direkt oder indirekt, von den Geheimnissen, Eigentümlichkeiten oder Beschlüssen der Bruderschaft oder Gesellschaft der Freimaurer, so weit sie mir jetzt oder späterhin bekannt sein sollten, veröffentlichen, enthüllen, offenbaren oder bekannt machen will. So helfe mir Gott und der wahre und heilige Inhalt dieses Buches." — Der sogenannte fürchterliche Eid bei Gurgel, Herz und Leib wird in den alten Pflichten nicht erwähnt.

Es folgt die Einweihung in die Erkennungszeichen. Schon Robert Plot erzählte 1686 in seiner „Natural History of Stafford-Shire" von der Society of Free-Masons: „Wenn in diese Society jemand aufgenommen wird, berufen sie ein Meeting (oder Lodg, wie sie es an einigen Orten nennen), ein, das zumindest aus fünf oder sechs von den Alten des Ordens besteht, wobei sie die candidates mit Handschuhen, ebenso auch für ihre Frauen, begaben, und geben ihm eine Mahlzeit nach der Sitte des Ortes.

Darauf schreiten sie zur Aufnahme, die hauptsächlich in der Mitteilung gewisser geheimer Zeichen besteht, an denen sie sich überall in der Nation erkennen, durch welches Mittel sie auch überall Aufnahme finden, wohin sie auch reisen. Wenn ein sonst Unbekannter diese Zeichen einem Mitglied

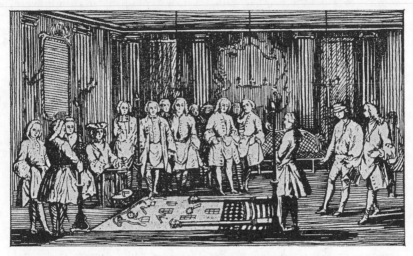

Aufnahme in die Loge / Franz. Darstellung 1744

der Society geben kann, (den sie gemeinhin einen accepted mason nennen), so ist dieser verpflichtet, zu ihm zu kommen, von welcher Loge er sonst auch sein mag, und sei es von der Kirchturmspitze herunter, — so lästig und unbequem es ihm auch fallen möge, — um seine Wünsche zu erfahren und ihm zu helfen."

Die Mitteilung der Erkennungszeichen geschah natürlich unter Eid. Bereits ein Manuskript von etwa 1665 bemerkt: „Es gibt mehrere Worte und Zeichen der Freimaurer, die Ihnen (dem Initianten) nunmehr mitgeteilt werden sollen, wenn Sie vor Gott und dem Tage des Jüngsten Gerichts dafür einstehen, daß Sie dieselben geheim halten und sie keines Menschen Ohr entdecken wollen, es sei denn den Meistern und Genossen der besagten Gesellschaft der Freimaurer. So helf mir Gott!" — Die Erkennungszeichen bestehen aus Zeichen und Worten; vom Zeichen behaupten Verräterschriften, daß besondere Handhaltungen, etwa beim Gruß, üblich seien und daß daneben noch ein besonderes „Notzeichen" existiere; schon um 1697 ist von einem geheimen Zeichen der Maurer, an dem sie sich überall in der Welt erkennen könnten, die Rede und es heißt weiter: „Sie behaupten, daß es so alt ist wie der Turmbau von Babel, als sie einander nicht anders als durch Zeichen verstehen konnten. Andere wollen ihm kein höheres Alter zugestehen als Salomons Zeiten. Wie dem auch sei, wer das Zeichen hat, bringt seinen Maurerbruder zu sich heran, ohne ihn rufen zu müssen." — Das Wort wird nur flüsternd mitgeteilt.

Die Verräterschrift Sarsena berichtet über das Zeichen und das Wort der Lehrlinge: Das Zeichen der Lehrlinge „ist das sogenannte Halszeichen; es deutet auf den Eid, worin es heißt: die Gurgel abschneide. Es wird gemacht, wenn man die Hand ausbreitet, die vier Finger zusammengeschlossen unter das Kinn an den Hals legt, so daß der Daumen unter dem rechten Ohre nach hintenzu steht; man zieht dann die Hand horizontal bis zur rechten Schulter und läßt sie langsam bis zur Hüfte herabgleiten. Das Wort heißt Jakin (Gott hat mich erschaffen). Es wird, wenn sich zwei Brüder zu erkennen glauben, nicht ausgesprochen, sondern buchstabiert. Wenn ein Bruder sagt: ‚Geben Sie mir das Wort!' so spricht der andere: ‚Geben Sie mir den ersten Buchstaben, so gebe ich Ihnen den zweiten'. Dann sagt der erste: ‚J', der zweite ‚a', der erste ‚k", der zweite ‚i', der erste ‚n', der zweite ‚Ja', und der erste ‚kin', dann beide ‚Jakin'. Der Griff ist: man legt, indem man die rechte Hand faßt, den Daumen auf den ersten Knöchel des Zeigefingers und drückt ihn dreimal. Das Paßwort in der Loge und der Name des Lehrlings ist Tubalkain. Das Klopfen der Freimaurer besteht in zwei geschwind aufeinander folgenden Schlägen und einem darauf langsameren. So: . . —". Im Gesellengrad ist nach Ebers das gleiche Zeichen üblich, nur legte man die Hand aufs Herz; das Wort war Boaz und wurde ebenso buchstabiert. Im Meistergrad, behauptet Ebers, sei der Griff außer der Loge, „daß man sich bei der vollen Hand faßt und mit dem mittelsten Finger die Fläche derselben reibt. Das Zeichen ist, daß man die rechte Hand aufs Herz legt und die linke verkehrt vor die Augen hält, so daß der Daumen abwärts hängt. Das Wort ist ‚Adonai'. Es wird wie die andern Losungsworte buchstabiert."

Wie die bisher besprochenen Stücke des Ritus zeigen, ist das freimaurerische kultische Tun sehr stark an überlieferte Gesetzmäßigkeiten gebunden; Ausstattung, Kultgegenstände und Brauchtum haben sich aus älteren Zeiten bis heute erhalten. Das braucht nicht zu verwundern, ist es doch gerade ein Wesentliches jedes kultischen Tuns, daß einmal gültig gewordene Äußerungen fest werden und als richtig gelten. Ich möchte einige dieser kultischen Stücke hier kurz nennen..

Da ist zunächst die maurerische Kleidung. Es wurden vorhin bereits die Handschuhe genannt, die man dem Lehrlinge übergibt. Ursprünglich sind diese Handschuhe eine Abgabe des Lehrlings an die Loge; so heißt es noch 1754: „Niemand darf aufgenommen werden, der nicht ein Paar Handschuhe für jedes Mitglied spendet"; aber schon die Verräterschrift des Perau sagt 1745: „Nach der Ablegung des Eides läßt der Großmeister den Kandidaten neben sich treten, man übergibt ihm sodann den Schurz der Freimaurer. Außerdem übergibt man ihm ein Paar Handschuhe für seinen eigenen Gebrauch, sowie ein Paar Frauenhandschuhe für die Dame, die er am meisten schätzt. Diese Dame kann die Frau des Kandidaten sein, oder ihm sonst auf irgend eine Weise angehören." — Ein kultischer Sinn hat also den Handschuhen ursprünglich nicht geeignet; sie waren eine der früher üblichen „Naturalabgaben", wie man ja auch Pachtzinse, Schulgeld usw. in Naturalien bezahlte.

Wichtiger ist der soeben auch genannte Schurz des Maurers; er stellt in Hinsicht auf die Kleidung sein eigentliches Signum dar; „ein Maurer werden", wird im freimaurerischen Sprachgebrauche als „den Schurz nehmen" ausgedrückt, — wie ja ein Werkmaurer auch nicht ohne Schurz zu denken ist. Ein altes englisches Ritual erklärt die Aufnahme als ein sich mit der weißen Schürze Bekleiden, welche „das unterscheidende Ehrenzeichen des Maurers ist, welches älter ist als der Römische Adler oder das Goldene Vlies, und ehrenvoller als der Stern und das Hosenband oder irgend ein anderer Orden unter der Sonne." — Seitdem als Freimaurerfarbe blau eine größere Rolle spielt, sind Bänder oder Zeichen der Schurze mancher Grade blau.

Viel wichtiger als die Kleidung des Maurers sind aber die eigentlichen kultischen Geräte und der Raum. Ich bin kein Maurer und kann deshalb von diesem nur als Außenstehender sprechen. Nach Bildern, die ich vom „Tempel", das ist dem kultischen Raum der Logen kenne, handelt es sich um einen langgezogenen Rechtecksraum; er mündet im Osten in eine erhöhte Apsis, in der sich (hinter dem Altar) der Meisterstuhl befindet. Im Kuppelraum der Apsis ist das dreieckige Gottesauge angebracht. Der Tempelraum selbst ist mit einem Fliesenfußboden versehen, und an den beiden Längsseiten laufen die Stuhlreihen für die Maurer entlang. Vorn, vom Eintretenden her genommen, erheben sich zwei Säulen, die

Jakin und Boaz heißen. Dahinter, das heißt auf halbem Wege zwischen den Säulen und dem Meisterstuhle, liegt der Teppich.

Die beiden Säulen tragen nach dem Gesellen-Ritual der „Großen National-Mutterloge zu den drei Weltkugeln" die Namen der Erkennungsworte, denn der Meister unterrichtet die Gesellen: „Das Erkennungswort der Gesellen ist der Name der Säule zur Rechten. Gleich dem Erkennungswort der Lehrlinge wird es zunächst nicht ausgesprochen, sondern buch-

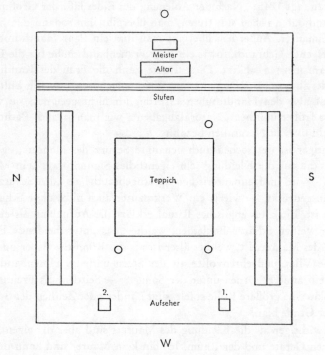

Zeichnung des Tempels

stabiert. Die Gesellensäule zur Rechten ist der Lehrlingssäule zur Linken vollkommen gleich, zum Zeichen, daß die Königliche Kunst dieselbe ist im Gesellengrade wie im Lehrlingsgrad. Aber die Verheißung, die jede Säule durch ihren Namen ausdrückt, lautet verschieden. Die Säule zur Linken spricht zum Lehrling: Er, das heißt der allmächtige Baumeister der Welten, gründet fest, er wird dich aufrichten; die Säule zur Rechten verkündet dem Gesellen: In ihm, das heißt im allmächtigen Baumeister aller Welten, ist Stärke, er wird dich stärken. Wenn die Verheißung der Lehrlingssäule an Ihnen erfüllt ist, meine Brüder, wenn Religiosität und Sittlichkeit die Grundvesten Ihres Wesens bilden, wenn Sie aufgerichtet stehen als Bekenner der Wahrhaftigkeit, dann wird auch die Verheißung der Gesellensäule an Ihnen offenbar werden . . ."

Der Teppich, bemerkt ein freimaurerischer Autor, oder die Symbol-tafel, wird mit einer gewissen gesteigerten Feierlichkeit umgeben. Er wird zu Anfang der Arbeit enthüllt, nach Schluß der Arbeit zusammengefaltet. Er darf nur von bestimmten Personen bei besonderen Anlässen und in ganz besonderer Weise betreten werden. Er ist Gegenstand einer beson-deren Erklärung bei der Aufnahme von Neulingen, — wenn Ebers auch bemerkt, daß der Neuaufgenommene nichts erfahre, als daß man ihm ein paar Figuren zeige, welche Winkelmaß, Senkblei usw. vorstellen, und daß der Teppich den Salomonischen Tempel bedeute. Sonst heißt es, er habe einen bevorzugten Platz in der Logenmitte und drei Lichter umgeben ihn. Aus alledem hat man geschlossen, daß der Teppich mit seinen Zeich-nungen ein Abbild der Loge sei. Ursprünglich, meint man, seien die Sym-bole nicht in einem Teppich gewirkt gezeigt worden, sondern mit Kreide auf den Fußboden gezeichnet und nach beendeter Arbeit mit einem Scheuerlappen wieder „aufgenommen" worden. Anscheinend bezweckte man mit diesen Zeichnungen zweierlei: zuerst gab man ein Abbild der Symbole, die in der Maurerei vorhanden waren und kultische Bedeutung hatten: Kelle und Winkelmaß, Senkblei und Zirkel usw., und zweitens gab man die rituellen Schritte an, welche der Neuling bei der Aufnahme zu gehen hatte.

Daß auf dem Altar stets die Bibel liegt, daß bei der Arbeit Lichter auf ihm brennen, daß die symbolischen Zeichen eine Rolle spielen, das alles deutet schon darauf hin, daß jede Logenhandlung in bestimmten rituellen Formen verläuft. Es ist nicht weiter wichtig, welche von ihnen ich zitiere, weil zwar die einzelnen begleitenden Worte wechseln können, weil aber der Sinn der Handlung stets derselbe ist. Ich gebe deshalb ein Stück des Rituals der Gesellen-Loge, wie es die „Große National-Mutter-Loge zu den Drei Weltkugeln", eine der drei altpreußischen christlichen Logen — die „Frankfurter eklektische" gehörte den humanitären Logen an —, wie also die Drei Weltkugeln es zu üben pflegen:

„Sobald sich die Brüder im Logenzimmer versammelt und ihre Plätze eingenommen haben, spricht der Ordner: Sehr ehrwürdiger vorsitzender Meister, die versammelten Brüder Gesellen sind eingetreten. Hierauf tut der Meister einen starken Hammerschlag auf den Altar, den beide Aufseher wiederholen, und spricht: Brüder Aufseher! Helfen Sie mir eine Unterrichts-Loge im Gesellen-Grad eröffnen!

Meisterstuhl aus dem Jahre 1683

Beide Aufseher: Wir sind bereit. Meister: Bruder Zweiter Aufseher! Was ist Ihre Pflicht, bevor die Loge eröffnet wird?

Zweiter Aufseher: Für die äußere Sicherheit zu sorgen und nachzusehen, ob die Uneingeweihten und Lehrlinge entfernt sind, und die Loge gehörig gedeckt ist.

Meister: Verrichten Sie Ihr Amt, mein Bruder!

Zweiter Aufseher gibt seinen Hammer an einen Bruder Meister, geht ins Vorzimmer, stellt einen dienenden Bruder außerhalb an die Tür, verschließt diese, übergibt den Schlüssel dem wachthabenden Bruder Meister im Innern, tritt wieder auf seinen Platz, übernimmt den Hammer und spricht: Sehr ehrwürdiger Meister! Die Uneingeweihten und die Lehrlinge sind entfernt, die Loge ist gehörig gedeckt, und wir sind in Sicherheit.

Meister: Bruder Erster Aufseher! Was ist nun Ihre Pflicht?

Erster Aufseher: Für die innere Sicherheit zu sorgen und zu prüfen, ob wir alle Maurer und alle Gesellen sind.

Meister: Verrichten Sie Ihr Amt, mein Bruder!

Erster Aufseher: Auf mich! — Auf dies Wort wenden alle Brüder die Augen auf den ersten Aufseher, und die ganze Loge macht das Lehrlingszeichen. — Erster Aufseher: Wir sind alle Maurer! Auf mich!

Die Brüder machen nun das Gesellenzeichen. Halb für sich: Wir sind alle Gesellen! (Alsdann zum Meister): Sehr ehrwürdiger Meister! Die versammelten Brüder haben sich mir als Maurer und als Gesellen zu erkennen gegeben; die Säule Boaz ist unentweiht.

Meister: Welche Zeit ist es?
Erster Aufseher: Es ist Mittag.
Meister: In Ordnung, meine Brüder!
Die Brüder treten ins Gesellenzeichen, der Meister nimmt die Kerze von der Säule Weisheit, zündet sie bei einem der Altarlichter an und bringt sie zu der Säule zurück. Beide Aufseher nehmen die Kerzen von ihren Säulen, zünden sie bei der von der Säule Weisheit an und gehen damit an ihre Plätze zurück. Der Meister steckt die Kerze auf die Säule und spricht: Weisheit leite unsern Bau! Erster Aufseher steckt die Kerze auf seine Säule und spricht: Schönheit ziere ihn! Zweiter Aufseher steckt die Kerze auf seine Säule und spricht: Stärke führe ihn aus!" —

Es mag an diesem ersten Stück genügen, weil es ja hier nicht darauf ankommt, das Ritual in seiner Gänze zu behandeln, sondern weil nur einmal an einer Probe sichtbar werden sollte, wie es voller Bilder ist und welche liturgische Reden in ihm stecken. Es ist ein kultisches Geschehen, das hier sichtbar werden will, ein kultisches Geschehen in einer Männergesellschaft; die Frankfurter eklektischen Logen sagen in ihrem Lehrlingsritual, als sie die Gabe der Damenhandschuhe an den Aufgenommenen begründen: „Die weisen Stifter unseres Bundes haben dem anderen Geschlecht den Zutritt zu unseren Versammlungen versagt. . . Das Große und Wichtige kann der Mann nur in Verbindung mit Männern ausführen." — Und es ist ein das Schweigen und das Geheimnis forderndes Ritual, in welchem dem Menschen in Bildern die Erkenntnisse überliefert werden.

Geometrie

Der Inhalt und die Absicht des freimaurerischen Tuns ist ebenso von Freimaurern wie von Außenstehenden erörtert worden. Das in der Loge von den Brüdern geforderte Schweigen hat nicht verhindern können, daß immer wieder geplaudert worden ist und daß es eigentlich kaum etwas Geheimzuhaltendes mehr gibt. Den letzten Rest des einst Verschwiegenen hat dann das sogenannte Dritte Reich in mehr oder minder verzerrten Formen an die Öffentlichkeit gebracht. Den Sagen vom Teufelsbündnis des Freimaurers, die in den bäuerlichen Schichten des Volkes im neunzehnten Jahrhundert eine große Rolle spielten, fügte es die heutzutage eingängigeren vom internationalen Wesen der Freimaurerei und dem damit verbundenen politischen Verrate bei; der Antisemitismus flocht endlich judengegnerische Züge ein. Ob die Erzählungen vom Landes- und Kriegsverrate, den Maurer getrieben haben sollten, im Dritten Reich an vorderster Stelle standen und die Ursache gewesen sind, die zur Vernichtung und Beseitigung der Logen führten, oder ob die ja meist aus dem Kleinbürgertume gekommenen Führer, die in die nur dem Mittelstande offenen Logen hatten nicht aufgenommen werden können, nun ihre beleidigten Gefühle spielen ließen, ist schwer zu sagen; es ist für unsere Überlegungen auch nicht wichtig. Mir liegt es daran, abseits der vielen Verräterberichte über die Freimaurerei und ihre Ziele, den ersten und ursprünglichen Sinngehalt herauszufinden.

Wenn, wie ich vorhin aufzuzeigen versuchte, im englischen Logenwesen des siebzehnten Jahrhunderts pansophische Gedanken und Versuche wichtig erschienen und diese Gedanken als einzig Greifbares neben dem rein Zunftmäßigen, Werkmaurerischen vorhanden waren, dann hätten sie eigentlich in den ältesten Nachrichten eine große Rolle spielen müssen. Die ersten Konstitutionen und Ordnungen aber wissen nichts von ihnen. Das liegt zunächst und wohl am meisten daran, daß jene alten Konstitutionen vor allem die äußeren Ordnungen und die Rituale zu behandeln hatten, aber wohl auch daran, daß das Pansophische nicht jedem gegeben war. So nahe wie beispielsweise Ashmole oder Warton ihm gestanden haben, standen die braven Handwerker und die Bürger der meisten Logen, die 1717 zusammentraten, ihm wohl nicht. Wir haben ein Zeugnis dafür in der Autobiographie des Mediziners William Stuckeley, der 1720 von sich in dritter Person erzählt: „Seine Neugier brachte ihn dazu, sich in die Geheimnisse der Freimaurerei einführen zu lassen, da er vermutete, daß hier Reste der Mysterien der Alten zu finden seien (His curiosity led him to be initiated into the mysteries of Masonry, suspecting it to be the remains of the mysteries of the ancients)." — Ein solcher Gedanke kann aber doch nur dann entstehen, wenn irgend ein Anlaß dafür vorhanden gewesen ist; es müssen bei den Freimaurern also mysteries behandelt worden sein; die offiziellen Logennachrichten lassen freilich nicht erkennen, wo das vielleicht der Fall gewesen ist.

Die Nähe zum Rosenkreuzerischen ist auch einigen anderen Umständen zu entnehmen. So hat man darauf hingewiesen, daß viele der freimaurerischen Symbole auf einen rosenkreuzerischen, pansophischen Ursprung deuten, — was zum mindesten für etwas, was gleich noch zu besprechen sein wird, stimmt. Sehr deutlich weist auch der Umstand, daß in den 1750er Jahren bereits die Rosenkreutzerei und Alchemie in die Freimaurerlogen Einzug hält, auf eine von Anfang an hinüberreichende Verbindung hin. Der junge Forster, der Sohn des großen Weltumseglers und unglücklich revolutionsbegeisterte Franzosenfreund in Mainz, hat einer solchen Kasseler Loge angehört, und in den Zeiten Friedrich Wilhelm II. von Preußen ist ja das Gold- und Rosenkreutzertum in Preußen aufgeblüht.

Doch wieder zu den vorhin erwähnten pansophischen Symbolen zurück. Ich denke da etwa an die Frankfurter eklektischen Logen und den von ihnen als verbindlich vorgelegten Lehrlings-Katechismus; da lautet eine der Fragen an den Lehrling, — sie bezieht sich auf die Stationen, die er bei seiner Aufnahme absolviert hat: Wie wurden Sie eingelassen? Er gibt zur Antwort: Auf dreimaliges Anklopfen. — Frage: Was bedeutet solches? — Antwort: Die drei merkwürdigen Stellen der Bibel: Suchet, so werdet ihr finden; bittet, so wird euch gegeben; klopfet an, so wird euch aufgetan. Es ist die paracelsische Formel vom Anklopfen und vom Suchen, die in den pseudoparacelsischen Schriften nachlebt (Philosophia mystica), die Weigel und die Pansophen vor und nach ihm aufgenommen haben, und sie ist eins der Symbole für die ganze paracelsische und pansophische Welt gewesen. Entscheidende Bedeutung aber dürfte man wohl der Geometrie zumessen. Sie lebte schon in den Werklogen, wie wir vorhin gesehen haben. Um 1530 gehört sie den sogenannten geheimen Wissenschaften an, da nennt sie Paracelsus neben der Alchemie und Astrologie: „Ich gedenk, daß ich Blumen sah in der Alchemia, vermeinte, das Obst wäre auch da; aber da war nichts. Da aber die Zeit kam, war die Frucht auch da. Viel Fliegens hab ich verloren in der Geometrie . . .“; in allen diesen Wissenschaften und überhaupt kann man nichts übereilen; man muß geduldig warten können, bis etwas reift. Jetzt, fährt er fort, ist es so weit: „Die Zeit der Geometrie ist zum End gangen, die Zeit der Artisterei ist zum End gangen, die Zeit der Philosophie ist zum End gangen. . . Die Zeit des Sommers“, — also der Frucht, der Ernte, ist da. Hier also gehört sie wie die Alchemie (Artisterei) und die Philosophie (Naturbeschreibung) auch den geheimen Künsten an.

Dann taucht sie Ende des achtzehnten Jahrhunderts im maurerischen Bezirke wieder auf. In dem von Ebers mitgeteilten Katechismus der Gesellen „nach dem altenglischen Rituale“, der also noch weiter und möglicherweise bis zum Anfang des achtzehnten Jahrhunderts hinaufreicht,

fragt der Meister: „Was lehrte man euch, als ihr zum Gesellen aufgenommen wurdet?
Antwort: Die Bedeutung des Buchstabens G. — Frage: Was bedeutet dieser Buchstabe? — Antwort: Geometrie, oder die fünfte Wissenschaft, so dem Maurer am notwendigsten ist." — Geometrie ist also eine Wissenschaft der Maurer, der Werkmaurer, und ebenso eine solche der Pansophen. Das läßt, wenn der von Ebers mitgeteilte Katechismus wirklich ins altenglische Ritual hinaufreichen sollte, vermuten, was eigentlich die Freimaurerei entstehen ließ: die Maurer wie Pansophen trieben „Geometrie"; in diesem beiden Gemeinsamen fanden sie zusammen. Ich glaube deshalb, daß wir mit Recht vermuten dürfen, es sei in jenen ersten, frühen Logen — vielleicht nicht überall — doch aber maßgebend „Geometrie" getrieben worden. Es sei in diesen Logen ein pansophisches Fragen laut geworden und ein pansophisches Suchen sei vorhanden gewesen.

Im Katechismus der Meister, den Ebers ebenfalls „nach einem altenglischen Rituale" wiedergibt, wird der zum Meistergrad Beförderte gefragt: „Was wurdet ihr gewahr, nachdem ihr aufgenommen wart? — Antwort: Ein großes Licht, in welchem ich den Buchstaben G bemerkte. — Frage: Was bedeutet dieser Buchstabe? — Antwort: Größe, Herrlichkeit und alles, was ein Sterblicher erkennen soll, und was über euch ist. — Frage: Was kann über mir sein, da ich ein freier Maurer und Meister einer so gut geordneten Loge bin? — Antwort: Gott. Weil der Buchstabe G der Anfangsbuchstabe des Wortes Gott ist, so in vielen Sprachen das höchste Wesen bedeutet."
Der Buchstabe G ist also doppeldeutig; er heißt für die nicht bis zum vollen Lichte Vorgedrungenen „Geometrie", für die des Lichtes Teilhaftigen aber „Gott". Damit wird das vorhin von der Geometrie Gesagte sozusagen unterstrichen; sie ist, weil sie ein gleichlaufendes zu Gott bedeutet, mehr als nur eine bloße mathematische Wissenschaft, mehr als Feldmesserei. Sie steht der Naometria des Württembergers Simon Studion von 1592 nahe, die auch ein mystisches Rechnen, eine Tempelmeßkunst des neuen Jerusalem gewesen ist, — und ist ein Ahnen des mystischen Grundes aller mathematischen Kunst.
Dann aber erscheint mir wichtig, die hier geübte logische Methode zu beachten, denn sie entspricht dem bei den Alchemisten und Pansophen immer wieder sichtbar werdenden Verfahren; in ihren Erörterungen geben sie dem Eingeweihten eine Deutung, die verlockt, dem tiefer Ein-

geweihten aber offenbaren sie einen tieferen Sinn. Gerhardus Dornaeus hat 1583 in einem Clavis totius philosophiae chymisticae, der 1602 als Schlüssel der Chimistischen Philosophie erschien, die beiden Wege aufgezeigt. Da stehen Leib, Seele und Geist vor einem Tor und sehen den Philosophen, welcher fragt: „Was laufft hier für ein seltzamer Gast? — Geist: Drey discipuli der Philosophen. — Philosophus: Was sucht ihr hier? — Geist: Wir wollen Philosophiam lernen. — Philosophus: Die Dinge / die ihr gelernet habt / wolt ihr noch einmal lernen? — Geist: Wir haben bißhero mit übler Speise geweidet / werden nun mit viel anderer und besserer Speise gespeiset werden / dann welcher Kräuter wir bißher seynd gefüttert / haben vns nun zur Lincken / nun zur Rechten gestochen … — Philosophus: Ich höre / daß ihr anderst gelernet seyd / dann vnsere Schule zu lernen pflegt / nun aber / dieweil wir nicht pflegen zu wegern allen / wieviel auch zu vns kommen / so solt ihr auch von vns eingeführet werden …" Da haben wir also die gleiche Methode und das gleiche Wissen um zwei Deutungen oder Weisheiten, eine mindere und eine höhere. Es liegt in dem pansophischen Ansatz, der pansophischen Grundanschauung jener Zeit, die von zwei Wegen oder auch zwei Flügeln spricht. Ficino hat dieses Bild als erster gebraucht und hat Lorenzo il Magnifico die Schwingen gewiesen, eine schwächere, die Erkennen heißt, und eine den Menschen hoch aufsteigen lassende: der mystische Weg zu Gott. Dann haben die Deutschen diesen Weg gesucht, als erster, so will mir scheinen, Paracelsus, nach ihm die paracelsischen und pansophischen Jünger bis auf Valentin Weigel, Jakob Böhme, Angelus Silesius und das Rosenkreutz. Wenn diese Methode in den alten englischen Ritualen sichtbar wird, dann stehen sie in einem engen Denkzusammenhange mit der Pansophie.

Wie sie in einem engen Zusammenhange mit Ficino steht, wenn man nicht besser sagen will, mit dem auch bei Ficino sichtbar werdenden neuplatonischen Gedanken. Den brachte Georgios Gemistos Plethon mit herein, für den die Tatsache, daß Gott der allmächtige Herr und der Beweger der Welt ist, der Tatsache nicht gerecht zu werden scheint, daß er auch der Baumeister (ἀρχιτεκτων) des Hauses ist, das wir bewohnen, und das wir als Ausdruck der göttlichen Vernunft und als Bild der Schönheit zu betrachten haben. Über der Erhaltung und Entwicklung dieses Hauses waltet der „allmächtige Baumeister", nicht bloß als Herrscher, sondern auch als allgütiger Vater seiner Schöpfung und seiner Geschöpfe. Hier stehen als die Objekte des Suchens und des Findens also der „Baumeister" und „Gott" einander gegenüber und sind doch — wenn auch auf verschiedenen Ebenen — eins. Als man Pomponius Laetus 1498 begrub, ward in der Grabrede eines Michael Fernus der Bildner und Erbauer des Alls und höchste Baumeister der Welt zitiert; Laetus war aber des Ficino Freund. Der preußische Domherr Nikolaus Kopernikus hat, als er in Padua studierte, den florentinischen ficinischen Neuplatonismus wie die pythagoräischen Schriften kennen gelernt, und aus dem allen klingt bei ihm die Formel vom Baumeister nach. Als er sein großes Werk De revolutionibus dem Papste Paul III. widmet, spricht er in der Zueignung von dem größten und vollkommensten Baumeister oder fabricator, Gott. Und diese Bezeichnung „Baumeister", die in der Freimaurerei ein Grundstein ihres Systemes und ihrer Bildersprache ist, (die in den heute gebräuchlichen maurerischen Ritualen noch immer steht, wenn auch der handschriftliche Zusatz zu dem sogenannten Lehrlingsritual, den eine eklektische Frankfurter Loge machte, es so formuliert, Gott werde unter dem Sinnbilde eines Baumeisters aller Welten gehuldigt und verehrt), gehört dem vorhin schon charakterisierten Denken an, das neben ein äußeres Erkennen noch ein tieferes setzt. Im Grunde ist es das heute noch die Freimaurerei bezeichnende Verfahren, denn sie gibt ihren Anhängern Vorwürfe, Anlässe oder Bilder, und sie erwartet, daß nun das Denken eines Maurers an den Bildern wächst und in die Tiefe greift.

Was hier als eine Eigentümlichkeit erschlossen wird, die Neuplatoniker und Pansophen mit der Freimaurerei gemeinsam haben, das läßt sich an einem Texte vom Ende des achtzehnten Jahrhunderts anscheinend noch einmal feststellen. In seiner Verräterschrift „Sarsena" teilt Ebers eine Rede mit, die man Neuaufgenommenen in einigen Logen hielt. Sie spielt mit einem alchemistischen Begriff „Materie" und wendet diesen Begriff zu einem zweiten Sinne: „Mein Bruder, man führte Sie, ehe Sie in den Orden aufgenommen wurden, in eine schwarze Kammer; dies geschah darum, um Ihnen zu sagen, daß unsere Materie in einer schwarzen Mutter, in der Erde, eingeschlossen ist. Man nahm Ihnen alles Metall ab; dies geschah zum Zeichen, daß unsere Materie nichts mit Pracht und Geld zu tun hat. Man entkleidete Sie, um Ihnen zu zeigen, daß unsere Materie ebenfalls von ihrer von Natur gegebenen Hülle entblößt werden muß. Man ließ Sie den Schuh niedertreten und die linke Brust entblößen, um damit anzudeuten, daß wir in Demut leben sollen und unser Herz jedem Guten entgegenschlagen müsse. Man verband Ihnen die Augen, zum

610

Zeichen, daß unsere Materie, so helleuchtend und klar sie auch immer in sich selbst ist, nur in einer finstern Wohnung kann gefunden werden.

Die beschwerlichen Reisen, die Sie dreimal machten, das Zureden des Aufsehers und das übrige damit verbundene Zeremoniell bedeuten den Gehorsam, die Treue und die Verschwiegenheit, die Sie Ihren Obern angeloben. Sie belehren Sie zugleich, daß es viel Mühe, Fleiß und Nachdenken, ein gerades Herz und eine offene Seele erfordert, bis man sich zu uns erheben kann. Und endlich zeigen Sie Ihnen durch ihre Stille an, daß man diesen Weg nicht anders als im Stillen und im Geheimen finden kann, und daß man unendliche Beschwernisse und große Proben auszustehen habe und eine feste und männliche Standhaftigkeit zeigen müsse, ehe man dahin gelangt."

Das scheint dasselbe zu sein und ist doch nicht dasselbe. Es wird hier wieder in einem Bilde ein Doppeltes erkannt; wohl greift das Denken zu einem Objekte aus der alchemistischen Sphäre; wohl ist von einem Erheben „bis zu uns herauf" die Rede, — das alles kann aber das Eigentliche dieser Rede nicht verbergen. Sie gibt nicht mehr den einfacheren erkenntnismäßigen und den höheren mystischen Sinn, sie allegorisiert ganz einfach —, und dies Allegorisieren langt nicht aus unsern irdischen Bezirken, über sie, hinauf zu Gott; es nimmt aus Bildern eine Anweisung zur Sittlichkeit. „Unsere Materie", das ist, was der Freimaurer sonst den „unbehauenen Stein" zu nennen pflegt, der Mensch, ehe er an sich und seinem sittlichen Ich gearbeitet hat. Nicht Pracht und Geld, — Demut, Gehorsam und Verschwiegenheit, männliche Standhaftigkeit, das sind die Mittel auf dem Wege zum behauenen Stein. Der Weg zu Gott ist hier der Weg zu einer sittlichen Persönlichkeit geworden. Das klingt noch in den heute gebräuchlichen Ritualen nach. Dasjenige der „drei Weltkugeln" läßt den Bruder Redner im Unterricht zu den soeben aufgenommenen Gesellen sagen: „Sie wurden maurerisch angemeldet, die Tore öffneten sich, und sie erblickten vor sich im Osten den flammenden Stern mit dem Buchstaben G. Prägen Sie sich dieses Sinnbild tief ein, noch oft wird es der Gegenstand Ihres ernsten Nachdenkens sein müssen, dies uralte Zeichen der höchsten Erkenntnis und Vollendung. Der Buchstabe G deutet hier auf Geometrie, als auf diejenige Wissenschaft, ohne welche ein schöner und vollkommener Bau weder angefangen noch vollendet werden kann. Auch war es die Wissenschaft des Maßes und der Zahl, welche zuerst im menschlichen Geist das Ideal einer unwidersprechlichen Gewißheit weckte, Zuverlässigkeit, Ordnung und Bestimmtheit in die Kenntnisse der Natur und in viele wichtige Tätigkeiten des Lebens brachte. Aber nimmermehr können wir auch da mathematische Sicherheit verlangen, wo dem Wissen unüberschreitbare Grenzen gesetzt sind, wo statt ihrer jene zweifellose Gewißheit eintritt, die wir Glauben nennen. Doch immer, meine Brüder, wenn Sie zur Erforschung der Wahrheit nachdenken, geschehe es mit jener inneren Ruhe, mit jenem Streben nach Deutlichkeit der Begriffe, mit der Freiheit von Vorurteilen, mit der Unbefangenheit des Geistes und Herzens, wie man in der Geometrie zu Werke gehen muß. In Ihrem ganzen Leben müssen außerdem Wahrheit und Reinheit für Ihre Grundsätze und Handlungen so bestimmend sein, wie Zirkel und Winkelmaß für die Arbeiten des Baukünstlers . . ."

Wenn jene erste Maurerei aus einem pansophischen Grunde kam und wenn Geometrie ein Tieferes als nur Messen ist und Zählen, jetzt ist der Bund in die Moralität der Aufklärung gewachsen. Jetzt ist „Geometrie" zum Wahrzeichen eines Sittlichen geworden. Jetzt nennen die Lehrlingsrituale des eklektischen Freimaurerbundes die Bibel „das Buch der reinsten Moral" und das des sittlichen Gesetzes.

Was hier aus späteren kultischen Reden hat erschlossen werden können, und was in den Freimaurergesprächen Lessings deutlich sichtbar wird, das kann man bereits der sogenannten „Charge" von 1734 entnehmen, die ich, weil sie die wenigsten Laien kennen, hierhersetzen will:

„Eine kurze Ansprache, wie sie neuaufgenommenen Brüdern gehalten werden soll:

Sie sind nunmehr durch einstimmigen Beschluß unserer Loge Mitglied (fellow) unserer höchstalten und ehrwürdigen Gesellschaft geworden. Alt, indem sie von undenklichen Zeiten her besteht, ehrwürdig, indem sie darauf abzielt, den Menschen so zu gestalten, daß er mit ihren herrlichsten Vorschriften in jeder Beziehung übereinstimme. Die größten Monarchen aller Zeitalter, in Asien sowohl wie in Afrika und Europa, waren Gönner der Königlichen Kunst. Und viele von ihnen saßen als Großmeister über die Maurer in ihren betreffenden Gebieten, und haben keine Verkleinerung ihrer Herrschermacht darin erblickt, wenn sie sich mit ihren Freimaurerbrüdern auf eine Waagrechte begaben und so handelten, wie sie taten. Der Große Baumeister der Welt ist unser höchster Meister, und das untrügliche Gesetz, das er uns gegeben hat, ist, nach dem wir arbeiten.

Religiöse Auseinandersetzungen werden in der Loge niemals geduldet, denn als Maurer folgen wir nur der allgemeinen Religion oder der Religion der Natur. Das ist der Mörtel, der Menschen von den verschiedensten Grundsätzen zu einem heiligen Bande verbindet und solche Menschen zusammenbringt, die sonst von einander am weitesten entfernt wären.

Der Maurer hat drei Hauptpflichten, die er jederzeit im Auge zu behalten hat: gegen Gott, seinen Nachbarn und gegen sich selbst.

Gegen Gott, indem er seinen Namen nur mit jener höchsten Achtung erwähnt, die ein Geschöpf seinem Schöpfer gegenüber schuldet. Und indem er in ihm jederzeit das summum bonum erblickt, das zu erfreuen wir auf die Welt gebracht wurden, und in Übereinstimmung mit dieser Anschauung unser Verhalten danach zu regeln. Unseren Nachbarn gegenüber, indem wir winkelrecht handeln und mit ihnen so verfahren, wie wir es von ihnen für uns wünschen. Gegen uns selbst, indem wir alle Unmäßigkeiten und Ausschreitungen vermeiden, durch die wir außerstande gesetzt werden könnten, unser Werk zu vollenden oder zu einem Betragen verleitet zu werden, das unserem löblichen Berufe nicht zuträglich wäre, indem wir uns jederzeit in gebührenden Schranken halten und frei von jeder Entweihung.

Im Staate hat der Maurer ein friedfertiger und pflichtgetreuer Untertan zu sein, der sich freudig der Regierung, unter der er lebt, unterordnet. Er ist verpflichtet, seinen Höheren schuldige Unterordnung zu erweisen und soll von den Niederen Ehrungen mehr mit einem gewissen Widerstreben empfangen, als sie ihnen abnötigen. Er hat ein Mann von Güte und Mildtätigkeit zu sein, der nicht müßig dasitzt, wenn seine Mitgeschöpfe, und mehr noch, wenn seine Brüder in Bedürftigkeit sind, und hat sie, wenn es in seiner Macht steht, (unbeschadet seiner selbst oder seiner Familie), zu unterstützen.

In der Loge hat er alles schuldige Dekorum zu wahren, damit die Schönheit und Harmonie nicht gestört oder durchbrochen werde. Er hat dem Meister, der den Beamten vorgesetzt ist, gehorsam zu sein, und hat sich selbst eifrig den Geschäften der Maurerei zu widmen, damit er rasch ein Geübter werde, zu seinem eigenen sowie zum Ansehen seiner Loge. Er soll seine eigenen Berufsgeschäfte um der Maurerei willen nicht vernachlässigen, noch auch sich in Streitigkeiten mit Leuten einlassen, die aus Unkenntnis von der Maurerei Übles reden oder sie lächerlich machen. Er soll ein Liebhaber der Künste und Wissenschaften sein und soll alle Gelegenheiten ergreifen, sich selbst hierin zu vervollständigen. Wenn er einen Freund zur Aufnahme als Maurer empfiehlt, muß er dafür bürgen können, daß er wirklich glaube, daß er den vorstehenden Pflichten entsprechen werde, damit nicht durch dessen üble Aufführung die Loge schlimmen Verdächtigungen ausgesetzt sei. Nichts kann überzeugungstreue Maurer mehr verletzen, als wenn sie sehen, daß irgendeiner ihrer Brüder die heiligen Gesetze ihrer Vereinigung herabsetze oder durchbreche. Und sie wünschen, daß einer, der hierzu imstande ist, niemals hätte zugelassen werden sollen."

In dieser Charge wird durchaus deutlich, was der geistige Hintergrund der Maurerei des achtzehnten Jahrhunderts war; sie lebt aus den Gedanken der englischen Aufklärung, denn alles, was diese Epoche auszuzeichnen pflegte, das — letztlich — deistische Bekenntnis, das Sich-Beziehen auf die allgemeine, natürliche Religion, die starke Betonung der Sittengesetze, des moralischen Wertes eines Lebens, der Bürgerstolz, die Achtung des andern Menschen und das Verhältnis zu ihm, — alles das ist ja in jenen Jahren laut geworden. Und Namen wie Shaftesbury, Locke, Toland, Hume, stehen — mehr oder minder deutlich sichtbar — hinter dieser Maurerrede.

Man hat sich daran gewöhnt, die Jahre der Aufklärung als entleerte, flache, nüchterne anzusehen. Wahrhaftig hat sich in jenen Jahrzehnten vieles Dürre breitgemacht, und es gibt hundert und aberhundert Bücher, die wir heutzutage nicht mehr anrühren möchten. Doch diese Jahrzehnte der Aufklärung haben auch alles das gebracht, was man so gern als einen ewigen und jahrtausendealten Besitz der Menschheit anzusehen pflegt: die menschliche Freiheit und das Recht des Menschen auf sein eigenes Denken, das Recht des Menschen auf seinen Glauben und den achtungsvollen Respekt vor jedem echten Glaubenkönnen, den Wert der sogenannten bürgerlichen Tugenden, das sich-in-Schranken-Haltenkönnen und das Wissen um den Wert des eigenen Tuns, die Achtung des Menschen vor dem Menschen, — und indem ich diesen Katalog verzeichne, wird mir bewußt, wieviel von diesem allen bei den Maurern lebt. Wieviel davon sie von den Ihren fordern — und ich begreife, daß manches aus ihren Mündern und aus ihrer Haltung erst zu einer allgemeineren Haltung wurde.

SCHLUSSBETRACHTUNG

Ich möchte mit meinen Überlegungen zu Ende kommen. Zu einem vorzeitigen Ende, denn das angeschnittene Thema verlangte, um allen gerechten Ansprüchen zu genügen, mehr, als ich in diesen verhältnismäßig wenigen Seiten habe geben können. Ich konnte nur immer andeuten, immer nur die Möglichkeiten eines Weges zeigen, Aufgaben für Dutzende und aber Dutzende Untersuchungen stellen. Nun wissen wir freilich, daß wer eine Aufgabe zu stellen weiß, die Lösung der Aufgabe eigentlich schon in Händen hat, weil man die Frage ja nur aus der Antwort finden kann. Und es kann wieder der nur eine Lösung haben, der das Problem in allen seinen Tragweiten schon durchdachte; was fehlt, ist eigentlich nichts weiter als die Niederschrift.

Sie dürfte nicht fehlen; aber alle hier erwogenen Überlegungen niederschreiben und sie dem Leser mitteilen zu wollen, überspannte dessen guten Willen, und deshalb muß es bei den Andeutungen sein Bewenden haben.

Nun könnte man freilich meinen, daß es sich nicht ziemt für das im Vorstehenden Vorgetragene so viel Interesse anzunehmen, wie diese Entschuldigung anscheinend es doch tut; das heutige Leben kenne ja kaum geheime Bünde und stehe deswegen auch den geheimen Kulten völlig fern. Ich bin mir natürlich dieser Eitelkeit durchaus bewußt; ein wenig ist sie vielleicht verzeihlich, denn ich kenne keinen Vater, der nicht sein Kind als ein besonderes vor allen andern ansehen würde. Ich will mich auch ihretwegen durchaus rügen lassen und nicht, wie es in den letzten Jahren leider üblich geworden ist, die Schuld auf andere abwälzen und mich rein und weiß darstellen. Der erste Schritt auf dem getanen Wege war noch ohne alle Eitelkeit: was ich hier vorlege nämlich ist aus Übungen erwachsen, die in den letzten Jahren von mir gehalten worden sind. Aus Übungen in meinem Seminar erwachsen, das will aber sagen, daß ich das hinter den Erscheinungen stehende Problem, das soziologische und volkskundliche, wissenschaftlich wichtig fand, denn man behandelt in den Seminaren doch nur Fragen, an denen die wissenschaftliche Arbeit sich entwickeln soll. Dann wuchsen die Dinge freilich sehr bald in die Weite.

Sie wuchsen deswegen in die Weite, weil die volkskundlichen Probleme zunächst einmal auch zu geschichtlichen Problemen wurden; wir kamen zum Beispiel bei einer Untersuchung schweizerischer Knabenschaften zu Überlegungen, die den „Bundschuh" und den Bauernkrieg betrafen; die Vorgeschichte der Freimaurerei ließ nach Bosch und nach Giorgione wie nach den Akademien des fünfzehnten Jahrhunderts fragen und führte uns in die Geschichte der „Brüder vom freien Geiste" des vierzehnten Jahrhunderts. Und so erhoben sich noch viele diesen ähnliche Fragen. Dann aber schob sich noch eine bisher unbeachtete in den Vordergrund: die nach den vielen geheimen Bünden unserer augenblicklichen Gegenwart. Denn es gibt 1950 nicht nur Bruderschaften oder Orden; auch die Bewegung Hitlers fing einmal im Dunkel an und neben dem Ku Kux Clan im Süden der Vereinigten Staaten von Nordamerika stehen mehr oder minder dem Kino und dem Groschenroman verhaftete geheime Bünde, wie etwa der immer wieder einmal spukende negerische Voduh. All diesen Erscheinungen und noch vielen entsprechenden neben ihnen hätte aber die Volkskunde nachzufragen. Und wir fragen ihnen allen nach. Und fragen den sich in diesen Bünden entwickelnden kultischen Äußerungen nach. Hier werden die von uns aufgenommenen Untersuchungen also „gegenwärtig" und greifen in das von uns gelebte tägliche Leben ein.

Nun hat sich im Laufe der letzten Jahrzehnte eine Ansicht ausgebildet, das wissenschaftliche Arbeiten eigentlich ein Luxus seien, ein Spielerisches und nur für die Leute, die sichs leisten könnten; allein die praktisch nutzbaren Wissenschaften seien not. Von diesen Gedanken ausgehend, scheint was wir getan, ein völlig Sinnloses und bedeutet Zeit- und Geldvergeudung, denn einen praktischen Nutzen gibt das Wissen um den Bauernkrieg und geben Voduh und Freimaurerei und Ku Kux Clan doch nicht. — Wahrhaftig nicht? Vielleicht fällt einem in diesem Augenblicke ein, daß auch die sogenannte „Fünfte Kolonne" im Geheimen schleicht. Und daß ihr „Auftraggeber", der marxistische Bolschewismus, zu einer Art von quasi-kultischen Übungen fortgewachsen sei. Dann würde nach ihr zu fragen, — wenn man sich nicht scheut, an einem „Verpesteten sich die Pest zu holen" (das ist eine Angst, die seit den Jahren des Dritten Reiches alle Regierenden überfällt) —, dann würde nach ihr zu fragen einen praktisch-politischen Nutzen haben; man lernte den Gegner kennen und man spürte seine Schwächen aus. Ich halte von dieser Art von praktischer Wissenschaft nicht viel, denn eine solche Kur wird keine Gefahr austilgen können.

Ich glaube, daß gegnerische Möglichkeiten ganz wo anders liegen. Wer — man verzeihe diesen anscheinend gehässigen Vergleich — sich von der Reblaus geschädigt und gefährdet glaubt, der kann, so weit ich es verstehe, zweierlei versuchen: er spritzt auf die bereits befallenen Weinstöcke irgendwelche Gegenmittel, — das würde den gegen die Fünfte Kolonne angewendeten Maßnahmen entsprechen, — oder er züchtete reblausfeste Weinstöcke, also neue Reben. Die Praxis lehrt, daß alle Reblausspritzunden nicht viel nützen; die wirkliche Hilfe bringt allein der reblausfeste Stock.

Wie aber soll man bolschewismusfeste „Reben" züchten können? Man redet von diesen Versuchen heute bei uns sehr viel und man hat tausend Rezepte, die nur leider nicht viel taugen, weil sie nichts anderes sind als Palliative, nur „fest" machen wollen. Der eine sucht in der Arbeitsbeschaffung eine solche Festigung, der andere im sozialen Wohnungsbau, der dritte in der Liberalisierung, — man fischt nach schnellen Ergebnissen. Aber schnelle Ergebnisse sind Pflanzen, die auf den Stein gesät sind, die beim ersten Strahl aufgehen, und die nach einem zweiten Tage Sonne brennen und verdorren. Sie nehmen die Sonne und ihr tägliches Scheinen nicht so ernst, wie man die Sonne und ihr Scheinen eigentlich nehmen müßte; sie glauben so klug zu sein und das zu können, was die Sonne kann. Wer gegen den Bolschewismus und den Kommunismus kämpfen will, wird ihn ernst nehmen müssen, — muß ihn so ernst nehmen, wie dieser die kapitalistische Wirtschaftsordnung ernst genommen hat. Er reüssierte ja nur, weil er ihn ernst genommen hat; er überwand ihn auf beinahe einem Drittel unserer Erde, weil er ihn ernster nahm, als wir uns heute selber nehmen.

Was aber hat alles das mit diesem unserem Buche zu tun?

Die soziologische Ordnung des bäuerlichen Lebens hieß „der Hof", wer es der volkskundlichen Forschung nicht zu glauben traut, mag es in Otto Brunners „Adligem Landleben" finden und verstehen; die soziologische Ordnung des bürgerlichen Lebens „die Familie". Die Ordnung der kommunistischen Gesellschaft ist das „Kollektiv", — ich setze hier einen der für alle Leser heut geläufigen Namen und meine damit die Arbeitsgemeinschaft und genossengetragene Gruppe. Die sich zu einem bestimmten Zweck zusammenschließende Gruppe „Kameraden", in welcher die Frau dem Manne gleichgeordnet ist. Natürlich sind diese Bestimmungen grobschlächtig, aber seien sie es, weil sie für das, was hier zu sagen ist, genügen. Ich fange bei dem zu-Sagenden mit einer kleinen Überlegung an. Man meint bei uns, die Russen seien nur Zwangskommunisten, die sich, wenn sie es könnten, gern von Stalin lösten; ihr ganzer Kommunismus wäre nur ein äußerliches Tun; man spricht von einer demoralisierten russischen Besatzungstruppe, die man nach ihrer Ablösung in die Quarantäne schicken müßte, — ich habe im Kriege viele Russen und auch Russinnen sprechen können und keiner von ihnen hat den Kommunismus wirklich abgelehnt. Der „Kommissar", das war ein russischer Zwangsarbeiter auf dem Nachbarhofe, sang eines schönen Sommersonntags durch das stille Dorf: Stalin ist ein großer Mann! Hitler ist ein Hund! und das wird man kaum Zwangskommunismus heißen können. Doch will ich um eine Gültigkeit der Redensart nicht rechten. Woran mir liegt ist etwas anderes, — ich begreife den russischen Kommunismus als ein von einer großen Idee getragenes soziales Phänomen. Es ist hier gleichgültig, ob ich diese Idee bejahen will, — wenn ich nur ihr tatsächliches Vorhandensein bejahe, (und wenn ich nicht deshalb, weil ich mich ihr widersetze, das Große an ihr verneine oder ihr Vorhandensein verneine).

Ich werde große Ideen aber nicht mit tagespolitischen Mitteln, mit Arbeitsbeschaffung oder einem sozialen Wohnungsbau bezwingen, — ich werde sie nur durch eine große Idee bezwingen können.

Wo aber, so wird man fragen müssen, gibt es die? Wer die hier eben aufgerissene Situation verstanden hat, — so und so viele haben sie verstanden, — und nun Gegenideen nennt, der bleibt bei den aus den Geschichtsbüchern ihm bekannten stehen. Katholische und protestantische Christen nennen meist das Christentum, Weltkinder die humanitas und die Bürger: liberales Denken, — als ob, was einmal nützte, nun auch immer wieder nützen müsse. Und sie vergessen, daß die „Krankheit" eine neue ist; sie wollen die neue Krankheit mit den früheren Rezepten heilen, die Tbc mit Borsalbe, weil die Borsalbe so gut half, als sie sich vor drei Jahren in den Finger geschnitten hatten. Ja, es wird überhaupt zum Wesen einer müdewerdenden Welt gehören, daß sie die Borsalbe einem neuen Mittel vorziehen wird, weil jedes neue Mittel neues Denken und Anstrengungen verlangt.

Ich habe kein Mittel, das den Kommunismus niederwürfe, — ich glaube jedoch zu wissen, daß ein solches Gegenmittel den innersten Wesenskern des Kommunismus angehen müßte. Wenn das Entscheidende des kommunistischen Tuns im Sozialen liegt und man ihn drum ein soziales Evangelium hat nennen wollen, muß er im Sozialen oder Gesellschaftlichen geschlagen werden. Man kann den Waldbrand nur mit einem Gegenbrande löschen.

Ein Soziales aber, damit komme ich auf unsern Ausgangspunkt zurück, wird nicht aus einem auf der psychologischen Tafel Ausgerechneten, es wird aus unsern eigenen sozialen Bezirken wachsen müssen. Es ist kein Zweifel, daß ich irgend ein Palliativ ausrechnen kann, das die mir unangenehmen kommunistischen Äußerungen paralysiert; es fragt sich nur, ob der zu heilende politische Patient das ihm verordnete Medikament wird schlucken können. Man wird dem Kranken nur ein solches Medikament verschreiben können, das seinem Körper angemessen ist und seiner Konstitution.

Das seinem Körper und seiner Verfassung angemessene Medikament, — von dem in diesem Buche untersuchten Thema her gesehen und mit den hier ermittelten Feststellungen betrachtet, würde das bedeuten, daß wir die soziologisch-psychische Grundhaltung ermitteln müßten und deren Erscheinungsform in der in Frage kommenden Kultur, sowohl in der verworfenen wie in der erwünschten Variante. Die soziale und psychische „Grundhaltung" ebenso der deutschen wie der den deutschen näherstehenden nördlichen europäischen Völker ist wohl als eine „das Männliche Betonende" zu charakterisieren; sie unterscheiden sich damit von mittelmeerischen Völkern. Vielleicht auch von den slavischen, deren Grundhaltung das Gemeinsame, das Mit- und Beieinander beider Geschlechter zu betonen scheint; schon die Zadruga und das Mir kennt keine geschlechtliche Differenzierung. Ich zeigte dann auch, daß in der Grundhaltung der Deutschen die „männlichen Tugenden" stärker in den Vordergrund zu rücken schienen. Es scheint, als ob die mitteleuropäische antikommunistische Aktion die männlich betonten Abwehrkräfte zu aktivieren hätte, — und wer mit offenen Augen in das politische Geschehen blickt, bemerkt, daß dieser Weg in immer neuen Ansätzen eingeschlagen wurde, ob in den bösen Freikorps-Kämpfen in den 20er Jahren, ob in den Bürgerkriegs-Armeen „Stahlhelm" und „Reichsbanner" 1930, ob in den Hitlerschen Formationen, die dann 1933/45 zu willenlosen Werkzeugen in der Hand von Mördern wurden, und daß der Weg in unsern Tagen unbewußt von neuem eingeschlagen wird. Ich hörte in einer Studentenversammlung, als sie anno 1951 die Frage der Remilitarisierung und der Abwehr diskutierte und sich ein starker Prozentsatz zu dem „ohne mich" bekannte, wie eine Studentin aufstand und mit einem einzigen Satz die Stimmen der alle Teilnahme ablehnenden jungen Männer niederschlug; sie fragte: „Und wenn die Bolschewisten hier einrücken werden und es geht zu, wie 1945 es im Osten zugegangen ist, wollen Sie dann zusehen, wie wir Mädchen vergewaltigt werden?" Sie hatte spezifisch männliche Kräfte oder Tugenden angerufen und dieser Anruf machte lebendig, was in Schlaf gelegen hatte.

Das zweite ist dann, daß diese männlichen Vergesellschaftungen durch die jeweilig herrschenden Kulturen ihr Gesicht erhalten: die totemistische führt zu einem bündischen Nahrungszauber; die pflanzerische und die bäuerliche sucht die Fruchtbarkeit; und hinter der bürgerlichen stand ein kapitalistisch intendiertes Wollen; nun wendet die sozialistische Zeit sich dem genossenschaftlichen Tun und dem gemeinsamen Besitz der Produktionsmittel und -werkstätten zu. Genau so gibt „das Religiöse" ihm ein wechselndes Gesicht: vorbäuerliche Bünde und Vergesellschaftungen leben aus dem Zauber; dem Bäuerlichen schreibt die Völkerkunde einen Hochgott zu; die bürgerliche Welt ließ alles „mythische Denken" hinter sich und wandte sich einem durch „Vernunft" geformten Glauben zu, sie setzt an Stelle des persönlichen Gottes wirkende Kräfte, und aus der Schöpfung wollte ihr eine machina mundi werden; der Glaube der sozialistischen Zeit ist aber der sozialisierte Mensch. Und auch die Formen des blutgebundenen menschlichen Zusammenlebens wandeln sich: das engste Sein des bäuerlichen Menschen hieß: der Hof; der bürgerliche Mensch erlebte sich in der „Familie", der sozialistische Mensch sieht „die Gemeinschaft" als notwendige Form. Die Ehe des bäuerlichen Menschen muß „Hofehe" heißen; die bürgerliche Welt entdeckte und forderte „die Liebe"; das nahe Zusammenleben sozialistischer Menschen wird „Begegnung" sein. Ich will die Liste der sichwandelnden Formen und der wechselnden Ausdrucksweisen, in welche die psychisch und sozial bedingten „Grundhaltungen" eingegangen sind, nicht ins Unendliche fortsetzen; meine Untersuchung zeigte ja, daß auch jeweils verschiedene Vergesellschaftungen gewachsen sind. Aus allen diesen Beobachtungen aber ergibt sich nun als Schluß: ist einem die F o r m der oder jener Grundhaltung unangenehm und will man die einem genehmere an ihre Stelle setzen, dann hat zugleich mit diesem Wechsel und Austausch zweier Formen ein Wechsel der diese beiden Formen bedingenden Kulturen statt. Das heißt, wenn einem das handwerklich Gildenmäßige nicht behagt und man die Form der bäuerlichen Nachbarschaften lieber hätte und man sich diesen zuwendet, ohne die bäuerliche Kultur an sich zu bejahen, daß das ein leerer wurzelloser und nichtstaugender Romantizismus wäre; man müßte vielmehr dann nach dem Denken und Wollen „Bauer" werden. (Was freilich noch nicht besagte, daß man einen Hof bebauen und ackern und Korn mähen und den Stier im Stalle füttern müßte.) Man holte mit diesem aber wieder jene bäuerliche Kultur herauf. Man wandelte sozusagen die abzulehnende Kultur in eine andere. In unserm Beispiel: wer den kommunistischen Bolschewismus abtun will, der würde im mittleren Europa eine männliche Haltung aktivieren, um sich so von der slavischen, osteuropäischen abzusetzen. Die „männliche Grundhaltung" ist aber sozusagen ein Begriff; in der realen Welt erscheint sie lediglich in den Formen, die sie im bäuerlichen, im bürgerlichen oder anderem Leben fand. Es scheint mir danach, daß eine Gegnerschaft zwei Möglichkeiten hätte: sie wendet entweder zu der schon gefundenen bürgerlichen Form zurück oder sie gäbe dem Männlichen eine sozialistische, kommunistische Form, weil das die Form der neuen, kommenden Epoche ist. (Das würde vielleicht so etwas wie den jugoslavischen Titoismus geben, den national bedingten und vom Volke her geformten Kommunismus.)

Wahrscheinlich ist aber beides nicht das Richtige. Und es käme darauf an, ein Drittes zu schaffen, das heißt jenem Männlichen eine Form zu geben, die, — wie das bäuerliche und das bürgerliche Wesen schon verschwand, — das kommunistische Denken überwinden und es hinter sich lassen würde.

Ich wollte mit diesem Nachwort keine politische Broschüre schreiben. Ich wollte allein an einem heutigen Beispiel sichtbar machen, wohin die von mir angefangenen Überlegungen führen könnten —: zu einem Begreifen und zu einem politischen Wegesuchen. Ich werde es nicht mehr zeigen müssen, daß dies Beispiel für sehr viele steht, daß man es ebenso auf religiöse und soziale Fragen, daß man es auch auf menschliche, auf die eigensten menschlichen wird anwenden müssen. Wir werden aus dem Zusammenbruch der letzten zwanzig Jahre, der sicher die Wende von der sinkenden bürgerlichen Welt und ihren Formen zu einer neuen, kommenden bedeutet, nicht zu festen Ufern kommen, wenn wir nicht selber um dies neue Ufer Sorge tragen. Um dieses Sorge tragen aber heißt nicht anders, als die das Ufer bedingenden „Grundhaltungen" kennen und verstehen und sich zu diesen Grundhaltungen bekennen und sie formen helfen. Man wird sie jedoch nur aus dem Wissen um die richtungzeigenden Gesetze, die ein volkskundliches Forschen aufgedeckt hat, formen können. Haec mihi non vani narravere senes, schrieb Ovid, und setzte vor hundertfünfzig Jahren Jacob Grimm auf seine „Sagen", und — es ist nicht umsonst, den alten Geschichten nachzufragen und im Vergänglichen die bleibenden Gesetze alles Werdens aufzudecken.

INHALTSVERZEICHNIS

Erster Band

Inhaltsverzeichnis

625

Inhaltsverzeichnis

Zweiter Band

BILDERQUELLEN

Bild 1, 22, 32 und 33 aus Baltzer, Hällristningar från Bohuslän. Göteborg 1881 / Bild 2 und 4 aus dem Handbuch der deutschen Volkskunde Bd. II. Akademische Verlagsanstalt Athenaion, Potsdam o. J. / Bild 3 aus Bernatzik, Owa raha. Bernina Verlag, Wien-Leipzig-Olten 1936 / Bild 5 aus Peuckert, Deutsches Volkstum in Märchen und Sage, Schwank und Rätsel. Walter de Gruyter & Co., Berlin 1938 / Bild 7 aus Sydow, Die Kunst der Naturvölker und der Vorzeit. Propyläen Verlag, Berlin 1923 / Bild 8, 9, 10, 11 und 12 aus Nevermann, Masken und Geheimbünde in Melanesien. Reimar Hobbing, Berlin 1933 / Bild 13 aus Frobenius, Masken und Geheimbünde Afrikas in Nova Acta Bd. LXXIV Nr. 1, Halle 1898 / Bild 14 und 15 aus Meuli, Schweizer Masken. Atlantis Verlag, Zürich 1943 / Bild 16 und 17 aus Evans, The palace of Minos at Knossos, Bd. II. Macmillan & Co., London 1928 / Bild 18 und 27 aus Baumann, Lunda. Würfel Verlag, Berlin 1935 / Bild 19 aus Sieber, Stammeskunde des Harzlandes. Eugen Diederichs, Jena 1928 / Bild 20 und 21 aus Cumont, Die Mysterien des Mithra. B. G. Teubner, Leipzig 1903 / Bild 23 aus Barnabel, La Villa Pompeiana. Rom 1901 / Bild 24 und 28 aus der Zeitschrift Paideuma 1938, Heft 1. O. Harrassowitz, Leipzig 1938—40 / Bild 25 aus Krämer-Bannow, Bei kunstsinnigen Kannibalen der Südsee. Dietrich Reimer, Berlin 1916 / Bild 26 aus Schmidt, Jona. Vandenhoeck & Ruprecht, Göttingen 1907 / Bild 29 und 30 aus Archiv für Anthropologie, Bd. XXIX. Braunschweig 1903 / Bild 31, 36, 37 und 38 aus Liungman, Traditionswanderungen, Teil 1. Helsinki 1937 / Bild 34 aus Graf Baudissin, Adonis und Esmun. Hinrich'sche Buchhandlung, Leipzig 1911 / Bild 35 aus Eisler, Weltenmantel und Himmelszelt. C. H. Beck, München 1910 / Bild 39 und 40 aus Wissel, Des alten Handwerks Recht und Gewohnheit. Ernst Wasmuth, Berlin 1929 / Bild 41, 42 und 44 und Tafel XVIII, XIX und XX aus Lennhoff, Die Freimaurer. Phaidon Verlag, Wien 1932 / Bild 43 und 46 aus Posner, Bilder zur Geschichte der Freimaurerei. Reichenberg 1927 / Tafel I aus den Völkerkunde-Sammlungen der J. u. E. Portheimstiftung in Heidelberg / Tafel II aus Griaule, Arts de l'Afrique Noire. Édition du Chêne, Paris 1947 / Tafel III aus Bossert, Alt Kreta, Kunst und Kunstgewerbe im Ägäischen Kulturkreise. Ernst Wasmuth, Berlin 1921 / Tafel IV aus Vorträge der Bibliothek Warburg, 1923—1924. B. G. Teubner, Leipzig-Berlin 1926 / Tafel V, VIII und IX aus Licht, Sittengeschichte Griechenlands. Aretz Verlag, Dresden-Zürich 1926 / Tafel VI aus der Zeitschrift Atlantis, Jahrgang X. Zürich 1938 / Tafel VII aus Museum Wiesbaden, Germania Romana, Bd. IV / Tafel X, XI und XII aus Maiuri, La Villa dei Misteri. La Libreria delle Stato, 1931 / Tafel XIII aus dem Archäologischen Institut Athen / Tafel XIV aus dem Archäologischen Institut Heidelberg / Tafel XV und XVI aus dem Archiv für Religionswissenschaft, Bd. XXXVII. B. G. Teubner, Leipzig und Berlin 1941 / Tafel XVII aus dem Constitutionenbuch von 1723. Carl Ritter, Wiesbaden 1900.

PERSONEN- UND SACHREGISTER

629

Geschlechtersonderung 37.
218. 220 f.; s. Weib
Gilden 552 ff.
Gilgamesch 439 f. 444. 475
Gleichberechtigung in d.
Jugend 50 f.
Gott nachgehen 491 f.
493 ff. 505. 506. 514 ff.
520 f.
Gott war . . . 527
Grade 302 f. 489 ff. 507 ff.
597 ff.
Große Mutter 240 ff. 273.
275. 279 f. 408 f. 414 ff.;
vgl. Agistis 461 ff.
— Astarte 449 ff.
— Istar 437 ff.
— Eleusis 478 ff.
Grundhaltungen 16. 20.
23 f.

Haberer 20 f. 309 ff. 321
Hamatsa 80 ff.
Hanse 554. 555
Haus in Dämonengestalt
84. 336. 346
Hedemöpel 420
Hekate 275 ff. 483
heldisch 33 ff. 305 ff.
318 ff. 363 ff.
Hermes 410; s. Phallos
Hermione 243 f.; s. De-
meter
Herodias 268. 276 f.
Hexe 117 ff. 191 f. 231.
253. 259 ff. 287
Höllenmotive 530. 541 ff.
Hösln 243. 251. 252
Holle 273. 277
Hollerkuh, Sage 260
ἱερὸς γάμος 454 f. 462.
474 f. 486
Imokult 170. 172 f. 201 f.
Ingiet 176
Initiation 41 ff. 57 f. 59 ff.
80 ff. 94 ff. 133 ff. 153.
179. 225 f. 336 ff. 355 ff.
489 ff. 507 ff. 546. 598 f.
603 f.
Isis 505 ff.
Isisskandal 516 ff.
Istar 415. 437 ff.

Jagdzauber 139 ff. 179.
184 ff.
Jesus Vegetationsgott
532 ff. 548
Johannesevangelium u.
Mysterien 545
Jona 348 ff.
Jugend 28. 40 ff. 54 ff.;
s. Knabenschaft, Mäd-
chenschaft
Ju ju 208 f.

Kaiemunu 71 f. 336 ff.
Khond 380
κίστη 492 ff.
Knabenschaft 22. 31. 40 ff.
319 ff.
— ordnung 44 f. 51 ff. 56 f.
Kolossa, Mysterien-
gemeinde 545 f.
Konegilde 228 f.
Kopfjagd 35 f. 174. 337
Kore 274. 391. 479 ff.
Korintherbrief u. Myste-
rien 545
Kornes (Flachses) Qual,
Sage 447
Kretische Kultur 274 f.
416. 479 ff.
Kriegerbund 39
Kult 9 f.
Kulturen in volkskdl. Sicht
13 ff. 20
Kulturschichtentheorie
13 ff.
„Kulturweiber" 235 f.
Kyrene, Demeterkult 243

Leben verlängern 334
Lekal 182 f. 337
Leopard 64 f. 66. 89. 100.
150 ff. 178 ff. 193 ff.
Loge 579. 597 f.

Mädchenschaft 31. 55 f.
Maenaden 123. 232 ff.
383 f.
Männerbund gegen ma-
triarch. Herrschaft 220.
365
Männerkult (Mithras) 304.
308 ff. 312 ff.

männl. Kultur, Bund 412 ff.
605
Märchen pflanzerzeitl. 33
Mahl, Mahlzeit 169 f. 181.
303 f.; s. Abendmahl
Mailehen 47
Majo 162. 170 f. 375 f. 379.
399
Mana 76 f. 156 ff. 168 ff.
392 ff.
Mandaner 85 f. 184 f.
Marduk 470 ff.
Maske 182 ff. 237. 273.
321 ff.
— bannt Dämon 191.
281 ff. 305 ff.
matriarchale Ordnung 14 f.
33. 153. 154. 161. 184.
417 ff.
Maui 364
Milch u. Honig 470. 544
Mithras 288 ff.
Mohn 270 f.
Monorchie 65. 150 ff.
Mukisch 205
Mutprobe 63 f. 339 ff.
Mutter 506. 520
Mutter Erde 387 ff. 405 f.
Mysterien 436 ff.
— der Artemis 274
— christl. 354. 532 ff.
— d. Dionysos 239
— der Hekate 275
— des Mithras 288 ff.
s. Adonis, Attis, Eleu-
sis, Isis, Orpheus, Osi-
ris, Tamuz
Mysterium 297. 505 f.
536 f.

Nachbarschaften 551 f.
Nachtfreierei 45. 46 ff.
51. 431
Name u. seine Macht 200 f.
Naziräer 448 f.
Neujahrsfest, babylon.
470 ff.
Numinoses 11 f. 204 ff.

Oja-Bussar 206
Opfer 169

Weiberkulte der Arte-
mis 273 f.
— der Demeter 242 ff.
— des Dionysos 238 ff.
— Eleusis 479 ff.
— der Hekate 275 f.
— der Perchten 271 f.
— des Tamuz 437 ff.
— alle Wachstumskulte
242. 249. 266 f. 422 ff.
s. Vegetationskulte
Weibertrunk 249 f.
Weibern verboten 65. 66.
213 f. 215 f. 338 f. 356 ff.

wehrfähiges Alter. 43
Weltenjahr 472
Werfuchs 117 ff. 128
Werwolf 100 ff. 118 f. 196.
239
Widder, astrolog. 470 f.
Wiedergeburt 355 ff.
Wiking 97 ff. 115
wilde Jagd 275. 461
Wissen, geheim 198 ff.
Wolfsriemen, Sage 102.
103. 118 f.

Zagreus 383. 527 f.

Zauberei u. Perchten
305 ff.
— u. Suque 159 f.
zaubr. Denken 76 f.
zerstückt 236 f. 244. 375 ff.
392. 498 ff.
zeugen 29 f.; s. Phallos
Zunft 556 ff.
Zunftlegende 564. 582 ff.
588
Zwang der Maske 74. 90.
116. 193 ff. 346 f.
Zwei Säulen (freimaur.)
591 f. 602 f.

NACHWEISE UND ANMERKUNGEN

In meinen Vorlesungen und Übungen hat mich das Problem der Vergesellschaftung verschiedentlich berührt; es schien mir, daß sich von ihm aus manche sonst unlösbare volkskundliche und religionsgeschichtliche Frage entscheiden ließ. Wenn auch der Volkskundler in völkerkundlichen wie altphilologischen Räumen nur zu Gaste weilen darf, wird ihm doch erlaubt sein hinzunehmen, was sich ihm von dort zur Lösung seiner Rätsel anbietet. Was sich ergab, die Stufung der vegetationskultischen Riten, das Problem der Weiberkulte, das Gegeneinander einer nördlichen männlichen gegen eine vorindogermanische weiblich bestimmte Haltung und noch manches andere, sind Fragen, die ich nach manchem Überlegen den Freunden zur Kritik und Prüfung vorlege. Wenn sie bestehen sollten, werden sie über den Umkreis wissenschaftlichen Erkennens hinaus gültig sein und vielleicht Wege zu weisen vermögen; wäre das der Fall, dann hätte dies Buch seinen schönsten Lohn gefunden, denn es will mir immer deutlicher und gewisser werden, daß unser Tun nicht um des Wissens, sondern um des Lebens willen geschieht.

Durch ein Mißgeschick gingen in der Druckerei einige Notizen des Nachweises verloren; ich habe sie nur notdürftig zu ersetzen vermocht und bitte den Mangel zu entschuldigen.

An Abkürzungen gebrauche ich:

ARw: Archiv für Religionswissenschaft.
HWb: Hans Bächtold-Stäubli, Handwörterbuch des deutschen Aberglaubens 1927 ff.
Baudissin: Wolf Wilh. Graf Baudissin, Adonis und Esmun. 1911.
Becker: Albert Becker, Frauenrechtliches in Brauch und Sitte (Programm d. K. Hum. Gymnas. Zweibrücken 1913).
Bousset, Hauptprobleme: Wilh. Bousset, Hauptprobleme des Gnosis 1907 (Forschungen zur Religion u. Literatur d. Alten und Neuen Testaments H. 10).
Briem: O. Efraim Briem, Les sociétés secrètes de mystères 1941.
— **Fragen:** Efraim Briem, Zur Frage nach dem Ursprung der hellenist. Mysterien (Lunds universitets arsskrift N. F. Adv. 1. Bd. 24 Nr. 5) 1928.
Frobenius, Masken: Leo Frobenius, Die Masken u. Geheimbünde Afrikas 1899.
Jensen: Ad. E. Jensen, Die Beschneidung.
Kern: Otto Kern, Die Religion der Griechen I—III. 1926 ff.
Liungman: Waldemar Liungman, Traditionswanderungen Euphrat — Rhein I. II (Folklore Fellows Communications Nr. 118) 1937.
Mannhardt, Myth. Forschgn.: Wilh. Mannhardt, Mythologische Forschungen 1884, Quellen u. Forschgn. z. Sprach- u. Culturgeschichte Bd. II).
— **WFK:** Wilh. Mannhardt, Wald- und Feldkulte I. II. 1905[2].
Reitzenstein, Erlös.: R. Reitzenstein, Das iranische Erlösungsmysterium 1921.
— **Mysterienrel.:** R. Reitzenstein, Die hellenistischen Mysterienreligionen 1927[3].
— **Poimandres:** R. Reitzenstein, Poimandres 1904.
— **u. Schaeder:** R. Reitzenstein u. H. H. Schaeder, Studien zum antiken Synkretismus 1926 (Studien d. Bibl. Warburg VII).
Ribbe: Carl Ribbe: Ein Sammelaufenthalt in Neu-Lauenburg 1910/12.

Nachweise und Anmerkungen

Schurtz: Heinrich Schurtz, Altersklassen u. Männerbünde 1902.
Weiser: Lily Weiser, Altgermanische Jünglingsweihen und Männerbünde 1927.
Wikman: K. Rob. V. Wikman, Die Einleitung der Ehe (Acta Academiae Aboensis Humaniora XI 1) 1937.
Wirz: Paul Wirz, Die Marind-anim von Holländisch-Süd-Neu-Guinea I—IV (Hamburgische Universität, Abhdlgn. aus d. Gebiet der Auslandskunde Bd. 10 — Reihe B Bd. 6) 1922.

9 Der Mensch muß: J. Kroll, Niedergefahren zur Hölle 1934, 12 f.
10 Nestorian: Liturgie: Ebd. 21
13 In Östergötland: Wikman 348 f.
14 Dalekarlien: Ebd. 349.
20 System der Kulturen: Vgl. H. Kothe, Die Wirtschaftsstufen und ihre zeitliche Eingliederung, in: Die Nachbarn 1, 1948, 72 ff.
23 Clan-Stadium: Edgar Reuterskiöld, Entstehung der Speisesakramente 1912, 87. — Arunta: Ebd. 21 f. Vgl. auch Nilsson, Eleusin. Gottheiten ARw 32, 1935, 118 f.
24 Zwei Gruppen: Schurtz 17. Dagegen Thurnwald: Ztschr. f. Soz. 7, 1931, 390; ferner R. H. Lowie, Primitive Society 1929, 292; M. Haberlandt, Die sozialen Triebe und Organisationen der Frau: Völkerkunde 2, 1926, 147; J. Henning, Die Frau im öffentl. Leben in Melanesien 1936.
26 Am wenigsten bei den Frauen: Schurtz 58. — Mannigfaltigkeit der Einteilung: Schurtz 53 f. — Bescheinigung der Zeugungsfähigkeit: Ebd. 55.
27 Unter einf. Verhältnissen: Ebd. 58. — Überall erscheinen auf d. Erde: Ebd. 74.
28 Wo das überaus verbreitete System: Ebd. 84.
29 Die hier skizzierten Reflexionen: Ebd. 85.
30 Die Einteilung in drei: Ebd. 86.
31 Doch die Bedeutung: Ebd. 88 f.
32 Das Dasein einer starken: Ebd. 90.
33 Das nichterotische Märchen: Will-Erich Peuckert, Deutsches Volkstum in Märchen u. Sage 1939, 57; Ders. Wiedergeburt 1950, 113 f. — Es ist sehr auffällig: Ebd. 123 f.
34 Wapulane: Ad. E. Jensen, Hainuwele 1937, Nr. 51.
35 Kopfjagd-Märchen: Ebd.
37 Zur „Weiberverachtung" des Rüpelalters vgl. die Ausführungen Wikmans über bäuerliche Erotik 354 f.: „Im Bauerntum spielt das Vorstellungs- und Phantasieleben bei weitem nicht die erotisierende Rolle wie in der Hochkultur der europäischen Völker. Wie auf älteren Stufen der Kultur sind auch hier die geschlechtlichen Anreize kräftiger und massiver Natur. Die Reizbarkeit ist schwächer entwickelt und wird sowohl durch die stärker hervortretende Periodizität des Geschlechtslebens als durch die strengen Lebensbedingungen ansehnlich herabgesetzt. Im Leben des Bauern wirkt die strenge körperliche Arbeit auf die sexuellen Impulse stark abstumpfend. Es ist sogar behauptet worden, daß das Geschlechtsleben des Bauern nur ‚eine grobe, naive liebe- und wonnelose Sexualität' sei (L. v. Wiese in M. Marcus, HWb. d. Sexualwissenschaft 302). Dies ist sicherlich falsch. Nur wenn man mit Liebe den romantischen Typus der Liebe meint, der sich in der abendländischen Kultur seit dem Mittelalter entwickelt hat, läßt sich diese Behauptung einigermaßen aufrecht erhalten. Es ist für diesen kulturellen Typus der Liebe durchaus bezeichnend, daß dem Vorstellungsleben eine Bedeutung zukommt, die die geschlechtliche Reizbarkeit erhöht und ihr einen dauerhaften Charakter gibt. Dabei sind die primären Ausdrücke des Kontrektationstriebes ent-

weder gehemmt oder auf den Geschlechtsakt beschränkt. Die Tumeszenz geht schnell in die Detumeszenz über. Die Schwelle der sexuellen Hingebung wird scheinbar erhöht. Aber dies ist nur scheinbar, in der Wirklichkeit haben die primär hemmenden Tendenzen in hohem Maße ihre Bedeutung eingebüßt. Im Gegensatz hierzu sind im Bauernleben die geschlechtlichen Hemmungen zum Teil direkter auf den Geschlechtsakt selbst gerichtet, zum Teil werden sie auch von der herkömmlichen tabuartigen Voreingenommenheit des Bauern gegen alle äußeren Ausdrücke der Liebe gestützt. — Wikman zitiert dazu Havelock Ellis, Studies 3, 261: In order to understand the sexual habits of savages generally there are two points which always have to be born in mind as of the first importance: 1) the checks restraining sexual intercourse among savages, especially as regards time and season, are so numerous, and the sanctions upholding those checks so stringent, that sexual exzess cannot prevail to the same extent as in civilisation; 2) even in the absense of such checks, that difficulty of obtaining sexual erethism which has been noted as so common among savages, when not overcome by the stimulating influences prevailing at special times and seasons, and which is probably in large measure dependent on hard condition of life as well as an insensitive quality of nervous texure, still remains an important factor, tending to produce a natural chastity. Wikman fügt dem bei: Mutatis mutandis gilt genau dasselbe für das Bauerntum des germanischen Europa. — Absonderung der Knaben von den Frauen: Schurtz 99 ff. Neu-Lauenburg: Ribbe 241; Parkinson 567 ff.

38 Akabatala: Ebd. 100 f.

39 Bororó: Karl v. d. Steinen, Bei den Naturvölkern Zentralbrasiliens. — Djebala: Schurtz 299. Vgl. auch ebd. 204 u. Briem 30.

42 Kampasten: Wikman 24.

43 Waffenfähig: Ebd. 25 f.

44 Färnäs: Ebd. 34 f.

46 Es durften sich: Ebd. 349. — Nachtfreierei: Über diese handelt ausführlich Wikmans oben angezogenes Buch.

47 Mailehen: Mannhardt, WFK 1, 1905, 450.

49 Dörfl. Heiratsbereich: Wikman 362 ff. 366 f.

50 Björnsud: Folkminnen och folktankar 28 (1941). — Tendenz zur Gleichberechtigung: Wikman 269 ff.

51 Kriegsfeld: Becker, Frauenrechtliches 14 ff.

55 Mädchenschaft passiv: vgl. Wikman 369 f.

57 Replot: Ebd. 38 f.

58 Leksand: Ebd. 39.

60 Dschaggas: Jensen 157 nach Bruno Gutmann, Recht der Dschagga 1926, 324.

63 Mit dem Hinausziehen: Karl Weule, Negerleben in Ostafrika 1926, 362. — Bis jetzt habt ihr: Junod, Sidschi 1911, 13. — Mambunda: Jensen 21 f. — Kai: Ebd. 88 nach Keysser bei R. Neuhauß, Deutsch-Neuguinea 3. — Duk-Duk: Dazu Ribbe 230 ff.

64 Karesau: Jensen 85 (nach Schmidt im Anthropos 2, 1907). — Papua: Jensen 95 f. — Hellfarb. Jäger: (Jensen 45 nach) Leo Frobenius, Monumenta Terrarum 1929 (Erlebte Erdteile 7), 31 ff.

65 Maduali: Jensen 61.

66 Leopardenbund der Babali: s. S. 179. — Beschneidungstheorien: Vgl. Jensen, ferner Briem 46 ff. — Entmannung: Jensen 50 nach Fr. Bergmann, Origine, Signification et Histoire de la Castration etc.: Archivio per lo studio delle

Tradizioni popolari 2, 1883, 329; noch: Heinrich Schäfer u. Walter Andrae, Die Kunst des alten Orients 1925 (Propyläen-Kunstgeschichte 2), 104.

67 Die Beschneidung ist dort: Jensen 174 f. nach M. Zeller, Die Knabenweihen 1923, 159 f.

68 Pangwe: Jensen 34 nach Günter Teßmann, Die Pangwe 2, 1913.

69 Monumbo: Jensen 86 (nach Vormann, Die Initiationsfeiern der Jünglinge u. Mädchen bei den Monumbo-Papuas: Anthropos 10/11, 1915/16). — Neu-Pommern: Jensen 98 nach R. Parkinson, Dreißig Jahre in der Südsee 1907, 181. — Pangwe: s. S. 68.

70 Die steigende Kultur: Schurtz 99. — Doreh: Ebd. 215.

71 Zusammenfass. Betrachtung: Jensen 70. — Kiwai: Ebd. 95. — Ipi: Ebd. 93. — Pangwe: Ebd. 34. — Marind-anim: Ebd. 81. — Kaiemunu: Ebd. 94 (nach Speiser, Über Initiationen in Australien und Neuguinea: Verhdlgn. Naturforsch. Ges. Basel XI 2. 1929). — Pangwe: Jensen 33. 35.

72 Die geschlechtl. Ausschweifungen: Jensen 160 f.

73 Mambunda: Jensen 24. — Waregga: Ebd. 59. — Bokko u. Tschamba: Ebd. 36. — Magwamba u. Bapedi: Ebd. 54 f. — Bukaua: Lehner bei Neuhauß, Deutsch-Neuguinea 3, 406 ff.

74 fikt: Als fikt bezeichnet v. Sydow nicht glaubensmäßig verankerte volkstümliche Vorstellungen, wie etwa den Storch als Kinderbringer, den „schwarzen Mann", den Osterhasen usw. — Tami: Bamler bei Neuhauß 3, 493 ff. — Maskenerlebnis: s. S. 194. — Nanga: Jensen 103.

75 Bukaua: Ebd. 30.

76 Mana und Orenda: Vgl. die Skizze bei Albert Eskeröd, Årets äring 1948. — Ovaherero: Jensen 53. — Bassonge: Herman Wißmann, Unter deutscher Flagge quer durch Afrika 1889, 139. — Kai: Jensen 88.

77 Durra: Leo Frobenius, Atlantis 5, 143.

78 Juden in Wendel: Richard Andree, Ethnographische Parallelen und Vergleiche N. F. 1889, 168.

80 Feuerland: Jensen 127.

81 Ein wesentlicher Unterschied: Ebd. 127. — Friederici, Die Squaw als Verräterin: Internat. Archiv f. Ethnographie 18, 1908, 123 f.

82 Kwakiutl: Jensen 116 ff. nach Franz Boas, The Social Organization and the Secret Societies of the Kwakiutl Indians (Smithsonian Inst. 1897). — Frau belehrt: Jensen 118. — Eine Frau des Distrikts: Neuhauß 3, 34 f. Vgl. auch Andrew Lang, Custom and Myth 29 ff.; Dieterich, Mithrasliturgie 41; M. A-W. Howitt, Native tribes 509 f. = Briem 54 f.; Ribbe 240 (Duk-Duk).

83 Der Novize gilt: Jensen 118 f. — Der Schrei des Hamatsa: Ebd. 119.

84 Dämonenhütte: Ebd. — Hawinalal: Ebd. 122. — Mandaner: G. Catlin, Die Indianer (deutsch v. Heinrich Berghaus) 1924, 117 ff.

87 Die Aufgaben verschieden: Jensen 118. — Der Knabe ist zuvor: Ebd. 125.

88 Seine Mannen: Ynglingasaga c. 6. — Böthvarr Bjarke: Hrólfssaga Kraka c. 23.

89 Ulfr: Egilssaga c. 1 — Stammbaum: Vgl. Lily Weiser, Altgermanische Jünglingsweihen und Männerbünde 1927, 53 f.

90 Grim: Ebd. 53. — hamast: Ebd. 46. — Björn: Hrólfssaga Kraka c. 20. — Eher Trolle: Hrólfssaga Gautrekssonar c. 16. — Rohes Fleisch essen: Örvaroddssaga c. 18. Vgl. Weiser 55 f.

91 Moldi: Vatnsdoela c. 45. — Thangbrand: Njala. — Fest: Berserker Harald Schönhaars: Weiser 44.

92 Ekstatiker feuerfest: Weiser 77. — Agantyr: Hervararsaga c. 2. — Grettirs Kampf: Grettissaga c. 19. — Svipdag: Hrólfssaga Kraka.

Nachweise und Anmerkungen

93 Arktische Hysterie: Åke Ohlmarks, Studien zum Problem des Schamanismus
1939, 14 ff. — Hallbjörn: Weiser 53.
94 Berserker ein Männerbund: Weiser 43 ff. Gegen Weiser u. Höfler: Clemen,
Altersklassen bei d. Germanen: ARw 35 (1938), 60 ff.
95 Wenn man erfährt: Weiser 61. — Das Gefolge verwildert: Saxo V; Weiser 68.
78 f.
97 Moldi: Svrafdoelasaga c. 7. — Eythjófr: Örvarodd. c. 19. — Die nahe innere
Verwandtschaft: Weiser 62. — Hálfssaga c. 10; Weiser 66.
98 Kein Mann sollte: Jómsvíkinga Saga c. 7; Weiser 67 f.
99 Das allmähliche Abwenden :Weiser 61 f. Vgl. zum Thema Berserker — lykantrho-
pische Kriegsekstase, auch Eisler, Mysteriengedanke 284 ff. und den Nachw.
ebd. 286 Anm. 1 mit Hinweis auf Vigfusson-Powell, Corpus Poet. Boreale
1883. 1, 425; Baring-Gould, Book of the Wer-wolves 36 f. Eisler fügt zu: ,,Mit
der Verwendung solcher nordischer Berserker als Leibgardisten am byzantinischen Kaiserhof sind die bei Aristoph. Lys. 664 und den antiken Lexiko-
graphen erwähnten λυκόποδες als Gardisten des Peisistratos und seiner
Söhne zu vergleichen.
100 Werwolf lat. versipellis, in den nordischen Sprachen ,,Fellwechsler" für Werwolf. Vgl. Pausanias VI 8; Plinius n. h. VIII 22; Augustin, de civ. dei XVIII
17 über die arkadischen Werwölfe des Zeus Lykaios, die ihre menschliche
Tracht an einem Eichbaum aufhingen, in einen See sprangen, ans andere
Ufer schwammen, dort als Wölfe auftauchten, neun Jahre unter Wölfen lebten
und nur, wenn sie währenddessen kein Menschenfleisch gefressen hatten,
dann die alte Gestalt wieder erhielten: Eisler 287 Anm. 1. — Leopardenbund:
Jensen 41. Vgl. auch die werfwolfartige Verwandlung in einen Löwen:
Briem 76 f: La mère de Ryangombe s'appelait Nyawiresi. Dès son enfance
elle avait le pouvoir de se changer en lionne, forme sous laquelle elle déchi-
rait de bétail de ses voisins. Lorsque ses parents s'aperçurent de ces agis-
sements, ils lui ordonnèrent de ne jamais parler de son secret à personne.
Elle se maria, et comme un jour son mari le brutalisait parce qu'elle se
refusait à lui communiquer son secret, elle se changea de nouveau en lionne
et le tua ainsi que toute sa famille. — Björn: oben S. 89. — Ich hörte:
Ella Odstedt, Varulven 1939, 35.
101 Einmal gab es: Ebd. 197.
102 Lappe als Bär: Ebd. 45. — Norddeutschland: Georg Schambach u. Wilh. Mül-
ler, Niedersächsische Sagen u. Märchen 1948 Nr. 198 u. öfters; Ulrich Jahn,
Volkssagen aus Pommern 1886, Nr. 491.
103 Vier Gruppen: R. P. Eckels, Greek Wolf-Lore 1937. — Norwegisch: Odstedt 21.
105 Roter Faden: Karl Bartsch, Sagen, Märchen u. Gebräuche aus Mecklenburg 1,
1879 Nr. 182 II; Schambach-Müller 198 VI; Evald Tang Kristensen, Jyske
Folkesagn 1876 Nr. 104. — Vendenhaimer: Corpus reformatorum XX 552 =
= Ztschr. f. Vk. 1922, 141 = Höfler 28 f.
106 Olaus Magnus, Historia de gentibus septentrionalibus XVIII c. 45. 46 = Höfler 22 ff.
109 Der alte Thieß: Hermann v. Bruiningk, Der Werwolfglaube in Livland, in:
Mittlgn. aus d. livländ. Gesch. 22 (1924/28), 203 ff.
116 Männerbünde vermuten: Weiser 82; Höfler 22 ff. 345 ff. Ich möchte in diesem
Zusammenhang nur noch an Mannhardt WFK 2, 322 erinnern, wo der Werwolf
als Erntedämon erscheint.
118 Hexe in Wustrow: Bartsch Nr. 185. — In Dodow: Ebd. Nr. 181.
119 Wergenstein: Büchli 2, 236 f.

120 Ein Mann saß einst: Luck, Rhät. Alpensagen 63. — Guscha: Jecklin, Volksthümliches aus Graubünden 525. — Langwies: Ebd. 485.

121 Ruis: Ebd. 458 f. — An Wettertanne: Luck 62 f. Vgl. zu diesen hexerischen Füchsen auch Kristensen Nr. 350.

122 Fußnote: Eisler, Orphisch-dionys. Mysterien 281 ff. nach Culloch in Enc. Rel. Eth. 8, 1915, 211 und de Groot 4, 1892 ff., 188 f., Dilthey in Archäolog. Ztg. 31, 90 f.

123 Zaunreiterin: vgl. Nils Lid, Gand og tyre. Festskrift til Hjalmar Falk 1927, 331 ff.; Weiser, Hexe im HWb. Aberglauben. — Sejd: vgl. Golther Reg. und Dag Strömbäck, Sejd 1932.

125 Wenn der Noaide: Johan Turi, En Bog om lappernes liv. Dansk udgave 1911, 87. — Ein mächtiger Angakoq: Krickeberg, Indianermärchen aus Nordamerika 1928 Nr. 2.

127 Hildesheimer Leichenfresserin: Schambach-Müller Nr. 185. — Hexe als Gans: Ebd. 197. — Knecht geritten: Joh. Wilh. Wolf, Deutsche Märchen u. Sagen 1845 Nr. 141.

128 Alb drückt Baum: Richard Kühnau, Schlesische Sagen 3, 1913, Nr. . .

129 Hochwies: Will-Erich Peuckert u. Alfred Karasek, Hochwies 1952. Die Nähe von Alb, Werwolf und Hexe lehrt auch Thiele, Danmarks folkesagn 2, 279; 3, 186. — Menschenfresserei: Grimm DM 1034 f.; Weiser, Hexe, im HWb. Aberglauben.

130 Fanggen: J. u. Ign. Zingerle, Kinder- und Hausmärchen aus Süddeutschland 2, 1854, 51 ff.

131 Eines Tages ging der König: Somadewas Kathasaritsagara oder Ozean der Märchenströme. Erste vollständ. dtsch. Ausgabe v. Albert Wesselski 1, 1914, 291 ff.

133 Hexenhammer: Übers. von J. W. R. Schmidt, 2, 1906, 29 f.

139 circumcisio: Eine Entstehung der Geheimbünde aus Initiationsgeschehnissen nahmen Webster und van Gennep an: Briem 43.

140 Isaaka Menta: Leo Frobenius, Atlantis 7, 112 ff. Vgl. ebd. 7, 52.

143 Kungbuschleute: Viktor Lebzelter, Eingeborenenkulturen in Südwest- u. Südafrika 1934, 33. — Montespan: Herbert Kühn, Kunst u. Kultur der Vorzeit Europas 1923, 466. Vgl. auch ebd. 469 ff. 473 ff. Ferner Salomon Reinach, Cultes mythes et religions I, 1905, 125 ff.

145 Bandakulu: Frobenius, Atlantis. Im Jahre 1905: Leo Frobenius, Ekade Ektab 1937, 57 f. = Ders., Das unbekannte Afrika 34.

147 Djandjarriduga: Leo Frobenius, Atlantis 7, 47 f. Vgl. Briem 76 ff.: Büffel als Weib verlockt Jäger in den Tod.

149 In einem Soroko-Dorfe: Frobenius, Atlantis 7, 53. — Tänze als Zauber: vgl. Preuß, Ursprung der Religion u. Kunst: Globus 86, 1904, 377 ff. Ders. Fruchtbarkeitsdämon. 161 ff. — In dem großen Völkerbecken: Frobenius, Monumenta Terrarum 1929 (Erlebte Erdteile 7), 32 ff.

150 Monorchie: H. Vedder, Die Berg-Dama 1, 1923, 34 ff; Jensen 50 f.

151 Akt wie Tiere: Frobenius, Monumenta Terr. 56. — Sie trinken: Ebd. 39 f. — Mande und Djulla: Ebd. 36. 35.

152 Zwar genießen: Ebd. 35 f. — Sie essen niemals: Ebd. 37 f. — Bischarin: Ebd. 41.

153 Unabhängig von der Frage: Jensen 51.

154 Suque: Codrington, The Melanesians; Felix Speiser, Ethnographische Materialien aus den Neuen Hebriden und den Banks-Inseln 1923; Ders., Südsee Urwald Kannibalen 1913; Hans Nevermann, Masken und Geheimbünde in Melanesien 1933, 145 ff. — Da ein Mann: Speiser Materialien 405.

155 Je höher: Speiser, Materialien 406.
156 Er trug sich: Speiser, Südsee 238 f = Nevermann 146. — Kandidat soll: Speiser, Materialien 407.
157 Mana, let us: R. R. Marett, The Threshold of Religion 1909, 128 f. — Schwed. Schule: Albert Eskeröd, Årets äring 1947, 54. — Mana wohnt: Pfister, im HWb. Aberglauben 6, 1297.
158 Das Prinzip der Suque: Speiser, Materialien 397. — Es beruht: Ebd. 415. Zu den Suque und ihrer Mana-Gewinnung vgl. auch Codrington 101 f.
162 Es war eine Majo-Zeremonie: Wirz 2, 80 f. — Die Erzeugung des Feuers: Ebd. 2, 83 ff.
166 Vestalinnen sind Gottesbräute und erleiden dessen Umarmung. — Feuer gleich sex. Akt: Kuhn, Herabkunft des Feuers 70; Eisler, Mysterien-Gedanken 137; Felix Speiser, Schlange Phallos und Feuer in der Mythologie Australiens u. Polynesiens 1927 (Verhandlgn. naturf. Ges. Basel 38), 219 — 251; vgl. auch ARw 35, 1938, 210. — Wie ich von andr. Seite: Wirz 2, 85.
168 Männer in Waffen zum Fest: Speiser, Materialien 469. — Que la danse: Ebd. 414 nach Le Chartier, La Nouvelle Caledonie et les Nouv. Hebrides 22. — On dit: Speiser 418.
169 Über Smith vgl. Reuterskiöld, Speisesakramente 2 ff. — Die Auffassung: Ebd. 115.
170 Alle diese Brote: Ebd. 121. — Das Essen, das vorkommt: Ebd. 134. — Jevons 1896, 31. Zum Gott-Essen vgl. auch Wiedemann, Die Toten und ihre Reiche im Glauben der alten Ägypter 1900, 18 = Dieterich, Mithrasliturgie 100 f. u. ebd. 102 f. zu Smith. — Kannibalismus ist Mana erwerben: Mannhardt WFK 2, 52. Das ins Mystische erhoben bei Bousset, Hauptprobleme 48 f. — Opfer Tischgemeinschaft mit Gott; wie Smith so Greßmann, ʿΗ κοινωνία τῶν δαιμονίων: Ztschr. f. neutestamentl. Wissensch. 20, 1921, 224 ff.
171 Besteht unter den: Wirz 3, 5. — Bei den jüngst: Ebd. 3, 24. — Es scheinen gew. Mädchen: Ebd. 3, 6. — Auch in andern: Ebd.
172 Imo-Kult: Ebd. 3, 28.
173 Das eigentliche Geheimnis: Wirz 3, 28. — Nachdem die Eingeweihten: Ebd. 3, 29 f. — Bei der Feier: Ebd. 3, 30.
174 In Süd-Guinea: Frobenius, Masken 177.
175 Namensgebung: Wirz 3, 58. — Man begeht wohl: Ebd. 3, 58. So haftet auch den Knochen noch Mana an und man verfertigt aus ihnen Pfeilspitzen; die Knochen Angehöriger hoher Kasten sind besonders wirksam: Speiser Südsee 78 f.
176 Ingiet: Parkinson 558 ff. 602. 609; Ribbe 255. 256; Emil Stephan u. Fritz Graebner Neu-Mecklenburg 1907, 120 f.; vgl. auch 121 ff. — Blut trinken: Parkinson 610; Ribbe 257. — Als ich: Ebd. 123.
178 Akten: Vgl. Percy Ernst Schramm, Deutschland u. Übersee 1950, 144 ff. — Ngoi: Frobenius, Masken 63 f. — Kamalu Ju Ju: Frank Hives u. Gascoigne ʳumley, Ju Ju; übers. v. V. Bohmer.
179 Leopardenbund: Diedrich Westermann, Die Kpelle 1921, 228 ff., besond. 273 ff.
180 Dem gleichen Zweck: Ebd. 282.
181 Bali: Frobenius, Masken 83. — Meli: Frobenius, Masken 76. — Asche: Ebd. 178.
182 Lekal: Nevermann, Masken u. Geheimbünde 121.
184 Die neuere Ethnologie: Meuli, Masken: HWb. Aberglaube 5, 1927 ff. — Die Büffel sind: Catlin, vgl. oben S. 84.
185 Palaeolith. Masken: Herbert Kühn, Kunst u. Kultur der Vorzeit Europas 1923, 469 ff.

Nachweise und Anmerkungen

186 Totenkult Masken: Schurtz 356. — Walapauz u. dgl.: Meuli a.a.O. 1757. — Egungun: Frobenius, Masken 92 f.
187 Kiwai: Landtman 327 ff. — Neu-Mecklenburg: Parkinson, Dreißig Jahre in der Südsee 645 f. 649 f. — Röm. imagines: Meuli 1747. — Dämonen: Parkinson 597. 631. 636. 638. 657; so ist auch der Tänzer in der Hamatsa-Maske vom H. besessen: Reuterskiöld 36; ferner Jensen 145. — Werra: Grimm DM 252 (227). — scheme: Meuli 1766. — egisgrîma: Ebd. 1770. — Isengrim: Ebd. 1771. — Sträggele: Ebd. 1794 f.
188 Sie sind große Zauberer: Frobenius, Masken 55. — hurepiaus: Meuli 1779. — Mabucha: Parkinson 630 f.
189 Mangongo: Frobenius, Masken 61 f. — Ogowe: Ebd. 62. — Egununfest: Ebd. 94.
190 Belli: Ebd. 119. 120.
191 Akisch: Ebd. 36. — In Kibokwe: Ebd. 40.
192 Masca: Meuli 1758 f. — strio: Ebd. 1763. — grîma: Ebd. 1770. — Der Zauberkundige: Grimm DM 2, 873.
193 Die zu der Ausführung: Westermann, Kpelle 281. 273 ff.
194 Leoparden-Totem: Ebd. 274. — Der Krampusmasken-Versuch: Lily Weiser-Aall, Experimentelle Beiträge . . .: Niederdtsch. Ztschr. f. Vk. 13, 1935, 157 ff.
196 Ein Reisender zog: Weiser 22. 21 f.; vgl. ebd. 45 f. — human leopard: Westermann, Kpelle 273.
198 Die Tariana erzählen: Theodor Koch-Grünberg, Indianermärchen aus Süd-Amerika 1927 Nr. 60.
200 Namen der Dema geheim: Wirz 2, 39 ff.
201 Nun weißt du: Ebd. 2, 41. — Namen der Tier-Dema: Ebd. 2, 42 f. — Über den Imo-Kult: Ebd. 3, 26.
202 Ezamkult: Ebd. 3, 40—44.
204 Das Ganze machte: Ebd. 3, 42.
206 Oja-Bussar: Höfler 310 nach Dybeck, Runa 1845. 1, 95.
207 Haberer-Eid: Höfler 310 f.
208 Ich war in Oloko: Hives und Lumley, Ju Ju 90. 92. 112.
209 Purrah: Frobenius, Masken 142. — Ein Kandidat wird: Ebd. 138 f. nach Golberry, Reise durch das westl. Afrika 1804, 41 ff. Vgl. auch Westermann Kpelle 234 ff.
210 Politische und Rechtsbünde: dazu Schurtz 363 f.; Briem 37 ff. usw. Vgl. dazu auch Speisers (Südsee 192) Bemerkung über die Masken auf Ambryn.
211 Mambunda: Jensen 24.
212 Ngosa: Neuhaus Deutsch-Neuguinea 3, 39 f. — Balum: Ebd. 407. 409. — Wajao: Weule, Wissenschaftl. Ergebnisse 30.
213 Diesen Abend: Hier gingen mir einige Belegstellen verloren.
214 Ogowe: Frobenius, Masken 64. — Ein ganz besonderes: Neuhaus 3, 503 f.
215 Mungi: Frobenius, Masken 84; vgl. auch Ribbe 246.
216 Weiber wissen: vgl. auch Ribbe 245 f.
217 Porroh: Jensen 41. — Tapirape: Schurtz 365.
219 Wie immer wieder: Schurtz 353 f. Dagegen P. Wilh. Schmidt u. Koppers, Gesellsch. u. Wirtsch. der Völker 275 ff; H. Trimborn, Das Eingebornenrecht 457.
225 Das hauptsächlichste volkskundliche Material bei Becker; Richard Wolfram, Weiberbünde: Ztschr. f. Vk. 42, 1933. — Weiberhochzeit: Wolfram 140. — Irmelshausen: Becker 23 f. — Rodder: Wolfram 141.
227 Hebammenwahl: Becker 31.
228 Konegilden:Wolfram 143 f.
229 Adhuc de ludis: Ebd. 144 f.
230 Ochsenbach: Becker 25 f.

640

231 Weyher: Ebd. 28; dazu Mannhardt WFK 2, 184[1]. — Fast wäre man: Wolfram: 140 f.

233 Weiberkitz: Becker 23 f. — Pfirt: Ebd. 27. — Zu dem Feste wurden: Ebd. 29.

234 Eigenartige Vorrechte: Wolfram 138. — Die eigentlichen Vorrechte: Ebd. 139.

236 Dionysos: Otto Kern, Die Religion der Griechen, 1, 1926, 227 ff.; Martin P. Nilsson, Griechische Feste von religiöser Bedeutung 1906, 258 ff. — Mykonos: Nilsson 305. — Bockschöre: Ebd. 302 f. — Stiergestalt. Ebd. 262; Mannhardt WFK 2, 62 ff. Die elischen Frauen rufen den heiligen Stier. Möglicherweise heißen diese Dionysospriesterinnen $\beta\acute{o}\varepsilon\varsigma$ und mir erscheint denkbar, daß sie nach ursprünglichstem Sinne den ‚teuren Stier‘ gerufen haben, daß er sie bespringe. Sie rufen dann als Vertreterinnen der Gemeinde den Gott, der im Frühling seine Epiphanie feiert, neu zu zeugen im $\iota\varepsilon\varrho\grave{o}\varsigma \ \gamma\acute{a}\mu o\varsigma$: er solle auch die Weiber befruchten: Dieterich Mithrasliturgie 127. Robert Eisler, Mysterien-Gedanke sah im Bock-, Stier- oder Wildtier- (Fuchs-, Panther)-opfer die Urform des dionysischen Kultdramas: 279. Die Alten erklärten das Bocksopfer an den Dionysien als Strafe dafür, daß das Tier den Weinstock des Gottes benagt hat: 250. Eisler setzt an den Anfang ein Klagelied über die Leiden des Dionysos oder des Weines, entsprechend den Mythen von des „Flachses Qual": 234 ff. Die Schuld am Leiden wird vom Menschen auf ein Tier, hier also den Bock usw., abgeschoben und dieser dafür bestraft: 249 ff. Alle Teilnehmer an der Opferung treten — um die Schuld auf diese Tiere abwälzen zu können — (nach Ausweis des englischen Kinderliedes ‚Who killed cock Robin‘) — als diese Tiere verkleidet auf. „Den Ziegen- bzw. Rehböckchen, die an den Trauben . . . naschen, entsprechen die mit der $\tau\varrho\alpha\gamma\tilde{\eta}$ oder $\alpha\acute{\iota}\gamma\tilde{\eta}$ bzw. dem Wildziegenfell, der $\iota\xi\alpha\lambda\tilde{\eta}$ oder dem Reh- bzw. Hirschkälbchenfell, der $\nu\varepsilon\beta\varrho\acute{\iota}\varsigma$ bekleideten Mänaden und Bakchanten, sowie die bocksgestaltigen Phallostänzer, und richtigen Bocksmasken, die man wenigstens in jüngerer Zeit ‚Satyre‘, früher wahrscheinlich ‚Pane‘ bzw. ‚Silene . . .‘ genannt hat": 260 f. „Weil der Bock die Traube gefressen und ihr ‚Blut‘ getrunken hatte, wurde der Bock geschlachtet, geschunden und sein Blut vergossen. Damit der nach Trauben Lüsterne genug und übergenug bekäme, wurde des Bockes Haut mit Traubenmaisch prall ausgestopft; wie er die Reben niedergetrampelt hatte, wurde nun sein traubengefüllter Leib von Ikarios, dem Kelterer, getreten, bis der letzte Tropfen des Rebenblutes wieder aus ihm herausgepreßt war. Besang die $\tau\varrho\alpha\gamma\omega\delta\acute{\iota}\alpha$ - das dionysische Linoslied (das Eisler 247 zu erschließen versuchte) — in den Formen der ‚Flachses Qual‘ die $\varDelta\iota o\nu\acute{\upsilon}\sigma o\nu \ \pi\acute{\alpha}\vartheta\eta$, den $\delta\iota\alpha\sigma\pi\alpha\varrho\alpha\gamma\mu\acute{o}\varsigma$ des zertretenen, gequetschten, gekochten Traubengottes, so kann sie wohl die Qualen des gemarterten, geschundenen und unter die Füße gestampften Ziegenbockes nicht mit teilnahmslosem Schweigen übergangen haben; besang die $\lambda\iota\nu\omega\delta\acute{\iota}\alpha$ des ‚Flachses Qual‘, so muß der vielumstrittene Namen der $\tau\varrho\alpha\gamma\omega\delta\acute{\iota}\alpha$ daher kommen, daß beim Kelterfest die Chöre um die Wette die Leiden des geopferten Bockes beklagten, den die Sieger in diesem dichterisch-musikalisch-orchestischem $\alpha\gamma\grave{\omega}\nu$ als $\tilde{\alpha}\vartheta\lambda o\nu$ und Festbraten empfingen": 277 f. Dasselbe geschah dem die Rebe zertrampelnden Stier: 279 ff.

237 Nicht mit griech. Kult vergleichbar. Kern 1, 227. — Masken: Nilsson 260. — In den histor. Jh.: Ebd. 263. — Ptolemaios: Ebd.

238 Delos: Ebd. 281. — Noch besser: Ebd. 266. — Semos: Ebd. 265 f. — Rotfig. Scherbe: Ebd. 261 Anm. 2. — Dionysos Phallen: Ebd. 283.

239 Lenäen: Ebd. 275 ff. — Ephes. Frauen: Ebd. 309 Anm. 1. — Bryseai: Ebd. 298.

— Alea: Ebd. 299 f. — Elis: Ebd. 291; Dieterich Mithraslit. 127. — Psycho-
patholog. Deutung: Eisler Mysteriengedanke 220 f. — Dionysos Wachstumsgott: so Nilsson 258 ff. 293.
240 Obszöne Kulte als Frauenkulte: Ebd. 287. — Eine gewisse Ähnlichkeit:
Ebd. 259, vgl. auch 184. 187 f. — Thesmophorien: Ebd. 313 ff. Ders. im ARw
32, 102. (Fest der Saat) — Name: Nilsson 323 f.
241 Frauen saßen: Ebd. 318. — Plutarch: Ebd. 319. — Sehr alt: Nilsson ARw 32. 1935,
88; 35, 114. — Versenken der Ferkel: Ebd. 319 ff. — Lukianscholion: Ebd. 320.
242 Schlangen, Phallen: Ebd. 320; ders. Vater Zeus: ARw 35, 1938, 164 f. —
Aischrologien: Nilsson Feste 322. — Eleusis weiblich: Axel W. Persson, Der
Ursprung der eleusin. Mysterien: ARw 21, 1922, 298 f. — Die Thesmophorien
sind: Nilsson, Die eleusinischen Gottheiten: ARw 32, 1935; s. auch S. 483.
243 Hermione: Mannhardt Mytholog. Forschungen 64 ff; Nilsson Feste 329 f. —
Kyrene: Ebd. 324 f. — Battos: Ebd.
244 Chthonia: Ebd. 329 f. — Namenlose Götter: Persson: ARw 21, 1922, 303. —
Demeter aus Kreta: Persson 308 nach Diodor V 77; vgl. unten S. 479.
246 Große Mutter: Kern 1, 33 f.; dazu Bousset Hauptprobleme 26. 58 ff. 322;
Reitzenstein Poimandres 233.
248 Kinderbrunnen: Schambach-Müller Nr. 81.
249 Dionysos Wachstumsgott: s. S. 239. — Orgien im Freien: Nilsson 291. — Weiber schweifen umher: Ebd. 310. — Verglichen: Ebd. 262. — Chios und Tenedos:
Ebd. 273 f. 306. 308. — In allen Ortschaften: Becker, Frauenrechtl. 27. — Weilheim: Ebd. 25.
250 Weiberkulte: Adolf Staffe, Den Mungo entlang 1941, 108 über den Frauen-
Geheimbund Djengu; die Angehörigen der Frauenorden pflegen, wie Ittmann,
der Kenner des Geheimbundwesens der Bakori, versichert, besonders die
Fruchtbarkeitskulte.
251 Hösln am Gröditzberg: vgl. Wolfram 139 Anm. 2; Mannhardt Myth. Forschgn.
147 Anm. 2 u. 340; (vgl. Ders. WFK 2, 159 über die alle Sinne erregende Erntezeit).
252 Sehr altertümlich: Wolfram 139.
253 Im Großarltal: Ebd. 145 f. — Überall auf den Inseln: Bronislaw Malinowski,
Das Geschlechtsleben der Wilden 1923, 195 f.
254 Reifebräuche: Vgl. die diesbezügl. Darstellungen bei Ploß-Bartels-v. Reitzenstein, Das Weib I.
259 Rapunzel: Will-Erich Peuckert, Deutsches Volkstum in Märchen u. Sage 1939.
— Sunjatta: Frobenius, Atlantis 5, 311. 317.
260 Hollerkuh: Joh. Wilh. Wolf, Beiträge zur dtsch. Mythologie 1, 1852, 88 ff.
261 Subagatrommel: Frobenius, Atlantis 7, 27.
262 Viererlei Vorstellungen: Weiser, Hexe, im HWb Aberglauben.
264 Orgien: vgl. Praetorius, Hundstägige Erquickstunden 1650, 455.
266 Denken wie man will: Paul Wirz, Dämonen u. Wilde in Neu-Guinea 1928, 246.
— Brechelschrecken: Wolfram 137 f. — Hedemöpel: unten S. 420.
268 Burchard: unten S. 277. — Ankyra: unten S. 276.
270 Viktor Waschnitius, Perht Holda und verwandte Gestalten 1913 (Sitzber. Kais.
Akademie Wien 174 II). — Flachsopfer: Waschnitius 26. Vgl. den Spruch der
Imster Schemenläufer: wönn miar Imschte Schelme loofe und viel Faxe moche,
so tüan die Türkekolive (Mais) a halbs Meter länger wachse: Meuli bei
Bächtold-Stäubli 5, 1767. — Spinnruhe in Tirol: Ebd. 33. — Rovreit: Ebd. 44.
— Perschtmilch: Ebd. 48. — Kuh mit Kirschblüten: Heyl 659 = Waschn. 34.
Vechtra Baba: Waschn. 26. — Mohnstampfe: Zingerle Sagen 1859, 16 =
Waschn. 33; vgl. ebd. 40 (nach Heyl 165 Nr. 75).

271 Chlungleri: Waschn. 71 f. — Sträggele: Ebd. 72 f. — Spinnruhe: Ebd. 66 f nach
Schönwerth 1, 416. — Pfinzda-Weibl: Waschn. 53 f. — Pan: Ebd. 77.

272 Neresheim: A. Birlinger, Volksthümliches aus Schwaben 1 (1861), 250 =
Waschn. 77. — Percht bayrisch: vgl. Anton Dörrer, Tiroler Fasnacht 1949, 139. —
Illyrisch: Liungman 2, 695.; ferner Dörrer 139 ff. — Artemis: Kern 1, 101 ff.;
Nilsson, Feste 179 ff. — Herrin eines Jägervolkes: Kern 1, 14 f. 39. — Gefolge:
Nilsson 181. — Mädchenchöre: Ebd.

273 Wilde Jagd: vgl. Dilthey im Rhein. Museum 25, 1870, 321 ff. — Zusammenfassung: Nilsson 181. — Eiresione: Ebd. 182 ff.; Mannhardt Myth. Forschgn.
181 f.; WFK 2, 214 ff. — Tänze: Nilsson 184. — Lakonien: Ebd. 186. — Alte
Weiber geil: Ebd. 188. — Mädchen mit Phallen: ebd.

274 Gleich Perchtenumzug: Hoffmann: Philologus 52, 1897, 99 ff. 112 f.

275 Hekate: Nilsson 394 ff. — Milet: Nilsson 395. 397 f. — Kehrseite d. Artemis:
Ebd. 396. — Schwarm: Ebd. — Mysterien: Ebd. 398. — Orpheus: Ebd. 399;
Kern 1, 245 ff. — Samothrake: Nilsson 399 f.

276 Kinderführerin: Waschnitius 146. — Heischeumzug: Nilsson 199 ff. — Ankyra:
Dörrer 153. — Burchard: Waschn. 83 f. — Virgen: Heyl 659 Nr. 135. — Lanzkranna: Waschn. 47.

277 Strigholde: Waschn. 22. — Hast du geglaubt: Ebd. 85.

279 Note: Kaibel 497 f. 496.

280 Joh. Parvus: Dörrer 144 f. — Thesaurus paup.: Waschn. 62. — Discipulus:
Ebd. 63 f.

281 De sept. vitiis: Ebd. 60. — Am letzten Faschingsdienstag: Ign. Vinc. v. Zingerle, Sitten, Bräuche u. Meinungen des Tiroler Volkes 1857, 88 = Waschn.
37 f. — Verfachbuch: Dörrer 170 f.

282 Altes Weib: Waschn. 18. — Uralt: Ebd. 34 f. — Kl. alt. Weib: Ebd. 30. —
Nase Steiermark: Ebd. 19. — Salzburg: Ebd. 56. — Tirol: Ebd. 30. 39 f. —
Südtirol: Ebd. 45; Schmeller 201 f. — Eiserne Nase: Waschn. 35. — Reisig:
Waschn. 44. — Wild. Weib: Ebd. 44 nach Schmeller 200. — Pelzbekleidet:
Liungman 901. — Kitzbühel: Waschn. 38 f.

283 Mölltal: Theodor Vernaleken, Alpensagen 1858, 349 f. — Schiache P.: Liungman 901. — Bei Nacht: Waschn. 58. — Tag: Ebd. — Plazoller: Dörrer 175.
In acht nehmen: Ebd. 170. — Lend: Liungman 902 ff.

284 Oberdrum: Dörrer 176 f.

285 Da sie Peitschenknall: Waschn. 28 f. — Mittersill: Liungman 916. — Grim-
ming usw.: Ebd. 912 f. — Bart: Ebd. 907. — Degen: Ebd. 906. — Schellfaschen:
Ebd. 889. — Posterli: Vernaleken, Alpensagen 346 f.

286 Streggele: Waschn. 72 f.; Vernaleken 116 f. — Mondseer Glossar: Dörrer 138.
—Kalenderwesen: Mannhardt WFK 2, 184; Usener im Rhein. Mus. 30; Meuli
HWb Abergl. 5, 1783.

288 Wanen: vgl. außer den bekannten Religionsgeschichten zuletzt Schröder ARw
35, 1938, 220. — Mithras: Ich benütze die Arbeiten von Ludw. Friedlaender,
Darstellungen aus der Sittengesch. Roms 39, 1920, 146 f.; Briem 318 ff., Cu-
mont, Textes et Monuments figurés relatifs aux Mystères de Mithra I/II 1896/99;
Ders., Die Mysterien des Mithra 1923; Dieterich, Eine Mithrasliturgie 1910.
Über die Einzelheiten der Legende und des Kultes verweise ich auf Cumont,
dem ich folge. — M. als Vegetationsgott, Ähren im Stierschwanz: Bousset
Hauptprobl. 209. — Steingeboren: Cumont 118 f. — Stierkampf: Ebd. 120 f. —
Eschatolog. Stier: Ebd. 132.

289 Mittler: Bousset, Hauptprobleme 122.

291 Stierkampf: Persson im ARw 21, 301.

294 Alle Regimenter scheinen: Cumont, Mysterien 48 f.

Nachweise und Anmerkungen

295 Alpenland: Ebd. 64.
296 Ausbreitung: Cumont 36. 53 f.
297 Kultische Feier und Liturgie: Cumont 124 f. 140 f.
302 Stier Sternbild: Bousset, Hauptprobleme 25. — Astrologie in Babylon aufgenommen, Cumont 140 f.; vgl. die einzelnen Arbeiten Reitzensteins. — Sieben Grade, dazu Reitzenstein, Poimandres und Bousset 25. 209. Nach der Gestalt, in der er erschien: Dieterich 150. — Adler als Grad, dazu ARw 19, 553 f.
303 Kult. Mahl: Cumont 147.
304 Frauen: Ebd. 163.
Behn hat die Hypothese ausgesprochen, der als Jäger dargestellte M. in Dieburg sei Wodan (Gnomon 2, 1926, 685 ff.); dagegen wendet sich Clemen, Mithrasmysterien u. german. Religion: ARw 34, 1937, 217 ff., und lehnt, wie vorher Latte, Saxl, Reitzenstein die Hypothese ab.
305 Teggelstecke: Dörrer 182. — Die alten Berchten: Ebd. 182.
306 Homöopathie: dagegen Waschn. 161. — Durch Kleid: Ebd. 160 f.
307 Streggele jagen: Ebd. 73. — Gasteiner Knappe: Freisauff 492 = Waschn. 58.
308 Igls: Waschn. 161 nach Heyl 107. — Ekstat. Springen: Waschn. 161.
309 Reischenhart: Falk W. Zipperer, Das Haberfeldtreiben 1938, 43.
310 Weyarn: Ebd. 162. 154. — Irschenberg: Ebd. 161.
311 Steingraben: Ebd. 19. — Der Überzählige in niederdtsch. Sage: vgl. z. B. Jahn 343.
312 Freimaurer Teufelsbund, vgl. Peuckert, Freimaurer: HWb. Aberglauben. — Mesow: Jahn 459. — Stedingen: Strackerjan 1, 293 Nr. h.
313 Deichshausen: Ebd. 1, 293 Nr. k.
315 Auch hier führen: Otto Höfler, Kultische Geheimbünde der Germanen 1934, 221 ff. Ich kann in diesem Zusammenhange auf den Streit um Höflers These nicht eingehen und nur bemerken, daß ich den Ansatz zwar richtig, die Exemplifizierung an der Wilden Jagd aber für irrig halte. Vgl. die Auseinandersetzung mit ihm in meiner „Volkskunde" 195 f.
319 In den dunklen langen Nächten: Karl Meuli, Schweizer Masken 1943, 35 f.
322 Falsch wäre es: Höfler 318 f.
320 Lötschental: Ebd. 15.
323 Vor Gott sich bedecken: Vgl. I. Reg. 19, 13; Pausanias X 32, 13 ff.; ARw 18, 1915, 184 f.
324 Sühnekreuze: Waschn. 58.

331 Kubu: Wilh. Volz, Im Dämmer des Rimba 1948, 80. — Der Mond Balu: Paul Hambruch, Südseemärchen 1927 Nr. 5.
333 Märchen Geschichte: Will-Erich Peuckert, Deutsches Volkstum in Märchen u. Sage 1938, 26 f.; vgl. Joh. Hertel, Indische Märchen 1918, 10. — Eines Tages röstete: Hambruch Nr. 16 II.
334 Pipalbaum: Ztschr. f. Vk. 23, 1913, 256. — Eine gute alte Frau: Hambruch Nr. 15.
336 Kaiemunugestalt d. Häuser: Nevermann 51. — Wesen: Ebd.
337 Flechten: Ebd. 55. — Frißt Menschen: Ebd. 52. — Schweinejagdzauber: Ebd. 56 f. 58. — Lekal: Ebd. 121.
338 Sosom: Wirz 3, 36; Hans Nevermann. Bei Sumpfmenschen und Kopfjägern 19 f. — Karte Verschlungenwerden: Leo Frobenius, Das Archiv für Folkloristik: Paideuma 1, 1928, 9.

644

339 Monumbo: Jensen Beschn. 86.
340 Nor-Papua: Ebd. 83. — Sso: Teßmann, Pangwe 2, 45 ff.
342 Wie gut geschlafen: Theodor Koch-Grünberg, Indianermärchen aus Südamerika 1927, 221. 222. 276; vgl. Grimm KHM 60. — Kai: Neuhauß 3, 35 f.
343 Bukaua: Ebd. 3, 404 ff.
345 Kani: Ebd. 3, 496.
346 Verschlungenwerden als held. Leistung: vgl. Briem 48 ff.; Golther Mythologie 385; bei den Yoruba: Frobenius, Masken 196. Algonkin W. Krickeberg, Indianermärchen aus Nordamerika 1924, 47 f., 216 f. 236 f, — Ngosahütte: Neuhauß 3, 35. 38.
348 Jona: Zur Deutung des Märchens: W. Nowack, Die kleinen Propheten 1922 (Göttinger Handkommentar zum A. T. III 4), 185; Hans Schmidt, Jona 1907, 142 f.
350 Fisch Christus: Schmidt 144 ff.; Usener Sintflutsagen 224. — Clemens: Schmidt 150. — Zwei Haupttypen: Ebd. 3 ff. 96 ff.
351 Marduks Kampf: Herm. Gunkel, Schöpfung u. Chaos 1895. — Zu „Gefressen, vertilgt": Ders., Genesis 1910 (Göttinger Handkommentar I 1), 121; Schmidt 90 f.
352 Indones. Verschlingersage: Ebd. 30 f. — Zum Lukastext: Friedr. Hauck, Das Evangelium des Lukas 1934 (Theolog. Handkommentar zum N. T. III), 157 f.
353 Matthaeustext: Joh. Weiß u. Wilh. Bousset, Die Schriften des N. T. I. Bd.: Die drei älteren Evangelien 1929³, 318.
354 Frühe Gemeinde u. Mysterienkulte: unten S 532 ff.; Alfred Loisy, Les mystères païens et le mystère chrétien 1919; Robert Eisler, Orphisch-dionysische Mysterien-Gedanken in der christl. Antike 1925 (Vorträge d. Bibl. Warburg 1922/23. II).
355 Bei diesen Versammlungen: Frobenius, Masken 146. — Niamu u. Loea Doni: Ders., Atlantis 5, 371 ff. 365 ff.
356 Babali: Frobenius, Masken 61. — Susu: Ebd. 136 f. — Ndembo: Ebd. 51; Briem 71 ff.
358 Belli Geheimbund: Frobenius, Masken 126.
359 Es gibt: J. Büttikofer, Reisebilder aus Liberia 2, 1890, 302 ff.
360 Nkimba: Frobenius, Masken 49 f.
361 Ganga: Ebd. 44 f. 94 f. — Horiomufest: Nevermann 65.
362 Tod als Suggestion; vgl. Briem 49 f. 72 f.; durch Gifteinwirkung. Ebd. 50.80 f. Dramatische Vorstellung des Tötens: Ebd. 82 f.
364 Maui: Tylor, Anfänge der Kultur, dtsch. v. Spengel u. Poske, 1, 330; Schmidt, Jona 31 f.
369 Australier Jungpalaeolithiker: Kothe, Wirtschaftsstufen: Die Nachbarn 1, 1948, 87 f. 99 ff. — Totemismus Clanverwandtschaft: Edgar Reuterskiöld, Die Entstehung der Speisesakramente 1912, 21 ff. Vgl. ferner Jevons, An introduction to the history of religion 1896; Robertson Smith, The religion of the Semites 1901; Ztschr. f. Ethnologie 70, 1938, 137 ff. Alice Fletscher, The Import of the Totem. Annual report of the Board of Regents of the Smithsonian Inst. 1897.
370 Totemtier nicht essen: Reuterskiöld 20. — Hakea: Baldwin Spencer and W. J. Gillen, The native tribes of Central-Australia 1938, 184 f.
371 Udnirringita: Ebd. 170 ff.
374 Die Weiber sehen: Ebd. 183.
375 Kokospalme entstanden: Wirz 2, 60 f.
376 Sago-Dema: Ebd. 2, 89 f. Vgl. auch 2, 47 f. (Banane).
377 Wapulane Ad. E. Jensen, Hainuwele 1939, 59 ff. = Ders., Das religiöse Weltbild einer frühen Kultur 1948, 35 ff.
379 Isi: oben 1, 198 f. — Mais: W. Krickeberg, Märchen der Azteken und Inka-

peruaner 1928, 13. — Kiwai: Jensen, Weltbild 57 ff. — Karte: Leo Frobenius, Das Archiv f. Folkloristik: Paideuma 1, 1938, 11. — Auch die babylon. Marduk-Tiâmatmythe gehört hierher.

380 Khond: Jensen, Weltbild 86 f.

382 Osiris: unten 496 ff. — Dionysos: Kern 1, 226 ff.; Nilsson, Feste 258 ff.

383 Stier zerfleischt: Nilsson 262.

384 Dlugosz: Mannhardt WFK 1, 413 f. — Chorzow: Will-Erich Peuckert, Schlesische Volkskunde 1928, 92. — An Grenze zerrissen: Paul Drechsler, Sitte, Brauch und Volksglaube in Schlesien 1, 1903, 67.

385 Mortua: Mannhardt WFK 2, 264 ff. — Zerstückeln: Es mag hier darauf hingewiesen sein, daß Wilh. Bousset, Hauptprobleme der Gnosis 1907, 209 ff. auf die „Opferung des gnostischen Urmenschen" zu sprechen kommt, die eine Zerstückelung desselben zur Folge hat, „ein altes mythisches Motiv...", die Vorstellung, die wir gleicherweise bei Persern und Germanen finden, von dem Geschöpf, das getötet wird und aus dessen Körper und Gliedern die Welt oder die Lebenden gebildet werden ... Wir besitzen in dem Mythus von der Opferung des Urmenschen vielleicht einen uralten Kultmythus. Es wird als Kultsitte vorauszusetzen sein, daß, etwa als Frühlingsopfer, ein Mensch resp. ein Rind dargebracht wurde. Man sah darin einen Fruchtbarkeitszauber, von dem alles Gedeihen der Erde und des Viehes von dem betreffenden Jahre abhing. Aus dieser Kultsitte entstand der kosmogonische Mythus. Man sagte sich, daß alle Weltentwicklung und alle Fruchtbarkeit des Werdens daher entstanden sei, daß die Gottheit oder die Götter am Beginn der Welt den Urmenschen oder den Urstier geschlachtet hätten..."

387 Comanchen: Albrecht Dieterich, Mutter Erde 1905, 13. — Kariben: Ebd. — Inder: Ebd. 14 nach Oldenberg, Religion des Veda 240. — Athen: Ebd. 45.

388 Eid: Ebd. 54 f. — Menexenos: Ebd. 53. — Jüdisch: Wolf Wilh. Graf Baudissin, Adonis und Esmun 1911, 20 Anm. 1; vgl. auch IV. Esra 5, 43—55. — Bei den Griechen: Reinh. Köhler, Kl. Schriften 2, 7 ff.

389 Fast in allen: J. Grimm, DM 1875⁴, 207. — Erce: Ebd. 210. — Kinder aus Erde: so Dieterich 18 ff. Als fikt erklärt durch v. Sydow, Religionsforskning och folktradition: Folkminnen och folktankar 28, 1941, 9.

390 Auf Erde legen: Dieterich 7 ff. — Hebamme: Ebd. 10. — Sterbende auf Erde: Ebd. 26 f. — Bischof Benno: Maaß im ARw 21, 1922, 270. — Grabinschrift: Dieterich 76.

391 Volksreligion: Ebd. 1 ff. Vgl. Dieterich 70 f: Eine Gottheit ist nicht ein einheitliches Wesen wie ein Mensch: sie hat nicht e i n Prinzip, e i n e Herkunft, einen irgendwie einheitlichen Charakter. Das wird so oft auch von denen völlig verkannt, die es theoretisch wohl zugeben würden. Im jahrhundertelangen Werden einer Gottheit haben die unzähligen Traditionen der Orte, wo sie einmal heimisch war, und die mannigfaltigen Stimmungen der Zeiten und Seelen der Menschen, die einmal an sie geglaubt, mitgestaltet an dem Wesen, das nun erst die lebenden Menschen e i n e r Zeit, in ganz wenigen Hauptzügen einheitlich, schauen und glauben. Darum ist es meist so unmöglich, den Namen einer Gottheit zu deuten, weil er im besten Falle einen längst vielleicht ganz nebensächlich gewordenen Zug ihres Wesens in einer vielleicht für die Hauptentwicklung ganz bedeutungslosen Etappe ihrer Entwicklung festhält: er wird sprachlich von dem Punkt an umgeformt nach Volksaussprache, Volksetymologie, Dialektveränderung, wo dieser Name eine wirkliche Person bezeichnete und bezeichnen sollte, das heißt, nicht in seiner Bedeutung durchsichtig bleiben konnte. Schon darum konnte Ge, die

Göttin, die so hieß und immer die göttliche Erde bezeichnete, nie neben die großen olympischen Götter treten und blieb immer im Hintergrunde, in dem sie in frommem Schauer geschaut wurde als eine größte Göttin einer Urzeit.

392 Mana im erigierten Glied: vgl. dazu Plutarch De Iside c. 51.

393 Behemoth: Hiob 40, 16. — Ssleimân-Bek: Eugen Prym u. Albert Socin, Der neuaramaeische Dialekt des Tûr 'Abdîn 2, 1881 Nr. 55. — In diesem Zusammenhange wäre auch auf das Problem der dorischen Knabenliebe einzugehen. das — unter der Berücksichtigung des Umstandes, daß es sich bei den Dorern um eine idg. Einwanderung handelt, und bei den Idg. das männliche Prinzip betont wird, — durchaus in der Richtung gedeutet werden könnte, daß Päderastie eine Übertragung der männlichen Eigenschaften des tutor, seines Mutes, seiner Kraft bedeute. — Osiris: unten 2, 496 ff.; dazu Plutarch, De Iside c. 36. 51.

394 Moki: K. Th. Preuß, Phallische Fruchtbarkeitsdämonen als Träger des altmexikanischen Dramas: Archiv f. Anthropologie 29, 1903, 129 ff. 172 f. — Katshina: Ebd. 172[2]. 177.

395 Moki-Schale: Ebd. 131. — Phallos apotropäisch: Felix Liebrecht, Zur Volkskunde 1879, 401. 504. Über die apotropäische Bedeutung des Phallos findet man Material bei O. Jahn: Berichte über die Verhandlgn. d. Königl. Sächs. Ges. d. Wissensch. Phil. hist. Kl. 7 (1855), 28—110, besond. 67 ff.; J. A. Dulaure, Die Zeugung im Glauben, Sitten u. Bräuchen der Völker, edid. F. S. Krauß (Beiwerke zum Studium der Anthropophyteia I 1909); P. Wolters, Ein Apotropaion aus Baden im Aargau: Bonner Jahrbücher 118 (1909), 257 ff.
Ich weise hier nur noch auf einige Fortbildungen hin, in denen m. E. die Freude am Grotesken und Obszönen deutlicher sichtbar wird: Man verband mehrere Phallen miteinander, so zwei aneinandergesetzte als Bronzeamulett, auch am Amphitheater Nîmes. Man gestaltete sie zu einem liegenden Tier um, dessen Schwanz der zweite Phallos bildet: Amulett aus Tyndaris, Siz. Auf menschlichen Beinen: Wolters 266 Anm. 3: Relief aus Aquileja, ferner Amiens, Trier usw.
Dichtbekleidete Figur, Kopf ein Phallos: Terakotte aus Tarsos. Als schräg aufgerichteter Körper eines mächtigen Tieres mit Flügeln und Bocksfüßen, gegenüber eine hockende nackte weibl. Figur: Bonn mit Löwen-, Hundetatzen usw.: Tor Marancia ein kolossaler geflügelter Phallos, der mit eingeschlossenen Tatzen eines Raubtieres versehen war. Im Museum von Florenz befindet sich ein meisterhaft gearbeiteter, zweieindrittel braccie fiorentine hoher, marmorner Phallos, dessen unterer Teil durch die Hintertatzen eines sitzenden Löwen gebildet wird. Mit Vogelfüßen: Altilia. Jahn 77.
Geflügelt: Ebd.; Wolters 266 Anm. 3.
Als Hals auf dem Körper eines Vogels: Delisches Monument des Karystios. Phallosvogel: häufig. — Mit Reiter: Jahn 77 Anm. 200, und zwar reitet ihn nackte Frau: schwarzfigur. Vase, — oder Silen; rotfigur. Vase. Im Gespann: Nîmes. Mit Tierkopf bei Karagöz-Figur: Ljungman 2, 759.
Reitend auf Gebilde aus mehreren Phallen: Wolters 267. Menschliche Figur mit ihm vereinigt, als Reiter auf ihm (s. o.), oder mit ihm ausgestattet, dabei wird dessen Spitze mit Tierkopf versehen, und zwar Hahn (Jahn 79), — Hund (Ebd.) oder Widder (Ebd.). Jahn fügt bei: bekanntlich bedeutet *κύων* auch *τὸ ἀνδρεῖον μόριον*.
Man gab dem Phallos mit dem scrotum das Ansehen eines Gesichts: Jahn 79. Versehen mit Glöckchen, Schellen u. dgl.: Jahn 79; Wolters 268. Ich füge

endlich bei, daß sich phall. Bilder sehr häufig und überall finden, vgl. Dulaure, Liebrecht 344, auch an frühchristlichen Bauwerken: ARw 35, 1938, 174 ff,
wenn ich gegen die dort angeschlossenen Folgerungen auch ungläubig bin;
dagegen vgl. Reitzenstein Poimandres 1904, 33.

397 Speise mit Sperma: Wirz 3, 4; vgl. Globus 86, 1904, 362. — Imo: Wirz 3, 30.
398 Dema schaffen aus Sperma: Ebd. 3, 5. — Dema Geb: Ebd. 2, 46 f.
399 Aramemb: Ebd. 2, 97 f.
400 Moguru: Gunnar Landtman, The Kiwai papuans of British New Guinea
1927, 351 f.
401 The morning after: Ebd. 353 f.
402 The boys before: Ebd. 356. — The most secret: Ebd. 350. — Vgl. zu diesen
Anschauungen die in der Gnosis aufgehenden: Bousset, Hauptprobleme 73, 74.
403 Völsi: Andreas Heusler, Die Geschichte vom Völsi, Ztschr. f. Vk. 13, 1903,
25 ff. Dazu F. R. Schröder, Germanische Urmythen: ARw 35, 1938, 222 ff. —
Über phall. Kulte vgl. die zuweilen recht phantastische Schrift von J.-A.
Dulaure, Des divinités génératrices chez les anciens et les modernes, avec
un chapitre complémentaire par A. van Gennep 1905 (Hargraves Jennings)
Phallism. London 1889; Lee Alexander Stone, The story of phallicism. I. II.
Chicago 1927. — Nordgerman. Phalloskult: Hoops Reallex. 3, 414 ff; Arthur
Federsen, To mosefund: Aarboger for nordisk oldkyndighed 1881, 369 ff.;
besond. 380 ff.; Helm. Altgerman. Religionsgeschichte 1, 214 ff. Helge Rosén
Phallosguden i. Norden: Antikvarisk tidskrift för Sverige 20, 1919 H. 2.
Schröder im ARw 35, 1938, 203 ff. In Deutschland: Hoops 3, 414 ff.; J. Grimm,
DM 3⁴, 75 f.; J. W. Wolf, Beiträge zur dtsch. mythologie 1, 1852, 106 ff.;
Mannhardt, Korndämonen 1868, 25; Ders., WFK 1, 416. 469. Letzte Garbe
phallisch: Ders., Myth. Forschgn. 19. (46); vgl. auch ebd. 191¹. Phallische
Kultobjekte: Hoops 3, 414 ff. Th. Petersen, Zwei neugefundene Kultobjekte
aus der älteren Eisenzeit: Eugen Mogk-Festschr. 1924, 484 ff. Phall. Umzüge
in Ost-Europa: Liungman 2, 789 ff. — Hom. Eid: Ilias XIX 258 f.; III 278. — ϑεκύε:
Hippolytos Ref. omn. haer. V 7; Proklos in Plat. Tim. 293 c; Usener im Rhein.
Mus. LV 295 f; Dieterich Mithraslit. 214; Ders., Mutter Erde 45 f. (40 f.). Vgl.
dazu Pflügen = Zeugen: Hahn öfters, Mannhardt, Myth. Forschgn. 352 f.;
Dieterich, Mutter Erde 47. 78. 109; dann Reitzenstein, Poimandres 142 f.
406 Phallos Zeuger: Dieterich, Mutter Erde 92 ff.; Kern 1, 37; Die Schöpfungsmacht
schon indisch: Helmut Glasenapp, Die Literaturen Indiens 1929, 109 f.;
ARw 35, 210. — Griech. Urbevölkerung: vgl. Hammarström, Ein minoi-
scher Fruchtbarkeitszauber: Acta academiae Aboensis 1922, Humaniora III
2, 12. — Pelasger: Herodot II 51. Kern 1, 55. — Phryg. Gräber: Ebd. 1, 37. 55.
Samothrakisch: Ebd. — Griechisch: Dieterich Mutter Erde 101 ff; Ders.
Mithraslit. 144 ff; Briem 219; vgl. auch Mannhardt, Myth. Forschgn. 191. —
Thesmophorien: oben 1, 204 ff. — Gräber: Dieterich, Mutter Erde 104.
Oresteshügel: Pausan. VIII 34, 2; Kern 1, 37; Liebrecht 343 f.
407 Daktylen. Georg Kaibel, Δάκτυλοι ἰδαῖοι:Nachrichten v. d. Kgl. Ges. Wiss.
Göttingen, Phil. hist. 1901, 488 ff.; dazu vgl. ARw 35, 218 f.; Dieterich, Mutter
Erde 93 u. öft. — Titanen: Kaibel 490 ff. — Aus diesen: Ebd. 494.
408 Phallophorenprozession: Vgl. dazu auch Dieterich, Mutter Erde 107 ff. — Die
Natur: Kaibel 496.
409 Keine dichter. Phantasie: Ebd. 515.
410 Es wird derselbe: Ebd. 500. Zu Kyllene s. auch Reitzenstein, Poimandres 100

u. 33: Christen verehrten im 2. Jh. Christus unter dem Bilde des Phallos wie die Kyllenen den Hermes. /

411 Kogo-shui: Karl Florenz, Die histor. Quellen der Shinto-Religion 1919, 452 f. — Lanercost: Adalbert Kuhn, Sagen, Gebräuche und Märchen aus Westfalen 2, 1859, 137 f. nach Kemble (übers. Brandes), Die Sachsen in England 1, 295; ebenso Mannhardt WFK 1, 469 f.

412 Ocresia: ARw 35, 1938, 211.

413 Damit in d. müttcrl.: Dictcrich, Mutter Erde 104 f. — Das Männliche, Zeugende: Ebd. 92 f.

414 In primitiver Religionsansch.: Ebd. 93 f. — Thesmophorien: oben 240 ff. — Aischrologien u. sex. Bilder: Nilsson, Feste 322. — Gr. Mutter: oben 244 ff.

415 Kanaanäer: Baudissin 17 ff. Von der Möglichkeit, daß eine jüd. Gemeinde die Mysterien der Μήτηρ μεγάλη feierte, spricht nach der Naassenerpredigt: Reitzenstein, Poimandres 82. — Elementare Kraft: Baudissin 24.

416 Phryger: Kern 1, 51. — Der Lallname: Ebd. 1. 51 f.

417 Mutter d. Berges: Ebd. 1, 34. — In Asien: Ulrich v. Wilamowitz-Moellendorff, Der Glaube d. Hellenen 1, 1931, Reg. — Die kleinasiat. Göttermutter: Ebd. 1, 204.

418 Mutter u. Kind: Ebd. 1, 209 f; Kern 1, 129.

419 Aztekisch: Preuß, Fruchtbarkeitsdämone 130; vgl. Abb. S. 394. — Bohuslän: vgl. unten S. 423. 433. — Moorfunde: vgl. Nachweise zu S. 403. — Freyr: Wolfg. Golther, Handbuch d. german. Mythologie 1895, 218 ff. u. in allen einschläg. Mythologien.

420 Vardegötzen: Mannhardt, Myth. Forschgn. 142 f. = Preuß, Fruchtbarkeitsdämone 149. Ebd. 339: in Skorczyn Bez. Danzig wurde die letzte Garbe mit einem großen Phallos versehen und die letzte Harkerin mußte sie küssen.

421 Zusammenhang Coitus u. Schwangerschaft: Foy im ARw 8, 1905 H. 3. — Wie alle Geschehnisse: Dieterich, Mutter Erde 32 f.

422 Säen u. Zeugen: Ebd. 46 f. — Vegetationskulte: Mannhardt, Roggenwolf u. Roggenhund 1865; Ders., Die Korndämonen 1868; Ders., WFK I. II. 1874; Ders., Mytholog. Forschgn. 1884; J. G. Frazer, The Golden Bough I—XII. 1913/18; Nils Lid, Joleband og vegetasjonsguddom (Skrifter utgitt av det Norske Videnskaps-akademi i Oslo II. Hist. fil. Kl. 1928 Nr. 4); Ders., Jolesveinar og groderikdomsgudar (ebd. 1932 Nr. 5). In kritischer Weise dazu v. Sydow, Religionsforskning och folktradition (Folkminnen och folktankar 1941 H. 1) u. Albert Eskeröd, Årets äring (Nordiska Museets handlingar 26) 1947.

424 Felszeichnungen: Oscar Almgren, Nordische Felszeichnungen als religiöse Urkunden 1934. — Mahâvratatage: diese wie die beiden nächsten Angaben entnahm ich K. Weinholds „heidn. Ritus", den ich z. Zt. nicht zu erlangen vermag. — Peru: Preuß, Der Ursprung der Religion u. Kunst: Globus 86, 1904, 358.

425 Am Erntefest Zauber: Ebd. 358; Preuß, Fruchtbarkeitsdämone 136. — Ceram: Weinhold (s. S. 424). — Watschandies: Preuß, Ursprung 358 f. = Dieterich. Mutter Erde 94 f.

427 Ukraine: Mannhardt WFK 1, 480 f.

428 Moon: Holzmayer, Osiliana: Verhdlgn. d. gelehrten estnischen Ges. zu Dorpat 7 H. 2, 1873, 64 f.

429 Im Anhang: Joh. Wolfg. Boecler, Der Ehsten abergläubische Gebräuche, Weisen u. Gewohnheiten 1854, 12 f. — Polen: Weinhold, Ritus s. S. 424.

Nachweise und Anmerkungen

430 Fletcher: Mannhardt, WFK 1, 480. — Daß Demeter gebar: Hesiod, Theogonie 969 ff.

432 Hauptgeheimnis: Wirz 3, 5 f.

436 Gehirn u. Same: R. Reitzenstein u. H. H. Schaeder, Studien zum antiken Synkretismus 1926 (Studien d. Bibl. Warburg VII), 105. 108.

437 Tamuz: Heinrich Zimmern, Sumerisch-babylonische Tamuzlieder (Berichte über die Verhdlgn. d. Kgl. Sächs. Ges. d. Wiss. Phil. hist. 59, 1907, 201—252; Ders., Der babylonische Gott Tamuz 1909 (Abhdlgn. Kgl. Sächs. Ges. Wiss. Phil. hist. Kl. 27, 699—738); J. G. Frazer, Der goldene Zweig 1928; Briem 103 ff.; Liungman 170—199; Anton Moortgat, Tamuz 1949. — Gr. Mutter: v. Baudissin 17 f.; O. E. Briem, Studier över moder- och fruktbarhetsgudinnorna i den sumerisk-babyloniska religionen, Lund 1918. — Niederfahrt der Istar: A. Ungnad, Die Religion der Babylonier u. Assyrer (Relig. Stimmen der Völker), 1918, 146.

439 Gilgamesch: Ebd. 80 f. Tfl. VI.

441 Namen: Zimmern, Tamuz 703 f. — Beinamen: Ebd. 705 ff. — Milch d. gelb. Ziege: Zimmern Tamuz 728. — Ich brachte dar Mus: Ebd. — Eine Tamariske: Zimmern, Tamuzl. 223. (Als Baum, Tamariske oder Weide, gedacht: R. Eisler, Weltenmantel u. Himmelszelt 1, 1910, 276.)

442 Ein rasender Sturm: Zimmern, Tamuzl. 223. — Bei seinem Verschwinden: Ebd. 236 f.

443 Ama-uschumgal-an-na: Zimmern, Tamuz 705 f. Nach Briem 105 f. war T. unter diesem Namen ursprünglich eine weibliche Gottheit; er wurde durch den Übergang der Babylonier zum Patriarchat ein männlicher Gott. — Schwester: Zimmern, Tamuz 713 f.

444 Sirdu: Ebd. 711 f. — Istar zentrale Gestalt: v. Baudissin 13. 72. 120. 173 ff.

445 Siegel: Moortgat Tfl. 1 Abb. b. — Dredner Siegel: Ebd. Tfl. 3. — Alabastergefäß: Ebd.

446 Tod durch Eber: Zimmern, Tamuz 731. — Istar in der Unterwelt: Ebd. 730. Vgl. auch Mannhardt WFK 2, 275. — Ezechiel 8, 14; dazu v. Baudissin 110 f. — Nach H. S. Nyberg ist der alte Landesgott von Kanaan Schalem (der Gott von Jeruschalem) und sein Paredros die Ischtar von Urusalim = Jerusalem: Schulmanitum, die Sulamith Cant. 7; Schalem ist Ackerbau- und Weingott (Gen. 14) und steht so im Gegensatz zu den nomadischen Israeliten: ARw 35, 1938, 352 ff.

447 En-Nedim: v. Baudissin 111 f. — Nabat. Landwirtschaft: Liebrecht 252 f. — Maimonides usw.: v. Baudissin 112 f. — Kornes Qual: Ludw. Laistner, Das Rätsel der Sphinx 1, 1889, 8 ff. 13 ff.; Robert Eisler, Orphisch-dionysische Mysteriengedanken in d. christl. Antike 1925 (Vorträge d. Bibl. Warburg 1922/23. II), 253 ff. (nicht überzeugend).

448 Histor. Einordnung: Briem 105; Moortgat 81 ff. 93 ff. — Pirilta scha: dazu Briem, Frage 10 ff.; Ders. 104; vgl. auch Zimmern, Babylonische Vorstufen d. vorderasiat. Mysterienreligionen: Ztschr. dtsch. morgenl. Ges. 74, 1920, 432 ff.; Ders., Babylonische Mysterien: Ztschr. f. Assyriologie 36, 1925, 83 ff. Zimmern fragt, wo die Mysterienstimmung herkomme und vermutet Idg. (wie anfangs Reitzenstein aus Ägypten, später aus Iran, aus Iran auch Ed. Meyer, Leisegang aus dem Griechischen.) — Nasiräer: H. Zimmern, Nazoräer (Nazarener): Ztschr. dtsch. morgenl. Ges. 74, 1920, 429 ff.; 76, 1922, 45 f.; Ztschr. f. Assyriologie 36, 1925, 83 ff.

449 Keine Tamuzmythe: Zimmern, Tamuz 726 ff.
Adonis: Mannhardt WFK 2, 273 ff; Frazer, Goldn. Zweig 472 ff.; Liungman 1,

161 ff.; Briem 106. 108. 248 f ; v. Baudissin; Kern 2, 230 f. — Byblos: Strabo XVI 2. 18; v. Baudissin 71 ff. Seine Abhängigkeit von Ägypten: Ztschr. f. alttestamentl. Wiss. 42, 1924, 351.

450 Astarte: v. Baudissin 17 ff. 179. 541. — Istar = Aphrodite, so Cicero De nat. deor. III 23; Mannhardt WFK 2, 274². — Fluß Byblos: Ebd. 72 f. — Felsbilder: Ebd. 78 f. — Bar Bahlul: v. Baudissin 76. — Adonis Name: Ebd. 177. 178; vgl. Vittore Pisani: 'Άδων eine paroxytonierte Form von άδήν = männl. Glied; vgl. Glotta 20, 1932, 250 f. u. ARw 35, 221². — Dämon, nicht Gott: v. Baudissin 70 f. 120. 166. 177 f.

451 Ebertod: Ebd. 79. 142 ff.; Schweineopfer, phantast. Deutung = Eisler, Orphisch-dionys. 251⁵. — Auferstehung: Baudissin 133 ff.

452 Tamariske: Ebd. 103. 100. — Adonis Baum: Ebd. 173. 181. — Symbol u. Identität: Dieterich, Mutter Erde 99 ff. — Anemone: v. Baudissin 88. 129. — Ein Fluß: Lukian c. 6.

453 Plato: v. Baudissin 121 ff. — Obelisk (Bätyl) d. Astarte: Ebd. 231. Über Phallen im Tempel zu Byblos: ARw 21, 1922, 499 ff. — Nicht weniger: Lukian c. 6.

454 Zur kult. Prostitution verweise ich hier nur auf Mannhardt WFK 2, 283 ff.; Frauen erhalten dabei einen kleinen Phallos; sie sind Istar, der der Phallische, der Fremde naht. „Unzüchtige Kulte im Dienst dieser Gottheit (scil. Magna Mater) lassen sich auch noch für die spätere Zeit nachweisen. Mit voller Sicherheit im Heiligtum der (syrischen) Aphrodite von Aphaka (Euseb. Vita Constant. III 55, Gruppe Myth. u. Rel. 1355, „man glaubte sich hier durch einen geschlechtlichen Verkehr mit der durch Priesterinnen, heilige Skavinnen oder Bürgerstöchter vertretenen Gottheit vom Hades loskaufen zu können, wie aus ihm Adonis befreit sein soll"). Eusebius Praep. Ev. IV 16, 22 behauptet dasselbe auch für das Heiligtum (der Atargatis) in Heliopolis. Doch ist man, da Lucian, de Dea Syria, von der Sitte nichts weiß, mißtrauisch gegen sein Zeugnis. Für Comana (Kappadozien) besitzen wir ein ausdrückliches Zeugnis bei Strabo XII 3, 36; für Prostitution im Kult der (persischen) Anaitis ib. XI 14, 16; vgl. Cumont, Les Religions Orientales 1906, 286 f.; für Byblos, Lucian, de Dea Syria c. 6: Bousset, Hauptprobleme d. Gnosis 1907, 72 Anm. 2 Über die zum geschlechtlichen Leben und zur Leidenschaft reizende Mater der gnostischen Sekten: ebd. 73. Alexandria: Theokr. Id XV; Mannhardt WFK 2, 277 f.; Baud. 551.

455 Cyrill: Wieland in seiner Lukianübersetzung 5, 1789, 295 Anm. 7. — Zeder: Zimmern, Tamuzlieder 237. — ίερὸς γάμος, Fortführung in valentinian. Gnosis: Bousset 265 ff.

456 Adonisgärten: v. Baudissin 88. 123. 130 ff. 138 ff. 532; Frazer, Goldn. Zweig 497 ff.; Wünsch, Frühlingsfest auf der Insel Malta 1902; Walter Baumgartner, Das Nachleben der Adonisgärten auf Sardinien u. im übrigen Mittelmeergebiet: (Festschr. d.) Schweiz. Arch. f. Vk. 43, 1946, 122 ff. mit Literatur; Hugo Greßmann, Die Ausgrabungen von Besan: Ztschr. f. alttestamentl. Wiss. NF. 3, 1926, 71 ff. — Am Aschermittwoch: Baumgartner 126 f. Wie hier der Adonisgarten dem λίκνον gleicht, so ist auf den jüd. Hochzeitsbrauch hinzuweisen: Mannhardt Myth. Forschgn. 355². Auf Sardinien Priape aus Teig im Adonisgarten: Liungman 2, 522.

458 Erntegott, so v. Baudissin 163 f. — Weide- und Jagdgott: Ebd. 164 f. 166 f. — Verwandtschaft zu Tamuz: vgl. Baudissin 382: Wir müssen folgern, „daß Tamuz, Adonis und Esmun aus einer gemeinsam zugrunde liegenden Vorstellung entstandene, aber doch zu verschiedenen Individualitäten ausgebildete Gottheiten sind. Alle drei sind, das ist für Tamuz und Adonis

zweifellos und für Esmun mit großer Wahrscheinlichkeit anzunehmen, zu verstehen als der verscheidende und wieder erwachende Frühlingsgott. Mit dieser Vorstellung berühren sich Frühlingsbräuche bei anderen Völkern, die kaum in einem geschichtlichen Zusammenhang mit Tamuz, Adonis oder Esmun stehen können. Die Verwandtschaft zwischen diesen drei Göttern aber ist so sehr ins Einzelne gehend, besonders in dem Verhältnis zu der großen Lebensgöttin, daß hier an bloße analoge Bildungen nicht gedacht werden kann. Es muß ein gemeinsamer geschichtlicher Ausgangspunkt gesucht werden. Die Ursprünge der drei Kulte und damit die Art ihres Verhältnisses zueinander sind bis jetzt dunkel. Es kann zweifelhaft erscheinen, ob es sich um einen ursprünglich sumerischen oder einen von Hause aus semitischen Kultus handelt oder auch um einen Kultus, dessen bei den Babyloniern und Phöniziern übereinstimmende Formen aufgekommen wären unter einer Beeinflussung aus Kleinasien. So lange unsere Ausführungen nicht durch weitere Funde rektifiziert werden, halte ich es für das wahrscheinlichste, daß die Grundlage der Adonis- und Esmun- und teilweise auch der Tamuzvorstellung semitisch ist . . ." — Weibl. Kult: v. Baudissin 134 f. 120. — Cyrill: Migne PG 70, 440 f. — Procop: Ebd. 87. 2, 2140. Vgl. v. Baudissin 135.

459 Liebling d. Göttin: Ebd. 70. 120. 173 ff. — Tod: Ebd. 152. — Eberkult: mitannisch: Moortgat 108 [1].

460 In Vorderasien: v. Baudissin 152 ff. — Komana: Ebd. 156 f. Zu dem Verhältnis der Göttin zu Adonis bemerkt Baudissin 180 f: „Als alt ist zu beobachten, daß die einen Gottheiten als zeugend, männlich, die andern als gebärend, weiblich gedacht wurden. An ein Zusammenwirken beider Akte hat man ursprünglich wohl nicht gedacht. Die Göttinnen gebären, wie es scheint, ohne daß sie dazu der geschlechtlichen Gemeinschaft bedürfen. Deshalb kommt das Verhältnis von Mann und Weib in der Ehe für die Entstehung der Vorstellung von Göttern und Göttinnen nicht in Betracht, und es wird von der Annahme einer Ehe zur Erklärung auch der Entstehung des Verhältnisses zwischen Baalat und Adonis abzusehen sein. Die Anschauung von einer ehelichen Verbindung zwischen dem Gott überhaupt und der Göttin ist auch deshalb kaum ursprünglich, weil die zeugende Tätigkeit des Gottes im wesentlichen auf einem andern Gebiet gedacht wird als die gebärende der Göttin: er zeugt den Stamm, sie gebiert alles Lebendige. Dies gilt von dem Baal und der Astarte. Adonis übt, wie uns schien, überhaupt keine zeugende Tätigkeit. Vielmehr dachte man sich neben der zeugenden und der gebärenden Gottheit die vergängliche Blüte der Natur, zuerst etwa eine bestimmte sprossende und wieder abwelkende Pflanze oder auch ein begrenztes ergrünendes Terrain, eine Au, als einen jugendlichen Gott. Er wäre vorzustellen als ein Erzeugnis der Göttin. In ihm wiederholt sich, wie im Abbild, ihr eigenes Wesen . . .
Daß nur in dem einen Falle die Gottheit weiblich erschien, wird daraus zu erklären sein, daß hier die hervorbringende, gebärende Kraft der Natur vorgestellt wurde, während bei dem jugendlichen Gott dieser Gesichtspunkt nicht in Betracht kam, sondern an das in die Erscheinung tretende Naturleben gedacht wurde. Das Geschlecht ist für eine Gottheit, die zum Teil als Kind auftritt, zunächst gleichgültig. In der jedenfalls analogen Gestalt des Tamuz soll ein Schwanken zwischen männlichem und weiblichem Geschlecht zu beobachten sein. Daß dagegen die Gottheit, die als der Ursprung alles Lebens erschien, mit Bestimmtheit weiblich gedacht wurde und die Entstehung des Lebens als ein Geborenwerden, nicht als ein Gezeugtwerden, muß nicht auf einer hervortretenden Stellung der Mutter im Verwandtschafts-

zusammenhang beruhen, sondern, zunächst wenigstens, darauf, daß zwischen dem Geborenen und der Mutter ein engerer physischer Zusammenhang besteht als zwischen dem Gezeugten und dem Vater. Wenn nun jene beiden, die Gebärerin und das Geborene, als zwei Gottesgestalten nebeneinander gestellt wurden, erschien das Geborene als der jugendliche, der großen Muttergöttin untergeordnete Teil. Daß beide Vorstellungen verwandt waren, insofern es sich in beiden um die Entstehung des kosmischen Lebens handelt, wurde als das Verhältnis der Liebe verstanden, vielleicht zuerst als das der mütterlichen Liebe zu dem Kinde, aber nach der Auffassung bei den Griechen und möglicherweise schon auf phönizischem Boden auch als das der geschlechtlichen Liebe..."

Und dazu ebd. 182 Anm. 2: „Die Vorstellung, die in der Verbindung der Balti-Aphrodite mit Adonis zum Ausdruck kommt, von der Liebe der gereiften Naturgöttin zu dem heranreifenden Leben in der Natur, läßt sich mit Verhältnissen des menschlichen Lebens nicht unmittelbar vergleichen, deshalb auch nicht mit Worten zum Ausdruck bringen. In der bildenden Kunst hat diese Vorstellung mit unübertrefflicher Zartheit veranschaulicht der unbekannte Grieche, dessen Werk der schönste unter den etruskischen Spiegeln (Gerhard, Etruskische Spiegel I 1843 Tfl. CXII) reproduziert. Die Göttin, die von Adonis geküßt wird, ist nicht gerade mütterlich, noch weniger aber bräutlich gedacht. Der rohen Kunst der Phönikier wäre eine derartige Darstellung unmöglich gewesen; aber ähnliches müssen sie empfunden haben für den Zusammenhang der großen Muttergöttin mit dem jugendlichen Frühlingsgott. Wir Modernen vermögen wohl noch die Personifizierungen verschiedener Naturkräfte, kaum aber diese Unterscheidung zwischen der fertigen und der beharrenden und der unfertigen und vergänglichen Natur als verschiedener Wesen zu verstehen..."

Eine dem Adonis ähnliche Gestalt ist wohl der Bormos der Maryandiner: Mannhardt Myth. Forschgn. 55.

461 Attis: Hugo Hepding, Attis, seine Mythen und sein Kult 1903 (Religionsgeschichtl. Versuche u. Vorarbeiten I); Mannhardt WFK 2, 291 f; Frazer, Goldn. Zweig 506 ff.; Liungman 204 ff.; Briem 297 ff. Zum Übergang in die Gnosis Bousset, Hauptprobleme 183 ff. — Umfahrt der Göttin: Hepding 123 f. — Thraker: Ebd. 129. — Agdistis: Ebd. 104 f; Reitzenstein, Mysterienrel. 98. Bätyl d. Göttin: Hepding 125 f. 133. Er hatte ja auch weibl. Priesterinnen: Reitzenstein, Mysterienrel. 145. — Nie allein verehrt: Ebd. 127.

462 Esmun: v. Baudissin 339. — Attismythe: Hepding 109.

463 Timotheos: Hepding 111. — Julian: V. Rede: Hepding 51 ff., besond. 58; Bousset 184 f. Vgl. auch Sallust, De diis et mundo c. 4. — Gallos: Hepding 158 ff. 222; Mannhardt WFK 2, 292 f.

464 Oberpriester Attis: Hepding 221, wohl als Verkörperung des Gottes: Reitzenstein, Mysterienrel. 22. — Kult in Rom: Hepding 141 ff. Briem 308 ff.

465 Selbstentmannung: Hepding 158 ff.; vgl. auch Mannhardt WFK 2, 346. — Instrumente: Hepding 161.

466 Auferstehung: Ebd. 165 ff. 132. — Hilaria usw.: Hepding 167 ff. — Lavatio: Ebd. 173 ff.

467 Kolonien u. Kult: Ebd. 178; auch Reitzenstein, Mysterienrel. 23 ff.

468 Rom: Hepding 179. 158 ff. — Fasten: Ebd. 182 ff. — Sakrament. Mahlzeit. Ebd. 185. — Tympanon u. Kymbalon: ἐκ τυμπάνου βέβρωκα, ἐκ κυμβάλου πέπωκα, γέγονα μύστης Ἄττεως nach Firmicus Maternus De err. pr. rel. XVIII 1; Dieterich, Mithraslit. 216; vgl. ebd. die Variante nach Clemens

Alex., Protreptikos II 15, ferner Dieterich, Mithraslit. 103; Hepding 49. 186. — Brautgemach: Ebd. 190. 192. 194. 195. — Moriturus: Ebd. 196.

469 Taurobolium: Ebd. 196; Reitzenstein, Mysterienrel. 45. Nach Maaß (ARw 21, 252) wurden dem Stier dabei die Genitalien ausgeschnitten; es sind die Phallen, welche die Göttin begehrt und erhält, wie in alter Zeit.

470 Lichtschein: Hepding 166. — Auferstehung: Hepding 197. — Milch u. Honig: Ebd. 197 f nach Herm. Usener, Milch u. Honig: Rhein. Mus. NF. 57, 1902, 177 ff. Maaß im ARw 21, 245: Wie nach primitiver Volksanschauung die Unsterblichkeit der Götter durch den Genuß von Zauberspeise — Nektar und Ambrosia — bedingt wird, so wird auch der Mensch durch Götternahrung zum Gott. Jene sakramentale Speise verkörpert die Götterkraft, durch ihre Aufnahme im Sakrament nimmt der Mensch das Göttliche in sein Wesen auf, ist er wiedergeboren. (Milch und Honig war in Griechenland Opfer an die Neraiden: Mannhardt WFK 2, 37 f.) Vgl. ferner Reitzenstein, Mysterienrel. 83; Anrich 216 ff.

Babylon. Neujahrsfest: Heinr. Zimmern, Zum babylon. Neujahrsfest 1906 (Berichte über d. Verhdlgn. Kgl. Sächs. Ges. Wiss. 585, 126 ff.); Ders., Das babylonische Neujahrsfest 1926 (Der alte Orient Bd. 25 H. 3); Briem 110 ff; Ders., Zur Frage nach d. Ursprung 16 ff. — Widdergestirn: Zimmern, Neujahrsfest 7.

472 Neujahr Weltanfang parallel: Ebd. 9. — Reinigung u. Kuppuru: Ebd. 10 f.

473 König entsühnt: Ebd. 12.

474 Kultspiel: Ebd. 14 f; Briem, Frage 22 ff. — Grab Marduks: Briem 25. — Hl. Hochzeit: Ebd. 21 f. — Auferstehung: Ebd. 25 f. — Hinter Marduk Tamuz: Moortgat 81 ff. 122 ff. Briem, Fragen 17.

476 Schamasch: Ebd. 83 ff. — In Babylonien wie: Zimmern, Babylonische Vorstufen d. vorderasiat. Mysterienreligionen: Ztschr. dtsch. morgenl. Ges. 76, 1922, 39. (Doch behauptet Z. dort ein langes Nachwirken der babylon. Religion, wenn sie auch nicht Vorstufe der Mysterien war; übernommen wurden zaubrisches Denken, Astrale Ideen, Weltenjahr, Urzeit = Endzeit, Fatalismus, Anstoß zur Makros — Mikrokosmoslehre) Vgl. auch Briem, Fragen 27. Ferner Zimmern in Ztschr. f. Assyriologie 36, 1925, 84; Greßmann in Ztschr. f. alttestamentl. Wiss. 42, 1924, 156, wo bemerkt wird, daß der „Knecht Jahves" irgendwie mit Tamuz, Adonis zusammenhänge.

477 Traum des Königs: Briem, Frage 28 nach Archiv f. Keilschriftforschg. 1923, 93. Ders. 139 ff.

478 Stadtkultur: Briem, Fragen 26.

Eleusis: Kern 2, 182 ff; Fritz Wehrli, Die Mysterien von Eleusis: ARw 31, 1934, 77 ff; Martin P. Nilsson, Die eleusinischen Gottheiten: Ebd. 32, 1935, 79 ff. K. Kuruniotis, Das eleusinische Heiligtum von den Anfängen bis zur vorperikleischen Zeit: ebd. 52 ff.; Briem 215 ff.; Dieterich, Nekyia 1893, 63 ff.; ders., Mithrasliturgie 143 f. 145 f.; Goblet d'Alviella, De quelques problèmes relatifs aux mstères d'Eleusis: Revue de l'histoire des religions 46, 1902; Salomon Reinach, Quelques enseignements des mystères d'Eleusis, in Reinach, Cultes mythes et religions 5, 72 ff.; dort besonders: Le seul fait qui en ressorte avec évidence, c'est que la mythologie d'Eleusis, les généalogies et les unions des dieux qui étaient enseignées dans les mystères, différaient complètement de ce que nous apprenons dans nos manuels, fondés sur les fables, que les Grecs racontaient aux profanes et non sur celles dont ils réservaient la connaissance aux initiés: 5. 88. — Zusammenhänge der Mutterreligionen: Kern 1, 135. — Vorgriechisch: Persson, Der Ursprung der eleusi-

nischen Mysterien: ARw 21, 1922, 287 ff.; Kern 1, 135 ff; Briem 235 ff. Ein Komplex aus minoischen und griech. Elementen: Nilsson 110 f.
479 Unterdrücktes Volk: Persson 307; Kern 1, 136. — Demeter, allgemein: Mannhardt, Myth. Forschgn. 202 ff.; Nilsson, Feste 354 ff.; Kern 1, 138. — Zentralgestalt: Briem 225 ff. — Phallische Momente: Kern 1, 140 f. — Minoisch: G. Karo im ARw 7, 1904, 145 ff.; Ders., Religion des ägäischen Kreises 1925; Kern 1, 24. 35 ff.; 2, 185; Persson ARw 21, 304 ff. 308 zitiert Diodor V 77: Die Einwohner Kretas geben folgende Beweise dafür, daß die Götterkulte, Opfer und Mysterien als Riten zu den anderen Menschen hinübergebracht worden sind: der Einweihungsritus, der von den Athenern in Eleusis vorgenommen wird, vielleicht der berühmteste von allen, so wie der von Samothrake und in Thrakien unter den Kikonen übliche, von wo der Ritenerfinder Orpheus stammte, sie werden als geheim mitgeteilt; auf Kreta aber in Knossos ist es seit alters Sitte, diese Riten als ganz offen mitzuteilen ... — Märchenleben: Peuckert, Deutsches Volkstum in Märchen und Sage 36 ff. — Frauen im minoischen Kult: Kern 1, 140. — Jahr nach Priesterin gezählt: Persson 298; Kern 1, 141; Briem 235. 243.
480 Ein Fruchtbarkeitsritus: Kern 1, 140; Briem Fragen 53 f. — Die Mysterien haben: Kern 1, 54. — Göttl Paar: Ebd. 1, 144. 126. — Ohne Namen: Ebd. 1, 144; Nilsson 81. 103.
481 Zwei Legenden: Wehrli 77. — Drei Mythenkreise: Nilsson 110.
482 Demeter griechisch: vgl. oben S. 479; Mannhardt WFK 2, 258 ff. 302 ff.; ferner Wilamowitz-Moellendorff, Glaube d. Hellenen 1, 1931, 202 ff.; Nilsson 104. Ebd. 104²: „Nach der ursprünglichen Heimat der Demeter zu fragen, ist m. E. ebenso gegenstandslos als z. B. die des Zeus aufzuspüren. Sie ist trotz Herodot II 171 gemeingriechisch. Ihre Beziehungen zu Kreta in dem eleusinischen Mythus und Kult spiegeln die minoischen Elemente wider, die den Kult aufgenommen hat. Die Göttin ist nicht minoischer Herkunft. Vgl. Ch. Picard, Sur la patrie es les pérégrinations de Déméter: Rev. des ét. grecques 40, 1927, 320 ff." Daß sie aber der Vorbauernzeit angehörte, zeigt ihr Attribut, der Mohn. — Weiberkult: Nilsson 111. Auf ursprünglich weibl. Kult deutet auch das Schwein als Opfertier: Ebd. 87; Briem 253 f. — Männer zugelassen: Nilsson 110 f.
483 Thesmophorien Vorstufe: Nilsson 114. (88). — Homerischer Demeterhymnos: ich zitiere ihn nach „Die homerischen Götterhymnen", verdeutscht v. Thassilo v. Scheffer 1948, 50 ff. — Kore = Mädchen: Briem 229. Aus Argolis: Malten im ARw 12, 1909, 285 ff; ihr Mythos minoisch: Nilsson 107 ff. — Persephone als unpassender Name empfunden: Nilsson 81. — Hekate holt sie in orph. Dichtung herauf: Malten im ARw 12, 1909, 438 Anm. 6; Wehrli 83.
484 Der Bissen in der Unterwelt: Einige Belege bei Bächtold-Stäubli, HWb Aberglaube 2, 1927, 1053 ff. — Den Aufenthalt in der Unterwelt setzt Nilsson 107 ff. in vegetationsmyth. Deutung für den Hochsommer an, in dem in Griechenland alle Vegetation tot ist.
485 Kornmutter u. -mädchen: Mannhardt, Myth. Forschgn. 292 ff.; Nilsson 101 ff. (gegen Dieterich); Briem 230. — Korn im Pithos: Nilsson 107 f. 109. 113; Briem 229. — Zorn der Göttin: vgl. Wilamowitz-Moellendorff 2, 50 ff.
486 Geburt des Kindes: Wehrli 90 ff; Nilsson 97 ff. — Hl. Hochzeit: Ebd. 125 f.; Leo Bloch, Kult u. Mysterien von Eleusis 1896, 29 f.; Wehrli 93. — Asterius: Migne PG. XL 324. — Clemens Protept. II 13; Psellus De daemon. (Migne PG. CXXII 877), beide bei Wehrli 94. — Jasios: Hesiod, Theog. 969 ff. — Plutos ist Reichtum: so schon Mannhardt, Myth. Forschgn. 239, dann Briem

229; als Kornreichtum deutet Nilsson 97 ff. — Triptolemos: Wehrli 93;
(Nilsson 84 ff.)

489 Kl. Mysterien: Ernst Maaß, Orpheus 1895, 72 ff.; Briem 245 ff. — Ablauf der
Mysterien bei Briem; Wilamowitz-Moellendorff 2, 54.

490 Dionys. Einfluß: Kern 2, 198 f. Orphischer: vgl. Malten ARw 12, 1909. —
Baubo: Clemens II 17 f.; Arnobius V 26; Wehrli 79 ff.; Salomon Reinach,
Le rire rituel, in: Reinach, Cultes mythes et religions 4, 109 ff.; auf Baubo
als mimische Darstellung, die Clemens und Psellus zu ihren Bemerkungen
Anlaß gab, geht er ebd. 5, 103 ff. (Un mime byzantin ou Baubo à Byzance) ein.

491 Grade: Wehrli 88. 86. Mysten tragen Wollenfaden: ARw 21, 1922, 256[2]. —
Kultspiele: Nilsson 105 f.; Wehrli 85 f.; Briem 267 ff, — Mysten aktiv beteiligt: Wehrli 85 f. — Licht im Dunkel: Wehrli 85.

492 Hadesfahrt: Wehrli 84 f. Anfangs war die H. der Mysten bloße Initiations-
handlung, später zum Drama ausgebaut: ebd. 86. — Lukian, Kataplus 644
= Wehrli 85. — Ich fastete: Clemens Protrept. II 21; Arnobius Adv. natio-
nes V 26; Dieterich, Mithraslit. 212; Wehrli 78. 89 Anm. 4; Briem 259. Hadesfahrt: Die Zeremonien, meint Wehrli, Fasten, Trinken usw. seien Vorbereitung für die Mitwirkung an den Agrarriten des alten Kultverbandes
gewesen. Auch Speiser nahm Ztschr. f. Ethnol. 60, 1928, 362 ff. an, daß durch
die Einweihungsriten der Myste in einen Kultverband aufgenommen wurde,
welcher auf magische Weise seine Macht auf die Geister der Vegetation, besonders des Getreides, ausübt. — Die Zeremonie mit der $\varkappa\iota\sigma\tau\eta$ Dieterich,
Mithraslit. 124 f. schrieb: „Der Ritus ... kann gar nichts anderes bedeuten
sollen als die geschlechtliche Vereinigung des Gottes mit dem Einzuweihenden. Dem Sinne des rituellen Symbols ist es kein Anstoß, daß das Bild
real unvorstellbar ist, wenn der Myste ein Mann ist. Dem Gotte gegenüber
sind sie weiblich."Darnach enthielt die $\varkappa\iota\sigma\tau\eta$ also einen Phallos, wie ja auch
in den kabirischen und, dionysischen Mysterien ein solcher begegnet:
Briem 260. Demgegenüber erklärte Körte, Zu den eleusinischen Mysterien:
ARw 18, 1915, 116 ff., in der $\varkappa\iota\sigma\tau\eta$ habe sich ein cunnus befunden, und Kern
schloß sich ARw 19, 1916/19, 433 wie 2, 192 ff. an. Der Deutung widerspra-
chen Ziehen im Gnomon 5 (1929), 152 ff. und Wehrli 81 f. 88; Deubner, Att.
Feste 1932. Picard hat dann in einem Aufsatz L'episode de Baubo dans les
mystères d'Eleusis: Revue de l'histoire des religions 85 (1927), 220 ff. beide
Deutungen kombiniert: die Kiste enthielt nach ihm einen Phallos, der Korb
einen Cunnus; der Myste vertauschte beide und symbolisierte damit eine
sexuelle Vereinigung. Ähnlich deutete Pater Lagrange, La régéneration et la
filiation divine dans les mystères d'Eleusis; Revue biblique 38 (1929), 61 ff.
201 ff.: der cunnus in der Kiste bedeute Demeter, der Phallos im Korbe
Dionysos, und die rituelle Vereinigung beider die Befruchtung. Die Mysterien bewirken also nach ihm keine Wiedergeburt des Eingeweihten, sondern wollen nur die Saat und menschliche Fruchtbarkeit fördern. Nilsson,
Eleus. Gotth. 121: „Es ist möglich, vielleicht wahrscheinlich, daß sexuelle
Symbole bei den Mysterien wie in den Thesmophorien vorkamen — der
Parallelismus der Generation im Pflanzenleben und im Menschenleben gehört
zu den wohlbekanntesten und urwüchsigsten Vorstellungen —; die Jambe-
episode im homerischen Hymnus spricht nur zu deutlich und darf nicht vor-
nehm beiseite geschoben werden. Es ist aber unwahrscheinlich, daß der
ganze Wust von Überlieferungen dieser Art Eleusis angeht." Zu der erwähnten Vereinigung mit der Gottheit vgl. auch Reitzenstein Mysterienrel. 34 f.
Nach Maaß: ARw 21, 1922, 262 f. enthielt die $\varkappa\iota\sigma\tau\eta$ Erde, lemnische Erde.

Man denkt bei Demeter doch zunächst an Erde und Lehm. — Demeter sitzt auf der κίστη ARw 34, 1937, 109.

493 Demeter entblößt sich: Wehrli 79. — Ähre: Hippolytos, Ref. haer. V 8, 39; Text auch bei Reitzenstein, Poimandres 1904, 83 ff.; Nilsson 126 f.; Kern 2, 195; Wehrli 90; Briem 269. — Einen heiligen Knaben: Hippolytos ebd.; Dieterich Mithraslit 138. 213; Nilsson 126 f.; Briem 261 f.; Wehrli 83. 90. 92; Kern 2, 193 f. Dazu Reitzenstein, Mysterienrel. 2². — Unnatürl. Zeit: Kern 2, 195.

494 Ähren auf Vasen, im Grab: Nilsson 115 ff. — Agrarische Dienste: oben S. 479 ff. — Weiberkult, weil cunnus: so Wilamowitz-Moellendorff 2, 52. Vgl. dagegen auch den Gedankengang bei Curtius, der an die phallische Herme anschließt und erklärt: „Sie ist es so ausgesprochen, daß ihr der Phallos nur dann fehlt, wenn sie weiblich wird. Warum erhält gerade diese geometrische Abbreviatur der menschlichen Figur, welche die Herme darstellt, einen stehenden Phallos? Aus keinem anderen Grunde als dem gleichen, aus dem, wie wir sahen, der Phallos selbst menschliches Grabmal wird, eben wieder als Bild des Toten, als Grabmal. — Fruchtbarkeitsgötter sind alle primitiven Götter. Wozu anderem braucht sie denn der primitive Mensch als für das Wachstum von Sippe und Stamm, Herde und Frucht? Aber nicht alle sind phallisch. Die Haupttiere des Hermes sind Widder und Bock, nicht Rind und Roß. Er gehört also ursprünglich zu einer armen Kultur des Kleinviehs von Gebirgsbauern: Ludwig Curtius, Phallosgrabmal im Museum von Smyrna: Die Wissenschaft am Scheidewege. Festschr. Ludw. Klages 1932, 19 ff.

495 Wollt ich doch: Homer Od. XI 489 ff.

496 Dreimal selig: Nilsson 114; Briem 271. — Über die Verheißung von Eleusis, nach welcher das Leben in der Unterwelt eine Fortsetzung des eleusinischen sei, Nilsson 115, der auf diese Iterationsvorstellungen eingeht.
Osiris: H. Kees, Totenglauben u. Jenseitsvorstellungen der alten Ägypter 1926; Herm. Schneider, Kultur u. Denken der alten Ägypter 1924, 444 ff.; A. Erman, Die Religion der Ägypter 1934; Max Pieper, Die ägyptische Literatur 1927, 18 f.; Frazer, Goldn. Zweig 528 ff.; Liungman 1, 103 ff.; Briem 143 ff.; Ders., Fragen 30 ff. — Lukian: oben S. 454 f. — Cyrill: ebd. S. 455. — Einige Byblier: ebd. S. 454. — Feigenbaum: Liungman 1, 106. — Flöte: Ebd. 1, 107 nach Herodot II 48. — Garten: Liungman 1, 131. Auf die Entsprechungen zu Adonis wies Bousset, Hauptprobleme 79 f. hin und setzte Isis = Astarte (Helena). — Lehmgestalt besät: Liungman 1, 131. Ebenso eine Gestalt aus Getreidekörnern gefertigt: ARw 19, 1916/19, 194 f.

497 Phallen: vgl. auch Kees 194 f. 299 ff. Philosophierend über Ph.: Plutarch c. 36. 51.

499 Zeder: ARw 19, 1916/19, 194 f nach Sethe in Ägypt. Ztschr. 45 u. 47; Zeder oder Nadelbaum, in ihn ein Osirisbild aus Lehm und Körnern gesetzt.

500 Liebesvereinigung, vgl. ARw 32, 1935, 261 f. — An viel Orten begraben: Diodor I 21.

501 Korngott: Frazer 550 ff.; Kees 215. In der Totenklage wird des Flachses (Kornes) Qual gesungen: Eisler 245 f. — Ernteopfer: Briem 176 ff. zu Plutarch c. 39. — Sumpfland: Liungman 1, 117 f.

502 Asche benetzt: Briem, Frage 32. — Busiris: Kees, dagegen Briem 151 f. — Totengott: Kees 207. 216; Briem 152. — Mythisierung der Ded-Säule: Briem 155 f.; Liungman 1, 112 ff. 128 f. 134 f.

503 I-cher-nofret: Heinr. Schäfer, Die Mysterien des Osiris unter König Sesostris III.

Nachweise und Anmerkungen

(Kurt Sethe, Untersuchgn. z. Gesch. u. Altertumskd. Ägyptens IV 4) 1904. Vgl. auch Briem 183 ff.

504 Begräbnisplätze: Liungman 1, 136. — Geh. Kulte: Briem Fragen 40. 41 f. Kultische Handlungen, nicht Mysterien erkennt auch A. Rusch, Ein Osirisritual in den Pyramidentexten (Ztschr. f. ägypt. Sprache u. Altertumskd. 60, 1925, 16 ff.) Den Gegensatz kennzeichnet Reitzenstein, Mysterienrel. 22: Der Myste schaut jetzt nicht mehr, was der Gott erlebte, sondern erlebt es selbst und wird dadurch Gott. Vgl. ebd. 8 ff. 84 f. 169.

505 Begräbnisriten: Briem 343 ff.; Briem, Fragen 43, 47. Die Ägypter beklagten jeden Toten als Osiris: Eisler, Orph.-dionys. 245 f.

506 Paulus: Reitzenstein, Mysterienrel. 8. — Isis Vegetationsgöttin: Kees 200 f.; Liungman 1, 106; Briem, Fragen 37. — Muttergöttin: Briem, Fragen 37. Viele Züge gingen von Isis auf Maria über: Boll, Sphaera 417. 428; Briem 158 f.; Isis und Sophia: Reitzenstein Poimandres 44 f.

507 Zu des Apulejus Beschreibung vgl. Reitzenstein, Erlösungsmyst. 163 ff. — Iranische Elemente vermutet Reitzenstein Erlösungsmyst. 165 ff.; Ders., Iranischer Erlösungsglaube (Ztschr. f. neutestamentl. Wiss. 20, 1921, 11): Elemente des Mithraskultes sind in das ägyptische Mysterium eingedrungen; nicht zufällig heißt der weihende Priester selbst Mithras, nicht zufällig ist das Himmelsgewand gleich dem in der Löwenweihe der Mithrasdiener, nicht zufällig vollzieht sich die Heiligung durch das Anlegen von zwölf Gewändern. Vgl. auch schon Dieterich Mithraslit. 146 f. Phrygische Elemente: Reitzenstein, Zwei religionsgeschichtl. Fragen 1901, 94 f.

514 Zweite Weihe: dazu vgl. Reitzenstein, Mysterienrel. 28. 179. — Zwei Punkte: Martin Dibelius, Die Isisweihe bei Apulejus u. verwandte Initiations-Riten: Sitzber. Heidelb. Akad. Phil. hist. Kl. VIII (1917), 4. Abhdlg., 19. 23. — Nicht lebensgefährl. Proben: Ebd. 21. (9). Zu den Einweihungsriten vgl. Reitzenstein, Mysterienrel. 19 f.

515 Gang zu den Elementen: Dibelius 22. — Isis ähnlich: Ebd. 27. — Wanderung: Vgl. Dibelius 22 f. 24; (iranisch:) Reitzenstein, Erlösungsmyst. 165 f. Die Wanderung ist ein Weg durch den Tod zum Leben: Mysterienrel. 39. 42. — Tempel umwandeln: Reitzenstein, Erlösungsmyst. 165 nach Morin, Rituel du culte divin en Égypte 91, Du charactère religieux de la Royauté Pharonique 97; ebenso Reitzenstein, Mysterienrel. 21. Vgl. auch Pseudo-Apuleius 24: Terra nostra totius mundi est templum: Dieterich, Mithraslit. 81.

516 Isisskandal: Otto Weinreich, Der Trug des Nektanebos 1911, 18 ff.; ferner Reitzenstein, Poimandres 19, Ders., Erlösungsmyst. 99 ff. 228 f. Bei Weinreich auch die Parallelen. Über die babylon. Vorform, den ἱερὸς γάμος von Gott und Mädchen: Briem 119. 122.

518 Der wichtigste Einwand: Dibelius 15 f.

519 Das heißt nach Lage: Ebd. 18.

520 Über ein Isisbild:: Salomon Reinach, Cultes mythes et religions 4, 402 ff. (Une déesse syrienne). Über röm. Osiriskult unter Hadrian: ARw 19, 1916/19, 433 ff.; Isiskult in Rom: Ludw. Friedländer, Darstellungen aus der Sittengeschichte Roms 3⁹, 1920, 144 f.; Andrea Alföldi, A Festival of Isis in Rome under the Christian Emperors of the 4. Century, (Diss. Pannon. II 7). Glück auf: Ernst Maaß, Orpheus 1895, 18 ff. Vgl. zu den Statuten auch Oepke, Ἀμφιθαλεῖς im griechischen u. hellenist. Kult; ARw 31, 1934, 42 ff.

524 Acta Joan. Maaß 52. — Fünf Götter: Ebd. — Proteurhytmos: Ebd. 62 ff.

525 Bukolikos: Ebd. 56. — Orpheus Hirt: Robert Eisler, Orphisch-dionysische

Mysteriengedanken in der christl. Antike 1925 (Vorträge d. Bibl. Warburg 1922/23 II). 11 ff. — Thrakisch: Wilamowitz-Moellendorff, Glaube 2, 203 f.; Dieterich, Nekyia 1893, 73. — Erbsünde: Kern 2, 162. — Zagreus: Ebd. 2, 159; 1, 228; Briem 246. — Orpheus zerrissen: Wilamowitz-Moellendorff 2, 195. — Tänzer: Maaß 65 f. — Hadesfahrt: Wilamowitz-Moellendorff 2, 195 f. Orpheus ist nicht im Hades, um die Gattin zu holen, sondern als der Stifter der nach ihm benannten Mysterien, der für die durch seine Weihen Geläuterten bei Persephone um ein seliges Leben bittet: Dieterich, Nekyia 128.

526 Kosmologie: Kern 2, 149 ff.

527 Zeus ward: Ebd. 2, 158. — Gott war: Ebd. Vgl. auch Weinreich, Aion: ARw 19, 1916/19, 179 ff.

528 Dionysos Lyseus: Kern 2, 159 ff. — Das Dionysische: Ebd. 2, 160 f. — Unsterblichkeit: Ebd. 1, 228. — Empedokles: Ebd. 2, 162 f.

529 Orpheotelesten: Ebd. 2, 146. — Ohne Tempel: Ebd. 2, 148 f. — Vegetar. Leben: Dieterich, Nekyia 108. Vgl. die nahestehenden Pythagoräer: Ebd. 84. 125.

530 Orph. Höllenlehren: Dieterich, Nekyia 84 ff. — Pataikion: Ebd. 68; Nilsson im ARw 32, 1935, 128; Briem 221.

532 Mir sind die Notizen dieser Kapitel verloren gegangen; ich ergänze sie nach Vermögen. Zu den Sakäen: Frazer, The Golden Bough[3] 3, 113 ff.; 6, 354 ff.; Eitrem, König Aun in Uppsala und Kronos: Festskrift til Hjalmar Falk 1927, 245 ff. Nilsson, Das Kronosfest in Durotorum: ARw 19, 50 ff.; dazu ebd. 316 ff. 342 ff.

534 Thyest. Mahle: Nestle, Die Haupteinwände des antiken Denkens gegen das Christentum: ARw 37, 1941, 57; Reitzenstein, Mysterienrelig. 110. 111 ff.

536 Mysterienhafte Züge: vgl. Maaß: ARw 21, 245: Wer die Kirchenväter etwas kennt, muß überrascht sein, wie tief in gewissen Kreisen die Anschauung wurzelte, daß die christl. Religion Mysteriendienst sei.

537 Diese Mysterien: Gustav Anrich, Das antike Mysterienwesen in seinem Einfluß auf das Christentum 1894, 172.

538 Abendmahl: Clemen 15 ff. — Eranista: Ebd. 165 f. — Augustin: Ebd. 166. — Epiphanias: Ebd.

539 Führt zu dem Schlusse: Ebd. 167. — Es legte mir: Ebd. 182 f. — Der Gedanke, daß: Ebd. 183.

540 Antike Formen: Ebd. 199 ff. — Wenn ein Uneingeweihter: Ebd. 221.

541 Petrusevangelium: Dieterich, Nekyia 1894.

544 I. Petrusbrief: Richard Perdelwitz, Mysterienreligion und das Problem des I. Petrusbriefes 1911.

545 I. Kor. 15: Clemen 47. — Kolosserbrief: Dibelius, vgl. Nachw. zu S. 514. — Kosm. Fürsten: Dibelius 37. 38.

546 Kultgenossen: Ebd. 40 f. 41. 51.

551 Nachbarschaften: vgl. die einschlägigen niederdeutschen Volkskunden.

552 Gilden: v. Below, Gilden in Hoops, Reallex.

556 Noch heute. Rudolf Wissell, Des alten Handwerks Recht u. Gewohnheit 2, 1929, 4 f.

559 Steinmetzenritual: Ebd. 2, 332 ff.

567 Will-Erich Peuckert, Die Rosenkreutzer 1928. — Die zitierten Texte aus dem Kasseler Druck der „Fama" und dem Erstdruck der „Confessio".

579 Ich folge in der Darstellung der historischen Grundlagen den von Wilhelm Begemann in seiner grundlegenden „Vorgeschichte der Freimaurerei" zusammengetragene Quellen, welche freilich in der Deutung weitgehend von ihm ab.

freestone: Begemann 1, 41. — Schon 1376: Ebd. 1, 32. 101. — Eine fraternity: Ebd. 1, 271. — Unterscheidung: Ebd. 1, 270. (324).
580 Cook-Handschr.: Ebd. — Der erste Artikel: Ebd. 1, 150 ff.
589 Hic incipiunt: Ebd. 1, 110. — Brüder u. Genossen: Ebd. 1, 60. — Jabal: Ebd. 1, 174.
590 Giorgione: vgl. Peuckert, Pansophie 1936, 469.
591 Zwei Säulen nach Josephus: Begemann 1, 176 f. Sie spielen übrigens in der hermetischen Literatur eine Rolle: Reitzenstein, Poimandres 183.
593 L'Etoille flamboyante, (Druck von ca 1766) 1, 42. 43.
594 Ashmole: Begemann 1, 361. 371.
595 Holme: Ebd. 1, 373.
608 Geometrie: Sie spielte schon im Geheimbund des Pythagoras auf Kroton eine Rolle: Briem 198 nach J. F. Newton, Les Franc Maçons 50. Vgl. auch die geometr. Zahlen, die man in den Pyramiden finden wollte: Briem 199 ff. 209 f. — Naometrie: Peuckert, Rosenkreutzer 38 ff.
609 Zwei Flügel: Ders., Pansophie 11 ff. — Baumeister: so schon Acta Thomae, vgl. Bousset, Hauptprobleme 68.
610 Laetus: Keller, Die römischen Akademien . . .: Monatshefte d. Comeniusgesellschaft 8, 1899, 79 ff.

Bedeutende Persönlich-keiten der Weltgeschichte

„Was will man uns noch mit dem Schicksal! - Politik ist das Schicksal."

Napoleon zu Goethe

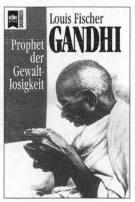

19/426

Franz Herre
Ludwig II.
Bayerns Märchenkönig - Wahrheit und Legende
19/354

E.C. Conte Corti
Elisabeth von Österreich
Tragik einer Unpolitischen
19/388

Vincent Cronin
Napoleon
Stratege und Staatsmann
19/389

Louis Fischer
Gandhi
Prophet der Gewaltlosigkeit
19/426

Zoé Oldenbourg
Katharina die Große
Die Deutsche auf dem Zarenthron
19/353

Heyne-Taschenbücher

HEYNE BÜCHER

Mythologie der Völker

MYTHEN, SAGEN UND LEGENDEN
LEXIKON DER INDISCHEN MYTHOLOGIE

19/314

H e y n e - T a s c h e n b ü c h e r

Stichwort

»Die Taschenbuch-
Reihe gibt knappe,
übersichtliche und
aktuelle Auskünfte
zu den jeweiligen
Themen.«

Westfälische Rundschau

Eine Auswahl:

Heyne-Taschenbücher

HEYNE
BÜCHER

Peter
Scholl-Latour

*»Peter Scholl-Latour
erweist sich als der große
Reporter, der das Wort
und das Thema
beherrscht.
Der Orientalist deutet
kenntnisreich Wesen und
Zusammenhang.
Der Journalist findet
zu prägenden
Formulierungen.
Der Stilist zeichnet feine,
stimmungsvolle Porträts.«*

*Frankfurter
Allgemeine Zeitung*

Pulverfaß Algerien
*Vom Krieg der Franzosen zur
islamischen Revolution*
19/364

Mord am großen Fluß
*Ein Vierteljahrhundert
afrikanischer Unabhängigkeit*
19/311

Schlaglichter der Weltpolitik
*Die dramatischen neunziger
Jahre*
19/537

19/537

Heyne-Taschenbücher